Die Symbolik der Schlangen und Drachen

Regenräuberschlange und Erdumspanner
Ahnengeist und Kundalini

Band 41 der Reihe „Die Götter der Germanen"

Bücher von Harry Eilenstein:

- Astrologie (496 S.)
- Photo-Astrologie (64 S.)
- Tarot (104 S.)
- Handbuch für Zauberlehrlinge (408 S.)
- Physik und Magie (184 S.)
- Der Lebenskraftkörper (230 S.)
- Die Chakren (100 S.)
- Meditation (140 S.)
- Drachenfeuer (124 S.)
- Krafttiere – Tiergöttinnen – Tiertänze (112 S.)
- Schwitzhütten (524 S.)
- Totempfähle (440 S.)
- Muttergöttin und Schamanen (168 S.)
- Göbekli Tepe (472 S.)
- Hathor und Re:
    Band 1: Götter und Mythen im Alten Ägypten (432 S.)
    Band 2: Die altägyptische Religion – Ursprünge, Kult und Magie (396 S.)
- Isis (508 S.)
- Die Entwicklung der indogermanischen Religionen (700 S.)
- Wurzeln und Zweige der indogermanischen Religion (224 S.)
- Der Kessel von Gundestrup (220 S.)
- Cernunnos (690 S.)
- Christus (60 S.)
- Odin (300 S.)
- Die Götter der Germanen (Band 1 – 80)
- Dakini (80 S.)
- Kursus der praktischen Kabbala (150 S.)
- Eltern der Erde (450 S.)
- Blüten des Lebensbaumes:
    Band 1: Die Struktur des kabbalistischen Lebensbaumes (370 S.)
    Band 2: Der kabbalistische Lebensbaum als Forschungshilfsmittel (580 S.)
    Band 3: Der kabbalistische Lebensbaum als spirituelle Landkarte (520 S.)
- Über die Freude (100 S.)
- Das Geheimnis des inneren Friedens (252 S.)
- Von innerer Fülle zu äußerem Gedeihen (52 S.)
- Das Beziehungsmandala (52 S.)
- Die Symbolik der Krankheiten (76 S.)

Kontakt: www.HarryEilenstein.de / Harry.Eilenstein@web.de
Impressum: Copyright: 2011 by Harry Eilenstein – Alle Rechte, insbesondere auch das der Übersetzung, vorbehalten. Kein Teil des Buches darf ohne schriftliche Genehmigung des Autors und des Verlages (nicht als Fotokopie, Mikrofilm, auf elektronischen Datenträgern oder im Internet) reproduziert, übersetzt, gespeichert oder verbreitet werden.
Herstellung und Verlag: BoD - Books on Demand, Norderstedt
ISBN: 9783741275029

Die Themen der einzelnen Bände der Reihe „Die Götter der Germanen"

1. Die Entwicklung der germanischen Religion
2. Lexikon der germanischen Religion
3. Der ursprüngliche Göttervater Tyr
4. Tyr in der Unterwelt: der Schmied Wieland
5. Tyr in der Unterwelt: der Riesenkönig Teil 1
6. Tyr in der Unterwelt: der Riesenkönig Teil 2
7. Tyr in der Unterwelt: der Zwergenkönig
8. Der Himmelswächter Heimdall
9. Der Sommergott: Baldur, Phol und Meili
10. Der Meeresgott: Ägir, Hler und Njörd
11. Der Eibengott Ullr
12. Die Zwillingsgötter Alcis
13. Der neue Göttervater Odin Teil 1
14. Der neue Göttervater Odin Teil 2
15. Der Fruchtbarkeitsgott Freyr
16. Der Chaos-Gott Loki
17. Der Donnergott Thor
18. Der Priestergott Hönir
19. Die Göttersöhne
20. Die unbekannteren Götter
21. Die Göttermutter Frigg
22. Die Liebesgöttin: Freya und Menglöd
23. Die Erdgöttinnen
24. Die Korngöttin Sif
25. Die Apfel-Göttin Idun
26. Die Hügelgrab-Jenseitsgöttin Hel
27. Die Meeres-Jenseitsgöttin Ran
28. Die unbekannteren Jenseitsgöttinnen
29. Die unbekannteren Göttinnen
30. Die Nornen
31. Die Walküren
32. Die Zwerge
33. Der Urriese Ymir
34. Die Riesen
35. Die Riesinnen
36. Mythologische Wesen
37. Mythologische Priester und Priesterinnen
38. Sigurd/Siegfried
39. Helden und Göttersöhne
40. Die Symbolik der Vögel und Insekten
41. Die Symbolik der Schlangen, Drachen und Ungeheuer
42. Die Symbolik der Herdentiere
43. Die Symbolik der Raubtiere
44. Die Symbolik der Wassertiere und sonstigen Tiere
45. Die Symbolik der Pflanzen
46. Die Symbolik der Farben
47. Die Symbolik der Zahlen
48. Die Symbolik von Sonne, Mond und Sternen
49. Das Jenseits
50. Seelenvogel, Utiseta und Einweihung
51. Wiederzeugung und Wiedergeburt
52. Elemente der Kosmologie
53. Der Weltenbaum
54. Die Symbolik der Himmelsrichtungen und der Jahreszeiten
55. Mythologische Motive
56. Der Tempel
57. Die Einrichtung des Tempels
58. Priesterin – Seherin – Zauberin – Hexe
59. Priester – Seher – Zauberer
60. Rituelle Kleidung und Schmuck
61. Skalden und Skaldinnen
62. Kriegerinnen und Ekstase-Krieger
63. Die Symbolik der Körperteile
64. Magie und Ritual
65. Gestaltwandlungen
66. Magische Waffen
67. Magische Werkzeuge und Gegenstände
68. Zaubersprüche
69. Göttermet
70. Zaubertränke
71. Träume, Omen und Orakel
72. Runen
73. Sozial-religiöse Rituale
74. Weisheiten und Sprichworte
75. Kenningar
76. Rätsel
77. Die vollständige Edda des Snorri Sturluson
78. Frühe Skaldenlieder
79. Mythologische Sagas
80. Hymnen an die germanischen Götter

Inhaltsverzeichnis

I Drachen in den Mythen und Liedern — 12
I 1. Der Drache Fafnir — 12
- I 1. a) Skaldskaparmal: Die Niflungen und die Giukungen — 12
- I 1. b) Die Stabkirche von Hylestad — 29
- I 1. c) Das erste Lied über Sigurd Fafnir-Töter: Gripirs Weissagung — 31
- I 1. d) Das andere Lied über Sigurd Fafnir-Töter — 32
- I 1. e) Fafnir-Lied — 37
- I 1. f) Sigdrifa-Lied — 44
- I 1. g) Das dritte Lied über Sigurd Fafnir-Töter — 46
- I 1. h) Nibelungenlied — 46
- I 1. i) Völsungen-Saga — 49
- I 1. j) Lied über König Harald Hart-Rat — 49
- I 1. k) Hattatal — 50
- I 1. l) Zusammenfassung — 50

I 2. Midgardschlange — 55
- I 2. a) Gylfis Vision — 55
- I 2. b) Hyndla-Lied — 56
- I 2. c) Gylfis Vision — 56
- I 2. d) Hymir-Lied — 57
- I 2. e) Skaldskaparmal — 59
- I 2. f) Der Seherin Vision — 60
- I 2. g) Skaldskaparmal — 61
- I 2. h) Gylfis Vision — 63
- I 2. i) Das Lied über Helgi Hiörvard-Sohn — 64
- I 2. j) Hyndla-Lied — 65
- I 2. k) Zusammenfassung — 65

I 3. Nidhöggr — 67
- I 3. a) Gylfis Vision — 67
- I 3. b) Die Vision der Seherin — 69
- I 3. c) Grimnir-Lied — 70
- I 3. d) Zusammenfassung — 71

I 4. Die Schlangen der Hel — 73
- I 4. a) Die Vision der Seherin — 73
- I 4. b) Gylfis Vision — 73
- I 4. c) Sonnenlied — 74
- I 4. d) Gylfis Vision — 76
- I 4. e) Lokasenna — 77
- I 4. f) Skaldskaparmal — 78
- I 4. g) Zusammenfassung — 78

I 5. Odin als Schlange — 79
- I 5. a) Skaldskaparmal — 79

I 6.	**Weitere Schlangen und Drachen**	**82**
I 6. a)	Grimnir-Lied	82
I 6. b)	Skaldskaparmal	84
I 6. c)	Kenningar und Heitis in der Skalskaparmal	85
I 6. d)	Schlangen in den isländischen Runenliedern	88
I 6. e)	Skaldskaparmal	89
I 6. f)	Skaldskaparmal	90
I 6. g)	Skaldskaparmal	91
I 6. h)	Oddruns Klage	91
I 6. i)	Der Mord an den Niflungen	93
I 6. j)	Die Saga über Bosi und Herraud	93
I 6. k)	Das dritte Lied über Sigurd Fafnir-Töter	94
I 6. l)	Zusammenfassung	94
I 7	**Zusammenfassung: Drachen in den Mythen und Liedern**	**95**

II Drachen in den Sagas — 102

II 1. Fafnir in den Sagas — 102

II 1. a)	Thidreksaga	102
II 1. b)	Völsungen-Saga	104
II 1. c)	Cormac-Saga	114
II 1. d)	Die Saga über den Starken Grettir	115
II 1. e)	Viglundar-Saga	115
II 1. f)	Die Saga über Thrond von Gate	115
II 1. g)	Der Rosengarten	118
II 1. h)	Der hörnerne Siegfried	119
II 1. i)	Zusammenfassung	120

II 2. Flügeldrachen in den Sagas — 121

II 2. a)	Huldar-Saga	121
II 2. b)	König Hrolf Kraki und seine Berserker	121
II 2. c)	Yngvar der Weit-Fahrende	124
II 2. d)	Die Saga über Hromund Greipsson	128
II 2. e)	Die Saga über König Olaf den Ruhmreichen Tryggva-Sohn	129
II 2. f)	Thidrek-Saga	129
II 2. g)	Die Saga über Bosi und Herraud	129
II 2. h)	Die Saga über Halfdan Eysteinn-Sohn	130
II 2. i)	Bruchstück einer Saga über einige frühe Könige in Dänemark und Schweden	131
II 2. j)	Die ältere Version der Huldar-Saga	132
II 2. k)	Die Saga über Björn den Krieger aus dem Hitar-Tal	133
II 2. l)	Die Saga über Ketil Forelle	133
II 2. m)	Zusammenfassung	134

II 3. **Andere Drachen in den Sagas**   **136**
  II 3. a)   Cormac-Saga   136
  II 3. b)   Die Saga über Björn den Krieger der Leute vom Hitar-Tal   136
  II 3. c)   Die Geschichte der Ragnars-Söhne   136
  II 3. d)   Huldar-Saga   137
  II 3. e)   Die ältere Version der Huldar-Saga   138
  II 3. f)   Nials-Saga   139
  II 3. g)   Frischwassertal-Saga   139
  II 3. h)   Gesta danorum   139
  II 3. i)   Die Saga über Eirek den Weitfahrenden   139
  II 3. j)   Die Geschichte der Gotländer   145
  II 3. k)   Die Saga über Grettir den Starken   147
  II 3. l)   Zusammenfassung   151
II 4. **Schlangen in den Sagas**   **152**
  II 4. a)   Die Saga über Ragnar Lodbrök   152
  II 4. b)   Die Saga über Bosi und Herraud   155
  II 4. c)   Cormac-Saga   156
  II 4. d)   Gesta Danorum   158
  II 4. e)   Heimskringla   161
  II 4. f)   Hedinn und Högni   164
  II 4. g)   Gesta danorum   165
  II 4. h)   Gesta danorum   166
  II 4. i)   Pfeile-Odd: Lyng-bakr   167
  II 4. j)   Zusammenfassung   169
II 5. **Zusammenfassung (Sagas)**   **170**

III   Drachen in der frühen Überlieferung   171
  III 1. **Drachen in den frühen Skalden-Liedern**   **172**
    III 1. a)   Ulfr Uggason: Husdrapa   172
    III 1. b)   Bragi Boddason: Ragnarsdrapa   174
    III 1. c)   Thor-Lied   176
    III 1. d)   Thorsdrapa   176
    III 1. e)   Bruchstück eines Liedes des Skalden Olvir der Dieb   178
    III 1. f)   Der Wanderer (Exeter-Buch)   178
    III 1. g)   Zusammenfassung   179
  III 2. **Drachen im Beowulf-Epos**   **180**
    III 2. a)   Beowulf-Epos   180
    III 2. b)   Zusammenfassung   208
  III 3. **Saga über Hervor und König Heidrek den Weisen**   **209**
    III 3. a)   Die Saga über Hervor und König Heidrek den Weisen   209
    III 3. b)   Zusammenfassung   215

III 4.	**Deutsche Drachensagen und Drachenmärchen**	**216**
III 4. a)	Der verzauberte König zu Schildheiß	216
III 4. b)	Seeburger See	216
III 4. c)	Gottschee	218
III 4. d)	Das Drachenloch	220
III 4. e)	Der Drache fährt aus	220
III 4. f)	Der Lindwurm am Brunnen	221
III 4. g)	Die Schlangenkönigin	222
III 4. h)	Winkelried und der Lindwurm	222
III 4. i)	Der Schlangenfänger	223
III 4. j)	Die zwei Brüder	223
III 4. k)	Die schwarze Zither	224
III 4. l)	Das singende, springende Löweneckerchen	224
III 4. m)	Der König vom goldenen Berg	224
III 4. n)	Die drei Schlangenblätter	224
III 4. o)	Die weiße Schlange	225
III 4. p)	Das Kind und die Schlange	225
III 4. q)	Zusammenfassung	226
III 5.	**Berichte der Christen**	**227**
III 5. a)	Hamburgische Kirchengeschichte	227
III 5. b)	Zusammenfassung	228
III 6.	**Die Drachen in der schriftlichen Überlieferung der Germanen**	**229**

IV Die bildliche Darstellung der Schlangen und Drachen — 232

IV 1.	**Schlangen in den germanischen Steinritzungen**	**232**
IV 1. a)	Schlangen	232
IV 1. b)	Drachenboote	233
IV 1. c)	Wiederzeugung	236
IV 1. d)	Das Drachenschiff der Sonne	238
IV 1. e)	Zusammenfassung	241
IV 2.	**Drachen auf den Goldhörnern von Gallehus**	**242**
IV 2. a)	Das kleinere Goldhorn von Gallehus	243
IV 2. b)	Das größere Goldhorn von Gallehus	248
IV 2. c)	Das Runenkästchen von Auzon und die Goldhörner von Gallehus	256
IV 2. d)	Zusammenfassung	257
IV 3.	**Drachen auf den Bildsteinen**	**258**
IV 3. a)	Die Bildsteine	258
IV 3. b)	Zusammenfassung	262
IV 4.	**Drachen auf den Brakteaten**	**263**
IV 4. a)	Drachen-Brakteaten	263
IV 4. b)	Zusammenfassung	266

IV 5. Drachen aus Sutton Hoo u.a. Funden	**267**
IV 5. a) Sutton Hoo	267
IV 5. b) Burntwood	271
IV 5. c) Uppakra	272
IV 5. d) Zusammenfassung	274
IV 6. Waffen aus der Vendelzeit	**275**
IV 6. a) Helme und Schilde	275
IV 6. b) Zusammenfassung	277
IV 7. Drachen auf den Runensteinen	**278**
IV 7. a) Zeitgenössische Texte über Runensteine	278
IV 7. b) Inschriften auf Runensteinen	280
IV 7. c) Abbildungen auf Runensteinen	281
IV 7. c – a) eine einzelne Schlange	281
IV 7. c – b) zwei Schlangen	285
IV 7. c – c) ein Drache	288
IV 7. c – d) Sonne und Schlangen	290
IV 7. c – e) Kreis-Kreuz und Schlangen	295
IV 7. c – f) Thor und Jörmungandr	301
IV 7. c – g) Runensteine in Penisform mit Schlangen	301
IV 7. c – h) Sonstige	302
IV 7. d) Zusammenfassung	303
IV 8. Drachenschiffe	**304**
IV 8. a) Das Drachenkopf-Gesetz	304
IV 8. b) Drachenschiffe	304
IV 8. c) Zusammenfassung	307
IV 9. Drachenfibeln	**308**
IV 9. a) Abbildungen der Drachenfibeln	308
IV 9. b) Zusammenfassung	311
IV 10. Schatztruhen	**312**
IV 10. a) Die Truhe von Bamberg	312
IV 10. b) Runenkästchen von Auzon	313
IV 10. c) Kiste von Emly	315
IV 10. d) Cammin-Kiste	316
IV 10. e) Ranveigs Kiste	317
IV 10. f) Reste eines Kästchens im Jellinge-Stil	318
IV 10. g) Truhe aus Haitabu	319
IV 10. h) Zusammenfassung	319
IV 11. Wandteppiche	**320**
IV 11. a) Der Wandteppich von Bayeux	320
IV 11. b) Der Wandteppich aus dem Schiffsgrab von Rolfsöy	327
IV 11. c) Der Wandteppich von Skog	329
IV 11. d) Zusammenfassung	329

IV 12. Stabkirchen	**330**
IV 12. a) Die Dächer der Stabkirchen	330
IV 12. b) Die Portale der Stabkirchen	334
IV 12. c) Das Innere der Stabkirchen	336
IV 12. d) Stabkirchen und Pagoden	337
IV 12. e) Zusammenfassung	337
<u>V Sonstiges</u>	**339**
V 1. Der Wortschatz „Schlange/Drache"	**339**
V 1. a) Zusammenfassung	340
V 2. Kenningar	**341**
V. 2. a) Die Kenningar	341
V. 2. b) Zusammenfassung	348
V 3. Personennamen	**349**
V. 3. a) Personennamen	349
V. 3. b) Zusammenfassung	350
V 4. Ortsnamen	**351**
V 5. Jakob Grimm: Deutsche Mythologie	**352**
<u>VI Zusammenfassung: Schlangen und Drachen bei den Germanen</u>	**361**
<u>VII Drachen und Schlangen bei den Indogermanen</u>	**367**
VII 1. Der Stammbaum der Indogermanen	**367**
VII 2. Die indogermanischen „Verwandten 1. Grades" der Germanen	**369**
VII 2. a) Kelten	369
VII 2. b) Römer	380
VII 2. c) Schlangen und Drachen bei den gemeinsamen Vorfahren der Germanen, Kelten und Römer	380
VII 3. Die indogermanischen „Verwandten 2. Grades" der Germanen	**381**
VII 3. a) Slawen	381
VII 3. b) Balten	382
VII 3. c) Schlangen und Drachen bei den gemeinsamen Vorfahren der Germanen, Kelten, Römer, Slawen und Balten	383
VII 4. Die indogermanischen „Verwandten 3. Grades" der Germanen	**384**
VII 4. a) Griechen	384
VII 4. b) Thraker	395
VII 4. c) Hethiter	396
VII 4. d) Skythen	397
VII 4. e) Perser	397
VII 4. f) Inder	403
VII 5. Die Nachbarn der Germanen	**425**
VII 5. a) Finnen	425
VII 6. Schlangen und Drachen bei den Indogermanen um 2.800 v.Chr.	**431**

VIII Schlangen und Drachen in der Jungsteinzeit — 435
VIII 1. Mesopotamien — 436
- VIII 1. a) Sumer — 436
- VIII 1. b) Babylon — 437
- VIII 1. c) Ugarit — 438
- VIII 1. d) Elam — 438

VIII 2. Nordindien — 440
- VIII 2. a) Drawiden — 440

VIII 3. Nordostafrika — 442
- VIII 3. a) Ägypter — 442

VIII 4. Mittelmeer-Inseln — 446
- VIII 4. a) Kreta — 446

VIII 5. frühe Jungsteinzeit — 447
- VIII 5. a) Göbekli Tepe und Nevali Cori — 447

VIII 6. Zusammenfassung — 454

IX Schlangen in der Mittelsteinzeit — 459
IX 1. Asien — 461
- IX 1. a) Chinesen — 461

IX 2. Amerika — 468
- IX 2. a) Indianer — 468

IX 3. Zusammenfassung — 472

X Schlangen in der späten Altsteinzeit — 474
X 1. Afrika — 474
X 2. Australien — 475
X 3. Zusammenfassung — 475

XI Schlangen in der mittleren Altsteinzeit — 476

XII Die Biographie der Schlangen und Drachen — 477

XIII Das Aussehen der Drachen — 484

XIV Drachenverse — 488
- Drachen-Schutzzauber für ein Hügelgrab — 488
- Zauberlied für ein Drachenschiff — 491
- Zauberlied für ein Drachenschwert — 498
- Odin und der Drache auf dem Weg in die Unterwelt — 499
- Die Krönung des Fürsten — 502
- Der Diar lehrt das Utiseta — 505

XV Traumreisen zu den Schlangen und Drachen **517**
   XV 1. Die Riesen-Schlange auf den skandinavischen Steinritzungen   519
   XV 2. Die Kundalini-Schlange auf dem Größeren Goldhorn von Gallehus   522
   XV 3. Die drei Schlangen auf dem Größeren Goldhorn von Gallehus   527
   XV 4. Der große Drache auf den Bildsteinen   529
   XV 5. Die Schlange auf den Vendelzeit-Helmen   533
   XV 6. Der Drache im Beowulf-Epos   535
   XV 7. Nidhöggr   537
   XV 8. Fafnir   538
   XV 9. Jörmungandr   540
   XV 10. Die Hörnerschlange des Cernunnos   542
   XV 11. Die Phyton von Delphi   544
   XV 12. Der Caduceus des Hermes   546
   XV 13. Vritra   549
   XV 14. Die Hörnerschlange des Marduk   551
   XV 15. Marduk tötet Tiamat   554
   XV 16. Die Uräus-Schlange des Pharaos   556
   XV 17. Apophis   558
   XV 18. Die Schlange im Paradies   560
   XV 19. Die Schlange der Weisheit auf dem kabbalistischen Lebensbaum   561
   XV 20. Die Schlange auf dem Kopf aus dem Tempel von Nevali Cori   563
   XV 21. Der chinesischer Kaiserdrache   567
   XV 22. Quetzalcoatl   569
   XV 23. Die chinesisch-indianisch-afrikanische Regenbogenschlange   573
   XV 24. Eine Eulen-Traumreise   574
   XV 25. Der Drache in der Sephirah Geburah   579
   XV 26. Der Drache in der Sephirah Chesed   580
   XV 27. Zusammenfassung   585

XVI Zugang zu den Drachen **588**
   XVI 1. Kundalini   588
   XVI 2. Ekstase-Tanz   594
   XVI 3. Ley-lines   597
   XVI 4. Familienaufstellungen   597
   XVI 5. Schlangenringe   598

XVII Drachen heute **602**

   Themenverzeichnis   605

I Drachen in den Mythen und Liedern

Die germanische Überlieferung enthält eine große Fülle von Versen, Mythen, Sagen und Bildern zu Drachen, Schlangen und Riesenschlangen. Der bekannteste dieser Drachen ist Fafnir, der von Sigurd (Siegfried) getötet wurde, aber er ist bei weitem nicht der einzige Drache, über den berichtet wird.

I 1. Der Drache Fafnir

Der Name „Fafnir" bedeutet „der, der etwas ergreift und umarmt". Der Drache Fafnir ist offenbar nach dem Schatz benannt worden, den er ergriffen hat und nicht wieder hergeben will. Man kann „Fafnir" somit etwas freier als „der Habgierige" übersetzen.

I 1. a) Skaldskaparmal: Die Niflungen und die Giukungen

Am ausführlichsten wird die Geschichte des Drachen Fafnir und der Ereignisse, die sich rings um sein Schicksal ranken, in der Mythe über die Nibelungen in dem Skaldenlehrbuch in der Edda berichtet.

Aus welchem Grund wird das Gold auch das „Wergeld für den Otter" genannt?
Es wird erzählt, daß drei der Asen ausfuhren, die Welt kennenzulernen: Odin, Loki und Hönir. Sie kamen zu einem Fluß und gingen an ihm entlang bis zu einem Wasserfall, und bei dem Wasserfall war ein Otter, der hatte einen Lachs gefangen und aß ihn blinzelnd. Da hob Loki einen Stein auf und warf nach dem Otter und traf ihn am Kopf. Da rühmte Loki seine Jagd, daß er mit einem Wurf Otter und Lachs erjagt habe.

Der Lachs ist auch ein Tier, in das sich Loki gerne verwandelt. In „Gylfis Vision" wird beschrieben, daß Loki, nachdem er durch Hödur Baldur getötet hatte, die Gestalt eines Lachses annahm: *„Oft am Tag verwandelte er sich in Lachsgestalt und barg sich in dem Wasserfall, der Franang hieß, und bedachte bei sich, welches Kunststück die Asen wohl erfinden könnten, ihn in dem Wasserfall zu fangen."*
Er wurde jedoch letzten Endes von Thor gefangen: *„Thor griff nach ihm und kriegte ihn in der Mitte zu fassen; aber er glitt ihm in der Hand, so daß er ihn erst am*

Schwanz wieder festhalten konnte. Darum ist der Lachs hinten spitz."

Dieselbe Szene wird auch am Ende der Lokasenna erwähnt: *„Darauf nahm Loki die Gestalt eines Lachses an und entsprang in den Wasserfall Franang."*

Es ist auffällig, daß Loki den Lachs (bzw. den Otter) tötet und Loki der einzige ist, der sich in der gesamten Edda in einen Lachs verwandelt. Loki scheint in gewisser Weise mit dem Lachs identisch zu sein. Lokis Verbergen im Wasser und seine anschließende Gefangenschaft lassen vermuten, daß es sich hier um ein Symbol für den Aufenthalt des Loki in der Unterwelt handelt.

Der Name „Franang" des Wasserfalls bedeutet „glitzerndes Wasser".

Bei den Kelten, die den Germanen nah verwandt sind, ist der Lachs ein Symbol der Weisheit, die von den Göttern im Jenseits, insbesondere von Dagda kommt. Der Lachs entspricht bei den Kelten recht genau dem Göttermet. Die Lachse erhalten ihre Weisheit dadurch, daß sie die Haselnüsse, die an der Quelle des Dagda wachsen, fressen. Diese Haselnüsse entsprechen den Äpfeln und Nüssen der Idun.

Darauf nahmen sie den Lachs und den Otter mit sich. Sie kamen zu einem Gehöft und traten hinein, und der Bauer, der es bewohnte, hieß Hreidmar und war ein gewaltiger Mann und sehr zauberkundig. Da baten die Asen um Nachtherberge und sagten, sie hätten Mundvorrat bei sich, und zeigten dem Bauern ihre Beute.

Als aber Hreidmar den Otter sah, rief er seine Söhne Fafnir und Regin herbei und sagte, ihr Bruder Otr war erschlagen, und auch, wer es getan hätte. Da ging der Vater mit den Söhnen auf die Asen los, sie griffen und banden sie und sagten, der Otter wäre Hreidmars Sohn gewesen. Die Asen boten Lösegeld soviel als Hreidmar selbst verlangen würde, und das wurde zwischen ihnen vertragen und mit Eiden bekräftigt.

In dieser Szene ist es erstaunlich, daß die drei Männer die drei Asen überwältigen können. Dies bedeutet entweder, daß diesem Motiv ein älteres Motiv zugrundeliegt, in der die drei Asen durch eine überlegene Macht gefangen werden, oder daß diese Szene eine nachträgliche Erklärung im Sinne der germanischen Rache-Moral für einen früheren Zusammenhang ist, der in Vergessenheit geraten ist.

Auffällig ist auch, daß hier gleich noch eine zweite Tierverwandlung berichtet wird: die des Otr in einen Otter, der wie der Lachs im Wasser lebt. Es wäre denkbar, daß das vermutete ältere Motiv in dieser Mythe mit dem Töten eines Lachses durch einen Otter zu tun hat, den dieses Motiv ist zur Erklärung der weiteren Handlung überflüssig: Es hätte gereicht, wenn Loki entweder einen Lachs oder einen Otter getötet hätte, der in Wirklichkeit der Sohn des Hreidmar gewesen ist.

Sehr wahrscheinlich ist Hreidmar mit seinen drei Söhnen eine Sagen-Variante des ehemaligen Sonnengott-Göttervaters Tyr mit seinen drei Söhnen, die die drei Stände repräsentieren.

Dazu paßt der endlose, zyklische Kampf zwischen dem Wintergott Loki und dem

Sommergott Tyr (Hreidmar), durch den die Jahreszeiten entstehen.

Zu der Fähigkeit des Otr, sich einen Otter zu verwandeln, paßt gut, daß sein Vater Hreidmar „sehr zauberkundig" genannt wird.

Wie in vielen Geschichten in der Edda ist auch hier des Ase Loki die Urheber der in dem Rest der Mythe beschriebenen Verwicklungen.

„Hreidmar" bedeutet „Ordnung-berühmt", d.h. vermutlich in etwa „der dafür bekannt ist, daß er in allem der Richtigkeit folgt" – dies klingt wie der Name eines Königs oder Priesters. „Otr" bedeutet „Otter", „Fafnir" bedeutet „Habgieriger" und „Regin" bedeutet „König". Wenn man einmal diese vier Namen kombiniert, um den Charakter der Familie zu erfassen, dann ergibt sich daraus das Bild des gerechten, aber habgierigen Königs, der sich in einen Otter verwandeln kann. Dies könnte das „Profil" eines Zwergenkönigs sein. In anderen Zusammenhängen wird Hreidmar auch als Zwergenkönig geschildert. Der Zwergenkönig ist wie der Alfenkönig und der Riesenkönig der ehemalige Göttervater Tyr in der Unterwelt.

Ein Zwerg ist wörtlich übersetzt ein „Gespenst", d.h. der Geist eines Toten. Da die Unterwelt oft als Großes Wasser angesehen wurde, könnte sowohl die Verwandlung des Otr in einen Otter als auch die des Loki in einen Lachs ein Bild für eine Reise in die Unterwelt sein.

In der bisherigen Mythe gibt es folgende Zusammenhänge zwischen den Asen und den Zwergen:

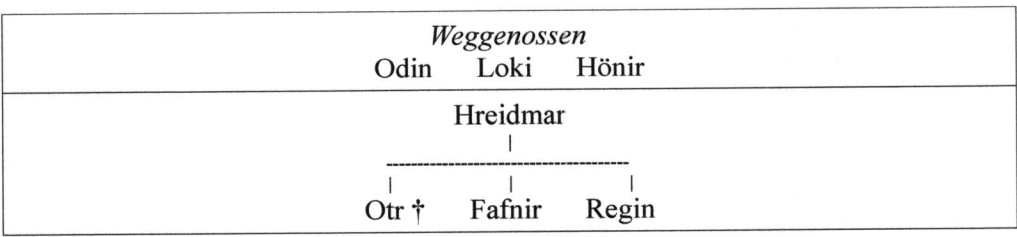

Da wurde der Otter abgezogen, und Hreidmar nahm den Balg und sagte, sie sollten den Balg mit rotem Gold füllen und ebenso von außen hüllen, und damit sollten sie Frieden kaufen.

Da sandte Odin den Loki nach Schwarzalfenheim und er kam zu dem Zwerg, der Andwari hieß und ein Fisch im Wasser war. Loki griff ihn mit den Händen und heischte von ihm zum Lösegeld alles Gold, das er in seinem Felsen hatte. Und als sie in den Felsen kamen, trug der Zwerg alles Gold hervor, das er hatte, und das war ein gar großes Gut.

In Dieser Szene wird ein Zwerg beschrieben, der sich in einen Fisch verwandeln kann. Die Deutung der Verwandlung in ein im Wasser lebendes Tier (Otter, Lachs,

Fisch) als Reise in die Unterwelt ist somit recht sicher.

Der Name „Andvari" setzt sich aus „önd-verja" zusammen, was „Lebensschützer" und allgemeiner „Vorsichtiger" bedeutet. Auch dies wäre ein passender Name für einen König oder Priester.

Das Motiv des Wohnens eines Zwerges in einem Felsen kommt auch in den Isländersagas mehrfach vor. Der Schatz des Zwerges liegt, da Zwerge Ahnen sind und das Jenseits unter der Erde liegt, in der Unterwelt. Dies ist auch der Ort, an dem die Zwerge in anderen Mythen aus der Edda die magischen Gegenstände der Asen schmieden. In dieser Funktion entsprechen sie dem ehemaligen Göttervater Tyr, aus dem in den Sagen dann Wieland der Schmied geworden ist. Das Bild des Schatzes im Zwergenreich, d.h. unter der Erde, hat vermutlich zwei Wurzeln: zum einen die Herstellung der magischen Gegenstände der Asen in der Unterwelt und zum anderen die Horte von Gold und Waffen in den Hügelgräbern früherer Fürsten und Könige, die immer wieder einmal geplündert wurden.

In dieser Sage tritt der ehemalige Göttervater Tyr in mehrfacher Gestalt auf – wie dies bei der Auflösung alter Mythen oft geschieht, da dann die ursprünglichen Motive aus ihrem Zusammenhang gerissen werden: als Hreidmar, als Otr und als Andvari – und Loki ist jedesmal deren Feind.

Da verbarg der Zwerg unter seiner Hand einen kleinen Goldring: Loki sah es und gebot ihm, den Ring herzugeben. Der Zwerg bat, ihm den Ring nicht abzunehmen, weil er mit dem Ring, wenn er ihn behielte, sein Gold wieder vermehren könne.

Dieser Ring ist offensichtlich mit Odins Rind Draupnir („Tröpfler") identisch, von dem jede neunte Nacht acht identische Ringe „abtropften". Draupnir ist ein Symbol für die Jenseitsreise und die am Morgen bzw. im Frühjahr wiedergeborene Sonne. Der ursprüngliche Schatz, den der Ring symbolisiert, ist die Wiedergeburt im Jenseits. Die Vermehrung des Goldes durch Draupnir bzw. Andvarinaut („Ring des Andvari") ist vermutlich eine Übertragung seines spirituellen Wertes auf den materiellen Bereich.

Aber Loki sagte, er solle nicht einen Pfennig übrig behalten, nahm ihm den Ring und ging hinaus. Da sagte der Zwerg, der Ring solle jeden, der ihn besäße, das Leben kosten. Loki versetzte, das sei ihm ganz recht und es solle gehalten werden nach seiner Voraussage; er werde es aber dem schon zu wissen tun, der ihn künftig besitzen solle.

Dieser Fluch des Zwerges führt im Folgenden zu der Dramatik der gesamten Siegfried- und Nibelungensage.

Der Fluch auf dem Ring ist eine Umdeutung der früheren Symbolik des Ringes: Ursprünglich war der Ring (Halsreif) ein Symbol für die Sonne und dafür, das man als Schamane/Priester, König o.ä. erfolgreich eine rituelle Jenseitsreise unternommen und dabei symbolisch seinen eigenen Tod erlebt hat und dadurch nun den Kontakt zu den Göttern hat; nach der Umdeutung wird der Ring zur Ursache für den Tod.

Solche Umdeutungen von Göttern, Wesen und Dingen, die ursprünglich den Toten im Jenseits halfen, zu etwas, das den Tod verursacht, ist eine der wichtigeren Entwicklungsdynamiken in der Mythologie.

Da fuhr Loki zurück zu Hreidmars Haus und zeigte Odin das Gold, und als er den Ring sah, schien er ihm schön; Odin nahm ihn vom Haufen und gab das übrige Gold dem Hreidmar. Da füllte er den Otterbalg so dicht er konnte, und richtete ihn auf, als er voll war. Da ging Odin hinzu und sollte ihn mit dem Gold hüllen. Als er das getan hatte, sprach er zu Hreidmar, er solle zusehen, ob der Balg gehörig gehüllt sei. Hreidmar ging hin und sah genau zu und fand ein einziges Barthaar und gebot auch das zu hüllen, denn sonst wäre ihr Vertrag gebrochen.

Da zog Odin den Ring hervor, hüllte das Barthaar und sagte, hiermit habe er sich nun der Otterbuße entledigt. Und als Odin seinen Speer genommen hatte und Loki seine Schuhe, daß sie sich nicht mehr fürchten durften, da sprach Loki, es sollte dabei bleiben, was Andwari gesagt hatte, daß der Ring und das Gold den Besitzer das Leben kosten solle, und so geschah es seitdem. Darum heißt das Gold Otterbuße und der Asen Notgeld.

Das Legen des Ringes auf den goldgefüllten Otterbalg durch Odin ist eine Parallele zu dem Legen des Ringes Draupnir auf den toten Baldur auf seinem Schiff ebenfalls durch Odin. Dies zeigt, daß es sich bei dem Bedecken des Otr mit Gold ursprünglich um das Schenken dieses Ringes für die Jenseitsreise handelt.

Der Goldschatz ist wieder durch die Übertragung des mit dem Jenseits verbundenen Ringes auf das Diesseits sowie durch die Assoziation mit dem Grabschatz entstanden.

Es ist beachtenswert, daß Loki den Fluch in dieser Szene bestätigt. Das klingt so, als ob es ursprünglich Loki gewesen sei, der diesen Fluch ausgesprochen hat. Dies ist eine Analogie dazu, daß Loki den Hödur dazu angestiftet hat, seinen Bruder Baldur, ohne es zu wollen, zu töten. Loki erscheint hier als der Ase der Unterwelt und als der Todesbringer. In der ehemaligen Tyr/Loki-Mythe haben sich beide Götter abwechselnd den Tod gebracht – der Sommergott Tyr wurde von Loki im Herbst ermordet und der Wintergott Loki im Frühjahr von Tyr.

Der Speer Gungnir („Schwankender, Elastischer") ist Odins wichtigste Waffe. Loki konnte mit seinen Schuhen über Luft und über Wasser gehen. Vermutlich drückt dies seine Fähigkeit aus, überall hin gelangen zu können, wobei dieses „überall" in der Regel ursprünglich „Jenseits" bedeutet hat.

Loki holt den Ring zunächst von dem Zwerg Andvari, d.h. aus der Unterwelt, und gibt ihn dann dem Zwerg Hreidmar. Der Ring Andvarinaut kommt aus dem Jenseits und geht wieder in das Jenseits – so wie Odin den Ring Draupnir mit Baldur ins Jenseits gesendet hat und Baldur anschließend den Ring dann durch Hermodr wieder zurück zu Odin gesendet hat. Dieser „Sonnen-Ring" ist deutlich mit dem Jenseitsweg verbunden. Aus diesem Grund wird er auch oft auf den Runensteinen dargestellt, die Gedenksteine für Verstorbene sind.

Als Hreidmar das Gold zur Sohnesbuße empfangen hatte, verlangten Fafnir und Regin ihren Teil davon zur Brudersbuße; aber Hreidmar gönnte ihnen nicht einen Pfennig davon. Da kamen die Brüder überein, ihren Vater des Goldes wegen zu töten.
Als das geschehen war, verlangte Regin, daß Fafnir das Gold zur Hälfte mit ihm teilen sollte. Fafnir antwortete, es sei wenig Hoffnung, daß er das Gold mit seinem Bruder teilen werde, da er seinen Vater um das Gold erschlagen habe, und gebot ihm sich fortzumachen, denn sonst würde es ihm ergehen wie dem Hreidmar.

Der Fluch beginnt zu wirken und Fafnir zeigt, daß er seinen Namen, der „der Habgierige" bedeutet, zu Recht trägt.
Bei den Indogermanen ist das Motiv des Vatermordes weit verbreitet: Aus dem Tod des alten Sonnengott-Göttervaters am Abend, seiner Wiederzeugung im Jenseits mit der Jenseitsgöttin und seiner darauf folgenden Wiedergeburt am Morgen ist schon früh die Ermordung des alten Göttervaters durch den jungen Göttervater, der aufgrund der Wiederzeugungs- und Wiedergeburtssymbolik sein eigener Sohn ist, geworden.
Der Mord des Fafnir an seinem Vater Hreidmar bestätigt somit die Vermutung, daß es sich bei Hreidmar um den ehemaligen Göttervater Tyr handelt.
Odin und seine beiden Gefährten sind in diese Symbolik miteinbezogen worden, weil Odin an die Stelle des Tyr als Göttervater getreten ist, denn dadurch hat er zum einen sozusagen bei Tyr die Sohnes-Stelle eingenommen (Odin, Hönir und Loki sind an die Stelle der drei Tyr-Söhne getreten) und zum anderen hat er aber aber auch die Rolle des Tyr-Töters übernommen (in der Regel tötet jedoch Thor den alten Tyr, d.h. den Tyr-Riesen).

Fafnir hatte das Schwert Hrotti und den Helm, den Hreidmar besessen hatte, genommen und den auf sein Haupt gesetzt. Dieser Helm hieß Ögishelm und war allen Lebendigen ein Schrecken zu schauen. Regin hatte das Schwert, das Refil hieß: damit entfloh er; Fafnir fuhr auf die Gnitaheide, machte sich da ein Bett, nahm Schlangengestalt an und lag auf dem Gold.

Der Name des Schwert „Hrotti" des Fafnir bedeutet „Ruhm". Es entspricht evtl. dem Schwert Hrunting des Beowulf.
Der Name des Helmes „Ögis" des Fafnir bedeutet „Schrecklicher". Man kann zumindest vermuten, daß dieser Helm die Gestalt eines Drachenkopfes hatte, da Fafnir

sich in einen Drachen verwandelte. Drachenköpfe wurden als schrecklich angesehen – deshalb trugen die Wikingerschiffe an ihrem Bug geschnitzte Drachenköpfe. Die Wirkung dieser Drachenköpfe nahm man so ernst, daß der erste Paragraph der alten isländischen Verfassung bestimmte, daß von jedem Wikingerschiff der Drachenkopf abgenommen werden muß bevor Island in Sicht kommt, damit die Pukis (hilfreiche Erdgeister) nicht von den Drachenköpfen verjagt werden.

Das Schwert „Refil" hat wie etliche berühmte Schwerter der Germanen einen ironischen Namen: „Sparren" (langes, schmales Brett).

Auch der Name „Gnitaheide" für das Lager des Fafnir als Drache ist solch ein leicht ironischer Name, denn er bedeutet „Geiz-Heide". „Fafnir" („Habgier") und „Gnita" („Geiz") haben fast dieselben Bedeutung.

Fafnir verwandelte sich in einen Drachen, d.h. in eine Schlange. Dies ist nun schon die dritte Tierverwandlung in dieser Mythe. Vermutlich verwandelte er sich in dieses Tier, indem er sich den Ögishelm aufsetzte – wobei dies dann wieder die Übertragung eines ursprünglich mythologischen Motives in den technischen Bereich wäre.

Es ist anzunehmen, daß alle drei Tiere ursprünglich Gestalten waren, die man den Toten auf ihrem Weg ins Jenseits zuschrieb: Die Seelen der Toten krochen wie Schlangen in die Unterwelt bzw. schwammen wie ein Lachs oder ein Otter dorthin.

Die Schlange bzw. der Drache als „Große Schlange" sind der Geist des Toten. Der Schatz, den der Drache bewacht, ist der Grabschatz in dem Hügelgrab, in dem der Tote liegt.

Das Hügelgrab als Jenseitstor ist sowohl aus den germanischen Isländersagas bekannt als auch von den keltischen Druiden, die ihre Schüler vor allem auf den Hügelgräbern lehrten.

Da fuhr Regin zu Hialprek, König in Thiodi, und wurde dessen Schmied; auch übernahm er die Pflege Sigurds, des Sohnes Sigmunds, des Sohnes Wölsungs. Seine Mutter war Hjordis, König Eilimis Tochter. Sigurd war der gewaltigste aller Heerkönige nach Geschlecht, Kraft und Sinn.

Ab dieser Stelle geht die Mythe, die über die Asen berichtet, in die Sage über, die über die Könige berichtet und dabei oft in Analogie zu den alten Mythen aufgebaut ist.

„Thiodi" ist das heutige „Thy", der Nordwest-Zipfel von Jütland.

Der Stammbaum der Personen in dieser Mythe/Sage hat sich jetzt deutlich erweitert:

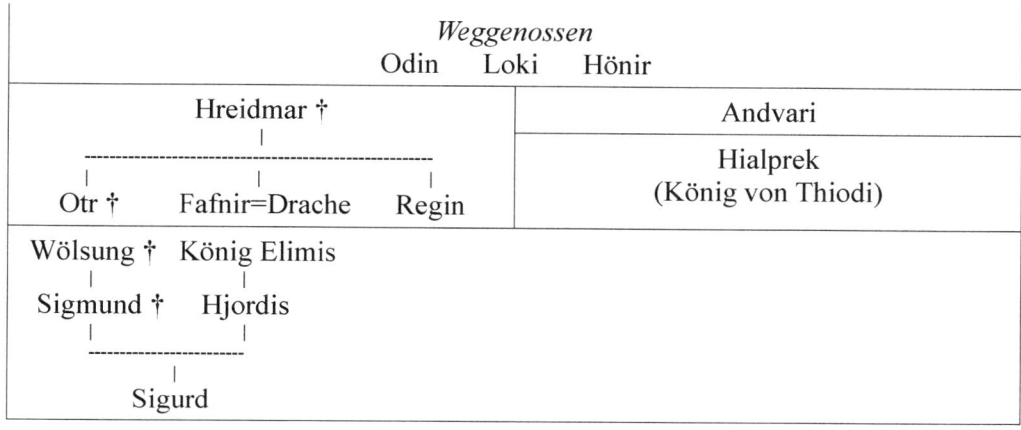

Regin sagte Sigurd davon, daß Fafnir dort auf dem Gold läge, und reizte ihn, sich des Goldes zu bemächtigen. Da machte Regin ein Schwert, das Gram hieß und so scharf war, daß es, als Sigurd es in fließendes Wasser hielt, eine Wollflocke zerschnitt, die der Strom gegen seine Schneide trieb; danach schlug Sigurd mit dem Schwert Regins Amboß bis auf den Untersatz entzwei.

Das Wollflocken-Motiv findet sich auch in der Wieland-Sage, die sich parallel zur Siegfriedsage entwickelt hat.

Darauf fuhr Sigurd mit Regin zur Gnitaheide. Da grub Sigurd eine Grube auf Fafnirs Weg und setzte sich hinein. Als nun Fafnir zum Wasser kroch und über die Grube kam, da durchbohrte ihn Sigurd mit dem Schwert, und das war sein Tod.

Der Fluch des Andvari hat nun nach Hreidmar auch dessen Sohn Fafnir den Tod gebracht.

Da ging Regin hinzu und sagte, er hätte seinen Bruder getötet, und verlangte zur Sühne, daß er Fafnirs Herz nähme und am Feuer briete. Dann kniete Regin nieder, trank Fafnirs Blut und legte sich schlafen.

Das Trinken des Blutes ist eine archaische Weise, die Kraft des Menschen oder Tieres, von dem das Blut stammt, in sich aufzunehmen – „Kannibalismus light". Das Verlangen des Regin, das Herz des Fafnir zu essen, scheint eine noch gründlichere Einverleibung des toten Bruders/Drachen zu sein.

Als aber Sigurd das Herz briet und dachte, es wäre gar, und mit dem Finger versuchte, ob es weich genug wäre, und das Fett aus dem Herzen ihm an den Finger kam, verbrannte er sich und steckte den Finger in den Mund. Und als das Herzblut ihm auf die Zunge kam, verstand er die Sprache der Vögel und wußte, was die Vögel sagten, die auf den Bäumen saßen.

Das Verstehen der Vogelsprache bedeutet, daß Sigurd selber „wie ein Vogel" ist, d.h. Daß er, symbolisch gesehen, zu einem Seelenvogel geworden ist und sich somit auf einer Jenseitsreise befindet. Das paßt dazu, daß die Schlange und der Drache den Weg ins Jenseits verkörpert. Nachdem Sigurd von dem Drachenherz gegessen hat, ist er aus der Sicht der mythologischen Symbole in der Unterwelt angekommen und verwandelt sich dort in einen Seelenvogel. Dieser Vorgang ist in der Sage zu einem Verstehen der Vogelsprache umgedeutet worden.

Dieses Motiv wird auch von anderen Jenseitsreisenden wie z.B. dem keltischen Druiden Merlin berichtet, dem die Möwen die Nachrichten aus allen Ländern zutrugen. Auch Odin versteht die Vogelsprache, in der ihm seine beiden Raben Hugin und Munin Botschaften bringen. Sowohl Merlin als auch Odin sind als Druide bzw. Schamane Jenseitsreisende.

Da sprach einer:
„Dort sitzt Sigurd blutbespritzt
Und brät am Feuer Fafnirs Herz.
Klug däuchte mich der Ringverderber,
Wenn er das leuchtende Lebensfleisch äße."

Mit „Ringverderber" ist offensichtlich Sigurd gemeint. Mit dem „Verderben eines Ringes" ist das Zerbrechen der goldenen Armreifen beim Belohnen der Krieger oder Skalden gemeint ist, bei dem jeder ein Stück Armreif erhielt. „Ringverderber" bedeutet also „großzügiger Fürst".

Das Drachenherz hat offensichtlich besondere Qualitäten, da der Vogel es für klug halten würde, wenn Sigurd das Fleisch selber essen würde.

Ein anderer sagte:
„Da liegt nun Regin und geht zu Rat,
Wie er betrüge den Mann, der ihm vertraut;
Sinnt in der Bosheit auf falsche Beschuldigung:
Der Unheilschmied brütet dem Bruder Rache."

Die letzte Zeile bedeutet, daß Regin überlegt, wie er seinen Bruder Fafnir rächen kann – obwohl er selber Sigurd zu dem Mord an Fafnir angestachelt hat.

Da ging Sigurd zu Regin und erschlug ihn, und dann zu seinem Rosse, das Grani hieß, und ritt, bis er zu Fafnirs Bett kam, nahm das Gold heraus und band es in zwei Bündeln auf Granis Rücken, stieg dann selber auf und ritt seines Weges. Darum heißt das Gold Fafnirs Bett oder Lager, oder Gnitaheides Staub und Granis Bürde.

„Fafnirs Bett" ist eine Kenning für den (goldenen) Grabschatz in der Grabkammer eines Hügelgrabes.

Nun hat Andvaris Fluch alle drei direkt Beteiligten getötet: Hreidmar, Fafnir und Regin.

Erstaunlicherweise blieb der Fluch ohne Wirkung auf Loki und auch auf Odin, obwohl Loki den Ring Andvarinaut dem Andvari geraubt hat und Odin ihn auch für sehr kurze Zeit besessen hat. Dies liegt vermutlich daran, daß der alte Streit zwischen dem Sommergott Tyr und dem Wintergott Loki auf in die Sage übertragen worden ist und die neuen Götter unter der Führung des Odin in dieser Sage nur den Hintergrund bilden.

Da ritt Sigurd, bis er ein Haus fand auf einem Berg. Darin schlief ein Weib mit Helm und Brünne bekleidet. Er zog das Schwert und schnitt die Brünne von ihr: da erwachte sie und nannte sich Hilde. Sie hieß Brünhild und war eine Walküre.

Die Walküren waren Frauen, die Schwanengestalt annehmen konnten – in der Regel, indem sie sich ein „Schwanenhemd" überzogen. Sie sind aus dem Motiv der Göttin im Jenseits, die die Toten als Seelenvögel wiedergebiert, entstanden – die Mutter nahm die Vogelgestalt ihrer Kinder an.

Da die Muttergöttin in der Unterwelt aufgrund der Wiederzeugung, die der Wiedergeburt vorausging, auch zur Geliebten der Toten wurde, entwickelten sich die Walküren auch zu den Geliebten der Menschen weiter.

Durch die Übertragung dieses Todessymbolik auf die Sagen, in denen es meist um Kampf und Rache geht, wurden die Schwanenfrauen zu „Walküren", was wörtlich „die die Toten in der Schlacht bestimmen" bedeutet.

Nachdem Sigurd von dem Drachenherz gegessen hat und die Vogelstimmen versteht, findet er die Walküre. Die beiden letzten Motiv sind in ihrer Reihenfolge vertauscht worden: Eigentlich folgt auf die Jenseitsreise (Schlange) zunächst die Vereinigung mit der Göttin (Walküre) und dann die Wiedergeburt als Seelenvogel (Vogelstimmen verstehen).

Das „Haus auf dem Berg" der Walküre Brünhild ist eigentlich das „steinerne Haus im Berg", also die Grabkammer im Hügelgrab, in der sich der Tote mit der Jenseitsgöttin vereint.

Sigurd ritt hinweg und kam zu dem König, der Giuki hieß; sein Weib war Grimhild genannt. Seine Kinder waren Gunnar, Högni, Gudrun und Gudny. Gutthorm war Giukis Stiefsohn. Sigurd weilte da lange Zeit. Da freite er Gudrun, Giukis Tochter; und Gunnar und Högni schwuren Brüderschaft mit Sigurd. Darauf fuhr Sigurd mit Giukis Söhnen zu Atli, dem Sohne Budlis, um dessen Schwester Brünhild für Gunnar zu bitten. Sie wohnte auf dem Hindaberge, und ihre Burg war mit einer Waberlohe umgeben; auch hatte sie das Gelübde getan, keinen anderen Mann zu freien, als den, der es wage, durch die Waberlohe zu reiten.

Zu der Sage kommt nun ein neuer Stammbaum hinzu:

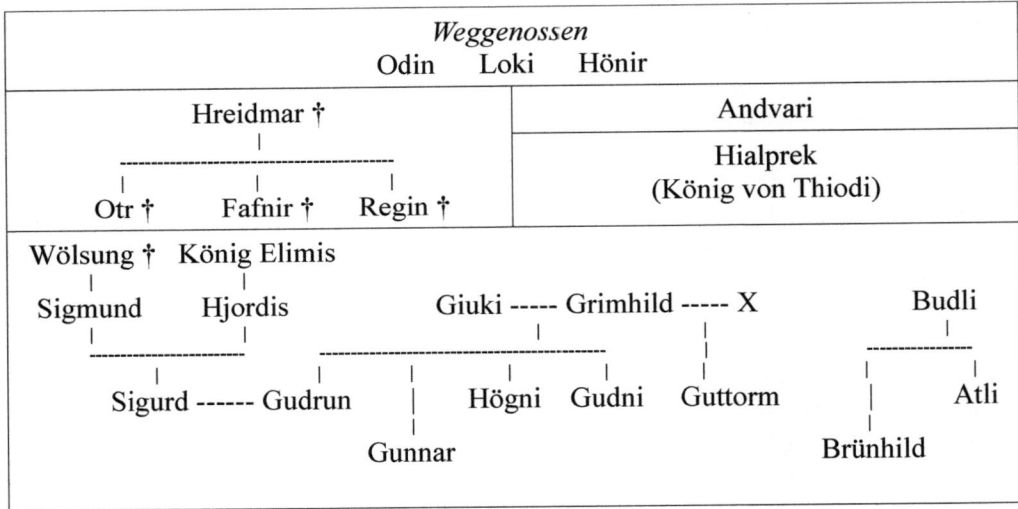

Es ist auffällig, daß so kurz nacheinander zwei Frauen mit dem Namen „Brünhilde" auftreten und beide auch einen Bezug zu Sigurd haben. Vermutlich sind beide ursprünglich dieselbe Frau gewesen. Für diese Annahme spricht auch die Waberlohe, innerhalb derer die Burg der Brünhilde liegt, denn solch ein Feuer war ein Symbol des Jenseitstores.

Die Waberlohe ist in der Edda noch an zwei anderen Stellen zu finden: im Skirnir-Lied auf dem Weg des Skirnir zu Gerda und im Fjölswin-Lied rings um die Burg der Jenseitsgöttin Freya-Menglöd. In allen drei Fällen gelangt ein Mann durch die Waberlohe zu der Jenseitsgöttin: zu der Riesentochter Gerda, zu der Göttin Freya-Menglöd und zu der Walküre Brünhilde.

Der Drache (Schlange), der Lachs, der Otter und die Waberlohe sind somit verwandte Symbole, die alle auf den Weg ins Jenseits zu der Muttergöttin hinweisen.

Der „Hindinberg", auf dem Brünhild wohnt, ist wieder das Hügelgrab, in dem sich der Tote mit der Jenseitsgöttin vereint. Für den Toten wurde bei seiner Bestattung ein männliches Herdentier geopfert, mit dem er dann identifiziert wurde, um auf magische Weise die Zeugungskraft des Herdentieres auf den Toten zu übertragen. Wenn der Tote dadurch zu einem Hirsch wurde, wurde die Göttin zur Hindin, wenn er zu einem Stier wurde, wurde sie zu einer Kuh usw. Aus diesem Motiv sind u.a. die Zentauren (Pferd-Mann), die Faune (Ziegenbock) der keltische Cernunnos (Hirsch-Mann) und der Pferdefuß des Teufels (Pferd-Mann) entstanden.

Die Fruchtbarkeit und die Zeugungskraft der Herdentiere mußte sehr groß sein – wie ihre Herden anschaulich bewiesen.

Da der Hirsch, der zu der Hindin gehört, das Opfertier des ehemaligen Göttervaters Tyr gewesen ist, geht die Sigurd-Sage offensichtlich auf die Tyr-Mythen in der Zeit vor 500 n.Chr. zurück, als Tyr noch nicht von Odin abgesetzt worden war.

Da ritt Sigurd mit den Giukungen, die auch Niflungen hießen, den Berg hinan, und Gunnar sollte nun durch die Waberlohe reiten. Er hatte das Roß, das Goti hieß; dieses Roß wagte aber nicht in das Feuer zu rennen. Da tauschten Sigurd und Gunnar Gestalt und Namen, denn Grani wollte unter keinem anderen Mann gehen als unter Sigurd. Da saß Sigurd auf Grani und ritt durch die Waberlohe.

Fast dieselbe Szene findet sich auch in der Artussage, in der Merlin Artus Vater, dem König Uther Pendragon, die Gestalt eines anderen Mannes gibt, damit der König unerkannt mit der Frau eines seiner Fürsten eine Nacht verbringen kann. Aus dieser Verbindung entstand König Artus.

Wie der arabische Forschungsreisende Ibn Fadlan um in seinem um 922 n.Chr. verfaßten Bericht über die Wikinger an der unteren Wolga erzählt, wurde die Wiederzeugung im Bestattungsritual damals dadurch inszeniert, daß die Freunde des toten Fürsten sich mit der Frau vereinten, die dann anschließend getötet und zusammen mit dem Fürsten bestattet wurde und mit ihm in das Jenseits reiste. Bei dieser Vereinigung nahmen die Freunde des Toten die Position des Toten ein, d.h. sie wurden vorübergehend zu dem Toten – sonst hätten sie nicht den Toten wiederzeugen können. Daraus wurde dann in der Sage das Motiv, daß ein Held mithilfe von Magie die Gestalt eines anderen Mannes annehmen konnte und sich dann mit einer Frau vereinte.

Die Jenseitsreisesymbolik findet sich auch in dem Beinamen des keltischen Königs Uther wieder, denn „Pendragon" bedeutet „Drachenkönig".

Denselben Abend hielt Sigurd Hochzeit mit Brünhild, und als sie zu Bett gingen, zog er das Schwert Gram aus der Scheide und legte es zwischen sie beide. Am Morgen aber, da er aufstand und sich ankleidete, gab er Brünhild zur Morgengabe den Goldring, den Loki dem Andwari genommen hatte, und empfing von ihr einen anderen Ring zum Andenken. Alsdann sprang Sigurd auf sein Roß und ritt zu seinen

Gesellen. Darauf tauschte er mit Gunnar abermals die Gestalt und Gunnar fuhr mit Brünhild zu König Giuki. Sigurd hatte zwei Kinder mit Gudrun, Sigmund und Swanhild.

Das Legen des Schwertes zwischen Mann und Frau im gemeinsamen Bett war ein mittelalterlicher Brauch, der beide daran erinnern sollte, daß sie nicht miteinander schlafen, d.h. Sex haben sollten. Dies Motiv findet sich auch bei den Kelten z.B. in der Erzählung über Guinevere und Lancelot.

Der Ring, auf dem der Fluch des Andvari liegt, gelangt nun zu Brünhilde. Da sie ursprünglich die Göttin als Geliebte im Jenseits gewesen ist (Freya), hat der Ring somit seinen ursprünglichen Zweck erfüllt und den Jenseitsreisenden an sein Ziel gebracht.

Auch Wieland (Tyr) schenkt seinen Ring seiner Walküre Alwit. Später besitzt ihn dann seine Geliebte Bödwild. In dieser Sage wurde der Ring von Bödwilds Vater (Loki) dem Wieland geraubt und dann Bödwild geschenkt.

Einstmals begab es sich, daß Brünhild und Gudrun zum Wasser gingen, um ihre Schleier zu waschen. Als sie nun zum Fluß kamen, watete Brünhild tiefer vom Land in den Strom und sagte, sie wolle das Wasser an ihrem Haupt nicht leiden, das aus Gudruns Haaren rinne, dieweil sie einen hochgemutem Mann habe. Da ging Gudrun ihr in den Fluß nach und sagte, sie dürfe ihren Schleier wohl darum über ihr im Strom waschen, weil sie einen Mann habe, dem weder Gunnar noch ein anderer in der Welt an Kühnheit gleiche, denn er habe Fafnir und Regin erschlagen und beider Erbe gewonnen.

Da antwortete Brünhild: „Mehr war wert, daß Gunnar durch die Waberlohe ritt, was Sigurd nicht wagte."

Da lachte Gudrun und sprach: „Meinst Du, Gunnar sei durch die Waberlohe geritten? So meine ich, daß der mit Dir zu Bett ging, der mir diesen Goldring gab. Der Ring aber, den Du an der Hand hast und zur Morgengabe empfingst, heißt Andwaranaut, und ich glaube nicht, daß Gunnar ihn auf der Gnitaheide geholt hat."

Da schwieg Brünhild und ging heim. Darauf reizte sie Gunnar und Högni, Sigurd zu töten; aber weil sie dem Sigurd Brüderschaft geschworen hatten, stifteten sie ihren Bruder Gutthorm dazu an. Der durchbohrte Sigurd im Schlafe mit dem Schwert, und als Sigurd die Wunde empfangen hatte, warf er sein Schwert Gram nach ihm und das schnitt ihn in der Mitte durch. Da fielen Sigurd und sein dreijähriger Sohn Sigmund, den sie auch töteten. Darauf durchstieß sich Brünhild mit dem Schwert und wurde mit Sigurd verbrannt. Gunnar und Högni nahmen Fafnirs Erbe und Andwaranaut und beherrschten nun die Lande.

Der Ringfluch hat nun auch zu dem gewaltsamen Tod des Sigurd und seines dreijährigen Sohnes Siegmund geführt.

Der Selbstmord der Brünhilde und ihre Bestattung zusammen mit Sigurd zeigt, daß eigentlich sie die Frau des Sigurd ist, d.h. ursprünglich die Göttin im Jenseits, zu der er gereist ist. Dieselbe Szene findet sich in der Baldur-Mythe, in der die Göttin Nanna „an Gram stirbt" und zusammen mit Baldur verbrannt wird.

Von den Germanen und allgemein den Indogermanen ist durch Mythen, Berichte und archäologische Funde gut bekannt, daß mit dem Fürsten oft auch seine Frau bestattet wurde.

König Atli, Budlis Sohn, Brünhildens Bruder, nahm da Gudrun zur Ehe, die Sigurd gehabt hatte, und sie bekamen Kinder. König Atli lud Gunnar und Högni zu sich und diese fuhren zu seinem Gastgebot. Ehe sie aber fuhren, verbargen sie das Gold, Fafnirs Erbe, im Rhein, und dieses Gold wurde niemals seitdem gefunden.

Mit dem Versenken des Nibelungenhortes an der Loreley im Rhein ist nun auch der Schatz, der eine Erweiterung des Ring-Motives gewesen ist, in der Wasserunterwelt angekommen. Der Ring ist schon vorher in das Jenseits gelangt, da Brünhilde, die den Ring Andvarinaut besaß, sich selber getötet hatte und mit Sigurd bestattet wurde.

König Atli hatte ein Heer versammelt, womit er Gunnar und Högni überfiel. Sie wurden gefangen genommen, und König Atli ließ dem Högni das Herz lebendig ausschneiden und das war sein Tod. Gunnar ließ er in den Schlangenhof werfen; aber heimlich wurde ihm eine Harfe gebracht, die er mit den Zehen schlug, weil ihm die Hände gebunden waren, so daß alle Schlangen einschliefen, bis auf eine Natter, die gegen ihn lief und ihn in die Brust biß und dann den Kopf in die Wunde steckte und sich an seine Leber hing bis er tot war.

Die Schlangengrube ist eine Übertragung der Schlangen-Jenseitsweg-Symbolik in den Bereich der Sage, in der die Schlange nun zur Ursache des Todes umgedeutet wird. Die Schlangengrube ist eigentlich die Grabkammer im Hügelgrab mit dem Toten in der Gestalt einer Schlange in dieser „Grube".

Gunnar und Högni wurden Niflungen genannt oder Giukungen: darum heißt das Gold „der Niflungen Hort oder Erbe". Bald darauf tötete Gudrun ihre beiden Söhne und ließ aus ihren Schädeln mit Gold und Silber Trinkgeschirr machen.

Darauf wurde der Niflungen Leichenfeier begangen. Bei diesem Gelage ließ Gudrun dem König Atli in diese Trinkgeschirre Met schenken, der mit dem Blut der Jünglinge gemischt war; ihre Herzen aber ließ sie braten und gab sie dem König zu essen. Und als das geschehen war, sagte sie es ihm selbst mit vielen unholden Worten. Es fehlte da nicht an kräftigem Met, so daß die meisten Leute schliefen, die da saßen. In der Nacht aber ging sie zu dem König, als er eingeschlafen war, und mit ihr Högnis

Sohn. Sie töteten ihn, und so ließ er das Leben. Darauf warfen sie Feuer in die Halle und verbrannten alles Volk, das darinnen war.

Hier finden sich ein weiteres Motiv aus den Jenseitsvorstellungen, das auch im Wieland-Lied auftritt: der Tod der beiden Brüder. Ursprünglich waren sie die Pferdezwilling-Jünglinge, also die beiden Pferde, die den Wagen des Sonnengott-Göttervaters Tyr zogen (die Dioskuren der Griechen). Sie starben am Abend bzw. im Herbst zusammen mit dem Sonnengott-Göttervater und kehrten dann am Morgen bzw. Frühling wiedergeboren zurück.

Am deutlichsten findet sich dieses Motiv in der keltisch-irischen Sage „Der Stierraub von Cuailgne", in dem der Held Cú Chulainn der Sohn des Sonnengottes Lugh, d.h. die wiedergeborene Sonne ist und mit ihm zugleich ein Pferd geboren wird. Auch die ihm nah verwandte Göttin Macha gebiert bei einem Pferderennen Zwillinge.

Die Benutzung von Schädelschalen ist bis ca. 1000 n.Chr. sowohl von den Germanen und Kelten als auch von der christlichen Kirche gut bekannt. Diese Schädelschalen dienten dazu, den Kontakt mit dem entsprechenden Toten herzustellen und so seinen Segen zu erhalten. Auch dieses Motiv ist hier im Sinne der Sagen in einen Akt der Rache umgedeutet worden.

Das Herz-Motiv muß damals im Zusammenhang mit dem Tod wichtig gewesen sein, da es hier schon das dritte Mal erscheint (Fafnirs Herz, Högnis Herz, die Herzen der beiden Atli-Söhne).

Dann ging Gudrun an die See und sprang ins Meer und wollte sich ertränken. Aber sie wurde über die Bucht getragen und kam an das Land, das König Jonakur besaß. Und als der sie sah, nahm er sie zu sich und vermählte sich mit ihr. Sie hatten drei Söhne mit Namen Sörli, Hamdir und Erp. Sie hatten alle rabenschwarzes Haar, wie Gunnar und Högni und die anderen Niflungen.

Bei ihnen wurde Swanhild, Sigurds Tochter, erzogen, die aller Frauen schönste war. Das erfuhr der König Jörmunrek der Reiche: Da sandte er seinen Sohn Randwer, sie ihm zu werben. Und als er zu Jonakur kam, wurde ihm Swanhild übergeben, daß er sie dem König Jörmunrek brächte.

Da sagte Bicki, es gezieme sich besser, daß Randwer Swanhild nähme, denn er wäre jung und sie auch, Jörmunrek aber alt. Dieser Rat gefiel ihnen wohl als jungen Leuten. Darauf verriet Bicki dies dem König: Da ließ Jörmunrek seinen Sohn greifen und zum Galgen führen. Da nahm Randwer seinen Habicht, rupfte ihm die Federn aus und bat, ihn seinem Vater zu senden. Darauf wurde er gehängt.

Als aber König Jörmunrek den Habicht sah, da kam ihm in den Sinn, wie der Habicht flug- und federlos sei, so sei auch sein Reich ohne Bestand, denn er sei alt und sohnlos. Da ließ König Jörmunrek, als er mit seinem Gefolge aus dem Wald von der Jagd geritten kam, und die Königin Swanhild beim Haarwaschen saß, über sie reiten und sie unter den Hufen der Rosse zu Tode treten.

Als aber Gudrun dies erfuhr, reizte sie ihre Söhne, den Tod Swanhildens zu rächen. Und als sie sich reisefertig machten, gab sie ihnen Brünnen und Helme von solcher Stärke, daß kein Eisen daran haften mochte. Auch gab sie ihnen den Rat, wenn sie zu König Jörmunrek kämen, sollten sie des Nachts, wenn er schliefe, zu ihm gehen, und Sörli und Hamdir sollten ihm Hände und Füße abhauen, aber Erp das Haupt.

Als sie aber unterwegs waren, fragten sie den Erp, wie er ihnen beistehen wolle, wenn sie König Jörmunrek träfen. Er antwortete, er wolle ihnen helfen wie die Hand dem Fuße. Da sagten sie, die Füße hätten an den Händen keine Stützen. Sie waren ihrer Mutter erzürnt, weil diese sie mit harten Worten zu der Fahrt angetrieben hatte: darum gedachten sie, zu tun, was ihr am übelsten gefiele und töteten Erp, weil sie den am meisten liebte.

Bald darauf strauchelte Sörli beim Gehen mit einem Fuße und stützte sich mit den Händen.

Da sprach er: „Nun half die Hand dem Fuße: besser wäre es, wenn Erp lebte."

Als sie aber zu König Jörmunrek kamen des Nachts, da er schlief, und ihm Arme und Füße abhieben, da erwachte er und rief seinen Leuten und hieß sie aufstehen.

Da sprach Hamdir: „Nun müßte auch der Kopf ab, wenn Erp lebte."

Da standen die Hofmänner auf und griffen sie an, konnten sie aber mit Waffen nicht bezwingen. Da rief Jörmunrek, sie sollten sie mit Steinen zu Tode werfen. Das geschah: Da fielen Sörli und Hamdir. Und nun war Giukis Geschlecht und ganze Nachkommenschaft tot.

Von Sigurd lebte noch eine Tochter, die Aslaug hieß und bei Heimir in Hlimdalir erzogen worden war. Von ihr stammen mächtige Geschlechter.

Es wird auch gesagt, Sigmund, Wölsungs Sohn, sei so stark gewesen, daß er Gift trank, ohne daß es ihm schadete, und seine Söhne Sinfiötli und Sigurd waren so hart von Haut, daß kein Gift ihnen schadete, das von außen an sie kam.

In der folgenden Übersicht sind alle Frauen, Männer, Kinder und Zwerge grau hinterlegt, die durch den Fluch des Ringes Andvarinaut eines gewaltsamen Todes gestorben sind. Von Gudruns sieben Kinder hat nur ihre Tochter Aslaug, die sie zusammen mit Sigurd hat, den Fluch überlebt.

Dieser Fluch ist eine Umdeutung des Ringes: In den Mythen ist der Ring ein Symbol für die Sonne und somit auch für die erfolgreiche Jenseitsreise, aber in der Sage ist er zu der Ursache für den Tod umgedeutet geworden. Der Drache in dieser Sage geht letztlich auf den ehemaligen Sonnengott-Göttervater Tyr zurück, der in der Unterwelt zu dem König der Zwerge, Alfen oder Riesen oder auch zu einem Drachen wurde.

Gudrun ist die zentrale Gestalt in der Sage. Vermutlich ist sie in der ursprünglichen Mythenstruktur mit Brünhilde identisch gewesen, die erst in der Sage, in die Walküre

Brünhilde, die Brünhilde in der Waberlohe und in Gudrun aufgespalten worden ist.

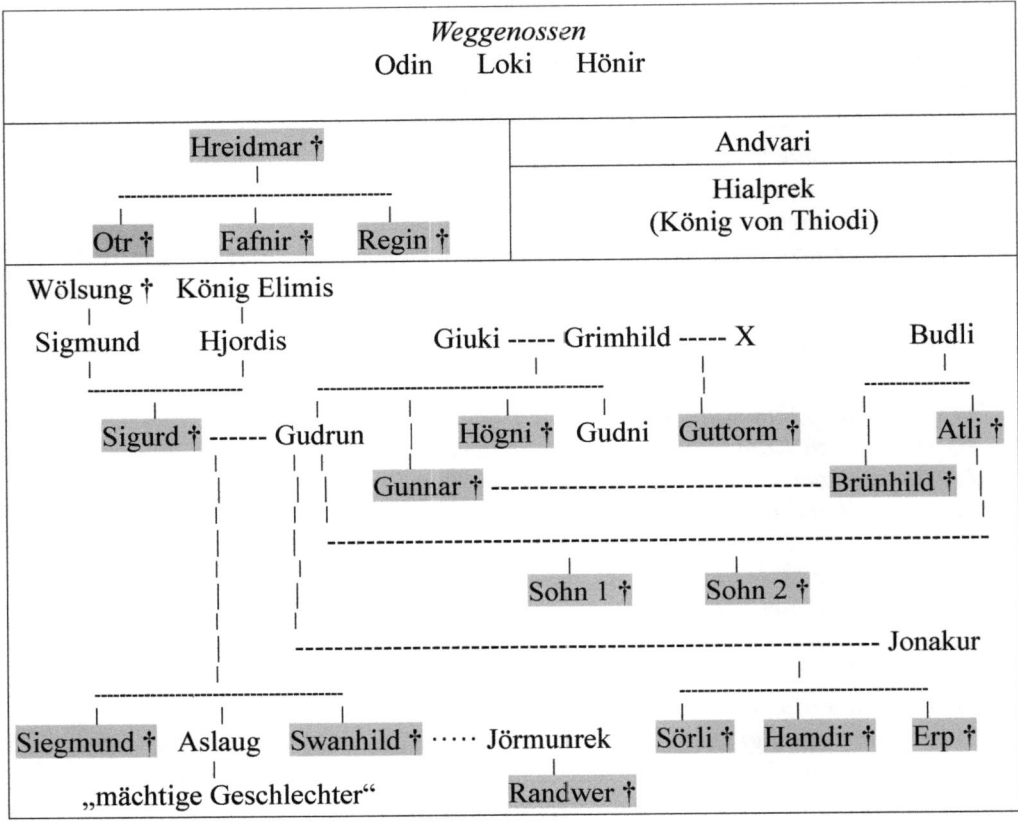

Über den Drachen werden in diesem Lied die folgende Dinge ausgesagt:

Fafnir ist der Sohn des „*sehr zauber kundigen*" Hreidmar.
Der Name „*Fafnir*" bedeutet „der Habgierige".
Fafnir hat zusammen mit seinem Bruder Regin seinen Vater Hreidmar getötet, um an dessen Gold und dessen Ring Andvarinaut zu gelangen. Er gibt Regin nichts von dem Gold ab und droht, auch ihn zu töten. Hreidmar ist der alte ehemalige Sonnengott-Göttervater Tyr, der stets drei Söhne hat, die die drei Stände verkörpern. Einer von diesen drei Söhnen ist auch der wiedergeborene, junge Göttervater Tyr – dies ist hier Fafnir.
Fafnir hatte das Schwert Hrotti und den Helm, den Hreidmar besessen hatte,

genommen und den auf sein Haupt gesetzt. Dieser Helm hieß Ögishelm und war allen Lebendigen ein Schrecken zu schauen. Fafnir fuhr auf die Gnitaheide, machte sich da ein Bett, nahm Schlangengestalt an und lag auf dem Gold. Evtl. hat der Ögishelm die Gestalt eines Drachen und bewirkt die Verwandlung in einen Drachen. Dieser Helm könnte ursprünglich das Fell mit dem noch an ihm hängenden Schädel gewesen sein, in das man die Toten und die Jenseitsreisenden hüllte.

Fafnir kriecht manchmal zum Wasser.

Fafnir wird auf Anstiften des Regin durch Sigurd getötet. Sigurd gräbt eine Grube und ersticht von dort unten aus mit seinem Schwert Gram („Grimm").

Regin trinkt Fafnirs Blut.

Regin verlangt als Mordbuße von Sigurd, daß er ihm das Herz des Fafnir brät und zu essen gibt.

Sigurd versteht die Vogelsprache, nachdem er versehentlich von dem Drachenherz gekostet hat.

Der Drache Fafnir steht in dem Lied weiterhin in Verbindung mit Brünhilde, der Waberlohe und dem Todesfluch des Andvari/Loki.

Fafnir ist ursprünglich der ehemalige Sonnengott-Göttervater Tyr als Drache in der Unterwelt gewesen. In dieser Gestalt erscheint er auf den Bildsteinen, die vor seiner Absetzung durch Odin erschaffen worden sind (siehe Kapitel IV 3. in diesem Buch).

Die ursprüngliche Drachen-Symbolik ist der Sage schon sehr stark umgedeutet worden, wodurch der Drache von einer Hilfe zur Bedrohung geworden ist und das Natur-Motiv der Jenseitsreise der Sonne durch das Königs-Motiv der Rache ersetzt worden ist.

I 1. b) Die Stabkirche von Hylestad

Der Drachenkampf des Sigurd/Siegfried ist in dem Schnitzwerk am Portal der Stabkirche von Hylestad in Norwegen dargestellt worden:

Regin schmiedet für Siegfried ein Schwert

Siegfried zerbricht eins der Schwerter, die Regin geschmiedet hat

Siegfried tötet Fafnir

Siegfried leckt das Drachenherz-Fett von seinem Finger ab und versteht die Stimmen der Vögel im Baum

Siegfried tötet Regin

I 1. c)   Das erste Lied über Sigurd Fafnir-Töter: Griprs Weissagung

In diesem Lied befragt Sigurd den König, Weisen und Seher Gripir, den Bruder seiner Mutter, nach seiner Zukunft. In diesem Gespräch kommt die Rede auch auf den Drachen.

Sigurd:
„Sag, edler König, mir Anverwandte,
Gib volle Kunde, da wir freundlich reden.
Siehst Du Sigurds Siege voraus,
Die zu höchst sich heben unter des Himmels Rändern?"

Gripir:
„Du fällst allein den gefräßigen Wurm,
Der glänzend liegt auf Gnitaheide.
Beiden Brüdern bringst Du den Tod,
Regin und Fafnir: das sieht Gripir voraus."

Sigurd:
„Schätze Gewinn ich, wenn so mir gelingt
Zu kämpfen mit Männern wie Du mir kund tust.
Im Geiste erforsche ferner und sage mir,
Wie lenkt mein Lebenslauf sich hernach?"

Gripir:
„Finden wirst Du Fafnirs Lager,
Wirst heimfahren den glänzenden Hort,
Mit Gold beladen Granis Rücken
Und zu Giuki reiten, kampflustiger Held."

Sigurd:
„Noch sollst Du dem Fürsten in freundlicher Rede,
Weitschauender König, weiteres künden.
Gast war ich Giukis, nun geh ich von dannen:
Wie lenkt mein Lebenslauf sich hernach?"

Gripir:
„Auf dem Felsen schläft die Fürstentochter
hehr im Harnisch nach Helgis Tode:
Mit scharfem Schwerte wirst Du schneiden,
Die Brünne trennen mit Fafnirs Töter."

„Fafnirs Töter" ist Sigurds Schwer Gram.

In diesem Lied finden sich zwei zusätzliche Angaben zu dem Drachen Fafnir:

> Fafnir ist „gefräßig" und „glänzend". Zudem wird er „Wurm" genannt.

Das Adjektiv „gefräßig" ist eine anderes Wort für den Namen „Fafnir" („Habgieriger"). In der germanischen Skaldenkunst war es üblich, Substantive durch ihnen ähnliche Substantive zu ersetzen, wie z.B. auch das Wort „Schlange" durch „Wurm". Auf diese Weise könnte auch das Adjektiv „gefräßig" ein Hinweis auf den Namen „Fafnir" sein.

Das Adjektiv „glänzend" könnte sich auf den Schatz beziehen, den Fafnir hütet. Vielleicht bezieht es sich aber auch auf seine Schlangenhaut. Die Auffassung dieses „Glänzens" als ein Überkrustetsein des Drachen mit den Münzen, Ringen und anderen aus Gold gefertigten Gegenständen, auf denen er liegt, wäre wohl etwas zu weit gefaßt.

I 1. d) Das andere Lied über Sigurd Fafnir-Töter

Sigurd ging zu Hialpreks Gestüt und wählte sich daraus einen Hengst, der seitdem Grani genannt wurde. Da war zu Hialprek Regin gekommen, Hreidmars Sohn. Er war über alle Männer kunstreich, dabei ein Zwerg von Wuchs. Er war weise, grimm und zauberkundig.

Die Formulierung „ein Zwerg von Wuchs" wird in der Sage recht sicher das „Zwerg" der ihr vorausgehenden Mythe ersetzt haben.

Regin wird *„weise, grimm und zauberkundig"* genannt. Hreidmar wurde in „Die Niflungen und die Giukungen" *„sehr zauberkundig"* genannt. Daher wird man vermutlich davon ausgehen können, daß auch Regins Bruder Fafnir, der sich in eine Schlange verwandeln konnte, zauberkundig war.

Regin übernahm Sigurds Erziehung und Unterricht und liebte ihn sehr. Er erzählte dem Sigurd von seinen Voreltern und den Abenteuern, wie Odin, Hönir und Loki einst zu Andwaris Wasserfall kamen. In diesem Wasserfall war eine Menge Fische. Ein Zwerg, der Andwari hieß, war lange in dem Wasserfall in Hechtsgestalt und fing sich da Speise.

Die Fischgestalt des Andvari wird hier als „Hecht" präziser beschrieben. In diesem Text wird auch deutlich, daß der Wasserfall, in dem Andvari lebte, derselbe ist, wie der, in dem Otr sich den Lachs gefangen hatte, denn die drei Asen waren nur an dem Wasserfall gemeinsam, in dem Otr fischte. Hier wird jedoch gesagt, daß die drei Asen an Andvaris Wasserfall gewesen sind.

Wasserfälle sind in den Mythen und Sagas der Germanen des öfteren der Eingang in die Unterwelt.

„Otr hieß unser Bruder", sprach Regin, „der fuhr oft in den Wasserfall in Otters Gestalt. Da hatte er einst einen Lachs gefangen und saß am Flußrand und aß blinzelnd. Loki warf ihn mit einem Stein zu Tode. Da dauchten sich die Asen sehr glücklich gewesen zu sein und zogen dem Otter den Balg ab.

Denselben Abend suchten sie Herberge bei Hreidmar und zeigten ihm ihre Beute. Da griffen sie sie mit Händen und legten ihnen Lebenslösung auf: Sie sollten den Otterbalg mit Gold füllen und außen mit rotem Golde bedecken. Da schickten sie Loki aus, das Gold zu beschaffen. Er kam zu Ran und erhielt ihr Netz und warf das Netz vor den Hecht und er lief in das Netz.

Ran ist die Meeresgöttin, die Herrin des Totenreiches am Grunde des Meeres. Sie ist daher eine „Verwandte" der Totengöttin Hel. Dadurch, daß Loki den Andvari in Hechtgestalt mit dem Netz der Ran fängt, wir bestätigt, daß Andvari ein Bewohner der Unterwelt ist – ursprünglich einmal Tyr im Jenseits.

Da sprach Loki:
'Was für ein Fisch ist's, der in der Flut rennt,
Kann sich vor Witz nicht wahren?
Aus Hels Hause löse Dein Haupt nun
Und schaffe mir glänzende Glut.'

Die dritte Zeile bedeutet, daß Loki dem Andvari mit dem Tod droht. „Glänzende Glut" ist eine Umschreibung für „Gold".

Andwari, der Hecht:
'Andwari heiß ich, Oïn hieß mein Vater;
Durch manchen Flußfall fuhr ich.
Früh fügte mir eine feindliche Norne,
Ich sollt im Wasser waten.'

An dieser Stelle wird Andvaris Hechtgestalt nicht als von ihm freiwillig gewählt, sondern als die Verwünschung einer Norne dargestellt. Da die drei Nornen die Jenseitsgöttin als Schicksalsgöttin ist, ist die Verwandlung in einen Hecht anscheinend etwas, was geschieht, wenn man der Norne, d.h. der Jenseitsgöttin, begegnet. Da Andvari als Zwerg bereits der Geist eines Toten ist und zudem die Meeresgöttin Ran erwähnt wurde, kann man die Gestalt des Hechtes als „Totengeist in der Wasserunterwelt" auffassen.

Loki:
'Sage mir, Andwari, so Du anders willst
Bei Menschen länger leben,
Welche Strafe wird Menschensöhnen,
Die sich mit Lug verletzen?'

Loki fragt hier den Andvari, welche Strafe Menschen erhalten, die lügen. Zusammen mit seiner Frage, ob Andvari noch länger bei Menschen leben (oder von Loki getötet werden) will, erscheint Andvari hier als ehemaliger Mensch, der nun aber ein Hecht-Zwerg-Totengeist ist.

Andwari:
'Harte Strafe wird Menschensöhnen,
Die in Wadgelmir waten.
Wer mit Unwahrheit den andern verlügt,
Überlang schmerzen die Strafen.'

Vermutlich ist „Wadgelmir" identisch mit „Hvergelmir". Dieser Name bedeutet „brodelnder Kessel" und bezeichnet die Quelle unter dem Weltenbaum, aus der der zwölf Flüsse entspringen. Einer von ihnen ist der Jenseitsfluß Gjallar („Lärmender") – vermutlich sind diese zwölf Flüsse eine Ausweitung dieses einen Jenseitsflusses. „*Menschensöhne, die Wadgelmir waten*" sind demnach Menschen in der Unterwelt – die hier gerade für ihre Taten bestraft werden.

Sowohl Hvergelmir als auch Wadgelmir sind der Eingang in die Unterwelt.

Loki sah all das Gold, das Andwari besaß. Aber als dieser das Gold entrichtet hatte, hielt er einen Ring zurück. Loki nahm ihm auch den hinweg. Da ging der Zwerg in den Stein und sprach:

'Nun soll das Gold, das im Guß lag,
Zweien Brüdern das Ende bringen
Und der Edelinge acht verderben:
Mein Gold soll keinem zu Gute kommen.'

„In den Stein gehen" bedeutet, daß Andvari in die Grabkammer seines Hügelgrabes zurückkehrte.

Die erste Zeile bedeutet „das Gold, das im Wasserfall lag".

Die beiden Brüder sind offensichtlich Regin und Fafnir; die acht Edelleute könnten Siegfried und die sieben direkten Nachkommen von ihm und Gudrun, also Siegmund, Swanhild, Sörli, Hamdir, Erp und die beiden Söhne von Gudrun mit Atli sein. Die Zahl „8" war bei den Germanen wie allgemein bei den Indogermanen ein Symbol für „vollständig, rund, richtig".

Der Fluch wurde von Andvari daher nach dem Tod der beiden Brüder und der acht Edlen als vollständig und erfüllt angesehen.

Die Asen entrichteten dem Hreidmar den Schatz, füllten den Otterbalg und stellten ihn auf die Füße. Da sollten die Asen das Gold darum legen und den Otter hüllen. Aber als es getan war, ging Hreidmar hinzu und sah ein Barthaar und hieß auch das hüllen. Da zog Odin den Ring Andwaranaut hervor und hüllte das Haar.

Loki:
'Ich gab Dir das Gold, Entgeltung ward Dir,
Herrliche, meines Hauptes.
Deinem Sohne schafft es keinen Segen
Es bringt euch beiden den Tod.'

Hreidmar:
„Gaben gabst Du, nicht Liebesgaben,
Gabst nicht aus holdem Herzen.
Eures Lebens wärt ihr ledig,
Wußte ich diese Gefahr zuvor."

Loki:
'Noch übler ist was zu ahnen mich dünkt,
Der Künftigen Kampf um ein Weib.
Ungeboren noch acht ich die Edelinge,
Die um den Hort sich hassen.'

Hreidmar:
'Das rote Gold ist mir vergönnt.
Denk ich, so lang ich lebe.
Deine Drohungen fürcht ich keinen Deut;
Aber hebt euch heim von hinnen.'

Auch in diesen Versen erscheint Loki beinahe als der, der den Fluch ausspricht – zumindest ist er ganz mit dem Fluch einverstanden und scheint ihn zu genießen.

Fafnir und Regin verlangten von Hreidmar Verwandten-Buße wegen ihres Bruders Otr. Er aber sagte nein dazu. Da tötete Fafnir seinen Vater Hreidmar mit dem Schwert, als er schlief.

Hier ist es nur Fafnir, der seinen Vater Hreidmar tötet. Der Grund dafür ist der Geiz des Vaters.

Da starb Hreidmar; aber Fafnir nahm das Gold. Da verlangte auch Regin sein Vatererbe. Aber Fafnir sagte nein dazu."
Diese Dinge erzählte Regin dem Sigurd. Jenes Tages, da er zu Regins Hause kam, wurde er wohl empfangen.
Sigurd blieb nun beständig bei Regin und da sagte er dem Sigurd, daß Fafnir auf der Gnitaheide läge in Wurmgestalt. Er hatte den Ögishelm, vor dem alles Lebende sich entsetzte. Regin schuf dem Sigurd ein Schwert, Gram genannt: das war so scharf, daß er es in den Rhein steckte und ließ eine Wollflocke den Strom hinabtreiben: da zerschnitt das Schwert die Flocke wie das Wasser. Mit diesem Schwert schlug Sigurd Regins Amboß entzwei. Danach reizte Regin den Sigurd, den Fafnir zu töten.

Sigurd zieht jedoch zunächst aus, um seinen Vater zu rächen. Unterwegs nehmen sie einen Mann, der sich Hnikar nennt, mit aufs Schiff. Dies ist Odin, der dem Sigurd lehrt, welche Zeichen auf welchen Ausgang der Schlacht oder eines Kampfes hindeuten.

Nachdem Sigurd seinen Vater gerächt hat, kehrt er zu Regin zurück.

Sigurd fuhr heim zu Hialprek. Da reizte Regin den Sigurd, daß er Fafnir töte.

In diesem Lied finden sich folgende neue Hinweise zu dem Wesen des Drachen Fafnir:

Fafnir tötet seinen Vater Hreidmar alleine.
   Fafnirs Helm wird näher beschrieben: *Er hatte den Ögishelm, vor dem alles Lebende sich entsetzte.*

I 1. e) Fafnir-Lied

Sigurd und Regin fuhren aufwärts zur Gnitaheide und fanden da Fafnirs Weg, auf dem er zum Wasser kroch. Da machte Sigurd eine große Grube im Weg und stellte sich hinein. Als aber Fafnir von seinem Gold kroch, blies er Gift von sich und das fiel dem Sigurd von oben aufs Haupt. Als aber Fafnir über die Grube wegglitt, stach ihm Sigurd das Schwert ins Herz. Fafnir schüttelte sich und schlug mit Haut und Schweif. Da sprang Sigurd aus der Grube, wo dann einer den andern sah. Fafnir sprach:

Die Grube, in die Sigurd hinabsteigt, um aus ihr heraus den Drachen zu töten, ist vermutlich eine Umdeutung der Grube, in die man hineinsteigen muß, um einen Drachen zu töten, nämlich die Grabkammer, die in anderen Zusammenhängen mehrfach „Grube" genannt wird.

„Gesell und Gesell, welcher Gesell erzeugte Dich,
Welch Menschenkind bist Du?
Der in Fafnir färbtest den funkelnden Stahl;
Mir haftet im Herzen dein Schwert."

Aber Sigurd verhehlte seinen Namen, weil es in alter Zeit Glaube war, daß eines Sterbenden Wort viel vermöchte, wenn er seinen Feind mit Namen verwünschte. Er sprach:

„Wundertier heiß ich, ich wank umher,
Ein Kind, das keine Mutter kennt.
Auch vermiß ich den Vater, den Menschen sonst haben,
Ich gehe einsam, allein."

  Fafnir:
„Missest Du den Vater, den Menschen sonst haben,
Welches Wunder erzeugte Dich?"

  Sigurd:
„Mein Geschlecht ist Dir schwerlich kund
Und ich selber auch nicht.
Sigurd heiß ich, Sigmund hieß mein Vater;
Meine Waffe verwundete Dich."

Fafnir:
„Wer reizte Dich? Wie ließest Du Dich reizen
Mein Leben zu morden,
Klaräugiger Knabe? Kühn war Dein Vater:
Dem Ungebornen vererbt er den Sinn."

Sigurd:
„Mich reizte das Herz; die Hände vollbrachten's
Und mein scharfes Schwert.
Keiner ist kühn, wenn die Jahre kommen,
Der von Kindesbeinen blöd war."

Fafnir:
„Wärst Du erwachsen an der Verwandten Brust,
Man kennte Dich kühn im Kampfe;
In Haft bist Du hier, ein Heergefangner:
Stets, sagt man, bebt der Gebundne."

Sigurd:
„Welcher Vorwurf, Fafnir, als ob ich fern war
Meinem Mutterlande?
Nicht war ich in Haft hier, auch als Heergefangner;
Du fühlst wohl, daß ich frei bin."

Fafnir:
„Einen Vorwurf findest Du in freundlichem Wort;
Aber eins verkünd ich Dir:
Das gellende Gold, der glutrote Schatz,
Diese Ringe verderben Dich."

Sigurd:
„Goldes walten will ein jeder
Stets bis an den einen Tag.
Denn einmal muß jeder Mann doch
Fahren von hinnen zu Hel."

Fafnir:
„Du nimmst für nichts der Nornen Spruch,
Mein Wort für unweise Rede.
Doch ertrinkst Du im Wasser, ob Du beim Winde ruderst:
Alles stirbt hin, der sterben soll.

Der Schreckenshelm schützte mich lange,
Da ich über Kleinoden kroch;
Allein daucht ich mich stärker als alle
Und fand selten meinen Mann."

  Sigurd:
„Keinen mag schützen der Schreckenshelm,
Wo Zornige kommen zu kämpfen.
Wer mit vielen ficht befindet bald:
Keiner ist allein der Kühnste."

  Fafnir:
„Gift blies ich, da ich auf dem Golde lag,
Dem vielen, meines Vaters."

  Sigurd:
„Wohl warst Du furchtbar, Du funkelnder Wurm;
Ein hartes Herz erhieltest Du.
Der Mut schwillt mächtig den Menschensöhnen,
Die solchen Helm haben.

Laß Dich fragen, Fafnir, da Du vorschauend bist
Und wohl manches weißt:
Welches sind die Nornen, die notlösend heißen
Und Mütter mögen entbinden?"

  Fafnir:
„Verschiedenen Geschlechts scheinen die Nornen mir
Und nicht eines Ursprungs.
Einige sind Asen, andere Alfen,
Die dritten Töchter Dwalins."

  Sigurd:
„Laß Dich fragen, Fafnir, da Du vorschauend bist
Und wohl manches weißt:
Wie heißt der Holm, wo Herzblut mischen
Surtur einst und Asen?"

Fafnir:
„Oskopnir (Unvermeidlicher) heißt er, wo alle Götter
Dereinst mit Speeren spielen.
Bifröst bricht eh beide sich scheiden
Und im Strome schwimmen die Rosse.

Nun rat ich dir, Sigurd, nimm an den Rat
Und reit heim von hinnen.
Das gellende Gold, der glutrote Schatz,
Diese Ringe verderben Dich."

Sigurd:
Rat ist mir geraten; ich reite dennoch
Zu dem Hort auf der Heide.
Du Fafnir liegst in letzten Zügen
Bis Du hin mußt zu Hel."

Fafnir:
„Regin verriet mich, er verrät auch Dich,
Er bringt uns beiden den Tod.
Sein Leben muß nun Fafnir lassen,
Deine Macht bemeistert mich."

Regin war fortgegangen, während Sigurd Fafnir tötete; er kam zurück, als Sigurd das Blut vom Schwerte wischte.

Regin sprach:
„Heil Dir nun, Sigurd, Du hast Sieg erkämpft
Und den Fafnir gefällt.
Von allen Männern, die auf Erden wandeln,
Acht ich Dich den unverzagtesten."

Sigurd:
„Ungewiß bleibt, wo alle vereint sind,
Der Sieggötter Söhne,
Welcher der unverzagteste ist:
Mancher ist kühn, der die Klinge nie
Barg in des andern Brust."

Regin:
„*Stolz bist Du, Sigurd, und siegesfreudig,*
Da Du Gram im Grase wischest.
Den Bruder hast Du mir umgebracht;
Doch trag ich selbst der Schuld ein Teil."

Sigurd:
„*Du rietest dazu, daß ich reiten sollte*
Über die heiligen Berge her.
Gut und Leben gegönnt war dem glänzenden Wurm,
Triebest Du mich nicht zur Tat."

Da ging Regin zu Fafnir und schnitt ihm das Herz aus mit dem Schwert, das Ridil heißt, und trank dann das Blut aus der Wunde.

Regin:
„*Sitze nun, Sigurd; ich schlafe derweil,*
Und halte Fafnirs Herz ans Feuer.
Ich will das Herz zu essen haben
Auf den Bluttrunk, den ich trank."

Sigurd:
„*Fern entflohst Du, während in Fafnir ich*
Rötete das scharfe Schwert.
Meine Stärke setzt ich wider den starken Wurm,
So lange Du auf der Heide lagst."

Regin:
„*Lange liegen ließest Du auf der Heide*
Jenen alten Joten,
Wenn Du das Schwert nicht schwangst, das ich Dir schuf,
Die wohlgewetzte Waffe."

Sigurd:
„*Mut in der Brust ist besser als Stahl,*
Wo sich Tapfere treffen.
Den Kühnen immer sah ich erkämpfen
Mit stumpfem Schwerte den Sieg.

*Der Kühne mag besser als der Bange kann
Sich im Kriegsspiel versuchen.
Mehr gelingt dem Muntern als dem Mürrischen
Was er auch in der Hand halte."*

Alle anderen überlieferten Rätselwettstreite der Germanen findet zwischen Tyr und Odin statt und sollen Odins Überlegenheit über Tyr demonstrieren. Man kann daher davon ausgehen, daß auch in diesem Rätselstreit der Verlierer, also Fafnir, auf Tyr zurückgeht, und der Gewinner, also Sigurd, an die Stelle des Odin getreten ist.

Sigurd nahm Fafnirs Herz und briet es am Spieß. Und als er dachte, daß es gar wäre, und der Saft aus dem Herzen schäumte, da stieß er daran mit seinem Finger und versuchte, ob es gar gebraten wäre. Er verbrannte sich und steckte den Finger in den Mund. Aber als Fafnirs Herzblut ihm auf die Zunge kam, da verstand er der Vögel Stimmen. Er hörte, daß Vogelweibchen auf den Zweigen zwitscherten.

Die sieben Vogelweibchen raten Sigurd nacheinander alle, den Regin zu töten, da dieser seinerseits Sigurd zu töten plant.

*Sigurd hieb Regin das Haupt ab, und aß Fafnirs Herz und trank beider Blut, Regins und Fafnirs.
Da hörte Sigurd, was die Vogelweibchen sangen:*

*„Mit den roten Ringen bereife Dich, Sigurd;
Um Künftges sich kümmern ziemt Königen nicht.
Ein Weib weiß ich, ein wunderschönes,
Goldbegabt: war sie Dir gegönnt!*

*Zu Giuki gehen grüne Pfade:
Dem Wandernden weist das Schicksal den Weg.
Da hat eine Tochter der teure König:
Die magst Du, Sigurd, um Mahlschatz kaufen.*

*Ein Hof ist auf dem hohen Hindarfiall
Ganz von Glut umgeben außen.
Ihn haben hehre Herrscher geschaffen
Aus undunkler Erdenflamme.*

Auf dem Steine schläft die Streiterfahrene,
Und lodernd umleckt sie der Linde Feind.
Mit dem Dorn stach Ygg sie einst in den Schleier,
Die Maid, die Männer morden wollte.

Schaun magst Du, Mann, die Maid unterm Helme,
Die aus dem Gewühl trug Wingskornir das Roß.
Nicht vermag Sigdrifas Schlaf zu brechen
Ein Fürstensohn eh die Nornen es fügen."

   rote Ringe = Goldringe
   Goldbegabt = reich
   undunkle Erdenflamme = Waberlohe (Flamme der Erde = Feuer des Hügelgrabes)
   auf dem Stein = in dem Hügelgrab
   Streiterfahrene = Kriegerin
   Ygg = Odin
   Dorn = Schwert
   Männer-mordende Maid = Walküre

Sigurd ritt auf Fafnirs Spur nach dessen Haus und fand es offen und die Türen von Eisen und aufgeklemmt. Von Eisen war auch alles Zimmerwerk am Haus, und das Gold war unten in die Erde gegraben. Da fand Sigurd großmächtiges Gut und füllte damit zwei Kisten. Da nahm er Ögishelm und die Goldbrünne und das Schwert Hrotti und viele Kostbarkeiten und belud Grani damit. Aber das Roß wollte nicht fortgehen, bis Sigurd auf seinen Rücken stieg.

   „Eisen" ist ein „Adjektiv" für alles, was zum Jenseits gehört.
   Das „durch ein Tor verschlossene Haus in der Erde" ist die Grabkammer in einem Hügelgrab – in dem hier ein Grabschatz liegt.

   In diesem Lied finden sich etliche neue Charakterisierungen und Bilder des Drachen Fafnir:

> Er ist ein starker, furchtbarer, funkelnder, glänzender Wurm, der Gift bläst.
>   Er wird als Jote („Gefräßiger"), also als Riese bezeichnet; die Jöten wohnen in Utgardloki, d.h. der Unterwelt. Der Drache ist folglich wie der Zwerg, der sich in den Drachen verwandelt hat, ein Jenseits-Wesen.
>   Der Schreckenshelm schützt Fafnir, macht sein Herz hart und läßt ihn überheblich werden („sein Mut schwillt an").

Der Drache kennt die Nornen und kann wie diese die Zukunft vorhersehen – vermutlich weil er ein Jenseitswesen ist. Der tote Fafnir muß zur Hel, d.h. in die Unterwelt gehen – er ist zuvor sozusagen ein Jenseitswesen im Diesseits gewesen.

Fafnir kennt den bevorstehenden Kampf zwischen Surt (Tyr) und den Asen beim Ragnarök. Diese Schlacht ist der ins Große übertragene Mord des Loki an Baldur – Loki ist auch derjenige, der letztlich hinter dem Fluch stehen wird, der u.a. zu dem Töten des Drachen führt.

Tyr-Fafnir berichtet über seinen eigenen zyklischen Tod, wenn er dem Sigurd über die Götterdämmerung berichtet, da diese große Schlacht auf den zyklischen Kampf zwischen dem Sommergott Tyr und dem Wintergott Loki zurückgeht.

Die Warnung des Drachen vor dem Schatz ist aufrichtig, aber ohne Wirkung auf Siegfried.

I 1. f) Sigdrifa-Lied

Sigurd ritt hinauf nach Hindarfiall und wandte sich südwärts gen Frankenland. Auf dem Berge sah er ein großes Licht gleich als brennte ein Feuer, von dem es zum Himmel emporleuchtete. Aber als er hinzukam, stand da eine Schildburg und oben heraus ein Banner. Sigurd ging in die Schildburg und sah, daß da ein Mann lag und in voller Rüstung schlief. Dem zog er zuerst den Helm vom Haupt: Da sah er, daß es ein Weib war. Die Brünne war fest als war sie ans Fleisch gewachsen. Da ritzte er mit Gram die Brünne durch vom Haupt herab und danach auch an beiden Armen.

Darauf zog er ihr die Brünne ab; aber sie erwachte, richtete sich empor, sah den Sigurd an und sprach:

„Was zerschnitt mir die Brünne? Wie brach mir der Schlaf?
Wer befreite mich der falben Bande?"

Sigurd:
„Sigmunds Sohn: eben zerschnitt
Das Wehrgewand Dir Sigurds Waffe."

Sigdrifa:
„Lange schlief ich, lange hielt mich der Schlummer,
Lange lasten Menschenlose.
So waltete Odin, ich wußte nicht
Die Schlummerrunen abzuschütteln."

Sigurd setzte sich nieder und frug nach ihrem Namen. Da nahm sie ein Horn voll Met und gab ihm Minnetrank.

„Heil Dir Tag, Heil euch Tagessöhnen,
Heil Dir Nacht und nährende Erde:
Mit unzornigen Augen schaut auf uns
Und gebt uns Sitzenden Sieg.

Heil euch Asen, Heil euch Asinnen,
Heil Dir, fruchtbares Feld!
Wort und Weisheit gewährt uns edlen zwein
Und immer heilende Hände!"

Sie nannte sich Sigdrifa und war eine Walküre. Sie erzählte, wie zwei Könige sich bekriegten: der eine hieß Hialmgunnar, der war alt und der größte Krieger, und Odin hatte ihm Sieg verheißen; Der andre hieß Agnar, Adas Bruder, dem wollte niemand Schutz gewähren.
Sigdrifa fällte den Hialmgunnar in der Schlacht; aber Odin stach sie zur Strafe dafür mit einem Schlafdorn und sagte, von nun an solle sie nie wieder Sieg erfechten im Kampfe, sondern sich vermählen.
„Aber ich sagte ihm, daß ich das Gelübde täte, mich keinem Manne zu vermählen, der sich fürchten könne."
Sigurd antwortete und bat sie, ihn Weisheit zu lehren, da sie die Mären aus allen Welten wüßte.

Der Kampf zwischen Hilamgunnar und Agnar ist recht sicher eine Saga-Variante des Kampfes zwischen Tyr und Loki in den früheren Mythen.

Sigdrifa:
„Bier bring ich Dir, Du Baum in der Schlacht,
Mit Macht gemischt und Mannesruhm,
Voll der Lieder und lindernder Sprüche,
Guter Zauber voll und Freudenrunen."

Nun singt Sigrdrifa (Brünhilde) dem Sigurd zunächst Runenlieder und anschließend Weisheitssprüche.
Danach führen sie ihr Gespräch fort:

Sigurd sprach: „Kein weiseres Weib ist zu finden als Du, und das schwör ich, daß ich Dich haben will, denn Du bist nach meinem Sinn."

Sie antwortete: "Dich will ich und keinen andern, hätt ich auch zu wählen unter allen Männern. Und dies befestigten sie unter sich mit Eiden."

In diesem Lied wird offensichtlich, daß Sigurd und die Walküre in der Waberlohe ein Paar sind. Die Verbindung zwischen Sigurd und Gudrun im Niflungen-Lied sowie das Auftreten von zwei Brünhilden ist bereits eine Weiterentwicklung, die die Mythe zugunsten der Sage rationalisiert hat.

Über Fafnir wird in diesem Lied nichts neues berichtet.

I 1. g) Das dritte Lied über Sigurd Fafnir-Töter

Auch in diesem Lied finden sich keine neuen Merkmale des Drachens Fafnir, da er nur in einer Zeile erwähnt wird:

Einst geschah's, daß Sigurd Giuki besuchen kam,
Der junge Wölsung, des Wurms Besieger.

I 1. h) Nibelungenlied

In dem Nibelungenlied wird der Drachenkampf nur indirekt erwähnt. Es ist jedoch einiges Zusätzliches zu Andvarinaut zu erfahren.

Mit dem guten Schwerte, geheißen Balmung.
Vom Schrecken überwältigt war mancher Degen jung
Zumal vor dem Schwerte und vor dem kühnen Mann:
Das Land mit den Burgen machten sie ihm unterthan.

Dazu die reichen Könige die schlug er beide tot.
Er kam durch Albrichen darauf in große Noth:
Der wollte seine Herren rächen allzuhand,
Eh er die große Stärke noch an Siegfrieden fand.

Mit Streit bestehen konnt ihn da nicht der starke Zwerg.
Wie die wilden Leuen liefen sie an den Berg,
Wo er die Tarnkappe Albrichen abgewann:
Da war des Hortes Meister Siegfried der schreckliche Mann.

Die sich getraut zu fechten, die lagen all erschlagen.
Den Schatz ließ er wieder nach dem Berge tragen,
Dem ihn entnommen hatten die Niblung unterthan.
Alberich der Starke das Amt des Kämmrers gewann.

Er mußt ihm Eide schwören, er dien ihm als sein Knecht,
Zu aller Art Diensten ward er ihm gerecht.
So sprach von Tronje Hagen: „Das hat der Held gethan;
Also große Kräfte nie mehr ein Recke gewann.

Noch ein Abenteuer ist mir von ihm bekannt:
Einen Linddrachen schlug des Helden Hand;
Als er im Blut sich badete, ward hörnern seine Haut.
So versehrt ihn keine Waffe: das hat man oft an ihm geschaut."

... ...

Sie sprach: „Mein Mann ist tapfer, dazu auch stark genug.
Als er den Linddrachen an dem Berge schlug,
Da badet' in dem Blute der Degen allbereit,
Daher ihn keine Waffe je versehren mocht im Streit.

Jedoch bin ich in Sorgen, wenn er im Kampfe steht
Und aus der Helden Hände mancher Speerwurf geht,
Daß ich da verliere meinen lieben Mann.
Hei! was ich Sorgen oft um Siegfried gewann!

Mein lieber Freund, ich meld es nun auf Gnade Dir,
Daß Du deine Treue bewähren mögst an mir,
Wo man mag verwunden meinen lieben Mann.
Das sollst Du nun vernehmen: es ist auf Gnade gethan.

Als von des Drachen Wunden floß das heiße Blut,
Und sich darinne badete der kühne Recke gut,
Da fiel ihm auf die Achseln ein Lindenblatt so breit:
Da kann man ihn verwunden; das schafft mir Sorgen und Leid."

Fafnir wird als „Linddrache, Lindwurm" bezeichnet. „Lind" bezieht sich jedoch nicht auf die „Linde", sondern stammt von dem althochdeutschen Wort „lint" für „Schlange" ab. Somit enthält diese Bezeichnung keinen neuen Hinweis auf das Wesen des Fafnir.

Das Blut des Drachen besitzt im Nibelungenlied die Wirkung, daß sie Siegfried unverwundbar macht. Ob dies auch die ursprüngliche Vorstellung gewesen ist, wegen der Regin das Blut des Fafnir trank, ist recht fraglich – zumindestens wird dort nichts dergleichen erwähnt. Es erscheint wahrscheinlicher, daß dies eine Erinnerung daran ist, daß man bei Bestattungen, Schamanenweihen, Krönungen und anderen (rituellen) Jenseitsreisen das Herdentier aß, daß man zur Sicherung der Zeugungskraft des Jenseitsreisenden opferte, und den Jenseitsreisenden in das Fell dieses Tieres hüllte.

Dieser Brauch wird auch der Ursprung für die Szene sein, in der Thor seine beiden Ziegenböcke schlachtet, aber darauf achtet, daß Fell und Knochen nicht verletzt werden, und dann aus ihnen mithilfe seines Hammers Mjöllnir neu entstehen läßt. In diesem Bild sind die Ziegenböcke selber die Wiedergeborenen und nicht mehr der Jenseitsreisende, für die sei im Ritual geschlachtet wurden.

Alberich bedeutet „Zwergenkönig". Auch Wieland der Schmied (Tyr in der Unterwelt) wird „Alben-König" genannt.

Alberich wird vermutlich mit Andvari identisch sein. Sein Beiname „der Starke" wird sich vermutlich weniger auf seine Körperkraft als auf seine magischen Fähigkeiten beziehen.

Die Tarnkappe, die Siegfried von ihm erhielt und die den Träger dieser Kappe unsichtbar macht, ist ein interessantes Objekt. Menschen sind nur als Seele unsichtbar, was man als Lebender nur bei der Astralreise erleben kann, bei der man bei vollem Bewußtsein erleben kann, wie die Seele aus dem materiellen Körper austritt und man den eigenen Körper daher von außen sieht. Da man bei diesem Erlebnis in der Regel schwebt, wird die Seele bei allen Völkern als Vogel dargestellt.

Diese Tarnkappe ist eigentlich eine „Kappa", also ein Mantel („Cape"). Solch ein Unsichtbarkeits-Mantel taucht auch mehrfach in den keltischen Mythen und Sagen auf. Die Form des Mantels zeigt deutlich, daß es sich hierbei um das Fell handelt, in das die Toten und andere Jenseitsreisende gehüllt wurden, deren dann ins Jenseits reisende Seele unsichtbar war.

Die Bezeichnung „Zwerg" bedeutet eigentlich „Gespenst, Totengeist". Da die Totengeister unsichtbar sind, ist die Tarnkappe des Alberich letztlich vor allem ein Hinweis darauf, daß Alberich ein Totengeist, d.h. der König der Ahnen im Jenseits ist.

Sowohl Alberich selber als seine Tarnkappe sind allerdings schon dem Wesen der Sage entsprechend in die höfisch-technische Bilderwelt übertragen worden: Alberich wurde zum Kämmerer und der Zustand der Unsichtbarkeit der Totengeister wurde als Tarnkappe zu einem Zaubergegenstand.

Das Neue bezüglich des Drachen Fafnir in diesem Lied ist, das sein Blut eine unverwundbare Hornhaut bei dem entstehen läßt, der sich mit dem Drachenblut einreibt.

I 1. i) Völsungen-Saga

Von der folgenden Szene wird nur an dieser Stelle berichtet:

Sigurd gab Gudrun von dem Drachenherzen und sie aß davon und wurde großherziger und weiser als zuvor.

I 1. j) Lied über König Harald Hart-Rat

Diese Verse wurden um 1070 n.Chr. von dem Skalden Illugi verfaßt.

Es war das Vergnügen des Wolfes,
daß mein Herr viele in die Flucht geschlagen hat;
der Halsreif-Verminderer erstach
die dunkle Forelle des Waldes mit dem Schwert.

   Vergnügen der Wölfe = das Fressen der Leichen
   Herr = Sigurd
   Halsreif-Verminderer = freigiebiger Fürst
   Forelle des Waldes = 1. Schlange = Drache (Fafnir); 2. Feinde

Der Durst-Löscher der Wölfe brach noch einmal
zu einer Raubfahrt nach Osten hin auf;
der freigiebige Herrscher
bewegte das bittere Herz der Schlange über das Feuer.

   Durst-Löscher = die Wölfe trinken Leichen-Blut
   Schlange = 1. Fafnir; 2. Schwert
   Feuer = 1. das Feuer, über dem Sigurd Fafnirs Herz briet; 2. das Feuer in den geplünderten Städten

Der Skalde Illugi vergleicht den Sieg des Königs Harald über seine Feinde dem Sieg des Sigurd über den Drachen Fafnir.

I 1. k)   Hattatal

… … … Fürst.
Der edle Kraki säte Gold.
Wir hörten, daß Haki Krieg führte.
… … … Zeit.
Sigurd fügte der Schlange Wunden zu.
All dies geschah in früheren Tagen.
Ragnar wurde als der glanzvollste aller Herren angesehen.
Jarl Skuli ist bei weitem der lobenswerteste.

König Hrolf Kraki lenkte seine Feinde davon ab, ihn zu verfolgen, indem er Gold hinter sich warf, das diese dann aufsammelten.
Schlange = Fafnir
König Ragnar Lodenhose war der Schwiegersohn des Sigurd Drachentöter.

I 1.1   Zusammenfassung

Die Merkmale des Fafnir, die sich in diesen Liedern finden, kann man nun zu einer etwas umfassenderen Darstellungen dieses Drachen zusammenfügen.

Fafnir ist der Sohn des „*sehr zauberkundigen*" Hreidmar. Sein Name bedeutet „der Habgierige". Er ist wie seine Söhne Otr, Regin und Fafnir ein Zwerg, d.h. ein Totengeist.

Fafnir hat zusammen mit seinem Bruder Regin, nach anderen Überlieferungen auch alleine, seinen Vater Hreidmar getötet, um an dessen Gold und dessen Ring Andvarinaut zu gelangen. Er gibt Regin nichts von dem Gold ab und droht, auch ihn zu töten.

Fafnir hat sich das Schwert Hrotti („Ruhm") von seinem Vater genommen und ebenso den Ögishelm, der alles Lebendige in Schrecken versetzte. Dieser Helm schützte Fafnir, aber er machte auch sein Herz hart und überheblich. Er setzte sich den Helm auf, ging zur „Geiz-Heide", verwandelte sich in einen Drachen und legte sich auf seinen Schatz. Der Helm könnte die Gestalt eines Drachen oder die eines Totenschädels gehabt haben, da er alles Lebendige entsetzte.

Das Aufsetzen des Helmes symbolisiert anscheinend den Übergang vom

Leben zum Tod. Möglicherweise bewirkte der Ögishelm auch die Verwandlung in den Drachen.

Fafnir ist stark, furchtbar, gefräßig, glänzend, funkelnd und bläst Gift. Er wird auch „Wurm" oder Lindwurm" („Schlangen-Wurm") genannt. Er wird auch als „Jote", also Riese (Wörtlich: „Gefräßiger") bezeichnet.

Der „Drache auf dem Schatz" geht vermutlich auf die „Schlange auf dem Hügelgrab" zurück, die als die Seele des dort Bestatteten auf ihrem Grab angesehen wurde.

Der Drache kriecht manchmal zum Wasser.

Fafnir wird auf Anstiften des Regin durch Sigurd getötet. Sigurd gräbt eine Grube und ersticht von dort unten aus mit seinem Schwert Gram („Grimm"). Die „Grube" als Jagdtechnik ist eine Umdeutung der „Grube" genannten Grabkammer in dem Hügelgrab.

Regin trinkt Fafnirs Blut. In einer späteren Variante badet Siegfried in Fafnirs Blut und erhält dadurch eine unverletzliche Haut, die wie Horn ist. Vielleicht ist dies als eine teilweise Drachenverwandlung aufzufassen, da vermutlich auch die Drachen auf diese Weise gepanzert sind.
Regin verlangt als Mordbuße von Sigurd, daß er ihm das Herz des Fafnir brät und zu essen gibt. Sigurd versteht die Vogelsprache, nachdem er versehentlich von dem Drachenherz gekostet hat.
Das Trinken des Blutes und das Essen des Herzens gehen evtl. auf das Verspeisen des Opfertieres bei der Bestattung und der rituellen Jenseitsreise (Krönung u.ä.) zurück.

Der Drache Fafnir steht in dem Lied mit Brünhilde, der Waberlohe und dem Todesfluch des Andvari/Loki in Verbindung.

Der Drache kennt die Nornen und kann wie diese die Zukunft vorhersehen – vermutlich weil er ein Jenseitswesen ist. Fafnir kennt auch den bevorstehenden Kampf zwischen Tyr-Surt und den Asen beim Ragnarök. Diese Schlacht ist der ins Große übertragene Mord des Loki an Baldur – Loki ist auch derjenige, der letztlich hinter dem Fluch stehen wird, der u.a. zu dem Töten des Drachen führt.

Die Warnung des Drachen vor dem Schatz ist aufrichtig, aber ohne Wirkung auf Siegfried.

Der tote Fafnir muß zur Hel, d.h. in die Unterwelt gehen – er war sozusagen ein Jenseitswesen im Diesseits.

Fafnir geht auf den ehemaligen Sonnengott-Göttervater Tyr zurück, der in der Unterwelt auch die Gestalt eines Drachen annehmen konnte.

Die Rätselfragen zwischen Sigurd und Fafnir gehen auf die Rätselkämpfe zwischen Odin und Tyr zurück, durch die die Überlegenheit des Odin über den von ihm abgesetzten Tyr bewiesen werden sollte.

Die wesentlichen Motive in dieser Beschreibung sind die Schlange, der Ring, der Ögishelm, die Zwerge, der Todesfluch, das Verspeisen des Drachen und die magischen/seherischen Fähigkeiten der Zwerge sowie des Drachen.
Das zentrale Symbol ist der Ring und dessen Todesfluch, der eine Umdeutung seiner früheren Symbolik als Zeichen für den Weg der Sonnen durch die Unterwelt und für die (bestandene) Jenseitsreise ist.
Diese Elemente der Sigurd-Sage sind Übertragungen der früheren Tyr-Mythen in den Bereich der Sage. Das Hauptthema der übertragenen Mythen war die Jenseitsreise. Die Entwicklung dieser Motive hat in etwa wie folgt ausgesehen:

Die Entwicklung der mit dem Drachen verbundenen Motive

Motiv	*Mythe*	*Sage*
Hauptperson	Bestatteter, Jenseitsreisender, Tyr	Held
Hauptthema	Jenseitsreise	Heldenleben
Tod	Thema der Mythe und der mit ihr zusammenhängenden Rituale: Sonnenlauf, Einweihung, Krönung	die Bedrohung in der Sage
Zwerge	Ahnen	eigenständige Wesen
magische Fähigkeiten	Fähigkeiten der Ahnen	Fähigkeiten der Zwerge und Drachen
Vogel	Seelenvogel	die Vogelsprache verstehen
zwei Brüder	die beiden Pferde-Jünglinge (Zwillinge) vor dem Streitwagen des Sonnengott-Göttervaters sterben zusammen mit ihm beim Eintritt in die Unterwelt	die zwei Brüder werden ermordet

Die Entwicklung der mit dem Drachen verbundenen Motive		
Motiv	*Mythe*	*Sage*
Schlange/ Drache	Jenseitsweg, Jenseitsreisender, Tyr	tödliche Bedrohung durch den Drachen
„Grube"	Grabkammer im Hügelgrab	Jagdtechnik
Ring (Draupnir, Andvarinaut)	Sonne, Symbol der (bestandenen) Jenseitsreise	Ursache des Todes
das erstrebte Objekt	Ring als Symbol der angestrebten Wiedergeburt	Schatz als „Vermehrung" des Ringes
Schlange/ Schatz	Seele in Schlangengestalt auf ihrem Hügelgrab, in dem ein Jenseitsreise-Ring und evtl. auch ein Schatz liegen	Drache auf einem Schatz
Drachen-verwandlung	die Seele auf ihrem Weg ins Jenseits wird als Schlange dargestellt	Verwandlung in eine Schlange, um einen Schatz zu schützen
Frau	Muttergöttin im Jenseits gibt die Wiedergeburt	Walküre als Geliebte
Waberlohe	Feuer als Tor ins Jenseits zu der Muttergöttin; Flammen auf dem Hügelgrab zeigen, daß ein Geist (und ein Schatz) in ihm ist	Walküre in der Waberlohe gefangen
Mahl	Verspeisen des Opfertieres bei der Bestattung, Krönung u.ä.	Verspeisen des Drachen
Ögishelm	das Fell des bei der Jenseitsreise geopferten Herdentieres mit dem noch anhängenden Schädel, in das der Jenseitsreisende gehüllt wurde = Hilfe bei der Wiederzeugung	bewirkt vermutlich die Verwandlung in einen Drachen = Schrecken für alles Lebende
Tarnkappe (eigentlich ein Tarnmantel)		machte den, der in den Tarnmantel gehüllt war, unsichtbar

Die wesentlichen Züge des Charakters des Drachen Fafnir lassen sich nun wie folgt zusammenfassen:

> Der Drache, der auf einem Schatz sitzt und diesen verteidigt, ist aus der Seele in ihrem Hügelgrab entstanden, die manchmal in der Gestalt einer Schlange auf dem Hügelgrab, in dem sich die Schätze befanden, die dem Toten mitgegeben worden

waren, zu sehen war. Diese Schlangengestalt erhielt die Seele bei ihrer Reise in Unterwelt. Die Wikinger plünderten oft die Hügelgräber anderer Stämme – was weder der „Seelen-Schlange" noch den Drachen, in die sie umgedeutet wurden, gefiel.

Der Tote in dem Hügelgrab trug seinen Jenseitsreisering, der seine Wiedergeburt durch die Muttergöttin im Jenseits symbolisierte. Dieser Ring wurde später als mit einem Todesfluch behaftet aufgefaßt.

Der Schreckenshelm geht auf die Sitte zurück, die Toten und andere Jenseitsreisenden in das Fell mit anhängendem Schädel des für sie geopferten Herdentieres einzuwickeln. Das Trinken des Drachenblutes und das Verspeisen des Drachenherzens ist eine Umdeutung des Verspeisens des Opfertieres.

Der Drache Fafnir und auch Hreidmar und Andvari gehen auf den ehemaligen Sonnengott-Göttervater Tyr in der nächtlichen bzw. winterlichen Unterwelt zurück.

I 2. Midgardschlange

Die Midgardschlange ist die größte aller Schlangen, aber sie ist in den Mythen der Germanen weitestgehend passiv.

„Midgardschlange" bedeutet „Schlange des geschützten Ortes in der Mitte". Mit diesem „geschützten Ort in der Mitte" ist die Welt der Menschen gemeint. Dieser Name sagt somit lediglich aus, daß diese Riesenschlange in irgendeiner Weise zu der Menschenwelt gehört.

Sie wird auch „Jörmungandr", d.h. „gewaltiger Stab" genannt. Mit „Stab" ist „Schlange" gemeint – beides ist lang und dünn. Die beiden Adjektiv „jörmun" und „fimbul", die beide „groß, gewaltig" bedeuten, sind zu der Zeit, in der Snorri seine Edda verfaßt hat, schon recht altmodisch gewesen und erscheinen nur noch in zusammengesetzten Substantiven. Alle diese mit „jörmun" und „fimbul" gebildeten Worte bezeichnen Wesen und Dinge, die in den früheren, Tyr-zentrierten Mythen eine wichtige Rolle gespielt haben.

I 2. a) Gylfis Vision

Angurboda hieß ein Riesenweib in Jötunheim: mit der zeugte Loki drei Kinder: das erste war der Fenriswolf, das andere Jörmungand, die Midgardschlange, das dritte war Hel.

Als aber die Götter erfuhren, daß diese drei Geschwister in Jötunheim erzogen würden, und durch Weissagung erkannten, daß ihnen von diesen Geschwistern Verrat und großes Unheil bevorstehe, indem sie Böses von Mutter-, aber noch schlimmeres von Vaterswegen von ihnen erwarten zu müssen glaubten, schickte Allvater die Götter, daß sie diese Kinder nähmen und zu ihm brächten.

Als sie aber zu ihm kamen, warf er die Schlange in die tiefe See, welche alle Länder umgibt, wo die Schlange zu solcher Größe erwuchs, daß sie mitten im Meer um alle Länder liegt und sich in den Schwanz beißt.

„Angurboda" bedeutet „Angstbotin". Sie ist die Mutter der Riesenschlange, die wie der Drache Fafnir zu der Unterwelt gehören wird.

Jörmungandr liegt im Meer, was sich auf die Unterwelt beziehen könnte; dann wäre das Meer eine Analogie zu dem Wasserfall aus den Sigurd-Sagen, in dem sich die Zwerge Otr und Andvari befanden. Zwei weitere Verbindungen zwischen der Midgardschlange und Fafnir wäre Loki, der in beiden Mythen als Quelle der Ereignisse erscheint, sowie das Netz der Meeres-Todesgöttin Ran, das Loki in der Sigurd-Sage benutzt.

Angurboda ist auch die Mutter des Fenriswolfes, der beim Ragnarök den Odin tötet. Der Wolf wird ursprünglich der Begleiter des Schamanen bei seinen Jenseitsreisen gewesen sein. In dieser Funktion sind die Wölfe Geri und Freki noch als Begleiter des Schamanengottes Odin zu sehen. Schließlich ist Angurboda noch die Mutter der Unterweltsgöttin Hel.

Angesichts dieser dreifachen Verbindung der Angurboda zur Unterwelt liegt es nahe, sie selber als eine Umdeutung der Unterweltsgöttin Hel zu einer Riesin aufzufassen. Dazu paßt, daß „Jötunheim" auch eine Umschreibung für das Jenseits gewesen ist.

Die Midgardschlange ist nach dem Urriesen Ymir, aus dem Midgard, das Meer und der Himmel erschaffen wurde, das größte Lebewesen.

I 2. b) Hyndla-Lied

Den Wolf zeugte Loki mit Angrboda,
und Sleipnir gebar er dem Swadilfari,
das schlimmste der Wunder schien der eine zu sein,
der da dem Bruder des Byleist entsprang.

Swadilfari ist der Hengst eines Tyr-Riesen, mit dem Loki in Stutengestalt den Sleipnir des Tyr, also des Nachfolgers des Tyr, zeugte.

Der Bruder des Byleist ist Loki. Dessen Sohn, das „schlimmstes Wunder" ist Jörmungandr.

I 2. c) Gylfis Vision

In einer anderen Mythe aus Gylfis Vision trifft Thor auf Riesen, die weit größer sind als alle, die er bisher kannte. Ihr König ist Utgardloki, was wörtlich „der im Jenseits Eingeschlossene" bedeutet. Utgardloki ist daher Tyr, der im Winter von Loki im Jenseits gefangengehalten wird – so wie Loki („Eingeschlossener") im Sommer in der Hel gefangenliegt.

Da sprach Utgardloki: „Junge Burschen pflegen hier, was wenig zu bedeuten scheint, meine Katze dort von der Erde aufzuheben, und nicht würde ich gedenken, solches dem Asathor zuzumuten, wenn ich nicht zuvor gesehen hätte, daß Du viel weniger vermagst, als ich dachte."

Alsbald lief eine graue, ziemlich große Katze über den Estrich der Halle, Thor ging hinzu, faßte sie mit der Hand mitten unterm Bauche und lupfte an ihr, und die Katze krümmte den Rücken als Thor an ihr hob, und als Thor sie so hoch emporzog wie er immer vermochte, ließ die Katze mit dem einen Fuß von der Erde: Weiter brachte es Thor nicht in diesem Spiel.

Da sprach Utgardloki: „Es ging mit diesem Spiel wie ich erwartete: Die Katze ist ziemlich groß und Thor klein und kurz neben den großen Männern, die hier bei uns sind."

Da sprach Thor: „So klein ihr mich nennt, so komme nun her, wer da wolle und ringe mit mir: Nun bin ich zornig."

… … …

Ferner sprach Utgardloki: „Das dünkte mich nicht weniger wert, als Du die Katze lupftest, und um Dir die Wahrheit zu sagen, es erschraken alle, die es sahen, als Du ihr einen Fuß von der Erde hobst, denn die Katze war nicht, was sie Dir schien: Es war die Midgardschlange, die um alle Lande liegt, und kaum war sie noch lang genug, daß Schweif und Haupt die Erde berührten, denn so hoch strecktest Du den Arm auf, daß nicht weit zum Himmel war."

Diese Mythe erzählt nichts neues über die Midgardschlange selber, aber sie zeigt die enge Verbindung zwischen der Riesenschlange und Thor.

Diese Mythe stammt offenbar aus der Zeit kurz nach der Absetzung des Tyr durch Thor und Odin, als die Skalden noch darum stritten, ob Thor wirklich größer und stärker als Tyr ist oder nicht.

I 2. d) Hymir-Lied

In diesem Lied versucht Thor mit einem Walfisch als Köder an einem Stierkopf als Haken die Midgardschlange zu angeln. Dies Motiv läßt lediglich vermuten, daß Thor genauso ein Gegner der Riesenschlange wie ein Gegner der Riesen ist.

Bereit war Weor ins Wasser zu rudern,
Wenn der kühne Jötun den Köder gäbe.
„Geh hin zur Herde, wenn Du das Herz hast,
Zerschmetterer des Berggeschlechts, und suche den Köder.

   Weor = Thor
   Jötun = Riese = Hymir

    Berg = Hügelgrab; Berggeschlecht = Riesen; deren Zerschmetterer = Thor

Ich weiß gewiß, Dir wird nicht schwer
Die Lockspeise vom Stier zu erlangen."
Zum Walde wandte sich Weor alsbald:
Da fand er stehen allschwarzen Stier.

Der Thursentöter abbrach dem Tiere
Der beiden Hörner erhabene Burg.
„Im Schaffen scheinst Du schlimmer um vieles,
Lenker der Kiele, als in bequemer Ruh."

    Thursen = Riesen; deren Töter = Thor
    Hörner-Burg = Kopf
    Kiel = Schiff; deren Lenker = Fürst; hier: Thor

Da bat der Herr der Böcke den König der Affen,
Ferner in die Flut das Seeroß zu führen.
Aber der Jötun gab ihm zur Antwort,
Ihn lüste wenig noch länger zu rudern.

    Herr der Böcke = Thor (Ziegenböcke vor seinem Streitwagen)
    Affe = Dummkopf = Riese; deren König = Hymir
    Seeroß = Schiff

Da hob am Haken Hymir der starke
Zwei Walfische aus den Wellen allein.
Am Steuer inzwischen Odins Erzeugter,
Festigte listig ein Fischseil Weor.

    Odins Erzeugter = Odins Sohn = Thor
    Fischseil = Angelschnur

Der Schützer der Menschen, des Wurms Zerstörer
Steckte als Köder den Stierkopf an den Haken;
Gähnend haschte der Feind der Asen,
Der Erdumgürter nach solcher Atzung.

    Wurm = Jörmungandr; dessen Zerstörer = Thor
    Feind der Asen = Jörmungandr

    Erdumgürter = Jörmungandr

Tapfer zog Thor der Gewaltige
Den schimmernden Giftwurm zum Schiffsrand auf.
Mit dem Hammer traf er den häßlichen Hügel der Haare,
Den Bruder des Wolfes.

   Giftwurm = Schlange = Jörmungandr
   Hügel der Haare = Kopfaufsatz
   Wolf = Fenrir; dessen Bruder = Jörmungandr

Das Ungeheuer heulte, die Felsen hallten wider,
Die alte Erde fuhr ächzend zusammen:
Da senkte sich in die See der Fisch.

Nicht geheuer war's auf der Heimkehr dem Riesen:
Der starke Hymir verstummte ganz;
Wider den Wind nur wandt er das Ruder.

I 2. e) Skaldskaparmal

Und noch einmal sang Ulfr:

Der Gegner des Gymir schlägt an Wimurs
Furt das Ohr der glänzenden Natter
von seinem Grund in die Wogen hinein.
Er wird sich an das von innen her kommende Opferblut erinnern.

   Hier wird er „Gegner des Gymir" genannt. Der Fluß, den Thor durchwatet, als er nach Geirödsgard zog, heißt Wimur.

   Gymir = Tyr als Riese in der Unterwelt; sein Gegner = Thor (der den Tyr-Riesen erschlägt)
   Wimur = Jenseitsfluß
   Natter = Jörmungandr
   Grund des Ohres = Kopf
     Das „Er" in der vierten Zeile der Strophe bezieht sich auf die Midgardschlange Jörmungandr.

Die Umschreibung „Opferblut" für das Blut des Jörmungandr ist zum einen als Ironie gemeint und zum anderen als Bestätigung dafür, daß es richtig ist, diese Riesenschlange zu töten.

I 2. f) Der Seherin Vision

Diese Verse sind vermutlich die älteste germanische Beschreibung der Midgardschlange.

Da kommt geschritten Hlodyns schöner Erbe,
Wider den Wurm wendet sich Odins Sohn.
Mutig trifft ihn Midgards Segner.
Doch fährt neun Fuß weit Fiörgyns Sohn
Weg von der Natter, die nichts erschreckte.
Alle Wesen müssen die Weltstatt räumen.

   Hlodyn = Erdgöttin; deren Erbe = Thor
   Odins Sohn = Thor
   Midgard = Erde der Menschen; deren Segner = Thor
   Fiörgyn = Erdgöttin; deren Sohn = Thor
   Natter = Jörmungandr

Thor gelingt es, die Midgardschlange zu töten, doch er stirbt selber, nachdem er neun Schritte gegangen ist. Diese neun Schritte sind ein Symbol des Jenseitsweges, wie u.a. die neun Bereiche der Hel zeigen. Das Motiv besagt somit wahrscheinlich, daß Thor die neun Schritte in die Unterwelt geht, d.h. Stirbt. Die „9" ist von den Germanen als Adjektiv mit der Bedeutung „zum Jenseits gehörend" benutzt worden.
   Diese Szene bestätigt die Feindschaft zwischen Thor und der Midgardschlange.

Die Midgardschlange wird in „Der Seherin Vision" noch an einer zweiten Stelle beschrieben, an der der nahende Kampf zwischen den Riesen und den Göttern u.a. durch die Bewegungen der Midgardschlange angekündigt wird. Sie wird an dieser Stelle einem Jötun, d.h. einem Riesen verglichen:

Hrym fährt von Osten und hebt den Schild,
Jörmungand wälzt sich im Jötunmute.
Der Wurm schlägt die Flut, der Adler facht,
Leichen zerreißt er; los wird Naglfar.

Hrym = Hymir = der alte Tyr als Riese im Jenseits
Jötun = Riese; dessen „Mut" = Wut
Wurm = Schlange = Jörmungandr
Adler = Hraesvelgr (Seelenvogel des Tyr, der den Wind verursacht)
Naglfar = Jenseitsreise-Schiff

I 2. g) Skaldskaparmal

In dieser Lehre der Dichtkunst wird die Erde mit verschiedenen Bildern beschrieben, die das Motiv der Midgardschlange enthalten.

1.

Das erste Bild bezieht sich auf das Hymir-Lied und beschreibt die Szene, an der die Midgardschlange an Thors Angelhaken hängt.

Die Erde wird „Land" genannt, wie Ulfr Uggason gesungen hat:

Aber das steife Rand-Seil der Erde
starrte mit blitzenden Augen über den Bug
auf den Ebereschen-Stamm des Felsenlandes,
den Riesen-Prüfer.

„Rand-Seil der Erde" ist eine Umschreibung für die Midgardschlange, die am Rand der Menschenwelt diese wie ein Seil umgibt. Das „Felsenland" ist das Reich der Riesen.

Eine ganz ähnliche Kenning (Umschreibung) findet sich bereits in dem Lied „Thorsdrapa", das um ca. 950 n.Chr. verfaßt wurde. In ihm wird Loki „Vater des Meeres-Seiles" genannt.

Thor wird auch in der Erzählung über den Riesen Geirröd Stellen mit der Eberesche in Verbindung gebracht:

> *Da fuhr Thor zu dem Fluß, der Wimur hieß, dem größten aller Flüsse. Da um spannte er sich mit den Stärkegürteln und stemmte Grids Stab gegen die Strömung; Loki aber hielt sich unten am Gurt. Als nun Thor mitten in den Fluß kam, da wuchs dieser so stark an, daß er ihm bis an die Schulter stieg.*
> *Da sprach Thor:*

„Wachse nicht, Wimur, nun ich waten muß
Hin zu des Joten Hause.
Wisse, wenn Du wächst, wächst mir die Asenkraft
Ebenhoch dem Himmel."

Da sah Thor in eine Bergkluft hinauf, daß da Gialp, Geirröds Tochter, quer über dem Strome stand und dessen Wachsen verursachte. Da nahm Thor einen großen Stein aus dem Fluß auf und warf nach ihr, indem er sprach: Bei der Quelle muß man den Strom stauen. Sein Wurf pflegte sein Ziel nicht zu verfehlen. In demselben Augenblick nahte er sich dem Land, ergriff einen Ebereschenstrauch und stieg aus dem Fluß: Daher das Sprichwort, der Sperberbaum sei Thors Rettung.

Die Umschreibung „Riesen-Prüfer" für Thor bezieht sich auf seine Kämpfe mit den Riesen, durch die er deren Kraft „prüft".

2.

„Fjörgyn" ist eine Erdgottheit, die in der Edda als Mutter des Thor, aber auch als Vater der Frigg erscheint.

Die Erde wird „Fjörgyn" genannt, wie hier gesagt wird:

Ich war dem freien Spender
des Flußbettes von Fjörgyns Schlange treu;
möge die Ehre gut bewacht werden
von dem Geber des Flußgoldes des Riesen.

„Fjörgyns Schlange" ist die „Schlange der Erde", d.h. „die die Erde umgebende Schlange", also die Midgardschlange. Ihr „Flußbett" ist ist ihr Lager – dies ist eine Anspielung auf den goldenen Grabschatz in dem Hügelgrab, auf dem der Geist des Toten in der Gestalt einer Schlange liegt. Der „Spender des Goldes" ist ein freigiebiger Fürst – diese Strophe stammt aus dem Loblied für einen Fürsten, von dem sich der Skalde eine große Belohnung erhofft ...

Die Schlange wird hier auch „Riese" genannt, was sich sowohl auf ihre Größe als auch auf ihre Verwandtschaft mit den Riesen beziehen wird (die Riesin Angurboda ist ihre Mutter).

Die Formulierung „Flußgold des Riesen" ist eine sehr ungenaue Kenning, die eigentlich „Sonne des Flusses", „Sprache der Riesen" o.ä. lauten müßte. Der „Geber des Goldes" ist ein freigiebiger Fürst.

3.

„Grund", so wie Hallvardr gesungen hat:

Der breite Grund,
der von der Todes-kalten Schlange umwunden ist,
liegt unter der Fichte des Pfades der Fessel der Insel.
Der Hödur des Landes des Schleifsteines verletzt Horte.

Grund = die Erde, d.h. das eroberte Land
Todes-kalte Schlange = Jörmungandr rings um Midgard im Weltmeer
Fessel der Insel = das, was die Insel wie ein Band umgibt = Jörmungandr = Schlange; Pfad = das, worauf sich ein Lebewesen befindet; das, was unter der Schlange ist = Goldschatz im Grab (Schlange = Totengeist) = Gold; Fichte = Mann; Mann des Goldes = Krieger, Fürst
Land des Schleifsteines = Gebirge; Hödur = Herrscher; Herrscher des Gebirges = König von Norwegen
Horte verletzen = d.h. der Krieger/Fürst ist freigiebig – hofft der Skalde, der dem Fürsten ein Loblied singt ...

I 2. h) Gylfis Vision

Hel benutzt ihren Bruder Jörmungandr als Zaumzeug, wenn sie auf ihrem zweiten Bruder Fenrir reitet:

Und er hieß Hermod, der schnelle, Odins Sohn, der diese Fahrt übernahm. Da ward Sleipnir, Odins Hengst, genommen und vorgeführt, Hermod bestieg ihn und stob davon.

Da nahmen die Asen Baldurs Leiche und brachten sie zur See. Hringhorni hieß Baldurs Schiff, es war aller Schiffe größtes. Das wollten die Götter vom Strande stoßen und Baldurs Leiche darauf verbrennen; aber das Schiff ging nicht von der Stelle.

Da wurde gen Jötunheim nach dem Riesenweib gesendet, die Hyrrockin hieß, und als sie kam, ritt sie einen Wolf, der mit einer Schlange gezäumt war.

Als sie vom Rosse gesprungen war, rief Odin vier Berserker herbei, es zu halten; aber sie vermochten es nicht anders als indem sie es niederwarfen.

Da trat Hyrrockin an das Vorderteil des Schiffes und stieß es im ersten Anfassen vor, daß Feuer aus den Walzen fuhr und alle Lande zitterten.

„Hyrrokkin" bedeutet „die Rußgeschwärzte". Dies ist ein Beiname der Hel, wie der Wolf auf dem sie reitet und die Schlange, mit der sie den Wolf gezäumt hat, zeigen: Sie sind ihre Geschwister der Fenris-Wolf und die Midgardschlange.

Es scheint sehr passend, daß Hel die Toten aus dem Diesseits abholt und zu sich ins Jenseits mitnimmt.

I 2. i) Das Lied über Helgi Hiörvard-Sohn

In dieser Saga wird eine Begegnung mit Hel beschrieben:

Hedin war daheim bei seinem Vater Hiörward, König in Norwegen. Da fuhr Hedin auf Julabend einsam heim aus dem Wald und fand ein Zauberweib. Sie ritt einen Wolf und hatte Schlangen als Zaumzeug und bot dem Hedin ihre Begleitung an.
„Nein", sprach er.
Da sprach sie: „Das sollst Du mir entgelten bei Bragis Becher."
Abends wurden Gelübde verheißen und der Sühne-Eber vorgeführt, auf den die Männer die Hände legten und bei Bragis Becher Gelübde taten. Hedin vermaß sich eines Gelübdes auf Swawa, Eilimis Tochter, seines Bruders Geliebte. Danach gereute es ihn so sehr, daß er fortging auf wilden Stegen südlich ins Land, wo er seinen Bruder Helgi traf.

Das „Zauberweib", das auf einem Wolf reitet und Schlangen als Zaumzeug benutzt, ist Hel mit ihren Geschwistern, dem Fenris-Wolf und der Midgardschlange. Sie erscheint auch bei Baldurs Bestattung und wird dort „Hyrrokkin" („Rußgeschwärzte") genannt.

„Bragis Becher" ist der „Bragafull", bei dem man vor allem am Julabend Eide ablegte. Offenbar hat Hel aus Ärger darüber, daß Hedin ihre Begleitung (also wohl seinen Tod) ablehnte, ihn dazu veranlaßt, den Eid zu schwören, die Geliebte seines Bruders zu heiraten. In der Saga von Hedin und Högni ist diese Geliebte die Göttin Freya selber, die wie eine Walküre in Odins Auftrag einen endlosen Krieg zwischen den beiden Brüdern verursachen soll.

I 2. k) Hyndla-Lied

Freya:
„Maid, erwache, erwache, meine Freundin,
meine Schwester Hyndla, in Deiner hohlen Höhle!
Die Dunkelheit bricht an und wir müssen reiten
nach Walhalla, um die heilige Halle aufzusuchen.

„Hyndla" bedeutet „Hündin". Ein Riesin in einer Höhle, die diesen Namen trägt und zudem die Freundin-Schwester der Freya ist, kann nur Hel sein. Auch in der Baldur-Mythe kommt Hel unter dem Hyrrokkin („Rußgeschwärzte") auf einem Wolf reitend (ihr Bruder Fenrir), den sie mit einem Schlangen-Zaumzeug (Midgardschlange) lenkt, zu der Bestattung des toten Asen. Vermutlich spielt Hels Beiname „Hündchen" auf ihre Verwandtschaft mit Fenrir an.

Freya und Hel-Hyndla-Hyrrokkin sind „Schwestern", da sie ursprünglich beide dieselbe Jenseitsgöttin gewesen sind. Freya ist deren ersehnter Aspekt als Wiederzeugungs-Geliebte, während Hel deren gefürchteter Aspekt als Totenreich-Herrin ist.

I 2. l) Zusammenfassung

Über die Midgardschlange ist nicht viel bekannt, aber es ergibt sich trotzdem ein recht klares Bild:

Sie wird Jörmungandr („gewaltiger Stab") genannt und mit „Wurm,", „Natter", „Meeres-Seil", „Rand-Seil der Erde", „Fjörgyns Schlange" und „Feind der Asen" umschrieben.

Sie ist ein „schimmernder Giftwurm" mit einem „häßlichen Haupt". Sie scheint ein laute Stimme zu haben, da sie nach Thors Schlag „heult" – vielleicht ist dies aber auch nur ein poetisches Bild für den Schmerz der Schlange nach dem Schlag.

Ihr Vater ist Loki, ihre Mutter die Riesin Angurboda und ihre Geschwister der Fenriswolf und die Unterweltsgöttin Hel.

Sie liegt rings um Midgard im Meer und beißt sich in den eigenen Schwanz. Sie wurde von Odin ins Meer geworfen, als dieser die Gefahr für die Asen erkannte, die von ihr und ihren beiden Geschwistern ausgeht.

Thor ist ihr Hauptgegner. Beide töten sich gegenseitig beim Ragnarök – sie sind somit vermutlich gleich stark. Vermutlich führen sie einen ewigen zyklischen Kampf, von dem der Ragnarök eine Umdeutung in ein Einzelereignis ist.

Sie wird als „die Natter, die nichts erschreckte" beschrieben, was an Fafnirs Schreckenshelm erinnert.

Nach dem Tod der Schlange müssen alle Wesen „die Weltstatt räumen", d.h. ins Jenseits gehen.

Die Auffassung des Fenrir als Reittier und Jörmungandr als Zaumzeug der Hel ist recht sicher eine sehr junges Motiv.

Die Midgardschlange ist der Feind der Asen und besonders des Thor, mit dem sie einen ewigen Kampf führt.
Sie ist durch ihren Vater, ihre Mutter, ihre Geschwister, ihren Aufenthalt im Meer sowie ihre Schlangengestalt mit dem Jenseits verbunden.
Sie liegt kreisförmig in dem Meer rings um die Erde.
In den jüngeren Mythen ist Jörmungandr das Zaumzeug der Hel, wenn sie auf Fenrir reitet.

I 3. Nidhöggr

Die Schlange bzw. der Drache Nidhöggr wird in der Prosa-Edda und der Lieder-Edda an insgesamt sieben Stellen erwähnt. Ihr Name bedeutet „Natter in der Tiefe", d.h. „Natter in der Unterwelt" bzw. „Natter in der Grabkammer des Hügelgrabes", was beides Umschreibungen für „Totengeist" sind.

I 3. a) Gylfis Vision

In dieser Beschreibung der germanischen Mythen wird zweimal etwas über Nidhöggr berichtet.

1.

Da frug Gangleri: „Wo ist der Götter vornehmster und heiligster Aufenthalt?"
Har antwortete: „Das ist bei der Esche Yggdrasil: da sollen die Götter täglich Gericht halten."
Da frug Gangleri: „Was ist über diesen Ort zu berichten?"
Da antwortete Jafnhar: „Diese Esche ist der größte und beste von allen Bäumen: seine Zweige breiten sich über die ganze Welt und reichen hinauf über den Himmel. Drei Wurzeln halten den Baum aufrecht, die sich weit ausdehnen: die eine zu den Asen, die andere zu den Hrimthursen, wo vormals Ginnungagap war; die dritte steht über Niflheim, und unter dieser Wurzel ist Hwergelmir und Nidhöggr nagt von unten an ihr."

Der Drache Nidhöggr wohnt unter der Niflheim-Wurzel des Weltenbaums, an der sich die Quelle Hvergelmir („brodelnder Kessel") befindet, aus dem zwölf Flüsse entspringen, zu denen auch der Jenseitsfluß Gjallar („Lärmender") gehört. Nidhöggr ist somit deutlich als ein Wesen der Unterwelt unterhalb des Weltenbaumes erkennbar.

Nidhöggrs Nagen an der Wurzel ist vermutlich ein Symbol für die Gefahr des nahenden Ragnarök.

2.

Da frug Gangleri: „Was ist weiter Merkwürdiges über die Esche zu sagen?"
Har antwortete: „Gar viel ist davon zu sagen. Ein Adler sitzt in den Zweigen der

Esche, der viel Dinge weiß, und zwischen seinen Augen sitzt ein Habicht, Wedfölnir genannt. Ein Eichhörnchen, das Ratatösk heißt, springt auf und nieder an der Esche und trägt Zankworte hin und her zwischen dem Adler und Nidhögg.

Und vier Hirsche laufen umher an den Zweigen der Esche, und beißen die Knospen ab. Sie heißen: Dain, Dwalin, Dunneir, Durathror.

Und so viel Schlangen sind in Hwergelmir bei Nidhögg, daß es keine Zunge zu zählen vermag.

So heißt es hier:

'Die Esche Yggdrasil duldet Unbill
Mehr als Menschen wissen:
Der Hirsch weidet oben, hohl wird die Seite,
Unten nagt Nidhögg.'

Ferner heißt es:

'Mehr Gewürm liegt unter der Esche Wurzel
Als ein unkluger Affe meint:
Goin und Moin, Grafwitnirs Söhne,
Grabak und Grafwöllud;
Ofnir und Swafnir sollen ewig
Von der Wurzel Zweigen zehren.'"

In dieser Schilderung erscheinen Adler und Schlange als Gegner und erinnern dadurch an Thor und die Midgardschlange. Da sich Odin in einen Adler verwandeln kann und der Adler allgemein der Seelenvogel des Göttervaters ist, ist es recht wahrscheinlich, daß es sich hier um denselben Gegensatz handelt wie dem zwischen Thor und Jörmungandr.

Nidhöggr ist somit nicht alleine, sondern lediglich der bekannteste, größte o.ä. der Schlangen. Er ist hat daher vermutlich so etwas wie die Stellung eines „Drachenkönigs". Da sich der Zwerg Fafnir in einen Drachen verwandeln konnte, scheint der Name „Zwergenkönig", mit dem sowohl Alberich/Andvari als auch Wieland der Schmied bezeichnet werden, sowie Nidhöggr, Alberich/Andvari und Wieland alle „König des Totenreiches" zu bedeuten – zumal sowohl die Zwerge als auch die Schlangen/Drachen Bilder für die Totengeister waren.

Da der ehemalige Sonnengott-Göttervater auch der König des Jenseits" und somit auch der „Toten-König" gewesen ist, ist anzunehmen, daß die Zwerge Alberich/Andvari, der Schmied und Alfenkönig Wieland sowie der Drache Nidhögr der ehemalige Sonnengott-Göttervater Tyr im Jenseits sind.

Vermutlich ist auch die Schlange Grafwitnir der ehemalige Göttervater Tyr und dessen beide Söhne Goin und Moin dessen Alcis-Söhne.

I 3. b) Die Vision der Seherin

In diesem Lied erscheint Nidhöggr dreimal in unterschiedlicher Funktion.

1.

Im starrenden Strome stehen da und waten
Meuchelmörder und Meineidige
(Und die, die andrer Liebsten ins Ohr geraunt).
Da saugt Nasenbleicher die entseelten Leiber,
Der Menschenwürger: wißt ihr, was das bedeutet?

In diesen Versen wird die Unterwelt Hel und die Strafen für diejenigen beschrieben, die nicht auf die rechte Weise gelebt haben.

Nidhöggr wird hier „Nasenbleicher" genannt. Er ist somit jemand, den man fürchtet – wie den Drachen Fafnir mit seinem „Schreckenshelm". Er würgt die Menschen und er saugt die toten Menschen aus – er wurde offenbar als Todesursache oder zumindestens als „Henker" angesehen.

2.

Aber in Hwergelmir ist es am schlimmsten:
Da saugt Nidhöggr der Entseelten Leichen.

Von den möglichen Orten, an die ein Mensch nach dem Tod gelangen kann, ist Hvergelmir am schlimmsten. Dies ist die Quelle unter dem Weltenbaum – vielleicht bezieht sich „Leichenstrand" auf sein Ufer. In dieser Quelle, d.h. dieser Wasserunterwelt lebt auch Nidhöggr, der hier die Leichen aussaugt.

3.

Nun kommt der dunkle Drache, die Natter
Geflogen heraus aus den Nidafelsen.

Das Feld überfliegend trägt auf seinen Flügeln
Nidhöggr Leichen - und senkt sich nieder.

„Nidafelsen" bedeutet wahrscheinlich „Mondfelsen" oder „Mondhügel". Damit könnten die Hügelgräber gemeint sein, aus denen er die Leichen holt. Der „Nidafelsen" könnte jedoch auch mit „Felsen der Tiefe" übersetzt werden, womit dann ebenfalls ein Hügelgrab gemeint wäre, da die „Tiefe" die Grabkammer und die Unterwelt bezeichnet, in der Nidhöggr, die „Natter der Tiefe", wohnt.

Nidhöggr ist in diesen Versen ein Drache und keine Schlange, da er Flügel besitzt und fliegen kann. Hier sind die Seele als Vogel und die Seele als Schlange miteinander zu einer „Flügelschlange", d.h. zu einem Drachen verschmolzen.

Im Gegensatz zu der vorigen Nidhöggr-Szene erscheint der Drache hier eher fürsorglich.

I 3. c)   Grimnir-Lied

In diesem Lied wird Nidhöggr wieder zweimal erwähnt.

1.

Ratatösk heißt das Eichhorn, das auf und ab rennt
An der Esche Yggdrasil:
Des Adlers Worte oben vernimmt es
Und bringt sie Nidhöggr nieder.

Hier scheinen Adler und Schlange ein neutrales Gespräch zu führen anstatt sich zu streiten.

2.

Die Esche Yggdrasil duldet Unbill
Mehr als Menschen wissen.
Der Hirsch weidet oben, hohl wird die Seite,
Unten nagt Nidhöggr.

Wie die vorigen Verse ist auch diese Aussage bereits in „Gylfis Vision" enthalten.

I 3. d) Zusammenfassung

Die „Natter der tiefen Hügelgrab-Grabkammer" läßt sich anhand dieser Schilderung wie folgt zusammenfassend beschreiben:

Nidhöggr ist eine dunkle, geflügelte Schlange, also ein „richtiger" Drache.

Er ist eng mit der Unterwelt verbunden, in der er unter einer der drei Wurzeln des Weltenbaumes lebt. Er würgt zudem Menschen, saugt Tote aus und holt auf seinen Flügeln die Leichen aus den „Mondhügeln" (Hügelgräber). Dies ist eine späte Umdeutung der ursprünglichen Hügelgrab-Totengeister in Schlangengestalt.

Nidhöggrs Nagen an der Wurzel des Weltenbaumes bedroht den Weltenbaum und somit die Ordnung der Dinge. Dies könnte ein auf die ganze Welt erweitertes Bild des Todes sein, mit dem Nidhöggr assoziiert ist.

Seine Kenning (Umschreibung) „Nasenbleicher" zeigt, daß er gefürchtet wurde – vermutlich, weil er vom Jenseitsweg und vom Totengeist zum Todesboten und schließlich zur Ursache des Todes umgedeutet worden ist.

Bei ihm sind noch viele andere Schlangen, deren größte er zu sein scheint. Er wird so etwas wie ein „Drachenkönig" und „Totenkönig", d.h. der ehemalige Sonnengott-Göttervater Tyr im Jenseits sein.

Der Drache Nidhöggr unter dem Weltenbaum steht im Gegensatz zu dem Adler oben auf dem Weltenbaum. Dies entspricht wohl dem Gegensatz zwischen Thor und der Midgardschlange und in weiterem Sinne dem Gegensatz zwischen den Asen und den Riesen.

Nidhöggr ist der ehemalige Sonnengott-Göttervater Tyr als ein dunkler, geflügelter Drache. Er ist der „Drachenkönig" und der „Totenkönig" ist, den man wegen seiner Nähe zum Tod fürchtete. Seine Darstellung findet sich u.a. auf den skandinavischen Bildsteinen aus der Zeit von ca. 400-600 n.Chr. (siehe Kapitel IV 3.).

Nidhöggr, die „Natter der tiefen Hügelgrab-Grabkammer", wohnte unter dem Weltenbaum in der Unterwelt. Er holt die Leichen, d.h. die Seelen der Leichen aus ihren Mondhügeln (Hügelgräber) und bringt sie vermutlich in die Unterwelt. Dies würde der ursprünglichen Symbolik der Schlange als Jenseitsweg und auch der Aufgabe des Tyr als Totenreich-König und als die in der am Abend in der Unterwelt versinkenden Sonne entsprechen – Tyr geleitet die Toten auf seiner Sonnenbarke (später: Naglfar, Skidbladnir) in die Unterwelt hinab.

I 4.   Die Schlangen der Hel

An vier Stellen wird in der Edda davon berichtet, daß in der Unterwelt Schlangen sind.

I 4. a)   Die Vision der Seherin

1.

Einen Saal seh ich, der Sonne fern
In Nastrand, die Türen sind nordwärts gekehrt.
Gifttropfen fallen durch die Fenster nieder;
Mit Schlangenrücken ist der Saal gedeckt.

Der Ort, der „Nastrand", d.h. „Leichenstrand" genannt wird, ist die Unterwelt. Sie ist nach Norden zum Weltenbaum am Nordpol hin ausgerichtet. Die Bezeichnung „-strand" weist darauf hin, daß sich dieser Ort entweder am Meeresstrand oder vielleicht auch am jenseitigen Ufer des Unterweltsflusses Gjallar befindet – obwohl in diesem zweiten Fall „Ufer" treffender als „Strand" gewesen wäre. Dieser Ort ähnelt daher der Wasserunterwelt der Meeres- und Totengöttin Ran.

2.

Aber in Hwergelmir ist es am schlimmsten:
Da saugt Nidhöggr der Entseelten Leichen.

In diesen Versen erscheint Nidhöggr als Schlange/Drache in der Quelle Hvergelmir zwischen den Wurzeln des Weltenbaumes. „Nastrand" könnte eine Umschreibung für das Ufer dieser Quelle sein.

I 4. b)   Gylfis Vision

In Nastrand ist ein großer aber übler Saal, dessen Türen nach Norden sehen. Er ist mit Schlangenrücken gedeckt und die Häupter der Schlangen sind alle in das Haus hineingekehrt und speien Gift, daß Ströme davon durch den Saal rinnen, durch welche Eidbrüchige und Meuchelmörder waten, wie es heißt:

'Einen Saal seh ich, der Sonne fern,
In Nastrand; die Türen sind nordwärts gekehrt.
Gifttropfen fallen durch die Fenster nieder;
Aus Schlangenrücken ist der Saal gewunden.
Im starrenden Strome stehn da und waten
Meuchelmörder und Meineidige.'

Das hier beschriebene Bild hat schon große Ähnlichkeit mit der christlichen Hölle. Die Schlangen sind kaum noch als die Totengeister in der Grabkammer des Hügelgrabes zu erkennen, sondern schon zu einer Quelle der Qualen für die Toten umgedeutet worden.

I 4. c) Sonnenlied

Dieses Lied beschreibt zum größten Teil eine Reise in die Unterwelt. Der Dichter war offensichtlich zugleich in der germanischen als auch in der christlichen Tradition verwurzelt, da er Bilder aus beiden Religionen benutzt.
Im Sonnenlied werden an zwei Stellen Schlangen im Jenseits beschrieben.

1.

Auf der Nornen Stuhl saß ich neun Tage,
Ward dann auf den Hengst gehoben.
Schauerlich schien die Sonne der Riesin
Aus Nacht und Nebel nieder.

„9" ist die Zahl der Unterwelt. Das Sitzen auf dem Stuhl der Nornen bedeutet, alles sehen zu können und Visionen zu haben. Der Schreiber sieht dann im Folgenden Visionen der Unterwelt.
Der Hengst ist vermutlich das Pferd, daß den Toten in die Unterwelt bringt. Es ist zugleich Odins Sleipnir und auch der Hengst, der oft bei Bestattungen und Jenseitsreisen geopfert wurde. Er ist mehrfach auf den Runensteinen dargestellt worden.
Die Riesin wird Hel sein, die nicht zu den Asen, sondern zu den Riesen zählt – sie ist das Kind des Loki und der Riesin Angurboda.

*Innen und außen wähnt ich alle sieben
Unterwelten zu durchwandern:
Auf und nieder sucht ich ängstlich den Weg,
Der leichter zu wandern wäre.*

*Nun ist zu sagen, was ich als erstes sah,
Als ich zu den Qualorten kam:
Versengte Vögel, die Seelen waren,
Flogen wie Fliegen umher.*

Deutlicher als hier kann man es nicht mehr ausgedrückt finden, daß die Vögel die Gestalt der Seele nach dem Tod sind.

*Von Westen drangen die Drachen des Wahns
Und bedeckten die glühenden Gassen.
Sie schlugen die Schwingen als sollte der Himmel
Bersten und die Erde.*

Hier sind die Drachen wie Nidhöggr geflügelt. Der Ausdruck „Drachen des Wahns" soll sie wohl als Peiniger der Toten in der Unterwelt bezeichnen.

Die „glühenden Gassen" zeigen, daß es die Unterwelt zumindestens z.T. eine Feuerunterwelt ist. Ob dies Motiv bei den Germanen aus der Symbolik des Feuers als Jenseitstor heraus entstanden oder von den Christen stammt oder sich hier beides gegenseitig ergänzt hat, läßt sich kaum noch entscheiden. Falls die „glühenden Gassen" einen germanischen Ursprung haben sollten, wären hier die Drachen zumindestens lose mit dem Feuer assoziiert.

Der Westen ist der Ort des Sonnenuntergangs und somit auch das Tor, das in die Unterwelt hineinführt. Daher sind auch die Schlangen und Drachen in der Regel im Westen. Diese Symbolik ist weltweit zu finden – von den frühsteinzeitlichen Tempel von Göbekli Tepe über tibetische Mandalas bis hin zu indianischen Schwitzhüttenritualen.

*Den Sonnenhirsch sah ich von Süden kommen
Von zwein am Zaum geleitet;
Auf dem Felde standen seine Füße,
Die Hörner hob er zum Himmel.*

Dieser Hirsch ist vermutlich der Opferhirsch bei der Jenseitsreise. Er könnte auch der Hirsch vor dem Wagen mit dem Metkessel der Muttergöttin sein, der zumindestens von den Kelten gut bekannt ist.

Der Süden ist der Ort der Stärke, der Lebensmitte und des Sonnengott-Göttervater.

Von Norden ritten der Nüchternheit Söhne;
Ihrer sieben sah ich.
Volle Hörner hoben sie des herrlichen Mets
Aus des guten Gottes Brunnen.

Die „Söhne der Nüchternheit" scheint sich nicht auf Alkohol zu beziehen, sondern auf die Klarheit des Bewußtseins, da sie den Göttermet in Trinkhörnern bei sich tragen.

Im Norden am Nordpol unter dem Polarstern steht der Weltenbaum mit der Quelle Hvergelmir, dessen Wasser Ähnlichkeit mit dem Göttermet hat, da der Riese Mimir dem Odin dessen Weisheit gab, indem er ihn von dieser Quelle trinken ließ.

Der Osten wird in dieser Strophen nicht erwähnt – vermutlich saßen der Seher auf dem Stuhl der Nornen im Osten und blickte von Sonnenaufgang aus in die Welt. Der Osten hat allgemein die Bedeutung von Geburt und Entstehung.

2.

Männer sah ich da, die manchen hatten
Entleibt dem Gut zuliebe;
Die Brust durchbohrten den Bösewichtern
Grimme Giftdrachen.

Diese Giftdrachen sind hier vermutlich ein allgemeines, unspezifisches Bild für die Qualen, die die „Bösewichter" in der Unterwelt zu erleiden haben.

In der Niflungen-Sage wurde Gunnars Brust von einer Giftschlange durchbohrt. Dies scheint daher ein weiter verbreitetes Motiv gewesen zu sein – eine Umdeutung des Schlangen-Totengeistes zu der Schlange als Todesursache …

I 4. d)   Gylfis Vision

Nach dem Mord an Baldur wird Loki von den Asen gefangen und in die Unterwelt gesperrt:

Nun war Loki friedlos gefangen. Sie brachten ihn in eine Höhle und nahmen drei lange Felsenstücke, stellten sie auf die schmale Kante und schlugen ein Loch in jedes.

Dann wurden Lokis Söhne, Wali und Nari oder Narwi, gefangen.

   Höhle = Grabkammer im Hügelgrab = Hel
   drei aufrechte Felsen = evtl. die Steinplatten, aus denen die Grabkammer besteht

Den Wali verwandelten die Asen in Wolfsgestalt: da zerriß er seinen Bruder Narwi. Da nahmen die Asen seine Därme und banden den Loki damit über die drei Felsen: der eine stand ihm unter den Schultern, der andere unter den Lenden, der dritte unter den Kniegelenken; die Bänder aber wurden zu Eisen.

Da nahm Skadi einen Giftwurm und befestigte ihn über ihm, damit das Gift aus dem Wurm ihm ins Antlitz träufelte. Und Sigyn, sein Weib, steht neben ihm und hält ein Becken unter die Gifttropfen.

Und wenn die Schale voll ist, da geht sie und gießt das Gift aus; derweil aber tropft ihm das Gift ins Angesicht, wogegen er sich so heftig sträubt, daß die ganze Erde schüttelt, und das ist es, was man Erdbeben nennt. Dort liegt er in Banden bis zur Götterdämmerung.

   Skadi = eine Erdgöttin, die offenbar auch eine Jenseitsgöttin ist
   Giftwurm = Schlange = Ahnengeist (der hier zu einer Foltermethode umgedeutet worden ist)

I 4. e) Lokasenna

Dieselbe Geschichte wird auch am Ende der Lokasenna erzählt:

Darauf nahm Loki die Gestalt eines Lachses an und entsprang in den Wasserfall Franang. Da fingen ihn die Asen und banden ihn mit den Gedärmen seines Sohnes Nari. Sein anderer Sohn Narfi aber wurde in einen Wolf verwandelt.

Skadi nahm eine Giftschlange und hing sie auf über Lokis Antlitz. Der Schlange entträufelte Gift. Sigyn, Lokis Weib, setzte sich neben ihn und hielt eine Schale unter die Gifttropfen.

Wenn aber die Schale voll war, trug sie das Gift hinweg: unterdessen träufelte das Gift in Lokis Angesicht, wobei er sich so stark wand, daß die ganze Erde zitterte. Das wird nun Erdbeben genannt.

I 4. f) Skaldskaparmal

Der Skalde Einarr hat die folgenden Verse verfaßt:

Als nächstes seh ich, wie eine Schlange
geschickt in das prachtvolle Bier-Horn geschnitzt worden ist:
Der Verteiler des Fjord-Feuers wird sehen,
wie ich ihn dafür belohne!

Fjord-Feuer = goldene Sonne im Wasser = Gold; dessen Verteiler = Fürst

Da man aus den rituellen Trinkhörnern zum wohle der Ahnen und der Götter trank, ist diese Schlange auf dem Trinkhorn ein Symbol für die Ahnen. Solche eingravierten Schlangen finden sich z.B. auf den Goldhörnern von Gallehus.

I 4. g) Zusammenfassung

Die Decke des Saals der Hel besteht aus ineinander verflochtenen Schlangen, von denen Gift auf die Toten herabtropft. Andere Giftdrachen durchbohren dort die Brust der Menschen. Von Westen (Sonnenuntergang) her fliegen die „Drachen des Wahns" zu der Halle der Hel – vermutlich um die Toten zu quälen.

In der Quelle Hvergelmir, die wohl ein allgemeines Bild für „Wasserunterwelt" ist, saugt Niddhögr die Leichen aus.

In den Schilderungen der Hel ist aus den Schlangen-gestaltigen Ahnengeistern bereits Schlangen als Folter und als Todesursache geworden.

Ein weiterer Aspekt der Hel-Schlange ist ihr Bruder, die Midgardschlange Jörmungandr, die Hel als Zaumzeug benutzt, wenn sie auf ihrem zweiten Bruder, dem Fenris-Wolf, reitet.

5. Odin als Schlange

Odins Verwandlung in eine Schlange wird ausschließlich in dem Lied über den Raub des Göttermets beschrieben.

I 5. a) Skaldskaparmal

Da sprach Ägir: „Sonderbar dünkt mich der Gebrauch, die Dichtkunst 'Suttungs Met' zu nennen. Aber wie kamen die Asen an Suttungs Met?"

Bragi antwortete: „Davon wird erzählt, daß Odin auszog und an einen Ort kam, wo neun Knechte Heu mähten. Er fragte sie, ob sie ihre Sensen gewetzt haben wollten. Das bejahten sie. Da zog er einen Wetzstein aus dem Gürtel und wetzte. Die Sicheln schienen ihnen jetzt viel besser zu schneiden: da feilschten sie um den Stein; er aber sprach, wer ihn kaufen wolle, solle geben, was billig sei. Sie sagten alle, das wollten sie; aber jeder bat, den Stein ihm zu verkaufen. Da warf er ihn hoch in die Luft, und da ihn alle fangen wollten, entzweiten sie sich so, daß sie einander mit den Sicheln die Hälse zerschnitten.

Da suchte Odin Nachtherberge bei dem Riesen, der Baugi hieß, dem Bruder Suttungs. Baugi beklagte seine üblen Umstände und sagte, neun seiner Knechte hätten sich umgebracht; nun wisse er nicht, wo er Werkleute hernehmen solle. Da nannte sich Odin bei ihm Bölwerk und erbot sich, die Arbeit der neun Knechte Baugis zu übernehmen; zum Lohn verlangte er einen Trunk von Suttungs Met. Baugi sprach, er habe über den Met nicht zu gebieten. Suttung, sagte er, wolle ihn allein behalten; doch wolle er mit Bölwerk dahinfahren und versuchen, ob sie des Mets bekommen könnten.

Bölwerk verrichtete den Sommer über die Arbeit von neun Männern für Baugi; im Winter aber begehrte er seinen Lohn. Da fuhren sie beide zu Suttung, und Baugi erzählte seinem Bruder, wie er den Bölwerk gedungen habe; aber Suttung verweigerte geradeheraus jeden Tropfen seines Mets.

Da sagte Bölwerk zu Baugi, sie wollten eine List versuchen, ob sie an den Met kommen möchten, und Baugi wollte das geschehen lassen. Da zog Bölwerk einen Bohrer hervor, der Rati hieß, und sprach, Baugi sollte den Berg durchbohren, wenn der Bohrer scharf genug sei. Baugi tat das, sagte aber bald, der Berg sei durchgebohrt. Aber Bölwerk blies ins Bohrloch, da flogen die Splitter heraus, ihm entgegen. Daran erkannte er, daß Baugi mit Trug umgehe, und bat ihn, ganz durchzubohren.

Baugi bohrte weiter und als Bölwerk zum andernmal hineinblies, flogen die Splitter einwärts. Da wandelte sich Bölwerk in einen Wurm und schlüpfte in das Bohrloch. Baugi stach mit dem Bohrer nach ihm, verfehlte ihn aber.

Da fuhr Bölwerk dahin, wo Gunnlöd war, und lag bei ihr drei Nächte, und sie erlaubte ihm drei Trünke von dem Met zu trinken. Und im ersten Trunk trank er den Odhrörir ganz aus, im andern leerte er den Bodn, im dritten den Son und hatte nun den Met alle. Da wandelte er sich in Adlersgestalt und flog eilends davon.

Als aber Suttung den Adler fliegen sah, nahm er sein Adlerhemd und flog ihm nach. Und als die Asen Odin fliegen sahen, da setzten sie ihre Gefäße in den Hof. Und als Odin Asgard erreichte, spie er den Met in die Gefäße. Als aber Suttung ihm so nahe gekommen war, daß er ihn fast erreicht hätte, ließ er von hinten einen Teil des Metes fahren. Danach verlangt niemanden: nehme sich das wer da wolle; wir nennen es der Dichterlinge Teil.

Aber Suttungs Met gab Odin den Asen und denen, die da schaffen können. Darum nennen wir die Skaldenkunst Odins Fang oder Fund, oder Odins Trank und Gabe, und der Asen Getränk.

In dieser Mythe findet sich die vollständige Jenseitsreisesymbolik:

1. Odin wandert zu den Riesen, d.h. in das Jenseits, um den Met zu erlangen, der den Asen die ewige Jugend, d.h. die Wiedergeburt gibt.

2. Odin bewirkt, daß sich neun Knechte gegenseitig töten. „9" ist die Zahl der Unterwelt; es werden auch von neun Ebenen in der Hel berichtet. Daher stellen die neun toten Knechte möglicherweise den Abstieg diese neun Ebenen hinab zur Hel dar – wobei diese „9" letztlich lediglich nur eine Art Adjektiv mit der Bedeutung „zum Jenseits gehörend" ist.
Der Tod der neun Schnitter erinnert an den Sensenmann, in dessen Bild das Sensen und der Tod miteinander kombiniert worden sind.

3. Odin nimmt die Gestalt einer Schlange an, um in die Unterwelt zu kriechen.

4. Dort vereint er sich mit der Riesentochter Gunnlöd, die an die Stelle der Freya als der Geliebten-Aspekt Muttergöttin im Jenseits getreten ist. Diese Vereinigung ist die Wiederzeugung, die der Wiedergeburt vorausgeht.
Gunnlöds „Berg" ist ein Hügelgrab, d.h. das Jenseits.

5. Odin trinkt in drei Zügen den gesamten Met aus. Dies stellt das „Wiederstillen" dar, das in den germanischen und allgemein den indogermanischen Ritualen an die Stelle der Wiedergeburt getreten ist und nun die ewige Jugend verlieh. Aus diesem Met wurde später das Lebenselixier der Alchemisten.

6. Odins Verwandlung in einen Adler-Seelenvogel stellt seine Wiedergeburt (als Seelenvogel) dar. Eigentlich sollte nach der Wiederzeugung zuerst die Wiedergeburt (Vogelverwandlung) und erst dann das Wiederstillen kommen.

> In dieser Mythe ist die ursprüngliche Symbolik der Schlange am klarsten ersichtlich: Sie ist die Seele des Toten oder aller sonstigen Jenseitsreisenden auf ihrem Weg in die Unterwelt unter der Erde.

I 6. Weitere Schlangen und Drachen

In der Edda wird an einigen Stellen allgemein über Schlangen berichtet, ohne das sie einer der bisher dargestellten Drachen oder Schlangen zugeordnet werden könnten.

I 6. a) Grimnir-Lied

Mehr Würmer liegen unter den Wurzeln der Esche
daß sie keine Zunge zu zählen vermag.
Goin und Moin, Grafwitnirs Söhne,
Grabak und Grafwöllud,
Ofnir und Swafnir sollen ewig
Von der Wurzeln Zweigen zehren.

Hier werden die Namen einiger der Schlangen, die unter der Weltesche hausen, aufgeführt. Aus der Bedeutung ihrer Namen läßt sich ihr Charakter teilweise rekonstruieren.

„Grafwitnir" ist der „Grab-Wolf", also ein Wesen, das im Grab liegt und das als gefährlich oder als Krieger angesehen wird. Möglicherweise ist damit Tyr als der „Gott der Ulfhedinn", also der „Wolfs-Ekstasekrieger" gemeint.

„Grabak" bedeutet „Graurücken" und ist eine allgemeine Umschreibung für den Wolf. Er ist vermutlich eine Kurzform für „Graf-Grabak", also „Grab-Graurücken". Grabak und Grafwitnir könnten miteinander identisch sein.

„Grafwöllund" könnte „Grab-Wieland" bedeuten. Diese Schlange wäre dann der ehemalige Göttervater als der Schmied Wieland in der Unterwelt bezeichnet worden.

„Swafnir" ist auch ein Beiname des Odin und bedeutet „Schlafbringer". Möglicherweise liegt dem das Bild des „Schlafdorns" des Odin zugrunde, mit dem er z.B. die Walküre Brünhilde in dauerhaften Schlaf, d.h. in den Tod versetzt hat. Dieser „Schlafdorn" ist ursprünglich Tyrs Schwert gewesen, weshalb auch „Swafnir" ursprünglich ein Beiname des Tyr als Schlange im Jenseits gewesen sein könnte.

Auch „Ofnir" ist ein Beiname des Odin. Er bedeutet in etwa „Verwirrter". Dies erinnert an die „Drachen des Wahns" aus dem Sonnenlied. Mit diesem Geisteszustand ist möglicherweise dasselbe wie mit Odins Name gemeint, der „Ekstase, außergewöhnlicher Bewußtseinszustand" bedeutet. Die Ekstase in der Form einer Astralreise ist in den meisten Fällen von einer völligen Reglosigkeit des Körpers begleitet, sodaß auch eine Verbindung zum Schlaf besteht. Die ursprüngliche Bedeutung von „Ofnir" wird daher wohl der Zustand auf der Jenseitsreise sein, der von der Ekstase und der

Astralreise über die rituelle Einweihung bis hin zum Schlaf und zum Tod reicht. Auch dieser Schlangenname könnte auf Tyr als Schlange im Jenseits zurückgehen.

Die Bedeutung der Schlangennamen „Goin" und „Moin" läßt sich nicht mehr rekonstruieren. Es ist jedoch offensichtlich, daß sie ein Brüder-Paar bilden. Die Paare in der germanischen Mythologie wie die Wölfe Geri und Freki oder die Raben Hugin und Munin haben ihren Ursprung in den beiden Alcis-Söhne des ehemaligen Sonnengott-Göttervaters Tyr, die als Jünglinge, Schimmel, Wölfe, Raben und Schlangen erscheinen konnten.

Solche Schlangenpaare wie Goin und Moin sind auch von vielen Runensteinen her bekannt (Runensteine von Ardre, Aegersta, Aengeby, Aerby, Aspoe, Loesen u.a.).

Odin ist der Nachfolger des Tyr und die Pferde-Zwillinge waren die Rosse vor dem Streitwagen des Tyr. Hugin und Munin könnten somit ursprünglich die Seelenvögel der Pferde-Zwillinge gewesen sein. Die Vogelpaare, die vereinzelt auf den Runensteinen anzutreffen sind, werden bereits Hugin und Munin sein und nicht mehr die Seelenvögel der beiden Alcis-Söhne des Tyr, da die Runensteine aus einer recht späten Zeit stammen. Die beiden Schimmel, die Tyrs Streitwagen gezogen haben, sind zu Odins achtbeinigem „Doppelpferd" Sleipnir geworden.

Tacitus (56-117 n.Chr.) hat in seiner „Germania" über die Pferde-Zwillinge bei dem germanischen Stamm der Nahanarvalen berichtet:

„Bei den Nahanarvalern zeigt man einen Hain mit einem altertümlichen Kult. Vorsteher ist ein Priester in Frauentracht, aber die Götter sollen nach römischer Auffassung Kastor und Pollux entsprechen. Dies ist nämlich das Wesen der Gottheit, ihr Name ist Alken. Es gibt aber keine Götterbilder, kein Anzeichen für einen ausländischen Kult; doch verehrt man sie als Brüder, als junge Männer."

Diese Pferde-Zwillinge sind auch von den Balten als Ashveniai und von den Indern als Ashvins bekannt. Die drei Namen Alci, Ashvins und Ashveniai gehen auf das indogermanische „ek'w" für „Pferd" zurück. Das Wort steht meisten im Dual, d.h. es handelt sich um zwei Pferde. Sie ziehen bei den Balten den Wagen der Sonne.

Diese Pferdezwillinge haben im Volksglauben als schützendes Zeichen am Giebel von Bauernhäusern überlebt: zwei gekreuzte Bretter in der Form von zwei Pferdeköpfen.

Litauen *Niedersachsen* *Hamburg* *Raiffeisenbank*

Falls diese Vermutungen über die Herkunft der Schlangenbrüder zutreffen sollte, hat es in der Völkerwanderungszeit folgende Entwicklung in der germanischen Religion gegeben:

von Tyr zu Odin			
Motiv		*Tyr*	*Odin*
Göttervater		Tyr	Odin
Pferdezwillinge		zwei Pferde vor dem Streitwagen	Odins „Doppelpferd" Sleipnir
Schlangengestalt (Weg in das Jenseits, Abend)	*Göttervater*	Schlange als allgemeine Gestalt der Jenseitsreisenden	Odin als Schlange auf dem Weg in die Berg-Unterwelt zu Gunnlöd
	Pferdezwillinge	die Schlangenbrüder Goin und Moin	die beiden Schlangen auf den Runenensteinen
Seelenvogel-Gestalt (Weg in das Diesseits, Morgen)	*Göttervater*	allgemein bei den Indogermanen: der Adler ist der (Seelen-)Vogel des Göttervaters	Odin als Adler auf dem Rückflug von Gunnlöd nach Asgard
	Pferde-Zwillinge	vermutet: Pferde-Zwillinge als Seelenvögel im Jenseits	die beiden Raben Hugin und Munin
Wolf als Seelenführer		vermutlich Tyr und Fenrir (Fenrir ist wahrscheinlich Tyr als Gott der Ulfhedinn); Alcis = zwei Wolfs-Krieger	die beiden Wölfe Geri und Freki

Das Bild, das sich aus diesen Schlangennamen ergibt, ist Tyr als Schlange in seinem Hügelgrab zusammen mit seinen beiden Alcis-Söhnen in der Gestalt von zwei Schlangen.

I 6. b) Skaldskaparmal

Dies sind Namen von Schlangen: Drache, Fafnir, Jörmungandr, Natter, Nidhöggr, Lindwurm, Natter-Weibchen, Goinn (Grafvitnirs Sohn), Moinn (Grafvitnirs Sohn), Grafvitnir, Grabakr, Ofnir, Svafnir, Maskierter.

In dieser allgemeinen Liste von Schlangennamen finden sich zusätzlich zu den im vorigen Abschnitt betrachteten Schlangen, die unter der Weltesche wohnen, noch acht weitere Namen: Drache, Fafnir, Jörmungandr, Natter, Nidhöggr, Lindwurm, Natter-Weibchen und Maskierter. Von diesen Namen sind bisher lediglich Drache, Natter, Natter-Weibchen und Maskierter nicht betrachtet worden.

„Drache" ist das griechische Wort für „Schlange". Es bedeutet „der starr Blickende", was sich vermutlich auf die Augen der Schlangen bezieht.

„Natter" und „Natter-Weibchen" sind allgemeine Bezeichnungen für Schlangen gewesen. Die Bedeutung von „Natter" ist „die sich Windende". Interessant ist, daß man bei den Schlangen zwischen Männchen und Weibchen unterschied. Vielleicht handelt es sich auch hier um ein Paar – dies ist aber recht ungewiß.

Die Umschreibung „Maskierter" für die Schlange könnte sich evtl. auf den den Ögishelm beziehen, durch den sich ein Mensch anscheinend als Drache „maskieren" kann. Aber dies ist nur ein Anfangsverdacht.

I 6. c) Kenningar und Heitis in der Skaldskaparmal

Die Kenningar, also die Umschreibungen einer Sache durch meist zwei Substantive, können weitere Auskünfte über die Vorstellungen der Germanen über Drachen und Schlangen geben, denn für solche Umschreibungen konnte man nur Bilder und Assoziationen benutzen, die allen geläufig waren.

1.

„Wie soll man den Winter umschreiben?"
„So: Nenne ihn Sohn des Vindsvalr, Zerstörer der Schlangen, Windzeit.

So sang Asgrimr:
'Der kriegerische Beute-Nehmer,
der alles in großen Mengen fortnimmt: der Winter
– das Weh der Schlangen – verharrte in Throndheim.'"

„Vindsvalr", der Name des Vaters des Winters, bedeutet „Kalt-Wind". Die Kälte versetzt die Schlangen in Kältestarre. Wenn es zu kalt wird, erfrieren die Schlangen. Deshalb ist der Winter das „Weh der Schlangen".

Diese Kenning gibt leider keinerlei mythologische Auskünfte.

2.

„Wie soll man den Sommer umschreiben?"
„So: Nenne ihn Sohn des Svasudr und Behagen der Schlangen und Wachstum der Menschen.

Denn so sang Egill Skallagrimsson:
'Wir werden unsere Schwerter schwingen;
O Färber der Wolfszähne – laß sie glitzern!
Wir wollen eine Tat vollbringen
während des Behagens der Schlangen.'"

„Svasudr", d.h. der „Milde" ist der Vater des Sommers. Dies ist eine Parallelbildung zu „Vindsvalr" („Windkalt"), dem Vater des Winter. So wie der Winter das Weh der Schlangen ist, so ist der Sommer ihr Behagen.

Über die mythologischen Vorstellungen bezüglich der Schlangen sagt auch diese Kenning leider nichts aus.

3.

„Eine Axt wird Trollweib der Schutzwaffen genannt, denn so sang Einarr:

'Refills Reiter der See-Stuten
können die reichgeschnitzen Drachen sehen,
die sich, nicht ferne,
gegen die Stirn der Steuerruder-Menschenfresserin lehnen.'"

Diese Verse sind in dem in den frühen germanischen Liedern beliebten „Drapa"-Stil geschrieben, in denen viele Begriffe durch eine Kenning umschrieben werden.

Im Original sind diese vier Zeilen im Gegensatz zu der deutschen Übersetzung in etwa gleichlang.

<u>1. Zeile:</u> Die See-Stuten sind die Schiffe; die Reiter der See-Stuten sind die Wikinger auf den Schiffen; und Refill gehören diese Schiffe und er ist der Anführer der Wikinger auf ihnen.

<u>2. Zeile:</u> Die Drachen sind die Drachenschiffe, die so genannt werden, weil sie in der Gestalt eines Drachens angefertigt wurden: Der Bug ist als Drachenkopf geschnitzt, der Rumpf ist der Drachenleib, das nach oben hin verlängerte Heck ist der meist eingerollte Drachenschwanz und die Segel sind seine Flügel. Dieser Drache führt die Wikinger genauso sicher durch das Meer wie die Schlangen/Drachen die

Jenseitsreisenden durch die Wasser der Unterwelt tragen. Diese Drachen waren die Verbündeten der Wikinger. Die Beschreibung dieser Drachenboote als „reichgeschnitzt" bezieht sich u.a. auf die Anfertigung dieser Boote in der Form eines Drachen.

<u>3. Zeile:</u> Die Drachenschiffe sind nicht weit entfernt.

<u>4. Zeile:</u> Die Menschenfresserin ist eine Umschreibung für eine Riesin. Als diejenige, die das Steuerruder frißt, muß sie die stürmische See sein, die manchmal auch das Steuerruder zerbricht. Die „Steuerruder-Menschenfresserin" ist folglich eine Riesin, die mit der stürmischen See verbunden ist, d.h. mit der Riesin Ran, die die Frau des Meeresriesen Ägir ist. Ihr Name „Ran" bedeutet „Räuberin" – sie raubt nicht nur die Seeleute, die im Meer ertrinken, sondern auch die Steuerruder der Schiffe. Die „Stirn der Ran" sind folglich die Wogen des Meeres bei starkem Wind.

<u>Zeile 1. - 4.:</u> Ohne Kenningar würde die vier Verse wie folgt lauten:

„Die Seeleute auf Refills Schiffen
können die reichgeschnitzen Drachenboote sehen,
die nicht fern von ihnen
gegen die hohen Wogen des Meeres kreuzen."

Durch die Gestaltung der Wikingerschiffe als Drachen ist deutlich, daß es auch „gute Drachen" gegeben haben muß. Die „bösen Drachen" sind vermutlich vor allem aus der Umdeutung der Ahnen und der hilfreichen Schlange auf dem Jenseitsweg in die Ursache des Todes oder zur Gehilfen der Hel entstanden.

4.

„Ein Speer wird Schlange genannt, denn so sang Refr:

*'Meine wütende, düstere Schlange
tanzt gewalttätig in meiner Hand
auf den Zeichen auf dem Schild-Holz,
wenn Männer sich im Kampf treffen.'"*

Hier wird „Schlange" als Heiti für „Speer" benutzt. Eine Heiti ist das Ersetzen eines Wortes durch ein anders, das durch eine Assoziation mit dem gemeinten Wort verbunden ist. Die Ähnlichkeit zwischen „Schlange" und „Speer" bezieht sich zum einen auf ihre längliche Gestalt und zum anderen auf das gefährliche Zustoßen, das beiden gemeinsam ist. Eine Heiti ist nicht nur der Ersatz eines Wortes durch ein anders, also ein Rätsel, sondern auch die Hervorhebung der Assoziation, die beide Worte verbindet, in diesem Fall also das Zustoßen.

Die „Zeichen auf dem Schild-Holz" sind die heraldischen oder magischen Zeichen, die die Krieger auf ihre hölzernen Schilde gemalt haben, mit denen sie sich gegen Speere und Schwerter schützen.

Diese Heiti weist nur auf das Wesen der „natürlichen Schlangen" hin, aber sagt nichts über die „mythologischen Schlangen" aus.

5.

„*Es ist richtig, Blut und Leichen durch Kenningar mit dem Tier, das Würger (Schlange) genannt wird, zu umschreiben: indem man sie sein Fleisch und sein Getränk nennt.*
Es ist nicht richtig, sie durch Kenningar mit anderen Tieren zu umschreiben.
Der Würger wird auch Wolf genannt.
Man nennt sie Würger, denn so sang Illugi:

'Es gab Glück für den Würger
Als mein Herr die viele Männer zählenden Horden verfolgte;
Mit dem Schwert stach der Halsketten-Zerstörer
die dunkle Schlange des Waldes.'"

In diesen Versen gibt es nur zwei Kenningar: „Halsketten-Zerstörer" und „dunkle Schlange des Waldes".

Die Halskette, die durch das Schwert zerstört wird, ist zunächst einmal der Hals oder die Haut rings um den Hals. Sie kann sich aber auch auf eine richtige Kette beziehen, die die Krieger um ihren Hals tragen und evtl. auch auf den Draupnir-Halsreif, falls sie eine Jenseitsreise erlebt haben. Falls eine solche Kette gemeint sein sollte, würden sich diese Verse vorzugsweise auf getötete feindliche Könige beziehen, da diese bei ihrer Krönung einen solchen Halsreif erhielten.

Die „dunkle Schlange des Waldes" ist ein Speer oder ein Schwert.

I 6. d)   Schlangen in den isländischen Runenliedern

In zwei der isländischen Runenlieder, die aus der Zeit stammen, als die Menschen auf Island z.T. noch an die Asen und z.T. schon an Christus glaubten, findet sich die Schlange als Bild.

1.

Gold (Fa-Rune) *ruft Streit unter Verwandten hervor,*
ist das Feuer des Meeres,
der Genuß der Krieger,
der Weg des Grab-Fisches:
Gold-König.

In diesen Versen wird die Schlange mit der Kenning „Grab-Fisch" umschrieben. „Fisch" ist hier wohl zum einen wie „Wurm" aufgrund der körperlichen Ähnlichkeit zu Umschreibung der Schlange benutzt worden, aber möglicherweise auch wegen der Vorstellung einer Unterwelt aus Wasser, hinter dem Jenseitsfluß oder Jenseits des Meeres.

Es ist beachtenswert, daß es genügt, einen Fisch als „Grab-Fisch" zu bezeichnen, damit allen Hörern deutlich ist, daß eine Schlange gemeint ist, denn dies zeigt, daß Schlangen und (Hügel-)Gräber sehr eng miteinander assoziiert worden sein müssen. Daraus folgt wiederum, daß die Schlange ein wesentliches Bild in den Jenseitsvorstellungen gewesen sein muß.

2.

Die Rune Hagal (Hagel) *ist kalte Saat,*
Graupel-Schauer
und Krankheit der Schlangen:
Kriegs-König.

Im Vergleich zu der vorigen Strophe sagt dieses Strophe des Runenliedes kaum etwas über die Schlangen aus – im Grunde nur, daß die Schlangen im Winter in Kältestarre („Krankheit") fallen.

I 6. e) Skaldskaparmal

In dem alten Lied „Bjarkamal" werden viele Bezeichnungen für Gold aufgezählt. In der ersten Strophe erscheint auch ein Schlangen-Motiv:

Der König bereicherte seine Wächter
auf die großzügigste Weise

mit Fenjas Arbeit,
mit Fafnirs Midgard,
Glasirs hell-strahlenden Nadeln
Granis edle Last,
Draupnirs kostbare Tropfen,
Ebene des Grafvitnir.

   Fenja (Frigg) und Menja (Freya) mahlten mit ihrer magischen Mühle in der Höhle „Grotto" (Hügelgrab) Mehl, Salz und Gold.
   Das Land („Midgard"), d.h. der Wohnort des Drachen Fafnir ist sein goldener Hort.
   Der (Welten-)Baum Glasir in Asgard hatte goldene Blätter.
   Grani ist Sigurds Roß, daß auf seinem Rücken den Nibelungenhort des Drachen Fafnir forttrug.
   Draupnir ist Odins goldener Jenseitsreise-Ring.
   Grafvitnir ist der ehemalige Sonnengott-Göttervater Tyr als Schlange, die auf einem goldenen Grabschatz („Ebene") liegt.

I 6. f) Skaldskaparmal

   „Eine Axt wird 'Troll-Frau der Schutz-Waffen' genannt, so wie Einarr gesungen hat:

'Die Reiter der Pferde des Landes
des Refil können sehen,
wie schön eingraviert die Drachen
gerade unter der Braue des Grid des Lebens-Schützers liegen.'"

   Refil = Seekönig; seine Rosse = Schiffe; deren Reiter = Wikinger
   Lebensschützer = Helm; Grid = Riesin; Riesen des Helmes = Axt; Braue der Axt = der Teil oberhalb des Stieles (Auge = Loch für den Stiel)

   Der Drache stellte vermutlich einen Totengeist dar – das Schicksal der Feinde der Gegner dieses Axt-Kriegers.

I 6. g) Skaldskaparmal

„Ein Speer wird 'Schlange' genannt, so wie Refr gesungen hat:

'Mein kühner Düster-Drache des Brettes
kann heftig in den Händen
eines Mannes spielen,
wenn sich Krieger treffen.'"

Brett = Schild; Drache = Schlange = Schwert/Speer/Axt = Waffe; Waffe = Zerstörer; Zerstörer des Schildes = Axt; Das Adjektiv „myrk", daß hier mit „düster" übersetzt ist, ist eine Anspielung auf den Wald „myrkvid" („Düsterwald") an der Jenseitsgrenze. Über diese Jenseitsgrenze gelangen auch die Totengeister in der Gestalt von Schlangen bzw. Drachen in das Jenseits. Daher bedeutet die Umschreibung der Axt als „Düsterwald-Drache der Schilde", daß die so benannte Axt die Feinde wie Totengeist-Drachen durch den Düsterwald ins Jenseits schicken wird.

I 6. h) Oddruns Klage

Oddrun war die Frau des Burgunder-Königs Gunnar.

Groß war das Geklapper / der vergoldeten Hufe,
als Giukis Söhne / durch das Tor ritten.
Das Herz rissen sie da / dem Högni heraus,
und den anderen / warfen sie in die Schlangenhöhle.

anderer = Gunnar
Schlangenhöhle = die zur Tötung mit Schlangen gefüllte Grube (die umgedeutete Grabkammer eines Hügelgrabes, in der der Totengeist in Schlangengestalt liegt)

Der weise Held / zupfte da seine Harfe
... ... / ... ...
Denn der hochgeborene König / hoffte noch in seinem Herzen
daß ihm von mir / Hilfe kommen werde.

Da bin ich alleine / zu Geirmund gegangen,
um den Trank zu mischen / und zu bereiten;
plötzlich hörte ich klar / von Hlesey herüber

wie voller Klage / die Saiten der Harfe erklangen.

    Hlesey = „Insel des (Meeresgottes = Tyr) Hler" = die dänische Insel Läsö = Jenseitsinsel
    Harfe = bei Bestattungen wurde offenbar Harfe gespielt

Ich befahl den Mägden, / sich bereit zu machen,
denn ich sehnte mich danach, / des Helden Leben zu retten.
Über den Sund segelten wir / in Booten,
bis wir das ganz Heim / des Atli sahen.

    Das Heim des Atli wird hier der Halle des Hler, d.h. der Halle Walaskialf des ehemaligen Sonnengott-Göttervaters Tyr auf der Jenseitsinsel gleichgesetzt.

Da kam die üble Frau / gekrochen,
Atlis Mutter: / Möge sie ewig verrotten!
Hart biß sie / Gunnars Herz,
da konnte ich dem Helden / nicht mehr helfen ...

    Hier ist Atlis Mutter der Mutter des Tyr, d.h. der Jenseitsgöttin, die ihn jede Nacht wiedergebiert, gleichgesetzt worden. Sie erscheint hier allerdings nicht mehr als Helferin im Jenseits, sondern als die Todesursache. Sie ist auch nicht mehr die Mutter der Totengeister (in deren Schlangengestalt), sondern als Schlange die Todesursache.
    Diese häufige Form der Umdeutung von einer Hilfe im Jenseits zu einer Todesursache ist hier sehr gründlich vorgenommen worden.

Schlangenbett-Göttin, / ich habe mich oft gefragt,
wie ich seitdem / noch leben soll.
denn ich habe den tapferen Krieger / sehr geliebt,
den Geber der Schwerter, so wie mich selbst.

    Schlange = Totengeist; Schlangenbett = Grabschatz in der Grabkammer des Hügelgrabes; Grabkammer-Göttin = Jenseitsgöttin als Wiederzeugungs-Geliebte und Wiedergeburts-Mutter =Freya/Hel
    Geber der Schwerter = Fürst = Gunnar

I 6. i)   Der Mord an den Niflungen

Dieselbe Szene wird auch von Snorri Sturluson berichtet:

Dem Högni ward das Herz ausgeschnitten und Gunnar in den Schlangenturm geworfen. Er schlug die Harfe und sang die Schlangen in den Schlaf; aber eine Natter durchbohrte ihn bis zur Leber.

Hier ist aus der Grabkammer im Hügelgrab keine Schlangengrube, sondern eine Schlangenturm geworden.

I 6. j)   Die Saga über Bosi und Herraud

In den Zaubersprüchen der Busla findet sich ein ganz ähnliches Schlangen-Motiv:

Geister werden umherirren
wie noch nie zuvor,
die Klippen werden bersten,
die Welt wird wanken,
das Wetter wird schlechter werden,
wenn Du, König Hring,
dem Herraud keinen Frieden gibst
und dem Bosi keine Sicherheit!
Ich werde Dir
Deine Brust peinigen!
An Deinem Herzen
werden Vipern nagen!
Deine Ohren
werden nichts mehr hören!
Deine Augen
werden sich nach innen wenden,
wenn Du dem Bosi
keine Sicherheit gibst
und dem Herraud
keinen Frieden!

I 6. k) Das dritte Lied über Sigurd Fafnir-Töter

In den folgenden Zeilen wird die Grabkammer des Hügelgrabes noch recht ursprünglich und deutlich „Wurmhöhle", d.h. „Schlangenhöhle" genannt:

Oddrunen willst du zu eigen haben;
Aber Atli gibt sie zur Ehe dir nicht:
Da werdet ihr heimlich zusammenhalten.
Sie wird Dich lieben, wie ich es würde,
Hätte das Schicksal uns solches gegönnt.

Dich wird Atli übel strafen:
In die wüste Wurmhöhle wirst du gelegt.

I 6. l) Zusammenfassung

Die Schlange ist eng mit Hügelgräbern verbunden, da sie der Totengeist in der Grabkammer ist. Sie wurde auch „Grab-Wolf", „Natter der Tiefe" und „Grab-Fisch" genannt.

Der Beiname „Maskierter" bezieht sich möglicherweise auf den Ögishelm, den Regin trug, als er sich in einen Drachen verwandelte.

Die Schlangen sind auch eng mit Odin und dem „besonderen Geisteszustand", nach dem Odin benannt worden ist, verbunden. Dieser besondere Geisteszustand wird ursprünglich die Astralreise bei der Jenseitsreise gewesen sein.

Die mythologischen Schlangen in den Gräbern sind anhand ihrer Namen oft noch als der ehemalige Sonnengott-Göttervater Tyr in der Unterwelt erkennbar.

Die Schlangenbrüder Goin und Moin sind vermutlich wie die beiden Raben des Odin und sein „Doppelpferd" Sleipnir aus den „Alcis" genannten germanischen Pferdezwilling-Jünglingen, die die Söhne des Tyr sind, entstanden.

Die Drachenschiffe der Wikinger zeigen, daß es ursprünglich einmal das Bild eines „guten" Drachen gegeben haben muß, der den Jenseitsreisenden dabei half, das „Große Wasser" (Wasserunterwelt, Meer) zu durchqueren: der ehemalige Sonnengott-Göttervater Tyr als Schlange/Drache in der Wasserunterwelt bzw. das Schiff des Tyr in der Wasserunterwelt.

I 7 Zusammenfassung: Drachen in den Mythen und Liedern

Aus den bisherigen Betrachtungen läßt sich nun das Bild der Germanen über die Schlangen und Drachen in ihrer Mythologie rekonstruieren. Diese vor allem aus der Edda bekannten Bilder beschreiben die Vorstellungen der in Island lebenden Germanen um ca. 1200 n.Chr. Da Mythen und vor allem ihre grundlegenden Motive eine große Beständigkeit haben, reichen die Wurzeln dieser Bilder jedoch weit zurück.

Der Drache auf seinem Schatz

Dieses Motiv ist durch den Geist eines Toten in der Gestalt einer Schlange in seinem Hügelgrab entstanden. Die Schlangengestalt ist ein Symbol des Toten auf seiner Reise in das Jenseits unter der Erde.

Da den Toten in ihre Hügelgräber Schätze mitgegeben wurden, die auch dort bleiben sollten, entstand das Motiv, daß die Schlange der Hüter dieser Schätze ist. Da diese Schätze gerne von Wikingern von anderen Stämmen geraubt wurden, bildete sich das Motiv des Kampfes um den Schatz – „Gold entzweit selbst Verwandte", wie es in einem isländischen Runenspruch heißt.

Aus der einfachen Schlange entstand durch die goldenen Grabbeigaben der „gefräßige, giftblasende Wurm" und schließlich der starke, furchtbare, funkelnde und glänzende Drache.

Diese Verbindung des Drachen mit einem Schatz und die Annahme, daß auch Drachen habgierig sind, führte schließlich zu dem Motiv, daß Drachen Menschen töten, um einen Hort zu erhalten.

Der magische Drachenring

Der Tote in dem Hügelgrab trug einen Jenseitsreisering, der seine Wiedergeburt durch die Muttergöttin im Jenseits symbolisierte. Dieser Ring wurde später als mit einem Todesfluch behaftet aufgefaßt – die Hilfe auf der Jenseitsreise wurde zur Todesursache umgedeutet.

Dieser Jenseitsreisering gehörte in der Regel einem Toten, aber manchmal auch einem Schamanen, Priester oder König, da diese bei ihrer Einweihung bzw. ihrer Krönung eine rituelle Jenseitsreise erlebt hatten. Daher erscheint der Ring in den Mythen als der Besitz eines Zwerges, also eines Totengeistes. Die Zuordnung des magischen Ringes zu einem Zwergenkönig verbindet die Symbolik des Toten-Ringes mit dem des Krönungs-Ringes. Da die Jenseitsreise mit der Schlange und dem Drachen verbunden ist, ist dieser Ring das zentrale Element eines Drachenhortes.

Der Zwergenkönig ist zudem der Jenseitskönig, d.h. der ehemalige Göttervater Tyr in der Unterwelt, der daher auch der Drachenkönig ist. Die Darstellung des ehemaligen Sonnengott-Göttervaters Tyr als Drache findet sich auf den Bildsteinen aus der Zeit von 400-600 n.Chr., auf denen fast immer eine Sonne und ein Drache abgebildet worden ist.

Manchmal wurden die Drachen auch als „Jötun", also als „Riese" bezeichnet. Dieser Name weist sowohl daraufhin, daß sich die Drachen im Jenseits befinden als auch darauf, daß sie sehr groß sind.

Der Riesenkönig (Geirröd, Utgardloki, Hymir, Hrungnir usw.) ist wie der Drachenkönig und der Zwergenkönig Tyr in der Unterwelt.

Die Verwandlung in einen Drachen

Eine Schlange ist das Symbol des Jenseitsweges und der Seele, die diesen Weg reist. Dies kann auch ein Schamane oder ein Schamanengott sein, wie Odins Reise als Schlange in den Berg der Gunnlöd, also in die Unterwelt zu der Jenseitsgöttin zeigt.

Diese Verwandlung in einen Drachen beim Tod bzw. bei der bewußten Jenseitsreise während des Lebens findet sich in den Mythen auch in der Verwandlung des Zwerges Fafnir in einen Drachen wieder.

Diese Verwandlung scheint durch das Aufsetzen des Ögishelmes zu geschehen, der alles Lebende in Schrecken versetzt. Dieser Helm ist, wie man aus seiner Wirkung schließen kann, ein Symbol des Todes.

Dieser Schreckenshelm wird auf die Sitte zurückgehen, die Toten und andere Jenseitsreisende in das Fell mit dem an ihm hängenden Schädel des für sie geopferten Herdentieres einzuwickeln. Das Trinken des Drachenblutes und das Verspeisen des Drachenherzens ist eine Umdeutung des Verspeisens des Opfertieres.

Der Wohnort des Drachen

Die Schlange ist eng mit den Hügelgräbern verbunden gewesen. Der Drache Fafnir lag auf der Gnitaheide. Vermutlich ist diese Heide der Bereich, in dem die Hügelgräber errichtet wurden. Das „Bett", das sich der Drache Fafnir dort bereitete, ist demnach der Grabschatz in dem Inneren eines Hügelgrabes, also in der Grabkammer. Dieser Innenraum könnte auch die „Grube" sein, in die Sigurd stieg, um den Drachen zu töten – um einen Drachenschatz zu rauben, mußte man sich einen Schacht in den Innenraum des Hügelgrab graben und dann in diese „Grube" hinabsteigen. Die Grabkammer erscheint in den späteren Liedern auch als „Schlangenhöhle", „Schlangengrube" und „Schlangenturm".

Der Wohnort des Drachen Nidhöggr unter den Wurzeln des Weltenbaumes ist hingegen mythologisch zu sehen: Der Weltenbaum ist die Verbindung zwischen den Welten, weshalb die Drachen und Schlangen von dem Stamm des Weltenbaumes in die Erde hinab zur Hel kriechen und sich folglich unter den Wurzeln des Weltenbaumes befinden. Manchmal leben die Schlangen auch nicht unter den Wurzeln des Weltenbaumes, sondern in den Wassern der Quelle Hvergelmir, die zwischen seinen Wurzeln liegt und den Eingang in die Unterwelt ist.

Das Motiv des Nidhöggr, der die Leichen, d.h. die Seelen der Leichen aus ihren Mondhügeln (Hügelgräber) holt und sie auf seinen Flügeln in die Unterwelt bringt, bezieht sich vermutlich auf den ehemaligen Sonnengott-Göttervater Tyr, der als untergehende Sonne, die sich in den Jenseits-Drachen verwandelt, die Seelen der Toten mit ihn die Unterwelt nimmt.

Die „Drachen des Wahns", die von Westen (Sonnenuntergang) her zur Hel fliegen, kann man wohl als eine Vervielfältigung des einen Nidhöggr auffassen. Solche Vervielfältigungen einer ursprünglich einzelnen Gestalt zu einer Vielzahl findet sich oft in den Jenseitsvorstellungen wie z.B. in der Entwicklung von Freya mit dem Falkenhemd zu den Walküren mit ihren Schwanenhemden oder von der einen Schicksalsgöttin zu den drei Nornen.

Die Schlangen finden sich nicht nur am Anfang des Jenseitsweges (Quelle) und auf ihm selber (unter den Wurzeln des Weltenbaumes), sondern auch an seinem Ende in der Hel, wo sie die Decke der Halle der Toten bilden. Diese Halle ist vermutlich als Verallgemeinerung des Raum in den Hügelgräbern zu einem Jenseits-Urbild entstanden. Die Schlangen als „Baumaterial" der Hel sind eine Umdeutung der Schlangen-gestaltigen Totengeister in der Grabkammer.

Der Flügeldrache

Nidhöggr und die „Drachen des Wahns" sind die einzigen geflügelten Drachen, die in den Liedern erwähnt werden. Sie sind aus der Verschmelzung der beiden wichtigsten Seelensymbole entstanden: aus dem Seelenvogel (Astralreise) und aus der Schlange (Reisender in die Unterwelt).

Der Drachenkönig

Der Drache Nidhöggr, der das Urbild der Schlangen unter dem Weltenbaum gewesen ist, könnte evtl. so etwas wie ein „Drachenkönig" gewesen sein, der dann dem Hreidmar/Andvari/Alberich als Zwergenkönig entspräche. Dieses Bild eines „Totenkönigs" wäre dann eine Parallelbildung im Bereich der Toten zu der gesellschaftlichen Organisation der Lebenden. Dieser „Totenkönig" wäre dann auch eine Entsprechung zu Odin als dem Gott der gefallenen Krieger. Odin, Fafnir und Alberich sind zwar nicht identisch, aber doch sehr ähnliche Bilder.

Der ursprüngliche Drachenkönig ist der ehemalige Sonnengott-Göttervater Tyr in der Unterwelt gewesen.

Die beiden Drachenbrüder

Die Schlangenbrüder Goin und Moin sind aus den „Alcis" genannten germanischen Pferdezwilling-Jünglingen entstanden. Sie sind die beiden Pferde vor dem Wagen des ehemaligen Sonnengott-Göttervaters Tyr gewesen, die zusammen mit ihm am Abend starben und sich auf ihrem Weg hinab ins Jenseits ebenfalls in Schlangen verwandelten. Die beiden Pferde-Söhne wurden nach der Absetzung des Tyr durch Odin um 500 n.Chr. zu Odins achtbeinigem „Doppelpferd" Sleipnir.

Drachenmagie

Die Magie ist allgemein die „Kunst des Jenseits", da sie vor allem der Umgang mit der Lebenskraft ist und oft von den Ahnen und von der Seele ausgeht. Daher können die Zwerge, die ursprünglich die Ahnen im Jenseits gewesen sind (wo sie nur noch Seele und Lebenskraft sind) viel leichter Magie ausüben. Dies wird u.a. dadurch beschrieben, daß Fafnir der Sohn des „*sehr zauberkundigen*" Zwerges Hreidmar ist.

Das zentrale Element der Magie ist die Astralreise, also das Verlassen des eigenen Körpers mit der Seele, die als Verwandlung in einen Vogel oder eine Schlange dargestellt wird wie z.B. in Odins Verwandlung in eine Schlange und anschließen nach dem Trinken des Mets der Gunnlöd in einen Adler.

Die Drachen sind wie Odin mit dem „besonderen Geisteszustand" verbunden, der ursprünglich die Astralreise (Jenseitsreise) gewesen sein. Bei Odin wurde dieser „besondere Zustand" zur „Wut" (Odin = Wotan), also zur Kampfekstase und bei den Drachen zum „Wahn" (die „Drachen des Wahns", die von Westen her zur Hel fliegen).

Aus diesem besonderen Bewußtseinszustand heraus ist es auch möglich, die Zukunft vorherzusehen – so wie dies die Seher, Seherinnen und auch der Drache Fafnir konnte. Sie kennen daher auch die wichtigen Ereignisse in der Mythologie wie den Ragnarök.

Der hilfreiche Drache

Zunächst einmal ist die Schlange als Symbol des Jenseitsweges und der auf ihm reisenden Seelen ein neutrales Bild – etwas, was jedem nach seinem Tod geschehen wird. Durch diese Assoziation mit dem Tod wurde die Schlange jedoch mit der Zeit zu einem gefürchteten mythologischen Wesen. Daneben blieb jedoch auch immer das Bild der hilfreichen Schlange bzw. des hilfreichen Drachens bestehen.

Ein Beispiel für das neutrale Schlangenbild ist Odins Verwandlung in eine Schlange. Als positives Motiv tritt der Drache z.B. bei Nidhöggr auf, wenn er die Leichen auf seinen Flügeln aus ihren Hügelgräbern in die Unterwelt bringt.

Ein weiteres positives Drachenbild findet sich in der Gestalt und dem Namen der Drachenboote, die zugleich auch die Stärke und die Macht der Drachen und insbesondere des ehemaligen Sonnengott-Göttervaters Tyr als Drachenkönig verkörpern.

Die Riesenschlange

Die Midgardschlange scheint ein anders Motiv zu sein, da sie weitgehend passiv im Meer liegt und die Erde rings umfängt. Sie führt einen endlosen Kampf mit Thor – oder genauer gesagt wohl Thor mit ihr. Die Midgardschlange ist durch ihren Vater, ihre Mutter, ihre Geschwister, ihren Aufenthalt im Meer sowie ihre Schlangengestalt auch mit dem Jenseits verbunden.

Sie ist ursprünglich die riesige Regenräuberschlange gewesen, die in jedem Frühjahr den Regen raubt und die im Herbst jedesmal wieder von dem Donnergott besiegt wird. In dem regenreichen Skandinavien ist die ursprüngliche Regen-Symbolik jedoch verlorengegangen.

Das Töten des Drachen

Fafnir wird, nachdem Sigurd in eine Grube gestiegen ist, von ihm getötet. Dies könnte aus der Vorstellung heraus entstanden sein, daß der Grabräuber in den Hügelgräbern mit dem Geist des Toten (Schlange) kämpfen muß, bevor dieser seinen Schatz herausgibt.

Das Trinken des Drachenblutes und das Essen des Drachenherzens gehen vermutlich beide auf das Verspeisen des Opfertieres bei der Bestattung zurück. Sie wären somit eine Parallele zu der Entstehung des Motivs des Ögishelmes aus dem Brauch, den Jenseitsreisenden in das Fell des Opfertieres einzuhüllen.

Das Verstehen der Vogelsprache nach dem Essen von dem Drachenherzen ist eine Umdeutung des Seelenvogel-Zustandes des Toten, nachdem er zu seiner Reise auf dem „Drachenpfad" in die Unterwelt aufgebrochen ist: Wer als Jenseitsreisender selber zu einem Seelenvogel geworden ist, kann auch die Sprache der anderen (Seelen-)Vögel verstehen ...

Die Ansicht, daß Drachenblut auf der Haut unverwundbar macht, ist vermutlich eine Umdeutung, die bei der Übertragung der Mythe in die Sage entstanden ist und sich ursprünglich auf die Erlangung der Fähigkeit zur Erweckung der Kampfekstase, in der man gegen Eisen und Feuer gefeit ist, bezogen haben.

Der Drache und die Jungfrau

Das bekannte Motiv der von dem Drachen gefangengehaltenen Jungfrau, die dann von dem Helden befreit wird, hat sich in der Sigurd-Sage schon fast fertig ausgebildet. Allerdings sind in ihr das Lager des Drachen auf der Gnitaheide und der Ruheort der Walküre in der Waberlohe noch nicht zu einem Bild geworden.

Die Walküre bzw. Jungfrau geht auf die Muttergöttin im Jenseits zurück, die bei der Wiederzeugung zur Geliebten des Jenseitsreisenden wird.

Der Drache auf seinem Schatz ist ursprünglich die Schlange als Totengeist auf dem Hügelgrab gewesen. Sein wichtigstes Kleinod war der Ring, der die Jenseitsreise symbolisierte. Aus den Jenseitsvorstellungen ergab sich, daß man die Schlange auch in der Quelle am Weltenbaum, unter seinen Wurzeln und in der Halle der Hel antraf.

Die Menschen wurden bei ihrem Tod zu Wesen des Jenseits, d.h. zu Zwergen (Ahnengeistern), zu Schlangen (Reisenden auf dem Jenseitsweg) oder zu Vögeln (Seele). Durch die Verbindung der Schlange und des Seelenvogels entstand der Flügeldrache. Es gab auch die Vorstellung eines „Königs der Toten", der als Odin, als Zwergenkönig und vermutlich auch als Drachenkönig (Nidhöggr) aufgefaßt werden konnte – dies ist ursprünglich der ehemalige Sonnengott-Göttervater Tyr in der nächtlichen bzw. winterlichen Unterwelt gewesen.

Als Gestalt der Toten auf dem Jenseitsweg sind die Schlangen/Drachen zunächst neutral bis positiv gewesen, aber sie wurden aufgrund ihrer Verbindung mit dem Tod mit der Zeit immer mehr zu gefürchteten Wesen.

Aus dem Bestattungsritual, bei dem ein Herdentier geopfert wurde, ergab sich das Motiv des Ögishelmes (Einhüllen in das Fell des Opfertieres) und das Motiv des Verstehens der Vogelsprache (ein Seelenvogel werden). Da dieser Helm zu der Bestattung gehörte, bei der der Tote symbolisch zu einer Schlange wurde, konnte das Aufsetzen dieses Helmes zur Ursache der Verwandlung in eine Schlange bzw. in einen Drachen umgedeutet werden.

Die Drachen besaßen als Jenseitswesen die Sehergabe und vermutlich auch die Fähigkeit der Astralreise und der damit verbundenen Magie. Die Flügel des Drachen weisen auch auf diese Astralreise hin.

Die Gestalt der Drachenboote griff die Symbolik der „weiten Reise" auf dem Jenseitsweg des Tyr in der Gestalt einer Schlange bzw. eines Drachen auf.

Die Muttergöttin im Jenseits, die den Toten die Wiedergeburt gab, wurde mit der Zeit über die Walküre zu der Jungfrau, die von dem Helden aus der Gefangenschaft des Drachen gerettet wird, im Sinne einer männerzentrierten Gesellschaft umgedeutet.

Die beiden Schlangenbrüder sind die Pferde-Zwillinge vor dem Streitwagen des ehemaligen Sonnengottes-Göttervaters Tyr, die mit ihm zusammen am Abend sterben und dabei die Gestalt von Schlangen annehmen.

Die Riesenschlange Jörmungandr, die von Thor bekämpft wird, ist ursprünglich einmal die Regenräuberschlange gewesen. Sie stammt noch aus der Zeit der ursprünglichen Indogermanen, die in der südrussischen Steppe nördlichen des Schwarzen Meeres und des Kaspischen Meeres gelebt haben.

II   Drachen in den Sagas

In den Sagas der Germanen kommen etliche Drachen vor. Neben den Isländersagas finden sie sich auch im Nibelungenlied, in der Thidreksaga, in der Heimskringla, in der Völsungensage und in der „Geschichte der Dänen" des Saxo grammaticus. Diese Sagas wurden in etwa um 1200 n.Chr. aufgeschrieben. Sie sind schon weitgehend historische Berichte, aber sie enthalten fast alle auch noch mehr oder weniger viele mythologische Motive.

II 1.   Fafnir in den Sagas

In den Sagas finden sich einige ergänzende Schilderungen zu dem Drachen Fafnir und seiner „mythologischen Umgebung".

II 1. a)   Thidreksaga

Diese Sage ist eine Sammlung von verschiedenen Sagen Dietrich (Thidrek) von Bern. Zu ihr gehören auch Teile der Siegfriedsage und der Wielandsage. In ihr finden sich einige Ergänzungen zu dem, was in der Edda über Sigurd und Fafnir erzählt wird.

1.

Das Glasgefäß der Königin schwamm den Fluß hinunter ins Meer. Nach nicht allzu langer Zeit trieb es mit der Ebbe an die Küste. Der Knabe Sigurd in dem Glasgefäß war inzwischen gewachsen und als das Glasgefäß gegen die Küste stieß, zerbrach es und Sigurd weinte.
Da kam eine Hindin herbei, nahm den kleinen Jungen in ihr Maul und trug ihn in ihr Lager, wo sie zwei Junge hatte. Sie legte den Knaben dazu und ließ ihn trinken und säugte ihn wie ihre eigenen Jungen. Er blieb zwölf Monate bei ihr. Da war er so groß und so stark wie andere Kinder von vier Jahren.

Sigurd wurde von seiner Mutter auf einem Fluß ausgesetzt. Dies ist ein sehr altes mythologisches Motiv, das eine Jenseitsreise darstellt, durch die der Ausgesetzte den Kontakt zu den Göttern erhält und im Folgenden zu einem König, Helden, Propheten, Seher, Religionsgründer o.ä. werden kann. Schon in der Biographie des Königs

Sargon von Akkad, der um 2.300 v.Chr. in Mesopotamien das Akkader-Reich gründete, wird berichtet, wie er als kleines Kind auf dem Fluß Tigris ausgesetzt und später dann gefunden wurde. Am bekanntesten ist dieses Motiv sicherlich von Moses, der auf dem Nil ausgesetzt wurde.

Auf die Hindin, die ihn säugte und aufzog, wird auch in der Edda im Niflungen-Lied durch den Namen „Hindin-Felsen" des Ortes, in dem Brünhilde schlief, hingewiesen. Diese Hindin ist ursprünglich einmal die Jenseitsgöttin in dem Hügelgrab gewesen. Sie gab dem Jenseitsreisenden, der durch den für ihn geopferten Hirsch im Jenseits die Gestalt Hirsches erlangt hatte, seine Wiedergeburt. Die Verwandlung des Jenseitsreisenden in einen Hirsch und die der Göttin in eine Hindin sollten die Fruchtbarkeit bzw. Zeugungskraft dieser beiden bei der Wiederzeugung und bei der Wiedergeburt magisch absichern.

2.

In dieser Variante der Sage ist Regin anstelle von Fafnir der Drache. An die Stelle des Schmiedes Regin tritt hier der Tyr-Riese Mimir, der hier auch Tyr als der Jenseits-Schmied ist.

Sigurd wuchs weiterhin sehr schnell und war stärker als andere Jungen in demselben Alter. Als er neun Jahre alt war, war er stärker als der mächtigste Mann. Sigurd war jedoch faul und drangsalierte die anderen Lehrlinge des Mimir einschließlich des Wieland.

Schließlich hatte Mimir genug davon und wies Sigurd an, mit dem Hammer auf ein glühendes Eisen zu schlagen. Sigurd schlug auf das Eisen und das Eisen wurde durch seinen Schlag völlig zerstört, aber nicht nur das Eisen, sondern auch der Hammer, die Zange und der Amboß. Mimir sah ein, daß sein Pflegesohn für die Schmiede nicht zu gebrauchen war und daß er sicherlich nie ein Schmied werden würde. Da beschloß er, daß Sigurd getötet werden sollte.

Mimir ging heimlich zu dem Lager seines Bruders Regin und sagte dem Drachen, daß er seinen Pflegesohn töten solle.

Mimir gab dem Sigurd eine Axt und auch etwas Nahrung und Wein und sandte seinen Pflegesohn in den Wald, um ihm etwas Holz zu holen.

Schon am ersten Tag aß und trank Sigurd seine ganzen Vorräte auf, die für neun Tage hätten reichen sollen, aber der junge Held war noch immer hungrig. Da kam der Drache zu Sigurds Lagerfeuer.

Als Sigurd den Drachen sah, sprang er auf, nahm den größten brennenden Ast aus dem Feuer und schlug damit Regin mit einem einzigen mächtigen Schlag nieder. Nachdem der Drache niedergestürzt war, schlug er immer wieder auf ihn ein bis der

Drache tot war. Dann nahm der junge Held die Holzaxt und schlug Regin den Kopf ab.

Da er noch immer hungrig war, beschloß er, etwas von dem Fleisch des Drachen zu essen und warf einige Stücke von dem Drachenfleisch in seinen Kochtopf. Als er seine Suppe kochte, verbrannte er sich an ihr seine Finger. Er steckte sie in seinen Mund, um sie abzukühlen und konnte von da an die Vogelsprache verstehen.

Sigurd hörte, wie zwei Vögel davon sprachen, daß Sigurd seinen Pflegevater töten sollte, da er ihn in den Wald gesandt hatte, damit sein Bruder, der Drache, ihn tötet. Sigurd erlangte nun Weisheit und erkannte die Wirkung des Drachenblutes. Da rieb er seinen ganzen Körper mit Drachenblut ein, um unverletzbar zu werden. Seine einzige verletzbare Stelle war in der Mitte seines Rücken, weil er dort nicht hinreichen konnte.

Die „neun Tage", für die Sigurds Vorräte reichen sollten, könnten ein Hinweis darauf sein, daß diese Szene im Jenseits spielt, aber angesichts der starken Umdeutung vieler Szenen ist es fraglich, ob dieses Detail nicht eher deshalb in die Erzählung geraten ist, weil die „3" und die „9" allgemeine und unspezifische „magische Zahlen" geworden waren.

II 1. b) Völsungen-Saga

Diese Saga ist ebenfalls eine Variante der Siegfried-Saga, in der die Geschichte ausführlich von Lokis Steinwurf auf Otr bis zu Fafnirs Tod erzählt wird.

1.

Am nächsten Tag ging Sigurd in den Wald und traf dort einen alten Mann mit langem Bart, den er nicht kannte, und der ihn frug, wo er hinwolle.

Sigurd antwortete: „Ich habe vor, mir ein Pferd auszuwählen; komm doch mit und gib mir Rat dabei."

„Nun denn," sprach er, „dann laß uns gehen und sie zum Fluß treiben, der Busil-Tarn genannt wird."

Das taten sie dann auch und trieben die Pferde in die Tiefen des Flusses und alle schwammen zurück an Land außer einem. Dies wählte Sigurd aus. Es hatte ein graues Fell und es war noch jung, großgewachsen, und schön anzusehen und noch kein Mann hatte auf seinem Rücken gesessen.

Da sprach der Graubart: „Von Sleipnirs Sippe stammt dieses Pferd. Es muß achtsam genährt werden, denn es ist das Beste aller Pferde." Und mit diesen Worten verschwand er.

Daher nannte Sigurd das Pferd Grani („Grauer"), das Beste aller Pferde. Der Mann, den er getroffen hatte, war niemand anderes als Odin selber.

In diesem Text ist gut zu sehen, daß Sigurd unter Odins Schutz stand und auch einige Motive aus den Tyr/Odin-Mythen wie das „beste Pferd" übernommen hat.

Da Grani aus der Sippe des Sleipnir stammt und Sleipnir der Sohn des Rosses Svadilfari des Tyr ist, ist Sigurds Hengst ein Nachkomme des Rosses des ehemaligen Sonnengott-Göttervaters Tyr – so wie auch Sigurd selber letztlich auf den ehemaligen Göttervater Tyr zurückgeht.

2.

Da sprach Regin zu Sigurd und sagte: „Dein Vermögen reicht nicht aus, und ich bedaure sehr, daß Du hierhin und dorthin laufen mußt wie der Sohn eines Knechtes; aber ich kann Dir erzählen, wo es viele Schätze für Dich zu gewinnen gibt und einen großen Namen und Ruhm dadurch, daß Du sie Dir erwirbst."

Sigurd frug ihn, was die wohl für ein Schatz sein könne und wer ihn hüte und bewache.

Regin antwortete ihm: „Fafnir ist sein Name und er liegt nur ein kurzes Stück Weg von hier entfernt auf der Einöde der Gnitaheide. Und wenn Du dorthin kommst, wirst Du sicherlich sagen, daß Du noch nie mehr Gold an einem Ort angehäuft gesehen hast und daß niemand nach noch mehr Schätzen verlangen könnte – nicht einmal wenn er der älteste und berühmteste König wäre."

„Ich bin zwar noch jung," sprach da Sigurd, „aber trotzdem weiß ich, was das für eine Art von Wurm ist und daß sich niemand gegen ihn anzutreten wagt – so groß und bösartig ist er."

Da sprach Regin: „Nein, das ist nicht so. Seine Art und seine Größe ist so wie die anderer Langwürmer und die Menschen machen zu viel Aufhebens um ihn – und so würden auch Deine Vorväter gedacht haben. Aber Du, obwohl Du aus dem Geschlecht des Völsungen stammst, hast nicht das Herz und den Geist derer, die bei allen ruhmreichen Taten als erste genannt werden."

Aber Sigurd antwortete ihm: „Ja, vielleicht habe ich nicht ihre Kühnheit und ihren Heldenmut – aber Du, hast Du nichts besseres zu tun, als mich einen Feigling zu nennen, wo ich doch kaum aus meinen Kinderjahren heraus bin? Warum treibst Du mich dazu so eifrig an?"

Regin antwortete: „Da liegt an einer Geschichte, die ich Dir erzählen muß."

„Dann laß sie mich hören," sprach Sigurd.

„Die Geschichte beginnt," sprach Regin: „Hreidmar war meines Vaters Name, ein

mächtiger und ein wohlhabender Mann. Sein erstgeborener Sohn wurde Fafnir genannt, sein zweiter Otter und ich war der dritte und der geringste von allen an Kühnheit und Kraft, aber ich war geschickt darin, mit Eisen und Silber und Gold zu arbeiten, aus denen ich etwas Besonders erschaffen kann."

Fafnir ist der junge Tyr und Hreidmar der alte Tyr, die ehemals die am Abend sterbende und die am Morgen wiedergeborene Sonne gewesen sind. Hreidmar entspricht dem Tyr-Riesen Mimir, der in der Thidrek-Saga bereits zu dem Bruder des Regin geworden ist – der Vater und sein ältester Sohn sind identisch miteinander, weil der älteste der drei Tyr-Söhne, die die drei Stände verkörpern, der wiedergeborene ehemalige Göttervater Tyr ist.

„Mein Bruder Otter hatte eine andere Gabe: Er konnte eine andere Gestalt annehmen, denn er war ein großer Fischer und darin allen anderen Menschen überlegen, weil er sich an jedem Tag in einen Otter verwandelte und im Fluß lebte und mit seinem Maul Fische fing und sie stets zu unserem Vater brachte. Dies gefiel ihm und er war die meiste Zeit in seiner Otter-Gestalt und kam dann heim und aß alleine und schlief, denn dem trockenen Land konnte er nicht viel abgewinnen.
Aber Fafnir war der größte und grimmigste von uns und er wollte, daß alle Dinge um ihn her ihm gehörten.
Nun gab es da," sprach Regin, *„einen Zwerg mit Namen Andvari, der stets in dem Wasserfall lebte, den man Andvari-Fälle nennt. Er hatte die Gestalt eines Hechtes angenommen und beschaffte sich selber Nahrung, den in dem Wasserfall lebten viele Fische. Und mein Bruder Otter ging stets zu diesen Wasserfällen und brachte Fische an Land und legte sie einen neben den anderen ans Ufer.*
Eines Tages kamen Odin, Loki und Hönir an den Andvari-Fällen vorüber, als Otter gerade einen Lachs gefangen hatte und ihn in aller Ruhe am Ufer verspeiste. Da nahm Loki einen Stein und warf mit ihn auf Otter und tötete ihn damit. Die Götter waren zufrieden mit ihrer Beute und häuteten den Otter."

Sowohl Otter als auch Andvari sind zwei Formen des ehemaligen Sonnengott-Göttervaters Tyr in der Wasserunterwelt.
Der Mord des Loki an Tyr-Andvari geht auf den endlosen, zyklischen Kampf zwischen dem Sommergott Tyr und dem Wintergott Loki zurück, durch den in den Mythen vor 500 n.Chr. die Jahreszeiten entstanden sind.

„Am Abend kamen sie zu Hreidmars Haus und zeigten ihm ihre Beute. Da ergriffen sie die Götter und verlangten von ihnen als Wergeld, daß sie den Otterbalg mit rotem Gold füllten und ihn dann ganz mit Gold bedeckten."

Eine Szene, in der Götter gefangen werden, ergibt nur Sinn, wenn diejenigen, die die Götter fangen, selber Götter sind (hier Tyr und seinen Söhne), da Menschen eine solche Tat nicht vollbringen können.

„Da sandten die Götter den Loki aus, Gold für sie zu sammeln. Da kam er zu der Göttin Ran und erhielt ihr Netz und ging zu den Andvari-Fällen, hielt das Netz vor den Hecht und und der Hecht schwamm in das Netz und wurde darin gefangen.
Da sprach Loki:

'Welcher Fisch unter all den Fischen
schwimmt mit Kraft in den Fluten,
aber hat nicht den Verstand, wachsam zu sein?
Deinen Kopf mußt Du freikaufen,
sonst findest du Dich bei Hel wieder
und ich werde die Flamme für das bleiche Wasser sein!'

Andvari antwortete:

'Die Menschen nennen mich Andvari,
nennen meinen Vater Oinn,
über viele Wasserfälle bin ich gezogen;
denn eine übelwollende Norne
hat mir dieses Leben bestimmt:
für immer feuchte Wege zu wandern.'

Da erhielt Loki das Gold des Andvari und als Andvari alles Gold gegeben hatte, hatte er nur noch einen einzigen Ring übrig, den Loki ihm auch noch nahm. Da ging der Zwerg in eine Öffnung in den Felsen und rief aus, daß der Goldring und ebenso alles andere Gold das Verhängnis aller Menschen soll, die es ab jetzt besitzen werden."

Dieser Fluch des Zwerges Andvari könnte durchaus ein Fluch sein, der allgemein auf dem Gold in den Hügelgräbern lag. Die Grabräuber fürchteten, daß die Totengeister (= Zwerge), die sie beraubten, sich an ihnen mit magischen Mitteln rächten und ihnen den Tod senden würden.
Diese Vorstellung hat sich sehr tief eingeprägt, wie u.a. die Vorstellung über den „Fluch des Pharaos" zeigt, der alle treffen soll, die sein Grab plündern.
Letztlich ist dieser Todesfluch jedoch eine Umdeutung des endlosen Kampfes zwischen Tyr und Loki, der mit dem goldenen Jenseitsreise-Sonnenring assoziiert wurde.

„*Nun ritt Loki mit den Schätzen zu Hreidmar und füllte den Otterbalg, stellte den goldgefüllten Otter auf seine Füße und umhäufte ihn ringsum mit Gold. Als dies geschehen war, kam Hreidmar hinzu und sah, daß noch ein Barthaar des Otters herausschaute und befahl ihnen, auch dieses Haar noch zu bedecken. Da nahm Odin den Ring Andvarinaut und bedeckte das Haar damit.*"

Da Loki das Gold geholt hatte und auch den Otterbalg damit gefüllt und umhäuft hatte, fällt es auf, daß Odin und nicht Loki den Ring in seiner Hand hat. Diese „Ungereimtheit" wird jedoch sofort verständlich, wenn man davon ausgeht, daß Andvarinaut und Odins Ring Draupnir identisch sind: der Ring, der die bestandene Jenseitsreise symbolisierte und den man auch den Toten mitgab.

Der Ring ist hier somit Odins Gabe für eine gute Jenseitsreise – so wie er seinen Ring Draupnir auch seinem Sohn Baldur bei dessen Bestattung mitgegeben hat.

Der Ring Andvarinaut des ehemaligen Göttervaters Tyr und der Ring Draupnir des neuen Göttervaters Odin sind letztlich identisch.

„*Da sang Loki:*

'Gold genug, Gold genug,
ein großes Wergeld hast Du erhalten,
sodaß mein Haupt wieder frei ist;
Aber Du und Dein Sohn
seid nicht zum Gedeihen bestimmt,
denn das Gold soll eurer beider Verhängnis sein!"

Es fällt auf, daß Loki hier von nur einem Sohn spricht und nicht von den drei ursprünglichen Söhnen bzw. von den drei an dieser Stelle der Geschichte noch lebenden Söhnen. Da sich Loki jedoch auf den alten Tyr (Hreidmar) und den jungen Tyr (Fafnir) bezieht, gegen die er seinen endlosen, zyklischen Kampf führt, ist es logisch, daß er nur von einem Sohn spricht.

„*Danach,*" *sprach Regin, „tötete Fafnir seinen Vater und ich erhielt nichts von dem Schatz. Er wurde so böse, daß er damit begann, in der Einöde auf seinem Schatz zu liegen und niemandem einen Anteil an seinem Reichtum gönnte. So wurde er zu dem schlimmsten aller Würmer und liegt nun immer brütend auf seinem Schatz. Ich ging jedoch zum König und wurde sein Meisterschmied. Nun ist die Geschichte darüber erzählt, wie ich das Erbe meines Vaters verlor und das Wergeld für meinen Bruder.*"

So sprach Regin. Und deshalb wird seit dieser Zeit wird das Gold auch „Otter-Schatz" genannt.

Sigurd jedoch antwortete. „*Viel hast Du verloren und sehr böse ist Dein*

Verwandter gewesen! Aber nun schmiede mir mit Deiner Kunst ein Schwert – eins, dem kein anderes gleicht! Eins, mit dem ich in Zukunft große Taten vollbringen kann, wenn meinem Herzen danach zumute ist und Du willst, daß ich den Drachen töte."

Regin sprach: „Vertraue meiner Schmiedekunst; mit diesem Schwert sollst Du Fafnir töten!"

Da schmiedete Regin ein Schwert und legte es in Sigurds Hände.

Er nahm das Schwert und sprach: „Schau auf Dein Schmiedewerk, Regin!"

Er nahm es und schlug in den Amboß und das Schwer zerbrach. Da warf er die den Bruchstücke zu Boden und bat ihm, ein Besseres zu schmieden.

Da schmiedete Regin ein neues Schwert und brachte es Sigurd, der es sich besah.

Da sagte Regin: „Es wird Dir gefallen, obwohl Du so ein harter Richter für die Schmiede bist."

Da erprobte Sigurd das Schwert und es zerbrach wie das erste.

Da sprach er zu Regin: „Bist Du vielleicht ein Verräter und ein Lügner so wie Deine früheren Verwandten?"

Das Motiv des Regin als Schwert-Schmied geht auf Tyr als Schwert-Schmied in der Unterwelt zurück.

Nach diesen Worten ging er zu seiner Mutter und sie hieß ihn in gebührender Weise willkommen und sie saßen zusammen und tranken.

Da sagte Sigurd: „habe ich richtig gehört, daß König Sigmund Dir das gute Schwert Gram in zwei Teile zerbrochen gab?"

„Das ist wahr," antwortete sie. Da sagte Sigurd: „Gib sie mir, denn ich will sie haben."

Sie antwortete, daß er den Eindruck mache, als ob er großen Ruhm erlangen würde, und gab ihm das Schwert. Sigurd ging damit zu Regin und bat ihn, daraus ein so gutes Schwert zu schmieden, wie er nur könne. Darüber wurde Regin wütend, aber er ging mit den Bruchstücken in seine Schmiede und fand, daß Sigurd seine Nase viel zu weit in seine Schmiedeangelegenheit gesteckt hatte. So schuf er daraus ein Schwert und als er es aus der Esse nahm, schien es den Schmieden, als ob ein Feuer an seinen Schneiden entlangliefe.

Das Schwert des Sigurd entspricht dem Schwert des Tyr, das ein flammendes Sonnenschwert ist.

Er bat Sigurd, das Schwert zu nehmen, und sagte, daß er nicht wüßte, wie er ein Schwert schmieden solle, wenn dieses zerbrechen würde. Da schlug Sigurd mit ihm auf den Amboß und spaltete ihn bis auf den Holzblock hinab, auf dem er befestigt war, und das Schwert zersplitterte nicht und es zerbrach auch nicht. Da lobte er das

Schwert sehr und ging mit ihm und einer Wollflocke zum Fluß, warf sie flußaufwärts ins Wasser und hielt sein Schwert ins Wasser, woraufhin es die Wollflocke zerschnitt. Da freute sich Sigurd und ging nach Hause.

Regin aber sprach: „Nun, da ich das Schwert für Dich geschmiedet habe, wirst Du nun auch Dein Gelöbnis halten und Dich auf den Weg zu Fafnir machen?"

„Natürlich werde ich mein Versprechen halten," antwortete Sigurd, „doch zunächst muß ich meinen Vater rächen."

… … …

Regin sprach: „Nun wirst Du wohl willens sein, Fafnirs Nacken zu beugen – Du hast mir Dein Wort darauf gegeben. Denn Du hast nun Deinen Vater und andere aus Deiner Sippe gerächt."

Sigurd antwortete: „Daran werden wir uns halten – so wie wir es verabredet haben. Es ist mir auch nie in Vergessenheit geraten."

Da ritten Sigurd und Regin auf genau dem Weg durch die Heide, auf dem Fafnir entlangkroch, wenn er zum Wasser wollte. Die Leute erzählen, daß die Höhe des Abhangs, von dem sich Fafnir zum Wasser hinabbeugte, um zu trinken, 30 Faden hoch war (30 Faden = 54,86m).

Da sprach Sigurd: „Was sagst Du, Regin? Dieser Drache sei nicht größer als andere Langwürmer auch? Mir scheint, daß diese Spur unglaublich groß ist!"

Da sagte Regin: „Grab Dir ein Loch und setz Dich hinein. Wenn dann der Wurm zum Wasser kriecht, stich ihn in sein Herz. So wirst Du ihn töten und großen Ruhm erlangen."

Aber Sigurd sprach: „Was wird mit mir geschehen, wenn das Blut des Wurms über mich fließt?"

Regin sagte: „Wozu soll es gut sein, Dir zu raten, wenn Du Dich noch immer vor allem fürchtest? Du gleichst nur wenig Deiner Sippe was die Festigkeit des Herzens betrifft."

Dann ritt Sigurd über die Heide. Regin jedoch war in schrecklicher Angst und sah zu, daß er fortkam. Sigurd schaufelte sich eine Grube und während er arbeitete, kam zu ihm ein Mann mit einem langen Bart und frug ihn, was er dort tue, und Sigurd erzählte es ihm.

Da antwortete ihm der alte Mann und sprach: „Du handelst nach keinem guten Rat. Grabe lieber viele Löcher und laß das Blut in sie fließen. Dich selber aber setze in eines von ihnen und stich so durch das Herz des Wurmes." Mit diesen Worten verschwand er. Sigurd aber schaufelte die Gruben so, wie es ihm gezeigt worden war.

Der alte Mann ist Odin, der Sigurds Schwert Gram Sigurds Vater Sigmund gegeben hatte und der Sigurd auch schon dabei geholfen hatte, sein Pferd Grani zu finden.

Möglicherweise dienten die vielen Löcher dazu, das Blut des Drachen aufzufangen und zu verhindern, daß Sigurd in dem Blut des Drachen, wenn es nur in sein Loch fließen würde, ertrinkt.

Letztlich sind diese Gruben jedoch eine Umdeutung der Grabkammer-Grube zu einer Jagdtechnik-Grube.

Da kroch der Wurm hinab zu seiner Tränke am Fluß und die Erde erzitterte überall um ihn her und er stieß Gift aus auf den ganzen Weg vor sich, den er kroch. Aber Sigurd zitterte nicht und spürte auch keine Furcht, als er das Brüllen des Drachens hörte. Als der Wurm über die Löcher kroch, stieß Sigurd sein Schwert unter die linke Schulter des Drachen, sodaß es bis zum Griff in ihm versank. Dann sprang Sigurd aus der Grube heraus und zog sein Schwert wieder heraus. Davon wurde sein ganzer Arm blutig bis hinauf zur Schulter.

Als der mächtige Wurm erkannte, daß er seine Todeswunde erhalten hatte, schlug er mit seinem Kopf und mit seinem Schwanz um sich, sodaß alle Dinge, die um ihn waren, in Stücke zerschlagen wurden.

Als Fafnir seine Todeswunde erhalten hatte, frug er: „Wer bist Du? Und wer ist Dein Vater? Und wer ist Deine Sippe, daß Du so mutig bist, mir mit Waffen gegenüberzutreten?"

Sigurd antwortete: „Den Menschen ist meine Sippe unbekannt. Ich werde das edle Tier genannt. Ich habe keinen Vater und auch keine Mutter und ich bin ganz alleine hierher gekommen."

Sigurd verschweigt seinen Namen, damit der Drache ihn nicht verfluchen kann, denn der Fluch eines Sterbenden wurde als sehr mächtig angesehen. Diese Szene ist vermutlich auch aus der Furcht der Plünderer der Hügelgräber vor dem Fluch des Schlangen-gestaltigen Totengeistes in dem Hügelgrab entstanden.

Da sprach Fafnir: „Wenn Du keinen Vater und keine Mutter hast, durch welches Wunder bist Du dann geboren worden? Aber auch wenn Du mir heute an meinem Todestag nicht Deinen Namen nennst, so weißt Du doch genau, daß Du mich belügst!"

Er antwortete: „Sigurd werde ich genannt und mein Vater war Sigmund."

In den Gesprächen mit Regin hat Sigurd stets einen kühlen Kopf bewahrt. Daher fragt es sich, warum er dem Drachen jetzt doch seinen Namen verrät. Ob Drachen in ihren Worten eine Magie besitzen, der man sich nur schwer widersetzen kann?

Fafnir sagte: „Wer hat Dich zu dieser Tat angetrieben und warum hast Du Dich dazu antreiben lassen? Hast Du nie gehört, daß sich alles Volk vor mir fürchtet? Hast

Du nie etwas über mein entsetzliches Angesicht gehört? Aber einen kühnen Vater hattest Du, o strahlend-äugiger Bauernbursche!"

Sigurd antwortete: „Ein mutiges Herz trieb mich an. Und eine starke Hand und dieses scharfe Schwert, das Du nun gut kennst, standen zu mir bei meiner Tat. 'Nur selten haben mutige Eltern ein verzagtes Kind.' "

Fafnir sprach: „Ich wünschte, daß Du inmitten Deiner Sippe aufgewachsen wärst – Du hättest geschickt darin werden können, in Deiner Wut Menschen zu töten. Aber ein größeres Wunder ist es, daß Du, ein Leibeigener, der im Krieg erbeutet wurde, daß Herz hast, Dich gegen mich zu wenden, denn 'Nur wenige unter den Leibeigenen haben den Mut zu kämpfen.' "

Sigurd argumentiert gegenüber Fafnir mit einem Sprichwort 'nur selten ...', und Fafnir antwortet ihm wieder mit einem Sprichwort: 'Nur wenige ...'. Dies könnte ein traditionelle, rituelle Form der Gesprächsführung für besondere Gelegenheiten gewesen sein. Sie hat Ähnlichkeit mit den „Wissenslieder", die aus Rätselfragen, d.h. aus Fragen und Antworten bestehen wie z.B. das Grimnir-Lied und das Alwis-Lied aus der Edda. Diese Lied-Form ist vermutlich von den Skalden als Hilfe für das Auswendiglernen von Wissen entwickelt worden.

Sigurd sagte: „Warum hälst Du mir vor, daß ich fern von meiner Sippe bin? Obgleich ich ein Leibeigener gewesen bin, war ich doch nie gefesselt. Und bei Gott, ich denke, daß Du mich als frei genug erlebt hast."

Fafnir antwortete: „In Ärger hast Du meine Rede aufgenommen. Aber höre nun: Denn dieses Gold, das ich besessen habe, wird auch Dein Verhängnis werden!"

Da sprach Sigurd: „Gerne möchten wir alle unsere Schätze bis zu dem Tag aller Tage behalten, aber dennoch wird jeder Menschen ein für alle Male sterben."

Fafnir sagte: „Wenig wirst Du nur gemäß meinem Rat tun – achte jedoch darauf, daß Du ertrinken wirst, wenn Du unvorsichtig über die See fährst. Bleibe lieber auf dem trockenen Land und warte auf ruhige Zeiten."

Da sprach Sigurd: „Sprich, Fafnir, und sag mir, wenn Du so über alle Maßen weise bist: Wer sind die Nornen, die über das Schicksal der Söhne aller Mütter herrschen?"

Diese Frage ist eine Anspielung auf Sigurds Name, der „Sieg-Urd", also „der, dem die Norne Urd den Sieg bestimmt hat", bedeutet.

Fafnir antwortete: „Viele gibt es und an vielen Orten, denn manche von ihnen sind von der Art der Asen und manche gehören zum Elfen-Geschlecht, und andere wieder gehören zu den Töchtern Dwalins."

Die Alben (Elfen) sind wie die Zwerge (Dwalins Kinder) die Geister der

Verstorbenen. Odin hat des öfteren solche Seherinnen wie z.B. Groa aus dem Jenseits gerufen, um von ihnen die Zukunft zu erfahren. Diese Totenbeschwörungen waren als „Utiseta" weit verbreitet, bei dem sich an einem Hügelgrab oder an einem Kreuzweg auf dem Rinderfell setzte und die Ahnen herbeirief. Aus diesem Fell wurde in der mittelalterlichen Magie dann der Schutzkreis.

Diese und die folgende Frage stehen hier ohne unmittelbare Motivation und machen den Eindruck eines Einschubes aus einem Wissens-Lied. Vielleicht versucht Sigurd, damit den Drachen abzulenken – was ihm jedoch nicht gelingt, wie sich gleich zeigt.

Sigurd sagte: „Wie nennst Du den Holm, auf dem Surt und die Asen das Schwert-Wasser rühren und mischen?"

„Die Höhe dieses Holmes ist noch ungeformt," antwortete Fafnir und sprach weiter: „Regin, mein Bruder, hat mein Ende herbeigeführt und es erfreut mein Herz, daß er auch Dein Ende herbeiführen wird, denn dann werden die Dinge so sein, wie er sie haben will." Und wiederum sprach Fafnir: „Ich trug vor allem Volk das Aussehen des Schreckens, nachdem ich mich auf dem Erbe meines Bruders niedergelassen hatte, und nach allen Seiten hin spie ich Gift, sodaß sich niemand mir nahe zu kommen getraute. Ich fürchtete mich vor keiner Waffe und niemals hatte ich so viele Männer vor mir, daß ich mich nicht stärker als sie fühlte, denn alle Männer hatten schreckliche Angst vor mir."

Sigurd antwortete und sprach: „Nur wenige werden den Sieg durch diesen Schreckens-Anblick erlangen, denn die, die unter viele gehen, werden eines Tages herausfinden, daß niemand für immer der Mächtigste von allen ist."

Ein Holm ist eine Insel oder ein Zweikampfplatz – ursprünglich er, an dem Tyr und Loki miteinander gekämpft haben.

„Schwert-Wasser" ist eine Umschreibung für „Blut".

Der „Schreckens-Anblick" erinnert sehr an den Ögis-Helm, der als die Ursache des Schreckens beschrieben wurde.

Sigurds Antwort auf Fafnir klingt nach einer Krieger-Weisheit.

Da sprach Fafnir: „Ich gebe Dir solcherlei Rat: Nimm Dein Pferd und reite fort so schnell Du kannst, denn oft geschieht es, daß der, der seine Todeswunde erhalten hat, sich dennoch rächt."

Sigurd antwortete: „Solcherlei Rede von Dir werde ich in keiner Weise folgen. Nein, ich werde zu Deinem Lager reiten und mir den großen Schatz deiner Sippe holen."

„Dann reise dorthin," sprach Fafnir, „Du wirst dort Gold genug für alle Tage Deines Lebens finden. Aber dieses Gold soll Dein Verderben sein – und das Verderben von allen, die es besitzen werden."

Dieser Todesfluch stammte ursprünglich von Andvari. Er wurde dann von Loki bestätigt und bekräftigt und wird nun auch von Fafnir wiederholt und verstärkt.

Da erhob sich Sigurd und sprach: „Ich würde heimreiten und all diese Schätze liegenlassen, wenn ich glauben würde, daß ich dann nie zu sterben bräuchte; aber jeder mutige und aufrichtige Mann wird gerne seine Hand auf Schätze legen bis der Tag kommt, den Du, Fafnir, jetzt erlebst, während Du Dich in Todesqualen windest, bis der Tod und die Hel Dich haben wollen."
Und damit starb Fafnir.

Es ist seltsam, daß in dieser Sage nicht beschrieben wird, was Sigurd mit dem Blut, daß er auf Odins Anraten in den zusätzlichen Gruben aufgefangen hat, anfängt. Vermutlich wird er sich darin gebadet haben und dadurch seine „Hornhaut" erlangt haben.

II 1. c) Cormac-Saga

In dieser Saga singt Cormac ein Lied, in dem Fafnir erwähnt wird. Interessant daran ist, daß er an dieser Stelle „Feuer-Drache" genannt wird, da die Drachen und Schlangen in den bisher besprochenen Texten Gift und nicht Feuer speien.
Das Feuer der Drachen wird wohl zwei Wurzeln haben: das Gift der Schlangen, für das „Feuer" eine Heiti (umschreibendes „Gleichnis-Wort") sein könnte, und das Feuer als Symbol des Jenseitstores, das daher eng mit den Schlangen und Drachen als Jenseitsweg verbunden gewesen ist.

Hier ist das Gold der anderen, schön-glänzend,
als Wergeld für dies und das –
Hier ist der Schatz des Fafnir, des Feuer-Drachens,
als Lohn für den Kuss meiner Dame.
Nie hat ein Ring-Träger, nie hat ein Waffen-Träger
solch ein Sühnegeld gezahlt;
Nie sind solche tiefen Küsse jemandem wertvoller gewesen –
denn der Traum meiner Glückseligkeit ist betrogen worden.

Ein „Ring-Träger" und ein „Waffen-Träger" ist ein Krieger.

II 1. d) Die Saga über den starken Grettir

Verteiler des Goldes! Es war Die Lust am Gold,
die meine Hand antrieb, das Grab zu plündern.
Dies ist so; aber niemand wird hernach, denke ich,
gerne Fafnirs Lager leeren.

Es wird in den Versen nicht ganz deutlich, ob der Grabräuber den Fluch fürchtet oder ob er einfach sagt, daß das Hügelgrab nun leer ist – dem Rest der Saga nach zu urteilen, trifft das zweite zu.

II 1. e) Viglundar-Saga

Niemals, ihr Zerbrecher der versengten Ringe,
sollt ihr zusammenkommen,
wenn ihr Taten eines Verbrechers begeht
an den guten Händlern des Fafnir-Landes.
Nicht immer, nicht in allen Dingen
ist ein Angriff mit Schilden erfolgreich;
Wir müssen uns beraten,
O, ihr Brüder, weise an Erfahrungen!

Das „Fafnir-Land" ist eine der vielen Varianten für „Lager des Drachen" und ist somit Umschreibung für „Gold". Die „guten Händler des Fafnir-Landes" sind demnach reiche Männer, d.h. wahrscheinlich Fürsten.

II 1. f) Die Saga über Thrond von Gate

Das Feuer, das die Drachen (=Totengeister) manchmal speien, ist mit dem Feuer als Jenseitstor eng verwandt. Diese Bedeutung des Feuers wird vor allem in der „Saga über Thrond von Gate" deutlich, in der rituelle Feuer benutzt werden, um den Geist von mehreren Toten zu beschwören.

Thrond ließ ein großes Feuer in dem Feuerhaus entfachen und ließ vier Latten aufstellen, eine in jeder Ecke; er zeichnete weiterhin von den Latten ausgehend neun Quadrate (auf den Boden). *Dann setzte er sich auf einen Hocker zwischen das Feuer und die Latten und befahl den Männern, daß keiner von ihnen zu ihm sprechen sollte, und sie taten wie ihnen geheißen wurde.*

So saß er einige Zeit und nach einer Weile kam ein Mann in das Feuerhaus gegangen; er war triefnaß; sie erkannten ihn als Einar den Southrey-Mann. Er trat an das Feuer und streckte eine kurze Zeitlang seine Hände zu ihm aus, dann drehte er sich um und ging wieder hinaus.

Nach einer Weile kam ein weiterer Mann in das Feuerhaus; er ging ebenfalls zu dem Feuer, streckte seine Hände zu ihm aus und ging dann wieder hinaus. Sie erkannten, daß es Thore war.

Kurz danach kam ein dritter Mann in das Feuerhaus; er war ein großer Mann, ganz voller Blut, und er trug seinen Kopf in seiner Hand; sie alle sahen, daß es Sigmund Brestesson war. Er stand eine Weile an der Feuerstelle und ging dann wieder hinaus.

Danach erhob sich Thrond von seinem Hocker und tat einen tiefen Atemzug und sagte: „Ihr könnt nun sehen, was das Schicksal dieser Männer gewesen ist. Einar verlor als erster sein Leben, zu Tode erfroren oder ertrunken, denn er war der schwächste von ihnen. Und Thore muß als nächster sein Leben verloren haben – und Sigmund muß ihn durchs Wasser gezogen haben, was ihn am stärksten von allen geschwächt haben muß. Aber er muß es völlig erschöpft bis an Land geschafft haben und diese Männer hier müssen ihn erschlagen haben, denn er hat sich uns blutig und kopflos gezeigt."

Thronds Begleiter fanden, daß er wahr gesprochen hatte und daß sich die Dinge so ereignet haben mußten wie er sagte.

Das in der Thrond-Saga beschriebene Arrangement bei der Beschwörung der Toten ist leider nicht so deutlich erkennbar wie man es sich wünschen könnte.

Das „Feuerhaus" ist der große Wohnraum an einem Ende der germanischen Langhäuser. Das „große Feuer" wird wohl das Feuer in der Mitte des Wohnraumes sein. Die „Latten" in den vier Ecken müssen zusammen mit dem Feuer folglich in etwa wie die Punkte der „5" auf einem Würfel angeordnet gewesen sein.

Diese Latten haben möglicherweise die vier Himmelsrichtungen dargestellt. Vielleicht haben sie auch den vier Zwergen Austri, Westri, Nordri und Sudri entsprochen, die den Schädel des Urriesen Ymir, also die Himmelskuppel, in den vier Himmelsrichtungen trugen. Da die vier Himmelsrichtungen allgemein mit der Sonne und dem Sonnengott verbunden waren, da man die Richtungen nur anhand des Sonnenstandes erkennen konnte, könnten diese vier Latten ein Hinweis auf die Hilfe des Sonnengott-Göttervaters Tyr bei dieser Zeremonie sein – was allerdings nur eine recht vage Vermutung ist.

Die in der Saga beschriebenen neun Quadrate können eigentlich nur ein Gitter von drei Reihen und drei Zeilen gewesen sein. Die „3" war bei den Germanen und allgemein bei den Indogermanen die Zahl des Sonnenzyklus (Tod am Abend, Wiedergeburt am Morgen) und die „9" die Zahl des Jenseits.

Der Sitzplatz des Thrond, der die Toten beschwört, wird vermutlich vor dem Hauptpfosten des Langhauses gestanden haben und dem Hochsitz des Herrn der Halle entsprochen haben. Dieser Pfosten bzw. diese beiden Pfosten repräsentierten den Weltenbaum und wurden „Säulen des Seelen-Weges" genannt – in ihm wohnten die Ahnen des Hausherrn und seiner Sippe bzw. sie waren das Tor zu ihnen.

Das in der Thrond-Saga beschriebene Arrangement für die Totenbeschwörung könnte wie in der folgenden Graphik ausgesehen haben. Links befindet sich der Wohnraum, in der Mitte die Diele und rechts die Ställe und die Lagerräume.

germanisches Langhaus

In der Saga beschwor Thrond die Toten, die seine Freunde gewesen und bei einem Seeunglück gestorben waren. Thrond beschwor sie, um die Wahrheit über die Todesumstände der Männer herauszufinden, da es den Verdacht gab, daß einer von ihnen ermordet worden war, nachdem er Land erreicht hatte.

Diese Totenbeschwörung ist weitaus weniger dramatisch als die Beschwörung des Angantyr in der Hervor-Saga. Sie hat eher den Stil einer Traumreise, also einer absichtlich herbeigeführten einer Vision. Es muß sich aber um eine richtige Totenbeschwörung gehandelt haben, da sonst die anderen Männer in dem Raum die Toten nicht ebenfalls hätten sehen können. Der tiefe Atemzug des Thrond am Ende der Beschwörung ist sehr typisch für den Anfang und das Ende einer Traumreise bzw. Vision.

II 1. g) Der Rosengarten

„Wir raten allerwegen / euch nur nach Würdigkeit,
Damit sich eure Ehre / mehre weit und breit.
Bestehst Du Siegfrieden, / den Held von Niederland,
So magst Du Ruhm erwerben / und Preis in jeglichem Land."

Da sprach der Berner: „Meister, / lass Dein Spotten sein,
Ich bestünde lieber viere / der Besten an dem Rhein.
Willst Du mich verraten / an den gehörnten Mann?
Wer sollte mit ihm fechten, / den kein Schwert verschneiden kann?

Der den Drachen hat erschlagen / auf dem Drachenstein,
Der mag allen Königen / wohl überlegen sein.
Man weiß so viel der Recken, / die seine Hand erschlug;
Dann sind noch drei der Dinge, / die erschrecken mich mit Fug:

Er trägt der Schwerter Bestes, / das auf dem Stein er fand,
Es schrotet harte Helme, / Balmung ist es genannt.
Das andre ist ein Panzer, / der ist so fest und hart:
Aus Stahlringen schuf ihn / Mimes Schüler Eckhart.

Der wirkt' ihn wohl mit Fleiße, / mit Kunst und Meisterschaft;
Er wusste wohl, er sollte / gewinnen große Kraft.
Goldes und Gesteines / verwirkt' er viel daran:
Kein Schwert war je so schneidig, / das ihn zerhauen kann.

Zum dritten ist er hörnern, / drum schafft kein Schwert ihm Pein,
Er mag wohl ohne Sorge / vor allen Recken sein.
Und wollt ich mit ihm fechten, / ich wär ein dummer Mann:
Der will mich verraten, / der mir das mutet an."

„Berner" = Dietrich von Bern (Thidrek).
gehörnt, hörnern = hürnen, mit Hornhaut = unverwundbar
Drachenstein = Hügelgrab
Fug = Richtigkeit, Berechtigung

II 1. h)   Der hörnerne Siegfried

Des Königs Räte sprachen: /   "Nun, lasst ihn immer ziehn,
So er nicht will verbleiben,   /   das ist der beste Sinn.
Laßt ihn sich versuchen,   /   das bändigt ihn fürwahr,
Er wird ein kühner Weigand,   /   gibt er noch etliche Jahr."

So schied alsbald von dannen   /   der junge kühne Mann.
Da lag vor einem Walde   /   ein Dorf, das lief er an.
Er kam zu einem Schmiede,   /   dem wollt er dienen recht,
Ihm auf das Eisen schlagen   /   wie ein andrer Schmiedeknecht.

Er schlug entzwei das Eisen,   /   dem Amboss in den Grund:
Wenn man darum ihn strafte,   /   die Lehr er nicht verstund.
Er schlug den Knecht und Meister,   /   und trieb sie her und hin.
Wie er sein ledig würde,   /   das lag dem Meister im Sinn.

Da lag bei einer Linden   /   ein merklich großer Drach:
Da schickt' ihn hin der Meister,   /   da sollt er fragen nach.
Ein Köhler saß im Walde,   /   des sollt er warten eben:
Bei derselben Linde,   /   da sollt er ihm Kohlen geben.

Der Schmied gedachte sicher,   /   der Wurm gäb ihm den Tod.
Als er nun kam zur Linde,   /   er schuf dem Wurme Not:
Alsbald tät ihn erschlagen   /   der junge kühne Mann.
Da dacht er an den Köhler   /   und ging zu ihm in den Tann.

Er kam in eine Wildnis,   /   wo so viel Drachen lagen,
Lindwürme, Kröten, Nattern,   /   als er bei seinen Tagen
Noch je gesehen liegen   /   zwischen Bergen in dem Tal.
Viel Bäum er trug zusammen,   /   die riß er aus überall

Und warf sie auf die Würme,   /   daß ihm keiner mocht entfahren:
Sie mussten alle bleiben,   /   so viel als ihrer waren.
Da lief er hin zum Köhler,   /   bei dem er Feuer fand:
Das Holz ward angezündet   /   und all die Würmer verbrannt.

Der Würmer Horn erweichte,   /   floss als ein Bächelein:
Das wunderte Siegfrieden,   /   einen Finger stieß er drein.
Da der Finger nun erkaltete,   /   da ward er ihm wie Horn.
Da bestrich er mit dem Bächlein   /   den Leib sich hinten und vorn:

Da ward er allwärts hörnern,   /   nur zwischen den Schulten nit,
Daher er an der Stelle   /   hernach den Tod erlitt,
Wie man in andern Liedern   /   hernach wohl hören soll.
Er zog zu König Gibich   /   und war aller Mannheit voll.

II 1. i)   Zusammenfassung

Fafnir wird in den Sagas als riesig groß dargestellt. Da er von einer 60m hohe Klippe aus das Wasser unten trinken kann, muß sein Hals mindestens 60m lang sein, d.h. daß der ganze Drache mit Schwanz über 150 lang sein muß – das wäre ca. fünfmal so lang wie der größte bekannte Dinosaurier.

Fafnir wird in den Sagas einmal als „Feuer-Drache", d.h. als feuerspeiender Drache beschrieben.

Fafnir wird mit einem besonderen Schwert getötet, das aus den Bruchstücken des Schwertes von Sigurds Vater Sigmund geschmiedet wurde, das Sigmund wiederum von Odin erhalten hat. Diese Schwert-Symbolik erinnert an das Schwert des Asen Tyr.

Das Gespräch zwischen Sigurd und Fafnir ist spannend, aber es enthält keine neuen Erkenntnisse über die Drachen – außer vielleicht, daß sie die Magie beherrschen und die Zukunft teilweise vorhersehen können.

Sigurd geht auf den jungen ehemaligen Sonnengott-Göttervater am Morgen zurück. Der Drache Fafnir ist der alte, Sonnengott-Göttervater Tyr, der von dem jungen Tyr getötet wird.

In einer anderen Umdeutung ist Hreidmar der alte Tyr mit seinen drei Söhnen und der junge Tyr ist Fafnir, der älteste und stärkste der drei Hreidmar-Söhne.

Die Zuordnungen des Fafnir zu dem jungen und zu dem alten Tyr variieren – da der Wechsel zwischen beiden jedoch ein endloser Zyklus von Tod und Wiedergeburt ist, ist dies kein Widerspruch.

II 2.   Flügeldrachen in den Sagas

Ein geflügelter Drache tritt in den Sagas nur in der Erzählungen über die Berserker des Königs Hrolf Kraki ("Rolf Krähe") und in der Huldar-Saga auf. Das sind zusammen mit Fafnir in der Edda immerhin drei Beschreibungen, sodaß man den Flügeldrachen mit Sicherheit als eine germanische Vorstellungen ansehen kann.

II 2. a)   Huldar-Saga

Aber Gjaflaug sieht inzwischen, wie ein großer Drache heranfliegt und zwei ihm sich entgegenstellende Geier erlegt; da findet man Flegda und Molda tot.

Zugleich greifen zwei große "Tröllkonur" die im Hause zurückgebliebenen Unholde an; von jedem ihrer Finger fliegt ein Pfeil, je einen Unhold tötend, und überdies speit der große Drache Gift und Feuer auf sie, sodaß sie alle den Tod finden. Jetzt erst verschwindet der Drache mit den beiden Weibern, in denen Huld mit ihren beiden Töchtern erkannt wird.

Der Drache ist hier nicht nur geflügelt, sondern er speit auch Gift und Feuer. Das ist nach dem Drachen aus der Cormac-Saga nun der zweite "germanische" Drache, der Feuer speit. Die Formulierung "Gift und Feuer" zeigt, daß beides wohl miteinander assoziiert worden ist.

Der Drache und die beiden Weiber sind Huld und ihre beiden Töchter. Zumindest die Göttin Huld kann sich in einen Drachen verwandeln – sie ist die Jenseitsgöttin.

II 2. b)   König Hrolf Kraki und seine Berserker

Und als es auf Yul (Mitwinter) zuging, wurde die Stimmung immer weniger fröhlich. Bodvar frug Hood, woran das lag. Hood erzählte ihm, daß in den letzten zwei Jahren ein großes, schreckliches Wesen kam, "und es hat Flügel auf seinem Rücken und kann fliegen. Zwei Winter ist es schon hierher gekommen und hat viel Unheil angerichtet. Waffen verwunden es nicht und die besten Männer des Königs kamen nicht wieder heim."

Da sprach Bodvar: "Die Halle ist nicht so gut bemannt, wie ich gedacht habe, wenn ein einziges Tier hierherkommen und das ganze Königreich verwüsten und das Vieh des Königs töten kann."

Hood sage: "Es ist kein Tier, es ist die schlimmste Sorte Troll."

Nun, Yul kam näher und der König sprach: „Ich wünsche, daß ihr ruhig und still bleibt heute Nacht, und ich verbiete allen meinen Männern, loszuziehen und sich auf Gefahren mit diesem Ungeheuer einzulassen. Wenn das Vieh geraubt wird, dann wird das Vieh geraubt, aber ich will keinen von meinen Männern verlieren."

Alle gelobten, treu dem Befehl des Königs Folge zu leisten.

Bodvar kroch in der Nacht fort. Er überredete Hood, mit ihm zu kommen, aber Hood kam nur unter Zwang mit und sagte, er gehe seinem Tod entgegen. Doch Bodvar entgegnete, daß es nicht so schlimm werden würde. Sie gingen aus der Halle hinaus und Bodvar mußte Hood tragen – solche Angst hatte er.

Da sahen sie das Ungeheuer. Als Hood es sah, begann er laut zu schreien und zu rufen, daß das Ungeheuer ihn nun verschlucken würde.

Bodvar sagte zu ihm „Sei still, Du Memme!" und warf ihn auf das Moos, wo er liegen blieb – nicht ganz frei von Angst. Aber er traute sich auch nicht heimzugehen.

Da ging Bodvar auf das Wesen zu. Es machte die Sache nicht besser, daß sein Schwert in seiner Scheide festklemmte, als er es ziehen wollte. Bodvar zerrte und zog an seinem Schwert und schließlich bewegte es sich ein wenig in seiner Scheide und schließlich gelang es ihm, es herauszuziehen. Er stieß es gerade unter die Schulter des Ungeheuers, sodaß es tot niederfiel.

Danach ging er dahin zurück, wo Hood lag. Er hob ihn hoch und trug ihn dahin, wo das Ungeheuer tot dalag. Hood zitterte noch immer fürchterlich.

Bodvar sprach: „Nun mußt du das Blut des Ungeheures trinken."

Lange Zeit widerstrebte Hood, aber gleichzeitig wagte er nichts anderes zu tun. Bodvar nötigte ihn, zwei große Mundvoll zu trinken. Er ließ ihn außerdem ein Stück von dem Herzen des Ungeheuers essen.

Danach griff ihn Bodvar an und sie kämpften eine Weile miteinander.

Bodvar sagte: „Nun bist Du viel stärker geworden als vorher und ich glaube nicht, daß Du nun König Hrolfs Gefolgschaft noch immer fürchtest.

Hood antwortete: „Ich werde weder sie noch Dich nach dem hier noch fürchten."

„Es ist alles gut gegangen, Freund Hood. Nun werden wir das Ungeheuer aufrichten, sodaß alle anderen denken werden, daß es lebt."

Und das taten sie dann auch. Danach gingen sie heim und erzählten nichts davon und niemand erfuhr, was sie getan hatten.

Am nächsten Morgen frug der König, was sie über das Ungeheuer wüßten, ob es in der Nacht gekommen sei."

Ihm wurde berichtet, daß alle Tiere gesund und munter in ihren Gehegen waren. Der König beauftrage einige Männer, loszuziehen und zu schauen, ob sie irgendwelche Spuren finden konnten, die zeigten, daß das Ungeheuer doch gekommen sei.

Die Wächter führten den Befehl aus und sagten dem König, daß das Ungeheuer unterwegs zu ihnen sei und mit großer Geschwindigkeit genau auf die Festung zukäme. Der König befahl seinen Männern, sich zusammenzunehmen und daß jeder so handeln solle, wie es sein Mut erlaube und daß sie dem Ungeheuer ein Ende bereiten sollen. Und sie taten wie der König ihnen geheißen hatte und bereiteten sich vor.

Der König blickte auf das Ungeheuer und sagte schließlich: „Ich kann keine Bewegung des Ungeheuers erkennen. Wer will die Gelegenheit ergreifen und gegen es vorgehen?"

Bodvar sagte: „Das würde die Neugier auch des standfestesten Mannes heilen. Freund Hood, es ist Zeit, daß Du Dich von der üblen Nachrede befreist, daß in Dir kein Mumm und kein Saft ist. Geh' und töte das Ungeheuer: Du siehst, keiner der anderen ist erpicht darauf."

„Ja," sagte Hood, „ich will es versuchen."

Da sprach der König: „Ich weiß nicht, woher Hood auf einmal diesen Mut hat – viel hat sich in kurzer Zeit an Dir geändert."

Hood sagte: „Gib mir das Schwert Gullinhjalti („Goldgriff") und ich werde das Ungeheuer töten oder bei dem Versuch sterben."

König Hrolf antwortete: „Dieses Schwert ist nicht für jeden Mann zu halten gedacht – er muß ein guter Mann und ein ritterlicher Kämpfer sein."

Hood sagte: „Das bin ich – Du darfst das ruhig glauben."

Der König sprach: „Wer weiß, vielleicht hat sich mehr in Dir verändert als man sehen kann. Ich bezweifle, daß Dich viele wiedererkennen würden. Nun nimm mein Schwert – es sei Dein, Bester der Männer, wenn Du diese Tat vollbringst."

Da schritt Hood kühn auf den Drachen zu und schlug auf ihn ein, als er in Reichweite kam und das Ungeheuer fiel tot zu Boden.

Bodvar sprach: „Sieh nun, König, was er vollbracht hat."

Der König antwortete: „Er hat sich wirklich sehr verändert, aber Hood hat das Ungeheuer nicht alleine getötet, eher hast Du das getan."

Bodvar sagte: „Vielleicht ist das so."

Der König sprach: „Ich wußte gleich als Du herkamst, daß Dir nur wenige gleichen würden, aber das scheint mir Dein feinstes Werk zu sein – aus Hood einen neuen Berserker für mich zu machen, denn er sah nicht sehr vielversprechend aus, als er kam, und auch nicht danach, als ob er viel Glück hätte. Und nun ist es mein Wunsch, daß er nicht länger Hood genannt wird, sondern Hjalti."

Er wandte sich zu Hood-Hjalti und sprach: „Du wirst nach dem Schwert Gullinhjalti benannt."

Hier endet die Geschichte von Bodvar und seinen Brüdern.

In dieser Saga erscheinen die Wikinger nicht nur als Helden, hier blitzt auch viel Schalk zwischen den Zeilen hindurch und auch einiges an Menschenkenntnis, was sonst in den germanischen Texten nicht gerade im Vordergrund steht.

II 2. c) Yngvar der Weit-Fahrende

In dieser Saga beginnen sich germanische und christliche Elemente zu vermischen, wobei die germanische Mythologie noch deutlich dominiert. Der hier beschriebene Drache ist der dritte Feuerdrache.

Sie segelten viele Tage lang und durch viele verschiedene Gegenden und sie sahen, daß die Farben und die Lebensweisen der Tiere anders waren und erkannten daran, daß sie fern von daheim waren. Eines Abends sahen sie in der Ferne etwas, das aussah wie der Halbmond, der auf der Erde stand. In dieser Nacht hielt Valdimar Wache. Er ging auf der Suche nach dem Ort an Land, wo sie den Halbmond gesehen hatten. Er gelangte zu etwas, das vor ihm aussah wie ein Hügel von der Farbe von Gold. Und er erkannte auch den Grund: Er war bedeckt mit Schlangen.

Da sie jedoch alle schliefen, langte er mit seiner Speerspitze dorthin, wo ein goldener Ring lag und fischte ihn sich heraus. Da erwachte eine Babyschlange, die die Schlangen neben ihr aufweckte und diese wiederum ihre Nachbarn bis sie schließlich Jakulus aufweckten.

Valdimar rannte zurück zu dem Schiff und berichtete Yngvar die ganze Wahrheit. Da befahl Yngvar seinen Männern, sich für die Schlange bereit zu machen und seine Schiffe zu einem anderen Ankerplatz auf der anderen Seite des Flusses zu steuern. Und das taten sie.

Da sahen sie einen schrecklich aussehenden Drachen über den Fluß auf sie zufliegen. Viel Männer verbargen sich vor Angst. Und als Jakulus über das Schiff kam, das von zwei Priestern befehligt wurde, spuckte er so viel Gift, daß sowohl die Männer als auch das Schiff vernichtet wurden. Dann flog er zurück über den Fluß zu seinem Lager.

Das Leuchten des „Schlangenhügels" liegt vermutlich daran, daß die Schlangen und der Drache Hitze ausstrahlen, was bedeuten würde, daß der Drache Jakulus nicht nur Gift, sondern auch Feuer spucken kann, was auch die Vernichtung des Schiffes besser erklären würde. Diese Feuer-Symbolik der Drachen stammt letztlich aus dem Brauch des Bestattungsfeuers, das mit den Hügelgräbern assoziiert worden ist, die z.T. über der Asche des Bestattungsfeuers errichtet worden sind.

Der Vergleich des Hügels mit einem Halbmond erinnert daran, daß in der Edda Nidhöggr von den „Mondhügeln" mit den Leichen auf seinen Flügeln geflogen kommt. Der „Halbmond" in dieser Saga wird daher wohl auch ein Hügelgrab gewesen sein.

Der Name „Jakulus" bedeutet „werfen" und bezeichnet eine bestimmte Art von Drachen. Er ist ein kleiner geflügelter Drache mit Vorderbeinen. Er wird auch „Speerschlange" genannt. Diese Namen sind dadurch entstanden, daß er sich den damaligen Ansichten zufolge in Bäumen verbarg und von dort wie ein Speer auf sein Opfer sprang. Die Römer Plinius und Lucan beschreiben beide, daß er wie ein Geschoß durch die Luft fliegen kann.

… … …

Als der Winter vorüber war, brach Yngvar mit allen seinen Männern, die bei guter Gesundheit waren, von dem Königreich Jolf aus auf. Als sie einige Zeit unterwegs gewesen waren, kamen sie zu einem Wasserfall, der so heftig war, daß sie zum Ufer fahren mußten. Als sie jedoch das Land erreichten, sahen sie die Fußspuren eines schrecklichen Riesen. Sie waren acht Fuß lang. Die felsige Uferböschung war zu hoch, um das Schiff dort mit Seilen emporheben zu können.

So fuhren sie an dem Steilufer entlang bis zu der Stelle, an der der Fluß um eine Ecke floß. Dort sahen sie eine Lücke in den Felsen und gingen dort an Land. Der Boden war flach und feucht. Yngvar bat sie, Bäume zu fällen und Grabgeräte anzufertigen und von der Stelle aus, an der der Fluß in den Kanal hineinfloß, seine Tiefe und Breite zu messen. Es dauerte einige Monate, bis sie diesen Weg mit ihren Schiffen nehmen konnten.

Als sie dann eine lange Zeit gefahren waren, sahen sie ein Haus und daneben einen schrecklichen Riesen, der so häßlich war, daß ihnen schien, daß dies der Teufel selber sein müsse. Sie fürchteten sich sehr vor ihm und beteten zu Gott, daß er sie beschützen möge. Da befahl Yngvar dem Hjalmvigi, Hymnen an Gott zu singen, denn er war ein guter Kleriker und sie versprachen ein sechstägiges Fasten mit Beten.

Schließlich ging der Riese in die entgegengesetzte Richtung an dem Fluß entlang von seinem Haus fort. Und als er fort war, gingen sie zu seinem Haus und sahen, daß es von einer dicken Mauer umgeben war. Und als sie es betraten, sahen sie, daß das Dach von einer einzelnen dicken Säule gehalten wurde. Sie war aus Lehm errichtet worden. Da begannen sie ringsum an dem unteren Ende der Säule zu hacken bis das Haus von jedem Schlag erschüttert wurde. Yngvar befahl seinen Männern, sich große Steine zu holen und sie in die Nähe des Hauses zu bringen. So taten sie. Und als die Abenddämmerung kam, befahl er ihnen, sich innerhalb der Umfassungsmauer, die das Haus umgab, im Schilf zu verbergen.

Spät an diesem Abend sahen sie den Riesen kommen, der viele Männer an seinem Gürtel hängen hatte. Er verschloß sorgsam die äußere Tür in der Mauer und die Tür des Hauses. Dann aß er. Als einige Zeit verstrichen war, schlichen sie hinzu, um zu sehen, was er tat, und hörten sein mächtiges Schnarchen. Nun befahl Yngvar ihnen, die Steine zu holen, die sie gesammelt hatten. Sie warfen sie gegen die Säule und das ganze Haus brach zusammen.

Der Riese versuchte mit aller Kraft freizukommen und es gelang ihm, einen Fuß aus den Trümmern herauszustrecken. Yngvar und seine Begleiter kamen herbei und hackten den Fuß mit ihren Äxten ab, denn er war hart wie ein Baum. Und als sie dies geschafft hatten, erkannten sie, daß der Riese tot war. Sie schleppten den Fuß zu ihrem Schiff und legten in weißem Salz ein.

Sie fuhren weiter bis zu einer Stelle, an der der Fluß sich gabelte und sahen dort fünf Inseln, die sich bewegten und auf sie zu kamen. Yngvar befahl seinen Männern, sich bereit zu machen. Er entzündete ein Feuer mithilfe eines geweihten Feuersteines. Schon bald kam ihnen eine der Insel nahe und bewarf sie mit einem Hagel von Steinen, aber sie schützten sich mit ihren Schilden und schossen zurück.

Als die Piraten auf den Inseln sahen, womit sie es zu tun hatten, begannen sie mit Blasebälgern in ihre Essen, in denen ein Feuer brannte, zu blasen und es entstand ein lautes Brüllen. Sie hatten auch ein großes Bronzerohr, aus dem Feuer herausflammte und eines ihrer Schiffe traf, das in kürzester Zeit zu Asche verbrannt war.

Als Yngvar dies sah, trauerte er um diesen Verlust und befahl seinen Männern, ihm seinen Zunder mit dem geweihten Feuer zu holen. Dann spannte er seinen Bogen, legte einen Pfeil auf die Sehne und sagte ihnen, daß sie von dem Zunder mit dem geweihten Feuer etwas auf die Pfeilspitze legen sollten. Und dieser Pfeil flog von dem Bogen in das Feuer in dem Rohr, das aus der Esse herausragte, sodaß sich das Feuer gegen die Heiden selber wandte. Und in einem Augenblick war die ganze Insel verbrannt – alle Männer und alle Schiffe.

Da kamen die anderen Schiffe heran. Aber sobald Yngvar die Blasebälge hörte, schoß er geweihtes Feuer auf sie und zerstörte so mit Gottes Hilfe alles Teufelsvolk, sodaß von ihnen nichts als Asche blieb.

Wenig später kam Yngvar zu der Quelle des Flusses. Dort sahen sie einen Drachen, wie sie noch nie einen zuvor gesehen hatte – sowohl was seine Größe betraf als auch in Hinblick auf die Menge an Gold, die unter ihm lag. Sie steuerten in seiner Nähe das Land an und traten alle ans Ufer und gingen weiter bis dorthin, wo der Drache immer zum Wasser hinabkroch. Dieser Pfad war sehr breit.

Da befahl Yngvar ihnen, diesen Weg entlang Salz zu streuen und den Fuß des Riesen dorthin zu schleppen. Er sagte, daß der Drache davon eine Weile aufgehalten werden würde. Sie sprachen nur ganz leise miteinander und versteckten sich. Und als der Drache zum Wasser hinab gekrochen kam und auf den Pfad gelangte, sah er das Salz auf dem Pfad vor ihm und begann es aufzulecken. Und als er dorthin gelangte, wo der Fuß des Riesen stand, verschlang er ihn und schluckte ihn am Stück herunter.

Für seinen Weg zu Wasser hinab brauchte er länger als üblich, denn er kehrte dreimal zurück zum Wasser, nachdem er schon den halben Weg wieder hinaufgekrochen war. In der Zwischenzeit waren Yngvar und seine Männer zu dem Lager des Drachen gegangen und sahen dort sehr viel Gold, das so heiß war, als wenn es gerade in einer Esse geschmolzen worden wäre. Sie schlugen mit ihren Äxten Gold von dem riesigen Klumpen ab und sie erbeuteten dort eine große Menge an Gold.

Dann sahen sie den Drachen kommen. Sie stahlen sich mit vielen erbeuteten Schätzen davon und verbargen es. Es gab dort viel Schilf. Yngvar befahl ihnen, nicht *auf den Drachen zu achten. Sie taten wie ihnen geheißen außer ein paar Männern, die sich erhoben und sahen, daß der Drache wütend über seinen Verlust war. Er bäumte sich auf seinem Schwanz auf und machte ein Geräusch wie Pfeifen und drehte sich in einem Kreis um sein Gold herum. Die Männer erzählten, was sie gesehen hatten und fielen tot nieder.*

Nachdem all dieses geschehen war, gingen Yngvar und seine Männer fort und erforschte die Landzunge, zu der sie gekommen waren. Dort fanden sie eine Burg, in der eine große Halle stand und als sie die Halle betraten, sahen sie, daß sie reich geschmückt war und fanden einen großen Hort an Schätzen und Kostbarkeiten dort. Da frug Yngvar, ob irgendjemand dort bleiben und die Nacht dort verbringen und schauen wolle, was sie herausfinden könnten. Soti sagte, daß er nichts dagegen hätte. Und als es Abend wurde, ging Yngvar mit seinen Männern zum Schiff zurück und Soti versteckte sich irgendwo.

Und als es spät wurde, kam der Teufel in der Gestalt eines Mannes zu ihm und sprach: „Siggeus war ein Mann – sowohl stark als auch mächtig. Er hatte drei Töchter. Ihnen gab er viel Gold. Aber als er starb, wurde er dort beerdigt, wo ihr gerade den Drachen gesehen habt. Nach seinem Tod neidete die älteste Tochter ihren Schwestern deren Gold und Schätze. Sie töte sich selber. Die zweite Schwester ereilte dasselbe Schicksal. Die jüngste von ihnen lebte am längsten und nahm das Erbe ihres Vaters und seine Herrschaft über diesen Platz – aber nicht nur während sie lebte. Sie gab dieser Landzunge einen Namen und nannte sie Siggeum.

Sie versammelt jede Nacht eine große Schar von Teufeln in dieser Halle und ich bin einer von ihnen. Ich wurde ausgesandt, um Dir dies zu berichten. Die Drachen aber fraßen die Leichen des Königs und seiner Töchter. Einige glauben, daß sie sich in Drachen verwandelt haben.

In dieser Saga tritt der dritte feuerspeiende Drache auf (nach denen aus der Cormac-Saga und aus der Huldar-Saga).

Der Tod der Männer, die starben, weil sie sahen, wie sich der Drache auf seinem Schwanz aufrichtete und einmal im Kreis drehte, ist zunächst einmal etwas merkwürdig. Vielleicht geht dies auf ein Element in einem Ritual zurück, das mit der Jenseitsreise zu tun hat und in dem etwas gedreht wird. Vielleicht das Einrollen des Jenseitsreisenden in das Fell des Opfertieres? Diese Szene ist jedoch schon zu „märchenhaft" als das man noch etwas genaueres daraus schließen könnte.

Die Drachenverwandlung ist hier leider nicht näher beschrieben. Möglicherweise hat sie etwas mit dem Verspeisen der Leichen zu tun. Dann wäre sie eine Entsprechung zu dem Trinken des Drachenblutes und dem Essen des Drachenherzens.

… … …

Dann brach Svein, der Sohn des verstorbenen Yngvar, von dort aus auf und sie fuhren weiter bis sie glaubten einen Halbmond auf der Erde stehen zu sehen. Sie fuhren ans Ufer und gingen an Land. Da erzählte Ketil Svein, was geschehen war, als er mit Yngvar hier gewesen war. Svein befahl nun seinen Männern das Schiff zu verlassen und den Drachen anzugreifen. So zogen sie los und kamen zu einem großen Wald, der bei dem Lager des Drachen stand und verbargen sich dort.

Dann sandte Svein einige junge Männer aus, um den Drachen zu beobachten und zu schauen, wie die Dinge dort standen. Sie sahen, daß die Schlangen schliefen und das es unzählig viele waren. Jakulus lag jedoch in einem Ring um alle anderen herum. Dann langte einer von ihnen mit seiner Speerspitze über ihn hinweg und fischte sich einen goldenen Ring. Aber der Speerschaft berührte eine kleine Babyschlange. Als diese jedoch erwachte, weckte diese die Schlangen neben ihr und nach und nach erwachten alle bis sie schließlich Jakulus aufweckten.

Svein stand neben einer großen Eiche und legte einen Pfeil auf seinen Bogen und einer seiner Männer steckte Zunder, so dick wie ein Männerkopf, an die Pfeilspitze und entzündete ihn mit geweihtem Feuer. Als Svein sah, daß sich Jakulus erhob und mit weit offenem Maul zu Sveins Schiffen fliegen wollte, schoß er den Pfeil mit dem geweihten Feuer in das Maul des Wurms und er drang den ganzen Weg durch den Drachen bis zu seinem Herzen, sodaß er im Nu tot niederfiel.

Und als sie dies sahen, lobten sie Gott mit großer Freude.

II 2. d)   Die Saga über Hromund Greipsson

Flugdrachen kamen auch in Träumen vor:

„*Ich hatte einen sechsten Traum,*" *sagte Blind,* „*mir träumte, daß dunkle Wolken über das Land kamen, die Klauen und Flügel hatten und mit Dir, o König fortflogen. Und ich habe weiterhin geträumt, daß eine Schlange in dem Haus des Bauern Hagal war. Sie griff die Leute auf eine schreckliche Weise an. Sie verschlang sowohl Dich wie mich und alle Männer, die zu diesem Hof gehören. Was kann das bedeuten?*"

Der König sagte: „*Ich habe gehört, daß sich nicht weit von Hagals Haus ein Bär herumtreibt. Ich werde dorthin gehen und den Bären mit großer Kampfeswut angreifen.*"

„*Danach habe ich geträumt, daß ein Drache rings um die Königs-Halle lag und daß er den Gürtel des Hromund trug.*"

Der König sagte: „*Du weißt doch, daß Hromund sein Schwert und seinen Gürtel in dem See verloren hat – und trotzdem fürchtest Du Hromund noch immer?*"

Blind träumte noch mehr Träume, die er dem König erzählte, aber der König deutete sie, wie es ihm gefiel und nie so, wie es ihrer wahren Bedeutung entsprach.

II 2. e) Die Saga über König Olaf den Ruhmreichen Tryggva-Sohn

Der Drache war wie die Schlange ein Symbol der Jenseitsreise und da die Krönung eines Königs vor allem aus einer solchen Jenseitsrise bestand, konnte sich auch ein König mit einem Drachen „krönen":

Das Wetter war hell und warm und er trug keinen Umhang, sondern nur sein engmaschig geknüpftes Kettenhemd, seinen Bronzehelm, auf dem ein geflügelter Drache saß, und seinen polierten Schild.

II 2. f) Thidrek-Saga

Hierauf sammelte sich um König Hertnit ein großes Heer. Und seine Frau Ostacia ging hinaus und rief ihre Götter an, das heißt, sie ging hin um sie zu beschwören, so wie es in der Vorzeit geschah, daß zauberkundige Frauen, die wir Völven nennen, zu beschwören pflegten.

Und so weit trieb sie es in der Zauberkunst und Beschwörung, daß sie allerlei Tiere, Löwen, Bären und große fliegende Drachen beschwor. Die zähmte sie alle, bis daß sie ihr gehorchten und sie sie gegen ihre Feinde zu hetzen vermochte.

Und es wird gesagt (...), daß ihr Heer dem bösen Feinde selber gleich war und sie selber erschien als ein fliegender Drache.

II 2. g) Die Saga über Bosi und Herraud

König Harek kam mit seinem Schiff und zwölf Männern und verursachte große Schäden.

Smidur wandte sich gegen ihn und schlug ihn mit dem kurzen, scharfen Schwert, das die alte Frau Busla ihm gegeben hatte, denn Harek konnte mit nichts außer mit einem Schwert, daß eine Hexe verzaubert hatte, verwundet werden. Der Schlag traf ihn im Gesicht über den Zähnen und schlug sie alle heraus. Sein Gaumen war gebrochen und beide Lippen zerschnitten und Blut lief aus seinem Mund.

Aber dieser Schlag machte ihn so wütend, daß er zu einem fliegenden Drachen wurde und Gift über das Schiff verspritze und viele Männer tötete. Er stürzte sich hinab und verschlang Smidur.

Da sahen sie einen Vogel über das Land herbeifliegen, der Skergripr genannt wurde. Er hatte einen so großen Kopf und sah so schrecklich aus, daß er wie der Teufel aussah, und er griff den Drachen an und es kam zu einer fürchterlichen Schlacht.

Und dieser Kampf endete damit, daß beide niederstürzten – Skergripr fiel hinab in das Meer und der Drache auf Siggeirs Schiff.

Herraud war schon dort und schwang die Keule mit beiden Händen. Er schlug nach Siggeir und der Hieb traf ihn auf seinem Ohr, sodaß sein ganzer Schädel zerbarst und er über Bord stürzte und nie wieder herauf kam.

Da kam König Harek hinzu und verwandelte sich in einen Keiler. Er faßte Herraud mit seinen Zähnen und riß seine Brünne herunter, stieß seine Zähne in seine Brust und riß beide Brustwarzen von seinen Knochen. Herraud hieb auf die Schnauze des Keilers und schlug sie unterhalb der Augen ab. Da war Herraud so erschöpft, daß er auf seinen Rücken stürzte und der Keiler auf ihm herumtrampelte, da er unfähig war, ihn zu beißen, da ihm seine Schnauze abgeschlagen worden war.

Da kam ein großer gefräßiger Hund auf das Schiff. Er riß ein Loch in den Lendenbereich des Keilers, zerrte seine Eingeweide heraus und sprang über Bord. Da nahm Harek wieder seine menschliche Gestalt an und sprang ihm hinterher und beide sanken auf den Grund und keiner von ihnen kam wieder empor.

Die Leute glaubten, daß dies die Zauberin Busla gewesen sein müsse, da sie danach nie wieder gesehen wurde.

„Harek" bedeutet „Hoher König" oder „Hochkönig" und ist sehr wahrscheinlich einst ein Beiname des ehemaligen Sonnengott-Göttervaters Tyr gewesen, der im Jenseits die Gestalt eines Drachen gehabt hat.

II 2. h) Die Saga über Halfdan Eysteinn-Sohn

Dann rannte König Harek von Bjarmaland gegen Skuli an und griff ihn an – da hörte man ein lautes Waffengetöse! Harek hieb nach Skuli und zerschlug seinen ganzen Schild und Skuli erhielt ein Wunde an seinen Fingern, allerdings keine schwere Wunde. Skuli schlug zurück und schnitt eines der Ohren des Königs und das Fleisch seiner Wange ab, sodaß die Haut bis zu seiner Schulter fehlte.

Da verwandelte sich Harek in einen fliegenden Drachen und schlug Skuli mit seinem Schwanz, sodaß er ohnmächtig geschlagen wurde.

Da kam ein Krieger mit dem Namen Grubbs herbei und schlug einen Fuß des Drachen ab, aber der Drache packte Grubbs mit seinen anderen Klauen und riß seinen

Unterleib auf. Da war Halfdan wieder zu Kräften gekommen und schlug auf den Nacken des Drachens und das war sein Ende.

... ...

Unter dem Wasserfall war eine große Höhle, in die Val und seine beiden Söhne tauchten und in der sie sich auf das Gold legten und geflügelte Drachen wurden. Sie trugen Helme auf ihren Häuptern und Schwerter unter ihren Flossen. Dort lagen sie, bis Gold-Thorir den Wasserfall in seine Macht brachte.

II 2. i) Bruchstück einer Saga über einige frühe Könige in Dänemark und Schweden

In dieser Saga ist aus dem Drachen als Gestalt der Toten ein Todesbote geworden.

Da geschah es eines Nachts, als König Ivar auf dem Achterdeck seines Schiffes schlief, daß er träumte, daß ein großer Drache von dem Meer her geflogen kam und Funken von ihm aufflogen wie Funken von einer Schmiede und alle Länder rings um ihn her erleuchteten. Hinter ihm flogen alle Vögel her – es schienen ihm alle Vögel der Nordlande zu sein. Dann sah er eine große Wolke von Norden her nahen und er sah, daß sie so großen Regen und so große Stürme brachten, daß er dachte, daß alle Wälder und alle Länder von dem Wasser, das herniederströmte, fortgespült werden würden. Mit ihr kamen Donner und Blitze. Und als der große Drache vom Meer aus über das Land flog, da kam über ihn der Regen und der Sturm und eine solch große Finsternis, daß er ab dem Augenblick weder den Drachen noch den Vögel mehr sehen konnte, auch wenn er den großen Lärm der Donner und des Sturmes hören konnte. Das Unwetter zog nach Süden und nach Westen und umgab sein ganzes Reich. Und ihm schien, daß er da nach seinen Schiffen blickte und sie waren zu nichts anderem als zu Walen geworden, alle von ihnen, und sie schwammen ins Meer hinaus.

Und er erwachte und rief seinen Ziehvater Hord zu sich und erzählte ihm seinen Traum und bat ihn, ihn ihm zu deuten.

Hord sprach, daß er zu alt sei, um zu wissen, wie man Träume verstehen müsse. Er stand auf einem Felsen unterhalb des Endes des Piers, während der König auf dem Achterdeck lag und eine Ecke seines Zeltes angehoben hatte, während sie miteinander sprachen.

Der König war in einer schlechten Stimmung und sprach: „Komm an Bord, Hord, und deute meinen Traum!"

Hord sprach, er könne nicht an Bord kommen, „aber Dein Traum braucht keine Deutung. Du kannst selber sehen, was er bedeutet und daß es sehr wahrscheinlich ist, daß es bald eine Veränderung des Herrschers in Schweden und Dänemark gibt. Und nun ist die Gier des Grabes in Dir, der Hunger, der das Ende eines Menschen ankündet – dieser Gedanke von Dir, Dir alle Reiche zu unterwerfen, aber was Du nicht weißt, ist, daß das Ergebnis Dein Tod sein wird und daß Deine Feinde Dein Königreich besitzen werden."

II 2. j) Die ältere Version der Huldar-Saga

Das ganze von Hrungnir beherrschte Unholdenpack im Myrkvidarskoge war so zauberkundig, daß nur Odin und Huld ihm gewachsen waren; aber auf der letzteren Hilfe war mit Sicherheit zu rechnen. Daher solite die Fahrt sofort angetreten werden.

Im Kampfe aber sollte Skjalgr selbst dem Hrungnir gegenübertreten, dessen Brüder Kolbjörn und Keingr dem Hrotti und dem Valbrand, Kollr aber dem Vikarr, um diesem die Gjaflaug abzugewinnen.

Sechzig Riesen wurden mit Schild und Schwert ausgerüstet; dann begannen sie auf Schneeschuhen die Fahrt.

Während einer Nachtruhe überfiel Flegda die Schar und schlug mit einem Schwerte nach Skjalg, aber der Hund Skotti hatte gewacht und schützte ihn so kräftig, daß die Hamhleypa fliehen muss.

Da wurden sie von einer plötzlich einfallenden Finsternis umnachtet, aber der Hund führt sie auf dem richtigen Weg weiter, bis es wieder hell wurde und sie die Gegend des Myrkvidarskogs erkannten, an deren Westgrenze, den Grönuvellir, sie dann Rast hielten.

Hrungnir = Tyr als Riese
Myrkvidarskog = Düsterwald-Ort = Jenseits
Grönuvellir = Grüntal = vermutlich wie Glasisvellir („Licht-Tal") das Jenseits
Hamhleypa = „ham" (Haut beim Gestaltwechsel in ein Tier) + „hleypa" (Rennen) = Frau, die in der Gestalt eines Tieres, in das sie sich verwandelt hat, rennt = „Hexe"

In dieser Zeit hatte Flegda einen Traum, durch den sie das Bevorstehende erfuhr und darüber dem Hrungnir berichtete. Alle Unholde rüsteten sich zum Kampf und hundert Riesen zogen mit Hrungnir aus.

Auf der Ebene mit dem Namen Grün-Tal begegneten sich beide Scharen und nach einem kurzen Wortwechsel begann der Kampf. Skjalgr tötete in diesem den Hrungnir, Kollr den Vikar und Valbrand, und auch Hrotti fiel mit allen übrigen Unholden.

Gjaflaug sah jedoch inzwischen, wie ein großer Drache heranfliegt und zwei ihm sich entgegenstellende Geier tötet; da fand man Flegda und Molda tot.

Zugleich greifen zwei große Trollfrauen, die im Haus zurückgeblieben waren, die Unholde an; von jedem ihrer Finger flog ein Pfeil, je einen Unholden tötend, und überdies spie der große Drache Gift und Feuer auf sie, so daß sie alle den Tod fanden.

Jetzt erst verschwandt der Drache mit den beiden Weibern. Sie erkannten, daß dies Huld mit ihren beiden Töchtern gewesen war.

Sie fanden Gjaflaug unverletzt, die Behausung der Unholde wurde geplündert und verbrannt, und dann die Rückreise angetreten.

Kurz vor dem Naumu-Tal trennte sich Skalgr von Kollr, nachdem er ihm die Hälfte der Beute überlassen und eine Reihe von Trägern mitgegeben hatte.

Die Töchter der Huld, die Pfeile aus ihren Finger schießen konnten, sind die beiden Göttinnen Irpa und Thorgerdr Hölgabrudr.

II 3. k) Die Saga über Björn dem Krieger der Leute vom Hitar-Tal

Im nächsten Sommer zog Björn nach England und gewann dort viel Ansehen und bleib für zwei Jahre bei König Canute dem Großen. Einst geschah es, als Björn den König begleitete und mit seinen Mannen in den südlichen Meeren segelte, daß ein Drache über des Königs Schiff flog und sie angriff und einen der Männer zu schnappen versuchte. Björn stand in der Nähe und beschützte den Mann mit seinem Schild, aber der Drache hackte es fast gänzlich entzwei. Da packte Björn den Schwanz des Drachens mit der einen Hand und schlug ihn mit der anderen so hinter seine Flügel, daß der Drache in zwei Stücke zerschnitten wurde und tot niederfiel.

II 3. l) Die Saga über Ketil Forelle

Es gibt eine Stelle in den Sagas, in denen ein Drache „Forelle" genannt wird. Es ist somit denkbar, daß diese beiden Tiere sich symbolisch entsprachen: Der Drache als Totengeist des ehemaligen Göttervaters Tyr im Hügelgrab-Jenseits der Hel und die Forelle als sein Totengeist in der Wasser-Unterwelt der Ran.

Diese Deutung des Beinamens „Forelle" des Ketil wird dadurch gestützt, daß in seiner Saga viele Motive aus den Mythen des ehemaligen Göttervaters Tyr vorkommen.

Am Abend nach Sonnenuntergang nahm Ketil seine Axt in seine Hand und ging nach Norden zu den Inseln. Er war jedoch noch nicht sehr weit hinter die bewohnten Gegenden gegangen, als er einen einzelnen Drachen von den Hügeln im Norden herbeifliegen sah.

Der Norden ist die Richtung, in der das Niflheim-Jenseits, die Jenseitsinsel und daher auch die Hügelgräber („Hügel im Norden") liegen, in denen die Drachen wohnen. Diese Hügelgräber liegen „nicht weit hinter den bewohnten Gegenden".

Er hatte sich schlängelnde Windungen und einen Schwanz wie eine Schlange, aber Flügel wie ein Drache. Aus seinen Augen und aus seinem Maul loderte wütendes Feuer.
Ketil fand, daß er noch nie solche einen Fisch oder ein derartiges Wesen gesehen hatte und daß er sich lieber gegen eine Horde Männer verteidigen als diesem Wesen entgegentreten würde.
Der Drache kam auf ihn zu, aber Ketil verteidigte sich gut und mächtig mit seiner Axt. So ging es eine lange Zeit, bevor Ketil in eine Windung hineinhieb und den Drachen in zwei Teile schlug. Da fiel er tot nieder.
Danach ging Ketil heim und traf seinen Vater draußen im Hof. Hallbjörn grüßte seinen Sohn und frug, ob er irgendwelchen Ärger mit den üblen Geistern gehabt habe, von denen man erzählt, daß sie auf den Inseln im Norden leben.
Ketil sagte: „Ich habe an den Orten, an denen die Fische schwimmen, nichts gesehen, womit ich diese Gerüchte bestätigen könnte, aber es ist wahr, daß ich in der Mitte des Wassers – dort, wo Du kleine Fische fängst – eine Forelle in zwei Teile geschlagen habe."
Hallbjörn sagte: „Eines Tages wirst Du nicht mehr viel davon halten, Dich mit solchen Kleinigkeiten wie dem Fangen kleiner Fische abzugeben. Ich will Dir nun einen Namen geben und Dich Ketil Forelle nennen."

Der Name „Ketil Forelle" ist also eine drastisch-ironische Variante des Namens „Sigurd Drachen-Töter".

II 2. m)   Zusammenfassung

Die Flügeldrachen spucken wie ihre flügellosen Brüder Gift und Feuer und können von Waffen nicht verwundet werden.
Sie zählen zu den Trollen und nicht zu den Tieren, d.h. sie sind Jenseitswesen.
Das Trinken ihres Blutes und das Essen ihres Fleisches macht mutig.

Der Jakulus ist ein fliegende Drache mit Vorderbeinen.

Eine Königin (die Göttin Huldar) und ihre Töchter (die Göttinnen Irpa und Thorgerdr) verwandeln sich in Drachen. Dies Motiv geht vermutlich darauf zurück, daß die Toten in Schlangengestalt zu der Jenseitsgöttin reisen. In analoger Weise hat die Jenseitsgöttin Freya auch ihr Falkenhemd dadurch erhalten, daß sie die Seelen(-vögel) wiedergebiert.

I 3.   Andere Drachen in den Sagas

In den Sagas werden auch einige weitere flügellose Drachen als Fafnir und Bodvars Flügeldrache erwähnt.

II 3. a)   Cormac-Saga

Auf dieser Reise erwarben sich die Brüder großen Ruhm und spät im Sommer, als der Winter nahte, entschlossen sie sich, nach Norwegen zu fahren. Sie hatten kalte Winde und an den Segeln hingen Eiszapfen, aber die Brüder standen immer am Bug.
Auf dieser Fahrt dichtete Cormac das folgende Lied:

„O schüttle mir jenen Reim aus dem Schutzzelt,
Deinem Sänger ist es kalt an seinem Liegeplatz;
Denn die Hügel sind alle verhüllt, liebe Skadi,
in dem alten grauweißen Schleier in dem Fjord.
Der, den man den Schwinger des Donners nennt,
den wünschte ich genauso eisig und kalt;
aber er verläßt nicht die Seite seiner Dame
– genausowenig wie ein Lindwurm sein Gold verläßt."

„Immer denkst Du an sie," sprach Thorgils, „und dennoch wolltest Du sie nicht haben, als Du konntest." – „Das lag mehr an Hexerei," antwortete Cormac, „als an irgendeinem Mangel an Treue von mir."

Die Liege- oder Schlafplatz und das Schutzzelt beziehen sich auf das große Zelt, das in der Mitte der Drachenboote aufgespannt wurde und unter dem die Wikinger schliefen.
Skadi = Landesgöttin von Skandinavien
Schwinger des Donners = Thor

II 3. c)   Die Geschichte der Ragnars-Söhne

In dieser Saga findet sich dieselbe Umdeutung wie im Oddrun-Lied: die Schlange als Totengeist in der Grabkammer des Hügelgrabes ist zu der Todesbringerin in einer

Grube geworden.

Das Motiv der Unverwundbarkeit durch das magische Seidenhemd entspricht der Unverwundbarkeit des Sigurd durch das Drachenblut.

König Ragnar Lodenhose war der Schwiegersohn des Sigurd Drachentöter, da Sigurds Tochter Aslaug Ragnars Frau war.

König Ragnar war mit dem Seiden-Hemd gekleidet, daß Aslaug ihm bei ihrem Abschied gegeben hatte. Obwohl das Heer der Verteidiger so groß war, daß ihnen nichts widerstehen konnte und fast alle getötet worden waren, stürmte Ragnar viermal durch die Reihen des Königs Ella und jedes Eisen glitt von seinem Hemd ab.

Aber schließlich wurde er gefangengenommen und in eine Schlangengrube geworfen, doch die Schlangen krochen nicht in seine Nähe.

König Ella hatte den Tag über, als sie gekämpft hatten, gesehen, wie kein Eisen ihn beißen konnte und ihn nun die Schlangen nicht verletzen wollten. Da ließ er ihm die Kleider ausziehen, die er den Tag über getragen hatte, und sofort hingen die Schlangen an allen seinen Seiten und er ließ dort auf tapfere Weise sein Leben.

II 3. d) Huldar-Saga

Nun berief Huld alle Riesen und Unholde in den Nordlanden auf 12 Monate hinaus zu einer Versammlung nach Hallmundarheidhir in Jötunheim, und an diesem „Alljahrs-Thing" wollte sie ihren Spruch tun.

Den Odin aber, erklärt die Erzählerin, habe sie zu sich gelockt, um seiner zu genießen, wofür sie ihm aber auch die Ehre antun wolle, ihm die Fällung des Spruches den Unholden gegenüber zu übertragen; zugleich empfiehlt sie ihm ihre beiden Töchter, Thorgerdh und Yrpa.

Und sie zog dann tatsächlich mit Odin zu der Versammlung der Unholde, er auf seinem Rosse, sie aber in dem alten Drachengewande, und hier gibt Odin seinen Schiedspruch dahin ab, dass Huld die Oberkönigin aller Unholde im Norden sein solle; ihr und ihm selbst zu Ehren solle auf Trölladyngja ein Tempel gebaut werden, dem sie mit ihren Töchtern vorzustehen habe und zu welchem eine jährliche Abgabe zu entrichten sei.

Huld scheint ein Gewand besessen zu haben, durch das sie sich in einen Drachen verwandeln konnte. Auch an der Textstelle aus der Huldar-Saga, die bereits in dem Kapitel „Flügeldrachen" angeführt worden ist, konnte sie sich in einen Drachen verwandeln. Ihr „Drachengewand" ist offenbar eine Parallele zu dem Ögishelm, durch dessen Aufsetzen man sich ebenfalls in einen Drachen verwandelte. Dieses Drachengewand wird daher ursprünglich das Fell des für den Jenseitsreisenden geopferten Herdentieres gewesen sein.

Huld als Drache ist in dieser Saga die Königin aller Trolle, Riesen und ähnlicher Ungeheuer.

Da der Huld und ihren beiden Töchtern ein Tempel gebaut werden sollte, müssen sie in dieser Saga Priesterinnen oder Göttinnen gewesen sein.

Die Vereinigung von Odin mit Huld und ihren Töchtern Thorgerdh und Yrpa erinnert sehr an die Reise des Odin in Schlangengestalt zu der Riesentochter Gunnlöd.

Die Aufgabe einer Priesterin ist vor allem das Herstellen der Verbindung zwischen den Menschen und den Göttern. Da sich die Götter wie die Toten und die Riesen im Jenseits befanden, d.h. jedenfalls nicht im Diesseits (außer für ein kurzes Eingreifen in die Taten der Menschen), sind die Schlange und der Drache als Symbol des Jenseitsweges auch eng mit den Priesterinnen und Priestern verbunden.

Diese Symbolik ist von vielen Völkern bekannt wie z.B. von den Kelten (Schlange des Cernunnos), den Kretern (Schlangen-Priesterinnen) oder den Syrern (Göttin Kadeschet). Explizit eine Seherin mit Schlange findet sich z.B. im Tempel von Delphi, in der die Priesterin, die die Orakel verkündete, auf einem dreibeinigen Schemel saß, der über der Felsspalte stand, in die Apollon die Schlange Python verbannt hatte.

Das Motiv der „Seherin mit Schlange" ist zwar von den Germanen sonst nicht geläufig, aber es fügt sich zwanglos in die übrigen Vorstellungen der Germanen ein.

Man könnte lediglich die Riesin Hyrrokkin auf ihrem Wolf mit Schlangen-Zaumzeug, also die Göttin Hel, als eine „Seherin mit Schlange" auffassen, da Odin oft die toten Seherinnen in der Unterwelt über die Zukunft befragt.

Die Nornen sind als Schicksalsgöttinnen zugleich Seherinnen und leben an der Quelle Hvergelmir, die zwischen den Wurzeln des Weltenbaumes entspringt – und in dieser Quelle lebt auch Fafnir und andere zahllose Schlangen.

II 3. e)   Die ältere Version der Huldar-Saga

Er fuhr jedoch, obwohl sie ihn gewarnt hatte, heim und vergaß sie, während Magia eine Tochter zur Welt brachte, welche sie Huld nennt, aber sofort aussetzen läßt, den Rudent durch Zauber tötet und sich selbst zu Tode grämt.

Nun aber griff Gigas, ein Bruder Rudents und der Beherrscher der Thursen-Burg, ein Riese und arger Unhold voller Zauberkunst, ein.

Er holte sich in Drachengestalt das Kind, zog es bei sich auf und lehrte es mancherlei Zauberei.

II 3. f) Nials-Saga

"Wohin gehen wir jetzt?" frug Skarphedin.
"Zur Hütte des Ljosavetninger," war Asgrim's Antwort.
Diese Hütte gehörte Thorkel Haak aus Ljosavatn im Nordlande östlich vom Öfjord. Er hatte Fahrten ins Ausland, nach Norwegen, nach dem Süden und den Ostseeküsten gemacht und viele Kämpfe gegen Räuber sowie auch Drachen und andre Ungeheuer bestanden und nach seiner Heimkehr hatte er alle diese Heldentaten auf der Bretterwand über seinem Wandbett und auf dem Stuhl vor seinem Hochsitz ausschnitzen lassen.

II 3. g) Frischwassertal-Saga

In dieser Saga findet sich eine Redewendung, in der das „Ungeheuer" vermutlich ein Drache ist:

„Ich sehe, wo das Ungeheuer seinen Kopf aus dem Boden streckt!"

Wenn das „Ungeheuer" ein Drachen ist, sollte der „Boden" die Unterwelt, d.h. Die Grabkammer eines Hügelgrabes sein.

II 3. h) Gesta danorum

Als Friedleif zu einem eigenen Land heimsegelte, hatte er eine schlechte Fahrt und wurde an den Strand einer unbekannten Insel getrieben.
Da erschien ihm ein Mann in einer Vision und riet ihm, den Schatz, der in der Erde vergraben lag, auszugraben und den Drachen, der ihn bewachte, zu töten und sich dafür in ein Stierfell zu hüllen, um dem Drachen-Gift zu entgehen und er riet ihm zudem, sich gegen die giftigen Zähne zu schützen, indem er auch seinen Schild mit einem Fell bezog.

II 3. i) Die Saga über Eirek den Weitfahrenden

Thrand ist der Name des ersten Königs, der je über Throndheim herrschte. Er hatte einen Sohn, der wurde Eirek genannt wurde, ein Mann, der schon in seiner Jugend sehr beliebt gewesen ist. Er hatte einen starken Körper, war mutig und in allen Dingen hervorragend und er wuchs zu einer stattlichen Größe auf.

Es wird erzählt, daß Eirek an einem Julabend den Eid ablegte, durch die ganze Welt zu reisen, um den Ort zu finden, den die Heiden 'das todlose Feld' und die Christen 'das Land der Lebenden' oder 'Paradies' nennen. Dieser Schwur wurde in ganz Norwegen berühmt.

Es war bei den Germanen die Sitte, am Julabend und auch an einigen anderen Festen Schwüre für das abzulegen, was sie zu tun vorhatten. Die heutigen guten Vorsätze in der Sylvesternacht sind ein Überbleibsel dieses Brauches.

… … …

Eirek frug den König der Griechen: „Wo ist der Ort, der 'das todlose Feld' genannt wird?"
Er antwortete: „Wir nennen es 'das Paradies' oder das 'Land der Lebenden'."
Eirek frug: „Wo liegt es?"
Der König sprach: „Dieses Land liegt östlich des fernsten Indiens."
Eirek frug: Kann ich dort hingelangen?"
„Darüber weiß ich nichts," sprach da der König, „Eine Wand aus Feuer steht davor, die bis zum Himmel hinaufreicht."

Diese Waberlohe gehörte offensichtlich fest zu den Vorstellungen der Germanen über den Weg, der ins Jenseits führte.

… … …

Und nachdem sie vierundvierzig Meilen durch die Landschaften Indiens gereist waren, kamen sie schließlich zu dunklen Gegenden, in denen sie am Tag die Sterne des Himmels so klar sehen konnten als ob es tiefe Nacht wäre. Überall in diesem Land lagen große Klumpen aus Gold. Sie sahen noch viele weitere Wunder in diesem Land.

Und nachdem sie eine lange Zeit durch dichte Wälder gewandert waren, deren Bäume unvorstellbar hoch waren, kamen sie schließlich wieder aus dem Wald heraus. Da wurde es wieder strahlend hell und sie sahen vor sich einen großen Fluß. Über ihn führte eine steinerne Brücke hinüber. Am anderen Ufer sahen sie ein wunderschönes Land mit hohen Blumen und Honig im Überfluß, und von dort drüben wehte ein süßer Duft zu ihnen herüber. Diese Landschaft war angenehm zu betrachten. Sie sahen weder Hügel noch Anhöhen noch Berge in diesem Land.

Nach der Waberlohe erscheinen in dieser Saga drei weitere germanische Jenseitsweg-Bilder: der dichte Wald, der in anderen Texten „Myrkwiduz" („Mirkwood, Düsterwald") genannt wird, die Dunkelheit und die Brücke, die aus der Edda als „Gjallrbru", also „Brücke über den Fluß mit dem Namen Lärmender" genannt wird.

Eirek erkannte, daß dies das Land sein mußte, von dem der König der Griechen gesprochen hatte. Es wurde ihm langsam deutlich, daß dies der Fluß Phison sein mußte, der aus dem Paradies herausfloß. Aber als sie sich der Brücke näherten, sahen sie dort einen schrecklichen Drachen mit weit aufgerissenem Maul liegen, der ein fürchterliches Gebrüll ausstieß.

In dieser Geschichte liegt der Drache genau auf der Grenze zwischen dem Diesseits und dem Jenseits, die er ursprünglich als Schlange miteinander verbunden hat.

Da ging Eirek auf den Drachen zu, denn er war entschlossen, irgendwie über den Fluß hinüber zu gelangen. Als aber Eirek der Däne dies sah, rief er seinem Namensvetter zu, daß er hierbleiben solle, denn sonst würde der Drache ihn im Nu verschlingen.
Aber Eirek der Norweger sagte, daß er sich nicht vor dem Drachen fürchten wolle und daß er sich von dem Drache nicht von seiner Suche abhalten lasse.
Eirek der Däne sprach: „Ich bitte Dich, bester Freund, wirf Dein Leben nicht fort; komm stattdessen lieber mit uns zurück, denn Du wirst mit Sicherheit sterben, wenn Du weitergehst!"
Eirek antwortete, daß er nicht umkehren werde, und sie beiden wünschten sich gegenseitig viel Glück. Eirek der Norweger zog nun sein Schwert und nahm es fest in seine rechte Hand, während er mit seiner linken Hand einen seiner Begleiter ergriff. Sie liefen los und sprangen in das Maul des Drachen und es sah für Eirek den Dänen so aus, als ob der Drache beide verschluckt hätte.
Er ging mit seinen Begleitern fort und nahm den Weg, den sie gekommen waren und nach vielen Jahren kam er zurück in sein Heimatland. Dort berichtete er, was das letzte gewesen war, was er von Eirek dem Norweger gesehen hatte und was ihm geschehen war – so wie er es wahrgenommen hatte. Dieser Mann wurde wegen seiner fernen Fahrten berühmt und er galt als großartiger Mann – und das ist das Ende seiner Geschichte.
Als aber Eirek der Norweger und sein Begleiter in das Maul des Drachen gesprungen waren, schien es ihnen, als ob sie durch Rauch waten würden. Als sie schließlich aus dem Rauch herauskamen, sahen sie ein Land, das satt und glänzend wie Satin aussah, voller süßer Düfte und hoher Blumen; Flüsse von Honig flossen in jeder Richtung durch das Land.
Dieses Land war weit und flach. Dort schien ohne Unterbrechung die Sonne, sodaß es niemals dunkel wurde und nichts warf dort einen Schatten. Die Luft war kühl, aber

nur ein leiser Hauch wehte über das Land und sie rochen den süßen Duft noch mehr als zuvor.

In diesem Teil der Saga erscheinen drei weitere germanische Jenseitsweg-Bilder: der Drache, der Rauch und der Met (Honig).

Dieser „Rauch" wird auch in der Saga über Thorstein Haus-Macht beschrieben. Er ist der „Nebel", den man oft zu beginn einer Vision oder einer Traumreise sieht. Dieses Phänomen wird auch von den Indianern „Rauch" genannt. Nach ihm ist der Maya-Gott des Hellsehens als „Rauchender Spiegel" benannt worden.

Vermutlich war auch die ewig scheinende Sonne und die fehlenden Schatten ein bekanntes Merkmal des Jenseits – vielleicht war es eine Erinnerung daran, daß früher einmal der Sonnengott-Göttervater Tyr auch der Gott des Jenseits gewesen ist.

Sie gingen eine lange Zeit und frugen sich, ob sie wohl irgendwelche Behausungen oder bewohnte Gegenden sehen würden oder wie weit sich das Land wohl erstrecken würde.

Da sahen sie etwas, das zu ihrer größten Verwunderung so aussah wie eine Säule, die mitten in der Luft schwebte, obwohl sie von nichts gestützt wurde. Als sie näherkamen, sahen sie, daß es ein Turm war, der ganz ohne Stützen im Himmel hing. An der Südseite des Turmes stand eine Leiter. Sie waren tief erstaunt über die große Macht, die dies möglich gemacht hatte. Dies erschien ihnen alles sehr seltsam.

Sie stiegen die Leiter in den Turm hinauf. Sie sahen, daß er mit dem schönsten Samt und dem wertvollsten Satin aufs üppigste ausgekleidet war. In dem Turm stand ein Tisch, der aufs Schönste gedeckt war, und auf ihm stand eine silberne Schale. Auf ihm lagen die erlesensten Leckereien und es war mit süßem Brot beladen. Auf ihm stand auch ein Krug, der mit Gold und Edelsteinen verziert war. Daneben stand ein mit Wein gefüllter Kelch. In dem Turm standen auch Betten, gut zugerichtet und mit Decken aus goldenem Stoff und feinen Samt bedeckt.

Die Saga klingt hier ein wenig wie eine Geschichte aus „Tausendundeine Nacht", aber sie enthält doch wieder eins der germanischen Jenseitsreisesymbole. Die Säule ist offensichtlich keine normale Säule, sondern eine „Himmelsleiter". Solch eine Säule ist auch die Irminsul, die eins der zentralen Heiligtümer der Sachen gewesen ist. Sie war eine hölzerne Säule, die symbolisch am Nordpol stand. Sie ist auch die beiden „Seelenweg-Säulen" („öndvegi-sula"), die den Eingang in den Tempel und die Rückenlehne des Herrschersitzes bildeten. Schließlich entspricht dieser Turm auch noch den Tempeltürmen der Germanen.

Sie ist mit dem Weltenbaum Yggdrasil identisch, an dem entlang Odin ins Jenseits reiste als er an diesem Baum hing, wodurch er die Geheimnisse der Runen erkannte.

Die Säule in der Saga, die sich als Turm entpuppt, wurde 600 Jahre später zu dem

Turm der weisen Frau in „Rapunzel" und dem Turm der alten Spinnerin in „Dornröschen". Die weise Frau ist die Jenseitsgöttin Freya/Hel und die alte Spinnerin ist eine der Nornen, die eine weitere Gestalt der Jenseitsgöttin ist.

Vielleicht gehört auch noch die Burg der Göttin Menglöd zu diesen Türmen. Zumindest einige der germanischen Seherinnen lebten auch auf Türmen.

Da sprach Eirek: „Schau, hier ist das 'todlose Feld', für das wir auf so vielen Wegen gewandert sind und für das wir uns so vielen Prüfungen und Gefahren gestellt haben.

Sie preisten Gott und sagten: „Groß und gut ist Gott, daß er uns das hat sehen lassen."

Und nachdem sie die Speisen genossen hatten, legten sie sich schlafen.

Als Eirek schlief, erschien ihm ein junger Mann, strahlend und schön von Angesicht, der sprach zu ihm: „Groß ist Deine Standfestigkeit, Eirek. Sag mir, wie gefällt Dir dieses Land?"

„Ausgezeichnet – es ist alles, was ich mir nur wünschen könnte. Von allen Ländern, die ich je gesehen habe, gefällt mir dies am besten. Aber wer bist Du? Und mir scheint es einen großen Unterschied zwischen Deinem Wissen und meinem zu geben, denn Du kennst mich und nennst mich bei meinen Namen, aber ich weiß nicht, wer Du bist."

Da lächelte der junge Mann und sprach: „Ich bin Gottes Engel und einer von denen, die die Pforte zum Paradies bewachen. Ich stand in der Nähe, als Du Deinen Eid, das todlose Feld zu suchen, abgelegt hast. Und ich habe Dir eingegeben, nach Miklagard zu segeln. Und durch Gottes Vorhersicht und meinen Willen hast Du Dich taufen lassen. Und ich heiße Dich gesegnet, denn Du hast den guten Rat und die Warnungen des Königs der Griechen beherzigt und hast sein Siegel genommen und im Heiligen Jordan gebadet.

Mich selber hat Gott zu Dir gesandt. Ich bin Dein Schutzengel und ich habe Dich auf Land und auf See vor allen Gefahren auf Deiner Reise und vor allen üblen Dingen beschützt"

Der Jordan ist in dieser Saga eine Mischung aus Taufe und aus dem Jenseitsfluß, der von den Germanen Gjallar genannt wurde.

Der Engel entspricht als Bote des obersten Gottes, der das Paradies bewacht, den Walküren, die die Boten des Odin sind und diejenigen auswählen, die nach Walhalla dürfen.

Als Schutzengel des Eirek entspricht der Engel den germanischen Fylgjas, die die Seelen der Menschen sind. Diese Seele wird, solange man sie nicht bewußt als die eigene Mitte und Quelle erkannt hat, als etwas im Außen erlebt, von dem man beschützt wird. Die germanische Vorstellung über die Fylgja enthält auch das

Krafttier, das die eigenen Instinkte sowie die körperlichen und magischen Fähigkeiten verkörpert.

Der Engel sprach weiter: „Wir sind keine Menschen, sondern eher Geister, die in unserer himmlischen Heimat wohnen. Aber der Ort, den Du hier siehst, ist wie eine Wildnis im Vergleich zum Paradies, das nicht weit von hier liegt. Von dort kommt der Fluß, den Du gesehen hast. Niemand gelangt lebend dorthin. Dort leben nur die Seelen der Rechtschaffenden. Dieser Ort hier, den Du gefunden hast, wird das Land der Lebenden genannt. Bevor Du eintrafst, sandte uns Gott, auf diesen Ort zu achten und Dir das Land der Lebenden zu zeigen und für Dich ein Fest auszurichten und Dich für Deine Mühen zu belohnen."
Da frug Eirek den Engel: „Wo lebst Du?"
Der Engel sprach: „Wir leben im Himmel, wo wir auf das Angesicht Gottes blicken, aber aus Notwendigkeit werden wir auf die Erde gesandt um den Menschen zu helfen wie Du sicher leicht glauben kannst."
Eirek sprach: „Was hält diesen Turm, der in der Luft zu hängen scheint?"
Der Engel antwortete: „Es ist alleine Gottes Macht, die ihn oben hält. Durch Zeichen wie diese solltest Du keine Zweifel daran haben, daß Gott die Welt aus dem Nichts erschaffen hat."
Eirek sagte: „Daran habe ich keinen Zweifel."

Dieses Gespräch zwischen Eirek und dem Engel gleicht von seinem Stil her ganz dem Gespräch zwischen Gylfi und den Göttern in der Prosa-Edda: Der Mensch fragt und die Götter antworten. Diese Form könnte von ihrem Stil her aus der Verschmelzung von Visions-Berichten und Wissens-Merkliedern entstanden sein.

Der Engel frug Eirek: „Was möchtest Du lieber: Hier bleiben oder zurück in Dein eigenes Land gehen?"
Eirek antwortete: „Ich möchte zurückgehen."
Der Engel sprach: „Warum?"
Eirek sagte: „Weil ich den Menschen berichten möchte, daß ich diese ruhmvollen Zeugnis von Gottes Macht gesehen habe, und weil sie, wenn ich nicht zurückkomme, sicher sein werden, daß ich einen schrecklichen Tod gestorben bin."
Der Engel sprach: „Auch wenn jetzt noch in den nördlichen Ländern die Heidengötter verehrt werden, wird eine Zeit kommen, in der diese Menschen frei von diesen Täuschungen sein werden und Gott sie zu seinem Glauben rufen wird. Nun lasse ich Dich in Dein eigenes Land ziehen und dort Dich dort Deinen Freunden über Gottes Gnade berichten und darüber, was Du gesehen und gehört hast, denn sie werden an Gottes Wort und seine Gebote schneller glauben, wenn sie solche Geschichten wie diese hören. Bete oft. Ich werde in einigen Jahren zu Dir kommen und Deine Seele in

die Seligkeit tragen und Deine Knochen an dem Ort, an dem sie das Letzte Gericht erwarten, bewachen. Bleibe noch sechs Tage hier, ruhe Dich aus und nimm dann genug Proviant für die Deine Rückreise mit und ziehe dann zurück in den Norden."

Da verschwand der Engel aus seinen Augen. Eirek tat genau, wie der Engel ihm in Bezug auf sein Bleiben und seine Abreise geheißen hatte.

Nachdem sie sich solange, wie der Engel es ihm gesagt hatte, ausgeruht hatten, stiegen sie wieder von dem Turm hinab und gingen den Weg zurück bis sie wieder an den Fluß gelangten. Dort fiel eine große Dunkelheit über sie. Sie kamen wieder aus dem Maul des Drachen heraus und nahmen ihre Wanderung wieder auf und sahen viele Wunder. Ihnen geschah jedoch kein Schaden und sie kamen von viel Weisheit erleuchtet wieder in Miklagard an.

Eirek berichtete dem König von seinen Reisen und der König war sehr verwundet, daß er zurückgekehrt war und er behielt ihn drei Jahre lang bei sich. Danach machte sich Eirek reisefertig und verließ Miklagard und kehrte nach Norwegen zurück und jeder freute sich dort, ihn wieder zu sehen. Dort lebte er zehn Jahre lang. Und im elften Winter kam ein Tag, an dem er früh zum Beten ging. Da nahm ihn der Geist Gottes und als sie nach Eirek zu suchen begannen, konnten sie ihn nicht finden.

Eirek hatte seinem Begleiter seinen Traum, den er in dem Turm gehabt hatte, erzählt und dieser Mann erzählte ihn nun weiter und sie glaubten, daß ein Engel Gottes Eirek geholt haben mußte und ihn beschützte.

Das ist das Ende von Eirek dem Fernfahrenden.

Dieses Abgeholtwerden von einem Engel hat große Ähnlichkeit mit dem Abgeholtwerden durch eine Walküre – nur das die Szene mit dem Engel friedlich ist und die mit der Walküre in der Schlacht stattfindet.

II 3. j) Die Geschichte der Gotländer

In dieser „mythologischen Historie" findet sich ein merkwürdiges Motiv:

Gotland wurde zuerst von einem Mann mit dem Namen Thielvar entdeckt. Zu dieser Zeit war Gotland in der Weise verzaubert, daß es tagsüber versank und nur des nachts auftauchte.

Aber dieser Mann brachte zum ersten mal Feuer in dieses Land, woraufhin es nie wieder versank.

Die Insel Gotland scheint ein wichtiger Kultort der Nordgermanen gewesen zu sein, wenn man die große Zahl an Runensteinen bedenkt, die dort gefunden worden sind.

Das Versinken der Insel im Meer erinnert an das Versinken der Sonne im Meer – Gotland könnte somit einst der Jenseitsinsel Walaskialf gleichgesetzt worden sein. Diese Insel entspricht auch der Schäre, auf der Tyr-Wieland von Loki-Nidud gefangengehalten wurde.

Der seltsame „Anti-Zauber" des „Feuer-Bringens" sieht wie ein Verankern des Sonnenfeuers auf der Insel aus, die dadurch dann fest zum Diesseits gehörte und nicht mehr in der Wasserunterwelt versinken konnte.

Der Name „Thielvar" (ursprünglich „Thialfher") bedeutet „Eroberer-Heer" und ist möglicherweise lediglich ein beschreibender Name für den Entdecker der Insel Gotland.

Dieser Thielvar hatte einen Sohn, der Hafthi genannt wurde. Und Hafthis Frau wurde Huitastierna genannt. Diese zwei waren die ersten, die Gotland besiedelten.

Der Name „Hafthi" ist vermutlich eine verkürzte Form von „Hafthialf" bedeutet „Meeres-Herrscher". Dieser Name enthält wie der Name seines Vaters den Bestandteil „Herrscher". Hafthi scheint dem Tyr als Meeres-Riese Ägir/Gymir/Hler, also dem Tyr in der nächtlichen bzw. winterlichen Wasserunterwelt zu entsprechen. Die Insel Gotland entspräche dann der Jenseitsinsel Walaskialf.

„Huitastierna" ist die gotländische Form von altnordisch „Hvitastjerna" und bedeutet „Weiß-Stern". Dieser Name ist auffälligerweise mit Lücke, also nicht als „Weißstern", sondern als „weißer Stern" geschrieben worden. Es handelt sich bei ihr also sehr wahrscheinlich nicht um einen normalen Frauennamen, sondern um die Bezeichnung eines weißen Sterns/Planeten, der hier als Frauenname benutzt wird.

Falls Hafthi tatsächlich auf Tyr zurückgeht, könnte „Weißstern" evtl. die Venus sein, die ansonsten bei den Germanen allerdings eher als Mann, d.h. als Bote und Ankünder der Sonne aufgefaßt worden ist.

In der ersten Nacht, als sie zusammen schliefen, träumte ihr, daß drei Schlangen in ihrem Schoß zusammengerollt lägen. Und ihr schien, daß sie aus ihrem Schoß herausgeglitten seien.

Wenn die Seelen der Toten auf ihrer Reise in das Jenseits die Gestalt von Schlangen haben, dann können auch die Seelen der noch Ungeborenen auf ihrer Reise in das Diesseits die Gestalt von Schlangen haben.

In gleicher Weise sendet Odin der Frau des Königs Rerir einen Apfel, durch den sie schwanger wird – ansonsten ist der Apfel ein Symbol der Wiedergeburt im Jenseits gewesen.

Sie erzählte ihren Traum ihrem Mann Hafthi.

Er deutete ihn so:

„Alles ist mit Armreifen geschmückt:
Es wird besiedelt werden, dieses Land,
und wir werden drei Söhne haben."

Während sie noch ungeboren waren, gab er ihnen alle ihre Namen:

„Guti wird Gotland besitzen,
Graip wird der zweite sein
und Gunfiaun der dritte."

Der erste dieser Verse bedeutet vermutlich: „Alles wird gedeihen."

Drei Söhne sind ein typisches Kennzeichen des ehemaligen Sonnengott-Göttervaters Tyr. Da Tyr häufig dem Urriesen Ymir gleichgesetzt worden ist, würde auch das Besiedeln der Insel Gotland zu dieser Deutung passen.
„Guti" bedeutet „Gote, Gotländer". Mit diesem Namen wurde auch Odin und vermutlich zuvor auch Tyr umschrieben.
Da weder im Altnordischen noch im Germanischen ein Wort „graip" bekannt ist, wird sich „Graip" wohl von „greip" herleiten und somit bedeutet „Griff" bedeuten.
„Gunfiaun" könnte sich von „gaunnfani" herleiten und würde dann „Heer-Fahne, Heeres-Banner" bedeuten.

Die sechs Personennamen in diesem Text stammen aus dem Altgutnischen, d.h. aus dem altnordischen Dialekt, der auf Gotland gesprochen worden ist und viele ältere germanische Formen bewahrt hat.

II 3. k) Die Saga über Grettir den Starken

Einst lebte ein Mann, der hieß Biorn, und er lebte bei Thorkel. Er war ein Mann von aufbrausendem Gemüt und von edler Geburt und dem Thorkel ein wenig ähnlich. Er war bei den Menschen nicht besonders beliebt, denn er beschimpfte oft die, die bei Thorkel lebten und vergraulte auf diese Weise viele von ihnen.

Grettir und er hatten nur wenig miteinander zu tun. Biorn schien, daß Grettir im Vergleich zu ihm nur wenig wert sei, aber Grettir nahm sich nie zurück, sodaß sie einander nicht wohlgesonnen waren.

Biorn war ein sehr angeberischer Mann und stellte sich selber immer sehr groß dar

– viele junge Männer taten sich mit ihm zusammen und zogen mit ihm des nachts umher.

Da geschah es, daß im frühen Winter ein wilder Bär sein Winterlager verlassen hatte und so grimmig wurde, daß er weder Tier noch Mensch verschone. Die Männer glaubten, daß er von dem Lärm, den Biorn und seine Gefährten machten, aufgeweckt worden sei. Diesem Ungeheuer war schwer beizukommen und er riß die Herden der Männer und den größten Schaden durch ihn hatte Thorkel, denn er war der reichste Mann in der ganzen Nachbarschaft.

Da befahl Thorkel seinen Männern eines Tages, ihm zu folgen und nach dem Lager des Bären zu suchen. Sie fanden es an den steilen Felsen an der Meeresküste – dort war eine hohe Klippe und unten an ihr eine Höhle und es gab nur einen einzigen Pfad, um zu ihr hinab zu gelangen – unter der Höhle waren abschüssige Felsen und unten am Meer ein Haufen Steine und jedermann, der dort hinabfallen würde, wäre mit Sicherheit tot.

Der Bär lag tagsüber in seiner Höhle und zog des nachts umher – keine Gatter konnte die Schafe vor ihm schützen und keine Hunde konnte ihn fernhalten und alle Männer fanden, daß dies ein großes Unglück sei.

Biorn, der Verwandte des Thorkel, sagte, daß das Schwerste schon geschafft und das Lager des Bären gefunden worden sei, „und nun werde ich versuchen," sagte er, „welche Art von Spiel wir beiden Namensvettern zusammen haben werden."

Der Männername „Biorn" bedeutet „Bär".

Grettir tat, als ob er nicht wüßte, was Biorn zu dieser Angelegenheit gesagt hatte.

Nun geschah es jedesmal, wenn die Männer sich zum Schlafen niederlegten, daß Biorn verschwand; und eines Nachts, als Biorn zu dem Bärenlager gegangen war, erkannte er, daß das Tier schon vor ihm dorthin gekommen war – es brüllte fürchterlich. Biörn legte sich auf dem Pfad nieder und hielt seinen Schild über sich und wollte nun warten, bis das Tier kam, so wie es seine Gewohnheit war.

Diese Jagdtechnik hat u.a. auch Sigurd angewandt, als er den Drachen Fafnir getötet hat. Er hatte sich jedoch zusätzlich eine Grube gegraben, in der er sich gelegt hat. Auch bei anderen Drachentötungen ist diese Methode benutzt worden.

Doch der Bär hatte den Mann gespürt und zögerte aufzubrechen. Biorn wurde dort, wo er lag, immer schläfriger und konnte sich kaum wachhalten und genau zu dieser Zeit machte sich das Tier auf seinen Weg von der Höhle fort. Da sah es den Mann dort liegen und schlug nach ihm mit seinen Tatzen und riß seinen Schild fort und warf es über die Klippen hinab.

Biorn erwachte schlagartig, nahm seine Beine unter die Arme und rannte heim und entkam dem Raubtier nur mit knapper Not.

Dies sahen seine Gefährten, denn sie hatten Späher, die auskundschafteten, was Biorn vorhatte. Am Morgen fanden sie seinen Schild und verspotten ihn sehr.

In der Julnacht ging Thorkel mit weiteren Männern, insgesamt acht an der Zahl, und unter ihnen waren Grettir und Biorn und andere aus dem Gefolge des Thorkel. Grettir besaß einen Pelz-Umhang, den er ablegte, als sie das Tier angriffen.

Es war ein ungünstiger Platz für einen Angriff, denn sie konnten ihn nur mit Speerstößen erreichen und der Bär biß alle Speerspitzen mit seinen Zähnen ab.

Biorn hatte sie alle sehr angetrieben, den Bären anzugreifen, aber nun wagte er sich nicht so nah an ihn herab, daß er Gefahr lief, verletzt zu werden.

Mitten in diesem Kampf, als niemand damit rechnete, ergriff Biorn plötzlich Grettirs Umhang und warf ihn in die Höhle des Bären.

Da die Männer dem Bären nichts anhaben konnten, mußten sie schließlich zurückkehren, als der Tag schon weit vorangeschritten war.

Doch als Grettir aufbrach, vermißte er seinen Umhang und sah, daß der Bär ihn unter sich gelegt hatte.

Da frug er: „Wer von euch Männern hat sich den Spaß erlaubt, meinen Umhang in die Bärenhöhle zu werfen?"

Biorn sagte: „Der, dem er wahrscheinlich bald gehören wird."

Grettir antwortete: „Auf solche Dinge gebe ich nicht viel."

Da gingen sie weiter auf ihrem Heimweg und während sie so liefen, riß der Riemen von Grettirs Hose. Thorkel hieß die Männer auf Grettir warten, aber dieser sagte, daß dies nicht nötig sei.

Da sagte Biorn: „Ihr braucht nicht zu glauben, daß Grettir seinen Umhang liegenlassen wird – er will die Ehre ganz für sich alleine haben und wird das Tier, vor dem wir acht zurückgewichen sind, ganz alleine töten. Auf diese Weise wird er versuchen, das zu werden, was man über ihn erzählt, denn heute ist er ziemlich träge gewesen ..."

„Ich weiß nicht," sagte Thorkel, „wie es Dir am Ende ergehen wird, aber ihr scheint mit keine Männer von gleichem Können zu sein – ärgere ihn so wenig Du kannst, Biorn."

Biorn antwortete, daß keiner von ihnen beiden Worte aus seinem Mund wählen und nehmen solle.

Als ein Hügel zwischen ihnen lag, ging Grettir auf dem Pfad zurück, denn nun gab es keine Auseinandersetzungen mit den anderen beim Angriff mehr.

Er zog sein Schwert 'Jokul-Geschenk', aber befestigte eine Schlinge an dem Griff des Kurzschwerts und band diese an seine Hand. Dies tat er, weil er dachte, daß er es schneller bereit hätte, wenn er seine Hand frei hatte.

Er ging weiter auf dem Pfad und als das Tier Grettir sah, stürmte es voller Wut auf Grettir zu und schlug ihn mit der Tatze, die am weitesten von der Felswand entfernt war. Grettir hieb mit seinem Schwert nach der Tatze und schlug sie oberhalb der Krallen ab und danach zögerte das Tier, mit seiner heilen Tatze nach Grettir zu schlagen und ließ sich auf den Tatzen-Stumpf niederfallen, aber da diese kürzer war, als der Bär gewohnt war, fiel er in Grettirs Arme. Da ergriff er das Tier zwischen dessen Ohren und hielt ihn fern von sich, damit es ihn nicht beißen konnte.

Dies war, sagte Grettir später, die härteste Probe seiner Kraft – auf diese Weise das Tier fernzuhalten.

Doch nun kämpfte es mit aller Kraft und da der Pfad sehr eng, stürzten sie beide über die Felskante hinab. Da der Bär der schwerere von den beiden war, schlug er als der untere auf den Steinhaufen unten an der Klippe auf. Grettir jedoch fiel auf ihn und der Bär wurde von oben und unten schwer verletzt.

Da ergriff Grettir sein Kurzschwert und stieß es in das Herz des Bären und das war sein Ende.

Es war sehr vorausschauend von Grettir, daß er sein Schwert mit einer Schnur an seinem Handgelenk festgebunden hatte – sonst hätte er es bei dem Sturz womöglich verloren.

II 3. l) Zusammenfassung

Die Drachen werden auch „Lindwurm" („Schlangenwurm") genannt.

Der Drache ist ein wichtiger Bestandteil der Vorstellungen über den Jenseitsweg. Dies wird unter anderem in der Szene, in der Eirek am Jenseitstor in das Maul eines Drachen hineingeht, sehr deutlich.

In der Huldar-Saga besitzt Huld ein Drachengewand, durch das sie sich in einen Drachen verwandeln kann, so wie sich Freya durch ihr Falkengewand in einen Falken verwandeln kann. In ähnlicher Weise tragen die Ulfhedinn-Krieger ein Wolfsfell und die Berserker ein Bärenfell. Da Hulda, die die Gestalt eines Drachen annehmen kann, die Königin der Unholde des Nordens ist, ist der Drache anscheinend der König der Ungeheuer. Es gab offensichtlich männliche Drachen (Fafnir) und weibliche Drachen (Hulda). Sie sind vermutlich aus den männlichen Toten und vor allem dem ehemaligen Sonnengott-Göttervater Tyr als Schlange bzw. aus der Jenseitsgöttin als Schlange entstanden.

Nicht nur die Seelen der Toten haben auf ihrem Weg in das Jenseits die Gestalt von Schlangen und Drachen; auch die Seelen der noch Ungeborenen können auf ihrem Weg in das Diesseits die Gestalt von Schlangen haben.

„Forelle" wird in der Ketil-Saga als Entsprechung für „Drache" benutzt. Es ist gut denkbar, daß die Forelle ursprünglich die Wasserunterwelt-Analogie zu der Schlange in dem Erd-Jenseits angesehen worden ist.

Für diese Deutung spricht auch, daß die Schlangen mit „Land-Fische" u.ä. umschrieben werden konnten sowie die Fische mit „Wasser-Schlangen" u.ä.

II 4.   Schlangen in den Sagas

Die Drachen sind aus der Weiterentwicklung der Schlangensymbolik entstanden. Sie haben als zusätzliche Merkmale u.a. Flügel, Vorderbeine und das Feuerspeien hinzuerhalten. Trotzdem bleibt die Schlange die „Grundlage" der Drachen. Daher sind auch alle Schlangen in den germanischen Sagas für das Verständnis der Drachen wichtig.

II 4. a)   Die Saga über Ragnar Lodbrök

1.

Ragnar Sigurd-Sohn hörte, was Jarl Herrudh über die Schlange gesagt hatte, aber er tat, als ob er nichts gehört hätte und ließ sich nichts anmerken. Er fertigte sich auf eine wundersame Weise Kleidung an: struppige Hosen und einen Pelzmantel, die er, als sie fertig waren, in Pech kochte. Danach bewahrte er sie gut verborgen auf.

Eines Sommers nahm er seine Kriegsmannen mit nach Gotland und ließ die Schiffe in einem verborgenen Flüßchen ankern, das nur ein kurzes Stück von da lag, wo der Graf Herrudh lebte. Und nachdem Ragnar dort eine Nacht gewesen war, erwachte er früh am Morgen, stand auf und legte die schützende Kleidung an, die eben beschrieben worden ist, nahm einen großen Speer in die Hand und verließ alleine das Schiff. Dort, wo der Strand war, rollte er sich im Sand.

Dies ist eine technische Variante der unverletzbaren „Hornhaut" des Sigurd.
Ein Jarl ist ein Graf bzw. im Englischen ein „Earl".

Bevor er weiterging, zog er den Nagel, der die Speerspitze an dem Speer festhielt, aus dem Holz.
Dann ging er früh am Morgen von dem Schiff zu dem Tor in der Umzäunung des Hofes des Jarls, sodaß, als er ankam, noch alle schliefen. Da wandte er sich zu dem Frauenhaus. Als er dann zu der hölzernen Umzäunung kam, wo die Schlange lag, griff er sie mit seinem Speer an. Er spießte sie mit dem Speer auf und zog ihn wieder zu sich zurück und griff sie erneut an. Der nächste Stich saß in der Wirbelsäule der Schlange. Da drehte er den Speer so, daß sich die Speerspitze von dem Speer löste.

Die Todeszuckungen der Schlange machten einen solchen Lärm, daß das ganze Frauenhaus erzitterte. Dann drehte sich Ragnar um und ging fort. Da spritzte ein Blutstrahl aus der Schlange und trat ihn zwischen seinen Schulterblättern, aber er verletzte ihn nicht, da ihn die Kleidung beschützte, die er sich angefertigt hatte.

Die, die in dem Frauengebäude schliefen, erwachten von dem Lärm und traten aus dem Frauenhaus heraus. Da sah Thora einen großen Mann von dem Frauenhaus fortgehen und frug ihn nach seinem Namen und wen er finden wolle.

Da hielt er inne und sprach die folgenden Verse:

„Ich habe mein berühmtes Leben gewagt, ihr schönen Frauen,
Ich war fünfzehn Winter alt,
als ich den Erd-Fisch bezwungen habe.
Fast ein Unglück, fast ein schneller
Tod für mich – gerettet.
Ich habe ihn genau ins Herz getroffen,
den zusammengeringelten Lachs der Heide."

„Erd-Fisch" und „Lachs der Heide" sind beides Kenningar für „Drache". Die Schlangen und die Drachen wurden offenbar als enge Analogie zu den Fischen angesehen – vermutlich aufgrund der Vorstellung einer Wasserunterwelt, in der die Toten dann Fische sind.

2.

Sie lag in Wehen und sie gebar einen Jungen. Da nahm die Hebamme den Jungen und benetzte ihn mit Wasser. Da sagte sie, daß sie ihn zu Ragnar bringen und ihn das Kind sehen lassen sollten. Dies taten sie dann auch und so wurde der junge Mann in die Halle gebracht und in Ragnars Schoß auf seinen Umhang gelegt. Als er ihn sah, frug er, wie er genannt werden solle.

Da sprach er die folgenden Verse:

„Sigurd soll der Junge genannt werden –
so wird er in der Schlacht sein,
sehr dem Vater seiner Mutter ähnlich,
nach dem er benannt wird.
So wird der Größte
von Odins Rasse genannt,
der Schlangenäugige,
und er wird vielen den Tod bringen!"

Der Vater von Sigurds Mutter Aslaug war Sigurd Fafnir-Töter („Siegfried").
Das Wort „Schlangenäugiger" bezeichnet offensichtlich eine hoch geschätzte Eigen-

schaft. Die Schlangen sind hier demnach etwas, das ein Wikinger als erstrebens-wert ansah.

Da zog Ragnar einen Ring von seiner Hand und gab ihm dem Jungen als Zahnfest-Gabe. Aber als er seine Hand mit dem Goldring ausstreckte, berührte er den Rücken des Jungen und dies schien Ragnar zu bedeuten, daß der Junge Gold hassen würde.
   Und er sprach folgende Verse:

„Er wird den Helden gefallen,
der geliebte Sohn von Brünhildes Tochter,
der glänzende Stirnsteine hat
und ein sehr treues Herz.
Daher wird dieser Bote des Schwertes
besser dastehen als alle Wikinger.
Budlis Nachkomme, der schnell
der schnell die roten Ringe verschmäht."

   <u>1. und 8. Zeile:</u> Er ist freigiebig mit Gold.
   <u>2. Zeile:</u> Brünhild ist Aslaugs Mutter.
   <u>3. Zeile:</u> Die „Stirnsteine" sind die Augen.
   <u>5. Zeile:</u> Ein „Bote des Schwertes" ist ein Krieger.
   <u>7. Zeile:</u> König Budli ist Brünhilds Vater.

   Ragnar sprach erneut:

„Ich habe noch nie
Zaumzeug in den den Stirnsteinen
in den Bart-Hängen der Stirn gesehen
außer bei Sigurd allein.
Dieser kräftige Ungeheuer-Jäger
hat Düsterwald-Ringe
in die Felder seiner Augenlider gesetzt –
An diesem Zeichen wird er erkannt werden."

   <u>2. Zeile:</u> „Zaumzeug" ist ein Heiti für „Schlangen". Die Möglichkeit, diese Heiti zu benutzen, zeigt, daß das Bild von der Hel/Hyrrokkin auf einem Wolf, den sie mit Schlangen als Zaumzeug lenkt, sehr gut bekannt gewesen sein muß.
   „Stirnsteine" sind Augen.
   <u>3. Zeile:</u> „Bart-Hänge" ist eine Kenning für „Wangen". Die „Wangen der Stirn" sind die Augenhöhlen. Ragnar sieht also Schlangen in den Augen des Neugeborenen.

5. Zeile: Die Bezeichnung „Ungeheuer-Jäger" bezieht sich auf den Drachen, den Sigurd getötet hat.
6. Zeile: „Düsterwald-Ring" („Mirkwood-Ring") ist eine Kenning für „Drache". Es gab offenbar die Vorstellung, daß die Drachen in einem düsteren Wald lebten.
7. Zeile: „Felder seiner Augenlider" ist eine Kenning für „Augenhöhlen".

Diese „Schlangen in den Augen" scheinen das Kennzeichen eines Helden zu sein. Ragnar sagt zwar, daß er so etwas noch nie zuvor gesehen hat, aber die Bedeutung dieser „Drachenaugen" scheint ihm doch klar zu sein. Es scheint so, als ob „Drachenaugen" zumindest etwas sind, was ein Germane recht klar deuten kann. Vielleicht besteht ein Zusammenhang mit dem Ögishelm.

Das Motiv der Schlangen-Augen findet sich auch im „Lied des Rig": *„Die Mutter gebar und barg in Seide / Ein Kind, das genetzt und genannt ward Jarl. / Licht war die Locke und leuchtend die Wange, / Die Augen scharf wie Schlangen blicken."* Der Schlangenblick scheint daher den Mut und die Stärke der Krieger auszudrücken.

II 4. b)   Die Saga über Bosi und Herraud

Das in der Saga erwähnte „Bjarmaland" umfaßt die östlichen Küstengebiete von Finnland und die angrenzende Küste von Rußland, also die Gebiete rings um das Weiße Meer, das in den Sagas der Germanen ein Symbol für das Jenseits gewesen ist.

Diese Saga erzählt denselben Drachenkampf wie die vorige Saga.

Herraud und Hleidi liebten sich sehr. Ihre Tochter war Thora Borgarhjart, die Ragnar Lodbrök gebar. Es wird erzählt, daß in dem Geier-Ei, daß sie von Bjarmaland mitgebracht hatten, eine kleine Schlange gefunden wurde, die von goldener Farbe war. König Herraud gab sie seiner Tochter bei ihrer Geburt als Zahngeschenk.

Sie legte ein Stück Gold unter die Schlange. Sie wurde so groß, daß sie ihre ganzes Frauenhaus umgab, und sie wurde so wild, daß niemand außer dem König und denen, die ihre Nahrung brachten, wagten, ihr nahe zu kommen. Die Schlange brauchte täglich einen Ochsen zu ihrem Mahl und jederman fand, daß sie das größte Ungeheuer sei.

Herraud schwor feierlich, daß er keinem Mann Thora, seine Tochter, vermählen würde, der sich nicht getraute, in ihr Frauenhaus zu gehen und die Schlange zu vernichten. Aber niemand traute sich dies zu tun vor Ragnar, Sohn des Sigurd Hring. Daher wurde Ragnar anschließend nach der Kleidung, die er sich angefertigt hatte, bevor er die Schlange besiegte, Lodbrokar, d.h. 'Lodenhose' genannt.

Das Motiv der aus einem Ei schlüpfenden Schlange wird zunächst einmal auf die Beobachtung, daß fast alle Schlangen Eier legen, beruhen. Daß es allerdings ein Geier-Ei war, aus dem die Schlange schlüpfte, wird wohl denselben Ursprung wie die geflügelten Drachen haben: die Verbindung des Seelenvogels mit dem Jenseitsreisenden in Schlangengestalt. Dieses Motiv erinnert an die mittelalterliche Vorstellung, daß der Basilisk („König der Schlangen") aus einem Hühnerei schlüpft, das von einer Kröte ausgebrütet wird.

Die Schlange auf dem Gold ist wieder das häufige Motiv, das aus dem Totengeist in Schlangengestalt auf seinem Hügelgrab, in dem sich seine goldenen Grabbeigaben befinden, entstanden sein.

Das Umringeln eines Schatzes o.ä. durch eine Schlange bzw. einen Drachen tritt in den Sagas mehrfach auf. Es stellt das Bewachen des Schatzes dar.

Aus dem Wiederzeugungsaspekt der Jenseitsgöttin, die die Wiedergeburt gibt, wurde zunächst die Walküre als Geliebte und schließlich die Jungfrau, die von der Schlange bzw. dem Drachen bewacht wird.

Die spezielle „Drachenkampf-Kleidung" von Ragnar Lödbrök wird auch in anderen Sagas erwähnt. Sie ist vermutlich eine Umdeutung und Rationalisierung von Sigurds Hornhaut, die er durch das Einreiben mit dem Drachenblut erlangte.

II 4. b) Cormac-Saga

Das Schwert Skofnung in dieser Saga hat denselben Namen wie das magische Schwert von König Hrolf Kraki. Es ist aber zweifelhaft, daß es sich um dasselbe Schwert handelt.

Das magische Schwert Skofnung erforderte eine recht eigenwillige Behandlung von seinem Benutzer. Zudem wohnte in ihm ein kleiner Wurm, der möglicherweise die Miniaturvariante einer Schlange bzw. eines Drachen sein könnte.

Nun besaß Bersi ein Schwert, das sie das 'Weiße' nannten. Es war ein scharfes Schwert mit einem Lebensstein an ihm; und er hatte es in so mancher Auseinandersetzung getragen.

„Woher willst Du eine Waffe bekommen, die 'Weißer' standhalten kann?" frug seine Mutter.

Cormac sagte, daß er eine große und scharfe Axt nehmen würde.

Seine Mutter Dalla sagte, daß er Skeggi von Midfiord besuchen und ihn fragen sollte, ob er ihm sein Schwert Skofnung leihen würde.

Da ritt Cormac fort und es gefiel ihm gar nicht, wie die Dinge standen.

Skeggi sagte, er habe keine Lust, ihm das Schwert zu leihen. Skofnung und Cormac, sprach er, würden niemals zusammenpassen: „Mein Schwert ist kühl und langsam und Du bist schnell und heiß."

Cormac ritt fort und es gefiel ihm gar nicht. Er kam heim nach Mel und erzählte seiner Mutter, daß Skeggi sein Schwert nicht verleihen wollte.

Nun war Skeggi der Aufseher über die Angelegenheiten von Dalla und beide waren gute Freunde, deshalb sprach sie: „Er wird Dir das Schwert leihen, wenn auch nicht sofort."

Das sei nicht das, was er wolle, antwortete Cormac, „Wenn er es auch Dir nicht vorenthält, so gibt er es dennoch nicht mir."

Darauf sagte sie ihm, daß er ein schwieriger Kerl sei.

Einige Tage später sandte Dalla ihn erneut nach Reykir. „Er wird diesmal das Schwert leihen," sprach sie.

So suchte er erneut Skeggi auf und bat um Skofnung.

„Du wirst es nicht leicht handzuhaben finden," sprach Skeggi, „es ist in einer Tasche und in der solltest Du es lassen, denn die Sonne darf nicht auf den Knauf des Griffes scheinen. Du solltest es nicht umschnallen bis der Kampf unmittelbar bevorsteht. Und wenn Du zum Kampfplatz kommst, setze Dich alleine abseits hin und zieh es dann aus seiner Tasche. Halte seine Schneide zu Dir hin und blase auf es. Dann wird ein kleiner Wurm unter dem Griff herauskommen. Halte dann das Schwert schräg und mache es dem kleinen Wurm leicht, wieder unter den Griff zu schlüpfen."

„Das ist ein Geschichte von lauter Tricks, Du Hexer!" schrie Cormac.

„Trotzdem," sprach Skeggi, „wird es Dir gut anstehen, sie zu kennen."

So ritt Cormac heim und erzählte alles seiner Mutter und sagte, daß ihr Wille große Wirkung auf Skeggi habe. Er zeigte ihr das Schwert und versuchte, es aus der Tasche zu ziehen, aber er bekam es nicht aus seiner Hülle heraus.

„Du bist zu stur, mein Sohn," sprach sie.

Dann setzte er seine Füße gegen den Parierstab und zerrte an der Tasche, woraufhin Skofnung quietsche und knarrte, aber trotz allem nicht aus seiner Tasche herauskam.

Nun, die Zeit verging und der vereinbarte Tag kam. Er ritt mit fünfzehn Männern fort. Bersi ritt ebenfalls zu dem Holm mit genausovielen Männern. Cormac kam zuerst dort an und sagte zu Thorgils, daß er sich alleine abseits hinsetzen wolle. So setzte er sich nieder und gürtete sich das Schwert um.

Ein Holm ist wörtlich Insel und ist indirekt die Umschreibung für einen Zweikampfplatz. Das Urbild dafür ist der endlose, zyklische Kampf des Sommergottes Tyr mit dem Wintergott Loki auf der Insel Walaskialf an der Grenze zwischen Diesseits und Jenseits.

Nun, er kümmerte sich nicht im geringsten darum, ob die Sonne auf den Schwert-

knauf schien – er hatte sich das Schwert außerhalb seiner Kleidung umgebunden. Und als er versuchte, es zu ziehen, konnte er es nicht, bevor er nicht seine Füße auf den Parierstab setzte. Dann kam der kleine Wurm heraus und Cormac ging nicht auf die richtige Weise mit ihm um. Daher kam das Schwert quietschend und stöhnend aus der Scheide – und sein gutes Geschick war dadurch verlorengegangen.

Cormac verlor den Zweikampf, der nun folgte, aber er erlitt nur eine kleine Wunde.

II 4. d) Gesta Danorum

Auch die „Geschichte der Dänen" des Mönches Saxo des Schrift kundigen zählt zu den Sagas, da in den Sagas die Geschichte eines Volkes, eines Stammes oder einer Familie berichtet wird, wobei sich in die historische Darstellung auch mythologische Themen mischen.

In der „Gesta danorum" werden sich an vier Stellen Erlebnisse mit Drachen bzw. Schlangen beschrieben.

1.

Der Nachfolger von Handding wurde sein Sohn Rode, dessen Abenteuer zahlreich und vielfältig waren. Als seine Jugendjahre vorüber waren, zeigte er alle Kühnheit eines Kriegers.

... ...

Das Führen von Kriegen hatte die Schatzkammern seines Vaters geleert, sodaß er kaum seine Truppen bezahlen konnte. Daher suchte er überall nach Möglichkeiten, wieder zu den benötigten Reichtümern zu gelangen. Während der damit beschäftigt war, traf er einen Bauern, der seine Hoffnungen durch folgende Worte weckte:

„Nicht fern von hier liegt eine Insel, die sich in sanften Wellen erhebt, die in ihren Hügeln Schätze verbirgt, die eine reiche Beute wären. Dort wird ein stattlicher Hort von dem Besitzer des Hügels bewahrt, der eine Schlange ist, die sich in vielen Windungen schlängelt, oft über sich selber liegend, mit einem Schwanz, der sich in vielen Bögen erstreckt, und die die vielen Spiralen ihres Leibes kreisen läßt und Gift ausspuckt.

Wenn Du sie besiegen willst, mußt Du einen Schild benutzen und ihn mit einem Stierfell beziehen und Du mußt Deinen Körper mit einem Kuhfell bedecken und darauf achten, daß Deine Glieder nicht mit dem Gift in Berührung kommen, denn sein Speichel verbrennt alles, was er berührt. Auch wenn ihre drei gespaltene Zunge umher züngelt, sie ihr Maul weit aufreißt und sie Dich mit schrecklichen Wunden bedroht, mußt Du Dir immer Deinen furchtlosen Geist bewahren. Laß Dich weder durch ihre gesackten Zähne beunruhigen noch durch die Ungeheuerlichkeit ihres Leibes und auch nicht durch das Gift, daß sie schnell aus ihrem Hals spuckt.

Auch wenn die Härte ihrer Schuppen Deine Speere wirkungslos abprallen läßt, so gibt es doch eine Stelle unter ihrem Bauch, die Du mit Deinem Schwert durchdringen kannst. Ziele mit Deinem Schwert dorthin und Du wirst die Schlange bis in ihre Mitte treffen. Dann gehe furchtlos den Hügel hinauf, nimm die Hacke, grabe und plündere die Höhle. Schon bald werden Deine Taschen voller Schätze sein, mit denen Du dann Dein Schiff beladen kannst."

Rode glaubte ihm und ging alleine zu der Insel, der er das Ungeheuer nicht mit einer stärkeren Begleitung angreifen wollte als mit der, mit der es für Helden üblich war, ein solches Ungeheuer anzugreifen.

Nachdem die Schlange Wasser getrunken hatte und zu ihrem Lager zurückkehrte, wies ihre raue und harte Haut Frohes Stahl ab. Auch die Speere, die er gegen sie warf, prallten wirkungslos ab – die Kraft des Werfers war vergeudet. Nachdem der harte Rücken der Schlange kein bißchen nachgab, achtete er genau auf ihren Bauch, dessen Weichheit seinem Stahl nicht widerstehen konnte.

Das Ungeheuer versuchte sich durch Bisse zu verteidigen, aber traf mit den scharfen Zähnen ihres Maules nur den Schild. Dann ließ es wieder und wieder seine zuckende Zunge vorschnellen und atmete zugleich ihr Gift und ihr Leben aus.

Die Beschreibung des Schatzes als in einer Höhle in einem Hügel auf einer Insel liegend zeigt deutlich, daß es sich hier um die Grabbeigaben in einem Hügelgrab handelt.

Das Stierfell und das Kuhfell könnten eine Erinnerung daran sein, daß bei den Bestattungen ein Herdentier geopfert wurde und der Tote dann in das Fell dieses Tieres eingewickelt wurde. Die beiden „Schutzfelle" des Rode sind daher eine Parallele zu dem Ögishelm des Fafnir.

Die verbrennende Wirkung des Giftes der Schlange ist eine Mischform von Gift und Feuer, die sich auch in anderen Sagas findet.

Das Motiv des ungeschützten Bauches des Drachen ist in den germanischen Drachenerzählungen weit verbreitet. Möglicherweise ist diese Vorstellung in zwei Schritten entstanden: Nachdem die Grabkammer-Grube zu einer Jagdtechnik-Grube umgedeutet worden war, mußte der Held den Drachen von unten her erstechen, woraus sich als nachträgliche Begründung ergeben konnte, daß die Drachen an ihrem Bauch weniger geschützt sind.

Das häufige Motiv des Auflauerns auf den Drachen an seinem Weg zur Wasserstelle ist hingegen eine übliche Jagdtechnik, da man an Wasserstellen am sichersten das Jagdwild finden kann. Eine Deutung des Wassers als Wasserunterwelt wäre zwar auch denkbar, aber die Deutung als übliche Jagdmethode reicht zunächst einmal zur Erklärung aus.

2.

Die folgende Erzählung stammt aus einer Schatzsuche, bei der der Anführer seinen Männer verbat, irgendetwas zu berühren, da er erkannt hatte, daß die Schätze verwunschen waren.

Das Hügelgrab, in das die Männer hier eingedrungen sind, ist das des Geirröd, also des Tyr als Riese im Jenseits.

Da sahen sie sieben Fässer, die mit goldenen Reifen zusammengehalten wurden. Von diesen hingen silberne Armreifen herab, die in vielfacher Weise gewunden waren. Neben diesen befand sich der große Stoßzahn eines seltsamen Tieres, der an beiden Enden mit Gold eingefaßt war. Nah dabei lag das riesige Geweih eines Hirsches, das über und über mit den erlesensten und funkelnsten Edelsteinen bedeckt war, und auch dieses sah sehr verlockend aus. Gleich daneben war ein sehr schwerer Armreifen zu sehen.

Einer der Männer wurde von übermäßigem Verlangen nach diesem Armreif erfaßt und ergriff mit seiner gierigen Hand das Gold, denn er wußte nicht, daß das herrlich scheinende Metall eine tödliche Gefahr verbarg und daß in der schimmernden Beute das Todesschicksal verbogen lag. Ein zweiter konnte sein Verlangen ebenfalls nicht beherrschen und streckte seine zitternden Finger nach dem Horn aus. Ein dritter wagte, von dem Beispiel der anderen beiden ermutigt, sich das Horn auf die Schulter zu legen. Die Beute sah köstlich und wertvoll aus, denn alles, was das Auge sah, war schön und verlockend anzusehen.

Aber der Armreif verwandelte sich plötzlich in eine Schlange und griff den mit ihren giftigen Zähnen an, der den Armreif in seiner Hand hielt. Das Horn dehnte sich ebenfalls zu einer Schlange aus und nahm dem Mann, der es trug, sein Leben. Der Stoßzahn verwandelte sich in ein Schwert und stach in den Bauch dessen, der es trug.

In dieser Saga ist das Motiv „Schlange auf Schatz" weiterentwickelt worden, sodaß sich nun der Schatz in die Schlange verwandelt. Diese todbringende Verwandlung entspricht dem Todesfluch des Zwerges Andvari, den er über den ihm geraubten Ring verhängt hat.

3.

Denn als Ragnar gefangengenommen und in einen Kerker geworfen worden war, wurden seine sündigen Glieder den Schlangen zum Fraß vorgeworfen. Die Nattern fanden Nahrung an seinen Eingeweiden. Seine Leber wurde aufgefressen und eine Schlange ergriff wie ein tödlicher Henker sein Herz.

Diese Szene gleicht der Hinrichtung des Gunnar der Niflungen-Saga, der ebenfalls in eine Schlangengrube geworfen wurde, in der eine Schlange dann seine Leber fraß. Die „Schlangengrube" ist die Grabkammer in einem Hügelgrab.

Die Formulierung „sündige Glieder" stammt deutlich sichtbar aus der christlichen Gedankenwelt des Mönches Saxo, der diese Mythen niedergeschrieben hat.

4.

An der folgenden Stelle wird der christliche Hintergrund des Mönches Saxo durch seine Deutung der „Schlangen in den Augen" des Neugeborenen, von der auch die Saga über Ragnar Lodbrök berichtet, sehr deutlich.

Ich denke, daß der, der dieses Wunder verursachte, durch das sichtbare Merkmal in seinen Augen zu verkünden wünschte, daß der junge Mann in Zukunft grausam sein würde, um sicherzustellen, daß der sichtbare Teil seines Körpers nicht eines Omens ermangele, das auf sein folgendes Leben hinwies.

Als die alte Frau, die seine Amme war, in seinem Gesicht Anzeichen von kleinen Schlangen zu sehen begann, begann sie sich schrecklich vor dem Jungen zu fürchten, stürzte nieder und verlor ihr Bewußtsein. Daher kommt es, daß Siward den weitbekannten Namen „Schlangenauge" erhielt.

II 4. e) Heimskringla

Diese Geschichte der norwegischen Könige wurde um 1230 n.Chr. von Snorri Sturluson verfaßt, der auch die Prosa-Edda geschrieben hat.

1.

Der nördliche Teil von Swithiod (Südschweden) ist wegen der Kälte und dem Frost dort unbewohnt so wie die südlichen Teile von Blauland („Totenreich") wegen der brennenden Sonne öde sind (Sahara). In Swithiold gibt es viele große Reiche und viele verschiedene Menschenvölker und viele verschiedene Arten von Sprachen. Dort gibt es Riesen und Zwerge und ebenso Blau-Menschen und dort gibt es alle Arten der seltsamsten Wesen. Dort gibt es riesige wilde Tiere und schreckliche Drachen.

In dieser halbmythologischen Geographie sind die Drachen zu Tieren geworden, die wie Elche und Bären in Skandinavien leben.

2.

Odin konnte seine Gestalt verwandeln: Sein Körper lag dann da als wenn er tot wäre oder schlafen würde; aber er hatte dann die Gestalt eines Fisches oder eines Wurmes (Schlange) *oder Vogels oder irgendeinen anderen Tieres und war in einem Augenblick in fernen Ländern um dort seinen Angelegenheiten oder denen von anderen Leuten nachzugehen.*

Diese Stelle beschreibt präzise eine Astralreise: Der Astralreisende legt sich zunächst nieder, wird reglos und atmet meist kaum noch. Dann tritt er mit seinem Astralkörper aus seinem materiellen Körper aus und kann dann jede gewünschte Gestalt annehmen. Auffälligerweise führt Saxo hier den Fisch, die Schlange und den Vogel an, also die drei Tiere, die die Symbole für die Jenseitsreise und somit auch für die Astralreise sind: der Fisch in der Wasserunterwelt (Andvari als Lachs), die Schlange als Symbol des Jenseitsweges und der Reisenden auf ihm (Odin als Schlange auf dem Weg zu Gunnlöd) und der Seelenvogel, der aus dem Erleben des Fliegens bei der Astralreise entstand (Odin als Adler).

3.

Harald Blauzahn war von 958-987 n.Chr. König von Dänemark und von 970- 987 n.Chr. zugleich auch König von Norwegen.

König Harald befahl einem Magier, in verwandelter Gestalt nach Island zu reisen und zu schauen, was er über die Insel in Erfahrung bringen konnte und ihm dies dann anschließend zu berichten. Der Magier machte sich in der Gestalt eines Wales auf den Weg.

Vermutlich reiste der Magier des Königs nicht körperlich nach Island, sondern unternahm eine Traumreise oder Astralreise, um die Insel auszukundschaften. Diese Kunst wurde in dem eben dargestellten Teil der Heimskringla auch von Odin berichtet.

Als er in die Nähe des Landes kam, zog er im Norden Islands herum zu der Westseite des Landes, wo er sah, daß all die Berge und Hügel voller Schutzgeister waren –

einige groß, andere klein. Als er zum Vapnafjord kam, näherte er sich dem Land und hatte vor, dort an Land zu gehen, aber dort stürzte ihm ein riesiger Drache mit einem Gefolge von Schlangen, Fröschen und Kröten entgegen, die ihm Gift entgegenspien.

Da wandte er sich nach Westen und umkreiste die Insel bis hin nach Eyjafjord und schwamm in diesen Fjord hinein. Da flog ihm ein Vogel entgegen, der so groß war, daß seine Flügel über die Berge auf beiden Seiten des Fjordes reichten. Er wurde von vielen anderen großen und kleinen Vögeln begleitet.

Da schwamm er noch weiter nach Westen und dann nach Süden bis in den Breidafjord. Als er den Fjord schwamm, stürmte ihm ein grauer Stier entgegen und brüllte fürchterlich. Ihm folgte eine Schar von Landgeistern.

Von dort schwamm er weiter um die Insel herum bis nach Raykjanes und wollte in Vikarsskeid an Land gehen, doch dort stürzte ihm ein Bergriese mit einem eisernen Stab in den seinen Händen entgegen. Er war einen Kopf größer als die Berge und viele andere Riesen folgten ihm.

Der Magier schwamm in seiner Wal-Gestalt ostwärts an der Küste entlang, wo, wie er berichtete, nichts außer Sand und weites Ödland zu sehen war und wo außerhalb der Schären die Brandung hoch emporschäumte. Das Meer zwischen den Ländern war so breit, daß man es mit einem Langschiff nicht überqueren konnte.

Zu dieser Zeit lebte Brodhelge in Vapnafjord, Eyjolf Valgerdson in Eyjafjord, Thord Geller in Breidafjord und Thorod Gode in Olfus.

Da wandte der dänische König Harald seine Flotte und segelte zurück nach Dänemark.

Die Drachen, Schlangen, Vögel, Stiere, Riesen und Landgeister („Pukis") sind offenbar in der Funktion als Landwächter Verbündete gewesen. Es hat auch den Anschein, als ob sie zudem die Helfer oder Freunde der vier genannten Wikinger gewesen seien.

Der große Vogel erinnert an den Riesen Hraesvelgr (Tyr) aus der Edda, der in der Gestalt eines Adlers „am Ende des Himmels" sitzt und mit seinen Fittichen den Wind erschafft.

Die vier Wesen Drache, Vogel, Stier und Riese machen geradezu den Eindruck eines Mandalas, das sich auf Island befindet und die Insel schützt. Die besondere Erwähnung der vier Wikinger, die an den Orten lebten, an denen der Magier an Land gehen wollte, macht den Eindruck, als ob es sich bei ihnen um Magier handelten würde, die die Insel mit ihrer Zauberkraft vor Feinden schützen würden.

Ein ähnlich enges Verhältnis zu den Erdgeistern wird von den Kelten berichtet, deren Druide Amairgen sich bei der Ankunft in Irland noch vor dem Betreten des Landes mit allen Naturgeistern der Insel verband.

Die vier Wesen, die Island gegen den dänischen Magier verteidigen, spielen alle eine wichtige Rolle in den Jenseitsvorstellungen: Der Drache ist der Jenseitsweg, der

Riesenvogel der Seelenvogel, der Stier das Opfertier, mit dem der Tote identifiziert wird, und der Riese der Tote selber. Falls dies kein Zufall sein sollte, scheint der Schutzzauber für Island von einem Schutzzauber für die Hügelgräber abgeleitet worden zu sein, bei dem sich die Germanen an die wichtigsten Wesen bei der Bestattung um Hilfe wandten.

Auch wenn solche Schutzzauber für die Hügelgräber durchaus erwähnt werden, ist die Rolle der vier Wesen zunächst einmal lediglich eine Vermutung, die sich darauf stützt, daß beides Schutzzauber und somit wahrscheinlich ähnlich aufgebaut sind.

isländische 10 Kronen-Münze mit den vier Schutzgeistern Islands

II 4. f) Hedinn und Högni

König Halb-Däne besaß ein Drachenschiff, das dank seiner Stärke und der Handwerkskunst, mit der es gefertigt worden war, so gut war, das seinesgleichen in den ganzen Nordlanden nicht gefunden werden konnte. Es war im Hafen vertäut, aber König Halb-Däne war an Land und hatte Gäste zu seinem Abschiedsfest geladen.

Als jedoch Sorli das Drachenschiff sah, überflutete ein großer Neid sein Herz, sodaß er dies Drachenschiff um jeden Preis haben und nur ganz alleine besitzen wollte. Und wahrhaftig – es hat nie ein besseres Schiff im ganzen Norden gegeben mit der Ausnahme des Drachenschiffes „Ellendi" und „Gnod" und der „Langen Schlange".

In diesem Text finden sich drei Namen von Drachenschiffen. „Ellendi" leitet sich evtl. von „el-landi" ab und würde dann „Goldland" bedeuten. „Gnod" stammt vermutlich von „gnädan" mit der Bedeutung „reiben, kratzen".

Während „Lange Schlange" ein sofort einleuchtender Name für ein Drachenschiff ist und zudem noch einmal die symbolische Gleichheit von Schlange und Drache zeigt, sind „Goldland" und „Reiber" eher unklar. „Goldland" könnte sich auf das Ziel der Plünderung von reichen Ländern beziehen aber genausogut auch auf die Barke der Sonne bzw. des ehemaligen Sonnengott-Göttervaters Tyr. „Reiber" könnte möglicherweise von einem „Zerreiben oder Zernagen der Wogen" inspiriert worden sein könnten – obwohl da ein „Zerteiler" oder „Zerschlager" besser zu dem allgemein kriegerischen Charakter der Wikinger und ihrer Drachenboote gepaßt hätte …

II 4. g) Gesta danorum

In diesem Text sind die Schlangen zwar noch immer mit dem Jenseits und den dort wohnenden Leben- und Kraft-spendenden Ahnen und Göttern verbunden, aber die Schlangen sind bereits zu einer Zaubertrank-Zutat geworden.

Als er in Balders Lager kam, hörte er, daß drei Jungfrauen hinausgegangen waren und die geheime Speise des Balder mit sich trugen. Er lief ihnen nach (ihre Fußstapfen im Tau verrieten ihren Weg) und betrat schließlich ihre gewohnte Behausung.

Als sie ihn frugen, wer er sei, antwortete er, daß er ein Lautenspieler sei und er fehlte nicht, als sie ihn auf die Probe stellten, denn als sie ihm eine Leier gaben, stimmte er die Seiten, ordnete und beherrschte die Akkorde mit seinem Federkiel und spielte in angenehmer Weise eine Melodie, die dem Ohr angenehm war.

Die Jungfrauen hatten drei Schlangen, deren Gift sie zur Stärkung in die Speise für Balder mischten und auch als er in der Behausung war, tropfte das Gift aus den offenen Mündern der Schlangen in die Speise. Einige der Jungfrauen hätten Hother aus Freundlichkeit etwas von der Speise gegeben, wenn es ihnen die älteste nicht verboten und verkündet hätte, daß Balder betrogen werden würde, wenn sie die Körperkraft seiner Feinde stärken würden.

Früher benutzte man Federkiele als Plektrum für Saiteninstrumente. Auch die Saiten des Cembalos (der Vorläufer des Klaviers) werden mit Federkielen angerissen.

II 4. h)   Gesta danorum

Saxo grammaticus berichtet noch einmal von einer magischen „Schlangen-Speise":

Roller wurde von seinem Vater ausgesandt um nachzusehen, was derweil zu Hause geschehen war.

Als er Rauch aus der Hütte seiner Mutter aufsteigen sah und vorsichtig mit einem Auge durch eine Ritze hineinblickte, sah er seine Mutter etwas Gekochtes in einem übel aussehen Topf rühren. Er sah außerdem drei Schlangen, die von oben an einer dünnen Schnur herabhingen und aus deren Mäulern in Tropfen Speichel in das Mahl hinabtropfte.

Nun waren zwei von ihnen von dunkler Färbung, während die dritte weißliche Schuppen hatte und etwas höher als die beiden hing. Diese letzte war an ihrem Schwanz festgebunden worden, während die beiden anderen mit einer Schnur um ihren Bauch gebunden worden waren.

Roller fand, daß das Ganze nach Magie aussah, aber schwieg über das, was er gesehen hatte, damit er nicht seine Mutter der Magie beschuldigte – denn er wußte nicht, daß die Schlangen in der Natur harmlos waren oder wieviel Stärke für das Mahl gebraut wurde.

Dann kamen Ragnar und Erik herbei und traten, als sie Rauch aus der Hütte aufsteigen sahen, ein und setzten sich zum Mahl. Als sie am Tisch saßen und Krakas Sohn und Stiefsohn mit dem Essen beginnen wollten, setzte sie ihnen eine kleine Schüssel mit einer fleckigen Masse vor, die zum Teil dunkel, aber mit gelben Flecken war, während ein anderer Teil weißlich war: der Inhalt des Topfes hatte entsprechend der Färbung der Schlangen eine verschiedene Färbung angenommen.

Und nachdem jeder von ihnen ein kleines Stückchen gegessen hatte, drehte Erik, der das Mahl nicht nach seiner Farbe, sondern nach seiner innerlich stärkenden Wirkung beurteilte, die Schüssel schnell herum und schob dadurch den Teil zu sich, der zwar schwarz war, aber aus den stärkeren Säften bestand, und setzte dadurch den den weißlichen Teil, der zuvor vor ihm selber gestanden hatte, zu Roller und aß daraufhin selber mehr von seinem Mahl.

Um zu vermeiden, daß es so aussah, als ob der Tausch Absicht gewesen sei, sagte er: „So wird der Bug zum Heck, wenn die See heftig wogt."

Der Mann hatte nicht wenig Schlauheit, in dieser Weise die Vorgänge mit einem Schiffes zu vergleichen, um seine geschickte Tat zu verbergen.

Da erlangte Erik, der nun durch sein glückliches Mahl erfrischt worden war, durch dessen innere Wirkung den höchsten Grad an menschlicher Weisheit, denn die Macht des Mahles ließ in ihm die ganze Fülle des Wissens in einem unglaublichen Ausmaß entstehen, sodaß er sogar die Fähigkeit erlangte, die Rufe der wilden Tiere und des Viehs zu verstehen, da er nun nicht nur in allen Angelegenheiten der Menschen gut bewandert war, sondern auch die genauen Gefühle der Tiere verstehen konnte, die sie durch die Töne ausdrückten. Er war nun auch mit einer Beredsamkeit begabt, die so höflich und anmutig war, daß er alles, was auch immer er sagen wollte, mit einem Fluß von geistreichen Sprichworten versehen konnte.

Doch als Kraka herbeikam und sah, daß die Schüssel herumgedreht worden war und daß Erik den stärkeren Teil des Mahles gegessen hatte, klagte sie darüber, daß das Glück, daß sie für ihren Sohn gebraut hatte, nun zu ihrem Stiefsohn gelangt war. Da begann sie zu seufzen und bedrängte Erik, daß er niemals aufhören solle, seinem Bruder zu helfen, da seine Mutter ihm solch ein kostbares und seltenes Glück gegeben hatte – denn durch das Verspeisen eines einzigen schmackhaften Mahles hatte er die höchste Weisheit und Beredsamkeit erlangt und dazu noch eine große Aussicht auf Erfolg im Kampf.

Sie fügte noch hinzu, daß Roller fast genausoguten Rat geben konnte und daß er nicht vollkommen den Leckerbissen verpaßt hatte, der für ihn bestimmt gewesen sei. Sie sagte ihm ebenfalls, daß er im Falle einer großen und heftigen Not schnell Hilfe erlangen könne, indem er ihren Namen rief. Sie erklärte ihm, daß sie zum Teil in ihre inneren göttlichen Eigenschaften vertraute und daß sie, da sie mit den Göttern Umgang pflegte, eine angeborene und himmlische Macht in sich trug.

Erik sagte, daß er natürlich dahingezogen werden würde, seinem Bruder beizustehen, und daß der Vogel schändlich sei, der sein eigenes Nest beschmutze.

Doch Kraka war mehr wegen ihrer eigenen Unvorsichtigkeit besorgt als von dem Unglück ihres Sohnes belastet, denn in den alten Zeiten war es für einen Handwerker eine bittere Scham, in seinem eigenen Bereich überlistet zu werden.

Das Verstehen der Tiere ist eine Ausweitung der Symbolik des Verstehens der Vogelsprache, über die bei Sigurd berichtet wird.

III 4. i) Pfeile-Odd: Lyng-bakr

Dieses Seeungeheuer ist ein Meeres-Drache, also ein riesiger Totengeist in der Wasserunterwelt. Sein Name bedeutet „Heide-Rücken". „Heide" ist eine Umschreibung für das Jenseits und „Rücken" könnte bedeuten, daß das betreffende Wesen auf seinem Rücken Heide trägt, d.h. in einem Heidekraut-bewachsenen Hügelgrab liegt.

In der Saga über Pfeile-Odd ist dieses Ungeheuer eine Art riesiger Wal, dessen Rücken mit Heidekraut bewachsen ist, sodaß er eine Insel vortäuschen kann. Wenn die Seeleute dann auf dieser Insel vermeintlich an Land gegangen sind, taucht das Ungeheuer unter und die Seeleute ertrinken.

Da sowohl der Drache als auch der Wal Gestalten des ehemaligen Sonnengott-

Göttervaters Tyr im Jenseits sind, wird der Lyng-bakr in ihm seinen Ursprung haben.

Möglicherweise hat der Name „Heide-Rücken" seinen Ursprung z.T. auch in der Vorstellung, daß ein Heide-bewachsenes Hügelgrab der „Rücken" eines schlafenden Drachens ist.

Als Pfeile-Odd und seine Männer in Richtung Südwesten durch das Grönland-Meer segelten, wußte der Schiffs-Wächter Vignir, daß diese Gewässer gefährlich waren und überzeugte Odd davon, daß er das Schiff ab dem nächsten Morgen steuern sollte, woraufhin Odd Vignir bat, ihn dabei zu unterstützen.

Als sie segelten, sahen sie zwei Felsen, die aus dem Wasser ragten. Die Anwesenheit dieser zwei Felsen wunderte Odd.

Später fuhren sie an einer großen, mit Heidekraut bedeckten Insel vorüber. Odd, der neugierig geworden war, entschloß sich, zurückzukehren und fünf Männer auszusenden, damit sie die Insel untersuchten.

Doch als sie die Stelle erreicht hatten, an der zuvor die Insel gewesen war, sahen sie, daß sie und die beiden Felsen verschwunden waren.

Vignir erklärte Pfeile-Odd, daß sie, wenn sie früher auf die Insel an Land gegangen wären, die Männer sicherlich ertrunken wären. Die „Felsen" und die „Insel" waren zwei Seeungeheuer gewesen – Lyngbakr, der größte Wal in der ganzen Welt, und Hafgufa, die all die Ungeheuer im Meer geboren hat. Die beiden Felsen sind gewiß die Nase der Hafgufa gewesen und die Insel Lyngbakr.

Ögmund Eythofs-Töter hatte die Ungeheuer herbeigerufen, um Odd und seine Männer zu töten.

II 4. j) Zusammenfassung

Die Drachen wurden auch „Erd-Fisch" und „Düsterwald-Ring" genannt. Der erste Name weist entweder auf die Wasserunterwelt hin oder auf die längliche Form der Schlangen; im zweite Name ist der „Ring" wohl die zusammengerollte Schlange und der „Düsterwald" entweder der Wald, in dem die Grabhügel liegen oder das Jenseits selber.

Der „magischer Wurm" in einem Schwert ist vermutlich ein Bild dafür, daß sich in dem Schwert die Macht eines Drachens befindet.

Die Verwandlung eines Schatzes in Schlangen ist deutlich eine Weiterentwicklung des Bewachens des Schatzes durch eine Schlange.

Das Umringeln des Hauses einer Frau durch eine Schlange geht vermutlich auf die Vorstellungen der Schlangen in der Halle der Hel zurück – die Frau ist die Jenseitsgöttin.

Die Herkunft des Motivs der Schlangenaugen ist unsicher – es wird zumindest so gedeutet, daß der Betreffende die Kraft eines Drachen hat – und die Listigkeit einer Schlange.

Das Erlangen der Fähigkeiten eines Drachens, d.h. das Verstehen der Tiersprache, die Weisheit usw. kann auch durch das Verspeisen von Schlangen oder Schlangengift erlangt werden.

II 5. Zusammenfassung (Sagas)

In den Sagas finden sich einige neue Aspekte der Drachen dargestellt:

> Die Drachen können Feuer spucken, beherrschen die Magie und können die Zukunft vorhersehen. Manche Drachen haben neben den Flügeln auch Vorderbeine.
> Durch das Maul eines Drachen gelangt man in die Unterwelt. In diesem Motiv liegt der Drache auf der Jenseitsbrücke.
> Hulda, die „Königin der Unholde des Nordens" kann sich durch ihr Drachengewand in einen Drachen verwandeln. Sie wird ursprünglich die Riesin Hel in der Unterwelt gewesen sein. Auch das Motiv des Umringelns des Hauses einer Frau durch eine Schlange wird auf die Schlangen in der Halle der Hel zurückgehen.
> Die Drachen sind zusammen mit den Trollen und Riesen sowie „magischen" Vögeln und Stieren auch die Beschützer der Erde. Somit zählen sie zu den „Pukis", den Schutzgeistern der Erde.
> Die Drachenboote sind vermutlich aus dem Vergleich des Schlangenweges durch die Wasserunterwelt mit der Schifffahrt auf dem Meer entstanden. Die Wikingerschiffe sollten durch diese Symbolik sicherlich wie auch die „Drachenschwerter" die Kraft der Drachen erhalten. Die Drachenschiffe werden zudem auf den ehemaligen Sonnengott-Göttervater Tyr zurückgehen, der in einer Barke über den Himmel fuhr und der in der Unterwelt die Gestalt eines Drachen annahm.
> Nicht nur die Seelen der Toten haben auf ihrem Weg in das Jenseits die Gestalt von Schlangen und Drachen; auch die Seelen der noch Ungeborenen können auf ihrem Weg in das Diesseits die Gestalt von Schlangen haben.
> Die Symbolik des Essens des Drachenherzens und des Trinkens des Drachenblutes ist zu der Zubereitung von magischen Speisen ausgeweitet worden, die mit dem Fleisch oder dem Gift von Schlangen hergestellt worden sind.

III Drachen in der frühen Überlieferung

Im ersten Kapitel dieses Buches sind die Vorstellungen der Germanen über die Drachen aus der Zeit kurz vor der Christianisierung um ca. 1000 n.Chr. beschrieben worden. Diese Phase der germanischen Religion läßt sich anhand der überlieferten Mythen und der Skaldenlieder rekonstruieren. In ihr ist der Drache noch als Schlange und somit als Gestalt der Jenseitsreisenden erkennbar.

Im zweiten Kapitel wurden die Weiterentwicklung der Drachen in den Mythen zu den Drachen in den Sagas betrachtet. Dort sind die Drachen weitestgehend von der Gestalt der Toten zu einem Tod-bringenden Ungeheuer oder zu der Gestalt von Tod-bringenden Kriegern geworden.

Der Übergang zwischen diesen beiden Phasen ist natürlich keine scharfe Linie, sondern eine ausgedehnte „Grauzone". So findet sich z.B. Fafnir, der berühmteste aller Drachen, sowohl in Lieder und Mythen als auch in den Sagas. Die Sagas, die über ihn berichten, beginnen sogar noch als Mythe und erzählen über Odin, Hönir und Loki.

Das nun folgende Kapitel enthält die frühesten schriftlichen Überlieferungen der Germanen, die somit Aufschlüsse über die Drachenvorstellungen in einer etwas früheren Phase geben als der, die im ersten Kapitel beschrieben worden ist.

III 1. Drachen in den frühen Skalden-Liedern

Die frühen Skaldenlieder wurden ungefähr zwischen 850 n.Chr. und 950 n.Chr. in Skandinavien und auf Island verfaßt und gehören somit noch in die Zeit, in der der Einfluß des Christentums noch sehr gering und die germanische Religion im hohen Norden noch „intakt" gewesen ist.

III 1. a)   Ulfr Uggason: Husdrapa

Für diese frühen Skaldengedichte, die um ca. 950 n.Chr. verfaßt worden sind, ist die ausgiebige Verwendung von Kenningar sehr typisch. Um sie zu verstehen, ist die genaue Kenntnis der Mythologie notwendig – was die Skalden bei ihren Hörern natürlich voraussetzen konnten. Vor diesem Hintergrund konnten die Skalden feine Unterschiede und Nuancen durch die Wahl der Kenning für eine Sache ausdrücken.

Eine „Drapa" ist ein Loblied.

Der innere Mond
des gewaltigen Freundes der Götter strahlte;
der berühmte Gott richtete schreckliche Pfeile
auf das Halsband der Erde.

Der „innere Mond" ist der „Stirn-Mond", also das Auge. Der „Freund der Götter" ist Thor. Das „Halsband der Erde" ist die Midgardschlange Jörmungandr, die die ganze Erde umfängt und sich selber in den Schwanz beißt.

Die Verse bedeuten also: „Thor blickte mit seinem blitzenden Auge auf die Midgardschlange."

Aber das steife Tau der Erde
blickte mit flammenden Augen über den Rand des Bootes
auf den Herausforderer des Volkes der Knochen des Landes
und spuckte Gift.

Das „steife Tau" ist Jörmungandr. Die „Knochen des Landes" sind die Felsen; das „Volk der Felsen" sind die Riesen; und der „Herausforderer der Riesen" ist Thor.

Die Verse bedeuten daher: „Jörmungandr blickte mit flammenden Augen über den Rand des Bootes auf Thor und spuckte Gift."

Der voll-starke Fäller
des Berg-Gautr ließ seine Faust
gegen das Ohr des Erkunders der Knochen
des Schilfes krachen – das war eine mächtige Verletzung!

„Gautr" ist ein Name des Odin. Ein „Odin der Berge" ist folglich ein Riese. Der „Fäller der Riesen" ist somit Thor.

Die „Knochen des Schilfes" sind wohl eigentlich die „Knochen der Erde, auf dem das Schilf wächst", was als „Knochen der Erde" eine Kenning für „Felsen" ist. Die Formulierung „Knochen des Schilfes" ist wohl gewählt, weil sich der Vers auf Jörmungandr bezieht, die im Meer, also im Wasser lebt, wo auch das Schilf steht. Der „Erkunder der Felsen" wird eine Kenning für „Riese" sein. Jörmungandr wird hier aufgrund seiner Größe als Riese bezeichnet. Die Midgardschlange ist zudem auch der Sohn der Riesin Angrboda.

Diese Verse bedeuten somit: „Der starke Thor ließ seine Faust gegen das Ohr des Jörmungandr krachen – das war eine mächtige Verletzung!"

Vidgymir von Vimurs Furt
schlug den Grund des Ohrlochs
von der glänzenden Schlange ab in die Wogen.
So war das Innere mit Bildern verziert.

Vimur ist ein Fluß, den Thor auf der Fahrt zu dem Riesen Geirröd überquerte. Gymir ist Tyr als Jenseits-Riese; dessen Gegner („vid") ist Thor.

Der „Grund des Ohrloches" ist der Kopf des Jörmungandr.

Der letzte Vers bezieht sich darauf, daß sich die beschriebenen Bilder auf Schilden in der Halle eines Königs befanden.

Diese Verse bedeuten somit: „Thor schlug den Kopf des Jörmungandr ab, woraufhin dieser in die Wogen fiel. Diese Bilder befanden sich auf den Schilden in der Halle."

In diesen Versen findet sich nichts grundlegend Neues, aber es zeigt, daß der Kampf zwischen Thor und der Midgardschlange um 950 v.Chr. sehr wichtig gewesen sein muß.

Der hier dargestellte Teil des Lobliedes sähe ohne Kenningar wie folgt aus:

> Thor blickte mit seinem blitzenden Auge auf die Midgardschlange.
> Jörmungandr blickte mit flammenden Augen über den Rand des Bootes auf Thor und spuckte Gift.
> Der starke Thor ließ seine Faust gegen das Ohr des Jörmungandr krachen – das war eine mächtige Verletzung!

Thor schlug den Kopf des Jörmungandr ab, woraufhin dieser in die Wogen fiel.

Diese Bilder befanden sich auf den Schilden in der Halle.

III 1. b)   Bragi Boddason: Ragnarsdrapa

Wie in der um ca. 950 n.Chr. von Ulfr Uggason in der „Husdrapa" werden auch in der um ca. 880 n.Chr. von Bragi Boddason verfaßten „Ragnarsdrapa" viele Kenningar verwendet.

Es wurde mir gezeigt,
daß in früher Zeit des Sohn des Aldaködr
seine Stärke versuchen wollte
gegen die seegepeitschte Schlange der Erde.

„Aldafödr", also „Allvater" ist Odin. Dessen Sohn ist Thor.
Die „seegepeitschte Schlange der Erde" ist wieder Jörmungandr. Das, was dem Skalden Bragi Boddason gezeigt wurde, waren wieder Bilder auf Schilden in der Halle des Königs, für den Bragi dieses Loblied verfaßt hat.

Öflugbardis Erschrecker
griff den Hammer mit seiner rechten Hand,
als er den Gürtel-Fisch
aller Länder sah.

„Öflugbardi" bedeutet „Starker Kämpfer" und ist der Name eines Riesen. Sein „Erschrecker" ist folglich Thor.
Der „Gürtel-Fisch aller Länder" ist die Midgardschlange, die ganz Midgard wie wie ein Gürtel umgibt. Auch hier gibt es bereits die Heiti „Fisch" für „Schlange".

Die Angelschnur von Vidrirs Erbe
war alles andere als entspannt auf Eynaefis Skiern,
als Jörmungandr
sich auf dem Meeressand entrollte.

„Vidrir" ist ein Beiname des Odin; sein Erde ist demnach Thor. Eynaefir ist ein Seekönig; sein „Ski" ist folglich ein Schiff. Der „Meeressand" ist der Grund des Meeres.

So hing der sich windende Aal
des Völsungen-Trankes aufgeringelt
an dem Haken des ringenden Gegners
der Seefahrt-Genossen des uralten Litr.

Der „Völsungen-Trank" ist eine Anspielung auf den Gifttrank für Sinfjötli in der Völsungen-Saga. Der „giftige Aal" ist folglich eine Schlange; im Zusammenhang mit Thor ist dies eine Kenning für die Midgardschlange.

„Litr" ist ein Riese. Seine Genossen sind daher allgemein die Riesen. Dieses Wort „Genosse" („flotna") bezeichnete ursprünglich die Wikingergemeinschaft auf einem Drachenboot. Der mit den Riesen ringende Gegner ist Thor.

Diese Verse lauten ohne Kenningar: „Jörmungandr hing am Haken des Thor." Die Benutzung der Kenningar ermöglicht, um diesen einfachen Satz ein ganzes Geflecht aus Assoziationen und mythologischen Bezügen herzustellen.

Der Wind-Sender, der,
der Thors dünnes Seil des Marschlandes der Seemöwen durchschnitt,
wollte nicht, daß der gekrümmte Aufwühler der See
herausgehoben wird.

Der „Wind-Sender" ist der Riese Hraesvelgr, der die Gestalt eines riesigen Adlers hat und „am Ende des Himmels" lebt. Dort „am Ende des Himmels" lebt auch der Riese Hymir, mit dem Thor aufs Meer zum Angeln gefahren ist und dort zum Entsetzen des Riesens den Kampf mit Jörmungandr beginnt. Der Riesenadler Hraesvelgr ist der Seelenvogel des ehemaligen Göttervaters Tyr, der im Jenseits u.a. „Hymir" genannt wird, da Tyr im Jenseits als der rangmäßig erste der Riesen mit Ymir als dem zeitlich gesehen ersten der Riesen gleichgesetzt worden ist. Aus „Ymir" wurde dabei der Name „Hymir".

Das „Marschland der Seemöwen" ist das Meer; das „Seil des Meeres" ist folglich Thors Angelschnur.

Der „Aufwühler der See" ist Jörmungandr.

Die Verse lauten ohne Kenningar: „Hymir durchschnitt Thors Angelschnur, weil er nicht wollte, daß Thor Jörmungandr heraufzog."

Auch in dieser Drapa findet sich nicht Neues zu den Drachen und Schlangen – außer daß der Kampf zwischen Thor und Jörmungandr 250 Jahre vor der Niederschrift der Edda sehr wichtig gewesen zu sein scheint.

III 1. c) Thor-Lied

Der Skalde Eysteinn Valdason hat das folgende Lied um ca. 950 n.Chr. auf Island verfaßt.

Sifs Gatte bereitete geschwind
zusammen mit dem Alten sein Angelzeug vor.
Wir wissen, wie man den Fluß
aus Hrimnirs Horn rührt.

„Sifs Gatte" ist Thor. Der „Alte" ist der Riese Hymir.
Der Name „Hrimnir" bedeutet „der mit Rauhreif überzogene". Er sollte daher einer der Reifriesen sein, die mit dem Winter assoziiert wurden. „Hrimnirs Horn" ist das Horn, in dem sich der Göttermet befindet, der auch den Skalden ihre Inspiration brachte. Das „Rühren des Mets" ist eine Umschreibung für „Zubereiten des Mets", das wiederum eine Kenning für „dichten" ist. Der zweite Vers bedeutet also ganz bescheiden: „Wir wissen, wie man dichtet." Interessant ist der Plural, obwohl Eysteinn die Verse wohl ohne Hilfe gedichtet haben wird – ein Pluralis majestatis, den sich Eysteinn selber verliehen hat?

Thrudrs Vater starrte stechend
auf den Kreis des steilen Weges
als des Fisches Behausung
gegen das Boot brandete.

„Thrudrs Vater" ist Thor. Der „steile Weg" ist möglicherweise die steile Küste; der „Kreis des steilen Weges" ist auf jeden Fall wieder Jörmungandr.
„Des Fisches Behausung" ist das Meer, wobei „Fisch" hier nebenbei noch eine Heiti für Jörmungandr sein könnte.

III 1. d) Thorsdrapa

Dieses Lied wurde um ca. 980 n.Chr. von Eilifir Godrunarson in Norwegen gedichtet.

Der tapfere Thor mußte nicht oft
von dem Geier-Pfad um diese Fahrt gebeten werden,
denn sie waren begierig,

Thorns Nachkommen zu besiegen,

als der Bezähmer des Gürtels der Magie-Bucht,
der mächtiger als die Schotten in Idis Behausung ist,
wieder einmal von Thridis Verwandten
zu Ymirs Verwandten aufbrach.

Der „*Geier-Pfad*" ist offensichtlich Loki. Vermutlich hat er diese ungewöhnliche Kenning erhalten, weil er fliegen, d.h. auf dem „Pfad der Geier" wandern konnte. In ähnlicher Weise wurde auch das Meer „Pfad der Schiffe" oder „Weg der Fische" genannt. Der Skalde Eilifir verwendet hier eine „abgekürzte Kenning", da es sich bei „Geier-Pfad" nur um das Kenniord („Bestimmungswort") handelt, das das gemeinte näher bezeichnet, aber das Stofnord („Stammwort") fehlt. Die „vorschriftsmäßige" Kenning müßte „Ase des Geier-Pfades" o.ä. lauten.

„*Thorns Nachkommen*" sind die Riesen. „Thorn" bedeutet „Dorn" und im übertragenden Sinne auch Schwert und bezeichnet somit den Schwertgott-Göttervater Tyr. Aus den späteren Erwähnungen des Riesen Thorn in diesem Lied ergibt sich, daß mit „Thorn" der Urriese Ymir gemeint ist. Tyr als Riese im Jenseits und Ymir sind des öfteren miteinander gleichgesetzt worden.

„*Bucht der Magie*" („Gandvik") war eine Bezeichnung des Weißen Meeres im Norden zwischen Finnland und Rußland. Es ist denkbar, daß sich diese „Magie" auf die Jenseitsreise über dieses Meer nach Utgard bezieht, da die Jenseitsreise eine der wichtigsten Wurzeln der Magie ist. Diese Bucht ist hier in symbolischer Hinsicht identisch mit dem Jenseitsfluß Gjallar, über den die Gjallarbrücke zum Eingang der Halle der Hel führt. Auch der Name „Schlangenbucht" für dieses Meer weist auf die Jenseitsreise hin, da die Toten in der Gestalt einer Schlange ins Jenseits reisten – auch Odin, wie seine Reise in Schlangengestalt in den Berg bzw. das Hügelgrab zu der Riesin Gunnlöd zeigt. „Gandvik" ist in vielen Sagas der Ort, an dem die Wikinger Abenteuer erleben, die offensichtlich auf die alten Jenseitsvorstellungen zurückgehen.

Der „*Gürtel der Magie-Bucht*" ist Jörmungandr („Gürtel der Erde"). In dieser Kenning erscheint die „Magie-Bucht" deutlich als das Große Wasser zwischen Diesseits und Jenseits erkennbar, das man nur mithilfe von Magie, d.h. mithilfe einer Jenseitsreise überqueren konnte. Diese Jenseitsreise, d.h. das Verlassen des eigenen materiellen Körpers („Astralreise"), das man vor allem bei einem Nahtod erleben kann, ist das zentrale Erlebnis und die zentrale Fähigkeit der Schamanen. Der „*Bezähmer der Midgardschlange*" ist Thor.

„*Idi*" ist ein Riese; „*Idis Behausung*" sind die Felsen; die „*Schotten*", die in ihnen wohnen, sind die Riesen. Die feindlichen Völker in anderen Ländern (also praktisch alle, da sich die Wikinger durch ihre Raubzüge nicht sonderlich beliebt gemacht hatten) werden in diesen Strophen allgemein den Riesen gleichgesetzt. Man darf sich wohl ein schaden-frohes Gelächter unter den Zuhörern vorstellen, wenn der Skalde Eilifr beim Vortra-gen seiner Drapa an diese Stelle kam.

„*Thridi*" ist Odin, dessen Verwandten die Asen sind. „*Thridi*" bedeutet „der Dritte" und bezieht sich darauf, daß Odin einer der drei Vertreter der drei Stände der Germanen gewesen ist: Odin/Wodan – Krieger/Fürsten; Hönir/We – Priester/Heiler; Loki/Wili – Bauern/Handwerker.

„*Ymirs Verwandte*" sind die Riesen.

Thors Fahrt nach Geirrödsgard muß ein wichtiges mythologisches Thema gewesen sein, da es sich an vier Stellen findet: in der Thorsdrapa, in Snorri Sturlusons Edda, in Saxo grammaticus' Erzählung über König Gorm und in der Thorstein-Saga.

„Kenning-freie Übersetzung" der Strophe: „Der tapfere Thor mußte nicht oft von Loki um diese Fahrt gebeten werden. Als Thor, der mächtiger als die Riesen ist, von Asgard aus nach Utgard hin aufbrach, waren sie begierig, die Riesen zu besiegen."

III 1. e) Bruchstück eines Liedes des Skalden Olvir der Dieb

Auch der Skalde Olvir der Dieb hat um ca. 980 n.Chr. den Kampf zwischen Thor und Jörmungandr besungen:

Der Umringer aller Länder
und Jörds Sohn wurden gewalttätig.

III 1. f) Der Wanderer (Exeter-Buch)

Um ca. 975 n.Chr. ist in Exeter in Südwest-England auf 131 Seiten eine Vielzahl von Gedichten, Rätseln und anderen Texten niedergeschrieben worden, die alle noch unter ihrer christlichen Oberfläche einen mehr oder weniger deutlich germanischen Inhalt haben.

In dem Lied „Der Wanderer" wird eine mit Schlangen verzierte Wand erwähnt. Es wäre gut denkbar, daß dies Drachen in einem Tempel oder die Darstellung von Schlangen-Ahnengeistern in einer Fürsten-Halle gewesen sind.

Die folgenden Verse sind nur der Anfang dieses Liedes:

Wo sind die Rösser? Wo sind die Reiter?
Wo sind Geber der Schätze?
Wo sind die Fest-Hallen? Wo sind die Freuden des Saales?

Oh glänzender Kelch! Oh gewappneter Krieger!
Oh Ruhm der Fürsten!
Wohin ist diese Zeit gegangen?
Ein grauer Schatten ist sie geworden unter dem Zelt der Nacht –
als ob sie nie gewesen wäre ...
Von den geliebten Rittern ist nun keine Spur geblieben
außer der wundersam hohen Wand,
die mit Schlangen-Gestalten verziert worden ist.
Die Edlen sind von der Wut der Speere dahingerafft worden,
von Waffen, die nach Mord gierten und von der mächtigen Wyrd –
und diese Festungen aus Stein werden von den Stürmen benagt.

Wyrd = Urd = die älteste und ursprünglich der drei Nornen
J.R.R. Tolkien hat den Anfang dieses Liedes in kaum veränderter Form in seiner Trilogie „Lord of the Rings" für ein Lied der Reiter von Rohan übernommen.

III 1. g)   Zusammenfassung

Die frühen Skaldengedichte zeigen vor allem, daß der Kampf zwischen Thor und der Midgardschlange zwischen 880 n. Chr. und 980 n.Chr. ein zentrales Thema in den Mythen der Germanen gewesen ist.

III 2. Drachen im Beowulf-Epos

Das 750 v.Chr. verfaßte Beowulf-Epos ist der älteste längere germanische Text. Mit seinen 3182 Versen ist es immerhin ein Drittel so lang wie das um 1200 n.Chr. niedergeschriebene Nibelungenlied, das 9752 Verse umfaßt.

Das Beowulf-Epos wurde von den Angelsachsen in Großbritannien niedergeschrieben und bezieht sich auf Ereignisse, die sich um ca. 600 v.Chr. in Skandinavien ereigneten. Die ältesten Skaldenlieder stammen von ca. 850 n.Chr. und die Edda sowie die Sagas von ca. 1200 n.Chr. Die Sagas beziehen sich auf Ereignisse, die bis ca. 900 n.Chr. zurückreichen.

Ursprung der germanischen Texte		
Text	*Niederschrift*	*beschriebene Ereignisse*
Beowulf	750 n.Chr.	Mythen, Historisches 600 n.Chr.
frühe Skaldengedichte	850-950 n.Chr.	Mythen
Edda	1200 n.Chr.	Mythen
Sagas, Nibelungenlied, Gesta danorum u.ä.	1200 n.Chr.	Mythen, Historisches 900 – 1200 n.Chr.

Der Held des Beowulf-Epos ist Beowulf. Sein Name bedeutet „Bienen-Wolf", was eine Kenning für „Bär" ist, da der Bär gerne den Honig aus den Bienenstöcken plündert.

In diesen Texten finden sich vereinzelt auch schon christliche Motive.

III 2. a) Beowulf-Epos

1.

/ Sigmunds Ruhm
Wuchs ständig noch / nach dem Sterbetage,
Da der wehrhafte Recke / den Wurm getötet,
Den Hüter des Hortes: / der Heldensprößling
Wagte ganz allein / unterm grauen Felsen

Den furchtbaren Streit -- / nicht war Fitela bei ihm.
Doch das Schicksal war gnädig: / das Schwert durchbohrte
Das Ungeheuer, / bis das Eisen festsaß
Im rauhen Gestein, / da verreckte der Drache.
So hatt' es der starke / Streiter erreicht,
Daß er schalten durfte / mit dem Schatz der Ringe
Nach freiem Ermessen: / das Fahrzeug belud er,
An Bord des Schiffes / die blitzende Fracht
Trug Wälses Sohn -- / der Wurm war zerschmolzen.

„Unter grauen Felsen": Der Kampf fand anscheinend in einer Höhle oder in einem Hügelgrab, dessen Grabkammer aus Steinplatten errichtet wurde, statt.

„Der Wurm war zerschmolzen": Ob dies einfach ein poetisches Bild war oder ob man sich vorstellte, daß sich der Drache tatsächlich auflöste, ist unklar – es ist jedenfalls die einzige Stelle, an der sich solch eine Vorstellung findet.

Dieser kurze Bericht über Sigmunds Drachenkampf wurde innerhalb des Beowulf-Epos eingefügt. Später war es dann Sigmunds Sohn, der diesen Drachenkampf bestand. Dieser Wechsel hängt vermutlich damit zusammen, daß in den Mythen vieles zyklisch gedacht wird.

Der wichtigste dieser Zyklen bezieht sich auf die Menschen, das Korn, die Sonne und den Göttervater und besteht aus Leben, Tod, Wiederzeugung, Wiedergeburt, Wiederstillen und neuem Leben. Durch die Wiedergeburt werden die Toten zu ihren eigenen Kinder – Kind und (wiedergeborene) Seele werden durch dieses Motiv identisch. Da die Schlangen und Drachen den Jenseitsweg darstellen, kann sich daher die Drachensymbolik von dem Vater auf den Sohn und von der Mutter auf die Tochter verschieben. Eines der wichtigsten Zyklus-Motive ist die morgendliche Wiedergeburt der Sonne (=Tyr).

Diese Verschiebung zeigt vor allem, daß auch der Mythe oder Saga, in der sie auftritt, ein zyklischer Vorgang zugrundeliegt.

Neben diesem Drachenkampf werden auch an anderen Stellen Drachen und Schlangen erwähnt, sodaß deutlich wird, daß Drachen auch schon um 750 n.Chr. für die Germanen ein wichtiges Motiv waren.

2.

/ Viel seltsam Gewürm
Sah man schwimmen im See, / Schlangen und Drachen;
(Die nicht selten hinaus / in die Segelstraße

Am Morgen schon wagen / die mühevolle Fahrt),
Nebst anderem Raubzeug. / Eiligst flohen sie,
Ergrimmt und zornig, / als gellenden Lauts
Das Schlachthorn ertönte. / Da schnellte vom Bogen
Der Held der Gauten / das harte Geschoß,
Das der Untiere einem / für immer vergällte
Das Spiel in den Wogen; / man spürte am Schwimmen,
Wie es träger ward, / als der Tod sich nahte.
Man tat es endlich / mit Eberspießen,
Die spitzige Haken / am Speerblatt hatten,
Völlig ab / und aufs Vorland zog man
Den mächtigen Taucher; / die Männer bestaunten
Den grausigen Wicht. /

In dieser Szene scheint es fast, als ob hier eine Jagd auf einen Wal beschrieben worden wäre. Interessant ist, daß hier die Schlangen und Drachen im Meer leben – so wie Nidhöggr und die Schlangen in der Quelle Hvergelmir und dem Weltenbaum. Es scheint also „Hügelgrab-Drachen", „Flügeldrachen" und „Wasserdrachen" gegeben haben. Diese drei Drachenarten sind durch die Assoziation der Schlange mit dem Grab, dem Seelenvogel und mit der Wasserunterwelt bzw. der zu einem Jenseitsfluß geschrumpften Wasserunterwelt entstanden.

3.

Der schlechteste Schutz / war das Schwert mitnichten,
Das Hrodgars Sprecher / zur Hilfe ihm lieh:
Der herrliche Hieber / war Hrunting genannt,
Unter alten Schätzen / der erste an Güte.
Die eiserne Klinge, / Giftzweig-gefärbt,
War in Kampfschweiß gehärtet; / im Kriege versagt' es
Nie, wenn ein Held / mit der Hand es faßte,
Der den Schreckenspfad / zu beschreiten wagte,
Der Ehre Feld. /

Der „Giftzweig" ist wahrscheinlich eine Kenning für „Schlange". Wahrscheinlich bezieht sich das Bild des „schlangengefärbten" oder „giftgeätzten" Schwertes darauf, daß man durch Schweißen oder Ätzen Muster an der Klinge mancher Schwerter anbrachte.

Diese Stelle bezieht sich daher nicht auf Drachen und mythologische Schlangen.

4.

/ Die Leuchte des Himmels
Verglomm soeben, / als grimmig heranschlich
Der höllische Nachtfeind, / uns heimzusuchen,
Die wir heil und gesund / die Halle bewachten.
Da fiel Hondscioh gleich / seinem Haß zum Opfer,
Der todgeweihte - / dem Tor zunächst
Ruht' er gerüstet -: / den Recken zermalmte
Grendels Gebiß / und den ganzen Körper
Des geschätzten Freundes / verschlang der Riese.
Nicht wollte trotzdem / der wilde Mörder,
Dem die blitzenden Zähne / von Blute trieften,
Mit leeren Händen / das Haus verlassen:
So erprobt' er an mir auch / der Pranken Stärke
Mit gewaltigem Griff. / Einen weiten Sack
Trug er am Gürtel, / mit Tauen befestigt;
Der war gefertigt / mit vielem Geschick
Und höllischer Kunst / aus Häuten von Drachen:
In diesen wollte / der dreiste Frevler
Mich selbst, der ich frei / von Fehl, versenken
Nebst manchen dazu, / doch vermocht' er's nicht,
Da ich grimmig aufstand / in ganzer Länge.

Dieser Sack aus Drachenhaut des Riesen Grendel erinnert an das Drachengewand der Hulda. Während das Drachengewand jedoch der Verwandlung in einen Drachen dient, scheint dieser Drachenhaut-Sack keine besondere magische Fähigkeit zu haben und soll wohl nur Grendels furchterregenden Anblick unterstreichen.

5.

So fiel Beowulf zu / die Bürde des Herrschers
Und er waltete glücklich / im weiten Reiche
Fünfzig Winter - / der Fürst war weise,
Der bejahrte König! / Doch jetzt begann
In dunklen Nächten / ein Drache zu wüten,
Der in hohlem Fels / einen Hort bewachte
Auf steiler Klippe. / Ein Steig lief drunter,
Unbekannt allen; / doch einst gelangte

Durch Zufall ein Mensch / zu der Zinne des Berges,
Zu dem heidnischen Horte; / ein herrliches Kleinod
Raubte er dort - / das gereute ihn später -,
Im Schlaf bestehlend / des Schatzes Hüter
Mit diebischer List; / des Drachen Zorn
Mußte dann Fürst / und Volk entgelten.

Der Drache wohnte anscheinend in einer Höhle, deren Eingang an einer steilen Klippe, vermutlich über dem Meer, liegt. Die Höhle ist nur durch einen schmalen Pfad erreichbar und daher gut geschützt. Diese Höhle ist offensichtlich die Grabkammer eines Hügelgrabes in der Nähe der Küste.

Als ein Mann dem schlafenden Drachen ein Kleinod aus seinem Hort stahl, rächte dieser sich, indem er das Land verwüstete. (Auch diese Szene hat Tolkien weiterverwendet – in seiner Novelle „The Hobbit".)

6.

Doch aus elender Not / entfloh irgendein Dieb
Vor den Schlägen des Hasses / der Heldensöhne
Der Heimatlose / hastete hinein.
Wohl schwankt' er beim Anblick / des schlafenden Untiers,
Von Furcht gepackt, / doch faßt' er sich wieder,
Doch ergoß sich Unheil / auf den Unbraven.
Und er suchte nach edlem Metall; / unendlich viel
War unter der Erde / hier aufgespeichert,
Einer alten Sippe / gesamte Erbschaft,
Die in grauer Vorzeit / mit gutem Bedacht
Der Nachkommen einer / dort niedergelegt,
Die teuren Kleinode.

Hier wird dieselbe Szene wie eben noch einmal geschildert. Sie ist der Auslöser für die Dramatik der nun folgenden Geschichte.

„Unbrav" bedeutet „unmutig", d.h. „feige".

/ Tot bereits waren
Die Ahnen alle, / der eine nur
War am Leben noch, / der letzte des Stammes,
Der die Freunde beklagend / noch kurze Frist
Den Nachlaß selbst / zu genießen hoffte,

Die gesammelten Schätze. / Dem Seestrande nah
Lag jüngst vollendet / auf jäher Klippe,
Ersteigbar nur / auf dem versteckten Pfade,
Das Grabgewölbe: / sein Gold verbarg
Der Eigner darin, / den ererbten Reichtum,
Der Ringe Hüter, / und redete also:
'Da den Helden nicht mehr / die Habe vergönnt ist,
So wahre Du, Erde! / der Edlen Besitztum.
Sie erwarben auf Dir / die gewaltigen Schätze,
Nun raffte der Schlachttod / die Recken dahin,
Die Lieben all', / die dem Leben entrückt sind,
Dem irdischen Glück. / Nicht einer blieb da,
Zu führen das Schwert, / zu fegen den Krug,
Den herrlichen Becher, - / dahin sind die Tapfern!
Am guten Helm / wird der Glanz erblinden
Des klaren Goldes, - / die Krieger schlafen,
Die den Sturmhut sorgsam / zu säubern verstanden;
Auch das Heergewand, / das dem Hiebe trotzte
Im Schildgekrach, / dem scharfen Eisen,
Wird Staub wie sein Träger. / Zum Streit wird niemals,
Niemals wieder / das Netz des Panzers
Die Helden geleiten; / die Harfe verstummte,
Der Schall der Saiten, / nicht schwingt der Habicht
Den Fittich im Saal / und der feurige Renner
Stampft nicht im Burghof, - / es starben im Kampfe
Allzu viele / des edlen Stammes.'
So gab er klagend / dem Kummer Ausdruck,
Der vereinsamte Mann, / voll Unmut jammernd
Tag und Nacht, / bis der Tod vernichtend
Ins Herz ihn traf.

Dieser Schatz war dieser Beschreibung zufolge zwar keine Grabbeigabe, aber einer Grabbeigabe doch sehr ähnlich, da der letzte der Sippe, der dieser Schatz gehörte, im Klagen über diesen Schatz (in der Schatzhöhle?) starb.

/ Des Hortes Fülle
Fand unverschlossen / der alte Schädiger,
Der glühende Hügel / gerne heimsucht
Und nachts umherfliegt, / der nackte Drache,
Von Feuer umloht, / sodaß Furcht und Schrecken

Die Bauern ergreift. / Den Boden durchwühlt er
Nach heidnischem Gold, / der Hochbejahrte,
Und bewacht es neidisch, / so wenig ihm's nützt.

    Die Germanen hatten die Vorstellung, daß die Hügelgräber, in denen noch ein Totengeist wohnte, glühten und manchmal Flammen aus ihnen herausschlugen. Auch der fliegende Drache selber, der hier „der alte Schädiger" genannt wird, ist „von Feuer umloht". Der Drache erscheint hier schon nicht mehr als der Totengeist in dem Hügelgrab, sondern als der Plünderer („Schädiger") der Hügelgräber.
    Auffällig ist hier die Betonung des hohen Alters des Drachen. Vielleicht leitet sich das hohe Alter der Drachen von dem hohen Alter der Hügelgräber her, in denen sie wohnen.

So hielt der Drache / dreimal hundert
Winter den Hort / in der Höhle verwahrt,
Dem gewaltigen Schatzhaus, / bis wilden Zorn
Ihm erregte der Mann, / der den Metkrug raubte,
Den kostbaren Kelch, / zu erkaufen den Frieden,
Die Gnade des Brotherrn./

    Hier wird das Alter des Drachen als mindestens 300 Jahre angegeben – also als wesentlich mehr als ein Menschenalter. In der Symbolik der Zahlen der Germanen ist die 3x100 der Zyklus (3) eines Lebens (100 Jahre), der vor allem mit dem ehemaligen Sonnengott-Göttervater Tyr verbunden war, der als Sonnengott jeden Abend bzw. Herbst starb und an jedem Morgen bzw. in jedem Frühjahr wiedergeboren wurde.
    Vielleicht ist es kein Zufall, daß der Sklave gerade einen Metkrug raubte, da den Toten bei den Germanen und vor allem bei den Kelten große, z.T riesige Krüge mit Met mit ins Grab gegeben wurden. Dieser Met diente der Wiedergeburt. Der Berg der Gunnlöd, in den Odin als Schlange kroch und dann dort den Met trank, ist ebenfalls ein Hügelgrab gewesen. Der von dem Sklaven geraubte Metkrug ist daher zumindest in symbolischer Hinsicht mit den drei Metkrügen der Riesentochter Gunnlöd identisch, die Odin in drei Zügen leerte.

*   / Das Grab war entdeckt,*
Der Hort geschwächt, / doch erhört auch das Flehen
Des armen Sklaven. / Zum ersten Male
Sah' des Herren Aug' / ein so herrliches Kleinod.
Da erwachte der Wurm, / seine Wut entbrannte;
Den Fels beschnuppert' er, / fand alsbald
Des Feindes Fußspur, / der vor sich gewagt

Mit heimlicher Kunst / bis zum Haupte der Schlange
So entflieht wohl leicht / des Verfolgers Haß,
Der Tücke des Feindes, / wem Tod nicht verhängt ist,
Mit Hilfe des Herrn. - / Der Hüter des Schatzes
Durchforschte die Flur, / um zu finden den Mann,
Der den Schläfer mit Arglist / umschlichen hatte,
Mit grimmigem Zorne; / den ganzen Hügel
Umkreist' er von auß, / doch keinen entdeckt' er
Im wüsten Gebirg, / der ihm Widerstand böte,
Zur Fehde bereit. / In den Fels dann kroch er,
Seine Schätze zu mustern, / und schleunig ward's klar,
Daß irgend ein Mensch / ihm angetastet
Seine herrliche Habe. /

Die Szene, in der der Drache „den ganzen Hügel umkreist", zeigt, daß sich der Schatz in einem Hügelgrab befindet. In dem Epos scheinen sich das Bild von dem absichtlich versteckten Sippenschatz und den goldenen Grabbeigaben in den Hügelgräbern vermischt zu haben.

/ Des Hortes Eigner
Konnt' im Ärger kaum / den Abend erwarten,
Der erzürnte Bergwart: / mit zündender Lohe
Gedacht er dann / den Diebstahl zu rächen
Des kostbaren Kelches. / Nun kam die Dämm'rung,
Dem Wurme erwünscht; / er weilte nicht länger
Auf Berges Zinne: / mit brennendem Feuer
Flog er dahin. / Ein furchtbarer Anfang
Für das Land war dies / und ein leidvolles Ende
Folgte alsbald / durch des Fürsten Heimgang.

Der Drache wird hier als ein Tier geschildert, das anscheinend nur in der Nacht seine Höhle für längere Zeit verlassen kann. Da der Drache bereits in diesem Epos ein feuerspeiender Flügeldrache ist, muß dieses Motiv schon recht alt sein.

Die Gehöfte ringsum / zu verheeren durch Brand,
Den Leuten zum Graus; / nichts Lebendes wollte
Des geflügelten Unholds / Feindschaft schonen.
Des Wurmes Wüten / war weithin sichtbar,
Des Nichtsnutzes Zorn; / in Nähe und Ferne
Befehdete er / das Volk der Gauten

In mörderischem Haß; / wenn der Morgen graute,
Hastet' er dann / zu dem Horte zurück,
Ins geheime Verließ. / Die Landschaft umhüllte
Feuer und Qualm: / er fühlte sich sicher
Auf dem hohen Fels, - / doch sein Hoffen war eitel.

Auch in diesen Versen wird der Drache als Tageslicht-scheu beschrieben. Sein cholerisches, „feuriges" Temperament wird in dieser Darstellung sehr deutlich.

Auch Beowulf mußte / des bösen Feindes
Groll erfahren: / die Glut verzehrte
Sein eigenes Heim, / den herrlichen Erbsitz,
Den Thronsaal der Gauten. / Trauer erfüllte
Den trefflichen Herrn / und tiefe Betrübnis:
Der Weise wähnte, / den waltenden Gott
Hab' er bitter erzürnt, / das Gebot übertreten
Des ewigen Herrschers: / im Innern keimten,
Die ihm fern sonst blieben, / die finsteren Gedanken.
Die Volksburg hatte / der feurige Drache
Und alle Gebiete / am Ufer des Meeres
Verwüstet durch Brand, / doch der Wettermark Fürst
Betrieb die Rache, / der tapfere König.

Die Formulierung „alle Gebiete am Ufer des Meeres" paßt zu der Auffassung, daß sich die Drachenhöhle an einer Klippe über dem Meer befindet.

Zu schmieden befahl / der Beschirmer der Krieger
Einen eisernen Schild, / des Adels Gebieter,
Als Wehr für den Kampf, / denn er wußte gar wohl,
Daß der Linde Holz / vor der Lohe nimmer
Ihn schützen würde. /

Dieser eiserne Schild erinnert an die pechgetränkte Fellkleidung des Ragnar Lodbrök, die diesen vor dem Drachengift schützte. Vielleicht ist aus diesem Motiv heraus die Vorstellung aus der Sigurd-Sage entstanden, daß ein Bad in dem Blut des Drachen unverwundbar macht.

/ Das Schicksal aber
Hatte dem edlen Herrn / schon das Ende bestimmt,
Seiner Wallfahrt Ziel, - / doch dem Wurme gleichfalls,

Der zu lange bereits / sich geletzt am Horte.
Nicht reckenhaft schien es / dem Schenker der Ringe,
Mit der Krieger Schar / zu bekämpfen den Gegner,
Den geflügelten Feind; / Furcht vor dem Streite
Kannte er nicht / und die Kraft des Wurmes
Schätzt' er gering, / da er schwerer Proben
Viele bestand, / den Gefahren trotzte,
Harten Stürmen, / seit Hrodgars Saal
Der fürstliche Sieger / gefriedet hatte
Und die greuliche Sippe / des Grendel vertilgt,
Die leidige Brut. /

7.

So war Ecgtheows Erbe / aus allen Kämpfen
Glücklich gerettet, / aus grimmigen Schlachten,
Aus jeder Gefahr, / bis zu jenem Tage,
Da der wehrhafte Held / mit dem Wurme stritt.
Selbzwölft zog er aus, / zornigen Mutes,
Der König der Gauten, / zum Kampf mit dem Drachen.

„Ecgtheows Erbe" ist Beowulf. Die alte Formulierung „selbzwölft" bedeutet, daß Beowulf zusammen mit elf anderen Männern, also insgesamt zu zwölft zu dem Drachen aufbrach.

Diese Zwölfzahl findet sich sehr oft in den germanischen Mythen. Da sie sich an so verschiedenen Stellen wie den zwölf Flüssen, die am Fuße des Weltenbaumes aus der Quelle Hvergelmir entspringen, den Aufzählungen von stets zwölf Asen oder den zwölf Berserkern des Königs Hrolf Kraki finden, wird diese Zwölfzahl wohl nicht von den zwölf Aposteln Christi, sondern eher von der Zwölfzahl der Tierkreiszeichen inspiriert worden sein.

Er erfuhr bereits, / wie die Fehde anfing,
Des Volkes Not, / da der Finder ihm
Den schimmernden Kelch / in den Schoß gelegt.
Der mußte den Degen / als dreizehnter folgen,
Der alles Unheils / Urheber war,
Der elende Sklave; / den Edlingen mußt' er,
Wenn auch widerwillig, / die Wege zeigen.
So führt' er sie denn / zu der finstern Höhle,

Dem gewölbten Grab / an der wogenden Meerflut,
Das im Innern barg / das edle Metall,
Die funkelnden Schätze. /

Die Formulierung „das gewölbte Grab an der wogenden Meerflut" zeigt deutlich, daß sich hier nicht nur das Hügelgrab und der verborgene Sippenschatz, sondern wohl auch noch das Meer als Jenseitsweg, wie er insbesondere aus Schiffsbestattungen des Baldur bekannt ist, miteinander verwoben haben.

Diese Verse über den Dieb, der die zwölf Krieger führen muß, hat J.R.R. Tolkien im „Hobbit" zu der Reisegemeinschaft des „Diebes" Bilbo und den dreizehn Zwergen inspiriert, die den Drachenhort rauben wollen.

/ Der furchtbare Wächter,
Der Kleinode Hüter, / lag kampfbereit
Auf der Lauer im Fels: / nicht leichten Kaufes
Vermochte den Eingang / ein Mensch zu erzwingen.
Auf dem Vorgebirge nun / ließ der Fürst sich nieder,
Seinen Heilgruß bietend / den Herdgenossen,
Des Hortes Spender. / Sein Herz war bekümmert,
Voll düsterer Ahnung, / denn drohend stand
Schon Wyrd ihm zu Häupten, / des würdigen Greises
Leben zu enden, / zu lösen die Seele
Von des Leibes Banden - / nicht lange mehr sollte
Sie umfangen sein / von des Fleisches Hülle.

Wyrd ist die Norne Urd. Da ihr Name „Schicksal" bedeutet, ist sie vermutlich die älteste und ursprüngliche der drei Nornen. Wahrscheinlich ist sie als ein Aspekt der Jenseitsgöttin Freya/Hel entstanden.

Die Aussage, daß Urd „zu Häupten" des Königs steht, könnte auf ein Ritual hinweisen, in dem die Göttin oder ihre Priesterin vor dem Kopf eines vermutlich liegenden Menschen steht. Dieses Ritual ist wahrscheinlich die Bestattung.

8.

Nun sprach ein Gelübde / zum letzten Male
Der kühne Beowulf: / 'Kämpfe bestand ich
Genug in der Jugend, / und noch einmal
Soll der greise König / in grimmigem Streite
Ehrenvoll steh'n, / wenn der Unhold jetzt

Sein Erdhaus verläßt / und zum Angriff schreitet.'
Dann redete nochmals / die Recken alle
Der Heldenfürst an, / die Helmbewehrten,
Die teuren Gefährten: 'Ich trüge kein Schwert
Im Kampf mit dem Wurm, / wenn ich Kenntnis hätte,
Wie ich anders erlegen / das Untier könnte:
Denn es glückt mir kaum, / ihn wie Grendel zu packen,
Da ich feurige Glut / zu befürchten habe
Und giftigen Anhauch. / Drum gehe ich diesmal
Mit Brünne und Schild. / Vor dem Bergwart weich' ich
Nicht um Fußes Breite: / am Felsen ende
Der Waffengang so, / wie Wyrd es fügt,
Die uns schafft unser Schicksal. / Entschlossen bin ich
Und furchtlos nah' ich / dem Flügeldrachen,
Doch ohne Geprahl. / Ihr Panzerträger
Verweilt hier am Berg: / es erweist sich bald,
Wer besser im Kampf / von uns beiden den Wunden
Unverzagt trotzt. / Nicht eure Sache,
Noch anderer Männer, / die meine ist's einzig,
So starkem Gegner / die Stirn zu bieten,
Sich als Recke zu zeigen. / Mit rüstiger Kraft
Erstreit' ich das Gold, - / sonst stirbt euer König
Den gewaltsamen Tod / in des Wüterichs Krallen.'
Der streitbare Held, / gestützt auf den Schild,
Erhob sich jetzt, / in Helm und Brünne
Betrat er die Kluft, / vertrauend allein
Der eigenen Faust: / ein Feiger denkt anders!
Nun schaute der Fürst, / der gefährlicher Kämpfe
Tausend bestand, / der tugendreiche,
Wo Klingen kreuzten / die kühnen Recken,
Daß ein Strom sich ergoß / aus dem Steingewölbe,
Aus dem Felsen hervorbrach; / die flutende Woge
War heiß wie Feuer, / zum Horte zu dringen
Vermochte kein Mensch, / auch der mutigste nicht:
Ihn hätte des Lindwurms / Lohe verzehrt.
Da ließ im Grimm / der greise Gebieter
Der Wettermark laut / seine Worte erschallen;
Es rief mit starker / Stimme der Tapfre
In das graue Gestein, / mit gellendem Klange.
Der Hortwart hörte / des Helden Rede

Und sein Zorn entbrannte; / nicht Zeit mehr war's
An Frieden zu denken. / Hervor kam zuerst
Des grausen Unholds / giftiger Atem,
Der feurige Dampf, - / dann erdröhnte der Felsgrund.

Hier findet sich wie in den Isländersagas ein fließender Übergang zwischen dem Gift des Drachen und dem Feuer des Drachen.

Nun schwang der Recke / den Schild entgegen
Dem scheußlichen Wurm, / der Schirmherr der Gauten,
Da bereit zum Kampf / die geringelte Schlange
Zischend herankroch. / Gezückt war das Schwert,
Das alte Erbstück / des edlen Königs,
Die scharfe Klinge: / schrecklich deuchte
Den grimmigen beiden / des Gegners Anblick.
Hinterm hohen Schild / stand der Herrscher der Krieger
Gewappnet da / und wartete furchtlos,
Als schnell der Wurm / seine Schwingen krümmte.
Nun schob der Feind / feuerspeiend
Sich hurtig vorwärts. / Dem hehren Fürsten
Schützte Leib / und Leben der Schild
Kürzere Frist, / als der Kühne erwartete.
So wurde der Edling / zum ersten Male
Des Waffenruhms quitt, / den Wyrd ihm versagte
Im heißen Kampfe. / Er hob den Arm,
Der König der Gauten, / zu kräftigem Hiebe
Auf den schillernden Wurm, / doch die Schneide versagte
An der schuppigen Hornhaut, / so scharf war sie nicht,
Wie die furchtbare / Gefahr es erheischte,
Des Helden Not. / Den Hüter des Berges
Reizte der Schlag, / in rasendem Zorne
Spie er sein Feuer / und fernhin spritzte
Funkelnde Glut. / Die Freude des Sieges
War dem Recken mißgönnt, / dem Geber der Ringe,
Da des Fechters Klinge / pflichtvergessen
Ihren Dienst nicht tat. / Zur Drachenhöhle
Kam Ecgtheows Sohn / zu übler Stunde,
Verhängnisvoll wurde / dem Helden der Weg,
Da er wider Willen / bald weilen sollte
An der anderen Stätte, / die aller harrt

Nach dem flüchtigen Leben. - / Die Frist war nicht lang,
Da stießen aufs neue / die Streiter zusammen.
Voll frischen Mutes / fauchte grimmig
Der Hüter des Hortes, / und heiße Lohe
Gefährdete wieder / den Volksgebieter.
Nicht stand ihm geschlossen / die Schar der Gefährten,
Den Trupp der Edlinge / tapfer zur Seite:
Sie waren entwichen, / im Wald sich zu bergen,
In Angst um ihr Leben. / Nur einem bedrückte
Sorge das Herz, / denn der Sippschaft Pflichten
Sind eingedenk immer / die Edelgesinnten.
Wiglaf hieß er, / Weohstans Sohn,
Der adlige Scylfing, / Älfheres Vetter:
Er sah's mit Harm, / wie den Herrn die Glut,
Den behelmten Helden, / heiß umwogte.
Er gedachte der Huld, / daß der Herrscher ihm gönnte
Den wertvollen Erbsitz / der Wägmundinge,
Die Vorrechte all, / die sein Vater besessen;
Da hielt's ihn nicht länger, / die Hand ergriff
Den Schild, und der Scheide / das Schwert entriß er,
Das Eanmund einst, / Ohtheres Sohn,
Führte im Streit, / als er den freundlosen Recken
Weohstan erschlug / mit scharfer Waffe.
So bracht' er der Sippe / als Beute heim
Den funkelnden Helm, / die geflochtene Brünne
Und das alte Riesenschwert / (Onela schenkt' ihm
Des gestorbenen Neffen / Streitgewande,
Daß der Krieger getötet / das Kind des Bruders).
Gar viele Jahre / erfreut' ihn die Rüstung,
Hieber und Harnisch, / bis Heldentaten
Sein eigener Sohn, / dem Urahn gleich,
Zu leisten vermochte. / Im Lande der Gauten
Gab ihm der Greis / die glänzenden Waffen, -
Dann nahte das Ende. / Zum ersten Male
Sollt' jetzo nun / der junge Edling
An des Königs Seite / den Kampf erproben;
Nicht schwankte sein Sinn, / noch versagte im Streite
Des Vaters Waffe: / der Wurm erfuhr's,
Da bald aneinander / die beiden gerieten.
Wiglaf sagte, / den Weggenossen

Das harmerfüllte / Herz eröffnend:
'Ich gedenke des Tags, / wo beim Trinkgelage
Dem Brotherrn wir / im Biersaal gelobten,
Der uns Ringe gab, / daß die reiche Spende
Wir ihm lohnen würden, / wenn Leid und Gefahr
Des Herrschers es heischte, / die Helme und Schwerter:
Drum hat vom Gefolge / aus freiem Entschluß
Zu dieser Fahrt / uns der Degen erkoren,
Der uns immer ermahnte, / die Ehre zu wahren,
Und uns Kleinode gab, / weil für gute Krieger
Der Hehre uns hielt, / wenn sein Heldenwerk auch
Der Gebieter allein / zu vollbringen gedachte,
Der Hirt seines Volkes, / weil herrlicher Taten
Mehr als irgend / ein anderer Mann
Der Tapfre geleistet. / Der Tag erschien,
Wo der rüstigen Kraft / von kühnen Recken
Der Edle bedarf: / so eilen wir denn
Zu Hilfe ihm schnell, / da die Hitze ihm zusetzt,
Die grimmige Glut! / Sei Gott mein Zeuge,
Daß lieber mir ist's, / wenn des Leibes Hülle
Mir samt meinem Fürsten / die Flamme verzehrt
Schmachvoll erscheint mir's, / die Schilde heimwärts
Zur Feste zu tragen, / wenn vorher wir nicht
Fällen den Feind / und den Fürsten retten,
Der Wettermark Herrscher. / Zuwider wär' es
Dem alten Brauch, / wenn als einziger er
Vom Adel der Gauten / Ungemach litte
Und fiele im Streit: / wir führen gemeinsam
Helm und Schwert / und Harnisch beide!'
Den Qualm durchschritt er, / dem König zu helfen,
Der wackere Held, / und die Worte sprach er:
'Des Gelübdes gedenke, / mein lieber Beowulf!
Das vor Jahren Du / in der Jugend tatest,
Beständig stets / bis zum Sterbetage
Deine Ehre zu wahren: / mit aller Kraft
Verteidige tapfer / Dein teures Leben,
Lobwürdiger Kämpfer! / Ich leiste Dir Beistand.'
Kaum fielen die Worte, / da kroch schon der Wurm
Zornig heran / zum zweiten Male,
Überflutend die Feinde / mit feurigen Wogen,

*Die verhaßten Menschen, / mit heißer Lohe.
Da schwelte das Holz / am Schilde des Jünglings,
Auch half dem Krieger / der Harnisch nicht,
Drum schlüpft' er hinter / die Schutzwehr eilends
Des alten Ohms, / da die eig'ne verbrannt war,
Verkohlt durch die Glut. / Der König gedachte
Des früheren Ruhms: / von dem Feinde bedrängt
Schlug er kraftvoll zu, / daß die Klinge festsaß
Im Nacken des Wurms – / doch Nägling brach,
Im Streite versagend, / der Stahl des Helden,
Das graue Schwert. /*

„Nägling", d.h. „Nagel" ist der Name des Schwertes des Beowulf.

*/ Nicht gönnt' ihm das Schicksal,
Daß irgend einmal / des Eisens Schneide
Im Gefecht ihm nützte: / die Faust war zu kräftig,
Die gewaltiger stets / die Waffen schwang,
Als das Erz es ertrug, / wenn beim Angriff er
Seine Härte erprobte: / drum half's ihm wenig.
Nun nahte der Drache / zum dritten Male,
Feindseligen Sinnes, / feuersprühend;
Er packte den Recken, / wo Raum sich darbot,
Mit heftigem Grimm, / und grub in den Hals
Das spitze Gebiß, / daß Sprudel von Blut
In wallenden Wogen / der Wunde entströmten.*

Die drei Angriffe des Drachen könnten auch schon hier wie die drei Nornen eine Zyklus/Jenseits-Symbolik haben.

*Der edle Jüngling / mit angestammter
Heldenkühnheit / hoch aufgerichtet
Wagt' er das äußerste, / unbesorgt
Um Haupt und Glieder. / Die Hand zwar verbrannte
Des tapferen Mannes, / doch traf er das Untier
An tieferer Stelle / und trieb ihm den Stahl
Bis ans Heft in den Leib, / daß die Hitze alsbald
Zu vergehen begann. / Dem Greis auch kehrte
Das Bewußtsein zurück, / seine Waffe zog er,
Den haarscharfen Dolch, / der ihm hing am Panzer,*

Und durchschnitt in der Mitte / den scheußlichen Molch:
Gefällt war der Feind, / entflohen sein Leben.
So hatten den Wurm / die Verwandten beide,
Die Helden, getötet: / so handeln die Tapfern
In Gefahr und Not! / Für den Fürsten war's
Der letzte Sieg / seines Lebens gewesen,
Seines Wirkens Ende. / Die Wunde schwoll,
Die des zornigen Untiers / Zähne geschlagen,
Und brannte wie Feuer. / Alsbald empfand er,
Daß tief in der Brust / das tödliche Gift
Die Zerstörung begann. / Zur Steinwand schritt
Der besonnene Greis / und setzte sich nieder.
Nun ruhte sein Blick / auf dem Riesenbau
Von ewiger Dauer, / im Innern gestützt
Durch Felsbogen / und feste Pfeiler;
Doch der treffliche Jüngling, / der treue Helfer,
Labte mit Wasser / den lieben Herrn,
Der blutend und matt / am Boden lag,
Und löste behutsam / des Helmes Bänder.

Die Beschreibung des Inneren der Höhle, die ein „Riesenbau" mit „Pfeilern" und „Felsbögen" ist, zeigt deutlich, daß der Ort des Drachenkampfes die Grabkammer eines Hügelgrabes ist, die allerdings schon nicht mehr ganz realistisch, sondern leicht übertrieben geschildert wird.

Der Todeswunde / trotzend ergriff
Das Wort der Held - / wohl wußt' er genau,
Daß er ausgekostet / die Erdenwonne,
Des Lebens Tage / vollendet habe
Und schnell sich nahe / die Scheidestunde -:
'Nun ließ' ich gern / einem lieben Sohne
Die eherne Wehr, / wär' ein Erbe mir
Vom Schicksal jemals / beschieden worden,
Den ich selber gezeugt. / Doch saß ich im Hochsitz
Fünfzig Winter, / mein Volk beherrschend,
Und niemals hat / ein benachbarter Fürst
Es gewagt, wider mich / die Waffen zu führen,
Mir Leides zu tun. / Solang' mir's vergönnt war,
Weilt' ich im Erbland, / bewahrte mein Gut,
Schmiedet' nicht Ränke / und schwor auch niemals

Falsche Eide. / Ich freue mich dessen
Am heutigen Tag, / da ich harre des Todes:
Denn beschuldigen kann mich / der Schöpfer nicht
Des Mords von Verwandten, / wenn müdem Leibe
Entschwebt die Seele. - / Schnell nun gehe
Zu dem glänzenden Hort / in dem grauen Steine,
Mein teurer Wiglaf! / da tot der Wurm
Im Blute nun liegt, / der die Beute besessen.
Beeile dich, Freund! / daß die alten Geräte
Ich bald erblicke, / die bunten Steine,
Das schimmernde Gold: / wenn ich schauen darf,
Was mein Arm errang, / wird der Abschied leichter
Von Leben und Thron, / die ich lange behauptet.'
Wie ich hörte, den Worten / des wunden Herrschers,
Und hurtig eilt' er, / vom Harnisch geschützt,
Dem geflocht'nen Gewand, / in die Felsenhöhle.
Da sah der Recke, / der siegberühmte,
Der kühne Jüngling, / köstliche Schätze
Aus blitzendem Golde / am Boden liegen,
Bestaunenswerte; / es standen im Bau
Des geflügelten Nachtfeinds / Gefäße und Krüge
Aus uralter Zeit, / doch unsäubert,
Ihrer Zier beraubt, / auch zahlreiche Helme,
Alt und rostig, / und Armringe viel
Von kunstvoller Arbeit. - /

Hier wird der Drache ausdrücklich „Nachtfeind" genannt. Vermutlich ist die Nacht mit dem Jenseits assoziiert worden – auch die Sonne reist während der Nacht durch die Unterwelt unter der Erde.

/ Die Menschenkinder
Führt oft ein Schatz / zum Übermute,
Ein Hort im Hügel: / hüt' ihn, wer Lust hat! -
Auch erblickt' er dort / ein Banner aus Goldstoff,
Gewandt von fleißigen / Fingern gewoben,
Hochauf ragen: / so hell erglänzt' es,
Daß die äußersten Tiefen / sein Auge durchdrang,
Sich weidend am Golde: / ihn wehrte nicht mehr
Der arge Wurm, / den das Eisen getötet.
Nun raffte der Jüngling / den Raub zusammen,

Die edlen Geschmeide / der alten Riesen,
Den Schoß sich füllend / mit Schüsseln und Bechern
Nach freiem Belieben; / das funkelnde Banner
Ergriff er gleichfalls - / die graue Klinge
Des alten Degens / ward ihm ja verderblich,
Der einst der Kleinode / Eigner gewesen
Lange Zeit / und mit lodernder Flamme
Verheerend gehaust / um des Hortes willen
Zur Mitternacht, / bis der Mordstahl ihn traf.-

    Die Bezeichnung „alte Riesen" für diejenigen, die diesen Hort hergestellt bzw. zusammengetragen haben, zeigt, daß die Riesen ursprünglich wie die Zwerge eigentlich Menschen, d.h. vermutlich Totengeister gewesen sind.
    Der Drachenhort scheint hier noch realistische Ausmaße zu haben, d.h. den goldenen Grabbeigaben in einem normalen Grab zu entsprechen, da Wiglaf anscheinend den größten Teil des Hortes zu Beowulf tragen konnte.

Noch einmal erfreut / durch den Anblick des Goldes:
'Dem Ewigen sag' ich / für alle die Schätze,
Die ich hier nun schaue, / dem himmlischen König,
Von Herzen Dank / und den Herrn preis' ich,
Daß am Todestag noch / ich dem treuen Volke
So wertvolles Gut / erwerben durfte.
Da nun euer Herrscher / den Hort erkauft hat
Mit dem Rest seiner Tage, / so ratet ihr andern
Dem Lande zum Wohl! / Ich weil' hier nicht länger.
Die Helden nun heißet / den Hügel mir wölben,
Wenn ich Asche geworden, / am Ufer des Meeres,
Am Walfischgehöft, / daß weithin sichtbar
Zum Gedächtnis dem Volke / das Denkmal rage:
Die Spitze nennen wohl / später die Schiffer
Beowulfs Berg, / die die Barken führen
Von ferne her / durch die finstren Gewässer.'

    Die übliche Bestattung scheint zu Beowulfs Zeiten das Verbrennen und das Errichten eines Hügelgrabes gewesen zu sein – diese Form beschreibt auch der arabische Forschungsreisende Ibn Fadlun, der um 922 n.Chr. an der Bestattung eines Wikinger-Fürsten teilgenommen hat.
    Vielleicht hat auch das Bestattungsfeuer zu der Vorstellung geführt, daß man die Anwesenheit eines Totengeistes in einem Hügelgrab daran erkennen kann, daß das

Hügelgrab glüht und flammt.

Es fällt auf, daß das Hügelgrab auf einer Klippe am Meer, das Beowulf für sich erwartet, dem Hügelgrab entspricht, in dem er gerade mit dem Drachen gekämpft hat. Dies läßt vermuten, daß sich der Drachenkampf vor dem Tod des Beowulf aus den Bestattungsvorstellungen entwickelt haben könnte, wobei der Drachenkampf sicherlich auch durch die Ängste der Grabplünderer mitgeprägt worden ist.

Aus der Verwandlung des Toten in seinem Hügelgrab in eine Schlange bzw. in einen Drachen könnte der Kampf mit dem Drachen im Jenseits entstanden sein. Dieser Kampf wird vermutlich auch einen Zusammenhang mit Thors Kampf mit der Midgardschlange, die auch ein Jenseitswesen ist, haben.

Somit gäbe es möglicherweise drei Wurzeln des Drachenkampfes: 1. den Kampf des Toten im Jenseits mit einem Drachen, 2. die Angst der Grabplünderer vor dem Geist des toten Grabbewohners in Drachengestalt und 3. der Kampf des Thor mit der Midgardschlange.

Ursprünglich ist jedoch der Tote selber zu einer Schlange und der ehemalige Sonnengott-Göttervater Tyr im Jenseits zu einer Riesenschlange, d.h. zu einem Drachen geworden.

Den Halsring streifte / der Held dann ab,
Der ruhmreiche Fürst, / und reicht' ihn dem Jüngling,
Auch den goldenen Helm / und die glänzende Brünne,
Mit dem liebreichen Wunsch, / sie lange zu brauchen:
'Der einzige bist Du / von unsrem Geschlechte,
Den Wägmundingen; / hinweggefegt
Hat die andern alle, / die edlen Magen,
Das furchtbare Schicksal - / nun folg' ich selber.'
Dies Wort war das letzte / des weisen Alten,
Das der Brust sich entrang, / eh' des Brandes Glut
Seinen Leib verzehrte: / zur lichten Heimat,
Zu der Heiligen Sitz, / erhob sich die Seele.
Das war herbster Schmerz / für den Heldenjüngling,
Den lieben Gebieter / am Boden liegend,
Durch die Wunde entkräftet, / wiederzufinden
Und ihn sterben zu seh'n. / Doch der Stifter des Unheils
War gleichfalls verendet, / der greuliche Drache,
Gefällt im Kampfe; / nicht freute sich länger
Der geringelte Wurm / seines reichen Hortes;
Ihn rafften die Schneiden / der Schwerter hinweg,
Die hartgehämmerten; / hingestreckt
Lag der an der Schwelle / des Schatzhauses nun,

Den fernhin einst / seine Fittiche trugen.
Nun wiegt' er sich nicht / in den Wolken mehr
Und zeigte den Menschen / um Mitternacht,
Der goldstolze Molch, / sein grimmes Antlitz,
Da ihn streitbare Hand / in den Staub geworfen.

Der Drache konnte offensichtlich sehr hoch fliegen, wenn er sich „in den Wolken wiegen" konnte. Er scheint zudem insbesondere mit der Mitternacht, die lange Zeit als „Geisterstunde" angesehen worden ist, verbunden gewesen zu sein – was zu gut zu einem Wesen des Jenseits paßt.

Wohl wenigen wäre / das Wagnis gelungen,
Den Kräftigsten selbst / und den Kühnsten nicht,
Die tolldreist jeglicher / Tat sich vermaßen,
Zu trotzen dem Gifthauch / des grausen Feindes
Und mit räuberischen Händen / den Ringsaal zu plündern,
Wenn wachend sie fanden / den Wärter des Horts
In des Berges Tiefen. - / Beowulf mußte
Den teuren Erwerb / mit dem Tode büßen;
Des vergänglichen Lebens / Grenze erreichten
Die beiden Gegner. / Gar bald kam die Zeit,
Da wagten sich auch / aus dem Walde heraus
Jene elenden zehn, / die eidvergess'nen,
Die scheu vor dem Kampfe / die Schwerter nicht brauchten,
Da in höchster Not / sich ihr Herrscher befand:
Nun schlichen sie schamvoll / in Schild und Harnisch
Dem Orte zu, / wo der Alte lag,
Nach Wiglaf zu schauen. / Der wackere Held
Saß erschöpft vom Streit / an der Schulter des Königs
Und wollt' ihn mit Wasser / erwecken zum Leben;
Doch umsonst war die Mühe, / so sehr er's gewünscht,
Die entronnene Seele / zurückzurufen
Und den Willen zu wenden / des waltenden Gottes,
Der des trefflich Greises / Tod beschlossen,
Wie er allen Menschen / das Ende bestimmt.
Nun empfing wohl leicht / von den Feiglingen jeder
Unmilden Gruß / aus dem Munde des Jünglings.
Wiglaf sagte, / Weohstans Sohn,
Der harmerfüllt / die Verhaßten ansah:
'Das Wort muß sprechen, / wer Wahrheit liebt,

Von dem König, der euch / die Kleinode schenkte,
Den köstlichen Schmuck, / drin ihr kriegerisch prangt -
Wie der Mächtige oft / auf der Metbank verehrte
Helm und Panzer / den Herdgenossen,
Den tapfersten stets, / die der teure Herrscher
In Ferne und Nähe / finden konnte -,
Daß er schnöde verschleudert / die Schlachtgewänder,
Denn es fehlten die Helfer, / als Fehde ausbrach.
Nicht konnte der Fürst / der Gefährten sich rühmen,
Doch gönnte ihm Gott, / der Geber des Sieges,
Daß durch eigene Kraft / mit des Eisens Schneide
Er Rache sich schuf. / Nur geringen Beistand
Konnt' ich im Kampfe / dem Könige leisten,
Wenn auch übermäßig, / den Oheim zu retten,
Ich angestrengt / meines Armes Stärke.
Die Glut ward schwächer, / als glücklich mein Schwert
Den Todfeind traf, / aus den Tiefen der Brust
Quoll weniger Feu'r. / Doch der wehrhaften Streiter
Zahl war zu klein / in der Zeit der Not! -
Der Schwerterspende, / der Schatzverleihung,
Des reichen Ertrags / eurer Rittersitze
Verlustig geht ihr, / auf Land und Gut
Hat eures Stammes / nicht einer mehr
Irgend ein Recht, / wenn die Edelinge
Eure feige Flucht / erfahren haben,
Euer ehrloses Tun. / Dem Edelgebornen
Ist lieber der Tod / als ein Leben voll Schande.'
Zur Klippe am Meer, / wo bekümmerten Herzens
Seit Anbruch des Tages / die Edlen saßen,
Die Bankgenossen, / in bangem Zweifel,
Ob Tod oder Heimkehr / des teuren Mannes
Sie vernehmen würden. / Vom neusten Ereignis
Verhehlte er nichts, / der zum Hügel hinaufritt,
Vor aller Ohren / eröffnend die Wahrheit:
'Der Wettermark Fürst, / der willige Spender,
Hinweggerafft / durch des Wurmes Gift,
Ruht kalt auf dem Todbett, / der König der Gauten;
Doch neben ihm liegt auch / vernichtet das Untier,
Zerschnitten vom Dolch, - / mit dem Schwerte konnte
Der Held nicht verletzen / den hörnernen Drachen.

Mit „hörnerner Drache" ist sicherlich nicht gemeint, daß der Drache Hörner hatte, sondern daß sein Haut wie Horn, d.h. unverletzlich war. Dieselbe Vorstellung liegt auch dem Namen „hürnener Siegfried" zugrunde.

9.

Nun ist Eile geboten, / den edlen König,
Der so reichlich stets / uns Ringe gespendet,
Heimzuholen, / die Hülle des Toten
Nicht ein einzelnes Stück / in die Erde begleiten:
Den ganzen Schatz, / des schimmernden Goldes
Unendliche Fülle, / durchs eig'ne Blut
So teuer erkauft / von dem tapfern Herrscher,
Verzehre das Feuer, / die züngelnde Flamme!
Kein Krieger trage / der Kleinode eins
Zu des Helden Gedächtnis, / der holden Jungfrau
Schneeigem Hals / sei der Schmuck versagt,
Da mancher jetzt, / der Mittel entbehrend,
Arm und bekümmert / ins Elend hinaus muß,
Seit der Lenker des Heerbanns / das Lachen aufgab,
Die muntre Weltlust. / Am Morgen schon
Wird künftig der Krieger / den kalten Speer
Mit den Händen ergreifen, / die Harfe erweckt
Die Degen nicht mehr, / nur der dunkle Rabe,
Der spricht vieles aus / über den Todgeweihten,
Krächzt über Leichen / und kündet dem Adler
Vom erwünschten Fraß, / den der Wolf mit ihm teilte.'
So trug der Tapfre / die Trauerbotschaft
Den Lauschenden vor: / von Erlog'nem war
Nicht vieles darin. / Das Gefolge erhob sich
Und alle eilten / zur Adlersklippe,
Mit weinenden Augen / das Wunder zu schauen.
Da lag auf dem Sand / der entseelte Leib
Des Recken, der früher / die Ringe verteilte:
Es hatte des Lebens / letzten Tag
Der Held erreicht, / dahingerafft
Vom Wundentode, / der Wettermark Herrscher.
Sie sahen nun auch / das seltsame Untier,
Den eklen Wurm / gegenüber dem König

Auf das Feld gestreckt: / der Feuermolch war
Versengt von der Glut, / der grimmige Drache;
Wohl fünfzig Fuß / war des furchtbaren Unholds
Volle Länge, / der früher die Lüfte
Zur Nachtzeit durchstrich / und dann nieder sich senkte
Zum Hort in der Höhle; / nun hielt ihn der Tod
In festen Banden, / erfüllt war sein Schicksal.

Der Drache ist ca. 15m lang.

Im Kreis umgaben ihn / Krüge und Becher,
Kannen und Schüsseln, / auch kostbare Schwerter,
Zernagt vom Rost, / da sie nutzlos geruht
In den Tiefen der Erde / durch tausend Winter;
Denn einst ward der Erbschatz, / der ungeheure,
Der Ahnen Gold, / in der Urzeit Tagen
Durch Zauber geschützt, / daß den Zugang keiner
Zum Ringsaal fand, / dem der reiche Gott
Die Wege nicht wies, / der Walter des Sieges,
Das geheime Verließ / des Hortes zu öffen
Dem Recken allein, / den sein Ratschluß erkor.

Hier wird der übliche Hort in den Hügelgräbern einmal genauer beschrieben. Die Gefäße bilden auch in den Hügelgräbern, die erst in neuerer Zeit von Archäologen geöffnet wurden, einen wichtigen Bestandteil der Grabausstattung.

Die Altersangabe des Grabes mit „tausend Wintern" ist sicherlich eher poetisch aufzufassen, auch wenn es um 700 n.Chr, durchaus schon tausend Jahre alte germanische Hügelgräber gegeben hat.

Die Hügelgräber wurden nach ihrer Errichtung offenbar durch Magie geschützt um zu vermeiden, daß sie geplündert wurden. Diese Zauber waren vermutlich ein Bestandteil des Bestattungsrituales.

Deutlich nun war's, / daß verderblich geworden
Dem Wurme sein Gold, / das er widerrechtlich
Verwahrt im Berg; / daß des Wächters Grimm
Auch Mord verübt / an einzelnen Menschen,
War dem Wüt'rich vergolten! - Wunderbar ist es,
Auf welche Weise / wackerer Helden
Leben oft endet, / die länger im Metsaal
Bei den holden Verwandten / nicht hausen dürfen!

In diesen Versen wie allgemein im Beowulf-Epos wird der Drache bereits in der dämonisierten Form dargestellt. Diese Umdeutung von einer Hilfe im Jenseits zum Verursacher des Todes ist das Schicksal fast aller mythologischer Gestalten gewesen, die sich auf den Tod und die Reise ins Jenseits bezogen haben.

So ging's Beowulf auch, / als den Bergwart er
Mit der Waffe angriff: / er wußte noch nicht,
Wie schnell sein Geschick / sich entscheiden würde,
Da hohe Gebieter / den Hort versenkt
Und mit furchtbarem / Fluche belastet
Bis zum Tag des Gerichts, / daß des Todes schuldig
Der Frevler wäre, / gefesselt für immer
An der Unterwelt Reich, / der den Anger beträte; -
Doch die Huld des Herrn / war den Helden niemals
In solchem Maße / sichtbar geworden.

Hier wird der Grabfluch bereits als Gottes Wille angesehen. Dies läßt zumindestens vermuten, daß auch bei der Bestattung eine Gottheit angerufen wurde, die den Toten und sein Hügelgrab beschützen sollte. Dafür kommen zum einen der Göttervater Tyr bzw. später Odin und zum anderen die Jenseitsgöttin Freya/Frigg/Hel in Frage. Sowohl Odin als auch Hel sind mit der Schlange verbunden, da Odin sich in eine Schlange verwandeln kann, und die Halle der Hel mit Schlangen gedeckt ist, sie die Schwester der Midgardschlange ist und sie Schlangen als Zaumzeug benutzt, wenn sie als Hyrrokkin auf ihrem Wolf reitet.

Wiglaf sagte, / Weohstans Sohn:
'Eines einzigen Wille / schafft oftmals vielen
Harm und Leid: / wir erlebten's heute.
Nicht hörte den Rat / des Reiches Beherrscher,
Den die Treuen ihm gaben, / der teure König,
Daß er nimmer dem Hüter / des Hortes nahe,
Ihn liegen lasse, / wo lang' er geruht,
Bis zum Ende der Welt / in der alten Wohnung,
Als Eigner des Golds: / nun ist unser der Schatz,
Doch teuer erkauft! / Der Trieb war zu mächtig,
Der den Edling verlockt / zu dem Abenteuer. -
Im Innern dort war ich / und alles beschaut' ich,
Was die Höhle birgt, / da nach harter Arbeit
Mir ungehindert / und offen freistand
Der Eingang zum Erdhaus. / In Eile rafft' ich

Ein gehäuftes Maß / mit den Händen zusammen
Von dem blitzenden Schmuck / und bracht' es hinaus
Zu dem lieben König: / am Leben noch war er
Und bei vollem Bewußtsein; / gar vieles sprach
Der gebeugte Greis, / der euch Grüße entbot;
Zu wölben befahl er, / der Würde gemäß,
Einen stattlichen Berg / an der Stätte des Brandes,
Mächtig und hoch, / wie der Männer bester
Der edle Streiter / auf Erden gewesen,
Solang' er im Schloß / seiner Schätze sich freute. -
Noch einmal nun / laßt uns eilig gehen,
Zu mustern des Horts / unermeßliche Fülle,
Die im Felsverließ ruht - / ich führe euch gerne -,
Dort könnt ihr genug / in der Nähe beschauen
Ringe und Goldblech! / Bereit sei die Bahre,
Wenn zurück wir kehren, / die rasch gefügte;
Wir bringen alsdann / den Gebieter dorthin,
Den lieben Herrn, / wo er lange Zeit
In des Waltenden Hut / verweilen wird.'
Nun ließ Weohstans Sohn, / der wackere Jüngling,
Den Befehl ergeh'n / an des Volkes Adel,
Die Hofbesitzer, / das Holz zum Brande
Von ferne alsbald / herbeizuführen
Für den guten Fürsten: / 'Die Glut soll verzehren,
Die dunkle Lohe, / den Lenker der Degen,
Der oftmals trotze / dem Eisenhagel,
Wenn den Sehnen entsendet / der Sturm der Geschosse
Übern Schildwall fegte, / der Schaft seinen Dienst tat,
Der gefiederte Pfeil, / der im Fluge dahinstrich.'
Dann rief Weohstans / weiser Sohn
Aus dem Kriegergefolge / des Königs heraus
Sieben der tüchtigsten; / selbst betrat er
Als achter der Helden / die Unheilstätte,
Das finstre Verließ; / mit der Fackel schritt
Einer voraus, / die anderen folgten.

Die Zahl „8" war bei den Germanen und allgemein bei den Indogermanen die Zahl der Richtigkeit und Vollständigkeit. Sie scheint daher für eine Bestattung eine angemessene Zahl zu sein – ob hier allerdings wirklich ein Bezug zu dieser Symbolik der

„8" besteht, ist unsicher, da diese Zahl sonst nicht im Beowulf erwähnt wird. Sie wurde oft von der „12" der Tierkreiszeichen ersetzt, die dieselbe Symbolik hat.

In dem um 1000 v.Chr. errichteten Hügelgrab von Kivik ist mehrfach eine Gruppe von acht Priestern abgebildet worden.

Nicht entschied nun das Los, / wer den Schatz beraube,
Da ohne Wächter / den ungeheuren
Reichtum die Männer / ruhen sahen
In der Tiefe der Höhle; / in Trauer war niemand,
Als die edlen Kleinode / eiligst nun
Ans Licht gelangten; / die Leiche des Drachen
Stieß man hinunter / von steiler Klippe
In die wogende Flut, / die den Wurm verschlang. -
Das gewundene Gold / ward auf Wagen geladen,
Die kostbare Last, / und den König trug man,
Den würdigen Greis, / zum Walfischgehöft.

Das „Walfischgehöft" ist das „Heim der Wale", also das Meer.

Dort schichteten nun / den Scheiterhaufen
Die treuen Gauten / dem toten Recken;
Dran hängten sie Helme / und Heerschilde,
Wie geboten der Held, / und blinkende Panzer.
Dann legten sie trauernd / den teuren Herrn
In des Holzes Mitte, / den herrlichen König.
Dann ward von den Männern / ein mächtiges Feuer
Auf dem Berge entfacht, / und brauner Qualm,
Vom Klagegeschrei / der Krieger begleitet,
Stieg gekräuselt empor / aus der knisternden Lohe
In den stillen Äther, - / die sterbliche Hülle
War hurtig verzehrt / von den heißen Gluten.
Nun erhoben aufs neu' / ob des Herrschers Verlust
Ihren Wehruf die Männer; / auch ein Weib der Gauten,
Der geschlungene Flechten / die Schläfe umkränzten,
Beklagte den Gatten, / die kummervolle:
Ihr schwan' es, sprach sie, / von schweren Zeiten,
Von Gemetzel und Mord, / von mächtiger Feinde
Schrecklichem Wüten, / von Schmach und Gefängnis. -
Nun verflog der Rauch / in die Fernen des Himmels.
Es wölbten nun / der Wettermark Leute

Den Hügel am Abhang, / gar hoch und breit
Und weithin sichtbar / den Wogenfahrern.
In der Frist von zehn Tagen / war fertig das Werk,
Des Ruhmreichen Mal. / Die Reste des Brandes
Umschloß der Wall, / so schien es würdig
Den weisen Männern. / Das weite Grab
Nahm auch Ringe und Schmuck / und Rüstungen auf,
Den ganzen Schatz, / den gierige Krieger
Dereinst erbeutet: / die Erde empfing
Das rote Gold - / dort ruht es noch jetzt,
So unnütz den Menschen, / wie's immer gewesen.
Der Edlinge zwölf, / die nach altem Brauch
In Liedern sangen / die Leichenklage
Und den König priesen. / Die kühnen Taten
Rühmten sie laut / und sein ritterlich Wesen.
In Wort und Spruch / sein Wirken ehrend
In geziemender Weise. / Das ziert den Mann,
Den geliebten Herrn / durch Lob zu erhöh'n
Wenn des Todes Hand aus des Leibes Hülle / erlöst die Seele.

Es ist von Berichten über die Bestattungen des Hunnenkönigs Attila bekannt, daß die Germanen beim Singen dieser Loblieder auf den toten König im Kreis um das Hügelgrab ritten.
Zu den Liedern, die bei diesem Reiten im Kreis gesungenen wurden, könnten durchaus auch die Schutzzauberlieder für das Grab und gegen Grabräuber gehört haben.

So klagten jammernd / die Krieger der Gauten
Um des Brotherrn Heimgang, / die Bankgenossen,
Der am höchsten stand / von den Herrschern der Erde
Als gütigster Geber, / als gnädigster Fürst,
Der rastlos bestrebt war / den Ruhm zu mehren.

III 2. b)   Zusammenfassung

Der geflügelte Feuerdrache im Beowulf-Epos ist ein Nachttier, das sich des Tags in seine Höhle zurückzieht. Es scheint die Mitternacht am liebsten zu mögen.

Dieser Drache ausgesprochen cholerisch und verfolgt die Räuber eines Teiles seines Schatzes voller Haß. Er ist 15m lang, (fast) unverletzbar, von Flammen umloht und kann bis zu den Wolken emporfliegen. Der Drache ist sehr alt, da er bereits 300 Jahre in dem Hügelgrab haust. Da die Zahl 300 die Symbolik „endloser Zyklus von Leben und Tod" hat, könnte dieser Drache aus den Mythen des ehemaligen Sonnengott-Göttervaters Tyr stammen – auch der Riese Grendel, der von Beowulf getötet wird, geht auf Tyr zurück. Beowulf hat also die Rolle des Thor übernommen, der den ehemaligen Göttervater Tyr sowohl in seiner Gestalt als Riese als auch in seiner Gestalt als Drache tötet.

In dem Epos werden auch kurz Drachen und Schlangen im Meer geschildert. Solch ein Bezug der Drachen zum Meer ergibt sich auch dadurch, daß das Hügelgrabes, in dem der Drache wohnt, oben an einer Klippe über dem Meer liegt. Dieser Wasserbezug wird jedoch vor allem durch die Vorstellung der Wasserunterwelt entstanden sein, in der sich der ehemalige Sonnengott-Göttervater Tyr des Nachts als Drache befand.

Das Hügelgrab ist durch Magie geschützt. Die Glut in den Hügelgräber und die Flammen, die nachts aus ihnen emporlodern, sind mit dem Feuer der Drachen identisch. Dieses sehr gefürchtete Totenfeuer wird anschaulich in der Hervor-Saga beschrieben. Die Vorstellung über dieses "Totenfeuer" wurde sicherlich auch durch die Brandbestattungen angeregt.

Die Dreizahl der Kämpfe Beowulfs mit dem Drachen werden ein Hinweis auf die Todessymbolik des ehemaligen Sonnengott-Göttervaters Tyr sein. Möglicherweise ist dieser Drachenkampf aus der Umdeutung der Drachenverwandlung bei der Jenseitsreise entstanden – als Kampf gegen den Tod.

Der eiserne Schild des Beowulf, den er gegen das Feuer des Drachens benutzt, entspricht auch der pechgetränkten Fell-Rüstung des Ragnar Lodbröck und der „hürnenen Haut" des Siegfried.

III 3. Die Saga über Hervor und König Heidrek den Weisen

In dieser Saga zeigt sich, woher das Motiv stammt, daß Drachen Feuer spucken können. Abgesehen von dem Erlebnis des Kundalini-Feuers bei der Erweckung der Ekstase und im Zusammenhang mit der Jenseitsreise (siehe „Kundalini" in Band 64) ist das Bestattungsfeuer die wichtigste Wurzel für das Feuer der Drachen.

In den Sagas wird mehrfach darüber berichtet, daß aus den Hügelgräbern des nachts Flammen emporschlagen, wenn der Geist in seinem Hügelgrab anwesend ist. Da dieser Geist als Schlange bzw. Drache angesehen wurde, waren somit die Schlange und der Drache eng mit dem Feuer verbunden. Von dem „Drachen im Feuer" war es nur ein kleiner Schritt zu dem „Feuer im Drachen".

Auch der Feuersalamander, der nach den mittelalterlichen Vorstellungen im Feuer leben konnte, stammt von diesem Motiv ab – er ist sozusagen eine „Mini-Drache".

III 3. a) Saga über Hervor und König Heidrek den Weisen

In dem folgenden Text wird das Hügelgrab-Feuer, das mit dem Drachenfeuer identisch ist, am anschaulichsten geschildert.

Dann machte Hervor (Frauenname) *sich bereit, alleine davonzuziehen in der Kleidung und mit den Waffen eines Mannes. Sie kam an einen Ort, an dem einige Wikinger waren und segelte eine zeitlang mit ihnen. Sie nannte sich selber während dieser Zeit Hervard* (Männername).

Einige Zeit später starb der Kapitän und dieser „Hervard" übernahm das Kommando der Mannschaft. Als sie zu der Insel Samsey kamen, befahl „Hervard" ihnen anzulegen, damit „er" auf die Insel gehen konnte, in deren Hügelgräbern sicherlich große Schätze liegen würden.

Aber alle Männer der Mannschaft waren dagegen und sagten, daß dort in der Nacht üble Wesen umgingen und daß es dort am Tage schon schlimmer sei als an den meisten anderen Orten in der Nacht.

Aber schließlich ließen sie den Anker hinab und „Hervard" stieg in das Beiboot und ruderte zur Küste. Sie landete in Munway gerade als die Sonne unterging. Und sie traf dort einen Mann, der seine Schafe hütete.

Die junge Frau / traf bei Sonnenuntergang
in der Bucht von Munway / einen Hirten.

Er sprach:
„*Wer unter allen Menschen / ist hier zu dieser Insel gekommen?
Eile schnell heim / zu Deinem Haus!*"

Sie sprach:
„*Heim zu meinem Haus / eile ich nicht,
denn ich kenne niemanden / von dem Inselvolk;
deshalb sage mir schnell / bevor Du gehst:
Wo kann ich / Hjorvards Tal finden?*"

Er sprach:
„*Frage mich nicht nach diesem, / Du scheinst nicht weise zu sein,
Fürst der Piraten, / Deine Suche ist schrecklich:
laß uns so schnell fliehen / wie uns unsere Füße tragen!
Das hier draußen ist zu viel / für Menschen!*"

Sie sprach:
„*Hier ist eine wertvolle Halskette / als Bezahlung für ein Gespräch;
Ich bezweifle, daß Du / dem Wikinger-Anführer ausweichen wirst.*"

Er sprach:
„*Niemand kann mir / solch wertvolle Edelsteine,
solch wertvolle Schätze geben, / daß ich nicht meinen Weg gehen werde.*"

Sie sprach:
„*Laß uns nicht so schnell in Furcht geraten / durch das bißchen Zischen und Knistern,
selbst dann nicht, wenn die ganze Insel / in Feuer auflodert;
laß uns uns nicht / so schnell
vor gefallenen Helden fürchten – / komm, laß uns sprechen.*"

Er sprach:
„*Töricht würde mir / jemand erscheinen,
der von hier aus alleine weitergeht / bei Nacht;
Flammen schlagen empor, / die Hügelgräber stehen offen,
Felder brennen und Sümpfe - / laß uns schneller fortgehen.*"

*Mit schnellen Schritten / eilte der Hirte zum Haus davon,
floh nun weit fort / vor den Worten dieses Mädchens,
aber Hervors Herz / hart-geformt in ihrer Brust*

schwoll nun vor Kühnheit, / angesichts dieser Dinge.

Und so lief er davon zu seinem Dorf und sie trennten sich dort. Daraufhin sah sie, wo die Grabfeuer auf der Insel brannten, und sie ging dort hinauf und fürchtete sich nicht, obwohl all die Hügelgräber auf ihrem Weg lagen und die Toten vor ihnen im Freien standen. Sie watete durch die Flammen als ob sie Nebel wären bis sie zu den Hügelgräbern der Berserker kam.

Dort rief sie:
„Erwache, Angantyr! / Hervor weckt Dich,
die einzige Tochter / von Dir und Svafa;
reiche mir aus Deinem Grab / diese beste Klinge,
die Zwerge erschaffen haben / für König Sigrlami.

Hervard, Hjorvard, / Hrani, Angantyr,
ihr, die ihr unter Waldwurzeln liegt, / ich wecke euch alle,
mit Schild, mit Brünne, / mit leuchtendem Helm und Harnisch,
einer guten, scharfen Glefe / und einem rotgoldenen Speer.

Eine Glefe ist ein langer Stab, an dem sich vorne ein langes Messer befindet. Die Glefe ist eine einfache Form der Hellebarde, sozusagen ein „Messerspeer".

Nun zu euch, / Söhne des Arngrim:
Gemeine Menschen, / ihr sollt den Moder vermehren,
wenn Eyfuras Junge / heute Nacht nicht einmal
zu mir sprechen will / in der Bucht von Munway.

Hervard, Hjorvard, / Hrani, Angantyr,
ihr sollt an euren Rippen aufgehängt sein, / ihr sollt verrotten
tief in einem Ameisenhügel, / wenn ihr mir nicht
Dvalins Schwert gebt! / Es gehört sich nicht,
daß tote Männer / eine gute Waffe halten!"

Eyfura ist die Mutter von Hervors Vater Angantyr.

Da sprach Angantyr:
„Hervor, Tochter, / was treibt Dich an, mich zu rufen?
Randvoll mit Qual-Runen / steht Dir Leiden bevor.
Du bist nicht mehr bei Sinnen, / verrückt bist Du geworden,
den Verstand hast Du verloren: / tote Männer aufzuwecken!

Nicht hat ein Vater / mein Grab gegraben;
nicht haben meine Eltern / mich bestattet,
auch nicht andere Verwandte; / sie hatten Tyrfing,
die beiden, die lebten, / obwohl es am Ende
nur einen Besitzer gab."

Sie sprach:
„Es ist eine Lüge was Du sagst - / möge der Gott Dich
gesund in Deinem Hügelgräber erhalten, / wenn Du es wirklich nicht
hier drinnen hast; / Du bist zögerlich
Dein Erbe zu teilen / mit Deinem einzigen Kind."

Da öffnete sich das Hügelgrab und es war, als ob der gesamte Hügel Feuer und Flamme wäre.

Und Angantyr sprach:
„Das Tor zur Hel steht weit aufgesperrt / und die Gräber öffnen sich,
alles ist Feuer / auf der Höhe der Insel;
es ist schrecklich hier draußen / ringsum anzusehen;
gehe fort, Mädchen, / wenn Du kannst, zu Deinen Schiffen."

Sie antwortete:
„Du kannst heute Nacht / keine großen Feuer anzünden
und auch keine Flammen flackern lassen, / die mich erschrecken könnten;
Das Gemüt deiner Tochter / zittert nicht
auch wenn ich dort in der Tür / tote Männer sehe."

Da sprach Angantyr:
„Ich sage zu Dir, Hervor, / – hör mir nun zu –
weise Tochter, / was sein wird:
Dieses Schwert Tyrfing / – versuch' es zu glauben –
wird später, Mädchen, / alle Deine Nachkommen zerstören.

Einen Jungen wirst Du gebären, / dem später das Schwert Tyrfing
gehören wird / und der in seine eigene Stärke vertrauen wird;
die Leute werden den Jungen / Heidrek nennen,
er wird zu dem Größten werden / unter dem Himmelszelt."

Sie rief aus:
„Ich belege diese toten Krieger hier / mit diesem Fluch:
Daß ihr für ewig / hier in euren Särgen liegen sollt,
untot mit den Toten / in dem feuchten Moder;
gib mir, Angantyr, / aus Deinem Hügelgrab
– es hat keinen Sinn, es zu verbergen – / der Zwerge Werkstück."

   Er sprach:
„Ich sage, Mädchen, / Du bist nicht wie andere Menschen:
Hier zwischen Hügelgräbern zu reden / in der Nacht
mit zisieliertem Speer / und gotischem Stahl,
mit Helm und in Harnisch / an der Tür zu meiner Halle."

   Da sprach Hervor:
„Ich dachte, daß ich ein Mensch sei / als ich zuhause bei den Lebenden war,
bevor ich hier herab kam / in die Halle von euch toten Männern;
also gib mir aus Deinem Hügelgrab heraus das, / was Rüstungen haßt:
das Verderben der Schilde, / Hjalmars Unglück."

   Da sprach Angantyr:
Hjalmars Unglück / liegt unter meinen Schultern;
die Klinge ist rings umhüllt / von Flammen;
ein einziges Mädchen / da oben auf der Erde, glaube ich,
würde es wagen / diese Glefe in die Hand zu nehmen."

   Hervor sprach:
„Ich würde sie in meine Hand nehmen / und mich um sie kümmern,
die schneidenscharfe Klinge, / wenn ich sie nur haben könnte;
ich fürchte mich nicht / vor brennendem Feuer
– die Flammen, die ich hier sehe / werden bald verlöscht sein."

   Da sprach Angantyr:
„Du bist töricht, Hervor, / aber voller Wagemut,
in das Feuer zu stürmen / mit offenen Augen;
ich denke, ich gebe Dir lieber, / junges Mädchen,
den Spalter aus meiner Grabkammer, / den ich Dir nicht verweigern kann."

Hervor sprach:
„Du hast gut gehandelt, / Krieger-Sippenverwandter,
als Du mir aus Deinem Grab / das Schwert gabst;
Ich hätte lieber dieses Schwert, / königlicher Herr,
als ganz Norwegen / unter meiner Herrschaft."

Angantyr sprach:
„Verruchte Frau, / was weißt denn Du?
Es gibt jetzt keinen Grund für Freude / oder glückliche Worte;
diese Klinge Tyrfing / – und das glaube mir jetzt besser –
wird, Mädchen, / alle Deine Nachkommen vernichten."

Sie sagt:
„Ich gehe jetzt / zu meinen Meeres-Rössern;
Die Königstochter / ist nun vergnügt genug;
was kümmern mich / die Vettern von Edlen,
und wie später meine Söhne / mit dieser Sache zurechtkommen?"

Er spricht:
„Du sollst besitzen / und Dich lang daran erfreuen,
aber im Verborgenen bewahren, / was Hjalmar tötete;
ritze dich nicht an den Schneiden / – an beiden ist Gift –
eines Mannes Schicksal, / schrecklicher als die Pest.

Leb wohl, Tochter, / freiwillig hätte ich Dir
die Leben von zwölf Männern geliehen, / – kannst Du es mir glauben? –
Stärke und Standfestigkeit, / all die stämmige Kraft,
die Arngrims Jungen / hinterließen, als sie starben."

Sie sprach:
„Ruht nun, ihr alle, / – ich will jetzt gehen –
rüstige Männer in euren Hügelgräbern; / einen Moment lang habe ich fast geglaubt,
daß ich zwischen den Welten / gestanden habe,
als rings um mich / Feuer brannten."

Dann ging sie zu den Schiffen. Aber als es hell wurde, sah sie, daß die Schiffe fort waren. Die Wikinger hatten sich vor den Donnern und dem Feuer auf der Insel gefürchtet.

III 3. b) Zusammenfassung

Das Bestattungsfeuer hat zu drei Motiven geführt:

1. zu dem Feuerspeien der Drachen,
2. zu der Waberlohe als Jenseitsgrenze und
3. zu der Vorstellung, daß die Hügelgräber von Feuer erfüllt sind, wenn ihre Bewohner in ihnen anwesend sind, und daß dieses Feuer auch aus den Hügelgräbern hervorlodern kann.

III 4. Deutsche Drachensagen und Drachenmärchen

Jakob und Wilhelm Grimm haben eine große Anzahl von Sagen gesammelt und 1816 veröffentlicht, unter denen sich auch einige Drachensagen befinden.

III 4. a) Der verzauberte König zu Schildheiß

Das alte Schloß Schildheiß, in einer wüsten Wald- und Berggegend von Deutschböhmen, sollte aufs neue gebaut und wiederhergestellt werden. Als die Werkmeister und Bauleute die Trümmer und Grundfesten untersuchten, fanden sie Gänge, Keller und Gewölbe unter der Erde in großer Menge, mehr als sie gedacht; in einem Gewölbe saß ein gewaltiger König im Sessel, glänzend und schimmernd von Edelgestein, und ihm zur Rechten stund unbeweglich eine holdselige Jungfrau, die hielt dem König das Haupt, gleich als ruhete es drinnen.

Als sie nun vorwitzig und beutegierig näher traten, wandelte sich die Jungfrau in eine Schlange, die Feuer spie, so daß alle weichen mußten. Sie berichteten aber ihren Herrn von der Begebenheit, welcher alsbald vor das bezeichnete Gewölbe ging und die Jungfrau bitterlich seufzen hörte.

Nachher trat er mit seinem Hund in die Höhle, in der sich Feuer und Rauch erzeigte, so daß der Ritter etwas zurückwich und seinen Hund, der vorausgelaufen war, für verloren hielt. Das Feuer verlosch, und wie er sich von neuem näherte, sah er, daß die Jungfrau seinen Hund unbeschädigt im Arme hielt, und eine Schrift an der Wand, die ihm Verderben drohte.

Sein Mut trieb ihn aber nachher dennoch an, das Abenteuer zu wagen, und er wurde von den Flammen verschlungen.

Die Wurzel dieser Saga ist offenbar ein Hügelgrab mit einem Toten (König = Tyr?) und der Jenseitsgöttin („Jungfrau") in ihr. Die Jenseitsgöttin, die sich in eine Schlange verwandeln kann, erinnert an die Göttin Huldar, die die Gestalt eines Drachen annehmen kann.

III 4. b) Seeburger See

Zwei kleine Stunden von Göttingen liegt der Seeburger See. Er vermindert sich jährlich, ist jetzt dreißig bis vierzig Fuß tief und von einer guten halben Stunde Umkreis. In der Gegend sind noch mehr Erdfälle und gefährliche Tiefen, die auf das

Dasein eines unterirdischen Flusses vermuten lassen.

Die Fischer erzählen folgende Sage:

In alten Zeiten stand da, wo jetzt der See ist, eine stolze Burg, auf welcher ein Graf namens Isang wohnte, der ein wildes und gottloses Leben führte. Einmal brach er durch die heiligen Mauern des Klosters Lindau, raubte eine Nonne und zwang sie, ihm zu Willen zu sein.

Kaum war die Sünde geschehen, so entdeckte sich, daß diejenige, die er in Schande gebracht, seine bis dahin ihm Verborgen gebliebene Schwester war. Zwar erschrak er und schickte sie mit reicher Buße ins Kloster zurück, aber sein Herz bekehrte sich doch nicht zu Gott, sondern er begann aufs neue nach seinen Lüsten zu leben.

Nun geschah es, daß er einmal seinen Diener zum Fischmeister schickte, einen Aal zu holen, der Fischmeister aber dafür eine silberweiße Schlange gab. Der Graf, der etwas von der Tiersprache verstand, war damit gar wohl zufrieden, denn er wußte, daß, wer von einer solchen Schlange esse, zu allen Geheimnissen jener Sprache gelange.

Er hieß sie zubereiten, verbot aber dem Diener bei Lebensstrafe, nichts davon zu genießen. Darauf aß er so viel, als er vermochte, aber ein weniges blieb übrig und wurde auf der Schüssel wieder hinausgetragen; da konnte der vom Verbot gereizte Diener seiner Lust nicht widerstehen und aß es.

Dem Grafen aber fielen nach dem Genuß alsbald alle je begangenen Sünden und Frevel aufs Herz und standen so hell vor ihm, daß die Gedanken sich nicht davon abwenden konnten und er vor Angst sich nicht zu lassen wußte. „Mir ist so heiß", sprach er, „als wenn ich die Hölle angeblasen hätte!"

Er ging hinab in den Garten, da trat ihm ein Bote entgegen und sprach: „Eben ist Eure Schwester an den Folgen der Sünde, zu der Ihr sie gezwungen habt, gestorben."

Der Graf wendete sich in seiner Angst nach dem Schloßhof zurück, aber da ging alles Getier, das darin war, die Hühner, Enten, Gänse, auf und ab und sprachen von seinem ruchlosen Leben und entsetzlichen Frevel, den er all verbracht, und die Sperlinge und die Tauben auf dem Dache mengten sich in das Gespräch und riefen Antwort herab. „Nun aber", sagten sie, „haben die Sünden ihr volles Maß, und das Ende ist gekommen: in kurzer Stunde werden die prächtigen Türme umfallen, und die ganze Burg wird versunken sein."

Eben als der Hahn gewaltig auf dem Dache krähte, trat der Diener, der von der Schlange gegessen hatte, herzu, und der Graf, der ihn versuchen wollte, fragte: „Was ruft der Hahn?"

Der Diener, der in der Angst sich vergaß und es wohl verstand, antwortete: „Er ruft: Eil, eil! eh die Sonne untergeht, willst du dein Leben retten, eil, eil! Aber zieh allein!"

„O du Verräter", sprach der Graf, so hast Du doch von der Schlange gegessen, packe zusammen, was Du hast, wir wollen entfliehen."

Der Diener lief hastig ins Schloß, aber der Graf sattelte sich selber sein Pferd, und schon war er aufgesessen und wollte hinaus, als der Diener zurückkam, leichenblaß und atemlos ihm in die Zügel fiel und flehentlich bat, ihn mitzunehmen. Der Graf schaute auf, und als er sah, wie die letzte Sonnenröte an den Spitzen der Berge glühte, und hörte, wie der Hahn laut kreischte: „Eil, eil! eh die Sonne untergeht, aber zieh allein!", da nahm er sein Schwert, zerspaltete ihm den Kopf und sprengte über die Zugbrücke hinaus.

Er ritt auf eine kleine Anhöhe bei dem Städtchen Gieboldehausen, da schaute er sich um, und als er die Turmspitzen seines Schlosses noch im Abendrot glänzen sah, deuchte ihm alles ein Traum und eine Betäubung seiner Sinne. Plötzlich aber fing die Erde an, unter seinen Füßen zu zittern, erschrocken ritt er weiter, und als er zum zweitenmal sich umschaute, waren Wall, Mauern und Türme verschwunden und an des Schlosses Stelle ein großer See.

Nach dieser wundervollen Errettung bekehrte sich der Graf und büßte seine Sünden im Kloster Gieboldehausen, welchem er seine übrigen reichen Besitzungen schenkte.

Nach seiner Verordnung werden noch jetzt reuigen Sündern an einem gewissen Tage Seelenmessen gelesen. In dem Dorfe Berenshausen stiftete er den Chor und die Altarstühle, worüber sogar noch ein Schenkungsbrief da sein soll. Auch werden noch jetzt aus dem See behauene Quadern und Eichenbohlen herausgeholt; vor einiger Zeit sogar zwei silberne Töpfe mit erhabenen Kränzen in getriebener Arbeit, von denen der Wirt in Seeburg einen gekauft hat.

Das Verspeisen der „besonderen Schlange" verlieht die Gabe, Vögel zu verstehen, weil die Schlange bzw. der Drache die Symbole für die Jenseitsreise gewesen sind. Durch eine solche Reise erlangt man den Kontakt zu den Ahnen, die die Gestalt von Seelenvögeln haben. Daher verlieht die Schlange die Gabe, das zu verstehen, was die Seelenvögel sagen.

III 4. c) Gottschee

In der unterkrainischen Stadt Gottschee wohnen Deutsche, die sich in Sprache, Tracht und Sitten sehr von den andern Krainern unterscheiden.

Nahe dabei liegt eine alte, denselben Namen tragende und dem Fürsten Auersperg zuhörende Burg, von der die umwohnenden Leute mancherlei Dinge erzählen. Noch jetzt wohnt ein Jägersmann mit seinen Hausleuten in dem bewohnbaren Teil der verfallenen Burg, und dessen Vorfahren einem soll einmal ganz besonders mit den da hausenden Geistern folgendes begegnet sein:

Die Frau dieses Jägers war in die Stadt hinuntergegangen, er selbst, von Schläfrig-

keit befallen, hatte sich unter eine Eiche vor dem Schloß gestreckt. Plötzlich so sah er den ältesten seiner beiden Knaben, die er schlafend im Haus verlassen, auf sich zukommen, wie als wenn er geführt würde. Zwar keinen Führer erblickte er, aber das fünfjährige Kind hielt die Linke stets in der Richtung, als ob es von jemanden daran gefaßt wäre. Mit schnellen Schritten eilte es vorbei und einem jähen Abgrund zu.

Erschrocken sprang der Vater auf, sein Kind zu retten willens, faßte es rasch und mühte sich, die linke Hand von dem unsichtbaren Führer loszumachen. Mit nicht geringer Anstrengung bewerkstelligte er das zuletzt und riß die Hand des Kindes los aus einer andern, die der Jäger nicht sah, aber eiskalt zu sein fühlte. Das Kind war übrigens unerschrocken und erzählte, wie daß ein alter Mann gekommen sei, mit langem Bart, roten Augen, in schwarze Kleider angetan und ein ledernes Käppchen auf, habe sich freundlich angestellt und ihm viele schöne Sachen versprochen, wenn es mit ihm gehen wolle, darauf sei es ihm an der Hand gefolgt.

Abends desselben Tages hörte der Jäger sich bei seinem Namen rufen; als er die Tür aufmachte, stand der nämliche Alte draußen und winkte. Der Jäger folgte und wurde an ebendenselben Abgrund geleitet.

Der Felsen tat sich auf, sie stiegen eine Steintreppe ab. Unterwegs begegnete ihnen eine Schlange, nachher gelangten sie in eine immer heller werdende Gruft.

Sieben Greise, mit kahlen Häuptern, in tiefem Schweigen saßen in einem länglichen Raume. Weiter ging der Jäger durch einen engen Gang in ein kleines Gewölbe, wo er einen kleinen Sarg stehen sah, dann in ein größeres, wo ihm der Greis achtundzwanzig große Särge zeigte, in den Särgen lagen Leichname beiderlei Geschlechts. Unter den Verblichenen fand er einige bekannte Gesichter, wovon er sich jedoch nicht zu erinnern wußte, wo sie ihm vorgekommen waren.

Nach diesem wurde der Jäger in einen hell erleuchteten Saal geführt, worin achtunddreißig Menschen saßen, worunter vier sehr junge Frauen, und ein Fest begingen. Allein alle waren totenblaß, und keiner sprach ein Wort.

Durch eine rote Tür führte der Alte den Jäger zu einer Reihe altfränkisch gekleideter Leute, deren verschiedene der Jäger auch zu erkennen meinte, der Greis küßte den ersten und den letzten.

Nunmehr beschwor der Jäger den Führer, ihm zu sagen, wer diese alle seien und ob ein Lebendiger ihnen die noch entbehrte Ruhe wiedergeben könne. „Lauter Bewohner dieses Schlosses sind es", versetzte hohlstimmig der Alte, „die weitere Bewandtnis kannst Du aber jetzt noch nicht erfahren, sondern wirst es demnächst einmal."

Nach diesen Worten wurde der Jäger sanft hinausgeschoben und merkte, daß er in einem naßfeuchten Gewölbe war. Er fand eine alte verfallene Treppe, und diese in die Höhe steigend, gelangte er in einen etwas weiteren Raum, von wo aus er durch ein kleines Loch vergnügt den Himmel und die Sterne erblickte.

Ein starkes Seil, woran er stieß, und das Rauschen von Wasser ließ ihn mutmaßen, er befinde sich auf dem Grunde einer hinter dem Schlosse befindlichen Zisterne, von *wo aus man das Wasser mittels eines Rades hinaufwand.*

Allein unglücklicherweise kam niemand in drei ganzen Tagen zum Brunnen, erst am Abend des vierten ging des Jägers Frau hin, die sehr staunte, als sie in dem schweren Eimer ihren totgeglaubten Mann herauszog.

Die Verheißung des alten Wegweisers blieb indessen unerfüllt, doch erfuhr der Jäger, daß er ihn in dem Vorgeben, diese Geister seien die alten Schloßbewohner, nicht belogen hätte. Denn als er einige Zeit darauf in dem fürstlichen Saal die Bilder der Ahnen betrachtete, erkannte er in ihren Gesichtszügen die in der Höhle gesehenen Leute und Leichen wieder.

Auch der Ursprung dieser Sage wird eine Jenseitsreise in ein Hügelgrab sein, in der die Schlange, die ihm Anfangs begegnet, ein Totengeist ist.

III 4. d) Das Drachenloch

Bei Burgdorf im Bernischen liegt eine Höhle, genannt das Drachenloch, worin man vor alten Zeiten bei Erbauung der Burg zwei ungeheure Drachen gefunden haben soll.

Die Sage berichtet:

Als im Jahr 712 zwei Gebrüder Sintram und Beltram (nach andern Guntram und Waltram genannt), Herzoge von Lenzburg, ausgingen zu jagen, stießen sie in wilder und wüster Waldung auf einen hohlen Berg. In der Höhlung lag ein ungeheurer Drache, der das Land weit umher verödete.

Als er die Menschen gewahrte, fuhr er in Sprüngen auf sie los, und im Augenblick verschlang er Beltram, den jüngeren Bruder, lebendig. Sintram aber setzte sich kühn zur Wehr und bezwang nach heißem Kampf das wilde Getier, in dessen gespaltenem Leib sein Bruder noch ganz lebendig lag.

Zum Andenken ließen die Fürsten am Orte selbst eine Kapelle, der heiligen Margareta gewidmet, bauen und die Geschichte abmalen, wo sie annoch zu sehen ist.

Der Ursprung dieser Saga dürfte derselbe sein wie bei der vorigen.

III 4. e) Der Drache fährt aus

Das Alpenvolk in der Schweiz hat noch viele Sagen bewahrt von Drachen und Würmern, die vor alter Zeit auf dem Gebirge hausten und oftmals verheerend in die

Täler herabkamen. Noch jetzt, wenn ein ungestümer Waldstrom über die Berge stürzt, Bäume und Felsen mit sich reißt, pflegt es in einem tiefsinnigen Sprichwort zu sagen: „Es ist ein Drache ausgefahren."

Folgende Geschichte ist eine der merkwürdigsten:

Ein Binder aus Luzern ging aus, Daubenholz für seine Fässer zu suchen. Er verirrte sich in eine wüste, einsame Gegend, die Nacht brach ein, und er fiel plötzlich in eine tiefe Grube, die jedoch schlammig war, wie in einen Brunnen hinab.

Zu beiden Seiten auf dem Boden waren Eingänge in große Höhlen; als er diese genauer untersuchen wollte, stießen ihm zu seinem großen Schrecken zwei scheußliche Drachen auf. Der Mann betete eifrig, die Drachen umschlangen seinen Leib verschiedenemal, aber sie taten ihm kein Leid.

Ein Tag verstrich und mehrere, er mußte vom 6. November bis 10. April in Gesellschaft der Drachen harren. Er nährte sich gleich ihnen von einer salzigen Feuchtigkeit, die aus den Felsenwänden schwitzte. Als nun die Drachen witterten, daß die Winterszeit vorüber war, beschlossen sie auszufliegen.

Der eine tat es mit großem Rauschen, und während der andere sich gleichfalls dazu bereitete, ergriff der unglückselige Faßbinder des Drachen Schwanz, hielt fest daran und kam aus dem Brunnen mit heraus.

Oben ließ er los, wurde frei und begab sich wieder in die Stadt. Zum Andenken ließ er die ganze Begebenheit auf einen Priesterschmuck sticken, der noch jetzt in des heiligen Leodagars Kirche zu Luzern zu sehen ist. Nach den Kirchenbüchern hat sich die Geschichte im Jahre 1420 zugetragen.

Auch hier wird die Grube mit den Drachen ursprünglich die Grabkammer eines Hügelgrabes gewesen sein.

III 4. f) Der Lindwurm am Brunnen

Zu Frankenstein, einem alten Schlosse anderthalb Stund weit von Darmstadt, hausten vor alten Zeiten drei Brüder zusammen, deren Grabsteine man noch heutigentags in der Oberbirbacher Kirche siehet. Der eine der Brüder hieß Hans, und er ist ausgehauen, wie er auf einem Lindwurm steht.

Unten im Dorfe fließt ein Brunnen, in dem sich sowohl die Leute aus dem Dorf als aus dem Schloß ihr Wasser holen müssen; dicht neben den Brunnen hatte sich ein gräßlicher Lindwurm gelagert, und die Leute konnten nicht anders Wasser schöpfen als dadurch, daß sie ihm täglich ein Schaf oder ein Rindvieh brachten; solang der Drache daran fraß, durften die Einwohner zum Brunnen.

Um diesen Unfug aufzuheben, beschloß Ritter Hans den Kampf zu wagen; lange stritt er, endlich gelang es ihm, dem Wurme den Kopf abzubauen. Nun wollte er auch den Rumpf des Untiers, der noch zappelte, mit der Lanze durchstechen, da kringelte sich der spitzige Schweif um des Ritters rechtes Bein und stach ihn gerade in die Kniekehle, die einzige Stelle, welche der Panzer nicht deckte. Der ganze Wurm war giftig, und Hans von Frankenstein mußte sein Leben lassen.

Dieser Drachenbrunnen erinnert am meisten an den Urd-Brunnen und die in ihm lebenden Totengeist-Schlangen – diese Nornen-Quelle ist der Eingang zur Unterwelt.

III 4. g)   Die Schlangenkönigin

Ein Hirtenmädchen fand oben auf dem Fels eine kranke Schlange liegen, die wollte verschmachten. Da reichte es ihr mitleidig seinen Milchkrug, die Schlange leckte begierig und kam sichtbar zu Kräften. Das Mädchen ging weg, und bald darauf geschah es, daß ihr Liebhaber um sie warb, allein ihrem reichen, stolzen Vater zu arm war und spöttisch abgewiesen wurde, bis er auch einmal so viel Herden besäße wie der alte Hirt.

Von der Zeit an hatte der alte Hirt kein Glück mehr, sondern lauter Unfall; man wollte des Nachts einen feurigen Drachen über seinen Fluren sehen, und sein Gut verdarb. Der arme Jüngling war nun ebenso reich und warb nochmals um seine Geliebte, die wurde ihm jetzt zuteil.

An dem Hochzeittag trat eine Schlange ins Zimmer, auf deren gewundenem Schweif eine schöne Jungfrau saß, die sprach, daß sie es wäre, der einstmal die gute Hirtin in der Hungersnot ihre Milch gegeben, und aus Dankbarkeit nahm sie ihre glänzende Krone vom Haupt ab und warf sie der Braut in den Schoß.

Sodann verschwand sie, aber die jungen Leute hatten großen Segen in ihrer Wirtschaft und wurden bald wohlhabend.

Hier tritt die Jenseitsgöttin, die die Mutter der Schlangen-gestaltigen Totengeister ist, selber als Schlangenkönigin auf.

III 4. h)   Winkelried und der Lindwurm

In Unterwalden beim Dorf Wyler hauste in der uralten Zeit ein scheußlicher Lindwurm, welcher alles, was er ankam, Vieh und Menschen, tötete und den ganzen Strich verödete, dergestalt, daß der Ort selbst davon den Namen Ödwyler („öder Ort") empfing.

Da begab es sich, daß ein Eingeborener, Winkelried geheißen, als er einer schweren Mordtat halben landesflüchtig werden müssen, sich erbot, den Drachen anzugreifen und umzubringen, unter der Bedingung, wenn man ihn nachher wieder in seine Heimat lassen würde.

Da wurden die Leute froh und erlaubten ihm wieder in das Land; er wagt' es und überwand das Ungeheuer, indem er ihm einen Bündel Dörner in den aufgesperrten Rachen stieß. Während es nun suchte, diesen auszuspeien, und nicht konnte, versäumte das Tier seine Verteidigung, und der Held nutzte die Blößen.

Frohlockend warf er den Arm auf, womit er das bluttriefende Schwert hielt, und zeigte den Einwohnern die Siegestat, da floß das giftige Drachenblut auf den Arm und an die bloße Haut, und er mußte alsbald das Leben lassen. Aber das Land war errettet und ausgesöhnt; noch heutigestags zeigt man des Tieres Wohnung im Felsen und nennt sie die Drachenhöhle

In dieser Saga ist die Wurzel eher der Kampf des Thor gegen Jörmungandr – der hilfreiche Schlangen-Totengeist ist schon ein bösartiges Ungeheuer umgedeutet worden.

III 4. i)   Der Schlangenfänger

Zu Salzburg rühmte sich ein Zauberer, er wollte alle Schlangen, die in derselben Gegend auf eine Meil Wegs wären, in eine Grube zusammenbringen und töten. Als er es aber versuchen wollte, kam zuletzt eine große, alte Schlange hervorgekrochen, welche, da er sie mit Zauberworten in die Grube zu zwingen wagte, aufsprang, ihn umzingelte, also daß sie wie ein Gürtel sich um seine Weiche wand, darnach in die Grube schleifte und umbrachte.

Manchmal geht der Drachenkampf auch zu ungunsten des Helden bzw. Zauberers aus – allerdings nur in recht neuen Versionen, da in den älteren Vorstellungen der Drache bzw. die Schlange entweder hilfreich ist oder besiegt wird.

III 4. j)   Die zwei Brüder

In dem Märchen „Die zwei Brüder" tritt das neue Motiv des Tötens des Drachens auf, durch das die Jungfrau befreit wird.

III 4. k) Die schwarze Zither

In „Die schwarze Zither" findet sich ebenfalls das Töten eines feuerspeienden Drachens mit Fledermausflügeln und Giftzähnen und seiner sieben Jungen (= Hydra, sieben Chakren). In diesem Märchen werden die Drachen vorher durch das Spiel auf der magischen Schwarzen Zither eingeschläfert.

III 4. l) Das singende, springende Löweneckerchen

In dem Märchen „Das singende, springende Löweneckerchen" findet sich eine etwas ältere Fassung der Drachenvorstellungen, da hier eine Jungfrau in einen Drachen verwandelt worden ist und durch das Schlagen mit einer ganz besonderen frischen Rute aus ihrer Verwandlung erlöst wird. Hier erscheint die Schlange als Tier der Urmutter.

III 4. m) Der König vom goldenen Berg

Dieselbe Entwicklungsstufe des Drachenmotivs findet sich in „Der König vom goldenen Berg": Eine Königstochter, die in eine Schlange verwandelt worden ist, erweckt einen Kaufmannssohn dreimal aus dem Tod, den er zum Erlösen des Königreiches auf sich nimmt. Die Prinzessin besitzt einen Wunschring, mit dem sie sich an jeden Ort wünschen kann.
Hier erscheint die Prinzessin auch in der Rolle der Muttergöttin, die im Jenseits die Seelen wiedergebiert. Der Ring, durch den man an jeden Ort reisen kann, ist ein Symbol der Jenseitsreise. Er geht wahrscheinlich auf Odins Ring Draupnir zurück, der des öfteren im Zusammenhang mit Jenseitsreisen wie z.B. der seines Sohnes Baldur auftritt.

III 4. n) Die drei Schlangenblätter

Ein ähnliches Motiv findet sich in „Die drei Schlangenblätter". In diesem Märchen heiratet ein Jüngling eine Prinzessin unter der Bedingung, daß sie sich beide bei dem Tod eines der beiden gemeinsam bestatten lassen. Als die Prinzessin stirbt, erscheint in ihrem Grab eine Schlange, die der Jüngling, der gemäß der Abmachung mit in ihrer Grabkammer sitzt, in drei Teile zerschlägt. Anschließend wird diese Schlange von einer zweiten Schlange mit drei Blättern geheilt. Mit diesen Blättern kann der Jüngling auch die Prinzessin zu neuem Leben erwecken. Auf einer späteren Seereise tötet die Prinzessin den Jüngling, der aber von einem Diener mit den Schlangenblättern wieder zum Leben erweckt wird.

Die Prinzessin im Grab ist wieder die Muttergöttin in der Unterwelt und die Schlange ihre Begleiterin. Die drei Blätter werden wohl wie die Äpfel in den verschiedenen Mythen vom Welten- und Lebensbaum stammen. Die Seefahrt ist die Reise in die Wasserunterwelt, woraus sich ergibt, daß der Diener der Schamane ist, der hier in der weit verbreiteten Gestalt des Jenseitsfährmannes auftritt.

III 4. o)   Die weiße Schlange

In dem Märchen „Die weiße Schlange" kann der Diener eines Königs durch das Essen eines Stückes einer weißen Schlange die Sprache der Tiere verstehen und mit der Hilfe der Tiere einen Ring aus dem Meer holen, drei Säcke Hirse aus dem Gras auflesen und einen Apfel vom Baum des Lebens holen, woraufhin er die Tochter eines Königs heiraten darf.

Das Verstehen der Tiersprachen geht wie bei Siegfried auf das Verstehen der Vogelsprache zurück, das seinerseits eine „Kurzform" der Verwandlung in einen (Seelen-) Vogel ist, wie sich diese z.B. noch in Odins Reise zu Gunnlöd findet, von der er den Göttermet raubt.

Der Ring im Meer ist wieder das Symbol der Reise in die Wasserunterwelt, das Aufsammeln der Hirse bezieht sich möglicherweise auf die Fruchtbarkeit der Felder, und der Apfel vom Baum des Lebens auf die Wiedergeburt.

Auch hier ist die Prinzessin deutlich als die Nachfolgerin der Großen Mutter zu erkennen, zu der man nach dem Tod in die Wasserunterwelt reist und dort von ihren Äpfeln essen darf, die ewiges Leben geben, und die auch den Feldern die Fruchtbarkeit gibt und die Saaten genauso keimen läßt wie sie die Toten wiedergebiert.

III 4. p)   Das Kind und die Schlange

Schließlich gibt es noch das Märchen „Das Kind und die Schlange", in dem die Schlange anscheinend das Krafttier des Kindes ist, da das Kind stirbt, nachdem seine Mutter die Schlange, die von dem Kind gefüttert wird, tötet.

III 4. q) Zusammenfassung

Die Vorstellungen über die Schlangen und Drachen in den Sagen und Märchen der Gebrüder Grimm entsprechen den schon beschriebenen Motiven: der Drachen-Ahnengeist im Hügelgrab, die Jenseitsgöttin als Schlange, den hilfreichen Ahnen und der Drachenkampf.

III 5.   Berichte der Christen

Von den Missionaren und Bischöfen erwähnt lediglich Adam von Bremen in seinen Schriften Drachen.

III 5. a)   Hamburgische Kirchengeschichte

Der Bischof Adam von Bremen berichtete um 1075 n.Chr. über Menschenhandel und Menschenopfer bei den Schweden. In diesem Zusammenhang erwähnt er auch Drachen, die verehrt worden sein sollen. Bei diesen Drachen kann es sich nur um Ahnen handeln – sofern Bischof Adam nicht etwas falsch verstanden haben sollte.

Diese fünfzehn Inseln gehören zum Reiche der Dänen und ihre Bewohner sind bereits alle mit dem Ehrennamen „Christen" geschmückt.
Es gibt auch noch andere Inseln weiter nach innen zu, welche der Herrschaft der Schweden unterworfen sind. Davon ist die größte die, welche Churland (vermutlich Rügen) heißt. Sie hat eine Länge von acht Tagereisen. Das Volk, welches sehr blutdürstig ist, wird wegen leidenschaftlicher Götzendiener von allen geflohen. Es gibt dort sehr viel Gold und sehr gute Pferde. Von Wahrsagern, Vogelschauern und Schwarzkünstlern (Magier) *sind dort alle Häuser voll. Diese tragen selbst Mönchskleidung. Von dort werden aus der ganzen Welt Orakelsprüche geholt, insbesondere von den Hispaniern und Griechen.*

Das Orakel von Rügen war damals sehr berühmt.

Dies ist, glaube ich, die Insel, die im Leben des heiligen Ansgar Chori genannt wird, und welche damals die Schweden sich zinspflichtig machten. Daselbst ist nunmehr eine Kirche gebaut, durch die Bemühungen eines Kaufmannes, welchen der König der Dänen durch viele Geschenke dazu bewogen. Der König selbst hat, frohlockend im Herrn, mir dieses Freudenlied gesungen.
Außerdem ist uns erzählt worden, daß noch mehrere andere Inseln in jenem Meere (Ostsee) *seien, deren eine große Aestland (Gotland?) heißt. Sie ist nicht kleiner als die vorerwähnte. Auch die Bewohner dieser Inseln kennen den Gott der Christen durchaus nicht; sie verehren Drachen und Vögel, denen sie auch lebendige Menschen opfern, welche sie von den Kaufleuten erhandeln, nachdem sie sie vollständig sorgfältig untersucht haben, ob sie auch ohne Fehl am Körper sind, weshalb sie von den Drachen verschmäht werden würden. Und diese Insel soll dem Lande der Weiber*

zunächst gelegen sein, während jene vorerwähnte nicht fern ist von Birca („Birken-Insel" bei Stockholm), *der Stadt der Schweden.*

III 5. b) Zusammenfassung

Der Bischof Adam von Bremen berichtet, daß die Schweden Drachen verehrt haben. Damit werden wohl die Ahnen in Schlangen- und Drachengestalt gemeint sein. Vielleicht ist derjenige, der dies Adam berichtet hat, auch durch die Schlangen und Drachen auf den Runensteinen oder durch die Drachenköpfe an den Drachenschiffen und an den Tempeldächern zu dieser Ansicht gelangt.

III 6. Die Drachen in der schriftlichen Überlieferung der Germanen

Die Drachen sind „große Schlangen", die um einige weitere Merkmale ergänzt worden sind.

Sowohl die Schlangen als auch die Drachen sind die Seelen der Toten in der Unterwelt – die Ahnen liegen in ihren Hügelgrab-Grabkammern und die Schlangen leben auf der Erde und in Erdhöhlen.
Daher erscheinen die Toten und auch die Götter wie Tyr und Odin auf ihrer Jenseitsreise als Schlange oder Drache. Odin wird zu einer Schlange, deren Name nicht bekannt ist, Tyr zu Grabak („Graurücken", eigentlich ein Wolfsname) und sei-ne beiden Alcis-Söhne zu Goin und Moin. Auch Nidhöggr, Fafnir, Grafvölllund, der Drache im Beowulf-Epos und einige weitere Drachen gehen auf Tyr als Drache in der Unterwelt zurück.
Da Zwerge Totengeister sind, können auch sie sich in Drachen verwandeln (Fafnir, Goin, Moin u.a.).
Da die Seele am Ende ihrer Inkarnation auf ihrem Weg vom Diesseits in das Jenseits die Gestalt einer Schlange annimmt, nimmt sie auch am Anfang ihrer Inkarnation, d.h. vor ihrer Geburt, die Gestalt einer Schlange an.

Die Schlangen und Drachen wohnen in Hügelgräbern und im Jenseits, zwischen den Wurzeln des Weltenbaumes, in Jenseitstor-Quellen, im Wasserunterwelt-Meer und generell in der Unterwelt.
Daher kann man durch ein Drachenmaul in das Jenseits gelangen.
Das Jenseits entspricht der Nacht – also sind die Drachen oft Nachttiere.
Da Drachen bereits Totengeister, also tot sind, sind sie fast unverletzbar und werden folglich sehr alt – sie sind schließlich schon im Jenseits.

Die Toten werden in einem großen Feuer bestattet – daher führt die Reise in das Jenseits durch eine Waberlohe. Dieses Feuer glüht weiterhin in den Hügelgräbern und soll des nachts über ihnen zu sehen sein. Aus diesem Grunde wurde aus den „Schlangen-Totengeistern im Feuer" schließlich das „Feuer in den Schlangen", d.h. die feuerspeienden Drachen.

Das zweite wichtige Bild für die Ahnengeister ist der Vogel, der durch das Nahtod-Erlebnis entstanden ist, bei dem man sich über seinem eigenen Leib schweben sieht.
Aus der Verbindung des Schlangen-Motivs mit dem Vogel-Motiv entstand der

Flügel-Drache sowie die Vorstellung, daß man nach dem Verspeisen eines Drachenherzens die Vogelsprache verstehen kann – wenn man ein Drache ist, ist man auch ein Seelenvogel und kann daher mit den Ahnen, d.h. mit den Seelenvögeln sprechen.

Die Unverletzlichkeit nach dem Einreiben mit Drachenblut ist eine Übertragung der „Unsterblichkeit" der Drachen, die diese besitzen, da sie Totengeister und somit bereits tot sind. Diese Unverwundbarkeit wurde in den Sagas auf verschiedene Weisen auf den Drachentöter übertragen: Sigurds Hornhaut, Ragnars Lodenhose, Frodes Stierfell-Schild, Beowulfs Eisenschild usw.

Die Drachen leben in den Grabkammern von Hügelgräbern, aus denen später einfache Höhlen geworden sind. Aus diesem „Schlange in der Höhle"-Motiv entstand die Vorstellung der „Höhle, die aus Schlangen besteht" (Hel) sowie das Motiv der „Schlange, die ein Haus, einen Schatz o.ä. umringelt". Dieser Schatz und dieses Haus ist ursprünglich der Grabschatz in der Grabkammer des Hügelgrabes („Haus") gewesen.

Aus der Grabkammer wurde später eine Schlangengrube, ein Schlangenturm, eine Drachenjagd-Grube und ähnliches mehr. Aus dem Motiv der Grube, von der aus der Drache von dem Helden erstochen wird, ergab sich die Vorstellung, daß der Bauch eines Drachen ungeschützt ist.

Aus der Jenseitsgöttin, mit der sich der Tote nach seiner Ankunft in der Unterwelt vereint, woraufhin diese ihn dann wiedergebiert, wurde zum einen die Jenseitsgöttin als Drache („Huldar im Drachengewand") und zum anderen die Jungfrau, die von dem Drachen gefangengehalten und von dem Helden gerettet wird.

Der Drache des Tyr, also die Jenseitsgestalt des Tyr, ist der Drachenkönig und der Totenkönig, der den Toten hilft, in das Jenseits zu gelangen. Er ist vermutlich mit dem Flugdrachen Nidhöggr identisch.

Die Assoziation der Drachen mit der Zahl „3" liegt darin begründet, daß diese Zahl den endlosen Zyklus symbolisiert und Tyr als Drache und als Sonnengott-Göttervater in einem endlosen Zyklus durch das Diesseits (Tag) und das Jenseits (Nacht) reist.

Der Drache wurde mit dem Ring und dem Ögishelm assoziiert, da sowohl der „Sonnen-Ring" als auch der „Schreckens-Helm" Symbole für die Jenseitsreise waren – vorzugsweise allerdings für die rituelle Reise der Schamanen und der Könige in das Jenseits zu dem Göttervater.

Diese Jenseitsreise ist die wichtigste Fähigkeit aller Schamanen und Zauberer – daher ist es nicht verwunderlich, daß die Drachen zauberkundig sind und die Zukunft vorhersehen können. Die Drachen haben die Fähigkeiten der Personen, die als Schlangen/Drachen zu den Ahnen und Göttern reisen können, übertragen bekommen.

Eine späte Version dieses Motivs sind die Schlangen oder das Schlangengift als Zaubertrank-Zutat.

Die ursprüngliche Vorstellung der Schlangen und Drachen als hilfreichen Ahnengeistern hat sich „vergrößerter Form" in der Vorstellung, daß Island von einem Riesen, einem Drachen, einem Adler und einem Stier beschützt wird, erhalten.

Die Assoziation der Drachen mit dem Tod (sie sind Totengeister) führte zu dem Motiv des Todes-Fluchs auf den Drachenhorten. Dieselbe Umdeutung findet sich auch bei dem Sonnen-Jenseitsreise-Ring, der als zentrales Element des Hortes in den Hügelgräbern ebenfalls von einem „Helfer im Tod" zu einem „Verursacher des Todes" wurde („Fluch der Nibelungen" u.a.). In neuerer Zeit wurde dieses Motiv durch Tolkiens „Lord of the Rings" wieder weit bekannt.

Die Midgardschlange ist ein Teil der Drachensymbolik, der sich schon sehr früh von der übrigen Schlangen-Symbolik getrennt hat. Jörmungandr ist eine riesige Schlange, die rings um Midgard im Weltmeer liegt und von Thor bekämpft wird. (Die genauere Betrachtung dieser Riesenschlange folgt in einem späteren Kapitel dieses Buches.)

Die Drachen werden als Riesenschlangen beschrieben, die nicht nur Gift, sondern auch Feuer speien können. Sie haben manchmal Flügel und können dann fliegen. Sie sind fast unverwundbar und ihre Haut glänzt und funkelt aufgrund ihrer Härte; ihr Bauch soll jedoch weicher sein.

Ihr Feuerspeien legte nahe, daß sie ein cholerisches Temperament haben. Ihr Liegen auf dem goldenen Grabschatz brachte ihnen den Ruf ein, habgierig zu sein – von wo aus es nicht weit zu der Vorstellung war, daß sie zudem gefräßig seien.

IV Die bildliche Darstellungen der Schlangen und Drachen

Die reichhaltige schriftliche Überlieferung zu den Drachen wird durch die vielen Schlangen- und Drachenbilder bestätigt und stellenweise auch ergänzt.

Die verschiedenen Gruppen von Schlangen- und Drachendarstellungen sind im folgenden in etwa chronologisch geordnet.

IV 1. Schlangen in den germanischen Steinritzungen

Die Germanen gravierten von 1800-500 v.Chr. in Südschweden und vereinzelt auch auf der dänischen Insel Bornholm weit über 10.000 Bilder in den gewachsenen Fels. Diese Bilder wurden gleich oberhalb des Meeresspiegels angelegt. Da sich Skandinavien jedoch pro Jahr um ca. 1cm hebt, liegen die Felsritzungen heute ca. 30m über dem Meeresspiegel.

Da es keinen praktischen Grund gibt, die Felsritzungen ausschließlich an den Felsen direkt über den Wogen des Meeres anzubringen, muß das Meer ein wichtiger inhaltlicher Bezugspunkt dieser Felsritzungen gewesen sein.

IV 1. a) Schlangen

Schlange, Rinder, Schiffe u.a. *Mann und Riesenschlange*

Es finden sich zwei Schlangen, die deutlich nicht einfache Schlangen, sondern Riesenschlangen sind. Die Schlange auf dem linken Bild ist von Schiffen, Rindern und einem Sonnensymbol (über ihrem Kopf) umgeben. Vor der anderen steht ein

Mann mit erhobenen Armen. Da dieser Mann keine Waffe in seiner Händen hält, wird er wohl nicht mit der Schlange kämpfen, sondern sie begrüßen oder zu ihr beten. Die Riesenschlange erscheint somit wie auf dem Goldhorn von Gallehus als helfendes Wesen.

IV 1. b) Drachenboote

Schiffe mit völlig geradem und unverziertem Bug und Heck sind eher selten. Die meisten haben zumindest einen Bogen oder einen Knick, die bereits an die Drachenköpfe an den späteren Drachenbooten erinnern:

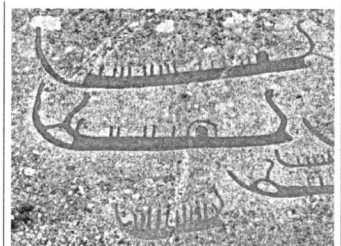

Drachenboote mit geschwungenem Heck

Drachenboot mit geschwungenem und geknicktem Bug und Heck

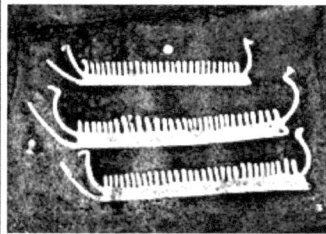

Drachenboote, deren Bug und Heck geschwungen ist, rechts oben ein Tierkopf

An diesen Schiffen findet sich auch schon das eingerollte Ende von Bug und Heck, das auch bei den Langbooten der Wikinger noch weit verbreitet war:

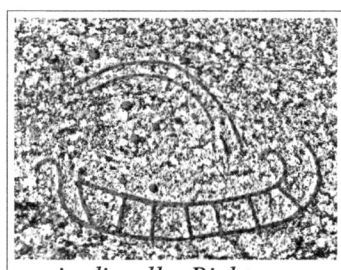

in dieselbe Richtung geschwungene Enden von Bug und Heck

nach außen geschwungene Enden von Bug und Heck

nach innen geschwungene Enden von Bug und Heck

Manche Drachenboote haben eine komplexe Form vorne am Bug, die einem Haken oder Kringel ähnelt:

Drachenboot mit „Haken" an Bug und Heck

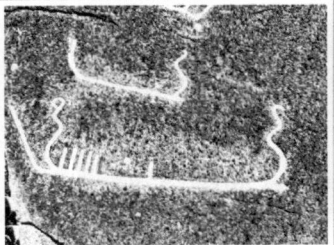

Drachenboot mit „Kringel" an Bug und Heck

Drachenboot mit „geflügeltem Kringel" an Bug und Heck

Drachenboot mit „Haken" an Bug und Heck

Drachenboot mit „Haken" an Bug; am Heck ist das Steuerruder zu sehen

Drachenboot mit geradem Bug mit zwei Schlangen (?) und eingerolltem Heck

Bei einer größeren Anzahl von Drachenbooten ist gut zu erkennen, daß sich am Bug und manchmal auch am Heck ein Tierkopf befindet:

Drachenboot mit nach hinten gewandtem Tierkopf am Bug und „Bogen" am Heck

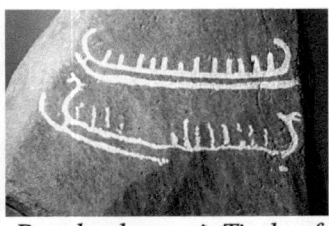

Drachenboot mit Tierkopf am Bug und „Flügeln" am Heck

Drachenboot (oben) mit Tierkopf am Bug und „Flügel" am Heck

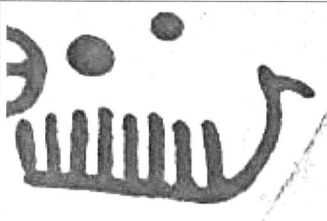 *Drachenboot mit Tierkopf am Bug*	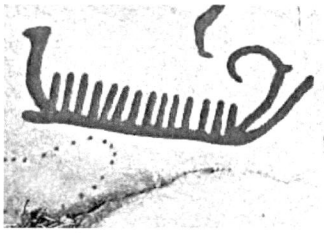 *Drachenboot mit Tierkopf am Bug und gebogenem am Heck*	 *Drachenboot mit Tierkopf und dahinter Vogelkopf (?) am Bug und geknicktem Heck*
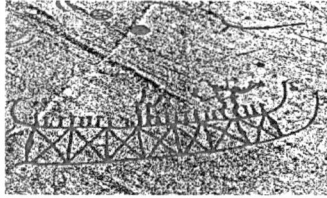 *Drachenboot mit unklarer Form am Bug und Tierkopf am Heck*	 *Drachenboot (das hintere) mit nach hinten gewandtem Tierkopf am Bug und „Bogen" und Segel (?) am Heck; auf ihm kämpfen (?) zwei Männer*	 *Drachenboot mit großem Tierkopf am Bug*

Einige Tierköpfe sind etwas detaillierter geritzt worden sodaß man zumindestens Vermutungen über das dargestellte Tier anstellen kann:

 *Drachenboot mit Tierkopf am Bug und gewundenem, schlangenartigem Heck; am Heck hängt der Anker*	 *Drachenboot (oben) mit Tierkopf am Bug und am Heck*	 *Drachenboot mit Tierkopf am Bug und einer gebogenen Form am Heck*

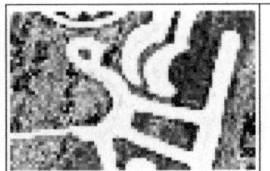		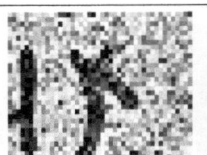	
Detail: Vogelkopf?	*Detail: Tierkopf mit Hörnern oder langen Ohren: Pferd?*	*Details: Tierkopf mit Hörnern: Ziege? Stier?*	*Details: Tierkopf mit Hörnern: Ziege? Stier?*

Die Schiffe der Germanen zwischen 1800 und 500 v.Chr. gleichen den späteren Drachenschiffen so sehr, daß man von einer Kontinuität der Symbolik ausgehen kann.

Als Schiffe müssen sie einen Zusammenhang mit dem Meer haben, über dessen Strand sie an den Felsen eingeritzt worden sind. Die Tierköpfe zeigen, daß sie nicht nur Schiffe, sondern auch „Verkörperungen" von Tieren darstellten.

Die Schiffsbestattungen, die von den Wikingern aus der Zeit zwischen 650 und 1050 n.Chr. bekannt sind und auch in der Edda und im Beowulf-Epos beschrieben werden, lassen zumindestens vermuten, daß diese Schiffe nicht nur normale Handels- und Kriegsschiffe waren, sondern auch für die Jenseitsreise wichtig waren.

Es wäre denkbar, daß der Kopf am Vordersteven des Schiffes auf den Kopf des für den Toten geopferten Herdentieres zurückgeht, das bei einer aufwendigen Schiffsbestattung vermutlich ein Stier, Hengst oder Hirsch gewesen sein wird und nicht ein „Arme-Leute-Opfertier" wie der Ziegenbock oder das Wildschwein.

Das Schiff selber wäre in Bezug auf diese Symbolik das „Fahrzeug ins Jenseits", das daher eng mit der Schlange und dem Drachen als Symbol des Jenseitsweges verbunden wäre. Der Schamane ist in diesem Zusammenhang der Jenseitsfährmann. Möglicherweise ist Odin im Harbardlied in der Edda solch ein Jenseitsfährmann.

IV 1. c) **Wiederzeugung**

Die Vermutung, daß es sich bei dem Tierkopf am Bug des Schiffes um den Kopf des Opfertieres bei der Bestattung handelt, wird durch die Darstellungen von Hirschen auf den Felsritzungen bestätigt. Abgesehen von Szenen, die nur einzelne Hirsche oder Herden darstellen oder auch die Jagd auf Hirsche, finden sich auch einige Darstellungen, die deutlich rituelle Szenen abbilden:

 *Jäger und sieben Hunde jagen einen Hirsch*	 *Elchkuh und Fisch (Lachs?): Hinweis auf Elchkuh in der Wasserunterwelt?*	 *Elchkuh und Fisch (Lachs?) eng assoziiert: Hinweis auf Elchkuh in der Wasserunterwelt?*
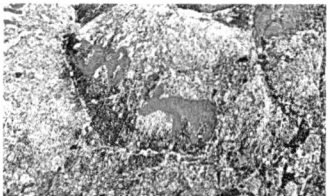 *toter (?) Mensch neben Elchkuh: möglicherweise die Muttergöttin im Jenseits als Elchkuh (Hindin) neben einem Toten*	 *drei Menschen mit Stab über einem Hirsch: möglicherweise die dreifache Jenseitsgöttin (die späteren Nornen) mit dem Opfertier oder dem Toten in Hirschgestalt*	 *Wiederzeugung des Toten mit einer Hindin; diese Szene findet sich im Sigurdlied als Sigurds Treffen mit der Walküre Brünhilde auf dem „Hindinhügel" und als Sigurds Gesäugtwerden durch eine Hindin*

Das Ergebnis dieser Wiederzeugung ist die Wiedergeburt, bei der der Wiedergeborene die Gestalt eines Jungen der Herdentierart hat, aus der das Opfertier ausgewählt wurde. Er ist daher ein Fohlen, ein Kalb, ein Kitz, ein Zicklein usw. Das bedeutet, daß man ihn auch als gehörnten Menschen darstellen kann:

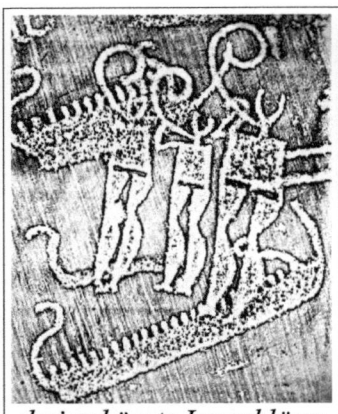 *drei gehörnte Lurenbläser (bei einer Bestattung oder Krönung?)*	 *Gehörnter am Bug eines Schiffes, daneben ein Mann mit Sonnenschild (innen ein Punkt, darum 8 Punkte, außen 16 Punkte) und „Gerät" daneben ein Toter: Fahrt ins Jenseits?*	 *großer gehörnter Mann mit Speer und kleiner Mann mit Schwert und Stab (?)*
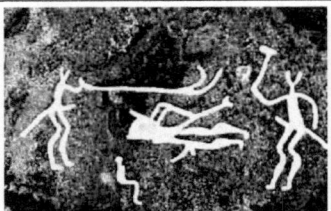 *Mitte: Toter; links: Gehörnter (Gott?) mit „Gerät"; rechts: Gehörnter mit Hammer und Schwert (Thor); unten: Kind (Wiedergeborener?) gesamt: evtl. Wiederzeugung (Hammer) und Wiedergeburt (Kind)*	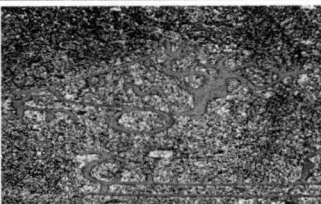 *Gehörnter Mann auf einem von einem Pferd gezogenen Streitwagen; vor dem Mann ist eine Schlange zu sehen; unten: Schiff: gesamt: der Tote fährt auf dem Jenseits-Schlangenweg*	 *Zentaur mit Sonnenschild (viergeteilt): Toter als Pferd, die wie die Sonne wiedergeboren wird oder der wiedergeborene Sonnengott*

IV 1. d)   Das Drachenschiff der Sonne

Die Sonne wird auf den Felsritzungen als Kreis mit Kreuz, Kreis mit acht Punkten o.ä. dargestellt:

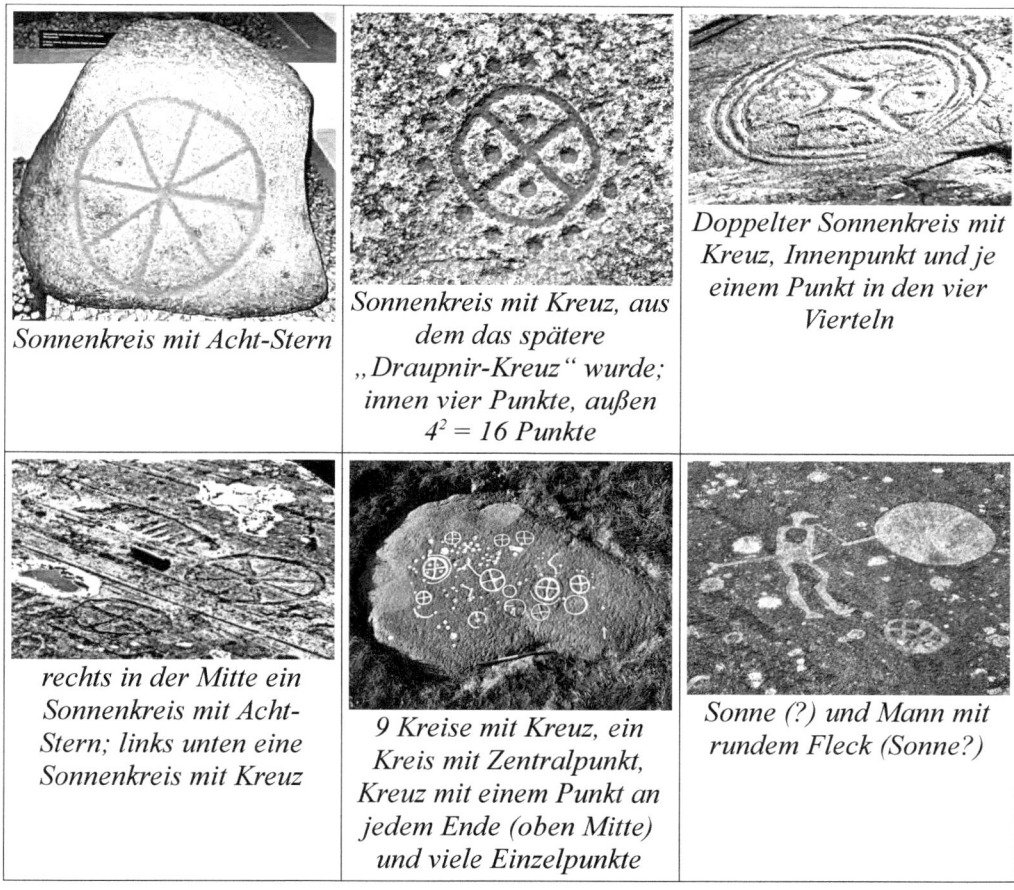

Die Drachenboote sind so oft mit der Sonne kombiniert worden, daß es offenbar auch die Vorstellung gegeben hat, daß die Sonne, d.h. der damalige Sonnengott-Göttervater Tyr in einem Drachenboot tagsüber über das „Himmelmeer" und nachts durch die Wasserunterwelt fährt. Dies wäre dann ein Motiv, zu dem die Schiffsbestattungen der Menschen in Analogie gestanden haben: Sie wünschten sich, wie die Sonne wiedergeboren zu werden. Dadurch, daß das Drachenboot durch seine Gleichsetzung mit der Schlange bzw. dem Drachen auch durch das Jenseits fahren konnte, ist es das ideale Fahrzeug sowohl für die Sonne als auch für die Toten und die Fürsten bei ihrer Krönung.

Drachenboot mit Sonnenstern (?) als zentralem Motiv einer großen Szene

Detail der Abbildung links

Sonnenkreis mit Kreuz auf Drachenboot

von einem Hirsch gezogener Sonnenkreis mit Kreuz auf einem Drachenboot: Jenseitsreise und Wiederzeugung des Sonnengottes

Sonnenkreis mit Kreuz oder stilisiertem Mensch (Sonnengott) über einem Drachenboot und einem Pferd: Jenseitsreise und Wiederzeugung des Sonnengottes

Tötung eines Pferdes o.ä. über einem Drachenboot mit Sonne: Tötung des Opfertieres für die Sonne auf ihrer Jenseitsreise

Sonne hinten über einem Drachenboot; es ist unsicher, ob Sonne und Schiff zusammengehören

Sonnenschild auf Drachenboot

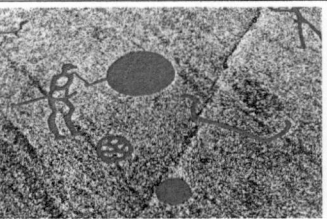
Mann mit Schwert berührt mit einem Stab (?) die Sonne (?); darunter ein Drachenboot

4. 1. e) Zusammenfassung

Einzelne Schlangen sind recht selten. Die Drachenboote scheinen jedoch schon in der germanischen Bronzezeit Jenseits-Fahrzeuge gewesen zu sein. Da sie bereits die von den Wikingerschiffen bekannten Tierköpfe am Vorder- und Hintersteven haben, hatten die Drachenboote zur Zeit der Edda und der Isländersagas bereits eine mindestens 2.500-jährige Tradition.

Im Gegensatz zu den Wikinger-Drachenschiffen finden sich auf den Steinritzung-Drachenschiffen auch gehörnte Tierköpfe an den Bugsteven.

Die Drachenboote sind als Jenseits-Fahrzeug vermutlich bereits mit der Schlange assoziiert worden. Diese Schiffe waren auch das Transportmittel der Sonne auf ihrer Fahrt durch die Unterwelt.

Die Wiederzeugung ist auch in den Felsritzungen als Motiv zu finden.

IV 2. Drachen auf den Goldhörnern von Gallehus

In Dänemark wurden um 400 n.Chr., also zur Zeit der frühesten Runensteine zwei goldene Trinkhörner aus Gold angefertigt, die mit Bildstreifen versehen sind, die vermutlich eine Jenseitsreise darstellen. In diesen Bildern finden sich u.a. auch einige Darstellungen von Schlangen.

Diese beiden Trinkhörner sind 52cm und 71cm lang und bestehen aus 3,1kg reinem Gold. Sie waren offensichtlich für einen Fürsten bestimmt, was vermuten läßt, daß die Jenseitsreise, bei der sie benutzt wurden, seine Krönung war.

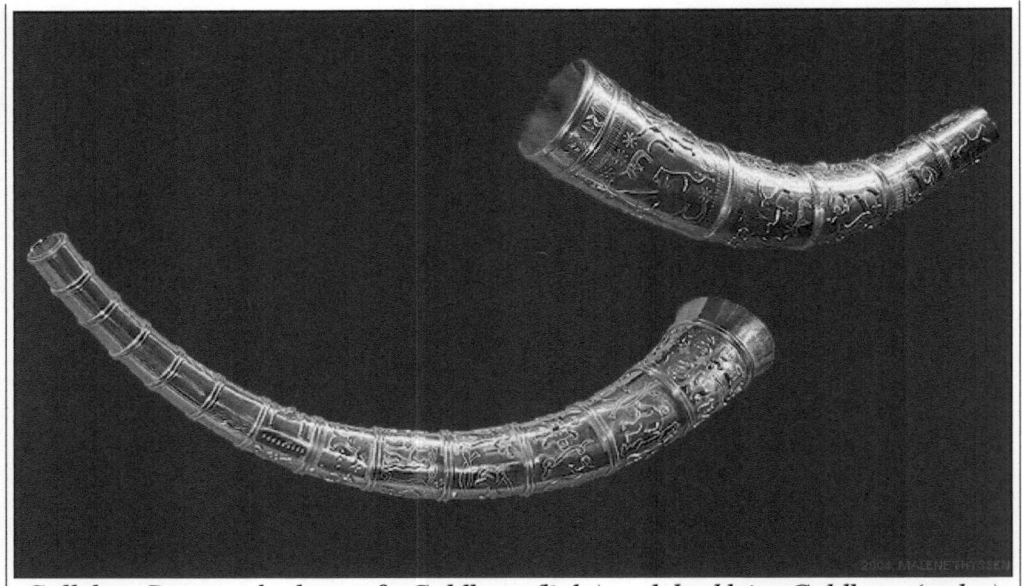

Gallehus, Dänemark: das große Goldhorn (links) und das kleine Goldhorn (rechts)

Kleines Goldhorn von Gallehus   *Großes Goldhorn von Gallehus*

Auf dem Horn finden sich in fünf bzw. sieben Bildstreifen, die auf dem Horn von der Spitze zum Mundstück hin gelesen werden, sodaß die Aussage des Horns dem Benutzter des Hornes beim Trinken sozusagen „in den Mund läuft".

IV 2. a)   Das kleinere Goldhorn von Gallehus

Auf dem kleineren der beiden Hörnern ist oben in Runen ein „Herstellervermerk" angebracht worden.

„Ich, Hlewagastiz („der berühmte Gäste hat") Holtijaz („der zu Holt Gehörige"), machte das Horn."

1. Bildstreifen

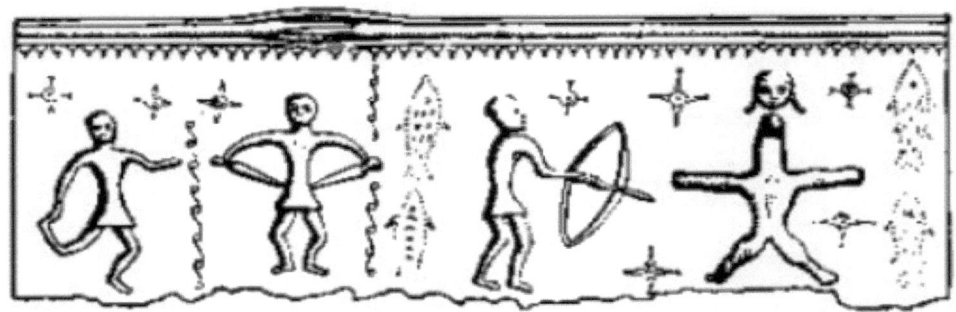

Der Fürst greift sich an seinen Fuß als Zeichen, daß er ins Jenseits aufbrechen will. Der Sonnengott wurde als Wanderer angesehen und war daher bisweilen auch ein Schuster. Aus dieser Symbolik stammt auch der „verlorene Schuh" (Aschenputtel) und der „starke Schuh" z.B. der des Asen Widar.

Der Fürst ersticht sich symbolisch mit zwei Schwertern. Real entspricht dem die Opferung eines Stieres oder Pferdes, der dem Fürsten seine Zeugungskraft für die Wiederzeugung verleihen soll.

Der Mann mit dem Bogen ist vermutlich der Diar, also der Schamane, der den Fürsten auf seiner Jenseitsreise begleitet. Da der Name des Diar sich von dem Namen des Göttervaters Tyr ableitet und der Schnee- und Bogengott Ullr wahrscheinlich „Tyr in der Unterwelt" ist, könnte dieser Bogenschütze eine enge Verbindung zu dem Asen Ullr haben. Der Bogen weist vermutlich sowohl bei dem Schamanen/Priester als auch bei dem Asen Ullr darauf hin, daß er das Opfertier (Stier, Pferd, Hirsch o.ä) jagt und/oder tötet.

Rechts ist ein wenig stilisiert der Fürst, der in das Fell des geopferten Stieres oder Pferdes eingewickelt ist, dargestellt. Diese Symbolik ist die Grundlage für das Utiseta, bei dem man auf dem Fell eines Stieres o.ä. sitzt und die Toten herberuft bzw. selber ins Jenseits reist.

Die Fische und die Wasserwellen zeigen an, daß der Ort, an dem sich diese Szene ereignet, (symbolisch) das Jenseits ist. Die Fische könnten evtl. die Seelen in der Wasserunterwelt sein – wie später der Zwerg Andvari als Lachs. Die Sterne sind ein weitverbreitetes Symbol der „Seelen im Himmel".

2. Bildstreifen

Ein Mann mit Sichel oder Bogen ist zusammen mit zwei Wölfen vermutlich ins Jenseits geritten. Er ist vermutlich der Schamane, aus dem später der Gott Odin wurde.

3. Bildstreifen

Links ist die stilisierte Vereinigung des Fürsten mit der Muttergöttin im Jenseits dargestellt.

Der Reiter mit dem Speer könnte wieder der Schamane/Odin sein. Der Hirsch war bei den Germanen und allgemein bei den Indogermanen ein beliebtes Opfertier. Aus der Identifizierung der Jenseitsreisenden mit dem Hirsch ist bei den Kelten der

Schamane/Hirschgott Cernunnos entstanden.

Die aufgerollte Schlange, die einen stilisierten Mann mit ihrer Zunge zwischen den Beinen berührt, erinnert sehr an die indische Kundalinischlange aus dem Yoga, die im Normalzustand zusammengerollt in dem Wurzelchakra zwischen Genitalien und After ruht. Diese Schlange ist das Symbol für die Lebenskraft im Menschen, die man, wenn sie erwacht, als glühende Hitze erleben kann. Die Erweckung dieser Feuerschlange ruft in vielen Fällen auch eine Astralreise hervor, also das Verlassen des eigenen Körpers. Diese Astralreise ist wiederum das zentrale Erlebnis aller Schamanen: die Jenseitsreise. Es liegt daher nahe, daß die damaligen germanischen Schamanen noch die Erweckung der Kundalini im Zusammenhang mit der Astralreise kannten.

Die Erweckung dieser Feuerschlange im eigenen Leib ist auch die effektivste Möglichkeit, in sich eine Ekstase hervorzurufen – einschließlich der Kampfekstase der germanischen Berserker und Ulfhedinn.

Aus der stilisierten Figur hat sich das Zeichen der französischen Könige entwickelt: die „Fleur de Lys", die keine Lilie, sondern der König selber ist. Die französischen Könige haben allgemein recht viel von der germanischen Symbolik bewahrt.

Kleines Horn, 3. Bildstreifen: stilisierter Mann	*Großes Horn, 1. Bildstreifen: stilisiertes Gesicht*	*Großes Horn, 1. Bildstreifen: stilisierter Mann*	*Fleur de Lys: Zeichen der französischen Könige*

Rechts neben der Kundalini-Szene ist ein Zentaur, also ein Pferde-Mann zu sehen, der der mit dem für ihn geopferten Pferd identifizierte Fürst sein wird.

Ganz rechts ist ein Doppelpferd zu sehen, das aus den beiden Pferden vor dem Streitwagen des Sonnengottes-Göttervaters Tyr entstanden ist und später dann zu dem Doppelpferd Sleipnir des Schamanengottes Odin geworden ist. Diese beiden Pferde sind die „Alcis" genannten Söhne des Tyr gewesen (Griechen: Dioskuren).

Die erwachte Kundalini, die im Leib aufsteigt und dann im Dritten Auge zwischen den Augenbrauen ruht, erscheint in den späteren Sagas als „Schlangen in den Augen", d.h. als Mut und Stärke und als scharfer, eindringlicher Blick.

4. Bildstreifen

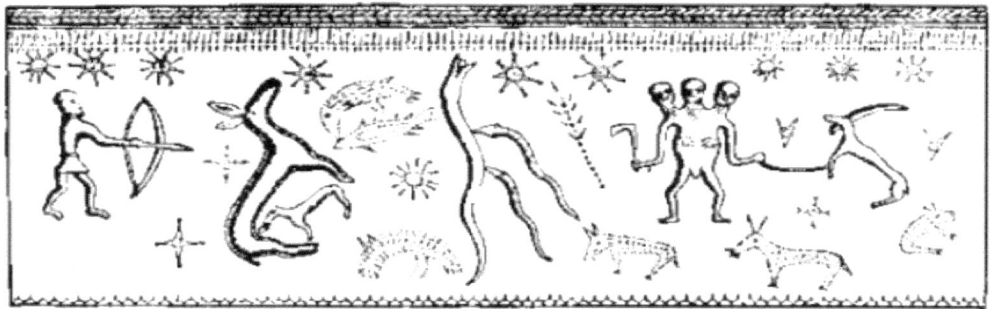

Links ist der Schamane/Ullr mit seinem Bogen zu sehen.

Daneben ist eine Hindin, die ein Kitz säugt, zu sehen. Die Schlange könnte der ehemalige Sonnengott-Göttervater Tyr und seine beiden Alcis-Söhne sein, die als Schlangen Grabak, Goin und Moin heißen. Sie erscheinen hier vermutlich als Vorbild für den Jenseitsreidenden.

Die Verwandlung der hilfreichen Schlange in einen gefährlichen Drachen fand anscheinend während der Völkerwanderungszeit (375-568 n.Chr.) statt, in der auch Odin den Tyr als Göttervater ablöste. Die germanische Mythologie scheint in dieser kriegerischen Zeit generell kämpferischer geworden zu sein.

Rechts ist die dreifache Göttin, aus der später die drei Nornen wurden, mit dem Opfertier (Ziegenbock) zu sehen.

5. Bildstreifen

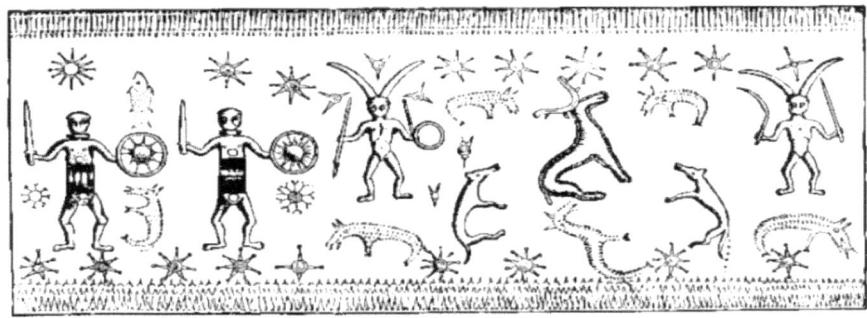

Links ist der Sonnengott zu sehen. Auf seiner Brust ist an der Stelle des Herzchakras eine kleine Sonne gemalt. Der Sonnengott ist hier vermutlich noch Tyr – er hält das Schwert des Tyr und den Schild des Ullr, der wahrscheinlich der Jenseitsaspekt des Tyr ist. Die Gestalt neben dem Sonnengott-Göttervater Tyr trägt einen Kreis auf seiner Brust und wird entweder der Mondgott Mani oder Tyr in der Unterwelt, also Ullr sein.

Auch auf die Genitalien der linken Gestalt ist das Sonnen-Symbol und auf die Genitalien der rechten Gestalt das Mond-Symbol oder Schwarzsonnen-Symbol (Sonne ohne Strahlen in der Unterwelt) gemalt worden. Vermutlich weisen beide entweder auf die Kundalini oder auf die Wiederzeugung hin.

In der Mitte ist der Fürst zu sehen, der erfolgreich ins Jenseits gereist ist:

    1. Er trägt die Hörner des Opfertieres auf seinem Kopf – hier ist das Opfertier der Ziegenbock, den auf dem vorigen Bildstreifen die dreifache Göttin an einer Leine hielt.

    2. Er hält in seiner Hand den Ring Draupnir, der das Symbol der Sonne ist – der Fürst ist also wie die Sonne/Tyr am Abend ins Jenseits gereist und am Morgen wie die Sonne/Tyr wiedergeboren worden.

    3. Er hält den Speer des späteren Gottes Odin in seiner Hand, der auch hier schon das Symbol der Stärke im Kampf sein wird.

IV 2. b)   Das größere Goldhorn von Gallehus

Die Symbolik auf dem großen Horn von Gallehus entspricht der des kleinen Goldhornes. Sie enthält noch einige weitere Szenen und vor allem weitere Darstellungen von Schlangen.

1. Bildstreifen

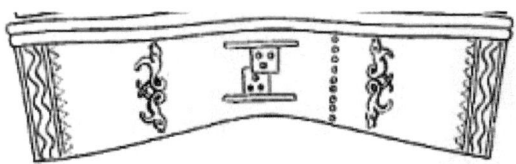

Links und rechts der Mitte sind je zwei Fische zu sehen. Die Struktur in der Mitte wird durch die Bilder auf dem dritten Streifen deutlicher. Die jeweils drei Punkte lassen bereits einen Zusammenhang mit der dreifachen Göttin und somit auch mit dem Jenseits vermuten.

2. Bildstreifen

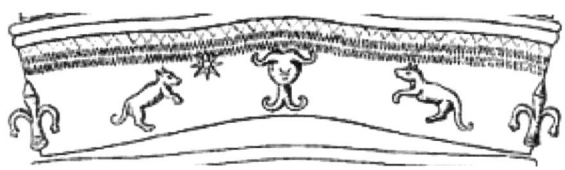

Links und rechts der Mitte ist je ein Wolf abgebildet. Aus ihnen wurden später Geri und Freki, die beiden Wölfe des Odin. Hier werden sie noch die beiden Alcis-Söhne des Tyr in ihrer Wolfskrieger-Gestalt sein.

Auf der Rückseite, also auf dieser Umzeichnung sowohl rechts als auch links ganz außen, ist der stilisierte „Jenseitsreisende" zu sehen, aus dem sich später die „Fleur de Lys" der französischen Könige entwickelte.

In der Mitte des Bildstreifens ist eine weitere stilisierte Gestalt zu sehen, die aufgrund ihrer Haare eine Frau zu sein scheint. Sie wird die Göttin sein, zu der die beiden Wölfe den Fürsten auf seiner Jenseitsreise bei seiner Krönung geführt haben und die ihn dann im Jenseits wiedergeboren hat.

Dieser Bildstreifen ist sozusagen der „1. Akt des Dramas", in dem die wesentlichen Personen und das Thema vorgestellt werden.

3. Bildstreifen

In der Mitte halten zwei Männer einen Kasten oder einen Rahmen. Darunter befindet sich ein Mensch in kindlicher Haltung, der einen Vogelkopf hat. Er wird daher ein Seelenvogel-Mensch, d.h. ein Jenseitsreisender sein. Von den Kelten und auch einigen anderen indogermanischen Völkern ist bekannt, daß sie bei rituellen Jenseitsreisen einen Schacht, eine Grube o.ä. benutzten, um die Unterwelt darzustellen. Der Rahmen, den die beiden Männer halten, könnte daher der Eingang zu einem solchen Schacht o.ä. sein.

Die beiden Strukturen in der Mitte des ersten Bildstreifens könnten dann die Deckel dieses Schachtes sein, auf denen die jeweils drei Punkte auf das hinweisen, was den Jenseitsreisenden auf der anderen Seite dieser Deckel erwartet. Es wird auch berichtet, daß sich auf der Grabeingangs-Steinplatte des Hügelgrabes des Frode (Freyr) drei Löcher befunden haben.

Runenstein von Bunge, Schweden

Vermutlich ist auf dem Runenstein von Bunge ein solche Jenseitsreise dargestellt worden. Der Rahmen auf dem Bildstreifen ist auf dem Runenstein eine Art Kiste, in die ein ebenfalls klein dargestellter Mann gesteckt wird. Er hat keinen Vogelkopf, aber über ihm fliegt ein Adler, ein weiterer Adler wird ihm von hinten gereicht und von oben langt die Klaue eines riesigen Adlers herab – vermutlich der Adler des Göttervaters Odin/Tyr.

Auf dem Bildstreifen des Größeren Goldhorns von Gallehus finden sich von links nach rechts verschiedene Schlangen:
- eine kleine Schlange,
- eine Schlange mit ausgestreckten Penis,
- eine zweite Schlange mit ausgestreckten Penis,
- eine Schlange
- eine dritte Schlange mit ausgestreckten Penis,
- zwei Schlangen, die einander, in entgegengesetzter Richtung liegend, umwickelt haben, d.h. die sich vermutlich paaren.

Diese Schlangen weisen wohl auf die Wiederzeugung hin. Es scheint also einen Symbolkomplex gegeben zu haben, der aus der Schlange, der Wiederzeugung und der Kundalini bestanden hat.

Diese Schlangen sind die Vorläufer der Schriftband-Schlangen auf den Runensteinen.

4. Bildstreifen

Links ist ein Wolf zu sehen, der der Jenseitsführer sein wird. Der Stier in der Mitte ist vermutlich das Opfertier. Der Vogelmann, Vogel-Panther o.ä. rechts daneben wird der Fürst sein. Der Mann mit Axt und Bogen (?) ganz rechts ist vermutlich der Schamane-Priester.

Die Schlangen im Hintergrund haben von links nach rechts gesehen folgende Merkmale:
- eine zusammengerollte Schlange, die an die Beschreibungen der Drachen erinnert, die sich um einen Schatz rollen,
- zwei sich paarende Schlangen,
- eine einzelne Schlange, und
- eine dicke Schlange, deren Umfang evtl. eine Schwangerschaft (Wiedergeburt) darstellen soll.

5. Bildstreifen

Links ist der Fürst als Stier-Mann oder Pferde-Mann abgebildet. Rechts findet sich wieder die Szene der Wiederzeugung des Fürsten mit der Jenseitsgöttin. In der Mitte sind zwei Vogelkopf-Männer dargestellt, von denen einer ein Schwert oder einen Säbel hält und der andere eine Axt. Sie könnten zwei Götter im Jenseits sein.

Auch hier findet sich mehrere Schlangen. Dies sind von links nach rechts:
- eine einzelne Schlange,
- eine einzelne Schlange,
- eine Schlange mit Menschenoberkörper, die ihre rechte Hand grüßend erhoben hat,
- zwei sich paarende Schlangen, und
- eine einzelne Schlange.

Die Anzahl der Schlangen zeigt ihre Wichtigkeit. Als Symbole des Jenseitsweges bilden sie den „Hintergrund" des gesamten Vorganges, der auf den Bildstreifen dargestellt wird. Im Gegensatz zu den geprägten Bildern (durchgezogene Linien), sind sie fast alle nur graviert worden (gepunktete Linien).

Die Menschen-Schlange ist vermutlich ein Mensch als Schlange, d.h. der Geist eines Toten, der anscheinend die Vogelkopf-Wesen und wahrscheinlich auch den Fürsten und den Schamanen-Priester bei ihrer Ankunft im Jenseits begrüßt. Dieses Schlangenmensch-Motiv ist die Wurzel der Verwandlung des Zwerges Fafnir in einen Drachen und auch der Göttin Hulda in einen Drachen.

6. Bildstreifen

Links ist der Fürst bei seinem rituellen Tod mit seinen beiden Schwertern zu sehen. Die Zweizahl der Schwerter weist vermutlich auf das Diesseits und das Jenseits hin.

Neben ihm steht der Schamane-Priester, der evtl. den Gott Ullr repräsentiert oder dessen Bild zu der Entstehung des Bogengottes Ullr beigetragen hat.

Das Pferd ist wahrscheinlich das für den Fürsten bei seiner Krönung geopferte Tier.

Daneben folgt ein Mann mit einem Trinkhorn, das vermutlich eins der beiden Goldhörner von Gallehus ist. Seines langes Gewand kennzeichnet ihn als Priester.

Rechts reitet ein Vogelkopf-Mann mit Speer auf einem Pferd. Er sollte, wenn man die Bilder des kleinen Goldhorns zur Deutung hinzunimmt, der wiedergeborene Fürst sein.

Dieser Bildstreifen stellt anscheinend eine Übersicht über den Gesamtvorgang dar: Von links nach rechts werden der symbolische Tod des Fürsten dargestellt, dann der Schamane mit dem Opfertier, das „Wiederstillen" mit Met und schließlich der wiedergeborene Fürst.

Es sind von links nach rechts folgende Hintergrund-Schlangen zu sehen:
- zwei sich evtl. paarende Schlangen,
- eine Doppelschlange, die aus zwei Vogelkopf-Menschenoberkörpern besteht und vermutlich eine Mischform aus Schlangen-Totengeist und Vogelseele sowie der Diesseits/Jenseits-Symbolik der „2" ist, evtl. besteht auch ein Zusammenhang mit den beiden Alcis-Söhnen des Tyr, die unter den Namen Goin und Moin auch als Schlangen erscheinen,
- eine Schlange mit Menschenoberkörper, die ihre rechte Hand grüßend erhoben hat,
- zwei sich umringelnde Schlangen mit Menschenoberkörper, die sich

anblicken und beide ihre Hand grüßend erhoben haben, und
- eine lange Schlange.

Große Mutter Laussel, 20.000 v.Chr.

Die Doppelschlange und das Schlangenmenschen-Paar ist besonders interessant, da beide zeigen, daß die beiden symmetrisch angeordneten Schlangen auf vielen Runensteinen eine alte Tradition fortführen. Vermutlich ist die Grundbedeutung dieser beiden Schlangen wieder Diesseits und Jenseits.

Doppelwesen, deren beide Oberkörper wie bei einer Skatkarte angeordnet sind, sind ein sehr altes Symbol. Bereits in den Höhlenmalereien der Altsteinzeit wurde auf diese Weise die zweifache Muttergöttin dargestellt, die im Diesseits die Geburt und im Jenseits die Wiedergeburt gibt.

Möglicherweise liegt ihnen jedoch noch eine differenzierte Symbolik zugrunde, denn im Kundalini-Yoga gibt es ein Schlangenpaar (Ida und Pingala), deren Vereinigung dazu führt, daß das Kundalinifeuer entfacht wird. Aus dieser Entdeckung hat sich mit der Zeit das Tantra-Yoga entwickelt. Es wäre denkbar, daß sich auf mythologischer Ebene dieses Motiv dadurch entwickelt hat, daß nicht nur der Tote als Schlange aufgefaßt wurde, sondern analog dazu auch die Muttergöttin selber. Solche Schlangengöttin sind zumindestens im Mittelmeerraum gut bekannt gewesen.

Das Schlangenmenschen-Paar zeigt auch die ersten Anfänge der später so wichtigen Flechtmuster.

7. Bildstreifen

Dieser Bildstreifen ist eine Bildergeschichte in sich. Sie beginnt vermutlich bei dem sechsten Zeichen in der obersten Reihe und verläuft dann von links nach rechts und fährt danach mit den drei linken Zeichen fort.

7. Bildstreifen: obere Zeile

1. Szene (Bild 7/8/9): Neben einem Speermann, der der wiedergeborene Fürst sein wird, ist links eine Schlange und rechts ein Vogel auf einem Fisch zu sehen. Die Schlange könnte der Jenseitsweg sein und der Vogel die Seele des Fürsten, die auf einem Fisch durch die Wasserunterwelt reist. Diese Szene könnte daher die Reise ins Jenseits darstellen.

2. Szene (Bild 10/11/12): Ein Mann, dessen Haltung der stilisierten Gestalt gleicht, unter der die Kundalinischlange abgebildet ist, wird von zwei Schlangen umgeben. Dies könnte sich auf die Wiederzeugung (Paarung der Schlangen) beziehen.

Fürst

Diese Haltung wird im Yoga „Held" („Virasana") oder „Diamantsitz" genannt und ist eine der ältesten Yoga-Asanas. Sie dient der Erweckung der Kundalini. Es scheint daher recht wahrscheinlich, daß sich auch diese Szene auf die Erweckung der Kundalini bezieht.

Es sieht so aus, als ob sich nicht nur viele mythologische Themen, sondern auch differenzierte schamanische Techniken der Indogermanen bis zu den Indern (Yoga) und den germanischen Schamanen erhalten haben.

3. Szene (Bild 1/2/3): Zwei Männer erheben segnend oder grüßend ihre Hände zu einem Vogelkopfmann. Sie werden der Fürst und vermutlich zwei Priester o.ä. sein. Diese Szene könnte sich auf die erfolgreiche Wiedergeburt beziehen.

4. Szene (Bild 4/5/6): Die erste Szene wird noch einmal wiederholt. Sie wird nun die Reise zurück ins Diesseits darstellen.

Die oberste Bildfolge stellt anscheinend vor allem den Kundalini-Aspekt der Jenseitsreise dar.

7. Bildstreifen: untere Zeile

Man kann zumindestens vermuten, daß die unterste Zeile an derselben Stelle beginnt wie die oberste, d.h. in der Mitte der oben abgebildeten Umzeichnung des Bildstreifens.

1. Szene (Bild 6): Ein großes, vierbeiniges und eher plumpes Tier mit Menschen-

kopf steht auf einem Fisch. Dies könnte der Stier-Mann auf seiner Reise in die Wasserunterwelt (Fisch) sein.

2. Szene (Bild 7/8): Vor einem sitzenden Mann befindet sich eine aufsteigende Schlange. Der Mann erhebt grüßend seine Arme.

3. Szene (Bild 9/10): Vor einem sitzenden Mann befindet sich nun eine absteigende Schlange. Im Vergleich zu der vorigen Szene beugt sich der Mann vor – wie bei einer ehrerbietigen Verneigung.

4. Szene (Bild 1/2): Nun sitzt ein Mann im Diamantsitz vor einer aufwärts geringelten Schlange. Diese Folge von drei „Mann vor Schlange"-Szenen erinnert an den „Sonnengruß" aus dem Yoga, der eine genau festgelegte rituelle Verbeugung ist. Die Richtung der Schlangen erinnert wiederum an das Kundalini-Yoga, in der das Innere Feuer zunächst innen im Körper aufwärts geleitet wird, dann rings um dem Körper wieder hinunterfließt, um dann erneut aufzusteigen.

Diese drei Szenen könnte daher eine einfache Form des Kundalini-Yogas darstellen – was allerdings keineswegs sicher ist.

5. Szene (Bild 3/4/5): Ein sitzender Mann, vor dem sich ein länglicher Gegenstand mit 5 Punkten befindet, blickt zu einem vierbeinigen Tier oder eher Tiermenschen, das von einem weiteren Mann an der Leine gehalten wird.

Vielleicht ist der längliche Gegenstand ein Schwert – dann würde diese Szene die Vorbereitung zum Opfer darstellen. Die untere Zeile müßte dann allerdings mit dieser Szene beginnen – was die Symmetrie der beiden Zeilen stören würde. Die Bedeutung dieser Szene ist unklar.

7. Bildstreifen: zwischen den beiden Zeilen

In dem Zwischenraum zwischen den beiden Streifen aus kleinen Bildern sind zwei sich paarende Schlangen zu sehen. Sie entsprechen vermutlich den beiden Schlangen in der obersten Zeile ganz rechts.

IV 2. c) Das Runenkästchen von Auzon und die Goldhörner von Gallehus

Auf dem Runenkästchen von Auzon findet sich die Darstellung eines Schlangenpaares, das denen auf den Goldhörnern von Gallehus ähnelt.

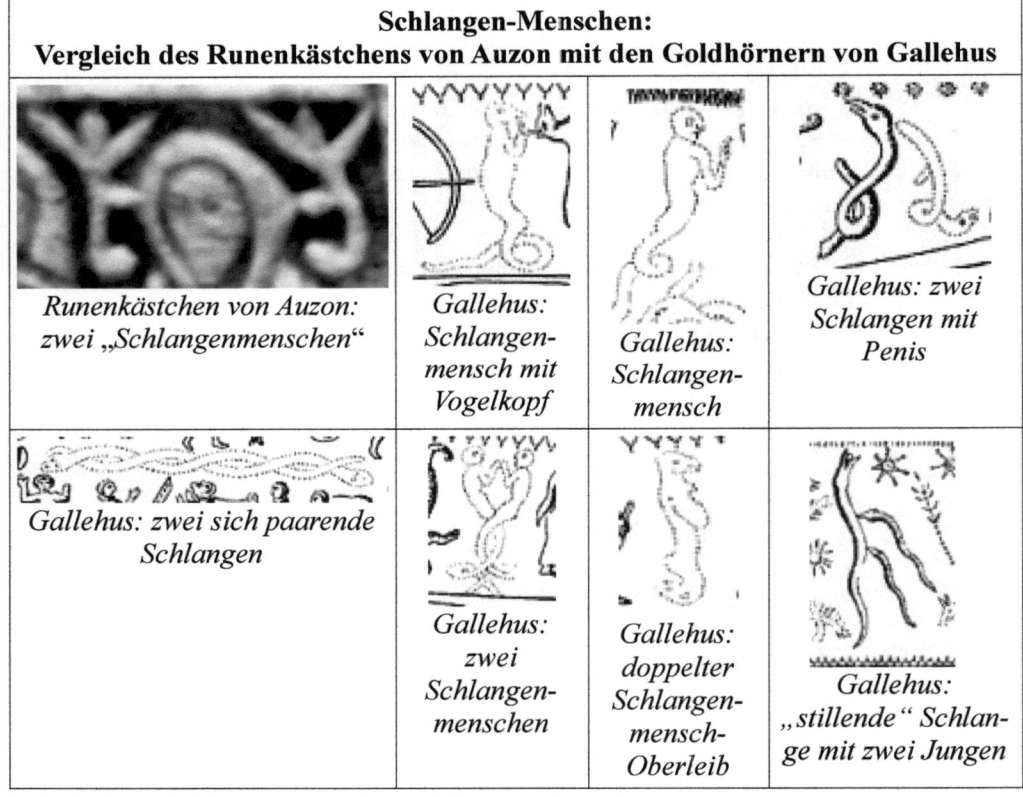

Schlangen-Menschen:
Vergleich des Runenkästchens von Auzon mit den Goldhörnern von Gallehus

Runenkästchen von Auzon: zwei „Schlangenmenschen"

Gallehus: Schlangenmensch mit Vogelkopf

Gallehus: Schlangenmensch

Gallehus: zwei Schlangen mit Penis

Gallehus: zwei sich paarende Schlangen

Gallehus: zwei Schlangenmenschen

Gallehus: doppelter Schlangenmensch-Oberleib

Gallehus: „stillende" Schlange mit zwei Jungen

Falls die beiden Wesen auf dem Runenkästchen tatsächlich Schlangen sein sollten, hätten sie erhobene Arme und evtl. einen aufgerichteten Penis.

Der Kopf gehört zu Bödhild, der Geliebten des Wieland. Da der Schmied Wieland der ehemalige Göttervater Tyr im Jenseits ist, könnten die beiden kleinen Wesen neben dem Kopf der Bödhild seine beiden Alcis-Söhne sein.

IV 2. d) Zusammenfassung

Die Schlangen auf den beiden Goldhörnern von Gallehus stellen vor allem innere spirituelle Vorgänge und nur selten äußere mythologische Wesen dar.

Die Schlange ist ein friedliches und hilfreiche Wesen, wie die Schlangen mit Menschenoberleib zeigen, die ihre rechte Hand zum Gruß erhoben haben.

Die Schlange wird mit erigiertem Penis, bei der Paarung, in der Schwangerschaft und beim Stillen dargestellt. Auch die Schlangenmenschen werden bei der Paarung abgebildet. Die Schlange ist daher eng mit der Wiederzeugung, der Wiedergeburt und dem Wiederstillen im Jenseits verbunden. Die Toten im Jenseits und die Muttergöttin verwandeln sich bei diesen Vorgängen in Schlangen. Dies findet sich dann später bei den Schlangen – und Drachenverwandlungen des Odin, des Fafnir, der Hulda und anderer wieder.

Da Schlangen keine Säugetiere sind, muß ihr Stillen ihrer Jungen eine mythologische Bedeutung haben.

Die Schlange wird, wie es scheint, auch als die Kundalini im Wurzelchakra aufgefaßt. Das beiden Schlangen links und rechts neben einem Mann im „Diamantsitz" könnten die Schlangen Ida und Pingala sein, die im Yoga den männlichen und den weiblichen Aspekt der Kundalini verkörpern, die bei der Erweckung des Inneren Feuers vereint werden müssen.

Diese Schlangen-Vereinigung ist von der Wiedergeburts-Symbolik abgeleitet worden – sie repräsentieren das innere Männer- und Frauenbild eines Menschen. Dieser Vorgang ist noch heute ein wesentliches Element des tibetischen Yogas („Tantra").

Der Mann im „Diamantsitz" wurde zu einem abstrakten Zeichen stilisiert, aus dem sich mit der Zeit die Fluer de Lys der französischen Könige entwickelte.

Das „Diamantsitz"-Asana wird durch zwei ähnliche Haltungen ergänzt, die eine Verbeugung vor der Schlange darstellen, die der indischen „Sonnengruß"-Yogaübung ähneln.

Die Doppelschlange stellt vermutlich die zweifache Muttergöttin im Jenseits dar, die im Diesseits die Geburt und im Jenseits die Wiedergeburt gibt.

IV 3. Drachen auf den Bildsteinen

Die Bildsteine der Germanen stammen aus der Spätphase der Tyr-zentrierten Religion, d.h. aus der Zeit zwischen ca. 400-600 n.Chr. Auf ihnen wird sehr oft das Sonnenrad (Tyr) und daneben eine oder mehrere Schlangen dargestellt.

IV 3. a) Die Bildsteine

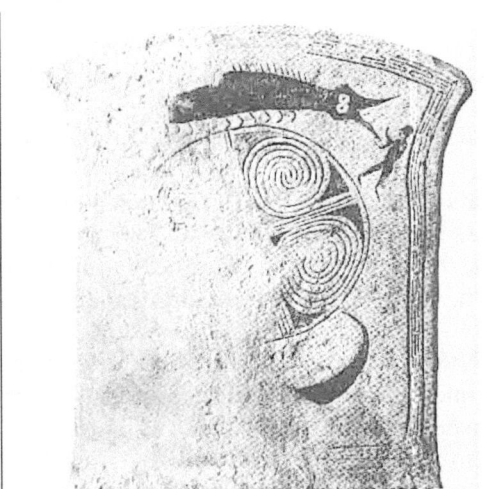

Sonne, Drache, Mann und Schiff
Austers, Schweden

Sonne, Schlange (oben und unten)
Bro Kyrka, Schweden

Auf dem linken Bildstein findet sich über der Sonne die seltene Darstellung eines vielbeinigen Drachens. Der Mann vor ihm scheint mit ihm zu sprechen – auf jeden Fall kämpft er nicht mit dem Drachen. Unter der Sonne ist ein Schiff zu sehen. Möglicherweise handelt es sich bei dem Mann um den ehemaligen Sonnengott-Göttervater Tyr, der als Drache, also als Totengeist auf der Sonnenbarke durch das Jenseits fährt. Auf den bereits dargestellten skandinavischen Steinritzungen findet sich ca. 1500 Jahre vorher eine ganz ähnliche Darstellung eines Mannes vor einem Drachen bzw. vor einer Schlange.

Auf dem rechten Runenstein ist in der Mitte die Sonne, oben ein Drache oder eine Schlange und unten zwei Schlangen zu sehen. Möglicherweise sind dies Tyr und seine beiden Alcis-Söhne als Totengeist-Schlangen im Jenseits.

Meditierender mit zwei Schlangen
Gotland, Schweden

Sonne und 11 stilisierte Schlangen
Havor, Schweden

Auf dem linken Runenstein ist ein Meditierender zu sehen. Seine Haltung, die der des „Kundalini-Mannes" auf den Goldhörnern von Gallehus gleicht, und die beiden Schlangen in seiner Hand lassen vermuten, daß es sich auch hier um einen „Kundalini-Yogi" handelt. Er könnte auch als Tyr und seine beiden Alcis-Söhne aufgefaßt worden sein.

Der Trikelis über dem Meditierenden ist eine differenzierte Form des Hrungnir-Herzens, die aus einer Schlange (rechts oben), einem Vogel (links oben) und einem Wolf oder Eber (unten) besteht – also aus Tieren, die mit der Jenseitsreise verbunden waren: der Seelenvogel, der Schlangen-Totengeist und der Wolf als Jenseitsführer bzw. der Eber als das Opfertier für den Toten, das seine Zeugungskraft für seine Wiederzeugung sichern soll.

Der Trikelis ist deutlich als Sonnensymbol erkennbar, da er sich genau dort befindet, wo auf den anderen Bildsteinen das Sonnensymbol steht.

Auf dem rechten Bildstein sind rings um das Sonnensymbol eine Vielzahl von sehr stark stilisierten Schlangen/Drachen zu sehen: oben ein vierbeiniger Drache (Kopf oben in der Mitte), links und rechts jeweils vier Schlangen/Drachen und unten noch einmal zwei Drachen. Der Drache oben und die beiden Drachen unten könnten wieder Tyr und seine beide Alcis-Söhne sein.

*Drache, Sonne, Schlangen, Baum, Schiff
Sanda, Schweden*

Oben in der Mitte ist das Sonnensymbol zu sehen.

Darüber ist noch in Resten eine Schlange oder ein Drache erkennbar.

Unten der Sonne befinden sich zwei Schlangen, die zwei kleine Sonnensymbole umschlingen.

Unter ihnen ist vermutlich der Weltenbaum dargestellt worden.

Unter diesem ist wieder in Resten ein Drache zu sehen.

Unter diesem ist ein Schiff dargestellt worden.

Vermutlich handelt es sich hier wieder um den ehemaligen Sonnengott-Göttervater Tyr (Schlange oben, Sonne) mit seinen beiden Alcis-Söhnen (zwei Schlangen), die in ihrem Sonnenschiff (unten) auf dem Jenseitsweg (Weltenbaum) fahren.

*Sonne, 2 Reiter, Schlange
Gotland, Schweden*

*Drachen, Sonne, Drachen-Pferde
Gotland, Schweden*

Auf dem linken Runenstein ist wieder die Sonne zu sehen und unter ihr zwei Reiter – vermutlich Tyr und seine beiden Alcis-Söhne.

Leider ist nicht erkennbar, ob es sich unten um eine oder zwei Schlangen handelt. Vermutlich werden es zwei sein, die sich um je einen der beiden Kreise schlängeln und die ebenfalls die beiden Alcis darstellen werden. Die Alcis erscheinen hier daher wahrscheinlich sowohl als Reiter als auch als Schlangen.

Auf dem rechten Runenstein steht wieder die Sonne im Mittelpunkt. Die beiden Schlangen/Drachen oben und die beiden „Drachen-Pferde" unten werden wieder die beiden Alcis sein.

Die Deutung der beiden „Drachen-Pferde" als die beiden Alcis ist recht sicher, da die beiden Alcis den Sonnenwagen ihres Vaters Tyr in der Gestalt von zwei Schimmeln gezogen haben – ein „Drachen-Pferd" ist der Totengeist eines Pferdes im Jenseits. Diese Symbolik entspricht der Darstellung der beiden Alcis als zwei Reiter auf dem linken Bildstein.

2 Drachen, Sonne 2 Männer	3 Schlangen
Uppland, Schweden	Sandegard, Schweden

Auf dem linken Bildstein ist in der zentralen Position die Sonne, d.h. Tyr zu sehen. Sie wird oben von den beiden Alcis als „Drachen-Pferde" und unten von ihnen als Krieger mit Schild und Speer begleitet.

Auf dem rechten Runenstein ist eine Große Schlange zu sehen, die von zwei kleinen Schlangen begleitet wird: Tyr und seine beiden Alcis-Söhne.

IV 3. b) Zusammenfassung

Auf den Bildsteinen wird der ehemalige Sonnengott-Göttervater Tyr als Sonne und großer Drachen/Schlange dargestellt, der von seinen beiden Alcis-Söhnen als zwei Krieger, Reiter, „Drachen-Pferde" oder Schlangen begleitet wird.
Der Weltenbaum und das Drachenschiff stellen den Jenseitsweg dar – Tyr und seine beiden Söhne befinden sich in der Unterwelt, wie ihre Schlangengestalt zeigt.

IV 4.   Drachen auf den Brakteaten

Zwischen 400 und 600 n.Chr., also in etwa zur Zeit der Bildsteine, wurden von den Germanen Brakteaten hergestellt. Dies sind kleine, dünne Goldbleche, die wie Münzen aussehen. Sie sind jedoch deutlich dünner als Münzen und im Gegensatz zu Münzen nur von einer Seite her geprägt. Die Prägung ist auf der einen Seite des Brakteaten als Positiv und auf der anderen als Negativ zu sehen – die Prägung wird sozusagen „von hinten" durch das Metall gedrückt.

Es wurden bisher an ca. 425 Fundstellen über 1.000 Brakteaten gefunden, die ca. 600 verschiedene Prägungen aufweisen. Die meisten von ihnen stammen aus Dänemark, viele aus Norwegen und Schweden, 30 aus England und 20 aus dem restlichen Europa.

Ca. ein Drittel der Brakteaten enthält eine Runeninschrift, die aber meist nicht lesbar ist und vermutlich Schutzformeln darstellt. In einigen Fällen könnte das „Zauberwort" aus den Anfangsbuchstaben der Worte eines Satzes gebildet worden sein, der den erwünschten Schutz durch den Brakteat darstellt.

Die magische Funktion der Brakteaten wird auch dadurch deutlich, daß sie sehr oft eine Öse besitzen, damit man sie an einer Schnur um den Hals tragen konnte. Die Brakteaten waren kein Zahlungsmittel, auch wenn sie Münzen sehr ähnlich sehen.

Das häufigste Motiv auf ihnen ist ein Reiter mit Speer. Er wird vermutlich der (nordgermanische) Seelenführer sein, aus dem sich während der Völkerwanderungszeit, also in etwa während der Periode, in der die Brakteaten hergestellt wurden, mit dem (südgermanischen) Gott Odin gleichgesetzt wurde.

IV 4. a)   Drachen-Brakteaten

Zwischen 400 n.Chr. und 600 n.Chr. stellten die Germanen dünne, gestanzte Goldbleche her, die als Amulett benutzt wurden. Da in dieser Zeit bei den Nordgermanen der Wechsel von Tyr zu Odin als Göttervater stattgefunden hat, ist zu erwarten, daß der Reiter, der häufig auf diesen Brakteaten abgebildet ist, eine Mischform aus Tyr und Odin darstellt.

Da Tyr und seine beiden Alcis-Söhne in den Sagas mehrfach als „Haddingar", also als „Langhaarige" erscheinen, ist anzunehmen, daß die Vorstellung über den langhaarigen Tyr noch stark das Bild des Reiters auf den Brakteaten geprägt hat. Die langen Haare des Reiters stammen vermutlich von der Mähne der beiden Schimmel, in deren Gestalt die beiden Alcis den Sonnenwagen ihres Vaters Tyr gezogen haben. Diese Haartracht ist damals vermutlich auch die „Fürstenfrisur" gewesen, da die

Fürsten sich als die Nachfolger oder Stellvertreter des Göttervaters angesehen haben und die Germanenstämme in den alten Überlieferungen oft von zwei Männern gleichzeitig angeführt worden sind (siehe auch „Haare" in Band 63).

Tyr-Odin mit „Fürsten-Frisur", Pferd und Vogel (links)

Tyr-Odin mit „Fürsten-Frisur", Pferd

Tyr-Odin mit „Fürsten-Frisur", Pferd und Vogel (links)

Tyr-Odin mit „Fürsten-Frisur", Pferd und Vogel (rechts)

Tyr-Odin mit „Fürsten-Frisur", Pferd und zwei Vögeln (Alcis)

Tyr-Odin mit „Fürsten-Frisur", Pferd

Auf vielen dieser Brakteaten ist die Swastika abgebildet, die die Sonne darstellt. Die Symbolik der allnächtlichen Jenseitsreise der Sonne bestätigt die Auffassung des Speer-Reiters, der manchmal von (Seelen-)Vögeln begleitet wird, als Schamanen-Seelenführer und als schon teilweise umgewandelte Form des ehemaligen Sonnengott-Göttervaters Tyr.

Tyr-Odin mit „Fürsten-Frisur", Pferd, Vogel (links) und zwei Swastikas

Tyr-Odin mit „Fürsten-Frisur", Pferd und Swastika

Tyr-Odin mit „Fürsten-Frisur", Pferd und Swastika

Es gibt nur sehr wenige Brakteaten, auf denen sich Darstellungen befinden, die Schlangen bzw. Drachen sein könnten.

laufender Fürst (Odin?); rechts eine Swastika, links oben evtl. eine Schlange; links unten evtl. eine zweite Schlange; rechts unten ein sehr stark abstrahiertes Tier (?)

ein vierbeiniges Tier (Pferd, Drache?) mit Klauen, Schnabel (?) und langer Zunge; auf ihm sitzt oder liegt etwas, an dem etwas hängt, das der „Fürsten-Frisur" ähnelt; oben ein Vogel

IV 4. b) Zusammenfassung

Die Schlange erscheint auf den Brakteaten, die Tyr-Odin darstellen, nur ein einziges mal – vermutlich als Jenseitsreise-Gestalt des ehemaligen Sonnengott-Göttervaters Tyr oder des neuen Schamanengott-Göttervaters Odin.

IV 5. Drachen aus Sutton Hoo u.a. Funden

An zwei nur 280km voneinander entfernten Fundorten, in dem Schiffsgrab des Fürsten Raedwald von Ost-Anglia in Sutton Hoo bei Suffolk in Ostengland und in einem Hort-Fund in Burntwood bei Staffordshire in Mittelengland, die beide zwischen ca. 620 n.Chr. und 750 n.Chr. von den Angelsachsen angelegt worden sind, sind einige Schmuckstücke entdeckt worden, die mit Drachen bzw. Schlangen verziert worden sind.

Der Fund von Uppakra in Schweden ist etwas jünger und stammt von ca. 900 n.Chr.

IV 5. a) Sutton Hoo

Gürtelschnalle mit rechteckigem Schlangen-Ornament;
zum Verschließen wurde der Stab durch die länglichen Ösen am Rand der beiden Schnallenteile beider Teile gesteckt, der Gürtel selber war an den Ringösen auf den beiden Schnallenplatten festgenäht
Sutton Hoo, ca. 620 n.Chr.

*dieselbe Gürtelschnalle in geschlossenem Zustand
oben ist das obere Ende des Verschlußstabes zu sehen*

Auf dieser Gürtelschnalle sind links außen und rechts außen neben den beiden rechteckigen Feldern je zwei, und an den übrigen sechs Seiten der beiden Felder jeweils drei stilisierte Schlangen/Drachen zu sehen. Ganz außen ist jeweils in der Mitte eine Biene zu sehen, die von einem Eber-Doppelkopf umgeben wird, deren beiden Köpfe durch einen halbkreisförmigen Hals verbunden sind. Ganz außen sind zwei Pferde-Köpfe zu sehen, deren Hälse ebenfalls einen Halbkreis bilden und die die beiden Alcis darstellen könnten.

Vermutlich sind hier einfach wichtige mythologische Symbole ohne Bezug auf eine konkrete Mythe dargestellt worden.

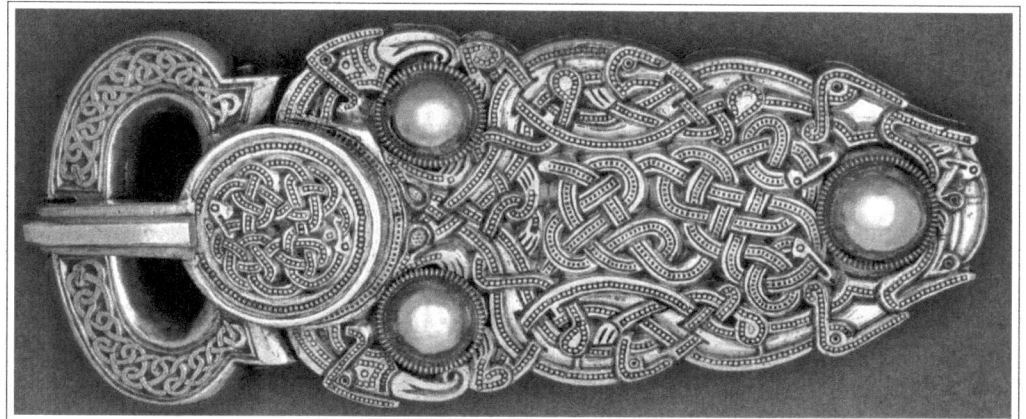

Fibel mit komplexem Schlangen-Ornament; Sutton Hoo

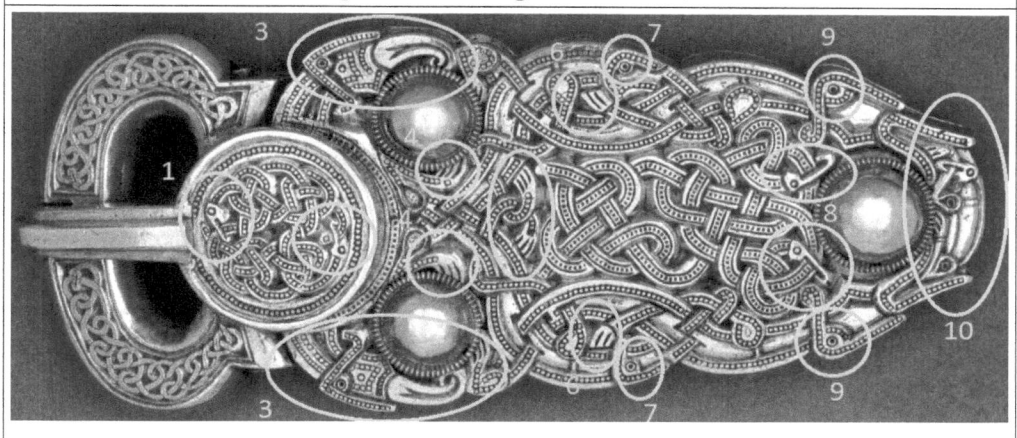

Auf dieser Fibel ist ein sehr stark stilisiersteste Flechtmuster zu sehen, das Tiere darstellt. Es sind mehrere Körperteile von Tieren zu sehen: Vogelkopf-Paare (1 und 2, 3 oben/unten, 8 oben/unten), Hände oder Krallen (4 oben/unten, 5 oben/unten, 6 oben/unten), Augen, Gelenke o.ä. (7 oben/unten, 9 oben/unten) und ein vierfüßiges Tier (10).

Das Flechtmuster selber ist vermutlich durch die Darstellung von Schlangen inspiriert worden.

Wahrscheinlich sind auch hier lediglich wichtige mythologische Motive ohne den Hintergrund einer konkreten Mythe dargestellt worden.

Geldbeutel; oben Mitte. vier Drachen(?); Sutton Hoo

Auf diesem Beutel-Verschluß sind oben in der Mitte vermutlich vier Schlangen oder Drachen zu sehen, darunter zweimal das „Adler schlägt Ente"-Motiv und unten außen zweimal das „Krieger mit zwei Raubtieren"- Motiv, das evtl. Tyr (Sonnen-Kopf?) mit seinen beiden Alcis-Söhnen als Wölfe sein könnte.

Auch hier ist vermutlich keine konkrete Mythe dargestellt worden es wurden nur wichtige Motive „aufgezählt", um dem Beutel und somit seinem Träger Macht, Bedeutung und Ansehen zu verleihen.

IV 5. b) Burntwood

Der Fund von Burntwood, der auch als „Staffordshire-Hort" bezeichnet wird, ist ca. 130 Jahre jünger als der von Sutton Hoo.

Armreif mit Schlangen-Ornament; Burntwood

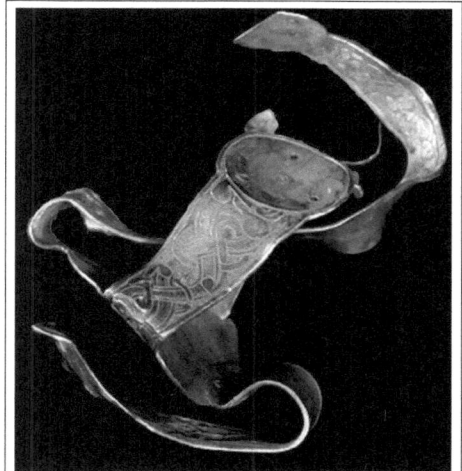
stark verbogene Helmzier mit Schlangen-Ornament; Burntwood

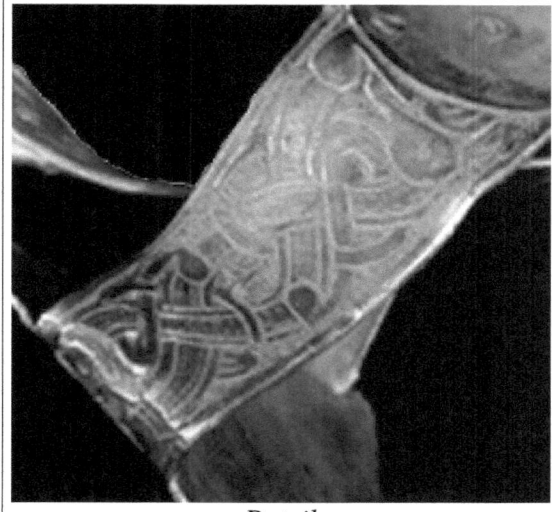
Detail (der Schlangenkopf befindet sich rechts oben)

IV 5. c)   Uppakra

Auch aus Skandinavien sind Schlangen/Drachen-Schmuckstücke bekannt – sie wurden in dem Tempel von Uppakra in Schweden gefunden und zwischen 800 n.Chr. und 1000 n.Chr. hergestellt.

Drachenkopf; Uppakra

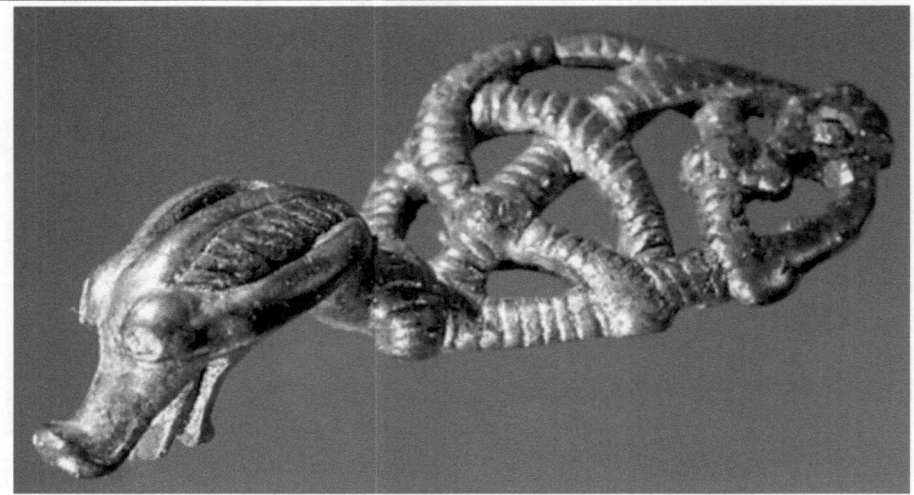

Schlange/Drache; Uppakra

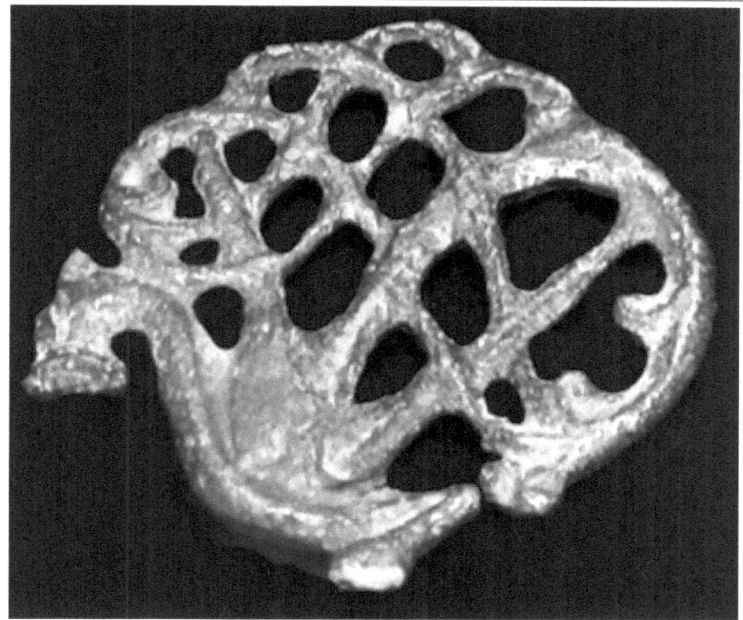
Flugdrache(?); Uppåkra

Drache (?)

Goldplättchen: zwei Schlangen (Alcis)

IV 5. d) Zusammenfassung

Die Drachendarstellungen auf den Gürtelschnallen, Beutelschnallen, Armreifen, Helmverzierungen und Fibeln sind vermutlich lediglich ein Bestandteil einer Ansammlung von mythologischen Symbolen, der jedoch keine konkrete Mythe zugrundeliegt.
Einige Motive stellen wahrscheinlich Tyr und seine beiden Alcis-Söhne dar.

IV 6.   Waffen aus der Vendelzeit

Dieser Epoche dauerte von 550 bis 800 n.Chr. Sie umfaßt die ca. 250 Jahre zwischen der Völkerwanderungszeit und der Wikingerzeit.

Aus dieser Epoche sind ein Schild und ein Helm bekannt, auf denen Drachen abgebildet worden sind. Der Helm mit dem Drachen erinnert an den Ögishelm, den Fafnir besaß und mit dessen Hilfe er sich vermutlich in einen Drachen verwandelt hat.

IV 6. a)   Helme und Schilde

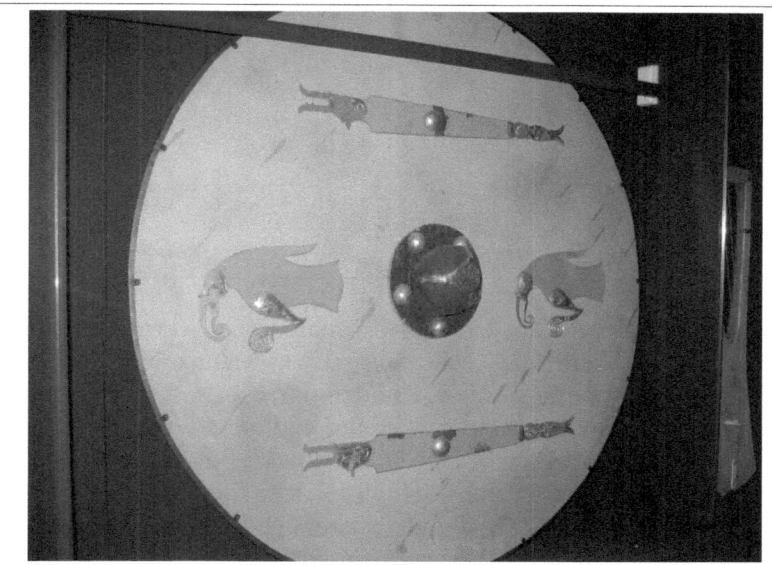

Schild

In der Mitte des Schildes ist der Schildbuckel zu sehen, hinter dem sich der Griff des Schildes befand.

Links und rechts von ihm sind zwei Vögel dargestellt worden und oben und unten jeweils eine Schlange oder ein Drache.

Vermutlich sind dies lediglich „mächtige Symbole", die keine bestimmte Mythe darstellen sollen – es sei denn, der Schildbuckel ist als Sonne (Tyr) aufgefaßt worden (wofür es jedoch keinerlei Hinweise gibt), was die beiden Vögel bzw. Drachen dann zu den Alcis-Söhnen des Tyr werden lassen würde.

 *Helm*  *Detail*

Auf diesem Helm kriecht ein Drache von hinten nach vorne über den Kopf des Trägers dieses Helmes. Sein Maul endet über einem Männerkopf, den er vermutlich beschützt – dies entspricht genau dem Kundalini-Yoga, in dem man die Kundalinischlange innen vor der Wirbelsäule emporleitet und dann von hinten über den Kopf bis nach vorne zu dem „Dritten Auge" (Stirn-Chakra) zwischen den Brauen leitet (auch die Uräus-Schlange des Pharaos befindet sich an dieser Stelle).

Es ist gut denkbar, daß dieser Drache der ehemalige Sonnengott-Göttervater Tyr als Drache gewesen ist, der den Krieger im Kampf beschützt. Der kleine Kopf könnte daher auch Tyr darstellen.

Die beiden „Augenbrauen-Verlängerungen" sind evtl. die beiden Alcis als Schlangen.

Diese Art von „Drachen-Helm" ist in der Vendelzeit weit verbreitet gewesen:

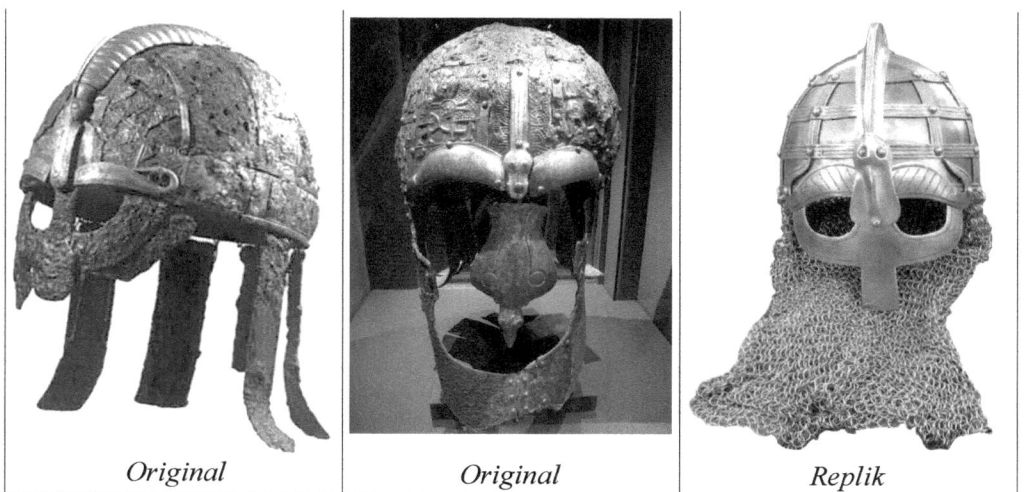

Original   *Original*   *Replik*

IV 6. b)   Zusammenfassung

Die von hinten nach vorne über den Helm kriechende Schlange könnte sowohl die Kundalini als auch Tyr als Drache sein – die Kundalini ist die Grundlage der Kampfekstase und Tyr ist als Göttervater der mächtigste Beschützer eines Kriegers.

IV 7. Drachen auf den Runensteinen

Auf den Runensteinen ist eine Vielzahl von Schlangen und Drachen zu finden, sodaß auch sie helfen können, die Bedeutung der Schlangen und Drachen für die Germanen zu verstehen.

Es sind ca. 6.500 Runensteine bekannt. Etwa 95% von ihnen befinden sich in Schweden und Norwegen. Die größte Dichte an Runensteinen ist in der schwedischen Provinz Uppland zu finden, die zu Zeit der Errichtung der Runensteine am dichtesten von Schweden besiedelt gewesen ist. Der größte Teil der übrigen 5% der Runensteine findet sich in Dänemark. Der Rest verteilt sich auf Deutschland, England, die Isle of Man, die Färöer-Inseln, Grönland, das Baltikum, Rußland, die Ukraine, das Westufer des Schwarzen Meeres, die Küste des Kaspischen Meeres sowie einige „Graffiti"-Runensteine in Griechenland.
Die Runensteine sind in Südschweden und Südnorwegen entstanden, in der es eine lange Tradition von Felsritzungen an den Felsen an der Küste und von Bildsteinen in Hügelgräbern gibt.
Von 400-750 n.Chr. finden sich auf den Steinen nur Runeninschriften und danach bis 1200 n.Chr. auch Steine mit Runen und Bildern. Auf ihnen ist die Schlange als Schriftband das Hauptmotiv. Die ersten Bildsteine, die in der Gestalt eines Phallus geformt und mit einer reichen Bilderwelt versehen waren, entstanden um 750 n.Chr. auf der schwedischen Insel Gotland. Der Schwerpunkt der Anfertigung von Runensteinen liegt in der Wikingerzeit, die von 793-1066 n.Chr. dauerte.
Die Zeit der Runensteine mit Bildern entspricht daher in etwa der Zeit, aus der das Beowulf-Epos und die frühen Skaldengedichte stammen.

IV 7. a) Zeitgenössische Texte über Runensteine

Anfangs standen die Runensteine bei Gräbern oder oben auf einem Hügelgrab. Diese Sitte geht sehr wahrscheinlich auf eine ältere Tradition zurück, in der oben auf dem Hügelgrab ein Holzpfosten mit einer Inschrift oder Bildern errichtet wurde. Vermutlich stellte dieser Pfahl den Weltenbaum dar. Diese frühere Tradition wird von dem arabischen Forschungsreisenden Ibn Fadlan berichtet, der um ca. 922 n.Chr. eine germanischen Fürstenbestattung an der Wolga miterlebte:

„Endlich bauten sie da, wo das Schiff welches sie vom Ufer hochgezogen hatten stand, einen Hügel auf. Mitten auf diesem Hügel errichteten sie eine schwere Holzstütze aus Birkenholz. Auf diese schrieben sie den Namen des Mannes und den

Namen Rus-König und gingen dann sie ihres Weges."

Bei dieser Bestattung wurde der germanische Fürst wie der Ase Baldur und der König Beowulf in einem Schiff verbrannt. Über der übriggeblieben Asche wurde dann das Hügelgrab errichtet. Der Birkenpfosten, an dessen Stelle oft der Runenstein trat, wurde später zu einem „Bug-Runenstein", als man in Skandinavien Gräber in Steinovalen anlegte, die ein Schiff darstellten.

In der Ynglinga-Saga heißt es:

„Für wichtige Männer sollte zu ihrem Angedenken ein Hügelgrab errichtet werden und für alle anderen Krieger, die sich durch Männlichkeit ausgezeichnet haben, ein stehender Stein."

Später fanden sich auch Runensteine an Versammlungsplätzen, Straßen, Brücken und Furten. Aus der späten Zeit sind auch etliche Runensteine bekannt, die in Kirchen eingebaut worden sind – ob sie allerdings schon vor der Errichtung der Kirche dort standen oder beim Bau der Kirche dorthin gebracht worden sind, ist unbekannt.

Die Runensteine stehen in der Regel alleine, auch wenn sich einige wenige Runenstein-Paare gefunden haben.

König Harald Blauzahn errichtete 960 n.Chr. einen Runenstein, auf dem er einmeißeln ließ, daß er zum Christentum übergetreten sei und daß nun eine neue Epoche beginne. In der Folge davon wurden in Südskandinavien ca. 50 Jahre lang eine Fülle von Runensteinen, die meist auch ein christliches Gebet oder Zitat enthielten, errichtet. Ca. 50% aller Runensteine zeigen einen christlichen Einfluß, der allerdings nicht immer sicher feststellbar ist, da sich einige Symbole sowohl germanisch als auch christlich deuten lassen.

Neben den ursprünglichen Grab-Runensteinen gab es auch Gedächtnis-Steine für Wikinger, die nicht von ihren Raubzügen zurückgekehrt waren, sowie Steine, auf denen sich ein Mann oder eine Frau sich selber oder jemand anderen für eine Tat lobten. Das Selbstlob war in den meisten alten Kulturen keine „Angeberei", sondern ein allgemein gutgeheißenes Verhalten, durch das jeder erfuhr, was die Mitglieder der Gemeinschaft Gutes und Großes getan hatten. Solch ein Selbstlob auf einem Runenstein kann wie folgt aussehen:

„Vigmund ließ diesen Stein ritzen in Erinnerung an sich selber, den geschicktesten aller Menschen. Möge Gott der Seele des Vigmund, der Schiffskapitän war, helfen. Vigmund und Afrid erschufen diesen Gedenkstein, während er (Vigmund) *noch lebte."*

78% der Runensteine, von denen der Stifter bekannt ist, wurden von einem oder mehreren Männern zusammen errichtet; 12% von einer oder mehreren Frauen und 10% von einem Mann und einer Frau.

94% der Runensteine wurden im Gedächtnis an Verstorbene errichtet, von denen 85% friedlich zuhause gestorben war und nur 9% auf Wikingerfahrt. Diese Steine enthalten in ihrer Inschrift in der Regel recht sachlich den Namen des Toten, den des Stifters, das Verwandtschaftsverhältnis der beiden, die gesellschaftliche Stellung des Toten sowie evtl. Einzelheiten zu seinem Tod.

IV 7. b)   Inschriften auf Runenstein

Es ist auffällig, wie oft in den Runensteinen die Errichtung einer Brücke erwähnt wird:

„Sigrid, Alriks Mutter, Orms Tochter machte diese Brücke für ihren Mann Holmgers, Vater des Sigerd, für seine Seele."

„Gunnor, Thythriks Tochter, machte eine Brücke in Erinnerung an ihre Tochter Astrid. Sie war das geschickteste Mädchen in Hadeland."

„Jarlabanki ließ diesen Stein zu seinen Lebzeiten erreichten. Und er machte diesen Dammweg für seine Seele. Und er besaß ganz Täby. Möge Gott seiner Seele gnädig sein."

„Östman Gudfasts Sohn machte die Brücke und er christianisierte Jämtland."

Es ist sehr wahrscheinlich, daß mit „Brücke" und mit „Dammweg" auf den Runensteinen die Gjallarbrücke über den Jenseitsfluß und die Regenbogenbrücke „Bifröst" hinauf nach Asgard gemeint ist. Die Runensteine wären dann ein Tor zwischen Diesseits und Jenseits gewesen wie die Hügelgräber in den Sagas – wozu gut paßt, daß die Runensteine in der frühen Zeit auf den Hügelgräbern errichtet wurden.

Die Bezeichnung eines Runensteins als „Brücke" entspricht der Inschrift der Runen auf einer Schlange, die als Jenseitswesen sozusagen in der Funktion des Postboten in das Jenseits kroch und die auf ihr eingeritzte Botschaft dorthin brachte.

Sowohl der Runenstein als auch der Name „Brücke" und die Schlangen-Inschrift entsprechen weiterhin den Seelenweg-Säulen („öndvegi-sula"), die das Tor hinter dem Hochsitz des Fürsten und am Tempeleingang sind. Durch dieses Tor, das aus zwei Pfosten und einem Querbalken bestand, gelangte man zu den Göttern im Tempel (die Götter befinden sich im Jenseits), reisten die Seher und Seherinnen in das

Jenseits, und erhielten die Fürsten auf ihrem Hochsitz die Unterstützung durch ihre Ahnen und durch Tyr, Odin oder Thor.

Die Inschriften und Bilder auf den Runensteinen wurde nicht nur eingemeißelt, sondern auch mit rot, weiß und manchmal auch schwarz und anderen Farben auch ausgemalt. Im Havamal in der Edda spricht Odin: „So ritze und färbe ich Runen."

IV 7. c) Abbildungen auf Runensteinen

Das häufigste Bildmotiv auf den Runensteinen ist eine Schlange, auf deren Leib die Runen geschrieben wurden. Da die Schlange den Weg ins Jenseits bzw. den auf diesem Weg Reisenden darstellt, hat die Schlange auf den Runensteinen offenbar dieselbe Bedeutung wie die Bezeichnung der Runensteine als „Brücke".

Eine Inschrift, die auf solche eine Runenstein-Schlange geritzt wird, die symbolisch ins Jenseits kriecht, bringt die Inschrift auf ihrem Rücken daher auch zu dem Geist des Toten im Jenseits, der auf diese Weise davon erfährt, daß seine Verwandten noch an ihn denken und ihn nicht vergessen haben.

Wenn nichts anderes vermerkt ist, stammen die Runensteine aus Schweden.

IV 7. c-a) eine einzelne Schlange

Yttergerde
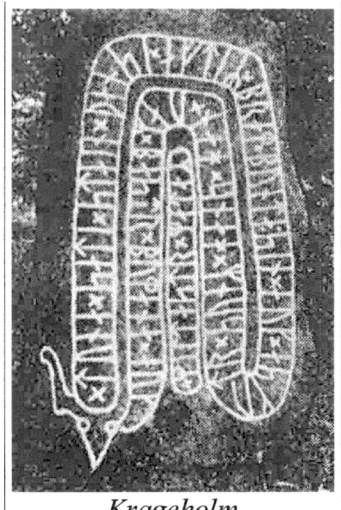
Krageholm

Smula

 *Torsaetrastenen*
 *Gripsholm*
 *Adelsoe*
 *Skillsta: Flügeldrache*
 *Ärentuna 1*
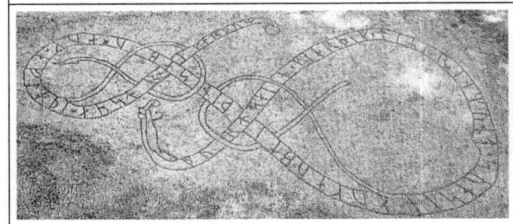 *Veda-Runehelle*
 *Stora-Vaestoelet*

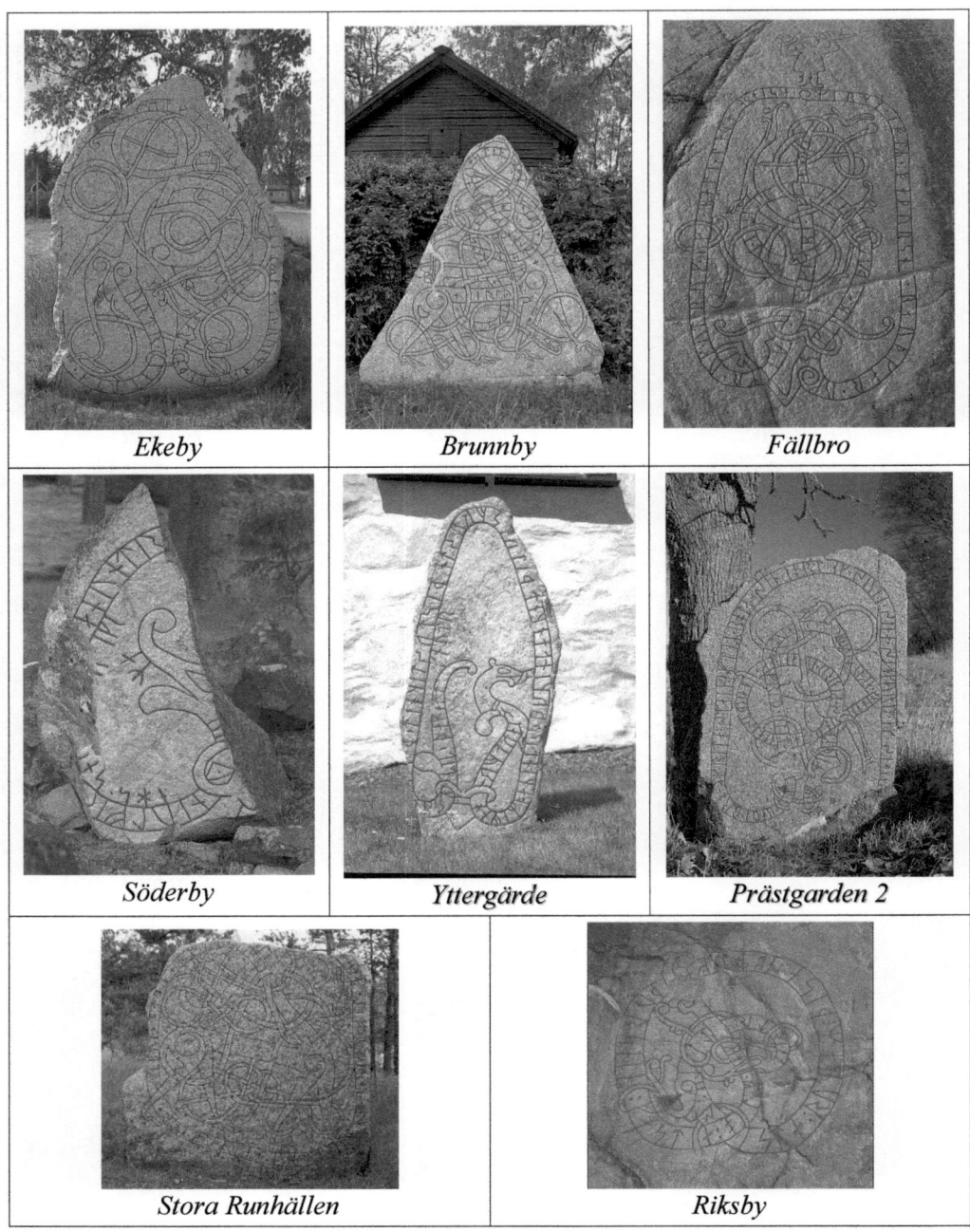

| Hovgarden | Husby-Lyhundra | Skillsta |
| Ströja | Västerby | Torsätra 2 |

IV 7. c- b) zwei Schlangen

Auf recht vielen Runensteinen findet sich die Runen nicht nur auf einer Schlange, sondern auf zwei Schlangen, die oft symmetrisch angeordnet sind. Vermutlich hat diese Zweizahl der Schlangen wie die von Odins beiden Raben, seinen beiden Wölfen und seinem Doppelpferd ihren Ursprung in den beiden Alcis-Söhnen des Tyr.

Aegersta

Nybble: zwei Schlangen und ein Drache

Stora-Ryttern

Vaeppeby

Svinnegarn

Naesby

Äskelunda 1

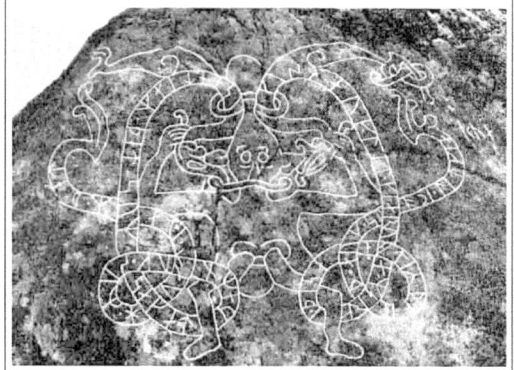
Aspoe: Mann und zwei Schlangen

Altuna

Ardre: zwei Schlangen, in der Mitte ein Mann mit einem Ring, links unten ein zweiter Mann

Löts   *Överselo*   *Vallby*

IV 7. c-c) ein Drache

Auf einigen Runensteinen sind auch Drachen zu sehen, die auf recht verschiedene Weise dargestellt wurden.

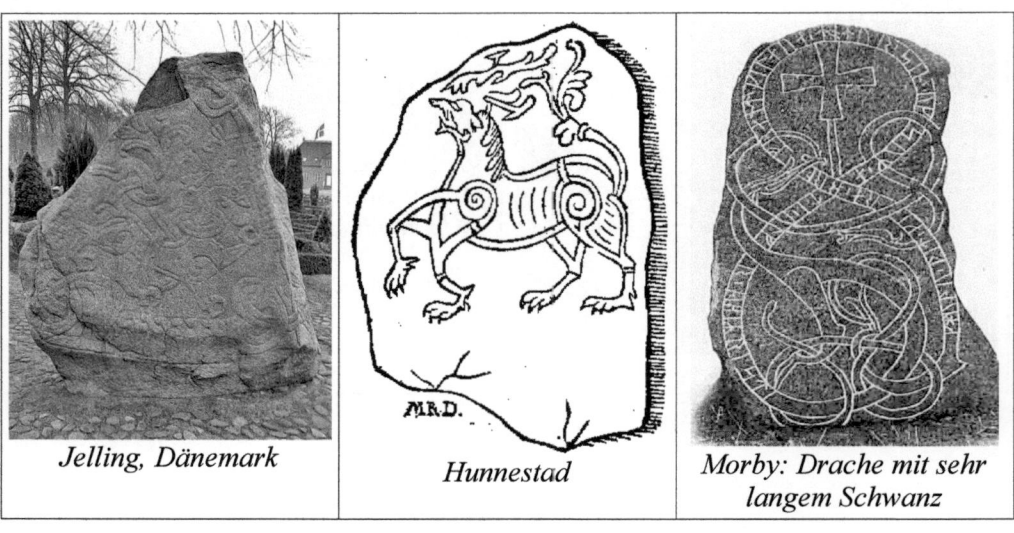

Jelling, Dänemark   *Hunnestad*   *Morby: Drache mit sehr langem Schwanz*

Ristingsbro

Väppeby 2

IV 7. c-d) Sonne und Schlangen

Auf einigen der Runensteinen hat sich die Sonne, die auf den frühen runenlosen „Runensteinen" im Zentrum stand, als Swastika erhalten können, die eine Abstrahierung der Mitte der Sonne und der vier von ihr ausgehenden Richtungen ist (Morgen – Osten, Mittag – Süden, Abend – Westen, Nacht – Norden). Die Nachtreise der Sonne ist ein weltweit verbreitetes Symbol für die Jenseitsreise.

Das sich durch die vier Richtungen ergebende Kreuz hat vier gleichlange Arme, d.h. es ist nicht eindeutig das christliche Kreuz, sondern könnte eine Mischform aus der mit der Sonne verbundenen „4" und dem christlichen Kreuz sein. Bereits die oben in der Mitte abgebildete Sonne auf dem Runenstein von Martebo, die mit Sicherheit nicht christlich ist, hat vier kleine „Arme". Das Kreuz war also auch ein vorchristliches Sonnenzeichen.

Äskelunda 2

Brunnby 2

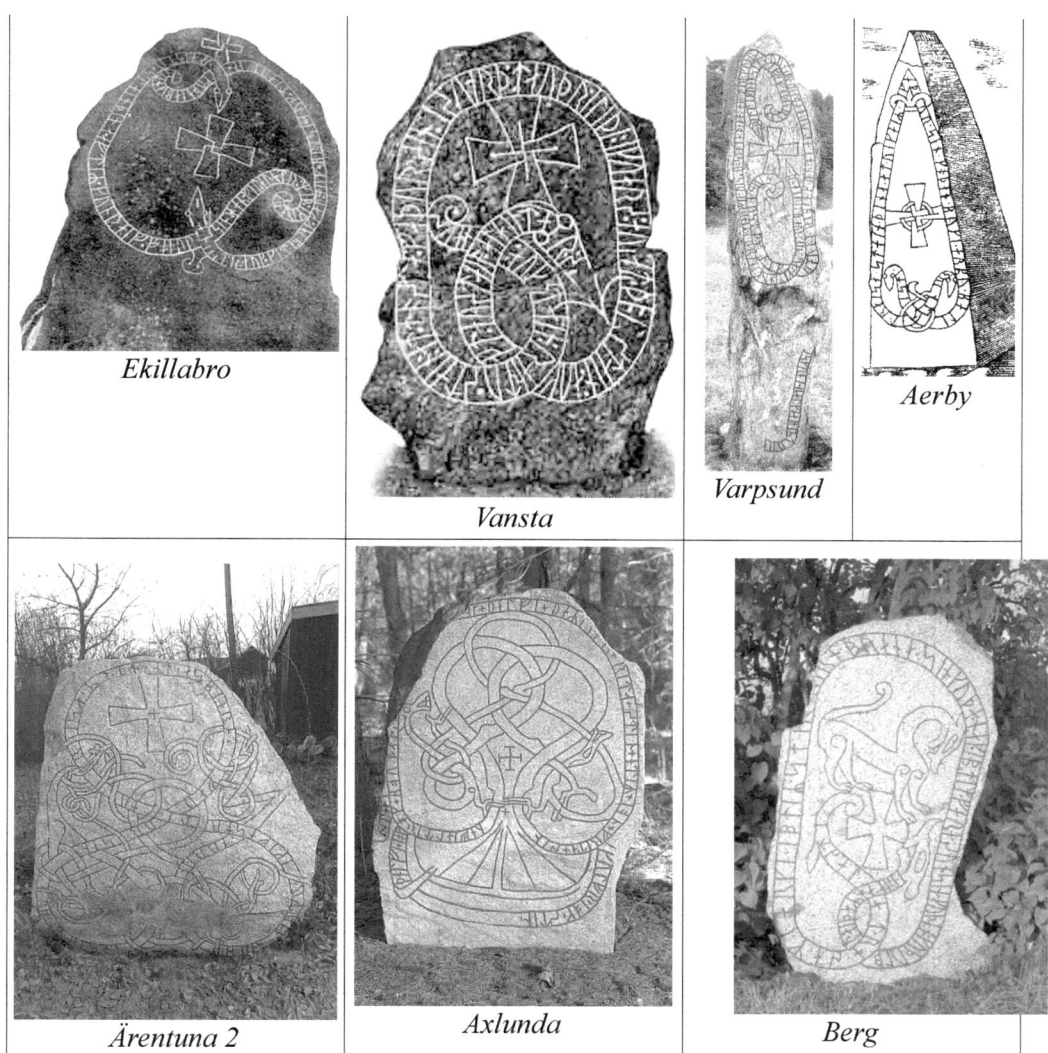

| Fösön | Högorn | Jumkils |
| Högs | Holmsta | Källslätt |

Nolby — *Vaksala* — *Uppsala domkyrka* — *Vickeby 2* — *Skottsela* — *Prästgarden*

IV 7. c-e) Kreis-Kreuze und Schlangen

Sehr viele der Kreuze, die sich auf den Runensteinen finden, sind keine einfachen Kreuze, sondern Kreuze, die mit einem Kreis kombiniert worden sind. Solche „Kreis-Kreuze" finden sich auch in den keltischen Gebieten, wo sie als „keltisches Kreuz" bezeichnet werden. Diese Kreise könnte wie die Swastika die Sonne darstellen. Sie werden zudem wohl auch mit dem Ring Draupnir assoziiert worden sein, den Odin dem Baldur auf seiner Reise ins Jenseits mitgab und der später von Baldurs Halbbruder Hermodr aus der Unterwelt wieder zurückgeholt wurde.

Die „Kreis-Kreuze" auf den germanischen Runensteinen kann man daher „Draupnir-Kreuze" nennen. Sie wurden wahrscheinlich gleichzeitig als die Sonne und die mit ihr verbundenen vier Richtungen, der Ring Draupnir und als das christliche Kreuz aufgefaßt.

Somit finden sich mit dem Runenstein schon mindestens sechs Hinweise auf den Jenseitsweg verknüpft: 1. die Bezeichnung der Runensteine als „Brücke", 2. die Schlange und der Drache als Symbol der Jenseitsreise, 3. das Schlangen- bzw. Drachenpaar als Hinweis auf Diesseits und Jenseits, 4. die Swastika als Sonnensymbol, 5. der Ring Draupnir als Jenseitsreisesymbol und schließlich 6. das Kreuz als Symbol der Sonne und Symbol Christi.

Hograen auf Gotland — *Broby* — *Brunnsberg*

IV 7. c-f) Thor und Jörmungandr

Altuna, Schweden

Stenkista, Schweden

Ganz vereinzelt ist die Schlange auf den Runensteinen auch mit Thor bzw. mit dem Thorshammer verbunden.

Auf dem Runenstein von Altuna ist der Kampf des Thor mit der Midgardschlange dargestellt, der auch in den ungefähr zeitgleichen frühen Skaldengedichten eine so wichtige Rolle spielt.

Auf dem Runenstein von Stenkista scheint die Schlange hingegen den Hammer Mjöllnir zu halten. Dies läßt vermuten, daß mit dem Hammer noch etwas anderes assoziiert wurde als nur der Kampf gegen die Riesen und die Midgardschlange.

IV 7. c-g) Runensteine in Penis-Form mit Schlangen

In dem Edda-Lied „Des Hammers Heimholung" wird beschrieben, daß man den Thorshammer bei der Hochzeit der Braut in den Schoß legte. Der Hammer scheint demnach auch ein Phallus-Symbol gewesen zu sein.

Dies paßt wiederum dazu, daß einige Runensteine in der Form eines Phallus angefertigt worden sind. Dies kann man sicherlich als einen Hinweis auf die Wiederzeugung werten, die sich in den Mythen am deutlichsten in Odins Reise zu der Riesentochter Gunnlöd wiederfindet.

Dies ist die siebte Jenseitsreise-Symbolik, die mit den Runensteinen verbunden ist.

IV 7. c-h) Sonstige

Auf einem Taufbecken in der Kirche von Norumfunten ist ein Mann inmitten von Schlangen zu sehen, die ihm jedoch wohlgesonnen zu sein scheinen – die Darstellung der einer Schlangen-erfüllten Hölle ergäbe auf einem Taufbecken, das segenspendend sein soll, auch nicht allzuviel Sinn.

Norumfunten, Schweden: Taufbecken

IV 7. d) Zusammenfassung

Die Schlangen und Drachen sind die die wichtigsten Symbole auf den Runensteinen. Ihre Verbindung zu den übrigen mit den Runensteinen verbundenen Symboliken, bestätigt die Auffassung von Schlange und Drache als Bild für den Jenseitsweg, auf dem sie als Helfer angesehen werden.

Die Runensteine enthalten eine vielfältige Jenseitsreisesymbolik, die auch mit den Schlangen und Drachen auf ihnen verbunden ist:

- die Schlangen und Drachen,
- die Paare von Schlangen oder Drachen weisen auf das für alle Mythologien grundlegende Paar Diesseits/Jenseits hin,
- die Runensteine waren ursprünglich Gedenkstelen, die auf den Hügelgräbern errichtet wurden,
- die Bezeichnung der Runensteine als „Brücke" (die Gjallarbrücke über den Jenseitsfluß und die Regenbogenbrücke Bifröst nach Walhalla in Asgard),
- die Phallusgestalt einiger Runensteine und der Hammer Mjöllnir (Wiederzeugung),
- die Sonne,
- die vier Himmelsrichtungen als von der Sonne abhängige Symbolik,
- die Swastika als Symbol der Sonne und ihrer vier Richtungen,
- der mit einem Kreuz kombinierte Ring Draupnir, der sich aus der Sonne mit den vier Richtungen entwickelt hat, und
- das Kreuz als Christussymbol.

IV 8. Drachenschiffe

Die Drachenschiffe werden ausführlich in dem Kapitel „Drachenschiffe" in Band 55 dargestellt.

IV 8. a) Das Drachenkopf-Gesetz

In der um 930 n.Chr. vom den Isländern beim Thingvellir verabschiedeten Verfassung steht im ersten Paragraphen, daß alle Drachenschiffe, die sich Island nähern, außerhalb der Sichtweite der Insel die Drachenköpfe ihrer Schiffe abnehmen müssen, um nicht die Pukis (Erdgeister) Islands zu erschrecken und den Bewohnern Islands dadurch Unglück zu bringen. Die Drachenköpfe wurden demnach als abschreckend angesehen.

IV 8. b) Drachenschiffe

Das Osebergschiff, von dem die meisten der folgenden Abbildungen stammen, wurde 834 n.Chr. bei einer Bestattung in einem Hügelgrab mit Erde bedeckt und wurde 1903 wiederentdeckt. Die typischen Drachenschiffe wurden von den Wikingern vermutlich von ca. 800 bis 1100 n.Chr. benutzt.

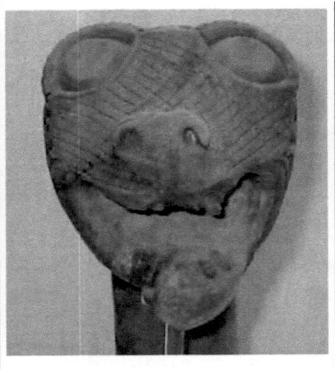
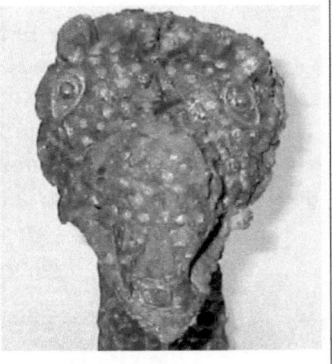

Diese Drachenboot-Bugköpfe stellen keine Schlangen, sondern eher eine Mischung aus Wolf und Raubkatze mit einigen kleineren Beimengungen anderer Tiere dar. Diese Köpfe sind mit einem sehr großen Arbeitsaufwand hergestellt worden.

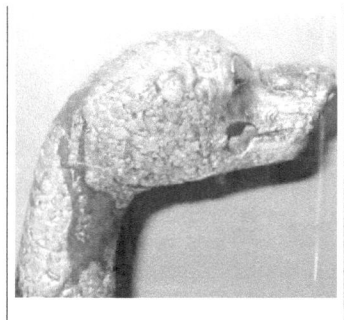  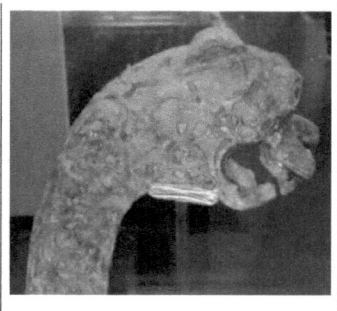

Zum Teil sind diese Köpfe aus mehreren Dutzend kleinen vierbeinigen Raubtieren zusammengesetzt worden.

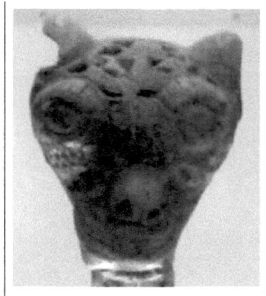 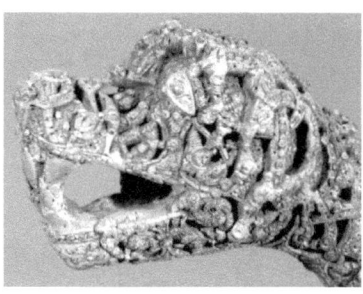 

Auch an den Brettern am Bordrand und am Bug der Wikingerschiffe sowie an vielen anderen besonderen Stellen der Schiffe waren geschnitzte Drachen und andere Tiere und vereinzelt auch Menschen angebracht. Diese Drachen haben vier Beine und auch Flügel – diese Drachen sind allerdings sehr stark stilisiert, sodaß sie fast schon ein geometrisches Muster bilden.

Wie das Detail von einem Holzbalken eines Wikingerschiffes zeigt, scheute man keinen noch so großen Aufwand bei der Herstellung der Schnitzereien. Diese Schnitzerei ist gewissermaßen „zweilagig" hergestellt worden, was von dem Schnitzer eine hohe Konzentration und auch eine aufwendige Vorplanung erforderte.

Das Muster besteht aus kreisförmig zusammengerollten Drachen sowie einer Vielzahl von Raubtieren.

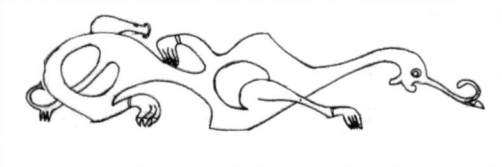

Die Gestalt der Drachen auf diesen Planken wird deutlicher, wenn man einen einzelnen von ihnen nachzeichnet. Sowohl der Unterleib (links) als auch der Oberleib (Mitte) haben ein Loch. Dazwischen befindet sich der dünne Bauch des Drachens. Der Kopf ist rechts zu sehen; an ihm befindet sich eine Art „Ausläufer", vermutlich seine Zunge. Links ragt aus dem Loch des Unterleibes der Schwanz des Drachens nach links unten. Die beiden Vorderbeine befinden sich am Brustbereich und die beiden Hinterbeine am Hüftbereich. Das linke (obere) Bein greift mit seiner Tatze durch ein angedeutetes Loch in dem Brett, auf dem der Drache geschnitzt ist, hindurch.

Bei einem der auf dem Wandteppich von Bayeux dargestellten Kriegsschiffe ist der Drachenkopf sehr deutlich zu erkennen:

Drachenschiff; Wandteppich von Bayeux

IV 8. c) Zusammenfassung

Die Drachenschiffe sind als Drachen aufgefaßt worden, was durch ihren Drachenkopf am oberen Ende des Bug-Stevens und den Drachenschwanz am oberen Ende des Heck-Stevens dargestellt worden ist. Aus den Namen der Drachenschiffe ergibt sich, daß auch das Drachenschiff als Ganzes als Schlange und somit als Drache aufgefaßt worden ist.

Das Urbild für das Drachenschiff ist vermutlich aus der Verbindung der Sonnenbarke des ehemaligen Sonnengott-Göttervaters Tyr und der Drachengestalt des Tyr bei seiner Jenseitsreise entstanden.

IV 9. Drachenfibeln

Fibeln in der Form von Drachen sind sehr beliebt gewesen. Sie sind meistens „Schlangen mit langgezogenem Raubtierkopf mit zwei Beinen, aber ohne Flügel", doch es gibt auch andere Formen. Die Gliedmaßen sind sehr stark in die Länge gezogen und miteinander verflochten worden, um eine durchbrochene Fläche zu erhalten.

IV 9. a) Abbildungen der Drachenfibeln

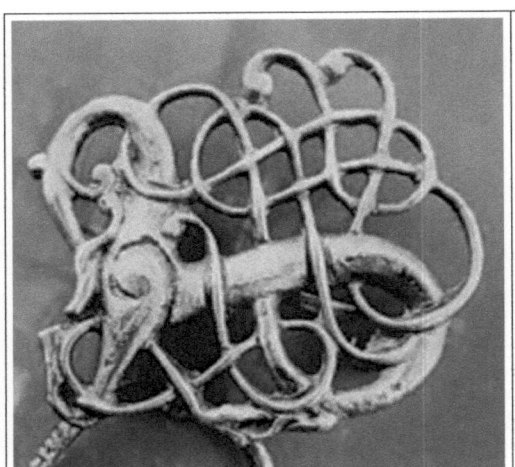
Fibel; Trollaskogur, Island

Drachenfibel oder -brosche

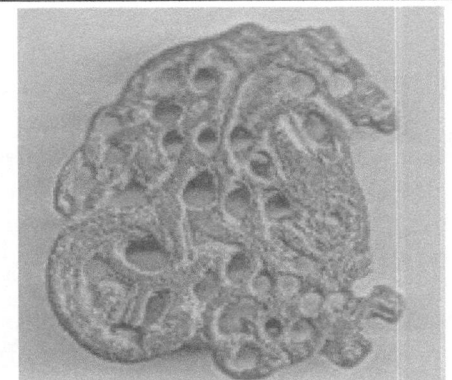
Drachenfibel oder -brosche

Drachenfibel oder -brosche

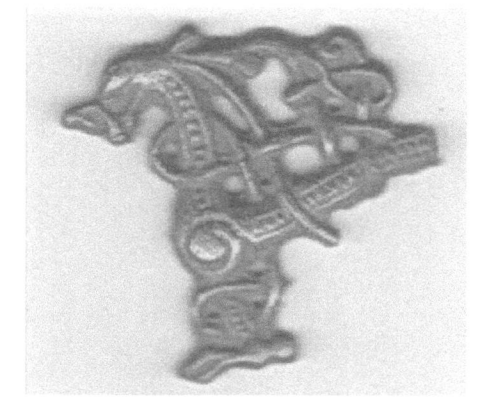
Drachenfibel oder -brosche

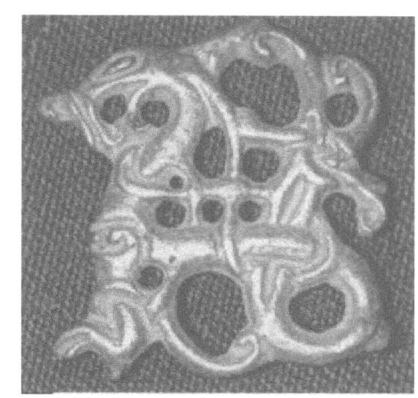
Drachenfibel oder -brosche

Drachenfibel oder -brosche

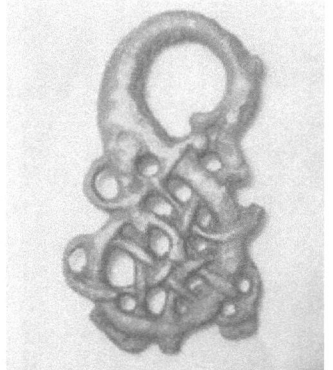
Drachenfibel oder -brosche

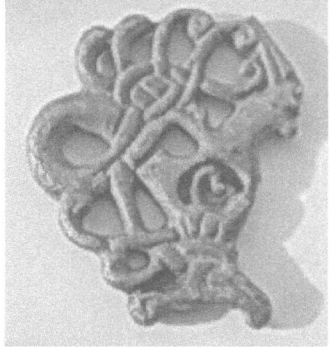
Drachenfibel oder -brosche

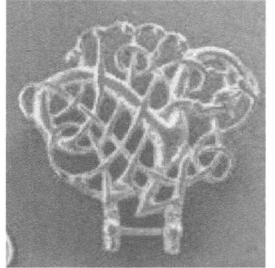
Drachenfibel oder -brosche

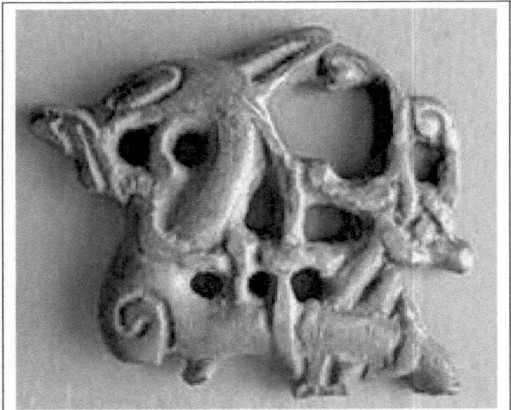
Drachenfibel oder -brosche

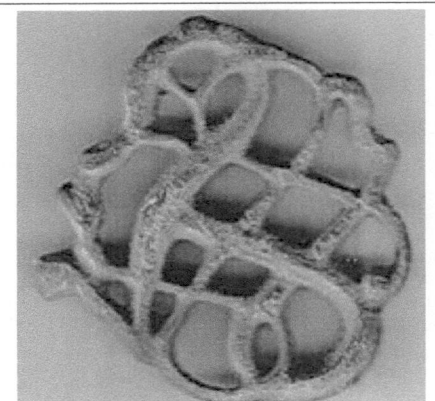
Drachenfibel oder -brosche

Drachenfibel oder -brosche

Drachenfibel oder -brosche

IV 9. b) Zusammenfassung

Die Drachen auf den Fibeln und Broschen sind meistens stark stilisiert und ihre Gliedmaßen in mehr oder weniger komplexen Webmustern angeordnet. Die Drachen auf diesen Schmuckstücken sind Schlangen einem Raubtierkopf mit einem großem Maul, mit keinen, zwei oder vier Beinen und mit einem zum Teil aufgefächerten Schwanzende.

Die Verwendung der Drachen als Fibeln und Broschen zeigt deutlich, daß die Drachen kurz nach der Absetzung des Tyr durch Odin eine sehr positive Bedeutung gehabt haben müssen. Vermutlich sind die Drachen hier wie auf den in etwa zur gleichen Zeit hergestellten Bildsteinen der ehemalige Sonnengott-Göttervater Tyr.

IV 10.   Schatztruhen

Um ca. 1000 n.Chr. sind von den Wikingern mehrere Schatztruhen angefertigt worden, deren Schnitzereien z.T. Schlangen bzw. Drachen als ornamentales Element enthalten.

IV 10. a)   Die Truhe von Bamberg

Die folgenden Abbildungen stammen von der Bamberger Schatztruhe, die um ca. 975 in Skandinavien aus Eiche und Walroß-Elfenbein hergestellt worden ist.

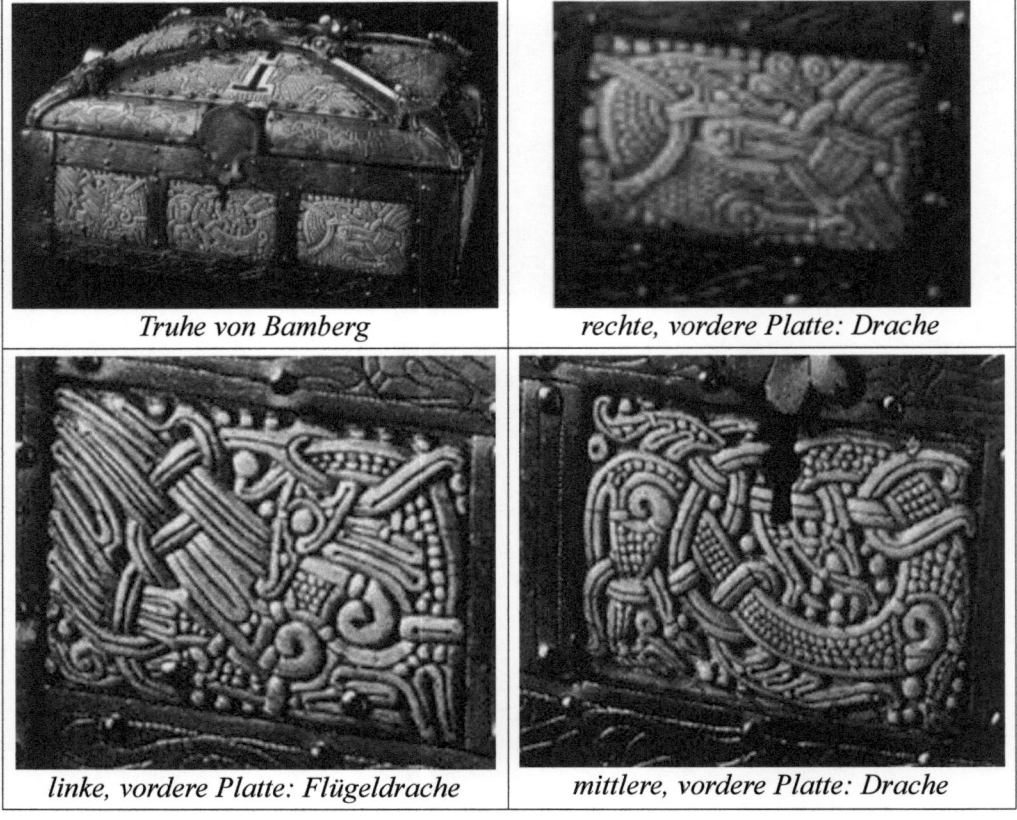

Truhe von Bamberg — *rechte, vordere Platte: Drache*

linke, vordere Platte: Flügeldrache — *mittlere, vordere Platte: Drache*

Der Deckel: Drachen auf dem linken und dem rechten Dreieck; das schwarze „T" ist das Schlüsselloch

IV 10. b)   Das Runenkästchen von Auzon

Runenkästchen von Auzon: zwei „Schlangenmenschen"

Die beiden stark stilisierten Schlangen auf diesem Runenkästchen haben einen runden Kopf, zwei Flügel, einen eingerollten Schwanz und wie die Drachen auf dem Titelbild dieses Buches und auf einigen Darstellungen auf den Goldhörnern von Gallehus einen stark betonten Penis.

von links nach rechts: Wieland, unten die toten Brüder, Bödhild bei Wieland, Bödwild geht zu Wieland, Egil holt Gänsefedern für Wielands Flügel

Runenkästchen von Auzon

IV 10. c)   Die Kiste von Emly

An dem Deckel dieser Schatztruhe befinden sich wie an den Dächern der germanischen Tempel und später an den Stabkirchen Drachen zum Schutz dessen, was in dem Tempel, der Stabkirche bzw. in der Truhe ist.

Kiste von Emly

IV 10. d)   Die Cammin-Kiste

Auch an dem Deckel der Cammin-Kiste befinden sich Schutz-Drachen.

IV 10. e)   Ranveigs Kiste

Vermutlich sind auch die beiden herrausragenden Fortsätze an dem Deckel dieser Kiste schützende Drachen.

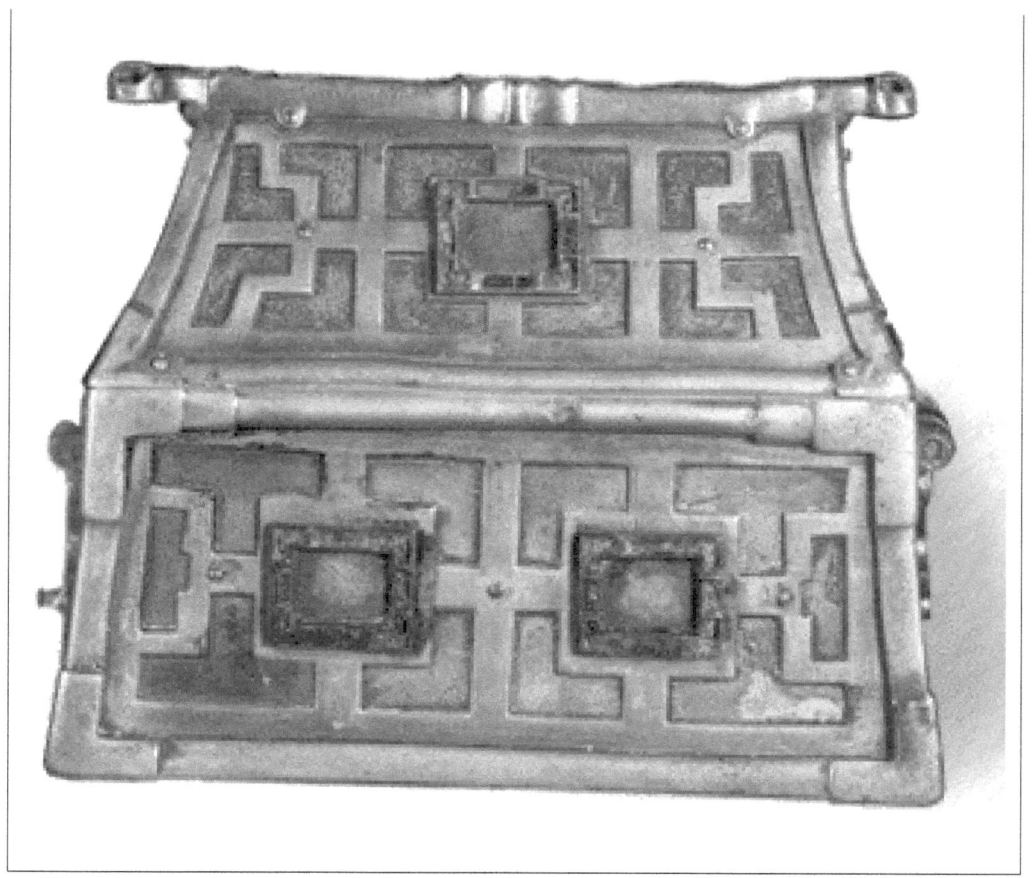

IV 10. f)   Reste eines Kästchens im Jellinge-Stil

Dieses Kästchen ist einst reich mit Flechtmustern verziert gewesen. Drei der dreieckigen Felder auf dem Deckel enthalten die Darstellung eines Drachens, das vierte Dreieck das Bild des Kopfes eines Menschen.

IV 10. g)   Die Truhe aus Haitabu

Auf dieser Kiste sind keine Drachen abgebildet gewesen – dafür ist sie geradezu wie ein Safe angefertigt worden.

IV 10. h)   Zusammenfassung

Der Inhalt der Schatztruhen der Wikinger wurde genauso von Drachen geschützt wie die Tempel der Germanen und später auch die Stabkirchen. In der Regel sind die Drachen als Drachenkopf-Skulpturen an den Ecken angebracht worden. In einigen Fällen finden sie sich auch als Relief auf den Flächen.
Auch hier sind die Drachen deutlich als helfende Wesen erkennbar.

IV 11. Wandteppiche

Es sind mehrere germanische Wandteppiche mit Drachen bekannt, auf denen die Drachen recht verschiedene Funktionen haben.

IV 11. a) Der Wandteppich von Bayeux

Auf dem um ca. 1080 n.Chr. hergestellten Wandteppich von Bayeux wird auf einer Höhe von 0,52m und einer Länge von 68,38m die Schlacht von Hastings zwischen Wilhelm dem Eroberer und König Edward dargestellt.

Auf der Zierleiste am oberen und unteren Rand dieses Wandteppichs finden sich u.a. viele Darstellungen von Drachen und anderen Fabeltieren.

Zierleiste mit Drachen u.a. am unteren Rand

„Seelenweg-Säulen" mit Drachenköpfen als Symbol für einen Tempel

Festung von Bayeux mit Drachenköpfen am Dachrand

Stadt an der englischen Ärmelkanal-Küste mit Drachenköpfen am Dachrand

Kirche des Apostels St. Peter mit Drachenköpfen am Dachrand

Palast des Königs William mit Drachenköpfen am Dachrand

Festung von Hastings mit Drachenköpfen am Dachrand

Schlangen

Schlangen

zwei grüne, vierbeinige Drachen

roter Drache

Schlangen

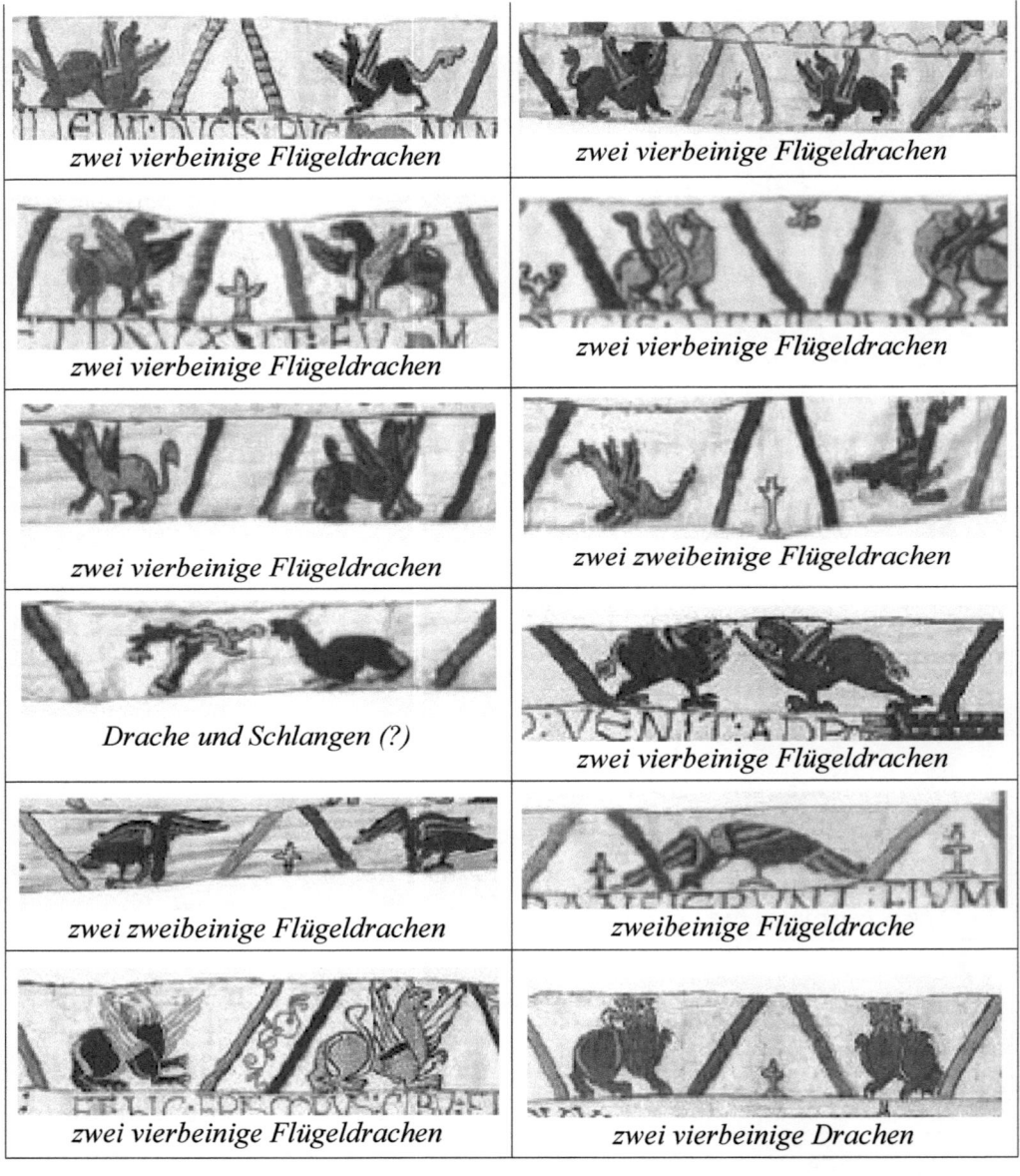

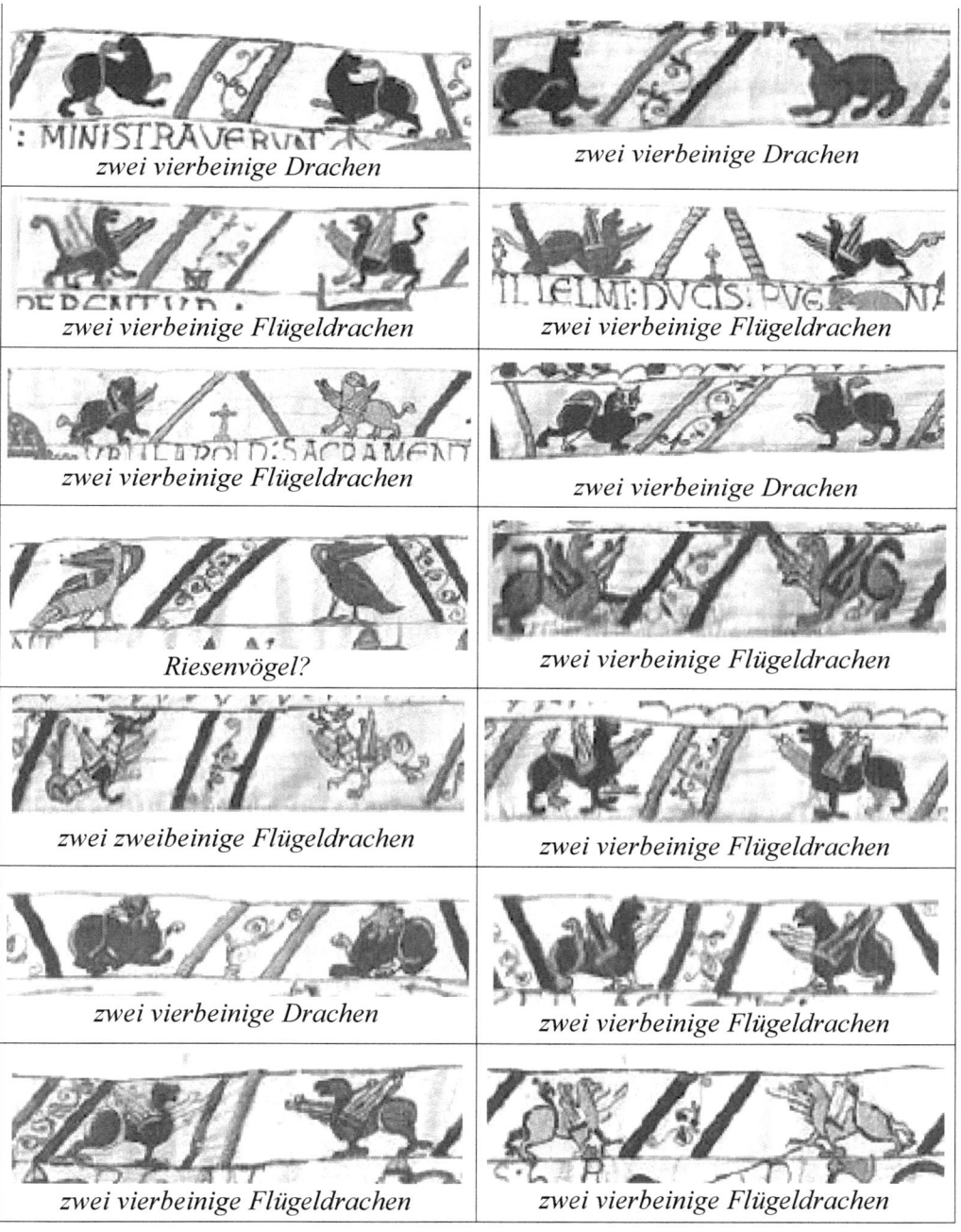

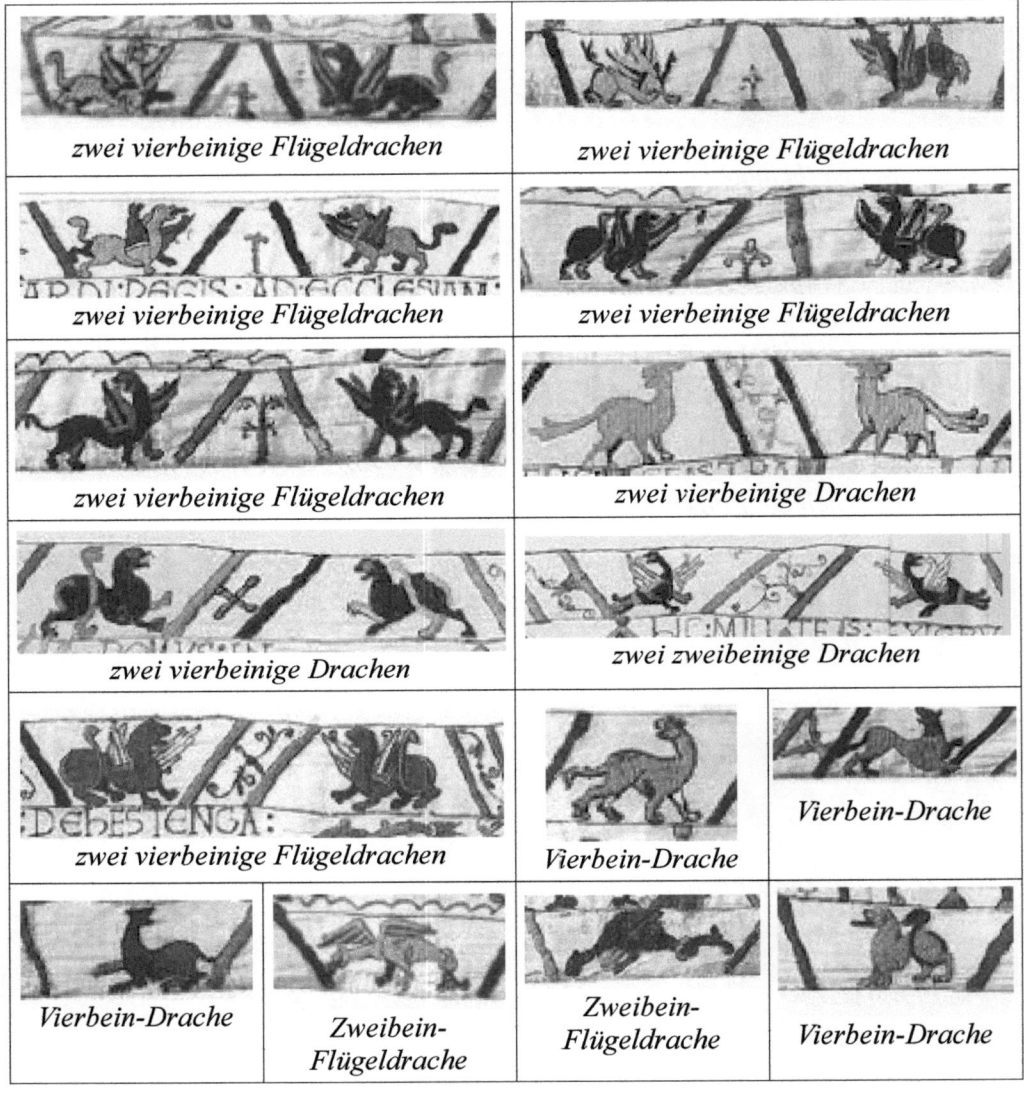

325

Drachenschiff

Drachenschiff

Der Bau der Drachenschiff-Flotte

Drachenschiffe

Die vierbeinigen Drachen auf diesem Wandteppich scheinen als Grundform ein Löwe mit Flügeln und nicht eine vierbeinige Riesenschlange mit Flügeln zu sein. Die flügellosen Vierbeindrachen könnten auch einfache Löwen sein.

Die zweibeinigen Drachen haben hingegen einen langgezogenen Körper, der in einem Schlangenschwanz zu enden scheint. Einer von ihnen scheint Feuer zu speien, andere von ihnen könnten auch einfache Riesenvögel sein.

Keiner dieser Drachen ist handelnd oder als Teil einer umfassenderen Szene dargestellt worden; sie sind weitestgehend „Dekoration" oder „Hintergrundstimmung" – vielleicht haben sie auf den Tod der vielen Krieger in der Schlacht von Hastings hingewiesen.

Die Drachenköpfe an den Bugen der Schiffe und an den Dachkanten der Tempel, Hallen und Festungen sind vermutlich schützende Ahnen gewesen.

Am interessantesten ist die Darstellung eines Tempels mithilfe der beiden Drachenkopf-gekrönten Hochsitzsäulen, die oben zu durch einen Querbalken zu einem Tor verbunden werden, da dieses Tor im Inneren des Tempels „Öndvegi-sula", d.h. „Seelenweg-Säulen" genannt wurden. Durch dieses Jenseitstor kamen die Ahnen zu ihren um Hilfe bittenden Nachkommen in das Diesseits. Dieses Tor war aufgrund dieser Funktion das wichtigste Element im Tempel und konnte daher den Tempel als Ganzen symbolisieren.

IV 11. b)   Der Wandteppich aus dem Schiffsgrab von Rolfsöy

Dieser zweitälteste Wandteppich wurde in einem Schiff in einem Hügelgrab gefunden. Diese Bestattung fand um ca. 900 n.Chr. in Östfold in Norwegen statt. Die Funde in diesem Grab sind leider durch Grabräuber zerstört gewesen, sodaß der Wandbehang nur in Bruchstücken erhalten ist.

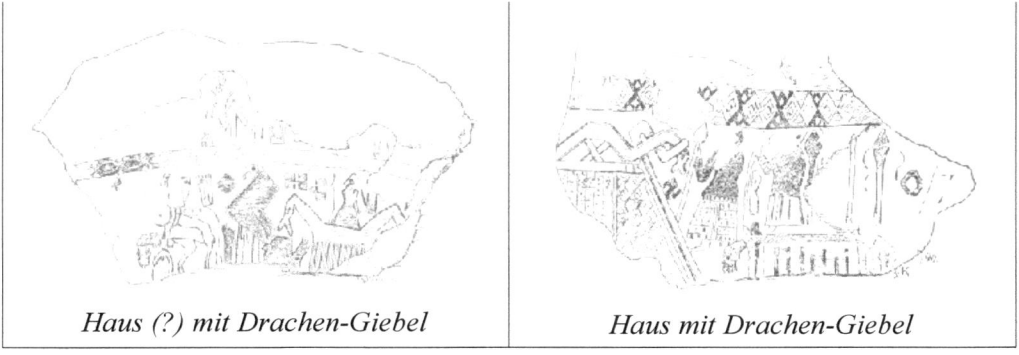

Haus (?) mit Drachen-Giebel   *Haus mit Drachen-Giebel*

Auf dem linken Bild ist entweder ein Hausdach oder ein Podest mit einer Frau zu sehen. Das Dach bzw. Podest endet in zwei Drachenköpfen – wenn es ein Podest gewesen sein sollte, wird es wohl an jeder Ecke einen Drachenkopf gehabt haben. Über dem linken Drachenkopf befindet sich dasselbe Flechtmuster wie auf dem Wandteppich von Oseberg. Links von dem Dach/Podest ist möglicherweise ein Adler (Seelenvogel?) abgebildet worden. Falls es sich um ein Podest handeln sollte, wäre dies möglicherweise das aus der schriftlichen Überlieferung bekannte Podest der Magier und der Seherinnen.

Auf dem rechten Bild ist links ein Dach mit Drachen-Giebel zu sehen. Rechts unten könnten wieder ein Podest mit Drachenköpfen abgebildet sein.

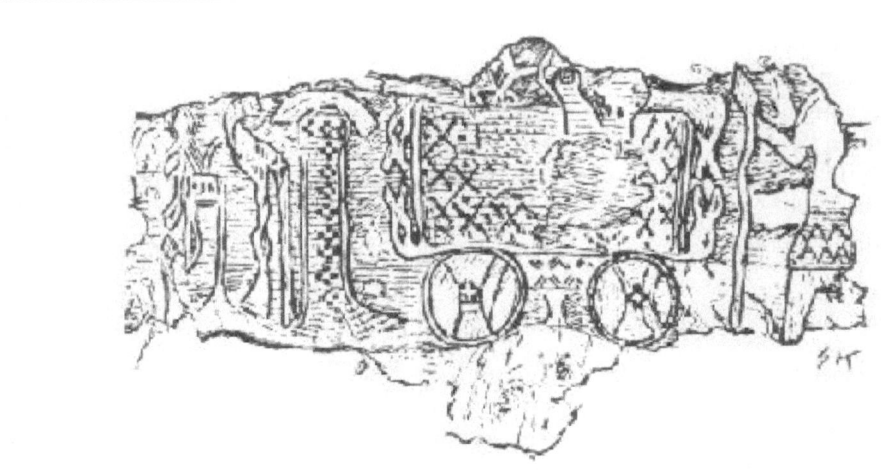

ein mit Tüchern bedeckter Wagen mit Drachenköpfen, links davor eine Frau (ohne Kopf), rechts dahinter ein Mann (mit Speer)
Diese Szene könnte aus der Bestattungs-Prozession stammen.

IV 11. c) Wandteppich von Skog

Auch auf diesem Wandteppich werden die die Dachecken durch Drachenköpfe beschützt.

Stabkirche mit Drachenköpfen an den Dachecken

IV 11. d) Zusammenfassung

Auf den Wandteppichen erscheinen die Drachen als Fabeltiere (fast immer paarweise) sowie in der Form von meist zwei Drachenköpfen als Beschützer des Tempeltores und des Tempeldaches.

IV 12. Stabkirchen

An den Stabkirchen findet sich eine große Menge an Drachen an den unterschiedlichsten Stellen.

IV 12. a) Die Dächer der Stabkirchen

Eines der markanten Elemente an den norwegischen Stabkirchen, die von den früheren germanischen Tempeln übernommen worden sind, sind die Drachen an den Ecken der Dächer. Diese Drachen erscheinen jedoch auch an anderen zum Schutz strategischen wichtigen Stellen wie z.B. den Türrahmen.

Die folgenden Bilder stellen nur eine kleine Auswahl dieser Dach-Drachen dar.

Stabkirche von Gol

Stabkirche von Vik

Stabkirche von Lom

Stabkirche von Borgund

Stabkirche von Hopperstad

Stabkirche von Fantoft

Stabkirche von Gamo

Stabkirche von Borgund

Stabkirche von Borgund

Stabkirche von Fantoft

Stabkirche von Fantoft

Stabkirche von Lom

Dach-Flügeldrachen; Stabkirche von Hopperstad

Dach-Flügeldrachen; Stabkirche von Hopperstad

Stabkirche von Borgund

Stabkirche von Borgund

IV 12. b) Die Portale der Stabkirchen

Drachentor; Stabkirche von Urnes

Drachentor; Stabkirche von Urnes

Drachentor (Detail); Stabkirche von Hedalen

Drachentor; Stabkirche von Hedalen

Drachentor; Stabkirche von Heddal

(Detail); Stabkirche von Heddal

Drachentor; Stabkirche von Lom

Drachen-Portal-Ring; Stabkirche von Hurum

IV 12. c) Das Innere der Stabkirchen

Drachen-Schrein; Stabkirche von Haltdalen

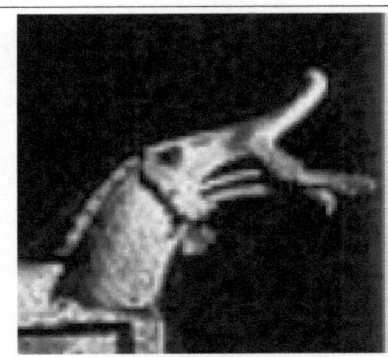

Drachenschrein (Detail); Stabkirche von Haltdalen

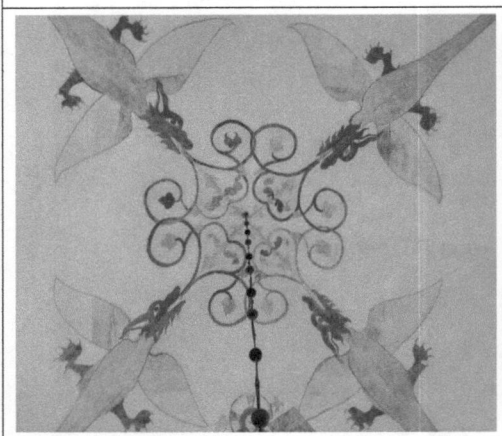

Drachen-Deckengemälde Kirche von Lye

Drachen-Deckengemälde Kirche von Gothem

Die Drachen finden sich hauptsächlich an den Dachgiebel-Enden, aber auch an den Giebel-Enden von Schreinen, an den Kirchentüren und an der Deckenbemalung.

Meistens wird nur der Kopf und der Hals dargestellt. In einigen wenigen Fällen ist der Drache als Flügeldrache erkennbar.

Aus der Position der Drachen ergibt sich, daß es sich um Beschützer handelt – vermutlich um Ahnen in Drachengestalt.

IV 12. d) Stabkirchen und Pagoden

Die Stabkirchen haben Ähnlichkeit mit den chinesischen und japanischen Pagoden insbesondere durch den Bau in mehreren Etagen und die an den Ecken nach oben gebogenen Dächer. Diese Ähnlichkeit ist jedoch mit sehr großer Wahrscheinlichkeit nicht auf ein gemeinsamen Ursprung, sondern auf eine Parallelentwicklung zurückzuführen.

Pagode in Shanghai

Pagode von Lijiang

Pagode in Itsukushima

IV 12. e) Zusammenfassung

In den früh-germanischen Steinritzungen in Südschweden (1800-500 v.Chr.) finden sich bereits Schiffe mit Drachenköpfen, die Jenseitsschiffe und Sonnenschiffe zu sein scheinen, sowie möglicherweise auch schon die Midgardschlange Jörmungandr.

Auf den beiden Goldhörnern von Gallehus (400 n.Chr.) ist die Schlange als Ahnengeist, als Jenseitsgöttin sowie als Kundalini zu sehen.

Auf den Bildsteinen (400-600 n.Chr.) erscheinen die Schlangen und Drachen stets zusammen mit der Sonnenscheibe – sie werden daher die Sonne bzw. der ehemalige Sonnengott-Göttervater Tyr in der nächtlichen/winterlichen Wasserunterwelt sein, der z.T. von seinen beiden Alcis-Söhnen in der Gestalt von zwei kleineren Schlangen oder Drachen begleitet wird.

Auf den Brakteaten (400-600 n.Chr.) finden sich fast keine Schlangen und Drachen, da sich diese Amulette aus Goldblech fast alle auf den neuen Göttervater Odin zu beziehen scheinen.

In England wurden von den Angelsachsen Schmuck und Helmzierden mit Schlangenornamenten hergestellt, wie die Funde von Sutton Hoo und Burntwood (675 n.Chr.) zeigen. Sie scheinen hier ein allgemeines Schutzsymbol zu sein.

In Skandinavien und in Island sind Drachen-Fibeln sehr beliebt gewesen. Auch hier ist unsicher, ob die Schlangen und Drachen noch als Ahnen aufgefaßt worden sind oder ob sie bereits ein allgemeines, unspezifisches Schutzsymbol gewesen sind.

In der Vendelzeit (550-800 n.Chr.) finden sich Schlangen und Drachen auf Helmen und Schilden. Möglicherweise war hier noch ihre Kundalini-Symbolik bekannt, die diese eng mit der Kampfekstase zusammenhängt.

Auf den Runensteinen (600-1200 n.Chr.) finden sich nur wenige eigenständige Drachen und Schlangen. Die Runeninschriften stehen jedoch in sehr viele Fällen auf einer Schlange, die hier vom Ahnengeist zu einem „Jenseits-Postboten" geworden ist, der die Runen-Nachricht in das Jenseits zu dem Verstorbenen trägt.

Die „klassischen" Drachenschiffen (800-1100 n.Chr.) haben den Kopf eines Drachen, der meistens dem Kopf eines Bären oder Löwen ähnelt. Diese Tierkopfsymbolik an den Schiffsbugen reicht jedoch bis 1800 v.Chr. zurück.

Auch Schatztruhen verzierte man mit Drachen (975 n.Chr.), die hier jedoch wohl nur generelle Schutzzeichen sind.

Auf den Wandteppichen (900-1080 n.Chr.) finden sich Darstellungen von Drachenköpfen an den Dächern von Tempeln und Kirchen, an dem Ende der Oberkanten der Seitenwände eines Bestattungswagens sowie oben auf zwei von einem Bogen verbundenen Säulen („Seelenwegsäulen"), die einen Tempel bzw. eine Kirche symbolisieren. Die Drachen auf den Wandteppichen wirken z.T. wie schmückende Ornamente.

Auf den Stabkirchen (1150-1250 n.Chr.) finden sich die Drachen noch immer als Beschützer an den Dachgiebel-Enden, an den Toren, auf den Schreinen und in der Deckenbemalung.

Die Schlangen bzw. Drachen erscheinen durchgehend als hilfreiche Ahnen, wobei diese ab ca. 500 n.Chr. zunehmend zu einem unspezifischen Schutzzeichen verflachen.

Von dieser Symbolik leitet sich zunächst der Sonnendrache, die Jenseitsgöttin-Schlange und dann auch das Jenseitsreise-Drachenschiff, das Sonnenschiff und die Runenschlange als „Jenseits-Postbote" ab.

V Sonstiges

Um die Bedeutung der Schlangen und Drachen für die Germanen zu erfassen, kann man auch ihre Bezeichnungen für „Drache", die mit „Drache" oder „Schlange" gebildeten Personen- und Ortsnamen sowie die Kenningar für „Drache" und „Schlange" betrachten.

V 1. Der Wortschatz „Schlange/Drache"

Ein Teil der Worte für „Schlange" bezeichnete schon immer nur die Schlange als Tier:

ormr   - „Wurm" = Schlange (germanisch „wurma, wurmiz" für „Schlange, Wurm")
linnr   - „sich-Biegendes" = Schlange, Baum, Feuer
linn-ormr   - „Schlangen-Wurm" = Lindwurm, Sagen-Schlange, Drache
nadr   - Natter, Otter, Schlange (indogermanisch „netr" für „Schlange")
fann   - „Glänzender" = Schlange (glänzende Haut)
eydla, edla - Eidechse (germanisch: Schlange, Eidechse; indogermanisch „ang" für „Schlange, Wurm")

Die größte aller Schlange ist Jörmungandr, die von Thor bekämpft wird:

jörmun-gand(r) - „gewaltiger Stab" = die rings um Midgard im Meer liegende Riesenschlange („jormun" bezeichnete die wesentlichen Teile des alten Tyr-zentrierten Weltbildes)
midgards-ormr - „Midgards-Wurm" = Jörmungandr

Durch einige Schlangen-Bezeichnungen wird die Auffassung der Ahnengeister als Schlangen (aus denen später dann die Drachen wurden) bestätigt:

lidr   - „Davongegangener" = „Toter" = Schlange
reimir   - „spukender Geist" = Schlange
nidhöggr - „Nieder-Schlagender" oder „in der Unterwelt Schlagender" („nid" = Niederes, Unterwelt, Zwerg, Loki-Nidud)

Eine der Drachen-Bezeichnungen scheint die Drachen nicht nur als Totenseele, sondern auch als explizit männlich zu bezeichnen:

andar-steggi   - „Atem-Stecher" = „Seelen-Stecher" = Drache („steggi" = Stange, Stecher, Männchen, Hirsch)

Es gab nur eine direkte Bezeichnung für den Drachen:

dreka, dreki   - Drache, Drachenschiff (germanisch: „drako"; von indogermanisch „derk" für „blicken, sehen")

Der Flugdrache wurde sowohl als „Wurm" (= „Schlange"), als auch als „Drache" um-schrieben:

flug-ormr   - „Flug-Wurm" = „Flug-Schlange" = Flugdrache
flug-dreki   - Flugdrache

Zu dem Umfeld des Drachen gibt es nur wenige Begriffe:

dreka-ligi   - Drachen-Gestalt
dreka-böli   - Drachen-Lager
böxl   - Schulter eines Drachen, Flosse eines Wals
dreka-hamr   - Drachenhaut (um sich in einen Drachen zu verwandeln)

Der Drache wurde mit dem Königtum assoziiert:

dreka-merki   - Drachen-Banner (Fahne, Standarte)

V 1. a) Zusammenfassung

Die Schlangen und Drachen sind Ahnengeister, die evtl. durch die Gleichsetzung mit den Seelenvögeln Flügel erhalten haben. Es gab die Möglichkeit, sich in einen Drachen zu verwandeln und diese Verwandlung war möglicherweise mit dem Königtum verbunden – die Jenseitsreise des Königs als Schlange/Drache zu dem ehemaligen Sonnengott-Göttervater Tyr, der auch selber im Jenseits die Gestalt einer Schlange oder eines Drachen gehabt hat.

V 2. Kenningar

Die Kenningar sind wie bei fast allen Themen durch ihre mythologischen Anspielungen, die fast immer auf ältere Vorstellungen zurückgreifen, auch bei den Schlangen und Drachen recht aufschlußreich.

V. 2. a) Die Kenningar

Zunächst einmal zeigt sich an einigen Kenningarn, daß die Schlangen bzw. Drachen in den Grabkammern der Hügelgräber die Totengeister sind:

Hügelgrab	*Wurm-Saal*	Wurm = Schlange = Drache = Totengeist	anonym	Atli-Lied
Hügelgrab	*Höhle des Wurmes*	Wurm = Schlange	Arnorr Jarl-Skalde Thordarson	Haraldsdrapa
Schlange	*langer Lindwurm des Landes der Haddinge*	Haddinge = frühere Könige; Land der Haddinge = Hügelgrab	anonym	das andere Gudrun-Lied
Schlange	*Grafvitnir*	'Grabwolf' (Tyr?)	Einarr Skula-Sohn	Oxarflokkr
			anonym	Bjarkamal
Schwert	*Gast der Schlange*	Gast im Hügelgrab?	Snorri Sturluson	Thulur
Schlange	*Svafnir („Schläfer")*	Schläfer = Toter im Jenseits (in Schlangengestalt)	Thorgrimnir	(Skaldskaparmal)
Schlange	*Grafvöllund*	'Grab-Wieland' = Tyr als Drache im Jenseits	anonym	Grimnir-Lied

Auch die Drachen-Kenningar weisen z.T. auf diesen Ursprung der germanischen Vorstellungen über die Schlangen und Drachen hin:

Drache	*Heide-Wurm*	Heide = Wildnis, Ort der Hügelgräber	anonym	Egil-Saga
Drache	*Myrkvid-Ring*	Myrkvid = Jenseitswald	anonym	Ragnar Lodenhose
Drache	*Fafnir*	er wohnte auf der Heide	anonym	Bjarkamal in fornu

Von der Vorstellung „Schlangen-gestaltiger Totengeist mit Grabschatz in einem Hügelgrab" leitet sich das Motiv „Schlange auf Goldschatz" ab, das vor allem für Gold-Kenningar verwendet worden ist:

Gold	Hügel der Schlange	Goldschatz im Hügelgrab	Kalfr Hallsson	Katrinardrapa
Mann (reich)	Njörd des Hügels der Schlange		Kalfr Hallsson	Katrinardrapa
Gold	Land der Schlange	Grabschatz	anonym	Brudkaupsvisur
			anonym	Leidarvisan
			Gamli Kanon	Harmsol
Gold	Land der Schlangen		Einarr Skulason	Geisli
			Gamli Kanon	Harmsol
Gold	Grund der Schlange		anonym	Placitusdrapa
Gold	Bett des Fisches der Berge		Thorvaldr Hjaltson	Lausavisur
Gold	Wohnstatt der Schlangen		Kalfr Hallsson	Katrinardrapa
Gold	Pfad der Schlangen		Kalfr Hallsson	Katrinardrapa
Gold	Flammenroter Drachen-Marktplazes	Drachen = Totengeister; Marktplatz = Ort; Toten-Ort = Hügelgrab = Grabschatz = Gold; Flammen = Bestattungsfeuer, Drachenfeuer	Thjodolfr Arnorsson	Sexstefja
Gold	Drachen-Hort		Kormak	Kormak-Saga
Gold	Drachen-Lager		Grettir	Grettir-Saga
			Viglund	Viglund der Schöne
Gold	Drachen-Land		Grettir	Grettir-Saga
Gold	Schatz des Fafnir Feuer-Drache		Kormak	Kormak-Saga (2x)
Gold	Fafnir-Land		Viglund	Viglund der Schöne
Ring	Arm-Schlange		anonym	Gydingsvisur
Gold	Schlangen des Unterarmes		Eyvindr Skalden-Verderber Finnsson	Haleygjatal
Krieger	Jäger des Drachen-Landes	Drachen-Land = Gold	Grettir	Grettir-Saga

Frau	*süßer Stamm des Drachen-Hortes*	Drachen-Hort = Gold	Kormak	Kormak-Saga
Frau	*Süße des Drachen-Lagers*		Viglund	Viglund der Schöne

Die größte und wichtigste aller Schlange ist Jörmungandr, die rings um Midgard im Weltmeer liegt:

Jörmungandr	*glitzernde Schlange*		Ulfr Uggason	Husdrapa
Jörmungandr	*riesiges Ungeheuer*		Snorri Sturluson	Skaldskaparmal
Jörmungandr	*Gift-Wurm*		anonym	Hymir-Lied
Jörmungandr	*Meeres-Fisch*	Fisch = Schlange	Gamli	(Skaldskaparmal)
Jörmungandr	*Gold-Fisch der Erde*	Gold-Fisch = Schlange	Snorri Sturluson	Hattatal
Jörmungandr	*Erkunder der Knochen des Schilf-Bettes*	Schilf-Bett = Meer; Meeres-Knochen = Kiesel auf dem Meeresgrund	Ulfr Uggason	Husdrapa
Jörmungandr	*Umkreiser aller Dinge*		Ölvir der Dieb	(Skaldskaparmal)
Jörmungandr	*Umringer des Meeres*		Eysteinn Valdason	(Skaldskaparmal)
Jörmungandr	*gewundener, glänzender Ring der Erde*		anonym	Placitusdrapa
Jörmungandr	*die Regen-geschlagene, Erde-umgürtende Schlange*		Bragi der Alte	Skaldskaparmal
Jörmungandr	*Gift-Ring*		Harekr i Thjottu	Lausavisur
Jörmungandr	*Halsband der Erde*		Ulfr Uggason	Husdrapa
			Gamli Kanon	Harmsol
Jörmungandr	*Umringer aller Länder*		Olvir der Dieb	Fragment
Jörmungandr	*Lederriemen*	Lederriemen/Seil = Gürtel = Erd-Gürtel (Jörmungandr)	Eyvindr Skalden-Vederber Finnsson	Lausavisur (2x)
Jörmungandr	*steifes Seil der Erde*		Ulfr Uggason	Husdrapa
Jörmungandr	*sehr schwere Beute des Ziegenbock-Besitzers*	Ziegenbock-Besitzer = Thor	Ulfr Uggason	Husdrapa

Thor	*Schlangen-Angreifer*	Schlange = Jörmungandr; Schlangen-Angreifer = Thor	Snorri Sturluson	Hattatal
Jörd	*Mutter des Schlangen-Angreifers*		Snorri Sturluson	Hattatal
Schlange	*Zügel*	Hel benutzt Jörmungandr als Zügel, wenn sie auf Fenrir reitet	anonym	Ragnar Lodenhose
Schlange	*Fadmir*	'Langestreckter' = Jörmungandr (?)	Rögnvald-Jarl und Hallr Thorarin-Sohn	Hattalykill
Riesin	*Wächterin des Ringes des Erd-Kreises*	Erd-Kreis = Jörmungandr	Bragi Boddason der Alte	(Skald-skaparmal)
Loki	*Vater des riesigen Ungeheuers*	Jörmungandr	Snorri Sturluson	Skaldskaparmal
Eis	*Dachziegeln des Wasser-Ungeheuers*	Wasser-Ungeheuer = Jörmungandr	anonym	Noregs Konungatal
Eis	*Himmel des Lederriemes*	Lederriemen = Erd-Gürtel (Jörmungandr) = Meer	Eyvindr Skalden-Vederber Finnsson	Lausavisur
Isländer	*Landsleute des Lederriemes*	Lederriemen = Erd-Gürtel (Jörmungandr) = Meer	Eyvindr Skalden-Vederber Finnsson	Lausavisur
Meer	*Festung des See-Ungeheuers*	See-Ungeheuer = Jörmungandr	anonym	Noregs konungatal
großzügiger Mann	*Verteiler des Lagers des geringelten, schimmernden Ringes der Erde*	Ring der Erde = Jörmungandr = Schlange = Totengeist; Lager des Toten = Gold	anonym	Placitusdrapa
Thor	*Feind der Midgardschlange*		Snorri Sturluson	Skaldskaparmal

Es gibt auch einige Schlangen-Kenningar, die keinen mythologischen Hintergrund haben. Bei ihnen bildet das Gleichnis zwischen Schlange („Land-Fisch") und Fisch („Meeres-Schlange") die größte Gruppe:

Schlange	*Boden-Bewohner*	anonym	Heidrek der Weise
Schlange	*Erd-Fisch*	Gamli der überragende Skalde	Thor-Lied
		anonym	Ragnar Lodenhose

Schlange	geringelter Lachs der Heide		anonym	Ragnar Lodenhose
Schlange	Tal-Fisch		Thorbiorn Brnuison	Heidarviga-Saga
			Gamli Kanon	Harmsol
Schlange	Schnur des Pfades		Rögnvald-Jarl Kali Kolsson	Lausavisur
Schlange	Stein-Makrele	Makrele = Fisch; Stein = Land; Land-Fisch = Schlange	Olaf der Heilige Haraldsson	Lausavisur
Schlange	Gold-Fisch	Gold = Grabschatz	Snorri Sturluson	Hattatal

Die Kältestarre der Schlangen im Winter bot einen weiteren Ansatzpunkt für die Bildung von Schlangen-Kenningarn:

Winter	Mörder aller Schlangen		Arnorr Jarl-Skalde Thordarson	Thorfinnsdrapa
			Ivar Ingimundarson	Sigurdarbalkr
Winter	Leid der Stein-Makrele		Olaf der Heilige Haraldsson	Lausavisur
Winter	Sorge der Schnur des Pfades		Rögnvald-Jarl Kali Kolsson	Lausavisur
Winter	Zerstörung der Schlange		anonym	Noregs konungatal
Winter	harte Zeit der Schlangen		anonym	Noregs konungatal
Winter	Schlangen-Schaden		Snorri Sturluson	Hattatal
Winter	Schrecken der Nattern		Snorri Sturluson	Hattatal
Sommer	die zu den Schlangen freundliche Jahreszeit		anonym	Hedin und Högni
Sommer	gute Zeit der Schlangen		anonym	Egil-Saga

Die Wikinger verglichen ihre Fahrten über das Meer der Fahrt der Sonne durch die nächtlichen Jenseitswasser. Daher wurden auch ihre Schiffe zu Drachen – so wie auch die Sonne bzw. der Sonnengott-Göttervater Tyr in der Unterwelt zu einem Totengeist, d.h. zu einem Drachen wurde.

Schiff	Drache		Einarr	Skaldskaparmal
Schiff	Drache	Drachenschiff	Snorri Sturluson	Thulur

Schiff	*Flut-Drachen*		anonym	faröische Heldenlieder: Högni-Lied
Schiffe	*reichgeschnitzte Drachen*		Einarr	(Skaldskapar-mal)
Schiff	*Schlange des Fjordes*	Schlange = Windungen des Fjordes	Markus	(Skaldskapar-mal)
Schiff	*See-Natter*		Eyolfr der tatkräftige Skalde	Bandadrapa
Schiff	*vorzügliche Natter des Vorschiffs*	Vorschiff = erhöhtes Deck am Bug	Thorbjörn Hornklaue	Glymdrapa
Schiff	*hohe Natter der Rahen-Federn*	Natter = Schlange = Schiff; Rahe = Segelstange; die Federn daran = Segel	Einarr Skulason	Haraldsdrapa 2
Drachenkopf	*'Weisheitsvoller'*	Drachenkopf am Bug	Snorri Sturluson	Thulur
Gischt	*Schneewehen der Schlange des Fjordes*	Schlange des Fjordes = Schiff	Markus	(Skaldskaparmal)

Die längliche Form und die Gefährlichkeit der Schwerter und z.T. auch der Speere ermöglichte es, auch diese beiden Waffen als „Schlangen" zu umschreiben.

Schwert	*Schlange*		Snorri Sturluson	Thulur
Schwert	*Kampf-Schlange*		anonym	Placitusdrapa
			Ottar der Schwarze	Höfudlausn
			Hallar-Steinn	Rekstefja
Schwert	*Angriffs-Schlange*		anonym	Placitusdrapa
Schwert	*Schild-Schlange*		anonym	Placitusdrapa
			Thormodr Kolbrunarskald	Lausavisur
			Bjarni Bischof Kolbeinsson	Jomsvikingadrapa
			Kormak	Kormak-Saga
			Hallar-Steinn	Rekstefja
Schwert	*Schlange des Landes des Lärmes*	Lärm = Kampf; dessen Land = Schild		Grettir-Saga

Schwert	*Schlange der Helm-Erpobung*		anonym	Olafs drapa Tryggvasonar
Schwert	*Weiß-Wal*	Weiß = glänzend (Metall); Wal = Schlange => glänzende Schlange	Snorri Sturluson	Thulur
Schwert	*Fafnirs Töter*		anonym	Gripirs Weissagung
Schwert	*Wunden-Schlange*		Bersi Skald-Torfuson	Flokkr über Olaf den Heiligen
			Botolfr der Widerspenstige	Lausavisa
			Einarr Schreihals Helgason	Lausavisur
Schwert	*Wunden-Wurm*	Wurm = Schlange	Thurid	Heidarviga-Saga
Schwert	*Schlange der Mist*	Mist = Walküre	Gamli Kanon	Harmsol
Schwert	*graue Schlange der Wunden-Brandung*	Wunden-Brandung = Blut	Gamli Kanon	Harmsol
Schwert	*Leichen-Schlange*		Hallar-Steinn	Rekstefja
			Sigvatr Thordarson	Nesjavisur
Schwert	*Schlange der Leichen-Sunde*	Sund = Meeres-enge = Wasser; Leichen-Sund = Wunde	anonym	Leidarvisan
Speer	*Schlange*		Snorri Sturluson	Thulur
Speer	*Blut-Schlange*		Sturla Thordarson	Hakonarkvida
Speer	*Drache*		Hofgardar-Refr Gestsson	Bruchstücke

Die Germanen schätzten Ironie, Spott und derben Humor … Die beiden folgenden Kenningar stammen aus einem Lied über den Streit zwischen einem Schmied und einem Gerber, der mit dem Kampf zwischen Thor und Tyr-Geirröd in der Unterwelt verglichen wird.

Gerber	*Fell-kratzender Drache*		Thjodolfr Arnorsson	Lausavisur
Gerber	*Natter des Stier-Leders*		Thjodolfr Arnorsson	Lausavisur

V. 2. b) Zusammenfassung

Die Kenningar für „Schlange, Drache" sowie die Kenningar, in denen die Worte „Schlange" und „Drache" verwendet worden sind, zeigen, daß Schlangen und Drachen als Totengeister angesehen worden sind.

Jörmungandr ist die größte aller Schlangen bzw. der größte Drache.

Schwerter konnten mit „Schlange" umschrieben werden – zum einen wegen ihrer länglichen Form, aber wohl auch, weil Tyr der Schwertgott gewesen ist und selber die Gestalt eines Drachen annehmen konnte.

Zwei Kenningarn liegt die Vorstellung von Tyr im Jenseits als der Schmied Wieland und als Drache zugrunde.

V 3.   Personennamen

Es gibt auffällig wenige mit „Schlange" oder „Drache" gebildete Personennamen – vermutlich, weil Schlangen und Drachen stärker mit dem Tod und dem Jenseits als mit dem ehemaligen Sonnengott-Göttervater Tyr assoziiert wurden. Und man wollte anscheinend nicht so gerne einem Kind gleich bei seiner Geburt den Tod in den Namen legen ...

V. 3. a)   Personennamen

Die größte Namens-Gruppe ist diejenige, in der „Schlangen" als Speere und andere Waffen aufgefaßt werden:

mit „Schlange/Drache" gebildete Personennamen: Waffen		
Namen		*Bedeutung*
Männer	*Frauen*	
Ighulbiorn, Igulbjörn		Schlangen-Bär
Ighulfast, Igulfastr		Schlangen-Standfester
Igulgäirr, Iulger, Ormger		Schlangen-Speer
Uddorm		Spitzen(Waffen)-Schlange
Lingormr		Gürtel-Schlange (Schwert)
Ormar		Schlangen-Heer
Radormr		Kampf-Schlange
	Ormhild	Schlangen-Kampf
Hallorm		Hallen-Schlange (bewaffneter Krieger)
Ormur		Schlange
Ormfrid	Igulfridr	Schlangen-Frieden

Einige Personennamen weisen deutlich auf eine frühere kultische Verehrung der Schlangen bzw. Drachen hin. Insbesondere der beliebte und in vielen Varianten vorliegende Name „Gottes-Schlange" ist interessant, da mit „Gott" im Germanischen in der früheren Zeit der ehemalige Göttervater Tyr gemeint ist. Er wird in dem Namen

„Godormr" wie auf den in der Zeit von 400-600 n.Chr. errichteten Bildsteinen als Schlange bzw. Drache aufgefaßt. Zu dieser Zeit ist der Jenseits-Tyr offenbar noch als hilfreicher „Götter-Ahn" aufgefaßt worden.

mit „Schlange/Drache" gebildete Personennamen: Tyr		
Namen		***Bedeutung***
Männer	*Frauen*	
Godormr, Gudormr, Guthormr, Gudthorm, Godormr, Guhtur, Gormur, Gorm		Gottes-Schlange oder Gute Schlange
Vethormr		Tempel-Schlange
Ormstein		Schlangen-(Kult-)Stein
Ormkell		Schlangen-(Kult-)Kessel
	Ormlaug, Ormlög	Schlangen-Eid/Priesterin

Der Name „Thor-Schlange" stammt vermutlich aus der Spätzeit, in der Thor vor allem in Island derart beliebt gewesen ist, daß fast alle existierenden Namensbestandteile mit „Thor" kombiniert worden sind.

Die Deutung von „Thor-Schlange" als „Jörmungandr" ergibt wenig Sinn, denn aus welchem Grund sollte man einen Mann als „Jörmungandr" bezeichnen, wo diese Schlange doch von Thor getötet worden ist?

Daher wird „Thor-Schlange" wohl als „bewaffneter („Schlange") und unter dem Schutz des Thor stehender Krieger" aufzufassen sein.

mit „Schlange/Drache" gebildete Personennamen: Thor		
Namen		***Bedeutung***
Männer	*Frauen*	
Thorormr		Thor-Schlange

V. 3. b) Zusammenfassung

> Die Personennamen bestätigen, daß Tyr einst als Schlange/Drache angesehen worden ist und daß man Schwerter und Speere mit „Schlange" umschreiben konnte.

V 4. Ortsnamen

Die beiden im Landnahme-Buch überlieferten Ortsnamen „Ormsa" („Schlangenfluß") und „Ormsdalr" („Schlangental") werden sich auf Orte beziehen, an denen es vermehrt Schlangen gegeben hat – zumindestens enthalten die Namen selber keinerlei Hinweise auf eine kultische oder magische Bedeutung der beiden Ortsnamen.

Aufgrund der isolierten Insel-Lage lebten allerdings auf Island zur Zeit der Besiedlung (und auch heute noch) keinerlei Schlangen oder andere Reptilien. Die beiden Ortsnamen müssen daher auf eine andere Weise entstanden sein. Es wäre z.B. eine Benennung nach der geschlängelte Form des Flusses und des Tales denkbar. Wahrscheinlicher ist jedoch die Benennung nach einem Mann mit dem Namen „Orm", da dieser Name mehrfach im Landnahme-Buch vorkommt.

Auf der linksrheinischen Seite liegt bei Bonn der Berg „Drachenfels" im Siebengebirge. Auf der rechtsrheinischen Seite finden sich in Sichtweite des Drachenfelses die beiden Berge Godesberg mit der Godesburg („Wotansberg") sowie der Venusberg („Freyaberg").

> Die mit „Drache" und „Wurm" gebildeten Ortsnamen bestätigen noch einmal, daß der Drache ursprünglich als eine hilfreiche Macht angesehen worden ist.

V 5.   Jakob Grimm: Deutsche Mythologie

Schlangen scheinen durch die schönheit ihrer form, die gefahr ihres bisses vor andern thieren scheu und ehrfurcht zu gebieten; eine menge sagen erzählt von vertauschung der gestalt zwischen menschen und schlangen: hierin liegt fast untriegliches zeichen des cultus. wesen, die aus menschlicher in thierische bildung übergegangen sind und den umständen nach in jene zurückkehren können, ist das heidenthum heilig zu halten geneigt, es verehrte gütige, wolthätige schlangen, während in der christlichen ansicht der begrif böser und teuflischer schlangen vorwaltet.

Dieselbe vita Barbati, der wir kunde des langobardischen baumcultus verdanken, meldet zugleich von einer schlangenverehrung:

Bis vero diebus quamvis sacra baptismatis unda Langobardi abluerentur, tamen priscum gentilitatis ritum tenentes, sive bestiali mente degebant, bestiae simulachro, quae vulgo vipera nominatur, flectebant colla, quae debite suo debebant flectere creatori ... practerea Romuald ejusque sodales, prisco coecati errore, palam se solum deum colere fatebantur, et in abditis viperae simulachrum ad suam perniciem adorabant.

Barbatus in des königs abwesenheit ersucht Theodorada, Romualds gemahlin, ihm das schlangenbild zu verschaffen.

Illaque respondit: ›si hoc perpetravero, pater, veraciter scio me morituram‹. er läßt aber nicht ab und bewegt sie endlich; sobald das bild in seinen händen ist, schmelzt er es ein und übergibt die masse goldschmieden, um schüssel und kelch daraus zu fertigen.

Aus diesen goldgefäßen wird dem könig nach seiner heimkehr das christliche sacrament gereicht, und Barbatus gesteht ihm, daß das kirchengeräth aus dem eingeschmolznen bild geschmiedet sei.

Repente unus ex circumstantibus ait: ›si mea uxor talia pepetrasset, nullo interposito momento abscinderem caput ejus‹.

Aus der andern vita gehört noch diese stelle hierher: quin etiam viperam auri metallo formatam summi pro magnitudine dei supplici devotione venerari videbantur. unde usque hodie, sicut pro voto arboris votum, ita et locus ille census, devotione ubi viperae reddebantur, dignoscitur appellari.

Über votum habe ich mich schon erklärt, census drückt das gothische gild, gilstr, althochdeutsch këlt, këlstar aus. beide wörter votum und census zeugen nicht wenig für die echtheit und das alter der lebensbeschreibung. Hier haben wir nun ein merkwürdiges beispiel eines aus gold geschmiedeten götzenbilds und wiederum das bestreben des bekehrers, den heiligen stof beizubehalten, aber in christliche form umzugestalten.

Welches höhere wesen die Langobarden sich unter der schlange vorstellten? ist kaum sicher zu bestimmen, nicht die alles umschlingende weltschlange, den midgarðsormr, iörmungandr der nordischen mythologie, denn keine spur verräth, daß dieser im Norden selbst, geschweige anderswo, bildlich dargestellt und verehrt wurde.

Ofnir und Svâfnir sind altnordische schlangeneigennamen und Oðins beinamen, unter dem summus deus der Langobarden wäre also an Wuotan zu denken? doch die eigenthümlichen verhältnisse ihres schlangencultus entgehn uns gänzlich.

Zu der Zeit der Langobarden wäre durchaus noch eine goldene Tyr-Schlange denkbar, die den Drachen auf den in der Zeit von 400-600 n.Chr. errichteten Bildsteinen entsprechen würde. Dies würde vor allem dann zutreffen, wenn in der Biographie des St. Barbatus, der von 612 oder 612 bis 682 n.Chr. gelebt hat, auch ältere Motive miteingeflossen sind – was durchaus üblich gewesen ist.
Auch das Material Gold würde gut zu einem Tyr-Sonnendrachen passen.

Wenn der ausdruck vipera, wie ich nicht zweifle, mit bedacht gewählt ist, kann nur eine kleinere schlangenart (coluber berus), althochdeutsch natara, angelsächisch nädre, altn. naðra (aber goth. nadrs, altn. naðr auch masc.) verstanden werden, wiewol das simulacrum, aus dessen gold sich schüssel und kelch schmieden ließen, falls es nicht wuchs, auf bedeutendere größe hinweist.

Die langobardische sage erzählt aber sonst noch von schlangen, und gerade von kleinen. im heldenbuch wird der kampf eines feuerspeienden thierleins am Gartensee (lago di Garda) mit einem löwen und Wolfdieterich, denen beiden es zu schaffen macht, geschildert:

*nun hörent durch ein wunder, wie das tierlein ist genant:
es heißt zu welsch ein zunder, zu teusch ein saribant,
in Sittenland nach eren ist es ein vipper genant,*

Und weiter folgt, daß immer nur zwei solcher vipern leben, indem die jungen bald nach der geburt ihre eltern auffressen. dies stimmt nahe zu den angaben im physiologus. zunder weiß ich aus keiner italienischen mundart zu erklären, saribant ist das mittelhochdeutsche serpant. Sittenland halte ich für Walliserland, dessen hauptstadt Sitten, hier konnte leicht das romanische vipera im gebrauch bleiben (graubündnisch vipra, vivra).

Im Jura heißt eine geflügelte unsterbliche schlange mit diamantnem auge vouivre (vipera). diese schlange heißt in der Schweiz stollenwurm, im Salzburgischen birgstutze.

Von hausschlangen und unken gehen noch jetzt viel überlieferungen.

Auf wiesen und weiden, auch in häusern kommen schlangen zu einsamen kindern, saufen mit ihnen milch aus der schüssel, tragen goldkronen, die sie beim milchtrinken vom haupt auf die erde niedersetzen, und manchmal beim weggehn vergessen; sie bewachen die kinder in der wiege und den größeren weisen sie schätze: sie zu tödten bringt unglück. jedes dorf weiß von eignen schlangen. so wird in Schwaben erzählt.

Dieses Motiv ist durch die Übertragung der Schlangen-Gestalt der Toten-Seelen auf ihrer Reise ins Jenseits auf die Reise der Seelen der Ungeborenen ins Diesseits entstanden – der Weg der beiden ist derselbe.

Hessische sagen sind kindermärchen gesammelt, eine östreichische steht in Ziskas volksmärchen, fast alle haben den zug des milchtrinkens und der goldkrone.
Überraschen nun die eltern die schlange bei dem kind und tödten sie, so beginnt des kind abzunehmen und bald zu sterben.
Einmal war einer schlafenden schwangern frau die schlange in den ofnen mund gekrochen, als sie kindes genas, lag diesem die schlange fest um den hals und muste durch ein milchbad losgebracht werden; sie wich aber nicht von des kindes seite, lag bei ihm im bett und fraß aus seiner schüssel ohne ihm ein leid zu thun.

Auch dies sind Seelenschlangen.

Noch andere berichte erwähnen einer haus und hof anfüllenden menge von schlangen, deren könig sich durch eine schimmernde krone auf dem haupt auszeichnete. wenn er den hof verließ, begleiteten ihn alle übrigen, im stall, wo er wohnte, hausten sie so zahlreich, daß die fütternden mägde sie oft armvollweis aus der krippe nahmen. sie waren aber dem vieh und den leuten befreundet; als ein neuer hofbauer ihren könig erschoß, wichen sie alle und mit ihnen schwand segen und reichthum von dem gut.

Der Schlangenkönig wird der Jenseitskönig Tyr in Schlangengestalt sein.

Hierher gehört auch die schlangenkönigin (Jenseitsgöttin) *und eine merkwürdige erzählung in den gestis Romanorum.*
Zu einem viehmädchen in Immeneich kam jeden morgen und abend zur melkzeit eine große schlange in den stall, auf dem kopf trug sie eine große krone. allemal gab ihr das mädchen warme kuhmilch zu saufen. als es wegen eines verdrusses plötzlich aus dem haus gekommen war, und die neue viehmagd das erstemal melken wollte, fand sie auf dem melkstuhl die goldkrone liegen, in der geschrieben stand: ›aus dankbarkeit‹. Sie brachte die krone der herschaft, welche sie dem abgekommenen mädchen gab, für das sie bestimmt war, und seitdem ist die schlange nicht wieder gesehen worden.
Das atternkrönlein macht jeden der es trägt unsichtbar und dazu steinreich.

Diese Eigenschaft der „Natternkrone" entspricht dem Ring des Zwergenkönigs Elberich, der die Gabe verleiht, das Unsichtbare, also die Totengeister (Zwerge) zu sehen, und auch dem „Nebelumhang" („Tarnkappe"), der seinen Träger unsichtbar macht.

Da diese beiden Gegenstände Tyr gehören, bestätigen die magischen Eigenschaften der „Natternkrone" die Deutung des Schlangenkönigs als Tyr. Das Verleihen des Reichtums ist vermutlich aus dem Motiv des Grabschatzes, auf dem der Schlangen-Totengeist liegt, entstanden.

Man erzählt auch in einigen gegenden, jedes haus habe zwei schlangen, ein männchen und weibchen, die sich aber nicht eher sehen lassen, als bis der hausvater oder die hausmutter stirbt, und dann ein gleiches loos erfahren. Dieser zug und noch andere, wie das hinstellen der milch, nähern die hausschlangen dem begrif guter hilfreicher hausgeister.

Diese Schlangen-Hausgeister sind die Ahnen in Schlangen-Gestalt.

Die schlange erscheint als ein heilbringendes, unverletzliches thier, und vollkommen für den heidnischen cultus geeignet. den stab des Asklepios umwand die schlange, und an heilbrunnen lagen schlangen.

Ihrem Potrimpos unterhielten die alten Preußen eine große schlange und die priester hüteten sie sorgsam, sie lag unter getraideähren und wurde mit milch genährt.

Den Letten heißen die schlangen milchmütter (peena mahtes); sie standen unter dem schutz einer höheren göttin Brehkina (die schreiende) genannt, welche den eintretenden zuschrie, man solle ihre peena mahtes ungestört im hause lassen. es wird ihnen milch in näpfen hingestellt.

Auch die Litthauer verehrten schlangen, hegten sie im haus, und brachten ihnen opfer.

Diese „Milchmütter" in Schlangengestalt sind die Jenseitsgöttin, die die Schlangengestalt von den Totengeistern übernommen hat – ähnlich wie sie ihre Vogelgestalt (Walküren-Schwäne) von den Seelenvögeln (Schwäne) erhalten hat.

Ägyptischen schlangendienst bezeugte Herodot: Nullus locus sine genio, qui per anguem plerumque ostenditur.

Man brachte schlangen als zauber in schwertern und auf helmen an:

liggr með eggjo ormr dreyrfáðr,
enn â valbösto verpr naðr hala.

Aus dem haft (helz, hialt) des schwerts, nahm man an, renne der ormr oder yrmlîngr in die spitze und wieder zurück (Kormakssaga).

Vitege hieß ›mit dem slangen‹ von seinem helmzeichen. die helme erhielten dadurch festigkeit, die klingen kraft. Nicht unähnlich scheint, daß fuhrleute in ihre peitsche otterzungen flechten.

Gleich der schlange ist die kröte ein giftiges zauberthier. sie trägt einen stein im kopf. sie sitzt auf schwämmen und pilzen. der schwamm heißt deswegen krötenstul, englisch toadstool, neuniederländisch paddestoel, niederdeutsch paddenstol, ein pilz wird weißkrötling genannt. österriechische namen sind außer krot hepping, braitling, nöting, brotze, auke. in Baiern heißt das männchen braste, broz, bratz, das weibchen höppin, heppin, auch muml. heppin wird auch verächtlich zu weibsleuten gesagt. man spricht von wetterkröte, donnerkröte, blitzkröte.

Die schlange kriecht oder ringelt sich auf dem boden, stehn ihr flügel zu gebot, so heißt sie drache, was ein undeutsches, aus dem lateinischen draco, griechisch δράκων stammendes, schon früh eingeführtes wort ist, althochdeutsch traccho, angelsächsich draca, altnordisch dreki. die Sæmingar-edda hat nur einmal dreki, im jüngern Sôlarliod, sonst steht dafür ormr, angelsäschsich vyrm, althochdeutsch wurm, gothisch vaúrms, welches allgemeiner auch die schlange mitbegreift.

Als geflügelte schlange (serpens alatus) erscheint zumal die von Beovulf bestandne: nihtes fleogeð, sie fliegt nachts aus und heißt darum uhtsceaða, nocturnus hostis, aggressor. lyftsceaða (aereus hostis). auch der drache, welcher Krimhild auf dem drachenstein gefangen hält, kommt durch die luft gefahren oder geflogen.

Doch der andere, den Siegfried vom schmid ausgesandt früher tödtete, lag im wald bei einer linde, unfliegend, dies war der eddische Fâfnir, ein mensch, der wurmgestalt an sich genommen hatte, von ihm braucht die edda skrîda (repere, schreiten); es ist der vyrm oder draca, den nach Beovulf Siegemund und Fitela schlugen.

Nibelungenlied heißt er lintrache, lintdrache, im Siegfriedslied lintwurm, welcher ausdruck auch sonst zu lesen, und nicht aus linde (tilia), wie die spätere sage es misverstand, sondern aus dem althochdeutschen lint zu erklären ist. mit diesem lint (gothisch linþs, angelsächsisch lið, altnordisch linn?) sind viele frauennamen gebildet, z.b. Sigilint, altnordisch Sigrlinn, und es könnte den begrif von glanz oder schönheit enthalten, wie es für frauen oder schlangen gerecht ist, die abgeleitete altnordische schwache form linni (masculinum) bedeutet wiederum coluber, serpens. der häufige ortsname Limburg = Lintburg ist richtiger auf schlange als auf linde zu beziehen.

Die indogermanische Wurzel von „linn" ist „gebogen, gewunden" und bezieht sich u.a. auf die Bewegungs-Gestalt der Schlangen.

Von den drachen war nun die herschende vorstellung des alterthums: sie liegen auf dem gold und leuchten davon, das gold selbst hieß dichterisch wurmbett, altnordisch ormbeðr oder ormbeðselðr, wurmbettsfeuer, und daran knüpft sich weiter, daß sie schätze bewachen und nachts durch die lüfte tragen. jener wurm, den Sigemund erlegte, heißt hordes hyrde; den andern, mit welchem Beovulf kämpfte, bezeichnet das epithet: se hord beveotode.

Fâfnir, ein alter riese, lag als wurm, mit dem Oegishialm über ererbtem gold, es heißt ›î lŷngvi‹ (von lŷng, heide) und der ort wird als Gnîtaheiði bezeichnet; davon findet sich auch sonst der name lŷngvi, lŷngormr, heidewurm für drache. lŷngormr wird Volsunga saga von dreki unterschieden, jenes ist ein kleiner, dieses ein großer wurm. gleichviel mit lŷngvi mag also das althochdeutsche heimo, altsächsich hêma, angelsächsich. hâma sein, wovon ich schon redete; Vilkinus saga heißt heima ausdrücklich allra orrna skemstr (omnium vermium minimus), da er aber giftig ist, darf er nicht die unschuldige cicade (althochdeutsch muhheimo) („Heimchen") bezeichnen.

Noch heute setzt der volksglaube glühende schätze auf einsame heiden, wo sie von drachen gehütet werden. hæden gold Beovulf kann beides ausdrücken aurum tesquorum oder ethnicorum, denn die drachen galten gleich den riesen für alt und hochbejahrt, vergleiche eald uhtsceaða; vintrum frôd; þreo hund vintra heold on hrusan, zugleich aber sind sie geizig, neidisch, giftig und flammenspeiend: nîddraca, âttorsceaða, fŷre befongen; ongan glêdum spîvan; deorcum nihtum rîcsian.

Von Fâfnir wird Sæmingar gesagt: screið af gulli blês eitri, hristi sik ok barði höfði ok sporði, schüttelte sich und schlug mit haupt und schwanz; daß die begriffe eit (feuer) und eiter (gift) einander berühren wurde schon bemerkt. Hierzu halte man die schilderungen mittelhochdeutscher dichter, der trache hat seine heimwist in einem tal, wirft rauch, flamme und wind aus dem rachen; er hat fittiche und flügel, speit feuer und eiter.

Die Doppeldeutigkeit des Eiters beruhte auf einer vielschichtigen Analogie: Eiter verhält sich zu Blut/Gift wie Eis zu Wasser und wie Asche/Schlacke zu Feuer. Daher kann „Eis" als „Eiter" (des Wassers) bezeichnet werden und auch Feuer als Gift.

Amt der helden war es nun, wie die riesen so die gewissermaßen damit identischen drachen auf der welt auszutilgen, Thôrr selbst bekämpfte den ungeheuren miðgarðsorm, und Siegmund, Siegfried, Beovulf stehen als tapferste drachenüberwinder da; ihnen gesellt sich eine menge anderer, wie sie nach zeit und ort allenthalben aus dem schoße lebensvoller sage erstehen.

Frotho, ein andrer Siegfried, überwältigt einen giftigen auf schätzen ruhenden drachen.

Der schönen Thora Borgarhiörtr wurde ein kleiner lŷngormr geschenkt, den sie in ein kästchen, gold unter ihn legte: wie er wuchs, wuchs auch das gold, so daß die kiste zu eng wurde und der wurm sich im kreis um die kiste legte; bald war kein raum mehr in dem zimmer, er legte sich um das zimmer und nahm den schwanz in den mund, niemand ließ er in das gemach als den der ihm futter brachte, und zu jeder mahlzeit bedurfte er einen ochsen. nun wurde bekannt gemacht, wer ihn erlege, solle die jungfrau zur braut und soviel gold, als unter dem drachen lag, zur aussteuer empfangen.

Diesen drachen überwand Ragnar Lodbrock. auffallend gemahnt der steigende wachsthum des wurms an den des fisches. Außer dem goldeshort aber, den die helden als beute davon tragen, entspringen noch andere vortheile: der genuß des drachenherzens bringt kunde der thiersprache zuwege und das bestreichen mit dem blut härtet die haut gegen alle verletzung. tief greift beides in Siegfrieds sage ein:

gebeizet was sîn brunie
in eines wurmes bluote,
hurnen was siu veste.

Ein andres in drachenblut gehärtetes schwert. Sigurđr versteht, nachdem er Fafnirs herz gegessen hat, die sprache der vögel. auch Gudrun hatte noch davon gegessen und verstand sie. quin et inesse serpenti remedia multa creduntur – ut possint avium sermones intelligi. (Plinius)

Fast allem diesem begegnen die ansichten anderer völker. Wie die Römer gigas, so entlehnten sie auch draco von den Griechen, da für den begrif weder serpens noch vermis (wie bei uns slango und wurm) ausreichten. δράκων leitet sich aber ab von δέρκειν blicken, leuchten, sprühen, φάος δέδορκε gilt vom leuchtenden licht, daher möchte ich die versuchte deutung unseres lint und linni bestätigen. Ein grabender fuchs stieß endlich auf die höle eines goldhütenden drachen, ad draconis speluncam ultimam, custodiebat qui thesauros abditos. Die sage von den goldhegenden greifen schließt sich aber an, da sie gleich den drachen geflügelte ungeheuer sind.

Altslavisch bezeichnen zmij (masculinum) und zmija (femininum) schlange, jenes mehr den drachen, dieses die natter. böhmisch ist zmek der feurige, geldhütende drache, zmije die natter; serbisch zmaj drache, zmija natter. glimmer, den der zmaj von sich abschüttelt, heißt otresine zmajeve (abschüttelung des lindwurms). alles führt wieder auf glanz, gold und feuer. das litthauische smakas scheint den Slaven entliehen, ob das angelsächsische snaca coluber verwandt sei? fragt sich.

Diese Wortwurzel würde für Tyr als Sonnendrache in der Unterwelt sprechen.

Nach Jungmann ist zmek außer drache auch ein geist, der sich in gestalt eines nassen vogels, meist eines hünleins darstellt und den leuten geld zuträgt; es heißt, man dürfe erdhünchen oder hausotter nicht schädigen; Schmid erklärt erdhünlein von einem runden, hellen schein, in dessen mitte etwas dunkles liegt.

Hier findet sich die Verbindung von Schlangen-Totengeist und Seelenvogel.

Das finnische mammelainen beschreibt Renvall: femina maligna, matrix serpentis, divitiarum subterranearum custos. Hier wird der hort einer weiblichen schlange überwiesen, während in unsern deutschen, und auch den slavischen sagen characteristisch der böse, teuflische drache den schatz hütet, die otter oder unke mehr die rolle eines gutmütigen hausgeistes spielt, und wie der drache aus einem menschen gewandelt war, erscheint sie als kronetragende jungfrau mit schlangen-schweif oder als fee. aber die goldkrone wird ihr so wenig erlassen, als dem drachen der bezug aufs gold, und der böhmische zmek ist zugleich drache und otter.

Bei so mannigfachen berührungen muß das von den Langobarden gefeierte wesen zweifelhaft dahin gestellt und nur das darf angenommen werden, daß sie ihm eine heilsame, gütige natur beilegten.

... ...

Ungleich älter und verbreiteter war die erscheinung des teufels als schlange, wurm und drache. die verführende schlange im paradies galt für den teufel selbst. wie antiquus hostis heißt er antiquus anguis, anguifer hostis, letifer anguis, serpens. serpens antiquus, der alte drache, angelsächsisch draca. ihren grund hat die vorstellung zumal in apocaypse. 20, 2 und in den deutungen, welche die kirchenväter von Leviathan gaben. apocalypse gedenkt eines drachen, der mit seinem schweif den dritten theil der sterne vom himmel gezogen habe.

In diesem biblischen sinn nennen unsere alten dichter den teufel slange, hellewurm, helletracke, es wurde aber auch der einheimische volksglaube von feuerspeienden, giftigen würmen, schatzhütenden drachen und wunderbaren schlangen mit angeregt. in unzähligen volkssagen erscheint der teufel als drache.

Zumal hebe ich hier das märchen hervor, worin bald dem träumenden teufel, bald dem drachen oder dem vogel greif federn aus dem schweif gezogen werden.

Der unglücksdrache verfolgt die menschen, einer, dem alles widerwärtig geht, pflegt zu sagen: auf all mein glück legt der teufel seinen schwanz.

Vom drachen lassen sich auch des teufels flügel herleiten, altfranzösiosch diables enpanez, wie angres enpanez.

Da die kirche den Leviathan als ungeheuern walfisch darstellte, dessen wange Christus mit der angel durchbohrte, so war das anklang an die ungeheure von Thôr aus dem grund des meers geangelte feindliche weltschlange. als drache oder schlange hat der teufel einen ungeheuren rachen (mittelhoschdeutsch: kêwen), gleich der hölle selbst.

... ...

Die schlange im paradies galt für den teufel selbst, nach Schwenk aber mit unrecht. er heißt der lintwurm. der alde helletrache. der hellewurm. er wird celidrus genannt nach χέλυδρος wasserschlange. Leviathan wird übersetzt durch das angelsächsische sædraca. wie es vom Leviathan heißt ›cum armilla in maxilla‹. so ist ›ein rinc ime in sîne nasen gelegit‹. vergleiche in des tiuveles drozzen. den hât des tiuvels kiuwe verslunden.

> Jakob Grimm bestätigt mehrere bereits dargestellte Aspekte der Schlangen und Drachen.
> An neuen Informationen findet sich die größere Gold-Schlange, die um 650 n.Chr. oder früher von den Langobarden verehrt worden ist, die Auffassung der schlangengestaltigen Jenseitsgöttin als „Milchmutter" sowie die Darstellung des Toten-Königs Tyr als Schlangenkönig mit Krone, wobei diese Krone unsichtbar und reich macht.

VI Zusammenfassung: Schlangen und Drachen bei den Germanen

Die Drachen sind „große Schlangen", die um einige weitere Merkmale ergänzt worden sind. Die Symbolik der Schlangen und Drachen ist daher weitestgehend dieselbe.

Totengeister

Sowohl die Schlangen als auch die Drachen sind die Seelen der Toten in der Unterwelt – die Ahnen liegen in ihren Hügelgrab-Grabkammern und die Schlangen leben auf der Erde und in Erdhöhlen.

Daher erscheinen die Toten und auch die Götter wie Tyr und Odin auf ihrer Jenseitsreise als Schlange oder Drache. Odin wird zu einer Schlange, deren Name nicht bekannt ist, Tyr zu Grabak („Graurücken", eigentlich ein Wolfsname), zu Grafvölund („Grab-Wieland") und zu Nidhöggr und seine beiden Alcis-Söhne zu Goin und Moin. Da Zwerge Totengeister sind, können auch sie sich in Drachen verwandeln (Fafnir u.a.).

Da die Seele am Ende ihrer Inkarnation auf ihrem Weg vom Diesseits in das Jenseits die Gestalt einer Schlange annimmt, nimmt sie auch am Anfang ihrer Inkarnation, also vor ihrer Geburt, die Gestalt einer Schlange an.

Drachenschiffe

In den frühgermanischen Steinritzungen in Südschweden (1800-500 v.Chr.) finden sich bereits Schiffe mit Drachenköpfen, die Jenseitsschiffe und Sonnenschiffe zu sein scheinen. Auch die „klassischen" Drachenschiffe (800-1100 n.Chr.) haben den Kopf eines Drachen, der meistens dem Kopf eines Bären oder Löwen ähnelt.

Hier ist das Hilfsmittel der Reise der Sonne (Tyr) bzw. der Toten durch die Wasserunterwelt der Gestalt des Jenseits-Sonnengottes und der Toten angeglichen worden: Das Drachenschiff bringt die Schlangen und Drachen, d.h. die Totengeister in das Jenseits.

Vermutlich hatten die Wikinger die Vorstellung, daß ihre Fahrten genauso gefährlich wie die Jenseitsfahrt gewesen ist, aber daß sie in einem dem Drachenschiff des Sonnengott-Göttervaters Tyr gleichen Schiff auch genauso sicher wie die Sonne bzw. Tyr am Morgen zurückkehren würden.

Jenseitsboten

Auf den Runensteinen (600-1200 n.Chr.) finden sich nur wenige eigenständige Drachen und Schlangen. Die Runeninschriften stehen jedoch in sehr viele Fällen auf einer Schlange, die hier von Ahnengeist zu einem „Jenseits-Postboten" geworden ist, der die Runen-Nachricht in das Jenseits zu dem Verstorbenen trägt.

Jenseitsgöttin

Auf den beiden Goldhörnern von Gallehus (400 n.Chr.) ist die Schlange auch als Jenseitsgöttin zu sehen. In den späteren Sagen erscheint sie als Schlangen-gestaltige „Milchmutter", die denen, die ihr freundlich begegnen, hilft.

Es scheint sich bei den Germanen jedoch entweder keine eigenständige Schlangen-Göttin gebildet zu haben. Es wäre allerdings möglich, daß es einst (bis mindestens 400 n.Chr.) eine solche Göttin gegeben hat und ihr Name und ihre Mythen nur nicht überliefert worden sind. Lediglich Huldar wird einmal als „Göttin im Drachen-gewand" beschrieben.

Aus der Jenseitsgöttin, mit der sich der Tote nach seiner Ankunft in der Unterwelt vereint, woraufhin diese ihn dann wiedergebiert, wurde zum einen die Jenseitsgöttin als Drache und zum anderen die Jungfrau, die von dem Drachen gefangengehalten wird.

Kundalini

Auf den beiden Goldhörnern von Gallehus (400 n.Chr.) ist die Schlange auch als Kundalini zu sehen. In der Vendelzeit (550-800 n.Chr.) finden sich Schlangen und Drachen auf Helmen und Schilden. Möglicherweise war hier noch ihre Kundalini-Symbolik bekannt, die diese eng mit der Kampfekstase zusammenhängt.

Beschützer

In Skandinavien und in Island sind Drachen-Fibeln sehr beliebt gewesen. Auch hier ist unsicher, ob die Schlangen und Drachen noch als Ahnen aufgefaßt worden sind oder ob sie bereits als ein allgemeines, unspezifisches Schutzsymbol angesehen worden sind.

In England wurde von den Angelsachsen Schmuck und Helmzierden mit Schlangenornamenten hergestellt, wie die Funde von Sutton Hoo und Burntwood (675 n.Chr.) zeigen. Sie scheinen hier ein allgemeines Schutzsymbol zu sein.

Auf den Wandteppichen (900-1080 n.Chr.) finden sich Darstellungen von Drachenköpfen an den Dächern von Tempeln und Kirchen, an dem Ende der Oberkanten der Seitenwände eines Bestattungswagens sowie oben auf zwei von einem Bogen verbundenen Säulen („Seelenwegsäulen"), die einen Tempel bzw. eine Kirche symbolisieren. Die Drachen auf den Wandteppichen wirken z.T. wie schmückende Ornamente.

Auch Schatztruhen verzierte man mit Drachen (975 n.Chr.), die jedoch wohl nur generelle Schutzzeichen sind.

Auf den Stabkirchen (1150-1250 n.Chr.) finden sich die Drachen noch immer als Beschützer an den Dachgiebel-Enden, an den Toren, auf den Schreinen und in der Deckenbemalung einiger Kirchen.

Die Schlangen bzw., Drachen erscheinen durchgehend als Ahnen, wobei diese ab ca. 500 n.Chr. zunehmend zu einem unspezifischen Schutzzeichen verflachen.

Schlangen und Drachen in Hügelgräbern

Die Schlangen und Drachen wohnen in Hügelgräbern und im Jenseits, zwischen den Wurzeln des Weltenbaumes, in Jenseitstor-Quellen, im Wasserunterwelt-Meer und generell in der Unterwelt.

Daher kann man durch ein Drachenmaul in das Jenseits gelangen.

Das Jenseits entspricht der Nacht – also sind die Drachen oft Nachttiere.

Da Drachen bereits Totengeister, also tot sind, sind sie fast unverletzbar und werden folglich sehr alt – sie sind schließlich schon im Jenseits.

Feuerspeiende Drachen

Die Toten werden in einem großen Feuer bestattet – daher führt die Reise in das Jenseits durch eine Waberlohe. Dieses Feuer glüht weiterhin in den Hügelgräbern und soll des nachts über ihnen zu sehen sein. Aus diesem Grunde wurde aus den „Schlangen-Totengeistern im Feuer" schließlich das „Feuer in den Schlangen", d.h. die feuerspeienden Drachen.

Ihr Feuerspeien legte nahe, daß sie ein cholerisches Temperament haben.

Flügeldrachen

Das zweite wichtige Bild für die Ahnengeister war der Vogel, der durch das Nahtod-Erlebnis entstanden ist, bei dem man sich über seinem eigenen Leib schweben sieht.

Aus der Verbindung des Schlangen-Motivs mit dem Vogel-Motiv entstand der Flügel-Drache sowie die Vorstellung, daß man nach dem Verspeisen eines Drachenherzens die Vogelsprache verstehen kann – wenn man ein Drache ist, ist man auch ein Seelenvogel und kann daher mit den Ahnen, d.h. mit den Seelenvögeln sprechen.

Unverwundbarkeit

Die Unverletzlichkeit nach dem Einreiben mit Drachenblut ist eine Übertragung der „Unsterblichkeit" der Drachen, die diese besitzen, da sie Totengeister und somit bereits tot sind, auf den Drachentöter.

Die Drachen sind auch selber (fast) unverletzbar und ihre Haut glänzt und funkelt aufgrund ihrer Härte; ihr Bauch soll jedoch weicher sein. Dies Motiv ist durch die Umdeutung der Grabkammer-Grube zur Jagdmethoden-Grube entstanden, denn aus dem Erstechen des Drachens von unten her folgte, daß der Bauch des Drachen verletzlicher als sein Rücken sein mußte.

Der Drachenhort

Die Drachen leben in den Grabkammern von Hügelgräbern, aus denen später einfache Höhlen geworden sind. Aus diesem „Schlange in der Höhle"-Motiv entstand die Vorstellung der „Höhle, die aus Schlangen besteht" (Hel) sowie das Motiv der „Schlange, die ein Haus, einen Schatz o.ä. umringelt". Dieser Schatz und dieses Haus ist ursprünglich der Grabschatz in der Grabkammer des Hügelgrabes („Haus") gewesen.

Dieses Motiv ist mit der Zeit zu dem „Drachenhort" geworden, hat viele Gold-Kenningar inspiriert und hat zu der Vorstellung geführt, daß die Krone des Drachenkönigs seinem Besitzer Reichtum verleiht.

Das Liegen der Drachen auf dem goldenen Grabschatz brachte ihnen den Ruf ein, habgierig zu sein – von wo aus es nicht weit zu der Vorstellung war, daß sie zudem gefräßig seien.

Der Drachenkönig Tyr

Der Drache des Tyr, also die Jenseitsgestalt des Tyr, ist der Drachenkönig und der Totenkönig, der den Toten hilft, in das Jenseits zu gelangen. Er ist vermutlich mit dem Flugdrachen Nidhöggr identisch.

Auf den Bildsteinen (400-600 n.Chr.) erscheinen die Schlangen und Drachen stets zusammen mit der Sonnenscheibe – sie werden daher die Sonne bzw. der ehemalige Sonnengott-Göttervater Tyr in der nächtlichen/winterlichen Wasserunterwelt sein.

Die Assoziation der Drachen mit der Zahl „3" liegt darin begründet, daß diese Zahl den endlosen Zyklus symbolisiert und Tyr als Drache und als Sonnengott-Göttervater in einem endlosen Zyklus durch das Diesseits (Tag) und das Jenseits (Nacht) reist.

Die wahrscheinlich mehr als ein Kilogramm schwere goldene Schlangen-Statue, die die Langobarden vor 650 n.Chr. verehrt haben, könnte Tyr als Drachenkönig dargestellt haben.

Auf den Brakteaten (400-600 n.Chr.) finden sich fast keine Schlangen und Drachen, da sich diese Amulette aus Goldblech fast alle schon auf den neuen Göttervater Odin zu beziehen scheinen.

Sonnenring und Schreckenshelm

Der Drache wurde mit dem Ring und dem Ögishelm assoziiert, da sowohl der „Sonnen-Ring" als auch der „Schreckens-Helm" Symbole für die Jenseitsreise waren – vorzugsweise allerdings für die rituelle Reise der Schamanen und der Könige in das Jenseits zu dem Göttervater.

Zauberkundige Drachen

Diese Jenseitsreise ist die wichtigste Fähigkeit aller Schamanen und Zauberer – daher ist es nicht verwunderlich, daß die Drachen zauberkundig sind und die Zukunft vorhersehen können: Die Fähigkeiten der Personen, die als Schlangen/Drachen zu den Ahnen und Göttern reisen können, sind auch auf die Drachen selber übertragen worden.

Eine späte Version dieses Motivs sind die Schlangen oder das Schlangengift als Zaubertrank-Zutat.

Land-Wächter

Die ursprüngliche Vorstellung der Schlangen und Drachen als hilfreichen Ahnengeistern hat sich „vergrößerter Form" in der Vorstellung erhalten, daß Island von einem Riesen, einem Drachen, einem Adler und einem Stier beschützt wird.

Todes-Fluch

Die Assoziation der Drachen mit dem Tod (sie sind Totengeister) führte zu dem Motiv des Todes-Fluchs auf den Drachenhorten. Dieselbe Umdeutung findet sich auch bei dem Sonnen-Jenseitsreise-Ring, der als zentrales Element des Hortes in den Hügelgräbern ebenfalls von einem „Helfer im Tod" zu einem „Verursacher des Todes" wurde.

Jörmungandr

Die Midgardschlange ist ein Teil der Drachensymbolik, der sich schon sehr früh von der übrigen Schlangen-Symbolik getrennt hat. Jörmungandr ist eine riesige Schlange, die rings um Midgard im Weltmeer liegt und von Thor bekämpft wird. Sie wurde möglicherweise schon auf den skandinavischen Felsritzungen (1800-500 v.Chr.) dargestellt.

VII   Drachen und Schlangen bei den Indogermanen

Die Germanen haben zusammen mit vielen anderen Völkern in Europa einen gemeinsamen Ursprung in einem Volk, das um 2.800 v.Chr. in den südrussischen Steppen nördlichen des Schwarzen Meeres und des Kaspischen Meeres gelebt hat. Dieses Volk, daß „Indogermanen" genannt wird, lebte als halbnomadische Viehhirten.

Als sie ihren Lebensraum auszuweiten begannen und dabei die umliegenden Völker unterwarfen, differenzierten sie sich in immer mehr Einzelvölker, die sich unabhängig voneinander weiterentwickelten. Die erste große Teilung entstand durch ihre Expansion nach Westen, Süden und Osten.

Aus dem westlichen Zweig der Indogermanen entstanden die baltisch-slawische Gruppe im Norden sowie die keltoromanische Gruppe im Westen und Nordwesten Europas, die die Germanen, Kelten und Römer umfaßte. Die Römer und Kelten sind daher die nächsten Verwandten der Germanen. Die Slawen und Balten sind sozusagen die Verwandten 2. Grades der Germanen. Schließlich gehören die Germanen auch noch zur „Gesamtsippe" der Indogermanen.

Der südliche Zweig der Indogermanen umfaßt die Hethiter, Lyder, Palaier und einige andere recht unbekannte Völker. Der östliche Zweig der Indogermanen umfaßt die Griechen, Thraker, Skythen, Perser, Inder, Armenier und Mitanni.

Um etwas über die frühen Germanen herauszufinden, kann man sie daher mit ihren Verwandten vergleichen. Der Vergleich der Vorstellungen der Germanen, Kelten und Römer über Schlangen und Drachen können daher zeigen, welche Ansichten die gemeinsamen Vorfahren dieser drei Völker, die um ca. 2.000 v.Chr. gelebt haben, hatten. Wenn man auch die Balten und Slawen in diesen Vergleich miteinbezieht, werden die Ansichten des westlichen Zweiges der Indogermanen, die um ca. 2.200 v.Chr. gelebt haben, sichtbar. Der Gesamtvergleich der mythologischen Bedeutung von Drachen und Schlangen ist eine Möglichkeit, die Bedeutung dieser Tiere bei den Indogermanen um 2.800 v.Chr. zu erfassen.

VII 1.   Der Stammbaum der Indogermanen

Die folgende Tabelle zeigt den Stammbaum der Indogermanen. Die Namen für die gemeinsamen Vorfahren der verschiedenen Völker wie „Tocharo-Romanen" sind künstliche Bezeichnungen, da nicht bekannt ist, wie sich die betreffenden Völker selber genannt haben. Die Differenzierung der Indogermanen in verschiedene Völker fand in etwa zwischen 2800 v.Chr. und 1800 v.Chr. statt.

Indo-germanen	West-Indo-germanen	Balto-Slawen				Balten
						Slawen
		Tocharo-Romanen	Tocharo-Romanen	Kelto-Romanen		Kelten
						Römer
						Tocharer
						Germanen
	Süd-Indo-germanen					Lyder
		Hethito-Luwier	Hethito-Palaer			Hethiter
						Palaer
						Luwier
	Ost-Indo-germanen	Gräco-Thraker				Thraker
						Griechen
		Indo-Skythen				Skythen
			Indo-Armenier			Armenier
				Indo-Mitanni		Mitanni
					Indo-Perser	Perser
						Inder

VII 2. Die indogermanischen „Verwandten 1. Grades" der Germanen

VII 2. a) Kelten

Smertrios

Smertrios

Smertrios

Bei den Kelten erschlägt der Gott Smertrios in den Darstellungen aus der Zeit um Christi Geburt eine Schlange mit einer Keule. „Smertrios" ist vermutlich ein Beiname des keltischen Donnergottes Taranis. Da Taranis dem germanischen Thor entspricht, entspricht die Schlange, die von Smertrios getötet wird, dem germanischen Jörmungandr.

Der Rinderraub von Cuailgne

In der irisch-keltische Sage „Der Rinderraub von Cuailgne" findet sich eine Beschreibung der Kampfekstase, die sehr große Ähnlichkeit mit dem Kundalini-Yoga hat und vermuten läßt, daß die Kampfekstase eine Weiterentwicklung der Ekstase, die man beim Erwachen der Kundalini erlebt, ist.

Bevor Cú Chulainn zusammen mit seinem Wagenlenker wieder in die Schlacht fuhr, sang sein Wagenlenker Schutzlieder über den Wagen, sich selber und über Cú Chulainn, sodaß sie für niemanden in dem Heerlager sichtbar waren. Cú Chulainn zog sich zudem seinen Schutzumhang an, den er in Tír Tairngire von seinem Zauberkunstlehrer, erhalten hatte. Dann stieß er wieder den Heldenschrei aus, der alle im gegnerischen Heer erstarren ließ.

Dann geschah eine große Verwandlung mit Cú Chulainn, als er sich in die Kampfeswut versetzte, sodaß er schrecklich, vielgestaltig und nicht wiedererkennbar anzusehen war. Das ganze Fleisch seines Körpers zitterte wie ein Baum im Wind oder wie Binsen in einem Fluß – jedes Glied und jedes Gelenk, jedes Ende seines Körpers und jeder Teil von ihm von Kopf bis Fuß.

Die Fackeln der Kriegsgöttin, bösartige Regenwolken und Funken von loderndem Feuer konnte man in der Luft über seinem Kopf sehen. Sein Haar stand gerade ab wie die Stacheln des Rotdorns. Wenn man einen edlen Apfelbaum, der schwer von Früchten ist, über seinem Kopf geschüttelt hätte, wäre kaum ein Apfel zu Boden gefallen, sondern die meisten wären auf seinen Haaren aufgespießt worden.

Das Heldenlicht strahlte von seiner Stirn aus, so lang und dick wie die Faust eines Helden. So hoch, so kräftig und so stark wie der Mastbaum eines großen Schiffes war der Strom von dunklem Blut, der von seinem Scheitel emporstieg und sich in einem dunklen magischen Nebel auflöste.

Cú Chulainn griff in seiner Kampfeswut das feindliche Heer an und viele Krieger fielen vor seinem Ansturm.

An den nächsten Tagen gab es viele Einzelkämpfe zwischen Cú Chulainn und den Kriegern des feindlichen Heeres, bei denen er jedesmal siegte.

Tir Tairngire bedeutet „Land der Glückseligkeit". Dies ist einer der vielen Namen für das Jenseits, der vor allem in Verbindung mit Manannan mac Lir benutzt wurde. Dieser Gott besitzt auch die hier angeführten Zauberkräfte und -dinge wie z.B. den Mantel der Unsichtbarkeit, der dem fälschlicherweise oft „Tarnkappe" genannte „Tarnumhang" des Zwerges Andvari-Alberich entspricht. Cú Chulainns Zauberkunstlehrer ist der Sonnengott Lugh selber gewesen.

Die Beschreibung der Kampfeswut enthält mehrere Elemente, die auch aus dem Yoga, verschiedenen Ekstasetechniken sowie der Traumatherapie bekannt sind:

    1. Das heftige Zittern des Körpers ist von verschiedenen Ekstasetechniken und auch von Traumauflösungen gut bekannt.

    2. Das Leuchten der Stirn entspricht der hellsichtigen Wahrnehmung des Dritten Auges im Yoga. Es war bei Cú Chulainn so intensiv, das es auch von ungeübten Menschen wahrgenommen wurde. Aus diesem Phänomen entstand u.a. bei den Christen, den Hindhus und den Buddhisten das Motiv des Heiligenscheines rings um den Kopf.

3. Der „Blutstrom", der aus dem Scheitel aufsteigt, ist im Yoga als die aufsteigende Lebenskraft beim Erwecken des Kundalinifeuers aus dem Scheitelchakra gut bekannt. Diese Lebenskraft steigt in der Körpermitte wie der Strahl eines Springbrunnens empor, entfaltet sich dann oben zu einer Fontäne und fließt dann um den Körper herum wieder zum untersten Chakra hinab, um dann erneut aufzusteigen. Dieses Fließen wird als eine große Hitze erlebt, die auch eins der markantesten Merkmale der Kampfekstase ist. Das „Einhüllen" durch den „Blutstrom" entspricht in der Beschreibung des Cú Chulainn dem Niederfließen der Lebenskraft außen um den Körper herum.

das keltische Utiseta

In den irisch-keltischen Sagen wird auch die normale Schamanen-Ekstase, die zu der Kampf-Ekstase weiterentwickelt worden ist, beschrieben. Sie entspricht dem germanischen „Utiseta".

„Die Druiden benutzten die Felle von geopferten Stieren für Vorhersagen und für das Erlangen von Weisheit – und sie hatten viele Methoden, um Weisheit zu erlangen wie z.B. ihr eigenes Spiegelbild in Wasser zu betrachten oder in die Wolken am Himmel zu blicken oder den Geräuschen des Windes zu lauschen oder auf den Gesang der Vögel zu hören.

Aber wenn dies alles nichts nützte, dann benutzten sie ihr stärkstes Hilfsmittel: Sie stellten ein Flechtwerk aus Eberschenzweigen her und legten das Fell eines geopferten Stieres darauf – mit der Seite, die am Fleisch war, nach oben. Dann erlangten sie ihre Weisheit, indem sie Geister riefen, die ihnen das Wissen, nach dem sie verlangten, holten."

Die Lage des Fells (die Haarseite nach unten) zeigt, daß sich der Druide auf dem Fell symbolisch „in dem Stier" befand, d.h. sich mit dem toten Stier identifizierte und nun in das Jenseits zu den Ahnen (den Geistern) reiste.

„Die Männer von Irland frugen um Rat, wie sie die Schlacht führen sollten. Sie sagten ihren Druiden, daß sie den Verlauf der Schlacht herausfinden sollten und auch, welche Seite siegen würde. Die Druiden opferten ihren Göttern und setzten sich danach auf die Felle von alten, haarlosen Stieren, die sie auf ein Geflecht aus Eberschenzweigen gelegt hatten, und richteten ihren Blick zur Erde. Daraufhin sagten ihnen ihre Götter das, was sie wissen wollten."

Die Sage über König Cormac Mc Art

In der irischen Sage über Cormac Mc Art erscheint das Utiseta in Verbindung mit der Astralreise, denn das Stierfell war letztlich ein Hilfsmittel für die Jenseitsreise, die in der Regel mit dem Verlassen des eigenen Körpers verbunden war. Mogh Ruith war zu der damaligen Zeit der Oberdruide Irlands.

Auch die normale Ekstase, also die Astralreise (Verlassen des eigenen Körpers), wurde zu Kampfzwecken verwendet:

Mogh Ruith erkannte, was Cormacs Druiden vorhatten und befahl den Männern von Munster, Reisigbündel aus Ebereschenholz aus dem Wald zu holen. Den König sandte er aus, ein besonderes Reisigbündel zu holen, das aus Zweigen bestand, die im Schutz von drei Dingen gewachsen waren: geschützt vor den Nordwestwinden, die im März von Tara her wehten, geschützt von den Seewinden, und geschützt von den Winden des großen Brandes, der von den Druiden des Cormac entzündet worden war, um den Männern von Munster zu schaden.

Mogh Ruiths Lehrling, Ceannmhaire, baute dieses Holz in der Form eines Dreieckes auf und ließ sieben Öffnungen für die Luft frei – Ciothruadhs Feuer war jedoch nur grob aufgehäuft worden mit drei Löchern für die Luft. Dann erbat sich Mogh Ruith von jedem Mann des Heeres von Munster einen Span von dem Schaft seines Speeres, vermischte sie mit Butter und rollte sie zu einer großen Kugel, während er die ganze Zeit über sprach:

„Ich mische ein brüllendes, mächtiges Feuer;
es wird die Wälder niederbrennen, es wird das Gras vernichten;
eine wütende Flamme mit rasender Geschwindigkeit;
sie wird wird zum Himmel emporlodern;
sie wird die Wut eines jeden brennenden Holzes unterwerfen;
sie wird eine Schlacht über die Clane des Conn hereinbrechen lassen."

Dann warf er die Kugel in das Feuer, in der sie mit großen Wucht explodierte. Mogh Ruith sagte ihnen, daß er dabei war, dem Feind eine große Niederlage zuzufügen und forderte sie auf, zu schauen, ob das Feuer nordwärts zu ihren Feinden lodern würde. Dann atmete er seinen Druidenatem in den Himmel empor. Sein Druidenatem wurde sofort zu einer bedrohlichen dunklen Wolke, die in einem Schauer von dunklem Blut auf der Ebene vor ihnen niederregnete und von dort aus nach Tara weiterzog, während der Druide die ganze Zeit über seine rhythmischen Verse weitersang.

Mogh Ruith fragte, wie sich die Flammen verhielten, denn er war blind. Sie sagten ihm, daß die Feuer nach Norden und Westen wie Wellen übereinanderrollten und vorwärtsrasten und daß im mittleren Munster kein Baum mehr stand. Als er wieder fragte, hatten sich die Flammen wie wütende Krieger in den Himmel erhoben.

Da verlangte Mogh Ruith sein dunkelgraues, hornloses Stierfell und seine weiße, gefleckte Vogelkopfbedeckung und flog in die Luft empor bis zu dem Rand der Flammen und befahl ihnen, nordwärts zu ziehen. Als Ciothruad, Cormacs Druide, dies sah, erhob er sich ebenfalls in die Lüfte, um Mogh Ruith aufzuhalten. Aber Mogh Ruith schlug ihn nieder und lenkte die Flammen nach Norden.

Die Astralreise, bei der die Seele den Körper verläßt und über ihm schwebt, ist hier zu einem körperlichen Flug („Levitation") geworden, der u.a. auch von einigen christlichen Heiligen (Simon Magus, Franziskus von Assisi, Ignatius von Loyola, Theresa von Avila und ca. 230 anderen), griechischen Philospophen-Mystikern (Apollonius von Tyana, Philostratus u.a.) und vielen Yogis (Buddha, Milarepa, Sai Baba u.a.) bekannt ist.

Das „fliegende Stierfell" ist u.a. eine Entsprechung zu den fliegenden Teppichen im Orient oder den Hexenbesen im europäischen Mittelalter. Der „Kopfaufsatz" in der Gestalt eines Vogelkopfes, den Mogh Ruith bei seinem Flug benutzte, findet sich auch bei einigen der Figuren („Vogelkopfmensch") auf dem größeren Horn von Gallehus dargestellt.

Das Stierfell des Mogh Ruith ist offensichtlich nicht das Fell eines frisch geopferten Stieres, sondern eins, daß er bereits seit längerem in Gebrauch hatte. Es ist wahrscheinlich, daß es sich um das Fell des Stieres handelte, der bei seiner Einweihung geopfert wurde. Dadurch wäre dieses Fell fest mit seinem Nahtod-Erlebnis (Astralreise) bei seiner Einweihung verbunden und folglich sehr gut dafür geeignet, dieses Erlebnis zu wiederholen.

Cormacs Heer zog sich zurück, dicht verfolgt von Mogh Ruith, der in seinem von wilden Stieren gezogen Streitwagen stand. Er frug seine Begleiter, wer die Männer in der Nachhut des feindlichen Heeres seien.

„Es sind drei große grauhaarige Männer," sprachen sie.

„Es sind Cormacs Drui-den Cecht, Ciotha und Ciothruadh," sprach Mogh Ruith, „und meine Götter haben mir versprochen, sie in Steine zu verwandeln, wenn es mir gelingt sie zu überholen und sie mit meinem Atem zu berühren."

Und er blies einen Druidenatem über sie und sofort wurden sie zu Stein. Dies sind die Steine, die bis heute die „Trittsteine von Raighne" genannt werden.

Der Traum des Ronabwy

In der Geschichte „Der Traum des Rhonabwy" aus dem walisisch-keltischen Mabinogion erscheint das Utiseta als „Traum", wobei das Stierfell, auf dem er dabei liegt, und die Schlafdauer von drei Tagen deutlich zeigen, daß es sich nicht um einen normalen Schlaf handelt.

Rhonabwy wird zusammen mit zwei Gefährten von Madog mit einem wichtigen Auftrag losgeschickt. Bei einer Übernachtung auf ihrem Weg schlafen sie bei Heilyn dem Roten, dessen Haus sehr dreckig ist. Rhonabwy legt sich deshalb auf ein gelbes Stierfell und träumt in der folgenden Nacht von der Zeit König Artus', den er am Rande einer Schlacht gegen die Sachsen bei einem schachähnlichen Spiel gegen Ritter Ywein antrifft. Boten berichten, daß Yweins Raben von den Sachsen ange-griffen werden.
Schließlich erwacht Rhonabwy durch den geträumten Lärm der Truppen aus seinem Traum und erkennt, daß er drei Tage lang geschlafen hat.

Feuerläufe

Insbesondere aus Irland wird mehrfach von frühester christlicher Zeit (550 n.Chr.) bis um 1.740 n.Chr. über Feuerläufe berichtet. Dieses Feuer wird hier als Jenseitstor aufgefaßt und entspricht daher dem Feuer, das die Drachen speien.

„*Der Sitte gemäß nahm der Herr des Ortes oder sein Sohn oder eine andere bedeutende Person die Eingeweide des geopferten Tieres in die Hände und schritt dreimal über die* (glühenden) *Kohlen, nachdem die Flammen erstorben waren, um sie* (die Eingeweide) *direkt dem Druiden zu überreichen, der in eine weiße Haut* (eines Stieres) *gehüllt vor dem Altar wartete. Wenn der Edle keinen Schaden davontrug, wurde dies als günstiges Omen aufgefaßt und mit lautem Beifall begrüßt: doch wenn er Brandwunden davontrug, galt das als Unglück sowohl für ihn selber als auch für die Gemeinschaft.*"

Ein solches rituelles Jenseitstorfeuer, daß benutzt wird, um etwas zu erfahren, wird auch in der Isländersaga über Thrond von Gate beschrieben.

Drachennamen der Druiden

Auch in den überlieferten Namen der Druiden und Druidinnen finden sich einige indirekte Hinweise auf Drachen. Es scheint bei den Druiden und auch bei den keltischen Königen einen Geburtsnamen und einen Druiden- bzw. Königsnamen gegeben zu haben, den sie bei ihrer Weihung erhielten. So hieß z.B. Artus Vater Uther und sein Königsname war „Pendragon" („Drachenkönig" oder „Herr der Drachen").

Die indirekten Drachenhinweise beziehen sich vor allem auf das Kundalini-Yoga. Der Kelte Gwion Bach („Kleiner Weißer") erhielt den Druidennamen Taliesin, was „leuchtende Stirn" bedeutet. Dieser Name bezieht sich vermutlich auf das erwachte „Dritte Auge", in dem die Yogis die Kraft der Kundalini sammeln und dann für die verschiedensten Formen der Magie benutzen können. Diese „leuchtende Stirn" wird auch von den keltischen Ekstase-Kämpfern wie z.B. Cú Chulainn berichtet (siehe oben).

Auf diese Ekstase bezieht sich auch der Name „Merlin", der „Verrückter" bedeutet, was ursprünglich einmal „der in einem außergewöhnlichen Bewußtseinszustand ist" bedeutet hat. Dies entspricht dem Namen „Odin/Wotan" der „Wut" bedeutet, was ursprünglich „Ekstase, außergewöhnlicher Geisteszustand" bedeutet hat. Der germanische und der keltische Schamane bzw. Schamanengott ist also auf dieselbe Weise benannt worden.

Der Druidinnen-Name „Brigit" bedeutet entweder „die Erhabene" oder „die, die Ekstase gibt".

Durch ihre Jenseitsreise wurden die Druiden und Könige auch zu Königen des Jenseits. So nahm z.B. Pwyll („der Weise") den Königsnamen „Pen Annun" („Herr der anderen Welt") an.

Die Weiterentwicklung der Schamanen-Ekstase zur Kampfekstase hat nicht nur bei den Germanen zu der Bedeutung „Wut" für den Namen „Odin/Wotan" geführt, sondern auch bei den Druiden und Druidinnen einige Kampfekstase-Namen entstehen lassen: Einige Druiden hießen Illtyd („Krieger"), Cáthair Már („Kampf-?"), Diviciacus („Rächer") oder Ciothruadh („Roter Regen" = „Blut"). Einer der Ari-Druiden (Oberdruiden, Druidenlehrer) trug den Namen „Cathbad", der sich auf den Namen der Göttin Cassiobodua („Kampfrabe") bezieht.

Auch die Druidinnen trugen bisweilen kriegerische Namen: Macha Mong Ruadh („Kriegerin mit der roten Mähne") und Gallicenae („Feuerkopf"). Beide Namen werden sich wohl darauf beziehen, daß durch die Erweckung der Kundalini das Innere Feuer bis in den Kopf und darüber hinaus steigt, was bei Cú Chulainn als Blutstrahl dargestellt worden ist. Aufgrund dieser Feuer- und Kundalinisymbolik wurden die Druidinnen auch allgemein als „Ingheaw Andagha", d.h. als „Töchter des Feuers" bezeichnet.

Bei den meisten dieser Namen ist allerdings auch eine nicht-magische Erklärung möglich.

Auch einige Symbole der Druiden, die auch von den Germanen bekannt sind, finden sich in den Druidennamen: Guénolé bedeutet „leuchtender Torque (=Draupnir)" und Trosdan bedeutet „Pilgerstab/Zauberstab".

Auch bei den Kelten war das Rad das Symbol des Sonnengottes. Die Kelten faßten sich auch oft wie Cú Chulainn als Priester oder Söhne des Sonnengottes auf, wie ihre Namen zeigen: Magh Ruith („Großes Sonnen-Rad"), Lucet Mael („Mann des Sonnengottes Lugh, der mit der Tonsur"), Lamhderg („lange Hand" = Beiname des Sonnengottes) und Findgoll („Enkel des Weisen").

Geoffrey von Monmouth: „Historia Regum Britanniae"

In Geoffrey von Monmouths um 1136 n.Chr. verfaßten „Geschichte der Könige Britanniens" wird Merlin noch Merdin genannt. Er ist Barde und Seher, wobei er letzteres in allen drei Bedeutungen des Wortes ist: Er sieh die Zukunft voraus (die eigentliche Bedeutung von „Seher"), er sieht das Verborgene („Hellseher", Telepathie) und er kann Träume deuten.

Als König Vortigern, der Artus zukünftigem Vater Uther Pendragon den Thron geraubt hatte, wollte er einen Schutzturm errichten. Dieser Turm stürzte jedoch kurz vor seiner Vollendung immer wieder ein. Merlin, der noch ein Kind war, erklärte dem König Vortigern, daß unter dem Turm in einem See zwei Drachen miteinander kämpften und der Turm deshalb immer wieder einstürzen würde.

Der König ließ unter dem Fundament des Turmes graben und man entdeckte dort den See, in dem die beiden Drachen miteinander kämpften. Nach drei Tagen siegte der weiße Drache und Merlin verkündete, daß der rote Drache die Angelsachsen seien, die Großbritannien immer wieder angriffen und daß diese in der nächsten Schlacht von den Kelten besiegt werden würden – was dann auch geschah.

Vermutlich sind die beiden Drachen in dem See unter der Erde identisch mit den beiden Schlangen des Cernunnos, die ihn auf seiner Jenseitsreise in die Wasserunterwelt führen.

Lludd und Llefelys (Mabinogion)

Auch im Mabinogion findet sich der Kampf zwischen zwei Drachen, der aus der germanischen Tradition unbekannt ist. Es wäre denkbar, daß dieses Motiv auf eine ältere mythologische Vorstellung zurückgeht, in der der endlose zyklische Kampf zwischen dem Sonnengott-Göttervater (Tyr, Dagda/Nuada) und dem Wintergott und Gott des Chaos (Loki, Sreng) auch als Kampf zwischen zwei Drachen angesehen worden ist.

Das Folgende ist eine Zusammenfassung der Sage:

Lludd, König von Britannien, bittet seinen Bruder Llefelys, König von Gallien, ihm dabei zu helfen, sein Land von drei Plagen zu befreien.

Die erste Plage war ein dämonenartiges Volk, das alles hören konnte, was der Wind ihm zutrug. Sie wurden durch die beiden Brüder dadurch besiegt, daß sie ihnen eine Insektenart sandten, gegen die die Menschen immun waren.

Die zweite Plage waren zwei miteinander kämpfende Drachen. Sie konnten von den Brüdern besiegt werden, nachdem sie sie mit Met betrunken gemacht hatten.

Die dritte Plage war ein riesenhafter Zauberer. Er wurde im Zweikampf von Lludd besiegt.

<u>eine keltische Drachenmünze</u>

Schlange; Kelten (Voelklingen)

Auf einer keltischen Münze, die bei Völklingen im Saarland gefunden worden ist, ist ein Drache zu sehen, der eine Schlange mit Raubtierkopf ist.

<u>Schlange auf dem Kessel von Gundestrup (400 v.Chr.)</u>

Sie erscheint in der Hand von Cernunnos, über den Carnyx-Bläsern und unter dem Mann mit dem Hörnerhelm.

Dadurch, daß Cernunnos eine Schlange hält, wird sie als wichtig für das, was Cernunnos gerade tut, gekennzeichnet. Da er mit verschlossenen Augen meditiert und ins Jenseits reist, ist die Schlange vermutlich das Tier, das den Weg in die Unterwelt kennt. Diese Symbolik war sehr naheliegend, da die Schlange auf der Erde und in Erdhöhlen lebt. Vermutlich stellt sie auch wie auf den Goldhörnern von Gallehus die Kundalini-Schlange dar.

Die Carnyx-Bläser rufen möglicherweise die Schlange für den Mann, für den die Kessel-Zeremonie durchgeführt wird, herbei. Vielleicht wurde auch die Carnyx selber aufgrund ihrer Form mit der Schlange assoziiert – der tiergestaltige Kopf der Carnyx würde sie dann zu einem Schlangenmischwesen, also zu einem Drachen machen. Die Schlange ist vermutlich auch die Führerin der Reiter-Prozession.

Die Schlange könnte auch den Mann mit dem Hörnerhelm ins Jenseits zu dem Gott mit dem Rad geleitet haben.

Die Schlange gehört der Symbolik auf den Bildplatten zufolge zu allen, die ins Jenseits reisen.

Cernunnos mit Widderhornschlange

Jenseitsreisender bei dem Gott Dagda, unter ihm eine Widderhornschlange

König Uther Pendragon

Zu der Zeit des Königs Uther Pendragon, dem Vater von König Artus, muß die Drachensymbolik jedoch noch sehr lebendig gewesen sein, da sich König Uther mit Beinamen „Pendragon", d.h. „Drachenkönig" nannte. Von ihm stammt der rote Drache als Symbol von Wales. Das walisische Königshaus der Tudor hat den Drachen als Königssymbol beibehalten, sodaß auch die heutige Königin Elisabeth II noch immer den Drachen als Symbol ihres Amtes führt.

Die Queen ist sozusagen eine „Drachenkönigin" …

König Peter von Aragorn

Die keltische Drachen-Tradition hat sich auch in den Spanien und Portugal erhalten können. Eine enge Parallele zu König Uther Pendragon ist König Peter IV von Aragon, der als Königszeichen einen Helm trug, auf dem ein Drache saß. Man kann wohl davon ausgehen, daß diese Königsdrachen ein Symbol dafür waren, daß der König bei seiner Krönung auf dem Drachenweg ins Jenseits gereist ist und daher nun den Segen der Götter für seine Herrschaft besitzt.

Dieser Drachenhelm entspricht den Schlangenhelmen der Nordgermanen aus der Vendelzeit, die schon dargestellt worden sind.

keltische Drachen in Spanien

In den spanischen Sagen halten die Drachen Nymphen in Höhlen gefangen, versteinern Menschen durch ihren Blick, speien Feuer und atmen einen Dunst aus, der alles verfaulen läßt. Sie haben Flügel, einen Stier- oder Löwenkopf und manchmal auch zwei Beine.

Es gibt auch einige weibliche Drachen, die zwei große Brüste, Adlerkrallen und einen Adlerschnabel haben. Sie werden wie die germanische Hulda aus der Assoziation des Schlangenweges mit der Muttergöttin im Jenseits sowie aus der Wiedergeburts-Symbolik, bei der nicht nur der Tote, sondern auch die Jenseitsgöttin zu einer Schlange bzw. zu einem Drachen wurde, entstanden sein. Der Adler ist vermutlich dadurch, daß die Jenseitsmuttergöttin die Seelen als Vögel wiedergebiert, zu einem Teil der weiblichen Drachen geworden.

Diese „Drachin" ist zumindestens in Portugal bis heute auch eng mit der Fruchtbarkeit der Felder verbunden.

VII 2. b) Römer

Die ursprüngliche römische Religion scheint keine Schlangen oder Drachen gekannt zu haben – zumindestens sind keine überliefert worden. Daher scheint die Schlangensymbolik bei den Römern schon früh durch andere Symbole ersetzt worden zu sein.

Ihre Drachenstandarten haben die römischen Legionen erst um ca. 350 n.Chr. von den Parthern und Dakern übernommen.

Die Schlange am Stab des Arztgottes Äskulap haben die Römer von den Griechen übernommen.

Die späteren italienischen Drachen, die meist von einem „jungen Helden", einem heiligen oder dem Papst vertrieben oder getötet wurden, sind sehr wahrscheinlich „christliche Drachen".

VII 2. c) Schlangen und Drachen bei den gemeinsamen Vorfahren der Germanen, Kelten und Römer

Bei den Römern ist die Schlange und der Drache als religiöses Symbol verlorengegangen und wurde erst später von den Griechen, Dakern und anderen Völkern wieder in die römische Symbolik eingefügt.

Den Kelten und den Germanen sind mindestens drei Drachensymboliken gemeinsam gewesen:
- der Kampf des Donnergott mit der Schlange, der bei den Kelten gegen Ende der gallisch-römischen Zeit (300 n.Chr.) als Motiv verlorenging,
- die Verbindung zwischen dem König und dem Drachen, und
- das Kundalini-Yoga und die daraus abgeleitete Kampfekstase gab es bei den Germanen bis mindestens 400 n.Chr. und bei Kelten wahrscheinlich einige Jahrhunderte länger.

VII 3. Die indogermanischen „Verwandten 2. Grades" der Germanen

VII 3. a) Slawen

Zirnita, der slawische Gott der Magie, hat die Gestalt eines schwarzen Drachen. Er wurde früher auf den Fahnen des slawischen Heeres abgebildet.

Der Drache Zmej gilt als sehr intelligent, weise und vielwissend. Er besitzt eine übermenschliche Kraft, kann Feuer speien und ist ein großer Magier. Er ist auch sehr reich und hat diese Schätze in fernen Ländern, die wohl für das Jenseits stehen, verborgen. Er verlangt von den Menschen oft Jungfrauen, mit denen zusammen er viele Helden gezeugt hat, die oft auch selber die Gestalt eines Drachen annehmen konnten.

Der bekannteste dieser „Drachensöhne" ist sicherlich Vlad III, König der Walachei, genannt „Dracula", d.h. „Drachensohn". Auch einige erfolgreiche Generäle erhielten den Beinamen „Drache" wie der Bosnier Gradascevic, der „Drache von Bosnien" genannt wurde. Der serbische Herrscher Vuk Grgurevic wurde „Vuk der Feuerdrache" genannt.

Der Drache ist auch sonst mehrfach mit dem Königtum verbunden. So führen einige polnische Könige einen grünen Drachen in ihrem Wappen. Die Stadt Ljubljana wurde früher von einem Drachen bewacht.

Die „Drachensöhne" gehen offenbar auf den wiedergeborenen Sonnengott-Göttervater zurück, der im Jenseits die Gestalt eines Drachen hat. Die „Jungfrau" ist die Jenseitsgöttin. Diese Helden-Symbolik, die u.a. dem germanischen Sigurd/Siegfried entspricht, wurde wie bei den Germanen auch auf die slawischen Könige übertragen.

In vielen slawischen Sagen ist auch ein Schlangenkönig bekannt, der wohl aus der Assoziation zwischen den Drachen und dem Königtum entstanden ist.

Der Drache Zmey wurde als hilfreicher Drache angesehen und daher nur selten gefürchtet und bekämpft wie z.B. in der Sage von Dobrynya Nikitich.

Vermutlich unter dem Einfluß des Christentums entstanden auch einige Drachenkampf-Sagen, in denen die Drachen ein bis sieben Köpfe haben.

In Polen ist der Drache Smok Wawel sehr bekannt. Er lebte früher in einer Höhle an dem Fluß Vistula und versetzte Krakau in Angst und Schrecken. Sein Name, der „Drache vom Wawel-Hügel" bedeutet, und die Höhle läßt zumindest vermuten, daß dieser Drache einst ein Hügelgrab-Wächter gewesen ist.

In der slawischen Mythologie findet sich der Drachenkampf auch zwischen dem Donnergott Perun und dem Schlangengott Veles, der dem Perun ständig Frau, Kinder und Vieh stiehlt. Dies entspricht dem Kampf des Thor gegen die Midgardschlange.

In Bulgarien ist ein Bruder-Schwester-Drachenpaar gut bekannt. Der Drachenbruder verkörpert das gute Wetter und die Drachenschwester das schlechte Wetter. Beide führen einen endlosen Kampf gegeneinander. Die Drachenschwester ist zudem das Wasser und der Drachenbruder das Feuer. Diese beiden Drachen erinnern sehr an den Kampf zwischen dem weißen und roten Drachen aus Merlins Vision.

Der Raub des Viehs durch den Drachen Veles könnte auch eine Entsprechung zu dem Geschwister-Drachenkampf sein, in dem dann der Donnergott auch als ein Drache angesehen worden wäre.

Dieser Rinderraub ist auch von den Indern bekannt und über ihn wird auch in Snorri Sturlusons „Heimskringla" berichtet, in der Snorri schreibt, daß Odin die im Felsen verborgenen Rinder wiederfinden kann.

Veles ist die slawische Entsprechung zu Loki, der zwar nicht mehr selber als die Midgardschlange dargestellt wird, aber als ihr Vater angesehen wird. Da Veles auch als Mensch erscheinen konnte, ist Loki-Veles ursprünglich vermutlich der Tote gewesen, der auf dem Weg ins Jenseits dann zu einer Schlange wurde. Aufgrund der Wiederzeugungs- und Wiedergeburtssymbolik lag es dann nahe, die Schlange auch als Sohn des Toten anzusehen.

Wie der Drache in Portugal sind auch die bulgarischen Drachen-Geschwister eng mit der Fruchtbarkeit der Felder verbunden. Der Kampf zwischen dem Donnergott und dem Drachen bzw. zwischen den beiden Drachen scheint also den Wechsel der Jahreszeiten zu verkörpern. Die Zuordnung der beiden Drachengeschwister zu Feuer und Wasser erinnert zudem an Nifelheim („Nebelheim" = Wasser) und Muspelheim („Feuerheim") aus der germanischen Mythologie, aus deren Gegensatz heraus die Welt entstanden ist.

Bei den Slawen haben sich beide Bedeutungen der Schlange erhalten: der hilfreiche Zmej/Zirnita und der bedrohliche Veles.

Zirnita, der Gott der Magie wird ursprünglich der Jenseitsweg und sekundär dann auch der Gott der Jenseitsreise, also der Schamane gewesen sein, der durch seinen Kontakt mit den Ahnen bzw. den Göttern seine magischen Fähigkeiten erhielt.

VII 3. b) Balten

Die Balten kannten den Schlangengott Zalktis („Grasschlange"), der Fruchtbarkeit und Gedeihen brachte. Er ist vermutlich mit dem slawischen Magiegott Zirnita verwandt.

Der Schlangengott Velnias, der dem slawischen Veles entspricht, war im Gegensatz zu Zalktis ein gefürchteter Schlangengott.

VII 3. c) Schlangen und Drachen bei den gemeinsamen Vorfahren der Germanen, Kelten, Römer, Slawen und Balten

Bei den West-Indogermanen lassen sich vier Schlangen/Drachen-Motive rekonstruieren:
- Der Kampf des Donnergottes mit der Schlange, der bei den Kelten (Smertrios – Schlange) gegen Ende der gallisch-römischen Zeit (300 n.Chr.) als Motiv verlorenging, während er bei den Germanen um 900 n.Chr. ein zentrales Motiv war (Thor – Midgardschlange) und sich bei ihnen und auch bei den Slawen und bei den Balten (Perun – Veles) lange als Mythe halten konnte.

Diese Mythe erschien offenbar auch als Kampf zwischen zwei Drachen. Sie bezog sich zumindest teilweise auch auf den Wechsel von Sommer und Winter. Der bei den Kelten (Portugal) und Slawen noch deutlich sichtbare zyklische Charakter dieses Kampfes ist in der germanischen Edda kaum noch erkennbar, da sich diese Mythe zu der Vorstellung eines einmaligen Götterkampfes (Ragnarök) entwickelt hat.

Die beiden miteinander kämpfenden Drachen werden daher auf den Sommergott (Germanen: Tyr) und den Wintergott (Germanen: Loki), die im Jenseits zu Schlangen/Drachen wurden, zurückgehen.

- Die Verbindung zwischen dem Helden bzw. König und dem Drachen ist bei den Germanen, Kelten und Slawen gut bezeugt.
- Das Kundalini-Yoga und die daraus abgeleitete Kampfekstase gab es bei den Germanen bis mindestens 400 n.Chr. und bei Kelten wahrscheinlich einige Jahrhunderte länger. Bei den Slawen hat sich das mit den Schlangen und Drachen verbundene Kundalini-Yoga in eine allgemeine Drachenmagie verwandelt.
- In den Jenseitsreisevorstellungen wurde die Toten, Schamanen und Fürsten zur Schlange, woraus die Drachen auf den Grabhügeln, als Begleiter der Schamanen und Beschützer der Könige wurden. Durch diese Gleichsetzung von Mensch und Schlange/Drache konnte in dem Kampf zwischen dem Donnergott und der Riesenschlange der Donnergott auch zu einem Drachen werden, sodaß ein Kampf zwischen zwei Drachen entstand.

Da der Jenseitsreisedrache jedoch ein hilfreicher Drache war und die „Wetterschlange" (Jörmungandr, Veles) eine gefürchtete Schlange war, konnte durch die Vermischung der beiden Schlangen/Drachen ein ambivalentes Wesen entstehen, das zwar Menschengestalt hatte, aber eng mit den Schlangen verbunden war bzw. sich in eine Schlange verwandeln konnte: Loki und Veles.

VII 4. Die indogermanischen „Verwandten 3. Grades" der Germanen

Im folgenden werden nur die Vorstellungen einiger indogermanischer Völker über die Schlangen und Drachen beschrieben, da die Überlieferung sehr umfangreich ist und eine Gesamtdarstellung dieses Kapitel sehr lang werden lassen würde. Da die indogermanischen Schlangen- und Drachenmythen sehr einheitlich sind, lassen sich auch aus dieser Auswahl die ursprünglichen Schlangen- und Drachenmythen der Indogermanen rekonstruieren.

VII 4. a) Griechen

Das Schlangenhaar der Göttin Demeter zeigt deutlich, daß sie bei den frühen Griechen als eine Schlangengöttin aufgefaßt worden ist. Das Schlangenhaar der Medusa ist bereits zu einem gefürchteten Todessymbol geworden: Der Anblick der Medusa läßt jeden Menschen zu Stein erstarren. Hier ist wieder einmal die Helferin auf dem Weg ins Jenseits zur Verursacherin des Todes geworden ...

Die Verbindung der Schlange mit der Wasserunterwelt zeigt sich in den Schlangennamen Ophion („Wassertier") und Hydra („die im Wasser"). Auf die Wasser der Unterwelt tief unter der Erde weisen die Schlangennamen Python und Typhon hin, die „Tiefe" bzw. „Fließen" bedeuten.

Der bekannteste Drachenkampf in der griechischen Mythologie ist der zwischen Apollon, dem Gott der Sonne und der Richtigkeit, und der Python. Als die Wolfsgöttin Leto nach ihrer Vereinigung mit Zeus die Zwillinge Artemis und Apollon erwartete, jagte Hera ihr die manchmal als männlich, manchmal als weiblich aufgefaßte Schlange Python hinterher, damit sie keine Ruhe zum Gebären finden konnte. Als die beiden Zwillinge dann doch geboren und aufgewachsen waren, verfolgte Apollon die auf dem (Welten-)Berg Parnass wohnende Python die Hänge des Berges hinunter bis zu der Felsspalte von Delphi, über der die Seherin saß, und tötete sie dort. Dadurch wurde Apollon zum Herrn des Orakels von Delphi.

Die Python ist auf mehrere Weise mit der Unterwelt verbunden: durch ihre Mutter, die Wolfsgöttin Leto (Göttin der Unterwelt), durch die Felsspalte (Eingang zur Unterwelt) und durch die Seherin (Orakelpriesterin von Delphi).

Interessanterweise findet sich hier die Kombination wieder, die von den Germanen als die Kinder des Loki bekannt ist: Wolf, Schlange und Jenseitsgöttin. Der Kampf zwischen Apollon und Python könnte auch dem Kampf zwischen Thor und der Midgardschlange entsprechen.

Die Schlange Typhon wurde entweder als Kind der Erdgöttin Gaia und des Unterweltgottes Tartaros angesehen oder als Kind der Hera, die die Schlange durch Erlaubnis der Gaia ohne Zeugung gebar. Typhon ist also deutlich als Wesen der Unterwelt erkennbar. Typhon war riesengroß und hatte hundert Schlangen- oder Drachenköpfe. Manchmal hatte er auch den Oberkörper eines geflügelten Mannes. Typhon sprach die Sprache der Götter und vieler Tiere.

Nach einem langem Kampf wurde Typhon von Zeus mit Hilfe des Hermes besiegt, nachdem Typhon den Zeus bereits gefangengenommen, ihm alle Waffen abgenommen und ihm die Sehnen herausgetrennt hatte. Zeus warf den Ätna auf Typhon und konnte ihn so endlich gefangensetzen. Die Ausbrüche dieses Vulkans kommen durch die Wut des Typhon zustande. Die Hilfe des Seelenführers Hermes spricht sehr dafür, daß es sich bei dieser Mythe ursprünglich um eine Unterweltsreise des Zeus gehandelt hat.

Auch Typhon ist ein Wesen der Unterwelt, das wahrscheinlich früher einmal den zyklischen Tod des Göttervaters Zeus verursacht hat – woraus dann später die zeitweilige Niederlage und der Beinahe-Tod des Zeus in der Höhle des Typhon geworden ist. Sowohl Apollon als auch Zeus haben viele Züge eines Sonnengottes, weshalb Typhon wie die Drachen der West-Indogermanen ursprünglich unter anderem auch als das ungünstige Wetter, in Griechenland also die sommerliche Trockenheit, angesehen worden sein wird. In dieser Funktion würde Typhon auch der Python und der germanischen Midgardschlange entsprechen.

Hera als Mutter des Typhon geht wahrscheinlich auf Hera als Jenseitsgöttin, die die toten (Schlangen) wiedergebiert, zurück. Die Jenseitsgöttin gebiert sowohl den Sonnengott-Sommergott-Göttervater (Tyr, Zeus) als auch seinen Feind, den Wintergott (Loki, Typhon) nach dessen Tod wieder. Dieser Wechsel von Sieg und Tod in dem endlosen zyklischen Kampf dieser beiden verursacht die Jahreszeiten.

In einer anderen Mythe hat sich noch das ursprüngliche Bild bewahren können: Zeus kriecht in der Gestalt einer Schlange in die Unterwelt, um sich dort mit Persephone zu vereinen. Dies entspricht dem Odin, der in Schlangengestalt in die Unterwelt (Berg/Hügelgrab) kroch, um sich dort mit der Riesentochter Gunnlöd zu vereinigen.

Hera, Persephone und Gunnlöd sind alle mehr oder weniger stark umgedeutete Formen der Jenseitsgöttin als der Wiederzeugungs-Geliebten und der Wiedergeburts-Mutter.

Die Schlange Ladon lag rings um den Apfelbaum im Garten der Hesperiden, der ganz im Westen der Welt, also im Jenseits (Ort des Sonnenunterganges) lag. An diesem Baum, der wie der gesamte Garten Hera gehörte, wuchsen wie an dem Baum der germanischen Göttin Idun die Äpfel, die die Unsterblichkeit gaben. Dieser Garten und vor allem der Apfelbaum wurde von drei Nymphen bewacht, die den drei Nornen der Germanen an der Weltesche entsprechen. Um die Äpfel zu beschützen, ließ Hera sie von dem nie schlafenden Drachen Ladon bewachen.

Der Drache wurde von Herakles im Verlauf seiner „Zwölf Arbeiten" besiegt, die die Reise der Sonne durch die zwölf Tierkreiszeichen, d.h. eine Unterweltsreise darstellen.

Auch hier gibt es wieder eine enge Verbindung zwischen der Göttin und der Schlange, die bei den Germanen zu Geschwistern umgedeutet worden sind: Hel und Jörmungandr.

In der Argonautensage schläfert die Priesterin und Zauberin Medea den Drachen ein.

Es ist in diesem Zusammenhang interessant, daß Medea einen Zauber beherrschte, bei dem sie einen alten Widder oder auch einen alten Menschen zerstückeln und in einem Kessel wieder verjüngt neuentstehen lassen konnte. Dies geht sicherlich auf das Opfertier bei Bestattungen und Jenseitsreisen zurück, durch das der Tote letztlich im Jenseits wiedergeboren wurde. Das Fell dieses Opfertieres findet sich bei den Griechen z.B. auf dem Dreibein, auf dem die Einzuweihenden bei den Mysterien von Eleusis sitzen.

Die Herrschaft der Medea über den hundertköpfigen Drachen Ladon zeigt, daß Ladon ursprünglich wohl die Schlange gewesen ist, die die Toten zu der Jenseitsgöttin, der späteren Medea, führte. Dazu paßt gut, daß Ladon als eines der ältesten Wesen und als Kind der Hera oder der Gaia angesehen wurde.

Medea war eng mit den Drachen verbunden: Sie hatte auch vor ihren Streitwagen zwei Drachen gespannt. Medeas enge Verbindung zu den Drachen entspricht der Hulda in den Isländersagas, die sich in einen Drachen verwandeln konnte.

In manchen Überlieferungen wurde Ladon, der auch der Drache von Kolchis genannt wurde, auch von Orpheus mit seiner Leier eingeschläfert.

Heras/Gaias beide Schlangenkinder, Typhon und Ladon, werden letztlich identisch sein. Zeus Kampf mit dieser Schlange wird eine umgedeutete Jenseitsreise gewesen sein, in der Hera/Gaia noch die Jenseitsgöttin gewesen ist, die Zeus wiedergebar. Die Umdeutung der Jenseitsgöttin zur (untergeordneten) Frau des Göttervaters ist vermutlich daraus entstanden, daß die Göttin aufgrund der Wiederzeugung auch die Geliebte des Göttervaters gewesen ist.

Die Hydra war eine siebenköpfige Wasserschlange, die in einem Sumpf lebte. Ihr Atem, ihre Zähne und ihre Krallen waren voller tödlichem Gift. Ihre Köpfe wuchsen sofort nach, wenn man sie abschlug. Einer dieser Köpfe war golden und lebte auch weiter, nachdem er abgeschlagen worden war.

Wie die anderen griechischen Drachen-Schlangen war auch sie ein Wesen der

Wasserunterwelt. Nach und nach war dieses Wasserjenseits, dessen Gott einst Poseidon gewesen ist, zu dem Jenseitsfluß Styx zusammengeschrumpft. Der abgeschlagene Kopf, der weiterhin sprechen konnte, geht auf die jungsteinzeitliche Sitte zurück, die Köpfe der Ahnen aufzubewahren, um mit ihrer Hilfe weiterhin Kontakt zu ihnen aufnehmen zu können.

Die sieben Köpfe entsprechen den sieben Planeten, die als sieben Schritte zum Himmel aufgefaßt wurde. Die siebenköpfige Schlange stellte ursprünglich den siebenteiligen Jenseitsweg dar.

In den Vorstellungen über die Hydra haben sich verschiedene Aspekte der Jenseitsvorstellungen, die nicht mehr in ihren ursprünglichen Zusammenhängen verstanden wurden, zu einem neuen Bild zusammengefügt.

Kadmos kam auf der Suche nach seiner Schwester Europa, die von Zeus, der die Gestalt eines Stieres angenommen hatte, entführt worden war, an den Ort, den er dem Orakel von Delphi zufolge suchen sollte. Das Orakel hatte ihn angewiesen, einer Kuh mit einem Halbmond an ihrer Flanke zu folgen und an dem Platz, an dem sie sich niederließ, die Stadt Theben zu gründen.

Um die Kuh der Athene opfern zu können, ließ er von einigen seiner Begleiter von der Quelle in Delphi, an der Apollon die Python getötet hatte, Wasser holen. Sie wurden jedoch von dem in dem Wasser lebenden Drachen getötet. Daraufhin tötete Kadmos diese Hydra.

Auf Anweisung der Athene säte er die Drachenzähne aus. Aus dieser Saat entsprang eine Rasse von feurigen, kriegerischen Männern. Kadmos warf einen Stein zwischen sie, woraufhin sie miteinander zu kämpfen begannen bis schließlich nur noch fünf von ihnen am Leben blieben. Sie halfen Kadmos Theben zu errichten und wurden die Ahnen der edelsten Familien von Theben.

Da der Drache dem Ares heilig gewesen war, mußte Kadmos acht Jahre lang dem Ares dienen. Am Ende dieser Zeit gaben die Götter ihm die Harmonia, die Tochter des Ares und der Aphrodite, zur Frau. Die Hochzeit der beiden war die erste Menschenhochzeit, an der die Götter selber teilnahmen. Hephaistos schenkte Harmonia zu ihrer Hochzeit eine goldene Halskette, die die Form zweier Schlangen mit geöffneten Mäulern hatte. Diese Kette gab ihrer Trägerin ewige Jugend und Schönheit, aber zugleich brachte sie ihr Unglück.

Nach vielem Leid und vielen Unglücken verließen Kadmos und Harmonia Theben. Als Kadmos eines Tages darüber verzweifelte, daß die Götter ihn wegen einer Schlange so viel Unglück erleben ließen, wünschte er sich, selber ebenfalls zu einer Schlange zu werden. Als ihm daraufhin Schuppen zu wachsen begannen, verwandelte sich auch Harmonia in eine Schlange. In anderen Überlieferungen verwandelten sich Kadmos und Harmonia erst nach ihrem Tod in Schlangen und bewachten dann ihre Gräber, während ihre Seelen zu den Eleusinischen Feldern (Jenseits, wörtlich:

„Rinderweiden") flogen.

Der Name „Kadmos" bedeutet „der Östliche" oder „der Scheinende". Er scheint demnach nach der aufgehenden Sonne benannt worden zu sein oder selber diese Sonne bzw. der Sonnengott zu sein.

Die Schlange an der delphischen Quelle wird vermutlich mit der Python, die der Sonnengott Apollon dort erschlug, mit dem Wasserdrachen Hydra und vielleicht auch mit der Schlange Typhon, die Zeus in der Unterwelt gefangenhielt, identisch sein. Die Quelle in Delphi und auch die in der Nähe liegende Felsspalte, über der die Seherin auf einem dreibeinigen Schemel saß, waren der Eingang ins Jenseits und daher der Wohnort der Schlangen und auch der Ort der Inspiration, d.h. des Gespräches mit den Ahnen und den Göttern. Diese Quelle entspricht bei den Germanen die Quelle Hvergelmir unter dem Weltenbaum Yggdrasil.

Die Verwandlung von Kadmos und Harmonia in Schlangen, die ihr Grab bewachen, entspricht ganz den germanischen Drachen auf den Hügelgräbern. Der Kampf mit der Schlange stammt nicht aus diesen Jenseitsvorstellungen, sondern aus dem Kampf des Donnergottes mit dem Wetterdrachen.

Aphrodite, die Mutter der Harmonia, entspricht der germanischen Freya: beide sind die Göttin als die Geliebte bei der Wiederzeugung. Ares ist ursprünglich der Göttervater als Kriegs- und Schwertgott gewesen. Hephaistos ist aus dem Motiv des Zeus in der Unterwelt (= Ätna), dem Typhon alle Sehnen entfernt hat, entstanden. Zeus, Ares und Hephaistos stellen daher drei Aspekte der Jenseitsreise des Göttervaters dar.

Zu diesem Thema gehört auch noch Zeus Verwandlung in einen Stier, als er die Europa raubte, denn dieses Motiv ist leicht als die Umdeutung der Identifizierung des Toten mit dem für ihn geopferten Stier bei der Bestattung zu erkennen. Europa ist daher in dieser Mythe mit Aphrodite identisch. Auch Kadmos, der der Kuh mit dem Halbmond auf ihrer Flanke folgt, sowie die Bezeichnung „Rinderweide" („Eleusinische Felder") für das Jenseits wird aus dieser Opferstier-Symbolik stammen, in deren Zusammenhang die Göttin die Gestalt einer Kuh hatte.

Die Kette der Harmonia könnte durchaus mit der Kette Brisingamen der Göttin Freya identisch sein. Die Form der zwei Schlangen, aus denen diese goldene Kette besteht, weist deutlich auf die Jenseitsreise hin. Von ihrer Bedeutung her entsprechen diese beiden Ketten auch den keltischen Torque-Halsreifen und dem germanischen Draupnir.

In der Kadmos-Sage hat der Drache bzw. die Schlange genau dieselbe Symbolik wie bei den Germanen.

Die Verbindung der Schlange mit der Wasserunterwelt zeigt sich auch in den Namen Ophion („Wassertier") und Hydra („die im Wasser"). Auf die Unterwelt tief unter der Erde weisen die Namen Python und Typhon hin, die „Tiefe/Fließen" bedeuten.

Python wurde als Frau und Typhon als Mann aufgefaßt. Python schütze die

Erdspalte in Delphi, über der das Orakel saß. Typhon hatte den Oberleib eines geflügelten Mannes und wurde von Zeus mit einem Blitz erschlagen.

Es gibt noch eine Reihe weiterer Schlangen bzw. Drachen in der griechischen Mythologie, deren Beschreibungen mit den bereits beschriebenen Mythen übereinstimmen:

- Theseus rettet die Andromeda vor dem Seeungeheuer Ketos (Jenseitsreisender, Jenseitsgöttin und Schlangenweg).
- Vor den olympischen Göttern herrschten am Anfang die Urgöttin Eurynome und Ophion („Schlange") (Jenseitsgöttin).
- Im Dionysoskult trugen die Mänaden Schlangen um ihre Arme geringelt (Ekstase der Mänaden = Reise ins Jenseits).
- Am Hermesstab ringeln sich zwei Schlangen empor (Seelenführer Hermes auf dem Schlangenweg).
- Am Stab des Arztgottes Äskulap ringelt sich eine Schlange empor (enge Verwandtschaft zwischen Arzt und Schamane; Krankheit = „kleiner Tod").
- Der Schlangenkönig Basilisk („König") ließ wie die Urgöttin Medusa jeden zu Stein erstarren, der ihm in die Augen blickte (Jenseitsgöttin und Schlange sind mit dem Tod (= „Erstarren") verbunden).
- Agathos Daimon war ein schützender Hausgeist in der Gestalt einer Schlange.
- Delphyne ist eine Tochter der Erdgöttin Gaia und ist halb junge Frau, halb Schlange. Sie hat zusammen mit dem Drachen Typhon den Höllenhund Cerberos, den Drachen Hyra und den zweiköpfigen Orthos als Kinder. Sie hat daher Ähnlichkeit mit der germanischen Riesin Angrboda, die zusammen mit Loki Fenrir, Hel und Jörmungandr als Kinder hat. Zusammen mit ihrem Sohn Orthos hat sie die Kinder Chimaira, Sphinx und den Nemeischen Löwen und das Riesenschwein Phaia.

| Schlangenkämpfe in der griechischen Mythologie ||
Gott	*Schlange/Drache*
Zeus	Typhon
Kronos	Ophion
Apollo	Python
Herakles / Kadmos	Hydra / Ladon
Perseus	Ceto
Bellerophon	Cimera

Münzen

Auf den griechischen Münzen finden sich recht viele Schlangen und Drachen:

Nymphe hält Schlange 440 v.Chr.	gehörnte Schlange 440 v.Chr.	Mann (Herakles?) mit zwei Schlangen 405 v.Chr.	Herakles, Dreifuß, Schlange 390 v.Chr.
2 Schlangen 355 v.Chr.	Löwe mit achtstrahligem Stern und Schlange (unten) 300 v.Chr.	Schlange in Kiste aus dem Allerheiligsten von Eleusis, außen Efeu 134 v.Chr.	Frau vor Schlange (römische Münze) 64 v.Chr.

Die Schlange ist der Weg in die Unterwelt zu der Göttin, die auf den „Schlangenmünzen" als Nymphe und als Frau erscheint. Diese Jenseitsreise ist auch das Thema der Mysterien von Eleusis, weshalb die Schlange auch in Verbindung mit dem Korb aus den Eleusis-Mysterien, der das Allerheiligste enthielt, sowie mit dem dreibeinige Schemel auftritt, auf dem sowohl die Seherin als auch die Einzuwei-henden, deren Urbild bei den Griechen Herakles war, saßen.

Das Efeu, das die „Korbmünze" umrandet, symbolisiert den Einweihungstod. Auch der Löwe steht für diesen Tod, der dann zu dem Zustand der „Richtigkeit" führt, der durch den Stern symbolisiert wird.

Die Zweizahl der Schlangen, die auch von den Cernunnos-Statuen gut bekannt ist, wird wohl auf Diesseits und Jenseits, auf Geburt/Leben und Wiedergeburt hinweisen.

Die Hörner der Schlange finden sich auch bei der Schlange des Cernunnos auf dem Kessel von Gundestrup. Auch auf keltischen Münzen findet sich manchmal eine Schlange.

Homerische Hymnen: An den Phytischen Apollo

Nachdem er dies gesagt hatte, kennzeichnete Phoebus Apollo die gesamten Maße;
in ihrer ganzen, sehr großen Länge und Breite; und auf diesem legten
Trophonius und Afamedes, die Söhne des Erginus, aus Stein das Fundament.
Und die zahllosen Stämme der Menschen erbauten darauf den ganzen Tempel
aus behauenen Steinen, worüber bis in alle Zeit gesungen werden wird.

Doch in der Nähe war eine süß-fließende Quelle und dort tötete der Herr,
der Sohn des Zeus, mit seinem starken Bogen die aufgeblähte Drachenfrau,
ein schreckliches Ungeheuer, das großes Unheil unter den Menschen
auf der Erde anrichtete – unter den Männern selber
und unter ihren dünnbeinigen Schafen; denn sie war eine blutrünstige Plage.
Sie war es, die einst von der golden-thronenden Hera den schrecklichen, grausamen
      Thypaon
erhalten und aufgezogen hatte, damit er zu einer Plage für die Menschen wurde.
Einst hatte ihn Hera geboren, da sie wütend auf Vater Zeus war,
als der Sohn des Kronos die all-ruhmreiche Athena in seinem Kopf trug.
Darüber erzürnte die königliche Hera und sprach solchermaßen unter den
      versammelten Göttern:

„Hört von mir, all ihr Götter und Göttinnen,
wie der Wolken-versammelnde Zeus mich,
die er zu seiner wahren Frau seines Herzens gemacht hat,
mutwillig zu entehren beginnt!
Seht nun, er hat ohne mich die helläugige Athena geboren,
die die erste unter all den gesegneten Göttern ist!
Doch mein Sohn Hephaistos, den ich geboren habe, war schwach unter den Göttern
und von verkrüppelten Füßen, eine Schande und eine Unehre für mich im Himmel –
den ich selber in meine Hände nahm und hinauswarf, sodaß er in das große Meer
      fiel.
Doch die silber-gekleidete Thetis, die Tochter des Nereus,
ergriff ihn und sorgte mit ihren Schwestern für ihn: Ich wünschte,
daß sie den gesegneten Göttern einen anderen Dienst erwiesen hätte!
O Du Hinterhältiger und Geschickter! Was wirst Du noch alles erdenken?

Wie konntest Du es nur wagen, selber die helläugige Athena zu gebären?
Als wenn ich Dir kein Kind geboren hätte – ich, die ich immerhin Deine Frau
unter den unsterblichen Göttern, die den weiten Himmel besitzen, genannt werde!
Sieh Dich nun vor, denn ich werde gleich für Dich ein übles Ding erschaffen:
Ja ich will bewirken, daß mir ein Sohn geboren wird,
der der erste unter den unsterblichen Göttern sein wird –
und das, ohne Schande über den heiligen Ehebund zwischen Dir und mir zu bringen!
Und ich werde nicht auf Dein Lager kommen,
sondern mich zu den gesegneten Göttern fern von Dir gesellen!"

Nachdem sie so gesprochen hatte, ging sie von den Göttern fort und war sehr wütend.
Dann begann die strahlend-äugige, königliche Hera zu beten,
schlug mit der flachen Hand auf die Erde und sprach wie folgt:

„Höre mich, Erde, ich bete zu Dir und zu dem weiten Himmel und zu euch Titanen-
   Götter,
die ihr unter der Erde in dem großen Tartarus wohnt, und von denen sowohl die
   Götter als auch die Menschen entsprungen sind!
Hört mich an, alle und jeder, und gewährt mir, daß ich ein Kind gebäre,
daß nicht von Zeus ist und daß keinen Deut schwächer als Zeus ist –
nein, laßt ihn um so viel stärker als Zeus sein als der all-sehende Zeus stärker als
   Kronos ist!"

So rief sie und schlug die Erde mit ihrer starken Hand.
Da wurde die Leben-spendende Erde gerührt –
und als Hera das sah, wurde sie froh in ihrem Herzen,
da sie dachte, daß ihre Bitte erfüllt worden war.
Danach kam sie ein ganzes Jahr
nicht mehr auf das Lager des weisen Zeus und saß auch nicht mehr
wie zuvor in ihrem Stuhl, um ihm weisen Rat zu erteilen,
sondern blieb in ihren Tempeln, in denen viele beten,
und erfreute sich ihrer Opfergaben – die groß-äugige, königliche Hera.
Doch als die Monate und Tage vollendet waren,
und die Zeit herankam, so wie sich die Erde dreht, da gebar sie einen,
der weder den Göttern noch den sterblichen Menschen glich,
den fürchterlichen, grausamen Typhaon, die Plage für die Menschen.
Sofort nahm die königliche Hera ihn und gab ihn, um das eine Übel
zu dem anderen Übel zu fügen, der Drachenfrau; und sie nahm ihn an.
Und dieser Typhaon verursachte großes Leid unter den berühmten Stämmen
der Menschen. Wer auch immer der Drachenfrau begegnete, den riß das Schicksal
hinfort, bis Apollo, der den Tod von ferne sendet, eine starken Pfeil auf sie schoß.

*Da fiel sie, von bittern Schmerzen zerrissen, nieder
und schnappte in heftigen Atemzügen nach Luft und wälzte sich an ihrem Ort umher.
Ein schreckliches Getöse schwoll an, als sie sich in dem Wald ständig
von hier nach dort wälzte und dort ihr Leben ließ
und es in einem Blutschwall ausatmete. Da rühmte sich Phoebus Apollo über ihr:*

*"Nun sollst Du hier verfaulen auf der Erde, die die Menschen ernährt –
Du sollst nicht mehr leben, um ein schreckliches Schicksal für die Menschen zu sein,
die die Früchte der all-ernährenden Erde essen,
und die vollkommene Tieropfer hierher bringen.
Gegen den grausamen Tod sollen weder Thyphoeus
noch Deine übel-gerühmte Chimera bestehen, denn hier sollen Dich die Erde
und der leuchtende Hyperion verrotten lassen!"*

So sprach Phoebus und frohlockte über ihr – und Dunkelheit überschattete ihre Augen. Und die heilige Stärke des Helios ließ sie verfaulen, weshalb dieser Ort nun Pytho genannt wird, und die Menschen den Herrn Apollo mit einem neuen Namen, Pythischer, anrufen, denn an diesem Ort ließ die Macht des stechenden Helios das Ungeheuer verrotten.

In dieser Hymne ist die Unterweltschlange noch eng mit Hera verbunden, die einst die Jenseitsgöttin gewesen ist, doch die Schlange ist schon zu dem Ungeheuer geworden, das von dem Sonnengott bzw. dem Helden getötet werden muß – ähnlich wie Fafnir von Sigurd/Siegfried getötet wird.

<u>Homer</u>

<u>Illias 2, 306:</u>
*Ringsher opferten wir um den Quell den unsterblichen Göttern
Auf geweihten Altären vollkommene Fest-Hekatomben,
Unter des Ahorns Grün, dem blinkendes Wasser entsprudelt.
Siehe, ein Zeichen geschah. Ein purpurschuppiger Drache,
Gräßlich zu schaun, den selber ans Licht der Olympier sandte,
Unten entschlüpft dem Altar, fuhr schlängelnd empor an dem Ahorn.
Dort nun ruhten im Neste des Sperlings nackende Kindlein,
Oben auf schwankendem Ast, und schmiegten sich unter den Blättern,
Acht; und die neunte war der Vögelchen brütende Mutter.
Jener nunmehr verschlang die kläglich Zwitschernden alle;*

Nur die Mutter umflog mit jammernder Klage die Kindlein,
Bis er das Haupt hindreht', und am Flügel die Schreiende haschte.
Aber nachdem er die Jungen verzehrt, und das Weibchen des Sperlings;
Stellte zum Wunderzeichen der Gott ihn, der ihn gesendet:
Denn zum Stein erschuf ihn der Sohn des verborgenen Kronos.
Wir nun standen umher, und staunten ob der Erscheinung,
Wie doch solcherlei Graun eindrang in der Himmlischen Opfer.
Schleunig vor allem Volk weissagete Kalchas der Seher:
„Warum steht ihr verstummt, ihr hauptumlockten Achaier?
Uns erschuf dies Wunder der Macht Zeus' waltende Vorsicht,
Spät von Dauer, und spät erfüllt, zu ewigem Nachruhm!
Gleichwie jener die Jungen verzehrt, und das Weibchen des Sperlings,
Acht; und die neunte war der Vögelchen brütende Mutter:
Also werden wir dort neun Jahr auch kriegen um Troja,
Doch im zehnten die Stadt voll prächtiger Gassen erobern.
So weissagete jener; und nun wird alles vollendet.
Auf denn, bleibt miteinander, ihr hellumschienten Achaier,
Hier nun, bis wir gewonnen des Priamos türmende Feste!"

Als Jenseits-Tiere waren die Schlangen auch Orakel-Boten.

<u>Illias 6, 178:</u>
Als er nunmehr vernommen die Todesworte des Eidams;
Hieß er jenen zuerst die ungeheure Chimära
Töten, die göttlicher Art, nicht menschlicher, dort emporwuchs:
Vorn ein Löw', und hinten ein Drach', und Geiß in der Mitte,
Schrecklich umher aushauchend die Macht des lodernden Feuers.

Die Drachen waren die Zusammenfassung aller Tiere, die für die Bestattung von Bedeutung waren.

<u>Ilias 11, 19:</u>
Weiter umschirmt' er die Brust ringsher mit dem ehernen Harnisch,
Welchen Kinyras einst zum Gastgeschenk ihm verliehen.
Denn er vernahm in Kypros den großen Ruf der Achaier,
Daß sie vereint gen Troja hinaufzuschiffen beschlossen;
Darum schenkt' er ihm jenen, gefällig zu sein dem Beherrscher.
Ringsum wechselten zehn blauschimmernde Streifen des Stahles,

Zwölf aus funkelndem Gold', und zwanzig andre des Zinnes;
Auch drei bläuliche Drachen erhuben sich gegen den Hals ihm
Beiderseits, voll Glanz wie Regenbogen, die Kronos'
Sohn in die Wolken gestellt, den redenden Menschen zum Zeichen.

Der dreifache Drache wird ein Symbol der Sonne sein, da die „3" ein Symbol der Sonne und ihres Zyklus ist und der Sonnengott zudem in der Unterwelt die Gestalt einer Schlange oder eines Drachen annimmt – wie auf den germanischen Bildsteinen. Bei den Griechen ist ein Gesicht mit drei Beinen sowohl das Symbol der Sonne als auch der Jenseitsgöttin („Gorgo") gewesen.

Illias 11, 32:
Drauf den gewaltigen Schild, den ringsbedeckenden, hub er,
Schön von Kunst: ihm liefen umher zehn eherne Kreise;
Auch umblinkten ihn zwanzig von Zinn gewölbete Nabel,
Weiß, und der mittlere war von dunkeler Bläue des Stahles.
Auch die Schreckengestalt der Gorgo drohete schlängelnd,
Mit wutfunkelndem Blick, und umher war Graun und Entsetzen.
Silbern war des Schildes Gehenk; und gräßlich auf diesem
Schlängelt' ein bläulicher Drache dahin; drei Häupter des Scheusals
Waren umhergekrümmt, aus einem Halse sich windend.

Schlangen und Drachen auf Helmen und Schilden sind auch von den Germanen aus der Zeit zwischen ca. 500 n.Chr. und 800 n.Chr. bekannt. Sie symbolisierten den Sonnengott-Göttervater Tyr, der dem griechischen Zeus entspricht.

Illias 22, 93:
So wie ein Drach' im Gebirge des Mann harrt an der Felsenkluft,
Satt des giftigen Krauts, und erfüllt von heftigem Zorne;
Gräßlich schaut er umher, in Ringel gedreht um die Felsenkluft.

VII 4. b) Thraker

Auf den Gefäßen in den thrakischen Gräbern finden sich eine ganze Reihe von Abbildungen eines Reiters vor einer Schlange, die wohl den Drachenkampf darstellen. Aus dem häufigen Auftauchen dieses Motivs unter den Grabbeigaben kann man jedoch schließen, daß die Schlange als für die Jenseitsreise wichtiges Tier noch nicht ganz von der dämonisierten Auffassung der Schlange verdrängt worden war.

Die Schlange wird also noch Ahnenschlange und noch nicht ganz die von dem Sonnengott bzw. von dem Donnergott bekämpfte Riesenschlange gewesen sein.

VII 4. c) Hethiter

Auf einem Rollsiegel findet sich die alte Vorstellung von der Schlange als Weg ins Jenseits: Ein Mann (Gott) steht mit einem Dreizack auf einer feuerspeienden Schlange mit Vorderpfoten.

Später wird der Drache Illuyanka jedoch von dem Wettergott Teshshup oder dem Berggott Baalu bekämpft. Teshshup bzw. Baalu herrscht im Winter und Illuyanka im Sommer: Teshshup ist der Gott des im Winter fallenden Regens und Illuyanka ist die Schlange, die den Regen während des Sommers in der Erde (Wasserunterwelt) verbirgt.

Der Name „Illuyanka" setzt sich aus den beiden indogermanischen Worten „hilhu" für „Sumpf" und „hengwhis" für „Schlange" zusammen. Illuyanka ist also eine im Sumpf oder Wasser lebende Schlange – ihr Name ist somit identisch mit dem griechischen „Hydra".

der Donnergott Tarhunt kämpft gegen die Riesenschlange Illuyanka
(= Thor gegen Jörmungandr)

Detail der Abbildung auf der vorigen Seite

VII 4. d) Skythen

Aus den skythischen Grabfunden sind vereinzelte Schlangen aus Gold bekannt.

VII 4. e) Perser

In der persischen Mythologie bekämpft Oraetaona und in den späteren Fassungen dieser Mythe Keresaspa den Drachen Azi Dahaka. Oraetaona erscheint manchmal auch als in einem Berg gefangen, was vermuten läßt, daß es sich bei dem Berg ursprünglich um das Hügelgrab des Helden gehandelt hat.

Die Perser führten wie viele andere indogermanische Völker auch im Krieg eine Drachenstandarte mit sich, die auf die Verbindung des Königs mit dem Drachen zurückgeht, die dieser durch die Jenseitsreise bei seiner Krönung erlangt hat. Diese Standarten sind von den indogermanischen Völkern der Persern, Inder, Parther, Skythen, Daker, Slawen, Bulgaren, Russen, Langobarden, Goten u.a. bekannt.

Die Drachenstandarte ist vermutlich auch eng mit dem Drachenhelm einiger Könige (Peter von Aragon) und den Drachenbeinamen von Königen (Uther Pendragon, Vlad Dracula) verwandt.

Der Drache ist möglicherweise auch der Göttervater als Drache in der Unterwelt, da der Göttervater auch der Schwert- und Kriegsgott gewesen ist (Tyr, Dagda, Ares, Mars u.a.)

Zend-Avesta, Aban Yast:

„Bringe Ardvi Sura Anahita ein Opfer dar, o Spitama Zarathustra ... ... "
Ihr brachte Keresapa, der viel-herzige, ein Opfer im Vairi Pisanah, das aus hundert männlichen Rossen, tausend Stieren und zehntausend Lämmern bestand.
Er bat sie um eine Gunst und sprach: „Gewähre mir dies, o gute, aller-wohltätigste Ardvi Sura Anahita: Daß ich den Gandarewa mit den goldenen Fersen überwinden möge, auch wenn alle Ufer des Ses Vouru-Kasha überkochen; und daß ich zu der Festung des Feindes der weiten, runden Erde, deren Enden in der Ferne liegen, hinaufstürmen kann."
Ardvi Sura Anahita gewährte ihm diese Gnade, da er Trankopfer darbrachte, Geschenke gab, opferte und sie anflehte, daß er ihr diese Gunst erweisen möge.

Ardvi Sura Anahita = Göttin des Wassers
Vairi Pisanah = Tal südlich von Kabul
Die Zahl der Opfertiere wird wohl kaum wörtlich genommen werden dürfen.

In den jüngeren Mythen ist Gandarewa ist ein Ungeheuer, das im Meer, in den Bergen und in den Tälern lebt. Sein Kopf erhob sich bis zur Sonne empor und er stieß an den Himmel und er konnte zwölf Männer auf einmal verschlingen. Keresapa kämpfte neun Tage und Nächte lang mit ihm und zerrte ihn schließlich aus dem Meer hervor und erschlug seinen Kopf mit seiner Keule.

In den indischen Veden ist Gandharva der Hüter des Soma-Trankes.

Vermutlich ist Gandarewa/Gandharva die Regenräuber-Schlange aus den indogermanischen Mythen, die von dem Regen- und Donnergott erschlagen wird – bei den Germanen sind dies Thor und die Midgardschlange Jörmungandr.

<u>Zend-Avesta, Yasna 9 (Hom Yast):</u>

In der Stunde des Havani kam Haoma zu Zarathustra, während er dem heiligen Feuer diente und seine Flamme weihte, während er die heiligen Gathas sang.

Havani: morgens zwischen 6Uhr und 10Uhr
Der Haoma-Trank ist hier wie der Soma-Trank bei den Indern und Kwasir bei den Germanen personifiziert worden. Dies scheint demnach ein altes Element in den indogermanischen Mythen zu sein.
Auch bei den Indern erscheinen das heilige Feuer (Agni) und der Ritual-Trank (Soma) als Paar, wobei bei den Indern beide personifiziert worden sind.

Und <u>Zarathustra</u> frug ihn: „Wer bist Du, o Mann, der Du in der gesamten erschaffenen Welt von allen, die ich gesehen habe, der Schönste in Deinem eigenen Leib bist, Du herrlicher Unsterblicher?"

Die Germanen haben Kwasir Weisheit, aber keine Schönheit zugeschrieben. Da dieser persische Text 1800 Jahre älter als die überlieferte Fassung der Kwasir-Mythe ist, könnte die Schönheit des personifizierten Göttermets in der germanischen Überlieferung verlorengegangen sein.

Daraufhin antwortete <u>Haoma</u>, der heilige, der den Tod in die Ferne vertreibt: „Ich bin Haoma, der heilige, und vertreibe den Tod in die Ferne. Bete zu mir, o Spitama, bereite mich für das Trinken. Lobpreise mich in Deinen Hymnen wie die anderen Saoshyant-Hymnen."

Auch das Haoma ist wie das indische „Soma amrita" („Soma Nicht-Tod") und der griechische „Nektar ambrosia" („Honig Nicht-Tod") ein Unsterblichkeitstrank.
Spitama = Zarathustra

Da sprach <u>Zarathustra</u>: „Haoma sei gepriesen! Welcher Mensch, o Haoma, hat Dich als erster für die erschaffene Welt zubereitet? Welcher Segen wurden ihm angeboten? Welche Gunst hat er erhalten?"

Die beiden letzten Fragen, die inhaltlich dasselbe bedeuten, sind ein Beispiel für das archaische lyrisch-rhetorische Stilmittel des „inhaltlichen Reims", der in Sumer, Assur, Babylonien usw. sehr beliebt gewesen ist und sich vereinzelt auch in Ägypten findet.
Möglicherweise ist er in früher Zeit auch von den Indogermanen benutzt worden. Das ist jedoch unsicher, da nur wenige derartige Stellen überliefert worden sind.

Solche inhaltlichen Reime finden sich bei den Germanen z.B. in dem Lied „Wanderer" aus dem Exeter-Buch („*Wo sind die Rösser? Wo sind die Reiter?*") oder in der „Vision der Seherin" („*Windzeit, Wolfszeit*").

Da antwortete mir <u>Haoma</u>, er, der heilige, der den Tod in die Ferne vertreibt: „Vivanghvant war der erste Mensch, der mich in der erschaffenen Welt zubereitet hat. Dieser Segen wurde ihm gegeben, diese Gunst wurde ihm gewährt: daß ihm der Sohn, der Yima war, geboren wurde, der, der der Glänzende genannt wurde, der mit den zahlreichen Herden, der glanzvollste von allen, die bisher geboren worden sind, der Sonnengleiche unter den Menschen, der durch seine Macht sowohl die Herden als auch die Menschen vom Tod befreit hat, der sowohl die Pflanzen als auch die Gewässer von der Trockenheit befreit hat, durch den die Menschen unvergängliche Speisen essen konnten.

Während der Herrschaft des Yima des Bewegungs-schnellen gab es weder Kälte noch Hitze, es gab kein Alter und keinen Tod, keinen Dämonen-erschaffenen Neid. In ihrer Gestalt und in ihrem Aussehen gingen die beiden, Sohn und Vater, wie Fünfzehnjährige einher, solange Yima, der Sohn des Vivanghvant, der mit den vielen Herden, herrschte."

Vivanghvant war der Vater des Yima, also des ersten Menschen. In Indien ist Vivasvat hingegen der Vater des Yama (Urriese), des Manu (Urahn der Menschen) und z.T. sogar der Götter. Man kann also davon ausgehen, daß Vivanghvant und Vivasvat einst der Sonnengott-Göttervater Dhyaus gewesen sind, zumal Vivanghvant unter dem Namen „Vihvavant" an anderen Textstellen auch als Sonnengott auftritt und sein Name „Aufleuchtender" bedeutet.

Der Sonnengott-Göttervater als Vater des ersten Menschen (Yima) entspricht in etwa der häufigen germanischen Gleichsetzung des Tyr-Riesen im Jenseits mit dem Urriesen Ymir. Auch dies scheint somit ein altes Motiv zu sein.

Zu der Yima-Mythe siehe den Band 33 über den Urriesen Ymir.

Der Unsterblichkeits-Trank stellt offensichtlich den Tod-losen Zustand wieder her, der unter Yima, dem ersten Herrscher bestanden hat: das „goldene Zeitalter" und das „Paradies".

(<u>Zarathustra</u>) *„Wer war der zweite Mann, o Haoma, der Dich für die erschaffene Welt bereitet hat? Welcher Segen wurden ihm angeboten? Welche Gunst hat er erhalten?"*

Daraufhin gab <u>Haoma</u>, der heilige, der den Tod in die Ferne vertreibt, die Antwort: „Athwya war der zweite, der mich für die erschaffene Welt zubereitet hat. Dieser Segen wurde ihm gegeben, diese Gunst wurde ihm gewährt: daß ihm ein Sohn *geboren wurde – Thraetaona aus der Sippe der Helden, der den Drachen Dahaka erschlug, den dreimäuligen und dreiköpfigen, den sechsäugigen, den mit den tausend Kräften, mit gewaltiger Macht, ein Dämon der Daevas, der übel für unsere Siedlungen ist, und hinterhältig, den der üble Geist Angra Mainyu als den mächtigsten Drugk gegen die erschaffene Welt und für den Tod der Siedlungen und um die Heime von Asha zu zerstören, erschaffen hat."*

In Indien erscheint Thraetaona als Traitana in derselben mythologischen Funktion wie in Persien. Sein Name ist mit „Thrita", d.h. „Dreifacher" verwandt, was vermuten läßt, daß es sich bei ihm um den Sonnengott handelt. Als Urenkel des Sonnengottes Vivanghvant wäre er vermutlich der wiedergeborene Sonnengott-Göttervater.

In den ältesten indischen Schriften erschlug Thrita den Drachen Ahi, was dann später zu dem Sieg des Donnergottes Indra über den Drachen Vritra wurde. Die Version des Kampfes des Sonnengottes mit der Riesenschlange findet sich auch bei den Griechen in dem Kampf des Apollon gegen die Python-Schlange von Delphi. Dieses Motiv hat auch vor 500 v.Chr.

(Zarathustra) *„Wer war der dritte Mann, o Haoma, der Dich für die erschaffene Welt bereitet hat? Welcher Segen wurden ihm angeboten? Welche Gunst hat er erhalten?"*

Daraufhin gab <u>Haoma</u>, der heilige, der den Tod in die Ferne vertreibt, die Antwort: „Thrita, der hilfreichste der Samas, war der dritte Mann, der mich für die erschaffene Welt zubereitet hat. Dieser Segen wurde ihm gegeben, diese Gunst wurde ihm gewährt: daß ihm zwei Söhne geboren wurden, Urvakhshaya und Keresaspa, der eine ein Richter, der die Ordnung erhält, der andere ein Jüngling von großem Einfluß, Ring-gekrönt, Keulen-tragend:
Er, der den gehörnten, Menschen-verschlingenden und Rosse-verschlingenden Drachen tötete, der Giftige, der von grüner Farbe ist, über den so dick, wie Daumen sind, grünliches Gift zur Seite fließt, auf dessen Rücken Keresaspa einst sein Fleisch zum Mittagsmahl in einem eisernen Kessel gekocht hat – da sprang der Tödliche, Versengte, Erschrockene auf und schüttete das Wasser aus, als es kochte. Kopfüber floh der erschrockene, mannhafte Keresaspa."

Die beiden Brüder Urvakhshaya und Keresaspa sind wahrscheinlich mit ihrem Vater Thrita/Traitana/Thraetaona identisch. Es könnte sich auch um eine Variante der Alcis-Söhne des Göttervaters handeln.

Offenbar gab es eine zumindest z.T. humorvolle Mythe über einen Mann, der ohne es zu merken sich auf einen riesigen, grünen Drachen gesetzt hat, sein Mittagsmahl auf dem Drachen gekocht hat, wodurch der Drache angesengt worden und aufgesprungen ist – woraufhin anscheinend beide geflohen sind.

(Zarathustra) „Wer war der vierte Mann, o Haoma, der Dich für die erschaffene Welt bereitet hat? Welcher Segen wurden ihm angeboten? Welche Gunst hat er erhalten?"

Daraufhin gab Haoma, der heilige, der den Tod in die Ferne vertreibt, die Antwort: „Pourushaspa war der vierte Mann, der mich für die erschaffene Welt zubereitet hat. Dieser Segen wurde ihm gegeben, diese Gunst wurde ihm gewährt: daß Du, o Zarathustra, der Rechtschaffende, ihm in Pourushaspas Haus geboren wurdest, Du, der Feind der Daevas, der Freund von Mazdas Weisheit, der in Airyena Vaegah Berühmte. Und Du, o Zarathustra, trugst das erste Mal das Ahuna-vairya vor, Du hast es viermal gesungen mit getrennten Versen, jedes mal lauter und mit noch lauterer Stimme.

Und Du hast bewirkt, o Zarathustra, daß all die Dämonen-Götter in der Erde verschwunden sind, die zuvor über diese Erde in menschlicher Gestalt und Macht geflogen sind. Dies hast Du getan, Du, der Du der Stärkste bist und der Standhafteste, der Allertatkräftigste und der Schnellste und der in jeder Tat in der Welt der beiden Geister Siegreichste."

Daevas = böse Geister
Ahuna-vairya = ein Versmaß in einem persischen Dialekt
die beiden Geister = Ahura Mazda (gut) und Angra Mainyu (böse)

Daraufhin sprach Zarathustra: „Gelobt sei Haoma! Gut ist Haoma, und gut ausgestattet, genau und richtig in seinem Wesen, und er ist gut beerbt worden, und heilsam, von schöner Gestalt, und voller guter Taten, und allererfolgreichst in seinen Taten, von goldenem Schimmer, mit gebogenen Schößlingen. Da es das Beste zum Trinken ist, ist es durch seine heilige Anregung das Nahrhafteste für die Seele."

Zend-Avesta, Fargard 1:

Ahura Mazda redete zu Spitama Zarathustra und sprach:
„Ich habe ein jedes Land seinen Bewohner lieb gemacht, auch wenn es nichts Gutes in ihm gibt; wenn ich nicht ein jedes Land seinen Bewohnern lieb gemacht hätte, auch wenn es nichts Gutes in ihm gibt, dann wäre die ganze lebende Welt in Airyana Vaego eingefallen.

Das erste der guten Länder und Landstriche, das ich, Ahura Mazda, erschaffen habe, ist Airyana Vaego an dem guten Fluß Daitya.

Dann kam Angra Mainyu, der nichts als der Tod ist, und er erschuf durch seine Zauberkraft dagegen die Schlange in dem Fluß und den Winter – ein Werk der Daevas."

Ahura Mazda ist der oberste Gott der Perser.
Angra Mainyu ist Ahura Mazdas Gegenspieler – eine Art Loki oder Teufel.
Airyana Vaego ist eine Art irdisches Paradies.
Zarathustra ist Ahuras Prophet.
Die Schlange in dem Fluß ist ursprünglich die Schlange Aziz gewesen, die Yima, den ersten Menschen und König, getötet hat. Yima entspricht dem germanischen Ymir.

VII 4. f) Inder

Im Rig-Veda erscheint die Schlange als Vritra, die von Indra getötet wird, weil sie die Kühe und das Wasser (Regen) in einem Felsen gefangenhielt. Dies ist dieselbe Vorstellung wie bei den Persern und den Hethitern: Die Schlange, die im Sommer herrscht und den Regen in der Unterwelt gefangen hält, wird im Herbst von dem Himmelsgott erschlagen und der Regen dadurch befreit. Auch der slawische Schlangengott Veles raubt dem Donnergott Perun jedes Jahr wieder seine Rinder (und seine Frau).

Der Name „Vritra" bedeutet „Umhüller" und bezieht sich darauf, daß sie den Regen „umhüllt" und gefangenhält.

Der Name „Indra" bedeutet „Fluß" – er war der Gott des Regens und der Donnergott, der am Ende der Trockenzeit wieder den Regen und somit die Flüsse befreite. Der Kampf des Sonnengott-Sommergott-Göttervaters Dhyaus (Tyr, Zeus, Jupiter, Dagda u.a.) mit der Regenräuberschlange ist zum Teil auf den Donnergott/Regengott (Thor, Taranis, Indra u.a.) übertragen worden.

Bevor Indra zum Kampf gegen Vritra zog, trank er eine große Menge Soma – diese Assoziation der Schlange mit dem Göttertrank findet sich auch bei Odins Reise in Schlangengestalt in die Unterwelt, wo er den Met der Gunnlöd trank. Indra zerstörte bei dem Kampf gegen Vritra dessen 99 Paläste in der Unterwelt – diese Zahl wird als Steigerung der „9" anzusehen sein, die allgemein die Jenseitszahl der Indogermanen gewesen ist.

Der oberste Gott Tvastri erschuf für Indra den Blitzstrahl und Vishnu schuf ihm mit drei großen Schritten einen Kampfplatz. Der Blitz ist das Symbol des Donnergottes und die „3" ist das Symbol des Zyklus und der Sonne. Indra überredete zudem Varuna, Soma und den Feuergott Agni, ihm bei dem Kampf gegen Vritra zu helfen, was ihm auch gelang, obwohl die drei zuvor zu Vritra gehalten hatten und ihn „Vater" nannten. Vritra war also ursprünglich mit drei Göttern verbündet gewesen: mit dem Feuergott Agni, der zu Beginn eines jeden Rituals das Tor zum Jenseits öffnete, mit Soma, der die Verkörperung des Trankes der Unsterblichkeit war, und mit Varuna, dem Gott des Himmelsmeeres, das als Jenseits angesehen wurde.

Vritra, Agni, Soma und Varuna bilden somit zusammen die Wasserunterwelt (Varuna), in die durch das Feuertor (Agni) der Schlangenweg führt (Vritra) und wo die Jenseitsreisenden dann den Unsterblichkeitstrank (Soma) trinken.

In einer Fassung dieser Mythe verschlingt Vritra den Indra, aber die anderen Götter bringen die Schlange dazu, den Göttervater wieder auszuwürgen. Dies erinnert an die Reise des norwegischen Wikingers Eirek, der durch das Maul eines Drachen ins Paradies gelang.

Vishnu gelang es, zwischen Indra und Vritra einen Waffenstillstand auszuhandeln, der Indra verbot, den Vritra mit nichts, daß aus Metall, Holz oder Stein war oder das trocken oder naß war sowie weder am Tag noch in der Nacht anzugreifen. Daraufhin tötet Indra den Vritra mit dem Schaum der Meereswogen zur Zeit der Dämmerung.

Eine ganz ähnliche Szene findet sich auch im keltisch-walisischen Mabinogion, in dem der Sonnengott Lug, der dort „Lleu Law Gyffes" genannt wird, nicht bei Tag und nicht bei Nacht, nicht im Haus und nicht außer Haus, nicht reitend und nicht gehend, nicht bekleidet und nicht nackt, und mit keiner in erlaubter Weise gefertigten Waffe getötet werden konnte. Er konnte nur bei Sonnenuntergang in ein Netz gekleidet mit einem Fuß auf einem Kessel und mit dem anderen auf einer Ziege stehend mit einem Speer, der während eines ganzen Jahres immer zur Zeit der Messe gefertigt wurde, getötet werden.

Auch in der Saga über die Walküre Aslaug Sigurd-Tochter gibt es eine solche Szene.

In einer späteren Fassung der indischen Vritra-Mythe ist es der Hirtengott Krishna, der die Schlange Kaliya tötet.

Der Name des Gottes Varuna, der im Rig-Veda der Gott des Himmels, der Wasser des Himmelsmeeres, des Gesetzes und der Unterwelt ist, leitet sich von dem indogermanischen Wort „wel" für Schlange ab. Dies läßt sich noch daran erkennen, daß er auf einem Drachen reitet (der oft ein wenig wie eine Eidechse aussieht).

Varuna ist noch kein Drachentöter, sondern ein Drachenfreund – er stammt also noch aus der älteren mythologischen Schicht, in der die Schlangen noch der Helfer auf dem Weg ins Jenseits waren. In dieser Hinsicht entspricht er dem keltischen Cernunnos sowie dem griechischen Hermes und Äskulap, die ebenfalls von einer Schlange begleitet werden.

Die Schlange hat sich in dieser älteren Bedeutung im Kundalini-Yoga erhalten können, in dem die Lebenskraft im Menschen als eine im untersten Chakra ruhende Schlange dargestellt wird. Die Aufgabe des Yogis besteht darin, diese Schlange zu erwecken und zum obersten Chakra aufsteigen zu lassen. Dies entspricht dem Aufsteigen zu dem Schlangengott Varuna im Himmel, also einer Jenseitsreise.

Es gab und gibt in Indien viele Schlangenwesen und Schlangengötter, die „Naga", d.h. „Schlange" genannt werden. Sie sind entweder Schlangen, Menschen mit Schlangenköpfen, Schlangen mit Menschenoberleib oder mehrköpfige Schlangen. Die Nagas sind also in Schlangen verwandelte Menschen – wie Odin und Fafnir. Die Nagas können daher auch jederzeit eine rein menschliche Gestalt annehmen.

Die Nagas besitzen große magische Fähigkeiten und sind die Wächter aller Übergänge wie Türen, Tore und Fenster und insbesondere des Jenseitstores. Die vier wichtigsten Nagas sind:

- Shesha, der die Erde trägt (Ähnlichkeit mit Jörmungandr),
- Ananta, die Schlange in den Urwassern, auf der Vishnu ruht, wenn er die Welt zwischen zwei Existenzen in sich zurückgenommen hat (Aufenthalt im Jenseits zwischen zwei Leben),
- der Schlangenkönig Vasuki, der den Göttern half, das Amrita („Unsterbliches") genannte Soma herzustellen, und
- der Nagakönig Mucalinda, der seine vielen Köpfe über Buddha ausbreitete, als es während dessen Meditation wochenlang heftig regnete (der Nagakönig ist Buddhas erwachte Kundalini).

Rig-Veda

Das Rig-Veda ist die älteste indische Schrift, die zwischen 1500 v.Chr. und 1200 v.Chr. niedergeschrieben worden ist. Die Texte selber reichen jedoch zum Teil bis vor die Trennung von Indern und Persern um 2000 v.Chr. zurück, da es mehrere Übereinstimmungen zwischen den heiligen Texten dieser beiden indogermanischen Völker gibt.

Eines der häufigsten Themen im Rig-Veda ist der Kampf des Indra mit der Schlange Vritra, die den Regen und die Rinder unter der Erde gefangenhält. Dieser Kampf entspricht dem des Thor mit Jörmungandr. In der Einleitung zur Heimskringla berichtet Snorri noch, daß Odin weiß, wo unter der Erde die Rinder verborgen sind – das Motiv der von der Schlange geraubten Rinder, das sich auch bei den Slawen findet, reicht offenbar bis in die Zeit der ursprünglichen Indogermanen zurück (vor 2800 v.Chr.).

1. Vritra

Der Name der Schlange bzw. des Drachen Vritra bedeutet „Umhüller" und im erweiterten Sinne auch „Feind" und „Gewitterwolke" – er „umhüllt" den Regen, d.h. er hält ihn gefangen. Er ist zudem der „Feind" des Donnergottes Indra und wurde anscheinend auch selber als Gewitter angesehen.

Vritra ist stark und mächtig und er ist magiekundig. Er ist bleich und wohnt in der Tiefe (Unterwelt, Hügelgrab). Vritra ist generell der Feind der Menschen. Er liegt in einem ewigen Schlaf und hält die Wasser gefangen.

Rig-Veda 10, 139:
Indra kannte die Kraft der Drachen gut.

Rig-Veda 9, 110:
Übermächtiger Vritra, stürme vorwärts, um große Macht zu erlangen;
Du eilst voran wie jemand, der Schulden eintreibt.

Rig-Veda 10, 66:
Der Drache in der Tiefe soll meinen Worten zuhören und ebenso sollen mir all die Gottheiten und die Fürsten ihr Ohr leihen.

Rig-Veda 10, 111:
Der Vritra-Töter hat mit seinem Keil den Vritra getötet: die Magie des gottlosen, bleichen, Mächtigen.

Rig-Veda 2, 11:
Indra hat den Magier Vritra niedergeschmettert, den, der den mächtigen Fluß belagert hat.

Rig-Veda 1, 51:
Mit unglaublicher Macht hast Du den Zauberer-Feind hinfortgefegt – mit Deiner himmlischen Macht den, der Dich im Übermut herausgefordert hat.

- Indra hat den zauberkundigen Vritra getötet.

Rig-Veda 5, 41:
Möge uns der Drache der Tiefe nicht behindern!

Rig-Veda 4, 19:
Du hast Ahi vernichtet, der die Wasser gefangen gehalten hat, Du hast ihre all-Wasser-führenden Kanäle gegraben.
Der Unersättliche, der schwer Aufzuweckende, der in ewigem Schlaf liegende, erstreckte sich weithin, o Indra –
Der Drache wandte sich gegen die sieben daliegenden Flüsse und ihn, in dem es kein Durchlaß gab, hast Du mit Deinem Donner gespalten.

2. Die Taten des Vritra

Der Drache Vritra hat den Regen und die Rinder geraubt und sie „in den Felsen", d.h. in der Unterwelt bzw. genauer gesagt, in der aus Felsen errichteten Grabkammer eines Hügelgrabes verborgen. Indra holt den Regen und die Rinder von dort zurück.

Anscheinend hat Vritra auch die Sonne in seiner Höhle eingesperrt – dies könnte ein älteres Motiv sein, das die „tote" nächtliche oder winterliche Sonne in ihrem Hügelgrab beschreibt. Diese Sonne wäre dann sicherlich der ehemalige Sonnengott-Göttervater Dhyaus der Indogermanen, der bei den Indern schon recht früh durch den Donnergott Indra von seiner Vorrangstellung verdrängt worden ist.

Bei den Germanen ist Tyr erst um 500 n.Chr., d.h. mindestens 2000 Jahre später als bei den Indern, durch den Donnergott Thor (und durch Odin) abgesetzt worden.

Man kann diese Hymnen, die den Sieg des Indra über Vritra bewirken sollen, durchaus als Regenzauber bezeichnen.

Der Raub des Regens ist auch zu einem Raub der Rinder ausgeweitet worden – vermutlich einfach deshalb, weil der Raub der Viehherden der Nachbarstämme bei den ursprünglichen Indogermanen vor 2.800 v.Chr. und auch noch bei den frühen Indern zum Alltag gehört hat.

Rig-Veda 8, 89:
Laßt uns Vritra töten, laßt uns die Flüsse befreien, laßt sie wieder auf den Befehl des Indra frei fließen!

Rig-Veda 2, 11:
Den Fluten, den großen und weiten, die von dem Drachen umgeben worden sind, hast Du geboten, anzuschwellen und Du hast sie befreit, o Held!

Rig-Veda 1, 6:
Du, Indra, hast zusammen mit den Sturmgöttern, den Zerbrechern alles Festen, das Vieh in der Höhle gefunden.

Rig-Veda 10, 139:
In den Spuren der Flut fand er den Beute-Sucher; die Türen des felsigen Kuh-Geheges riß er weit auf.

Rig-Veda 1, 11:
Herr des Donners, Du hast die Höhle des Vritra aufgebrochen, in der viel Vieh verborgen war.

Rig-Veda 1, 51:
Du hast den Kerker des Wassers geöffnet; Du hast in den Bergen den Schatz ergriffen, der reich an Gaben ist.
Nachdem Du mit Macht den Drachen Vritra erschlagen hattest, hast Du, Indra, die Sonne an den Himmel emporgehoben, damit sie alle sehen können.
Mit unglaublicher Macht hast Du den Zauberer-Feind hinfortgefegt – mit Deiner himmlischen Macht den, der Dich im Übermut herausgefordert hat.

Rig-Veda 1, 12:
Wer hat den Drachen getötet, die sieben Flüsse befreit und das Vieh aus der Höhle des Vala herausgetrieben?
... ...
Der, der den Drachen mit seiner Macht getötet hat, das Ungeheuer, das dort liegt – er, ihr Männer, ist Indra!

- Vala = „Umzäunung" = Bruder des Vritra („Umhüller")

Rig-Veda 3, 30:
Du, Indra, hast mit Macht den Höhnischen, den fußlosen Vritra, niedergeschlagen, als er immer stärker wurde.
Du hast an seinem Ort, o Indra, den ebenen Osten begründet, den weiten, lebendigen, grenzenlosen.

- fußlos = Schlange
- Osten = Ort des Sonnenaufgangs (Befreiung der Sonne?)

Rig-Veda 2, 24:
Er trieb das Vieh heraus und spaltete Vala mit seinem Gebet, vertrieb die Dunkelheit und ließ das Licht des Himmels erscheinen.

- er = Indra
- Vala = Vritas Bruder

Rig-Veda 1, 130:
Er fand den Schatz, der vom Himmel geholt worden war, der verborgen lag, gut versteckt, wie das Junge eines Vogels, im Felsen, in endlosen Felsen verborgen.

3. Indra tötet Vritra

Der Sieg des Indra über Vritra ist ein sehr häufiges Thema im Rig-Veda. Im Gegensatz zu dem Kampf des Thor mit Jörmungandr ist das Motiv bei dem Kampf des Indra gegen Vritra klar erkennbar: Indra holt den Regen im Herbst nach der Sommerdürre zurück – und dieser Kampf ist als die Herbstgewitter für jeden erlebbar.

In dem regenreichen Skandinavien ist dieses Regen-Motiv vermutlich schnell verblaßt, sodaß nur der Kampf zwischen Thor und Jörmungandr übrigblieb, dessen Motivation nicht mehr erkennbar ist. Dasselbe gilt für den Kampf des keltischen Smertrios gegen die Schlange oder den des slawischen Perun gegen die Riesenschlange Veles.

Rig-Veda 4, 19:
An so manchem Morgen und in so manchem Herbst hat er dadurch, daß er Vritra getötet hat, die Flüsse befreit.

Rig-Veda 2, 14:
Ihr Diener dessen, der den Regen-zurückhaltenden Vritra wie einen Baum mit dem Blitz erschlug, ...

Rig-Veda 5, 32:
Starker Indra, dadurch, daß Du sogar den Drachen getötet hast, der dort ausgestreckt lag, hast Du Deine Macht offenbart!

Rig-Veda 6, 20:
... als Du, Stürmischer, mit Vishnu verbündet, Vritra den Drachen getötet hast, der die Wasser gefangengehalten hat.

Rig-Veda 10, 111:
Der Vritra-Töter hat mit seinem Keil den Vritra getötet: die Magie des gottlosen, bleichen, Mächtigen.
Hier hast Du, kühner Angreifer, kühn gesiegt. Ja, da waren Deine Arme, Maghavan, siegreich.

- Keil = Donnerkeil = Blitz

Rig-Veda 1, 130:
Er ergriff den Donnerkeil mit beiden Händen, Indra machte seine Kante sehr scharf, um ihn zu schleudern, wie ein Schnitzmesser – für das Töten des Ahi schärfte er ihn.

- Ahi = „Schlange" = Vritra
- Donnerkeil = Blitz

Rig-Veda 1, 51:
Mit unglaublicher Macht hast Du den Zauberer-Feind hinfortgefegt – mit Deiner himmlischen Macht den, der Dich im Übermut herausgefordert hat.

Rig-Veda 1, 165:
Wo war euer Mut, o ihr Maruts, daß ihr mich allein gesandt habt, um den Drachen zu töten?

Rig-Veda 1, 187:
Nun werde ich die Speisen lobpreisen, die die große Kraft aufrechterhalten, durch deren stärkende Macht Trita dem Vritra alle Glieder ausriß.

Rig-Veda 4, 16:
Er erschlug den Behinderer der Fluten, den Vritra; die Erde, die das sah, verlieh ihm ihre Hilfe, um seinen Blitz zu beschleunigen.

Rig-Veda 4, 17:
Du hast in Deiner Stärke den Vritra getötet und die Fluten befreit, die von dem Drachen eingesperrt gewesen sind.
… … …
Er hat Vritra mit seinem Keil getötet – und nachdem so ihr Herr getötet worden war, flossen die Wasser rasch hervor.

Rig-Veda 4, 18:
Mit seinem großen Donnerkeil hat mein Sohn Vritra getötet und diese Flüsse befreit, damit sie fließen können.
… … …
Da sprach Indra, als er bereit war, den Vritra zu töten: „O mein Freund Vritra, komme kühn hervor!"

- Freund = auch die frühen Inder kannten schon Ironie …

Rig-Veda 8, 26:
Als Du Vritra, den Behinderer der Fluten, ergriffen hast, mächtiger Donnerer, da zogen Dich Deine beiden schöne Rosse dahin.

- Indra hat den zweispännigen Streitwagen des von ihm abgesetzten Sonnengott-Göttervaters Dhyaus übernommen. Das entspricht dem Absetzen des Tyr durch Thor und Odin sowie dem Ziegenbock-Wagen des Thor bei den Germanen.

Rig-Veda 8, 65:
Dieser Indra hat zusammen mit seinen Marut-Freunden das Haupt des Vritra mit einem hundert-knotigen Donnerkeil in Stücke geschlagen.
Indra hat zusammen mit seinen stark gewordenen Marut-Freunden Vrita in Stücke gerissen und die Wasser auf ihrem Weg zum Meer befreit

Rig-Veda 6, 39:
Er zerbrach den noch nie zerbrochenen Berg des Vala. Mit Worten der Macht unterwarf Indra den Panis.

- Berg = Unterwelt, Hügelgrab
- Vala = Vritras Bruder = Vritra
- Worte der Macht = Magie (Regenzauber)
- Panis = Dämonen, hier eine Umschreibung für Vritra

Rig-Veda 8, 22:
Weil er Vritra erschlagen hat, haben die Götter Indra an die erste Stelle gesetzt.

Rig-Veda 8, 29:
Ein anderer hält den Donnerkeil, mit dem Du die Vritra erschlugst.

Rig-Veda 6, 44:
In seiner wilden Freude hat Indra, der alle Gestalten kennt, den wehrlosen Vritra erschlagen.

Rig-Veda 4, 22:
Du, o Held, hast kühn mit kühnem Wagemut, mit Deinem Donnerkeil, durch Deine Kraft den Drachen vernichtet!

Rig-Veda 2, 11:
Held, Du hast mit Deiner Kraft Ahi getötet, der in den Tiefen verborgen lag, der geheimnisvolle, große Zauberlied-Sänger,
dessen Behausung tief in den Wassern liegt, der, der den Himmel beherrscht hat und die Flüsse gestaut und am Fließen gehindert hat.

Rig-Veda 2, 11:
Laut brüllte der Donnerkeil des mächtigen Helden, als er, der Freund der Menschen, das Ungeheuer verbrannte.

- brüllen = Donner

- verbrennen = im Feuer des Blitzes
- Freund der Menschen = Dieser Titel klingt wie Thors Beiname „Midgards Beschützer".

Rig-Veda 4, 19:
Wahrlich, Dich, o Donner-tragender Indra, haben all die Götter, die Helfenden, die rasch zuhören,
und beide Welten erwählt, Dich, den Mächtigen, Hohen, den Stark-gewordenen, Dich allein, um Vritra zu töten.

Rig-Veda 8, 85:
Zu der Zeit, als Du, o Indra, den wild rauschenden Donnerkeil in Deine Hände genommen hast, um den Drachen zu töten,
da brüllten die Berge, das schrie das Vieh, da näherten sich die Brahmanen mit ihren Hymnen dem Indra.

Rig-Veda 8, 85:
Da warst Du, Herr aller lebenden Sterblichen, der sehr mächtige Töter des Vritra!
Da hast Du die gestauten Flüsse wieder fließen lassen und hast die Flüsse zurückerobert, die von den Dasas versklavt worden waren.

Rig-Veda 8, 85:
Er ist der Weiseste, er erfreut sich der Trankopfer, glanzvoll wie der Tag, unnachgiebig in seinem Zorn.
Er vollbringt nur große Taten, der einzige Held, der einzige Vritra-Töter – niemand gleich ihm!
Indra ist der Vritra-Töter, der Menschen Erhalter: Ihn muß man anrufen – laßt uns ihn mit schönem Lobpreis herbeirufen!

- der Menschen Erhalter = Auch dieser Beiname des Indra würde in einem Thor-Lied überhaupt nicht störend auffallen.

Rig-Veda 8, 89:
Hat nicht Indra seinen Keil tief in den lebenden Leib des Vritra gestoßen?

Rig-Veda 1, 23:
Schlagt Vritra mit dem erobernden Indra als Verbündeten nieder, ihr gütigen Götter!

Rig-Veda 3, 39:
Der Starke, der Gebete erhört, der in Schlachten Hilfe gibt, der den Vritra tötet, der siegt und Schätze erringt.

Rig-Veda 1, 56:
Für ihn hat Tvashtar den Donner geschmiedet, am allergeschicktesten erschaffen, den Himmlischen, für die Schlacht,
mit dem er den lebenden Körper des Vritra erreichen und den Riesigen erschlagen kann, den Mächtigen mit der Schlagwaffe.

Rig-Veda 2, 30:
Die Ströme fließen unablässig zu Indra, dem Töter des Ahi, dem Savitar, dem Gott, dem Erfüller des Gesetzes,
Tag für Tag wandelt er auf dem Glanz des Wassers. Wieviel Zeit ist vergangen, seit sie das erste mal fließen gelassen wurden?
Seine Mutter, die es weiß, sprach und verkündete, daß er jetzt seinen Donnerkeil auf Vritra schleudern würde.
Er grub die Pfade nach seinem Belieben und Tag für Tag fließen nun die Flüsse zu ihrem Ziel.
Er stand hoch über den luftigen Reichen und schleuderte sein tödliches Geschoß gegen Vritra.
In eine Wolke gehüllt stürmte er ihm entgegen. Indra unterwarf den Feind mit geschärften Waffen.

Rig-Veda 1, 52:
Der Himmel selber, der Mächtige, zog sich bei dem Gebrüll des Drachen in Angst zurück, als, Indra mit seinem Donnerkeil
in der wilden Freude des Somas mit Macht das Haupt des Vritra, des Unterdrückers des Himmels und der Erde, abgeschlagen hat.

Rig-Veda 5, 29:

Denn wegen diesem Opfer fand Indra, der es getrunken hat, die Rinder wieder und wegen ihm tötete er den Drachen.

Dann trennte er Himmel und Erde und trug sie – er kleidete sich in sie und schlug das Ungeheuer mit Schrecken.

So zwang Indra den Verschlinger auszuwürgen; und er tötete den Danava, der ihm entgegen schnaufte.

- Verschlinger = der den Regen verschlungen, d.h. gefangengehalten hat,

Rig-Veda 10, 67:

Diese heilige Hymne, die Erhabene, die Siebenköpfige, ist dem ewigen Gesetz entsprungen, das unsere Vorfahren entdeckt haben.

Aysaya, Freund aller Menschen, hat die vierte Hymne erschaffen als er sein Loblied an Indra sang.

Sie denken in der rechten Weise, loben die ewige Ordnung, die Söhne des Dhyaus, die Asuras, diese Helden,

die Angirases, die den Rang von Weisen innehaben, wenn sie als erstes das Opfer der heiligen Statue ehren.

Von seinen Freunden begleitet, die mit Schwanen-gleichen Stimmen schrien, zerbrach er die steinernen Mauern des Kerkers,

Brihaspati sprach mit Donnerstimme zu dem Vieh und rief Lob und Lied, als er sie gefunden hatte.

Fern von dem einen, fern von dem anderen, trieb er das Vieh, das von dem Falschen gebunden dastand, fort.

Brihaspati, der das Licht in der Dunkelheit sucht, trieb die hellen Kühe hervor: er ließ drei erscheinen.

Als er den Bau und die Festungen im Westen aufgebrochen hatte, hieb er drei nieder, die die Wasser gefangen gehalten hatten.

Brihaspati entdeckte, während er wie Dhyaus donnerte, die Morgendämmerung, die Sonne, die Kuh und den Blitz.

Wie mit einer Hand schlug Indra durch sein Gebrüll Vala, den Wächter der Rinder, entzwei.

Er suchte den Milchtrank zusammen mit seinen schweißglänzenden Gefährten und stahl die Rinder des Pani und ließ ihn weinend zurück.

Er hat zusammen mit seinen strahlenden, treuen Freunden, den Erringern von Beute, den Melker der Kühe entzweigerissen.

Brihaspati hat mit der Stärke von mächtigen, wilden Ebern, vor Hitze schwitzend, reiche Beute gemacht.

Sie haben, da es sie nach den Rindern verlangte, aus treuem Gemüt mit ihren Hymnen den Herrn der Rinder entzündet.
Brihaspati befreite die strahlenden Kühe mit seinen Gefährten, die sich ihm angeschlossen hatten, und sie bewahrten sich gegenseitig vor Schande.
In unseren Versammlungen erheben wir den, der wie ein Löwe brüllt, mit glückverheißenden Lobliedern;
Mögen wir uns in allen Kämpfen, in denen Helden erobern, des starken Brihaspati, des Siegers, erfreuen!
Nachdem er ihm jede Art von Beute erworben hatte und in den Himmel und in dessen höchste luftige Gemächer gegangen war,
lobten die Menschen Brihaspati den Mächtigen und brachten ihm an den verschiedensten Orten das Licht aus ihren Mündern dar.
Erfülle uns das Gebet, das um Nahrung zum Leben bittet: Helfe in Deiner gewohnten Weise den Demütigen!
Lasse alle unsere Feinde umkehren und fortgetrieben werden. Hört dies, o Himmel und Erde, ihr All-Erschaffer!
Indra hat in seiner gewaltigen Stärke das Haupt des Wasser-Ungeheurs Arbuda entzwei geschlagen und die Flüsse befreit.
O Himmel und Erde, beschützt uns zusammen mit allen Göttern!

- Brihaspati = der Priester der Götter (Er hat hier die Aufgabe des Indra inne.)
- In dieser Hymne ist die Befreiung der Rinder mit dem Sonnenaufgang identisch.
- Hitze = durch die Erweckung der Kundalini erschaffene Kampf-Ekstase
- Licht aus den Mündern = Loblieder

Rig-Veda 5, 29:
All die Götter rufen, als wenn es ein Sieggeschrei wäre, das Lob des Indra, denn er hat
  den Drachen erschlagen!

Rig-Veda 1, 56:
Webt, auch ihr Frauen, ihr Gefährtinnen der Götter, für ihn, für Indra, der den Drachen getötet hat, Loblieder.

Rig-Veda 3, 31:
Sei der Herr der Freudenlieder, o Vritra-Töter, all-geliebter Stier, der den Lebenden Stärke gibt!

Rig-Veda 8, 85:
Dieser Indra, der Vritra-Töter, dieser Ribhukshan, war selbst bei seiner Geburt schon würdig, angerufen zu werden!

Rig-Veda 3, 54:
Herr der mutigen Heere, Festungs-Zerstörer, Vritra-Töter – erhebe Dich und bringe uns Vieh-Herden!

Rig-Veda 6, 45:
Du, Töter des Vritra, bist der Beschützer und der Freund des einen und des anderen, ja, der (Beschützer) *aller Männer wie wir.*

Rig-Veda 9,1:
Du bist der beste Vritra-Töter, der beste Segen-Geber, der Freigiebigste!

Rig-Veda 3, 30:
Du viel-Angerufener! Nur Du sprichst durch Deinen Ruhm die Wahrheit als Vritras Töter!

Rig-Veda 1, 32:
Ich will die männlichen Taten des Indra verkünden, die erste, die er vollbracht hat, der Donner-Träger.
Er erschlug den Drachen, dann befreite er die Wasser, und grub die Betten für die Berg-Ströme.
Er erschlug den Drachen, der in den Bergen lag, mit seinem Himmlischen Donnerkeil, den Tvashta erschaffen hat.
Wie brüllende Kühe glitten die Wasser in schnellem Fluß hernieder zum Meer.
Stürmisch wie ein Stier, wählte er den Soma und trank ihn in drei Kelchen.
Maghavan ergriff den Donner, seine Waffe, und schlug damit den Erstgeborenen der Drachen zu Tode.

Als Du, Indra, der Drachen Erstgeborenen niedergestreckt hast und die Zauberlieder des Magiers überwunden hattest,
da hast Du, als Du der Sonne und der Dämmerung und dem Himmel Leben gegeben hast, keinen Feind gefunden, der Dir widerstehen konnte!
Indra hat mit seinem eigenen großen und tödlichen Donner Vritra, den Schlimmsten der Vritras, in Stücke geschlagen.
Wie Baumstämme, die die Axt zu ihrer Zeit gefällt hat, so lag der niedergestreckte Drache auf der Erde.
Er hatte wie ein wahnsinniger, schwacher Krieger Indra herausgefordert, den großen, stürmischen, viele tötenden Helden.
Er, der das Getöse der Waffen nicht ertragen konnte, zerstörte – Indras Feind – in seinem Fall die Festungen.
Fußlos und handlos forderte er Indra heraus, der ihn mit seinem Donnerkeil zwischen seinen Schultern niederstieß.
Entmannt, doch sich männliche Stärke anmaßend – so lag Vritra mit verstreuten Gliedern da – so wie es ihm gebührte.
Als er so dalag, wurden die Wasser mutig wie ein Ufer-zerberstender Fluß und flossen über ihn hinweg.
Der Drache liegt unter den Füßen der Strömung, die Vritra mit seiner Größe umgeben hatte.
Dann wurde die Stärke von Vritras Mutter gedemütigt: Indra schleuderte seinen Keil gegen sie.
Die Mutter lag oben, der Sohn lag unten – und Danu lag wie eine Kuh neben ihrem Kalb.
Sie werden in die Mitte der niemals endenden Ströme gerollt, die für alle Zeiten ohne Unterlaß dahinfließen.
Die Wasser tragen Vritras namenlosen Leib davon: De Feind des Indra versank während der Dunkelheit.
Von Ahi bewacht standen die Sklaven der Dasas, die Wasser waren gestaut wie Rinder, die von Räubern festgehalten werden.
Doch der, der Vritra niedergeworfen hatte, öffnete die Höhle, in der die Fluten eingeschlossen gewesen waren.
Du bist ein Pferdeschwanz gewesen, als er, Indra, Dich mit seinem Donnerkeil erschlagen hat. Du, Gott, dem niemand anderes gleicht,
hast die Rinder zurückerlangt, Du hast den Soma erlangt, Du hast die sieben Flüsse wieder frei fließen lassen!
Nichts half ihm gegen den Blitz, nichts gegen den Donner, den Hagel oder den Nebel, der ihn umgab:
Als Indra und der Drache im Kampf miteinander stritten, errang Maghavan für immer den Sieg.

Wen hast Du gesehen, Indra, der den Drachen hätte rächen können, der Furcht in Dein Herz hätte legen können, nachdem Du ihn erschlagen hattest?
Wer, der nicht erschrocken wie ein Falke durch die Lande geflohen und die neunundneuzig fließenden Flüsse überquert hätte?
Indra ist der König aller Dinge, die sich bewegen und die sich nicht bewegen, aller zahmen und gehörnten Tiere – er, der Donner-Träger.
Über alle Menschen herrscht er als Oberster, er führt alle wie die Nabe die Speichen.

- fußlos, handlos = Vritra ist eine Schlange.
- Aus dem riesigen Vritra, der das Wasser umgibt und gefangenhält, ist bei den Germanen der riesige Jörmungandr geworden, der in den Wassern liegt, und Midgard umgibt.
- Indra trinkt wie Odin bei Gunnlöd den Met aus drei Kelchen.
- Vritras Mutter wird die Jenseitsgöttin sein, die auch bei den Germanen zu einem Ungeheuer geworden ist (Hel, Grendels Mutter, Riesin), die von Thor getötet wird.
- Danu = die indogermanische Flußgöttin (=> Donau, Dnjepr, Don, Dnjestr), die die Mutter des Vritra ist
- Ahi = „Schlange" = Vritra

Rig-Veda 1, 80:
So hat im Soma, in der wilden Freude der Brahmane Dich gelobpreist:
Du, mächtigster Donner-Bewehrter, hast den Drachen von der Erde vertrieben und Deine eigene gewaltige Herrschaft gepriesen.
Der mächtig fließende Soma-Trank, der von dem Habicht gebracht wird, hat Dich erfreut;
In Deiner Stärke, O Donnerer, hast Du Vritra vor den Fluten niedergeschlagen und Deine eigene gewaltige Herrschaft gepriesen.
Gehe voran, treffe auf den Feind, sei kühn; Deinem Donner widersteht niemand!
Männlichkeit, Indra, ist Deine Stärke: halte Vritra auf, erobere Dir die Wasser und preise Deine eigene gewaltige Herrschaft.
Du hast Vritra von der Erde geschlagen, Du hast ihn niedergeworfen, Indra, vom Himmel.
Laß diese Lebens-fördernden Wasser fließen, die von dem Heer der Maruts begleitet werden, und preise Deine eigene gewaltige Herrschaft.
Der wutentbrannte Indra mit seinem Donnerkeil stürmte dem Feind entgegen,
schmetterte ihn kühn auf den Rücken des zitternden Vritra und befreite die Wasser, daß sie wieder fließen und pries seine eigene gewaltige Herrschaft.
Mit dem hundert-knotigen Donnerkeil hat Indra ihn auf den Rücken geschlagen,

und, während er sich des Soma-Saftes erfreute, Reichtümer für seine Freunde gesucht und seine eigene gewaltige Herrschaft gepriesen.
Indra, Du besitzt unbesiegte Macht, Donnerer, Werfer des Steines;
denn Du hast mit Deiner überlegenen Kraft das hinterlistige Tier zu Tode geschlagen und preist nun Deine eigene gewaltige Herrschaft.
Weithin über neunzig weite Fluten wurden Deine Donnerkeile in die Ferne geschleudert:
Groß, Indra, ist Deine Macht, und Stärke sitzt in deinen Armen; preise Deine eigene gewaltige Herrschaft!
Mögen ihn Tausende gemeinsam preisen, mögen ihm zwanzig die Loblieder singen!
Hunderte haben ihm laut gesungen, zu Indra ist das Gebet gesandt worden; und er preist selber seine gewaltige Herrschaft.
Indra hat die Macht des Vritra niedergeworfen – Macht mit stärkerer Macht.
Dies war seine männliche Heldentat: Er hat Vritra getötet und die Fluten befreit und seine eigene gewaltige Herrschaft gelobt.
Ja, selbst dieses Paar der Welten zitterte in Furcht vor Deiner Wut,
als Du Indra, Donnerer, Marut-begleitet, den Vritra getötet und Deine eigene gewaltige Herrschaft gepriesen hast.
Dich, Indra, ängstigte Vritra nicht mit seinem Schütteln oder seinem Donner-Gebrüll.
Auf ihn schlug der eiserne Donnerkeil mit seinen tausend Spitzen gewaltig nieder, und Indra pries seine eigene gewaltige Herrschaft.
Als Du Dein Wurfgeschoß mit Deinem Donner erschaffen hast und im Kampf auf Vritra getroffen bist, o Indra,
sehnte sich Deine Kraft danach, den Drachen zu töten, der fest im Himmel stand, und Du hast Deine eigene gewaltige Herrschaft gepriesen.

- Welten-Paar = Himmel und Erde = Diesseits und Jenseits
- Habicht = vermutlich eine Entsprechung zu Odin, der als Adler den Göttermet zu den Asen bringt

4. Indra wird bei seinem Kampf durch den Soma-Trank gestärkt

Rig-Veda 2, 17:
Als er im Rausch des Soma mit Macht die harten, festverschlossenen Gatter des Viehs öffnete ... ...

- er = Indra

Rig-Veda 4, 28:
Mit Dir in eurer Freundschaft verbündet, Soma, hat Indra alle Wasser fließen lassen, den Ahi getötet und die sieben Flüsse hervorgesandt und sie geöffnet, als ob sie verschlossene Brunnen wären.

- Ahi = „Schlange" = Vritra

Rig-Veda 6, 47:
Dieser süße Trank hier hat die allergrößte Macht zu beglücken: Er machte Indra mutig, als er Vritra erschlug!

- süßer Trank = Soma

Rig-Veda 8, 37:
Dieses Gebet und alle, die den Trank ausgießen, möge Dir, Indra, in Deinem Kampf mit Vritra helfen und Dir Beistand geben!
O Vritra-Töter, trinke von den Trankopfern, die am Mittag ausgegossen werden, von dem Soma-Trank, Du makelloser Donnerer!

Rig-Veda 8, 81:
O Indra, Vritra-Töter, möge der Soma-Trunk für Deine Kehle bereit sein!

Rig-Veda 9, 66:
Fließe voran, Du, der Du Indra stärkst, damit er Vritra töten kann, der die mächtige Flut umgibt und sie staut.

- Das, was zu Indra fließt, ist der Soma-Trank.

Rig-Veda 1, 52:
Wie ein Berg auf einem festen Fundament, unbewegt, wuchs er, der tausendfache Beschützer, an mächtiger Stärke,
er, Indra, der sich des Trankes des Soma-Saftes erfreute und die Wolken bezwang und Vritra, den Stauer der Fluten, tötete.

Rig-Veda 1, 52:
Mit ihm kämpfte er in wilder Freude, mit dem, der den Regen zurückhielt, und seine Helfer strömten wie rasche Flüsse die Hänge hinab,
als Indra, der Donner-bewehrte, der durch den Soma-Trank Kühne, als Trita Valas Zäune niederriß und ihn entzweischlug.

5. der hilfreiche Wasser-Drache

An einigen Textstellen erscheint der „Drache der Tiefe" noch als hilfreiches Wesen, das den Menschen das Wasser spendet, das von den Bergen in den Flüssen herbeigeströmt kommt.

Dies scheint ein älteres Motiv zu sein, in dem Indra noch nicht als Eroberer die ganzen Mythen geprägt hat.

Rig-Veda 1, 186:
Möge uns der Drachen der Tiefe erfreuen: so wie eine, die ihr Junges säugt, kommt Sindhu,
mit der wir das Kind des Wassers anregen werden, in raschen Lauf schnell wie ein Gedanke hierher zu eilen.

- Sindhu = Fluß (Indus)
- Kind des Wasser = Fluß

Rig-Veda 7, 34:
Ich singe Loblieder für den Drachen, der aus den Fluten geboren wurde: er sitzt unten in den Flüssen auf halber Höhe.
Möge uns der Drache der Tiefe niemals schädigen: Möge das Opfer dieses treuen Dieners niemals fehlgehen!

- Diener = der Priester, der dieses Gebet an den Drachen der Tiefe spricht

6. Indra der Held

Die folgende Hymne an Indra zeigt, daß er eine sehr große Ähnlichkeit mit Thor hat und alle Ungeheuer tötet – die Riesenschlange, die zur Feindin umgedeutete Jenseitsgöttin (die Riesinnen bei den Germanen) und alle anderen Feinde. Solche Listen der erschlagenen Feinde wie bei Indra gibt es auch bei Thor.

Das Töten aller Feinde durch den Donnergott scheint daher auch ein ursprüngliches indogermanisches Motiv zu sein.

Rig-Veda 4, 30:
O Indra, Vritra-Töter, niemand ist besser, mächtiger als Du:
Wahrlich, es gibt niemanden wie Dich!
Wie Streitwagen-Räder folgen Dir all diese Menschen nach:
Du bist für ewig als der Große berühmt!
Nicht einmal alle versamelten Götter konnten Dich im Krieg besiegen, Indra,
als Du die Tage im Vergleich zu Nächten verlängert hast.
Für die, die unterdrückt waren, und für Kutsa in seinem Kampf
hast Du die Räder des Sonnen-Streitwagens gestohlen.
Als Du, Indra, alleine kämpfend, die wütende Götter besiegt hast,
hast Du die getötet, die gegen Dich gekämpft haben.
Du hast für einen sterblichen Mann, Indra den Lauf der Sonne beschleunigt,
und hast Etasa mit Macht geholfen.
Was? Bist Du nicht der Vritra-Töter, Maghvan, der Schrecklichste in seiner Wut?
Du hast auch das Ungeheuer zum Schweigen gebracht.
Und auch diese Heldentat hast Du, Indra, vollbracht:
Du hast die Herrin, des Himmels Tochter, die Übles wollte, tot niedergeworfen.
Du, Indra, Mächtiger, hast Usas vernichtet, die Himmels-Tochter,
als sie sich in ihrem Stolz erhoben hat.
Da floh Usas voller Angst von ihrem zerstörten Streitwagen,
als der starke Gott ihn zerstört hat.
Da lag dieser Streitwagen der Usas in Stücke zerbrochen in Vipas
und sie floh in die Ferne.
Du, Indra, hast durch Deine magische Kraft den überflutenden Strom aufgehalten,
der das ganze Land überschwemmen wollte.
Kühn hast Du den Schatz, den Susna angesammelt hatte, ergriffen und fortgetragen,
als Du seine Festung zerstört hast.
Du, Indra, hast weiterhin Kulitaras Sohn Sambara getötet,
den Dasa, auf dem hohen Hügel.
Von den Dasa Varcins hast Du hunderttausend und die Fünf getötet,
wie die Felgen eines Rades hast Du sie zerbrochen.
Da hat Indra, der Herr der Helden, der Mächtige, der unverheirateten Frau Sohn,
den Ausgestoßenen, dazu gebracht, in sein Lob einzustimmen.
So hat der weise Indra, der Herr der Macht, Turvasa und Yadu,
die die Flut gefürchtet haben, in Sicherheit gebracht.

*Arna und Citraratha, die beide Aryas waren, hast Du Indra, rasch getötet,
auf der anderen Seite des Sarayu.
Du, Vritra-Töter, hast die beiden Verlorenen geleitet, den Blinden und den Lahmen.
Niemand kann diesen Segen von Dir erhalten.
Für Divodasa, der Opfergaben dargebracht hat, hat Indra
hundert Festungen aus Stein zerstört.
Er hat die dreißigtausend Dasas mit seiner magischen Macht und seinen Waffen
Dabhitis zuliebe in den Schlaf geschickt.
Deshalb bist Du, Vritra-Töter, für alle der Herr der Rinder,
Du Erschütterer aller Dinge, die es gibt.
Indra, welche Tat Du auch immer an diesem Tag vollbringen willst,
es gibt niemanden, der Dich daran hindern kann!
O Wachsamer, möge Aryaman der Gott Dir alle guten Dinge geben!
Möge Pusan, Bhaga und der Gott Karulati Dir alle schönen Dinge geben!*

- Tage verlängern = es wird Sommer
- in den Schlaf schicken = töten

VII 5.   Die Nachbarn der Germanen

Die Finnen sind seit 1800 v.Chr. die Nachbarn der Nordgermanen gewesen und es hat zwischen ihnen Handel und Heiraten gegeben und die finnischen Zauberer standen bei den Germanen in hohem Ansehen.

Wie das 1935 verfaßte Kalevala zeigt, sind viele germanische Themen von den Finnen übernommen worden. Daher lohnt es sich, die entsprechenden Textstellen hier beizufügen.

VII 5. a)   Finnen

Der „Drache" in der Kalevala heißt „Iku-Turso" und ist ein Wasser-Ungeheuer mit 1000 Köpfen und 1000 Hörnern.

Kalevala 19, 51:

In der folgenden Szene werden die Schlangen (Totengeister) in der Unterwelt bei Louhi (Hel) beschrieben.

Von der Braut ward ihm da Hilfe,
Solchen Rat gibt ihm die Jungfrau:

„O Du Schmied Ilmarinen,
Du, der ew'ge Schmiedekünstler!
Schmiede eine goldne Pflugschar,
Schmück sie aus mit schönem Silber!
Wirst das Schlangenfeld dann ackern,
Wirst das natterreiche pflügen."

Ilmarinen, er, der Schmied,
Leget Gold drauf in die Esse,
Läßt das Silber dort zerschmelzen,
Schmiedet daraus eine Pflugschar,
Schmiedet Schuhe sich aus Eisen,
Beinbedeckungen von Stahl sich,
Ziehet diese an die Beine,
Deckt die Waden mit denselben,
Legt sich an ein Hemd von Eisen,

Einen Gurt von bestem Stahle,
Große Handschuh, die von Eisen,
Holt sich Handschuh, die von Steinen,
Schaffet sich ein Roß voll Feuer,
Schirrt das schöngewachsne Füllen,
Gehet um das Feld zu pflügen,
Um den Acker zu durchfurchen.
Schaute Köpfe, die sich drehten,
Schädel, die beständig zischten,
Redet Worte solcher Weise:

„Schlange, die von Gott geschaffen,
Wer erhob wohl Deinen Rachen,
Wer entsandte wohl und machte,
Daß den Kopf Du aufrecht haltest,
Du den Hals nach oben streckest;
Weiche fort nun aus dem Wege,
Gehe in die Stoppeln, Arge,
Schlüpfe Du in dichtes Buschwerk,
Schwinge Dich auf grasige Plätze!
Hebest Du den Kopf von daher,
Wird Dir Ukko ihn zerbrechen,
Mit den Pfeilen, die gestählet,
Mit den eisenreichen Schlossen."

Pflügte dann das Feld voll Schlangen
Und durchfurcht' das Land voll Nattern,
Hebt die Schlangen bei dem Pflügen,
Hebt die Nattern bei dem Ackern,
Spricht, als er zurückgekommen:

„Hab' gepflügt das Feld voll Schlangen,
Hab' durchfurcht das Feld voll Nattern,
Umgewandt das schlangenreiche,
Gib mir Deine Tochter, Alte,
Und gewähre mir die Teure!"

Ukko ist der Himmelsgott-Göttervater.
Ilmarinen entspricht dem germanischen Wieland, also dem ehemaligen Sonnengott-Göttervater Tyr in der Unterwelt. Er will die Tochter der Jenseitsgöttin zur Frau haben – ursprünglich, um sich mit ihr in der Unterwelt wiederzeugen zu können, sodaß er

wiedergeboren wird. Louhi entspricht der germanischen Hel und ihre Tochter der Göttin Freya.

<u>Kalevala 42, 347:</u>

„Sollte dies genug nicht scheinen,
Iku-Turso, Sohn des Alten,
Heb' Dein Haupt Du aus dem Meere,
Deinen Scheitel aus den Fluten,
Stürz' die Männer von Kalewa
Und versenk' die Wogenfreunde,
Lasse Du die bösen Helden
In der Wogen Tiefe sinken,
Bring den Sampo nach Pohjola,
Ohn' ihn aus dem Boot zu wälzen!"

„Sollte das genug nicht scheinen,
Ukko, Du, o Gott dort oben,
Goldner König in den Lüften,
Silberreicher Machtinhaber!
Mache Wetter voller Stürme
Und erheb' die Kraft der Lüfte,
Sende Wind' und sende Fluten
Jenem Boote Du entgegen,
Daß davon nicht Wäinämöinen,
Nicht der Freund der Wogen komme."

Hauchte nun die Nebeljungfrau
Einen Nebel auf die Fluten,
Sandte Dünste in die Lüfte,
Hielt den alten Wäinämöinen
Drei der Nächte nacheinander
In des blauen Meeres Inner'm,
Daß er nirgendhin entkommen,
Nirgendhin entrinnen konnte.
Als er drei der Nächt' im Meere,
In den Fluten so geruhet,
Sprach der alte Wäinämöinen,
Redet selber diese Worte:

„Selbst ein schlechterer der Männer,
Selbst ein schwächerer der Helden
Wird im Nebel nicht versinken,
Nicht in Dünsten untergehen."

Fuhr durchs Wasser mit der Klinge,
Schlug das Meer mit seinem Schwerte,
Honig fließet von der Klinge,
Süßer Seim von seinem Schwerte,
Stieg der Dunst empor zum Himmel,
Hob der Nebel sich nach oben,
Rein vom Dampfe ward das Wasser,
Von dem Dunste bald die Fluten,
Weiter dehnt sich aus das Wasser,
Größer muß die Welt nun scheinen.
Wenig Zeit war hingegangen,
Kaum ein Augenblick verflossen,
Ist ein gar gewaltig Brausen
An des Bootes Rand zu hören,
Dort hebt Schaum sich in die Höhe
Zu dem Boote Wäinämöinen's.
Ward der Schmied Ilmarinen
Damals sehr in Furcht gesetzet,
Floß das Blut ihm aus den Wangen,
Sank herab von seinen Backen;
Zog sich über's Haupt die Decke,
Über seine beiden Ohren,
Decket damit seine Wangen,
Besser noch deckt er die Augen.
Selbst der alte Wäinämöinen
Schaute auf das Meer am Boote,
Warf die Augen hin zur Seite,
Siehet dort ein kleines Wunder:
Iku-Turso, Sohn des Alten,
Hebt zur Seit' des roten Bootes
Seinen Kopf jetzt aus dem Meere,
Seinen Scheitel aus den Fluten.
Wäinämöinen alt und wahrhaft
Packt die Ohren mit den Fäusten,
Hebt ihn auf an seinen Ohren,

Fragte ihn und redet' kräftig,
Redet' Worte solcher Weise:

„Iku-Turso, Sohn des Alten!
Weshalb stiegst Du aus dem Meere,
Weshalb kamst Du aus der Tiefe
Vor das Aug' der Menschenkinder
Und zumal der Kalewsöhne?"

Iku-Turso, Sohn des Alten,
War drob nicht gar sehr voll Freude,
War auch nicht zu sehr erschrocken,
Gab durchaus ihm keine Antwort.
Wäinämöinen alt und wahrhaft
Forscht' genau zum zweiten Male,
Fragte scharf zum dritten Male:

„Iku-Turso, Sohn des Alten!
Weshalb stiegst Du aus dem Meere,
Weshalb kamst Du aus den Fluten?"

Iku-Turso, Sohn des Alten,
Gab nun bei dem dritten Male
Diese Worte ihm zur Antwort:

„Deshalb stieg ich aus dem Meere,
Deshalb kam ich aus den Fluten,
Hatt' in meinem Sinn die Absicht,
Kalew's Stamm hier zu vertilgen,
Sampo nach Norden zu bringen;
Läß'st Du mich nun in die Fluten,
Läß'st Du mir mein schmählich Leben,
Komm' ich nicht zum zweiten Male
Vor das Aug' der Menschenkinder."

Ließ der alte Wäinämöinen
Frei ihn wieder in die Fluten,
Redet selber diese Worte:

„Iku-Turso, Sohn des Alten,
Steige nicht mehr aus dem Meere,
Komme nicht mehr aus den Fluthen
Vor der Menschenkinder Augen,

Von dem heut'gen Tag gerechnet!"

Niemals ist seit diesem Tage
Turso aus dem Meer gestiegen
Vor der Menschenkinder Augen,
So lang' Mond und so lang' Sonne,
So lang' als das Licht des Tages,
Als die Lüfte Freude leihen.

Diese Begegnung zwischen Iku-Turso und Wäinämöinen erinnert sehr an den Kampf zwischen Thor und der Midgardschlange, als er mit Hymir zum Fischfang ausgefahren war.

So wie Iku-Turso der finnischen Jenseitsgöttin Louhi im Norden helfen will, so ist auch Jörmungandr mit der germanischen Jenseitsgöttin verbunden – in den neueren Mythen sind sie Geschwister.

VII 6. Schlangen und Drachen bei den Indogermanen um 2.800 v.Chr.

Aus den indogermanischen Worten für Schlange entstanden die verschiedenen Namen für die Schlangenungeheuer der indogermanischen Völker. Diese Namen beschreiben die Schlange als „die Geringelte in den tiefen Wassern", mit denen die Unterwelt gemeint ist.

indogermanisch	·=>	hethitisch	griechisch	indisch	persisch	slawisch	baltisch	lateinisch	keltisch
udrah (der im Wasser)	·=>		Hydra	Shesa					
wel (die Gewundene)	·=>			Varuna, Vritra		Veles	Velnias		Vala
hengwhis (Schlange)	·=>	Illuyanka	Ophis, Ophion	Ahis	Ahzi			Anguis	
dheub (Tiefe, fließen)	·=>		Typhon, Python						

Bei den Indogermanen findet sich die Schlange zum einen als „gutes" Tier der Göttin, aber auch als „böses" Tier, das von einem Gott bekämpft wird.
Der Gott, der die „böse Schlange" bekämpft, ist der Sonnengott oder der Donnergott. Dieser Kampf ist eine alte Mythe, die im Zusammenhang mit dem Ackerbau entstand.
Die Dürre im Sommer war eine große Sorge für die Bauern und sie frugen sich, wo der Regen während des Sommers wohl sein mochte. Er mußte, da er nicht in den Wolken am Himmel war, dort sein, woher alles Wasser, auch das der Flüsse, kam: aus den Wassern der Unterwelt. Wenn der Regen im Sommer unter der Erde blieb, mußte es dort jemanden geben, der ihn dort festhielt.
Das betreffende Wesen mußte sehr groß und sehr mächtig sein. Außer der Jenseitsgöttin gab es dort nur noch die Riesenschlange. Sie war dadurch entstanden, daß die Schlange nicht nur die Ahnen selber, sondern auch den Weg ins Jenseits symbolisierte und daher auch für den Weg der Sonne von ihrem Untergangsort im Westen bis zu ihrem Aufgangsort im Osten reichen mußte – eine wahrhaft gewaltig große Schlange!
Die Jenseitsgöttin kam für den Raub des Regens nicht in Frage, da sie den Men-

schen wohlgesonnen war. Daher konnte nur die Schlange der Täter sein – sie war durch ihre Verbindung mit dem Weg ins Jenseits ja bereits gefürchtet. Offenbar war sie auch eine Regenräuberschlange.

Während des Herbstes kehrte der Regen jedoch zurück. Wer konnte den Regen wohl befreit haben? Es mußte wohl der Regen- und Donnergott sein. Da die Schlange den Regen wohl kaum freiwillig dem Donnergott überlassen haben wird, mußte im Spätsommer ein Kampf stattgefunden haben, bei dem der Donnergott die Regenräuberschlange besiegte – die Spätsommergewitter waren offensichtlich der Lärm des Kampfes zwischen dem Donnergott und der Regenräuberschlange. ... aber der Sieg war nicht von Dauer, denn im späten Frühjahr war die Regenräuberschlange wieder stärker als der Donner- und Regengott und holte sich den Regen wieder zurück.

Diese Mythe findet sich bei fast allen indogermanischen Völkern: Bei den Hethitern bekämpfte der Wettergott Teshshup die Schlange Illuyanka, bei den Indern Indra die Vritra-Schlange, bei den Griechen Apollo die Phyton, bei den Germanen Thor die Midgardschlange, bei den Kelten Smertrios die Schlange usw.

Die „gute Schlange" hat eine andere Symbolik als die „böse" Regenräuberschlange. Sie ist nicht mit dem Regen, sondern fast immer mit dem Feuer verbunden. Dies liegt an den Vorstellungen über das Jenseits: Wenn man eine Opfergabe ins Jenseits zu den Ahnen senden wollte, mußte man diese Gabe „töten", denn wie sollte sie sonst in das Reich der Toten gelangen? Um sie zu „töten" konnte man sie z.B. zerbrechen oder verbrennen. Durch diese Brandopfer, die schon seit der frühen Jungsteinzeit ca. 8.000 v.Chr. nachweisbar sind, erhielt das Feuer nach und nach die Bedeutung eines Jenseitstores. Schließlich wurden alle Rituale mit einem Feuer begonnen, um das Tor zum Jenseits zu öffnen und dadurch den Kontakt zu den Ahnen und den Göttern herzustellen.

Am bekanntesten ist sicherlich der Gott Agni („Feuer"), der bei den Indern jedes Ritual eröffnet. Aber auch die Heiligen Feuer auf den Altären der Perser, das Heilige Feuer, das die römischen Vestalinnen hüteten, das große Feuer im Allerheiligsten des Tempels während der Mysterien von Eleusis und die großen Feuer bei den Festen des keltischen Sonnengottes Belenus („Beltaine" in der Nacht zum 1. Mai) gehört zu dieser Feuersymbolik.

Es lag nun nahe, die Schlange als diejenige, die den Weg in die Unterwelt unter der Erde kannte, mit dem Feuer als Jenseitstor zu verbinden. Auf diese Weise entstand die Feuerschlange bzw. die feuerspuckende Schlange.

In späterer Zeit gab es dann eine „Rückkoppelung" dieses Motives: Da das Feuer das Tor ins Jenseits war, begann man, die Feuerbestattung einzuführen.

Zumindest im indischen Yoga wurde die feuerspeiende Schlange auch zu dem Symbol der Lebenskraft im untersten Chakra, deren Erwachen man als ein heftiges, in der Mitte des Körpers aufsteigendes Feuer erleben kann. Da dieses Kundalinifeuer auch von den keltischen Ekstasekriegern und von den germanischen Berserkern benutzt wurde, ist es sehr wahrscheinlich, daß dieses Innere Feuer schon den Indogermanen bekannt war und von ihnen auch mit der Feuerschlange assoziiert worden ist.

Die Schlange in der Hand des Cernunnos und die zusammengerollte Schlange auf dem größeren Goldhorn von Gallehus werden auch diese Kundalini-Feuerschlange darstellen.

Aus dem Feuer als dem Symbol des Jenseitstores ist auch der Feuerlauf entstanden, der außer von den Druiden auch von den indischen Yogis, aus einem Erneuerungsritual des hethitischen Königs und von den Griechen bekannt ist.

Mit der feuerspuckenden Schlange verband sich dann bald auch das Herdentier als Symbol der Fruchtbarkeit und der Zeugungskraft, die man für die Wiederzeugung und die anschließende Wiedergeburt benötigte, wenn man im Jenseits bei der Göttin angelangt war. Also fügte man der feuerspuckenden Schlange noch die Hörner eines Stieres oder das Geweih eines Hirsches hinzu. Die Schlange des Cernunnos auf dem Kessel von Gundestrup erhielt auf diese Weise ihre Widderhörner. Auch die Schlangen der Griechen und Finnen haben teilweise Hörner.

Um die Symbolik der Jenseitsreise ganz rund werden zu lassen, fehlte nun nur noch der Seelenvogel. Ihn fügte man in der Form von zwei Flügeln an die gehörnte feuerspuckende Schlange an, die nun zum Drachen geworden war. Er war das „Gesamtsymbol" der Jenseitsreisevorstellungen.

Da sowohl die Feuerschlange bzw. der feuerspeiende Drachen Schlangen waren, wurden sie oft nach einer Weile mit der Regenräuberschlange gleichgesetzt, obwohl beide Schlange sehr verschiedene Symboliken hatten. Dadurch wurde auch der feuerspeiende Drache zu der bekämpften Schlange bzw. zu dem bekämpften Drachen. Aus dieser Verbindung der beiden widersprüchlichen Qualitäten der Schlange entstanden dann auch widersprüchliche Gottheiten, die den Menschen und Göttern zum einen halfen und zum anderen schadeten wie der slawische Veles und der germanische Loki.

Es gibt aufgrund der Verwandlung der Toten in Schlangen auf ihrem Weg ins Jenseits alle denkbaren Mensch-Schlange-Mischformen: Schlange, Mensch mit Schlangenkopf, Schlangen mit Menschenoberleib und Schlangen, die sich in Menschen verwandeln können.

Die Schlange hält als Wesen der Wasserunterwelt auch in der sommerliche Dürre den Regen gefangen, um den sie ständig mit dem Regen- und Donnergott kämpft. Diese beiden erscheinen meistens als Gott und Schlange, aber auch als zwei Schlangen oder als zwei Götter.

Da die Unterwelt eine Wasserunterwelt ist, werden die Schlangen und Drachen sehr oft mit dem Wasser assoziiert. Der Aufenthaltsort der Schlangen-Totengeister ist das Hügelgrab, das oft zu einer Höhle in einem Berg wird.

Die Jenseitsreise des Göttervaters wird häufig durch den Einfluß des Kampfes zwischen dem Donnergott und der Schlange auch zu einem Drachenkampf. Ursprünglich verwandelte sich auch der Sonnengott-Göttervater bei seiner zyklischen Reise ins Jenseits in eine Schlange.

Die Schlange als Jenseitsweg und Gestalt der Toten auf dem Jenseitsweg ist eng mit der ganzen Jenseitssymbolik verbunden: Schlange – Wolf – Jenseitsgöttin – Weltenbaum – Göttertrank – Äpfel der Unsterblichkeit – Stieropfer.

Aus der Schlange als Jenseitsweg wurde die Schlange als Ursache des Todes; ebenso wurde auch aus der Göttin als Mutter der wiedergeboren Toten die Ursache des Todes: Der Anblick der Göttin (Gorgo) bzw. der Blick des Schlangenkönigs (Basilisk) verwandelte jeden Menschen zu Stein.

Drache und Schlange sind eng mit dem Königtum verbunden, da sich auch der König auf der rituellen Jenseitsreise bei seiner Krönung in eine Schlange bzw. einen Drachen verwandelt. Aus dieser Verbindung des Königs mit dem Drachen ist die Drachen-Kriegsstandarte entstanden.

Als Jenseitstier besitzt der Drache große magische Fähigkeiten, da die Magie die „natürliche" Handlungsweise der Götter und Ahnen ist.

Die Schlange als Jenseitsweg findet sich auch als Innerer Vorgang, der oft beim Üben der Astralreise erlebt wird: das Aufsteigen des Inneren Feuers, das folglich als Schlange aufgefaßt wird – das Aufsteigen dieser Feuerschlange verursacht häufig ein Verlassen des eigenen Körpers. Daher ist dieser Vorgang und seine Symbolik auch die Grundlage des Yoga, das zu der Erkenntnis der eigenen Seele führt, weil das Verlassen des eigenen Körpers es sehr erleichtert, zu den Seelen der Toten und der Lebenden und vor allem zu der eigenen Seele Kontakt aufzunehmen.

VIII   Schlangen und Drachen in der Jungsteinzeit

Die Indogermanen sind um 7.000 v.Chr. von Mesopotamien aus über den Kaukasus in die südrussische Steppe nördlich des schwarzen Meeres und des Kaspischen Meeres gezogen. Da sich diese Landschaft deutlich besser zur Viehzucht als zum Ackerbau eignete, wurden sie mit der Zeit zu halbnomadischen Viehhirten.

Vor 9.000 Jahren waren die Indogermanen noch eng mit den Völkern in Mesopotamien verwandt. Die wichtigsten Volksgruppen, die von den frühen Bauern in Mesopotamien abstammen, sind neben den Indogermanen im Norden die Sumerer im Süden, die Semiten im Südwesten, zu denen unter anderem auch die Babylonier gehören, die Afroasiatischen Völker in Nordostafrika, von denen die Ägypter und Berber am bekanntesten sind, die Völker von Elam und Harappa (Drawiden) im Südosten und die Kreter.

Alle diese Völker stammen von den Jägern ab, die nach dem Ende der Eiszeit um 10.500 v.Chr. im Norden Mesopotamiens lebten und dort nach und nach zum Ackerbau übergingen. Ihre Mythologie ist vor allem durch ihre Tempel auf dem Berg Göbekli Tepe bekannt.

Die Ursprünge der indogermanischen Schlangen- und Drachensymbolik liegt daher bei diesen nacheiszeitlichen Jägern und den aus ihnen entstandenen frühen Ackerbauern.

Im Folgenden wird nur eine kleine Auswahl aus den sehr umfangreichen Schlangen- und Drachenmythen dargestellt. Sie soll keine Gesamtdarstellung sein, sondern lediglich die Vorgeschichte der indogermanischen Schlangen und Drachen deutlich werden lassen.

VIII 1. Mesopotamien

VIII 1. a) Sumer

In Sumer ist die Schlange das Tier der Muttergöttin Inanna. Die Schlange lebt unter den Wurzeln des Weltenbaumes – also in der Unterwelt.

Die wichtigste Schlangengöttin ist Ereshkigal, die Schwester der Göttin Ishtar. Sie ist die Göttin der Unterwelt und der Wiedergeburt. Sie wohnt in einem Lapislazuli-Palast in der Unterwelt. Sie wird meistens nackt dargestellt. Die Urgöttin Ereshkigal ist die Mutter des Totengottes Namtaru und fährt mit einem Boot auf dem Jenseitsfluß Hubur.

Erehkigals Sohn ist Nianzu, der mit seinem Sohn, dem Schlangengott Ningishzida (später: Nirah) weitgehend identisch ist. Der Name Ningishzida bedeutet „Herr des guten Baumes", womit der Weltenbaum gemeint ist. Er ist der Gott der Unterwelt, der Fruchtbarkeit und der Heilung. In seiner Hand trägt er den Schlangenstab, der sich später auch bei Hermes, Asklepios und Moses findet.

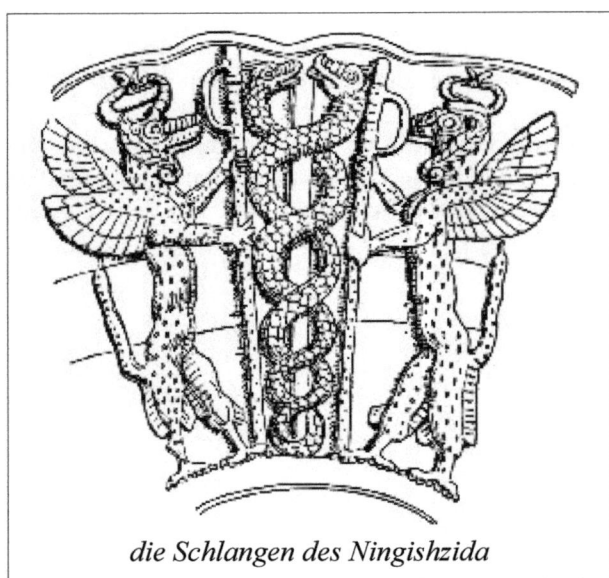

die Schlangen des Ningishzida

Sein Symboltier ist die gehörnte Schlange, die sehr viel später auch der Begleiter des keltischen Schamanen-Gottes Cernunnos ist. Ningishzida trägt auf seinen beiden Schultern je eine Schlange. Er wird auch selber als Schlange mit Menschenkopf dargestellt. Ningishzida bietet den Jenseitsreisenden das „Wasser des Lebens" an.

Auch der Erdgott Enki („Herr Erde") hat manchmal die Gestalt einer Schlange. Er ist der Gott des Süßwassers, der Schöpfergott, der Gott der Weisheit und der Ratgeber der Götter. Später wurde er zu dem akkadischen Gott Ea.

Er ist der Erschaffer des Menschen, ein Magier, ein Handwerker und ein Künstler. Enki besitzt die Me, die die Verkörperung der Seelen und der Richtigkeit sind, die die zentrale Qualität in der sumerischen Religion gewesen sind. In anderen Mythen

gehören die Me der Muttergöttin Inanna.
Enki hat wie Ningishzida zwei Schlangen als Symboltier.

Asag ist einer von vierzehn Schlangen, die von An, dem Stadtgott von Uruk erschaffen worden sind und die die Menschen durch Krankheiten und die Unterweltswasser bedrohten.

Die in Sumer recht häufige Schlangengestalt der mit der Unterwelt verbundenen Gottheiten liegt darin begründet, da die Ahnen generell die Gestalt von Schlangen gehabt haben.

VIII 1. b) Babylon

Tiamat („Meer, Salzwasser") ist die Urgöttin gewesen. Sie zeugte zusammen mit Abzu („Süßwasser") die ersten Götter. Abzu wurde später vom Urahn zu der Wasserunterwelt selber. Tiamat wurde als Wasserschlange oder Meeresdrachen beschrieben, von dem in einem Keilschrifttext gesagt wird, daß er 520km lang ist – er entspricht offensichtlich dem germanischen Jörmungandr.
Der Sonnengott Marduk tötet und spaltet Tiamat und erschafft aus ihr Himmel und Erde.

Auch der Sonnengott-Göttervater Marduk wurde von einer gehörnten Schlange begleitet. Sie hat zudem manchmal auch noch Löwenpfoten, die Hinterbeine eines Adlers und einen Skorpion-Schwanz. Der Name dieser Schlange lautet „Mushussu" und ist später dann „Sirrush" gewesen. Ihre Hörner hat der Marduk-Drache von dem Stier erhalten, den auch die Babylonier bei wichtigen Bestattungen, Krönungen und anderen Jenseitsreisen geopfert haben.

Der Sonnengott Bel-Marduk mit einen Sechs-Spitzen-Donnerkeil in der rechten Hand und die gehörnte Riesenschlange Tiamat

VIII 1. c) Ugarit

In dieser Stadt wurde die Göttin verehrt, die u.a. Kadeschet genannt wurde. Sie stand auf einem Löwen und hielt in jeder Hand eine Schlange. Dieses Motiv war in ganz Syrien, in dem Ugarit lag, weit verbreitet.

VIII 1. d) Elam

Die Elamiter lebten am Südostende der mesopotamischen Ebene und an den angrenzenden Berghängen sowie an der nordöstlichen Küste des persischen Golfes.

In den elamitischen Abbildungen findet sich eine Göttin mit Fischschwanz-Unterleib, die zwei Schlangen in ihrer Hand hält – eine aufrecht und eine abwärts. Sie wird die Muttergöttin in der Wasserunterwelt sein. Die beiden in entgegengesetzte Richtungen schauenden Schlangen sind wahrscheinlich der Weg in das Jenseits und der Weg zurück ins Diesseits.

Auf einem Relief findet sich ein Mann, der auf zwei großen Schlangen steht, die sich symmetrisch rings um ihn her ringeln. Er wird wohl als ein Toter oder ein Schamane auf der Reise ins Jenseits oder von dort zurück anzusehen sein.

Auf einer Abbildung ist ein gehörnter Gott zu sehen, der in seinen Händen zwei Schlangen hält und über dem sich zwei Stiere befinden. Dieser Gott wird daher zum einen ein Jenseitsreisender (Schlange) sein und zum anderen mit dem Stieropfer (Wiederzeugung) verbunden sein. Es handelt sich bei ihm daher möglicherweise um einen Vegetationsgott. Es könnte natürlich auch einfach das Bild eines Toten sein, der mit der Zeugungskraft des Stiers versehen in das Jenseits reist, da in der frühen Zeit des Königtums der Übergang von Ahnen zu Göttern noch recht fließend war.

VIII 2. Nordindien

VIII 2. a) Drawiden

Die Drawiden sind mit den Elamitern verwandt. Ab der frühen Jungsteinzeit, d.h. ab ca. 7000 v.Chr. sind ein Teil der Vorfahren der Elamiter in Südost-Mesopotamien allmählich durch Persien nach Nordindien gewandert.

Die Drawiden sind durch die beiden Städte Harappa und Mohenjo-Daro am unteren Indus bekannt geworden, die von 1800-1200 v.Chr. (bis zur Ankunft der Indogermanen) bewohnt worden sind.

Aus dieser Kultur sind bisher keine Abbildungen von Schlangen bekannt geworden, aber einige Darstellungen von Meditierenden, die Hörner auf ihrem Kopf tragen und sehr große Ähnlichkeit mit dem indischen Shiva, dem ägyptischen Sem-Priester (Schamane) und dem keltischen Cernunnos haben. Sowohl mit dem „Yogi" aus Harappa als auch mit dem keltischen Cernunnos ist das Stieropfer verbunden. An diesen Bildern läßt sich erkennen, daß in der Jungsteinzeit die Jenseitsreise der Schamanen zu einer weitgehend einheitlichen Meditationsmethode weiterentwickelt worden ist, die zu Beginn der ersten Königreiche um 3.250 v.Chr. und auch noch später im gesamten Bereich der Völker zu finden ist, die von den frühen mesopotamischen Ackerbauern abstammen.

Diese Hörner bzw. Hörnerhelme sind vermutlich die Wurzeln des Ögishelmes des Zwerges Fafnir. Der unten abgebildete „Yogi" aus Harappa hat drei oder vier Köpfe (falls noch einer nach hinten zeigt), weshalb er wohl ein Sonnengott sein wird. Die Garbe auf seinem Kopf könnte ihn zudem als einen Korngott kennzeichnen – der jedes Jahr bei der Ernte „stirbt" und ins Jenseits reist und dann im Frühling beim Keimen der Saat wiedergeboren wird. Der Korngott geht also jährlich den Weg durch den Unterwelt, den die Sonne jede Nacht zurücklegt.

 *Harappa: gehörnter Schamane / viergesichtiger Sonnengott / Korngott*	 *Harappa: Stieropfer und Schamane /Sonnengott/Korngott*	 *Harappa: gehörnter Schamane / viergesichtiger Sonnengott / Korngott*
 *Kelten: Kernunnos mit Geweih und Schlange (hier ohne seinen Sitz aus Ebereschenzeigen dargestellt)*	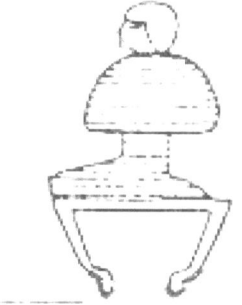 *Ägypten: Sem-Priester (Schamane) auf der Jenseitsreise bei einer Bestattung*	 *Indien: Shiva mit Kundalini-Schlange, die sich um seinen Hals windet*

VIII 3. Nordostafrika

VIII 3. a) Ägypter

In Ägypten findet sich die Uräusschlange in den Pyramidentexten als das wichtigste Symbol des Pharaos. In vielen Texten geht es dabei um die Verwandlung des Pharaos in die Uräusschlange, die während des gesamten ägyptischen Reiches eines der wichtigsten Symbole des Pharaos und des Toten- und Vegetationsgottes Osiris gewesen sind. Letztlich ist die Uräusschlange daher ein Symbol der Jenseitsreise, das im Königtum auf die (symbolische) Jenseitsreise des Pharaos bei seiner Krönung hinweist, durch die er den Kontakt mit den Göttern im Jenseits erhielt. Osiris als Vegetationsgott ist ein Gott, der jeden Herbst in das Jenseits reist und in jedem Frühjahr von dort zurückkehrt und deshalb ebenfalls die Uräusschlange an seiner Stirn trägt.

Die Uräus-Schlange entspricht der gehörnten Schlange des babylonischen Sonnengottes Marduk, der gehörnten Schlange des keltischen Cernunnos und den germanischen Helmen aus der Vendelzeit, auf denen ein Drache von hinten über den Scheitel nach vorne zum Dritten Auge kriecht.

Im Kundalini-Yoga wird das Schlangenfeuer im Leib empor und dann von hinten am Hals den Hinterkopf hinauf und dann nach vorne bis zum „Dritten Auge" zwischen den Augenbrauen geführt. An genau dieser Stelle ruht auch die ägyptische Uräus-Schlange und die Drachen auf den germanischen Helmen aus der Vendelzeit.

Die Schlange erschien auch als schlangengestaltige Göttin Thermuthis, die die Felder mit Fruchtbarkeit segnete. Hier ist die Schlange vom Tier des Jenseitsweges über das Tier, das zur Wiedergeburt der Menschen führt, schließlich zum Tier der Wiedergeburt der Pflanzen geworden. Auch die Schlangengöttin Renenet ist eine Vegetationsgöttin, die auf vielen Abbildungen den Kornschlangengott Napre stillt.

Im Zusammenhang mit dem Königtum entwickelte sich nach und nach eine Ablehnung des Todes und insgesamt jedes Wandels, der der Allmacht des Pharaos widersprach, wodurch der Kampf des Re (und des Pharaos, der mit in der Barke seines Vaters Re saß) gegen die Apophis-Riesenschlange entstand.

Dieser Kampf des Sonnengottes gegen die Riesenschlange ist eine frühere Variante des Kampfes zwischen dem Donnergott und der Riesenschlange.

Totenmaske des Tutanchamun

Detail der Maske links: Uräus-Schlange und Geier am Haupt des Pharaos

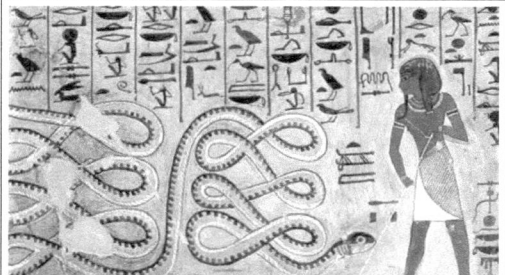
ein Toter vor der Riesenschlange Apophis

Seth kämpft am Bug der Sonnenbarke mit dem Sonnengott Re gegen Apophis

Re tötet als Kater den Apophis

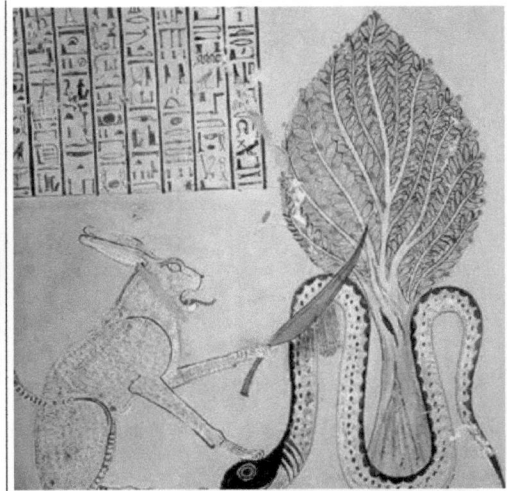

Re tötet als Kater den Apophis

der gefesselte und mit Messern durchstochene Apophis

Verehrung einer Schlangengottheit

die Himmelsgöttin Nut als Frau und der Erdgott Geb als Schlangen-Mann

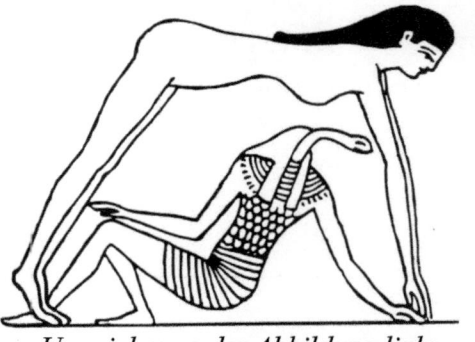

Umzeichnung der Abbildung links

Verehrung einer Schlange

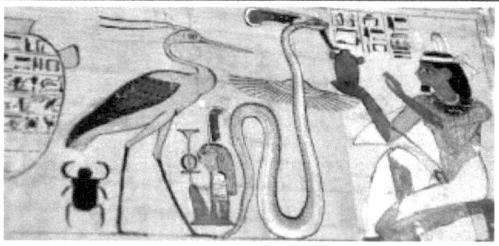

Verehrung einer Schlange

die Göttin Hathor mit Schlange und Lotusblüten in ihrer Hand auf einem Löwen zwischen dem Gott Amun-Min (links) und dem Pharao (rechts)

Ober- und Unterägypten als zwei Schlangen

Flügelsonne mit zwei Uräus-Schlangen

Ober- und Unterägypten als Geier und Schlange

die Hieroglyphe für „f"

die Hieroglyphe für „dj"

VIII 4. Mittelmeer-Inseln

VIII 4. a) Kreta

Von Kreta sind vor allem die Priesterinnen, die in beiden Hände eine Schlange halten, gut bekannt. Dieses Schlangenpaar findet sich auch bei der syrischen Göttin Kadeschet, im indischen Yoga, auf einigen Statuen des keltischen Cernunnos und auf dem größeren der germanischen Goldhörner von Gallehus.

Göttin oder Priesterin mit zwei Schlangen in ihren Händen

Göttin oder Priesterin mit zwei Schlangen in ihren Händen

VIII 5. frühe Jungsteinzeit

VIII 5. a) Göbekli Tepe und Nevali Cori

Der Ursprung dieser Schlangensymbolik läßt sich in den Bildern der frühjungsteinzeitlichen Tempel von Göbekli Tepe und den anderen Fundorten dieser Kultur betrachten, die von ca. 10.500 v.Chr. bis 8.000 v.Chr. bestanden hat.

Die Schlange symbolisiert in diesen Tempeln als ein auf der Erde und in Erdhöhlen lebendes Tier den Weg in die Unterwelt und manchmal auch die Ahnen selber. Das Gift der Schlangen wird sicherlich ein zusätzlicher Grund gewesen sein, die Schlangen mit dem Tod und somit auch mit der Unterwelt zu assoziieren.

Die Schlangen machen fast ein Drittel aller Motive in Göbekli Tepe aus. Dies ist nicht verwunderlich, da die Schlange als Symbol der Ahnen und des Jenseitsweges das wichtigste Motiv in einem Tempel ist, der dafür benutzt wurde, den Kontakt zwischen den Toten und den Lebenden aufrechtzuerhalten.

Totempfahl aus einem der Tempel von Göbekli Tepe

Auf dem steinernen Totempfahl aus den Tempeln von Göbekli Tepe, der auf der vorigen Seite abgebildet ist, sind zwei Schlangen zu sehen, die aus der Erde zu einem Mann mit Pantherkopf (runde Ohren auf dem Kopf) emporsteigen. Sie bringen diesem Mann von seinen Ahnen die Stärke des Panthers. Um sie zu erhalten, legt der Panthermann seine Hände auf den Kopf seines Vaters (im Jenseits?), der wiederum seine Hände auf den Kopf seines verstorbenen Vaters legt, der schließlich mit seinen Händen wohl den Schädel des Urahns seiner Sippe berührt.

In Nevali Cori wurde ein steinerner menschlicher Kopf entdeckt, an dessen Rückseite eine Schlange emporkriecht. Diese Darstellung erinnert sehr stark an die indische Darstellung der Kundalini-Schlange.
Eine gemeinsame Tradition des Schlangenkopfes von Nevali Cori und der Kundalinischlange wird dadurch wahrscheinlich, daß eine enge Verbindung zwischen dem Kundalini-Yoga und dem Verlassen des eigenen materiellen Körpers mit seiner eigenen Seele besteht. Diese „außerkörperlichen Erlebnisse" werden den Schamanen von Göbekli Tepe sicherlich bekannt gewesen sein, da sie das zentrale Erlebnis der Schamanen sind.
Dieser u.a. im Yoga erlebbare Zusammenhang zwischen der Astralreise und dem Kundalinifeuer sieht wie folgt aus: Das Erwachen des durch die Kundalinischlange dargestellten Inneren Feuers wird als das Aufsteigen einer intensiven Hitze vom Beckenboden aus vor der Wirbelsäule entlang bis zum Scheitel hinauf erlebt, das dann schließlich zwischen den Augenbrauen zur Ruhe kommt. Die Bewegung dieser inneren Hitze fühlt sich wie eine sich sehr langsam bewegende Schlange an. Während dieses Aufsteigens der inneren Hitze erlebt man oft spontan ein Verlassen des eigenen Körpers wie bei einem Nahtod-Erlebnis. Da die Schamanen nach ihrem Nahtod-Erlebnis dieses Verlassen erst noch üben mußten, um es dann willentlich jederzeit wiederholen zu können, erscheint es recht wahrscheinlich, daß die Schamanen schon sehr früh auch das Phänomen des Inneren Feuers entdeckt und mit der Astralreise assoziiert haben werden.
Daher ist es recht wahrscheinlich, daß der Schlangenkopf von Nevali Cori das aufsteigende Kundalinifeuer darstellt. Auch die aufsteigenden Schlangen an beiden Seiten des Totempfahles von Göbekli Tepe könnten diese Symbolik haben. Sie sind möglicherweise ein Vorläufer der beiden Schlangen an dem Hermesstab, der beiden Schlangen an einigen Cernunnos-Reliefs und der beiden äußeren Schlangen im Kundalini-Yoga (Ida und Pingala).
Im Grunde kann man davon ausgehen, daß die Schlange allgemein mit diesem Inneren Feuer assoziiert worden ist, nachdem der Zusammenhang zwischen dem Verlassen des Körpers (Seelenvogel-Zustand) und der Inneren Hitze, die sich bei ihrem Erwachen langsam wie eine Schlange im Körper emporwindet, erst einmal gefunden worden war.

Das Erwachen der Kundalini ist im Yoga eines der intensivsten Erlebnisse. Es bildet u.a. auch die Grundlage der Meditationen des tibetischen Buddhismus.

Die Rinne an der Vorderseite der Pfeiler in den Tempeln, auf der fast alle Schlangen entlangkriechen, könnte dem „Sushumna" genannten Kanal in der Körpermitte aus dem Kundalini-Yoga entsprechen, in dem das „Kundalini-Schlange" genannte Innere Feuer aufsteigt. Da die Wahrscheinlichkeit recht hoch ist, daß die Schamanen von Göbekli Tepe und auch schon ihre Vorfahren in der Altsteinzeit das aufsteigende Innere Feuer kannten, ist zumindest eine Nebenbedeutung der Rinne an der Vorderseite der T-Pfeiler als „Pfad des Inneren Feuers" neben der Hauptbedeutung als Jenseitsweg recht wahrscheinlich.

Das nostratische Wort „anku" für Schlange hat sich in der indogermanischen Sprache als „anghui" erhalten, woraus dann im Lateinischen „anguis", im Deutschen „Unke", im Hethitischen der Name der Riesenschlange Illuyanka entstand. Das Wort „anku" reicht bis zu den borealisch sprechenden Menschen der Mittelsteinzeit zurück, da sich das Wort auch in den Indianersprachen als „aqwi" findet.

Die Schlange wurde von den Indogermanen aber oft nicht mit ihrem eigentlichen Namen „anghui" benannt, um sie nicht magisch herbeizurufen. Aus demselben Grund wurde auch der Bär, der im Indogermanischen „herktos" (lateinisch: ursus; griechisch arktos) hieß, von den Germanen nur vorsichtig umschreibend „der Braune", also „Bär" genannt.

fünf Schlangen auf der Vorderseite eines T-Pfeilers

Schlangen-Geflecht auf einem T-Pfeiler

Schlange auf der Vorderseite eines T-Pfeilers

Schlange auf der Vorderseite eines T-Pfeilers

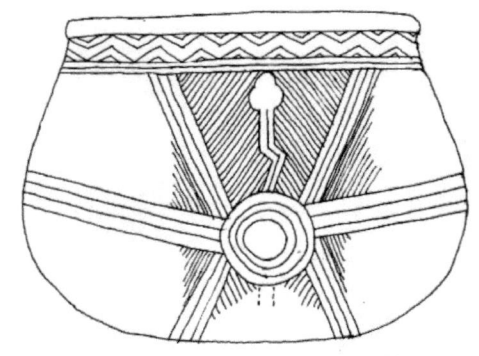

Tontopf mit Schlangendarstellung

fünf Schlangen auf der Vordeseite eines T-Pfeilers

Schlangen auf der Seite eines T-Pfeilers

Detail des T-Pfeilers links

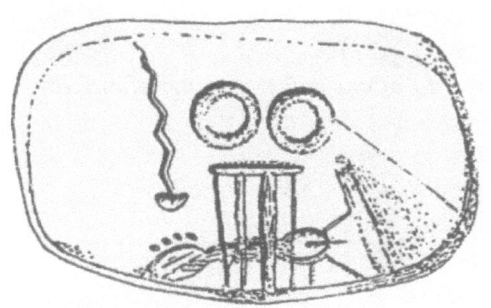

Steinplatte mit Schlange u.a.

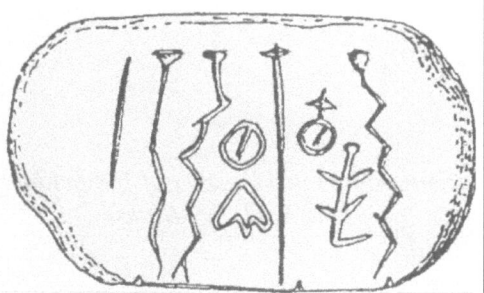

Steinplatte mit vier Schlangen u.a.

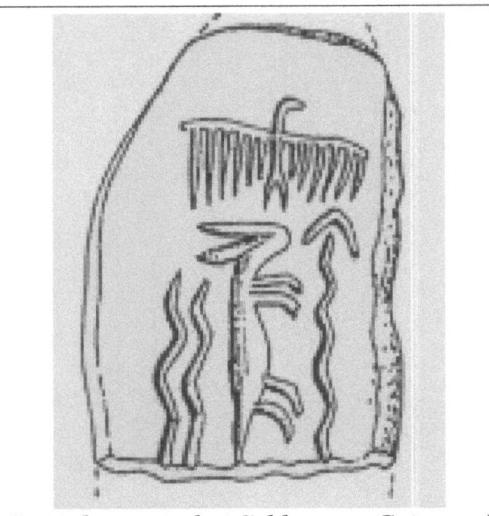

Steinplatte mit drei Schlangen, Geier und vierbeinigem Tier

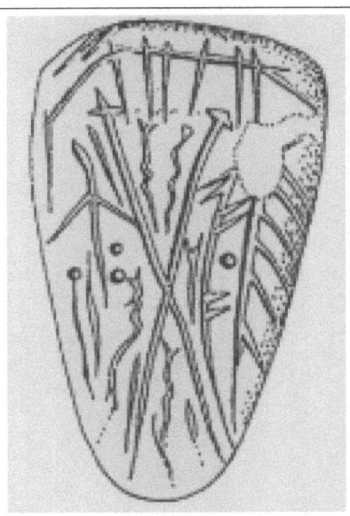

Steinplatte mit Schlangen u.a.

Steinplatte mit Mensch auf Tempeldach und Schlange (links)

Kopf mit aufgestiegener Kundalini

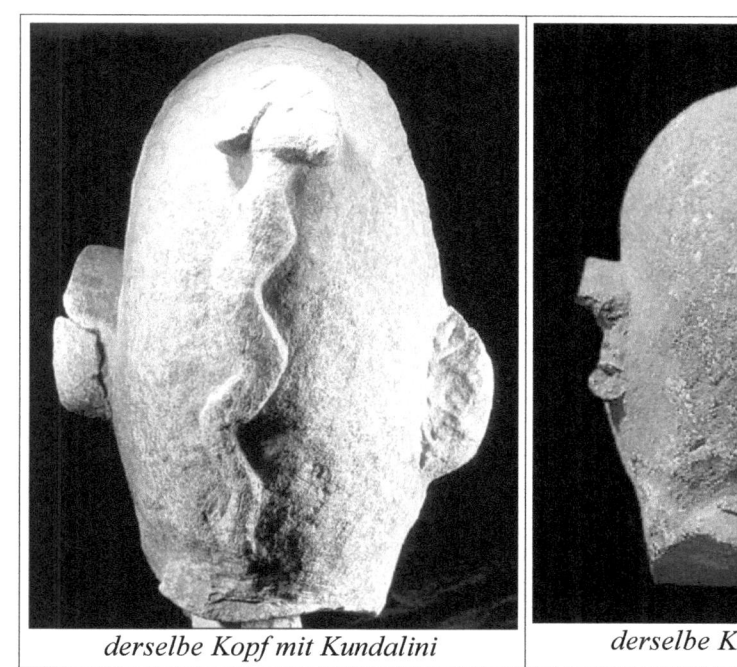

derselbe Kopf mit Kundalini

derselbe Kopf mit Kundalini

VIII 6. Zusammenfassung

Die Schlange als Tier der Erde und somit der Unterwelt wird zunächst einmal das Symbol für den Weg in die Unterwelt und für die Toten und den Schamanen, die auf diesem Weg reisen, gewesen sein.

In der Jungsteinzeit wird sich dann durch die Verbindung des Motivs des entsprechend den Planeten siebenteiligen Weges in das Jenseits mit dem Motiv der Schlange das Motiv der siebenköpfigen Schlange gebildet haben, die später dann etwas ungenauer als vielköpfig beschrieben wurde.

Zu Beginn der Jungsteinzeit wurden viele der früheren mythologischen Bilder megalisiert, also vergrößert, um die Erde, den Himmel usw. zu beschreiben. So entstanden einige Bilder, die sich in allen Mythologien der Völker wiederfinden, die von den frühen Ackerbauern in Mesopotamien abstammen – einschließlich der Germanen:

- Aus der Erde wurde der Erdgott – die Erde ist ein riesiger Mann. (Germanen: Ymir)
- Aus dem Himmel wurde ein Meer – der Himmel ist ein riesiges Meer. (Germanen: Niflheim)
- Aus dem Himmelsmeer wurde eine Himmelsgöttin, da die Jenseitsgöttin eng mit den Wassern der Unterwelt verbunden war – der Himmel ist eine riesige Frau. (Germanen: der Himmel als Meer, das die Sonne in einer Barke überquert; der Himmel als Schädel des Ymir)
- Aus der Himmelsgöttin wurde eine Himmelskuh, da die Kuh das Symbol der Fruchtbarkeit der Großen Mutter war – der Himmel ist eine riesige Kuh. (Germanen: Urkuh Audhumbla)
- Himmel und Erde wurde von einem Weltenbaum verbunden – die Verbindung von Himmel und Erde ist ein riesiger Baum. (Germanen: Yggdrasil)
- Aus der Schlange als Weg ins Jenseits wurde der nächtliche Weg der Sonne von dem Ort des Sonnenuntergangs im Westen zu dem Ort des Sonnenaufgangs im Osten – der Sonnenweg durch die Unterwelt ist eine riesige Schlange. (Germanen: Jörmungandr)

Als das Klima ab ca. 6000 v.Chr. deutlich trockener wurde, stellte sich den jungsteinzeitlichen Bauern natürlich die Frage, wo der dringend benötigte Regen während der trockenen Sommermonate geblieben war. Er wurde während des Sommers offensichtlich von irgendeiner Macht blockiert – denn jede Wirkung muß eine Ursache haben. Da alles Wasser nach damaliger Ansicht letztlich aus dem Süßwasserozean unter der Erde (Wasserunterwelt) kam, mußte das Wesen, das den Regen nicht auf die Erde ließ, dort unten wohnen. Die Große Mutter, die dort unten in der Wasserunterwelt lebte, konnte es nicht sein, da sie den Menschen wohlgesonnen war. Das einzige Wesen, das dort unten sonst noch so groß und mächtig war, daß es wohl auch die Regenwolken gefangensetzen konnte, war die Riesenschlange.

Da der Regen im Frühsommer fernblieb, war es deutlich, daß die Schlange zu diesem Zeitpunkt jedes Jahr aufs Neue den Regen raubte. Im Spätsommer fand dann der Regengott endlich die Schlange und führte mit ihr einen heftigen Kampf, den jeder als die spätsommerlichen Gewitter miterlebte. Schließlich öffneten sich die Wolken wieder und der Regen kehrte zurück – der Donnergott hatte endlich gegen die Regenräuberschlange gesiegt! ... bis sie im nächsten Frühsommer zurückkehrte.

Daraus ergab sich dann mit der Zeit eine Feindschaft zwischen dem Regenwolkengott (Wettergott/Donnergott) und der Riesenschlange, die zur Regenräuberschlange wurde. Dieses Motiv hat jedoch nie das Bild der hilfreichen Schlange vollständig verdrängt, sodaß es nebeneinander die hilfreiche Feuerschlange und die feindliche Wasserschlange gab.

Das Bild der Regenräuberschlange verband sich naheliegenderweise auch mit der Riesenschlange als Feind des Sonnengottes, die durch die Umdeutung des Motivs der Riesenschlange als Weg der Sonne durch die Unterwelt zum Motiv der Schlange als Verursacherin des Todes der Sonne an jedem Abend bzw. zur Bedroherin des Sonnengottes in der Unterwelt entstanden war.

Dadurch rückten auch der Wettergott und der Sonnengott näher zusammen, da sie denselben Feind, eben die Regenräuberschlange hatten. In den Ländern ohne Regen wie Ägypten konnte natürlich das Regenräubermotiv nicht entstehen.

Diese Schlangenkampf-Mythe wird am Anfang noch eine einfache (kampflose) Darstellung des als natürlich aufgefaßten Zyklus zwischen Regen und Trockenheit gewesen sein: im Herbst, Winter und Frühling herrscht der Regen-/Wettergott und im Sommer die Regenräuberschlange. Erst später wird dann die Ursache dieses natürlichen Zyklus als ein Kampf zwischen Wettergott und Regenräuberschlange interpretiert worden sein.

Gegen Ende der Jungsteinzeit wurden in der Mythologie die einzelnen Motive häufig zu Gesamtsymbolen kombiniert. Daraus ergab sich eine Vielzahl von verschiedenen Schlangen und Drachen.

> - die Schlange als **Weg zur Unterwelt**:
>   - *allgemein*
>   - *Ägypter: Uräus-Schlange des Pharaos, des Sonnengottes und des Korngottes Osiris*
>   - *Slawen: Veles*
>   - *Kelten: Schlange des Cernunnos*
>   - *Germanen: Nidhöggr, Odin als Schlange*

- die durch Megalisierung entstandene **Riesenschlange**, die den Weg der Sonne durch die nächtliche Unterwelt darstellt:
    - Ägypter: Apophis
    - Babylon: Tiamat
    - Syrien: Lotan, Yam-Nahar
    - Aramäer: Leviathan, Rahab, Tannin
    - Hethiter: Illuyanka
    - Griechen: Hydra, Ophis, Ophion, Typhon, Python, Ceto, Cimera
    - Inder: Shesa, Vritra, Ahis
    - Perser: Ahzi
    - Slawen: Veles, Zirnita, Svarog, Zmey
    - Balten: Velnias, Zalkis
    - Germanen: Midgardschlange

- die Schlange als Begleiter auf dem Weg in die Unterwelt, die zum Tier des Schamanen sowie auch des **Königs** und des Königsgottes wurde, da der König seine Autorität durch seine Verbindung zu den Göttern erhielt, die er durch eine Jenseitsreise erlangt hat:
    - Chinesen: Sonnen- und Kaiserdrache
    - Ägypter: Uräus
    - Babylon: gehörnte Schlange des Marduk
    - Indogermanen: Drachenstandarte
    - Kelten und Germanen: Drachenhelm

- die **Fruchtbarkeitsschlange**, die über ihre Verbindung zur Unterwelt und somit auch zur Wiedergeburt auch mit der Erde selber und der Wiedergeburt der Pflanzen assoziiert worden war:
    - Ägypter: Thermuthis
    - Balten: Zalkis
    - Kreta: Schlangen-Priesterinnen (?)
    - Germanen: Drache als einer der vier Schutzgeister Islands

- als Jenseitswegschlange und Fruchtbarkeitsschlange wurde die Schlange auch zum **Tier der Muttergöttin**, mit der sie vermutlich schon in der Altsteinzeit assoziiert worden war:
    - Sumer: Schlangen der Inanna
    - Elam: Schlangen der Muttergöttin
    - Griechen: Python

- Kelten: Vala
- Kreta: Schlangen-Priesterinnen

- die mit dem Feuer als Tor zur Unterwelt verbundene Schlange, aus der sich die **feuerspeiende Schlange** bzw. der feuerspeiende Drachen ergab:
  - Ägypter: Uräus
  - Slawen: Zirnita
  - Germanen: Nidhöggr, Fafnir

- aus der Feuerschlange wurde durch Übertragung auf die inneren Vorgänge in der Lebenskraft des Menschen die **Kundalinischlange**:
  - Ägypten: Uräus
  - Babylon: Hörnerschlange des Sonnengottes Marduk, die diesen in Feuer entflammen kann
  - Inder: Kundalini
  - Kelten: gehörnte Schlange des Cernunnos
  - Germanen: Kundalini-Schlange auf den Goldhörnern von Gallehus und auf den Vendelzeit-Helmen

- durch die Verbindung der Schlange mit dem Jenseitstor war sie auch mit dem Schamanen verbunden und über diesen mit der Magie und dem **Orakeldeuten**, die er und die Priesterinnen der Muttergöttin beherrschte:
  - Griechen: Python
  - Kreta: Schlangen-Priesterinnen (?)

- die Schlange in der **Wasserunterwelt**, die den **Regen** geraubt hat:
  - Babylon: Tiamat
  - Syrien: Lotan, Yam-Nahar
  - Aramäer: Leviathan, Rahab, Tannin
  - Hethiter: Illuyanka
  - Griechen: Hydra, Ophis, Ophion, Typhon, Python, Ceto, Cimera
  - Inder: Shesa, Vritra, Ahis
  - Perser: Ahzi
  - Slawen: Veles
  - Balten: Velnias
  - Kreta: Schlangen-Priesterinnen (?)
  - Germanen: Midgardschlange

      - die Verbindung von Schlange als Jenseitsweg und Seelenvogel zum **geflügelten Drachen**:
- *Slawen: Zirnita, Svarog*
- *Germanen: Nidhöggr*

      - die Verbindung von Schlange als Jenseitsweg und Herdentier zum **gehörnten Drachen**:
- *Babylon: Schlange des Marduk*
- *Griechen: gehörnte Schlangen auf den Münzen*
- *Kelten: gehörnte Schlange des Cernunnos*

Dies Übersicht zeigt deutlich, daß sich die Riesenschlange in der Wasserunterwelt, die den Regen geraubt hat, mit der Zeit zu dem wichtigsten Schlangenmotiv in der Mythologie entwickelt hat.

Der Stammbaum der verschiedenen Typen von Drachen und Schlangen sieht mit seinen wichtigste Verbindungen in etwa wie in der folgenden Übersicht aus, die von links nach rechts hin zu lesen ist und die verschiedene Verzweigungen und Zusammenfassungen zeigt.

Aus der Schlange als Ahnengeist wurde zunächst die Schlange als Jenseitsweg, die dann sechs verschiedene Formen annahm: geflügelte Schlange, Riesenschlange, Schlange der Göttin usw. Aus der Riesenschlange z.B. wurde dann die Wasserunterweltschlange. Aus der Verbindung der geflügelten Schlange mit der Wasserunterweltschlange entstand dann z.B. der Wolkendrache, während aus der Verbindung der Wasserunterweltschlange mit der Schlange der Göttin die Fruchtbarkeitsschlange entstand.

Wenn sich links von dem Kästchen mit einem bestimmten Schlangentyp mehrere Kästchen befinden, ist der betrachtete Schlangentyp im rechten Kästchen aus mehreren Wurzeln entstanden: z.B. die Orakelschlange der Seherinnen aus der Schlange der Göttin und der Schamanen-Feuerschlange. Wenn rechts von einem Kästchen mehrere Kästchen stehen, war der linke Schlangentyp der Vorfahr mehrerer neuer Schlangentypen (rechtes Kästchen): So finden sich z.B. die Merkmale der Wasserunterweltschlange in den Wolkendrachen, den Regenräuberschlangen und in den Fruchtbarkeitsschlangen wieder.

Schlange als Ahnengeist	Schlange als Ahnengeist und als Jenseitsweg	geflügelte Schlange		Wolkendrache	
		Riesenschlange	Wasserunterweltschlange	Regenräuberschlange	
				Fruchtbarkeitsschlange	
		Schlange der Göttin		Orakelschlange der Seherinnen	
		Schamanenschlange	Schamanen-Feuerschlange	Orakelschlange der Schamanen	
				innere Feuerschlange	Kundalinischlange
		Feuerschlange, Feuerdrache		Magiedrache	Königsschlange, Köngisdrache
				Sonnendrache	
				Raubtierdrache	
		gehörnte Schlange		gehörnter Drache	

Die Schlange als Symbol der Ahnen und der Schamanen wurde zunächst auch zu einem Symbol des Jenseitsweges, die auf diesem Weg reisten. Durch die Erlebnisse der Schamanen wurde diese Jenseitswegschlange auch mit dem Inneren Feuer assoziiert.

Dann entstand das Motiv der Riesenschlange als Bild für den nächtlichen Weg der Sonne durch die Unterwelt. Diese Schlange entwickelte sich schließlich zur -, die von dem Regen- und Donnergott bekämpft wurde.

IX Schlangen in der Mittelsteinzeit

Die Jäger, die nach dem Ende der Eiszeit um 10.500 v.Chr. im nördlichen Mesopotamien die Jungsteinzeit begründeten, waren ein Teil der mittelsteinzeitlichen Rentierjäger in der späten Eiszeit (ca. 30.000-10.500 v.Chr.).

Sie hatten in ganz Eurasien eine recht einheitliche Kultur. Sie lebten von der Jagd, zähmten den Wolf, fertigten durch das Zuschlagen und Schleifen von Steinen differenzierte und effektive Steinwerkzeuge und sie bauten auch schon einfache Schiffe.

Sie stellten von Spanien bis Sibirien Statuetten einer beleibten Frau her, die daher das zentrale Bild in ihren Vorstellungen gewesen sein wird: die Große Mutter. Der westlichste Teil von ihnen schuf die Höhlenbilder in Südfrankreich und Nordspanien.

Diese Jäger erforschten in der späten Eiszeit mit ihren einfachen Schiffen die Küsten Eurasiens und gelangten so von der chinesischen Pazifikküste zur sibirischen Küste, die im Norden an Kanada anstößt, und fuhren dann ab ca. 15.000 v.Chr. wieder in südlicher Richtung weiter nach Süden an der amerikanischen Küste entlang. Dort gründeten sie Siedlungen und wurden zu den Vorfahren der Indianer.

Die Vorstellungen über die Menschen der Mittelsteinzeit läßt sich daher zumindestens in Ansätzen durch den Vergleich der Mythen der frühen Ackerbauern in Mesopotamien, der chinesisch-tibetischen Völker, der sibirischen Völker und der Indianer erschließen.

IX 1.   Asien

IX 1. a)   Chinesen

Die ältesten Darstellungen von Drachen in China stammen von 4.700 v.Chr., also aus der Jungsteinzeit.

Die Drachen sind in China meistens mit dem Wasser, dem Regen, den Fluten und dem Wind verbunden. Sie sind wie ihre westlichen „Brüder" Wesen der Wasserunterwelt und daher auch mit dem Regen assoziiert. Im Gegensatz zu Mesopotamien hat sich in China jedoch nicht das Motiv der Regenräuberschlange entwickelt. Statt die Dürre oder die Überschwemmung mit einer vermuteten Bosheit der Drachen zu erklären, bat man sie um Regen bzw. um ein Ende des Regens. Zu diesem Zweck befand sich in jedem Dorf ein Tempel des Drachenkönigs, den man als den Herrscher des Meeres und auch als den Herrn des Wetters und des Regens ansah.
Dieser Drachenkönig lebte wie die aus Mesopotamien stammende Riesenschlange im Meer, aber sie war den Menschen wohlgesonnen. Die Chinesen hatten auch die Vorstellung von vier Drachenkönigen, denen die Meere in den vier Himmelsrichtungen unterstanden.
Man sieht, daß sich die Drachenvorstellungen der Chinesen aus einer vertrauensvolleren und weniger kriegerischen Grundhaltung heraus entwickelt haben als in Mesopotamien.

Die chinesischen Kaiser waren so eng mit dem Drachen verbunden, daß der Drache zu ihrem Symbol wurde. Da es zu der Zeit der gemeinsamen Vorfahren der Chinesen, Sumerer, Semiten, Indogermanen usw. in der Mittelsteinzeit noch keinerlei Könige, Fürsten u.ä. gegeben hat, muß die Verbindung zwischen den Königen bzw. Kaisern und den Drachen eine Parallelentwicklung gewesen sein.
Ein solche Parallelentwicklung ist nur dann wahrscheinlich, wenn dieselben Grundlagen vorgelegen haben, d.h. in diesem Fall daß die Schlange das Symbol der Jenseitsreise und der Jenseitsreisenden gewesen ist und die Krönung des Kaisers von China vor allem eine Jenseitsreise war, durch die er den Kontakt zu seinen Ahnen und zu den Göttern erhielt. Daher kann man aus dieser Parallelentwicklung schließen, daß die Schlange schon in der Mittelsteinzeit das Symbol der Ahnen und des Weges in die Unterwelt gewesen sein muß.
Huangdi, der erste chinesische Kaiser, verwandelte sich nach seinem Tod in einen unsterblichen Drachen. Diese Überlieferung ist nur eine geringfügige Weiterentwicklung des ursprünglichen Motivs der Verwandlung in einen Drachen bei der Reise

ins Jenseits – und der Verwandlung der Toten in eine Schlange.

Auch das Motiv der Wiederzeugung findet sich nur leicht verändert wieder: Huangdis Bruder Yandi wurde von seiner Mutter „telepathisch" von einem Drachen empfangen. Der Drache ist der Tote auf seinem Weg ins Jenseits, wo er sich in nichtkörperlicher Weise („telepathisch") mit der Muttergöttin vereint. Dadurch, daß sie ihn anschließend wiedergebiert, wird sie zur Mutter des Yangdi, der als Toter vorher die Gestalt eines Drachen hatte. In der Überlieferung ist dieser Vorgang im Jenseits nach dem Tod dann zu einem Vorgang im Diesseits vor der Geburt geworden.

Diese beiden Kaiser wurden als die Ahnen aller Chinesen angesehen, weshalb sich die Chinesen auch „Nachkommen des Drachen" nennen.

Das Symbol der Kaisers war der Drachen, der vor allem in den Drachen auf seinem Gewand und als Drachenthron eine konkrete Form fand. Die Drachen des Kaisers hatten fünf Zehen, die der Minister 4 Zehen und die des einfachen Volkes 3 Zehen.

Aus den beiden Motiven der Wasserunterwelt und des Drachenweges in das Jenseits hat sich nicht nur bei den Germanen, sondern auch bei den Chinesen das Motiv des Drachenbootes als Fahrzeug in das Jenseits ergeben.

In China wird zur Sommersonnenwende das Fest der Drachenboote gefeiert, die ein Wettrennen veranstalten. Dieses Fest hat mehrere Mythen als Wurzel, die alle von dem Tod eines angesehen Mannes berichten, der in einem Fluß gestorben ist. In einem Fall war dieser Mann ein Schamane. Neben der Reise der Toten und der Schamanen „per Drachenboot" ins Jenseits ist mit der Sommersonnenwende auch noch der Beginn der Erntezeit verbunden, sodaß auch das Korn „stirbt" und daher in die Unterwelt reist.

Zur Zeit der Wintersonnenwende wird das Fest des Drachentanzes gefeiert, bei dem eine von bis zu fünfzig Menschen getragene große „Schlangenpuppe" durch die Straßen getragen wird und dabei einer flammenden Wunschperle (Sonne) folgt. Der Ursprung dieses Festes könnte die Wiedergeburt der Sonne in der längsten Nacht des Jahres sein.

Die Symbolik dieser beiden Feste, die Entsprechungen in den westlichen Mythen hat, zeigt, daß auch die Sonne in der Unterwelt den „Drachenweg" ging bzw. zu einem Drachen wurde. Sie weist daher auch daraufhin, daß es schon in der Mittelsteinzeit das Motiv des Schlangenweges in die Wasserunterwelt gegeben haben wird, da sich auf dieser Grundlage die sehr ähnliche Drachensymbolik im Westen und im Osten erklären läßt.

Die chinesischen Drachen sind sehr oft mit der Zahl „9" verbunden: Sie haben neun Eigenschaften, neun Kinder, haben 9x13=117 Schuppen (9x9 Yang und 9x4 Yin) und erscheinen in den Gärten der Kaiser zu neunt auf einer Mauer. Die „9" ist die Zahl der Kaiser und es ist zumindestens denkbar, daß sie auch als Zahl des Jenseits galt, da sie

„jenseits der 8" lag, die auch in China die „runde, vollkommene Zahl" war, wie z.B. der Aufbau des I Ging zeigt.

Die Drachen setzten sich in China aus neun Elementen zusammen, wobei diese Elemente nicht immer ganz einheitlich angegeben werden. Ihr Grundbestandteil ist jedoch die Schlange.

1. Die Drachen haben den Kopf eines Pferdes oder eines Kameles – oft gleicht er aber dem Kopf eines Tigers. Die Ohren sollen von einer Kuh stammen. Es wäre zumindestens denkbar, daß der Kopf dieser Tiere von den geopferten Herdentieren stammt, mit denen die Toten im Jenseits identifiziert wurden. Der Kopf der chinesischen Drachen wäre dann eine recht ferne Analogie zu dem Ögishelm der Germanen.

2. Die Augen eines Drachen werden stets als die Augen eines Dämons, d.h. eines Totengeistes beschrieben. Der Drache ist also die Gestalt eines verstorbenen Menschen.

3. Er hat die Hörner eines Hirsches oder eines Rehbocks. Da für die Chinesen die Tieropfer an die Ahnen sehr wichtig waren, könnten diese Hörner auf den Hirsch als Opfertier bei Bestattungen zurückgehen. Dies wäre ein Hinweis darauf, daß auch schon in der Mittelsteinzeit die Wiedergeburt durch die Wiederzeugung ergänzt worden ist, da sich das Opfer-Herdentier auf die Wiederzeugung bezieht.

4. Er hat den Nacken (und den Körper) einer Schlange.

5. Er hat den Bauch einer Riesenmuschel oder eines Frosches. Seine inneren Organe sollen die einer Schildkröte sein. Vielleicht sind dies Hinweise auf die Wasserunterwelt.

6. Auf seinem Leib trägt er die Schuppen eines Karpfen. An seinem Maul trägt er zudem die Barteln eines Welses. Auch dies scheint auf die Wasserunterwelt hinzuweisen.

7. Seine Füße sind die eines Tigers. Vermutlich sollen sie die Kraft des Drachen verkörpern.

8. Die Krallen an seinen Füßen sind die eines Adlers oder eines Falken. Diese beiden Vögel sind vermutlich Bestandteil des Drachen geworden, weil sie den stärksten Seelenvogel symbolisieren. Adler und Falke weisen daher indirekt auf eine Beziehung des Drachen zum Sonnengott und zum chinesischen Kaiser hin.

9. Der Schwanz der Drachen ist der einer Schlange.

- Einige wenige Drachen haben zudem riesige Fledermausflügel. Die meisten Drachen können jedoch auch ohne Flügel fliegen.

Die verschiedenen individuellen Drachennamen aus den Mythen beschreiben recht deutlich den Charakter der Drachen.

„Lange Schlange" ist offensichtlich eine Beschreibung der körperlichen Gestalt der Drachen und „Guter Drache" eine Beschreibung ihres grundlegenden Charakters.

„Himmelsdrache" zeigt, daß die Drachen auch mit dem Himmel assoziiert worden sind, der auch bei den Chinesen der Wohnort der Götter und Ahnen gewesen ist. Die Namen „Fliegender Drache" und „Aufsteigende Schlange" zeigen, daß der Weg von der Erde zum Himmel sehr wichtig gewesen sein muß – vielleicht bezieht er sich auf das Aufsteigen der Seelen in das Himmelsjenseits. Auch die (zweiköpfige) „Regenbogenschlange" wird zu dieser Symbolik gehören, da der Regenbogen international als Symbol des Weges zwischen Himmel und Erde angesehen wurde – wie die germanische Regenbogenbrücke Bifröst.

Der Himmelsdrache wurde bisweilen auch als fünf Drachen angesehen: der „Azurdrache" im Osten, der „Weiße Drache" im Westen, der „Schwarze Drache" im Norden, der „Zinnoberrote Drache" im Süden und der „Gelbe Drache" in der Mitte. Der „Gelbe Drache" war zugleich auch das Symbol des chinesischen Kaisers.

Der große, rote „die Dunkelheit erleuchtende Drache" ist die Gestalt des Sonnengottes.

Die Namen „Krokodildrache" und „Riesenmuschel" weisen beide deutlich auf das Wasser, das Meer und die Wasserunterwelt hin. Zu ihnen gehört auch der „erhörende Drache", denn das, was er erhört, sind die Bitten um Regen. Dieser Drache war der Helfer von Huangdi, dem ersten chinesischen Kaiser. Der Wasserdrache wurde entweder mit dem Kaiser assoziiert oder aber als der wichtigste Drache angesehen, da er fast immer „Drachenkönig" genannt wurde.

Die Drachen wurden jedoch auch mit der Erde verbunden, wie die Namen „Erddrache" und „Drache des verborgenen Schatzes" zeigen – wobei mit diesen Schätzen zugleich die Unterwelt, die Erze in der Erde und die Vulkane gemeint sind. Zu ihnen gehört vermutlich auch der Name „Dämon-Drache", den man vielleicht besser mit „Totengeist-Drache" übersetzen sollte. Das diesen Drachennamen zugrundeliegende Motiv scheinen die Toten in Schlangengestalt in ihren Gräbern zu sein. Es gibt auch den Namen „zusammengerollter Drache", der nicht zum Himmel aufgestiegen ist, sondern sich kreisförmig (um das Grab?) zusammengerollt hat.

Die Namen „Gehörnter Drache" und „Wildschwein-Drache" werden sich vermutlich auf die bei der Bestattung geopferten Herdentiere beziehen.

Die Drachen besitzen eine fast unbegrenzte Magie, die sich vor allem in Verwandlungen zeigt, denen wahrscheinlich die grundlegende Verwandlung des Toten in eine Schlange zugrundeliegt. Sie konnten die Gestalt einer kleinen Seidenraupe annehmen, aber auch so groß wie das Universum werden oder als Menschen erscheinen. Sie konnten fliegen, tauchen, sich in Wasser verwandeln, Wolken bewegen, ihre Farbe ändern um sich zu tarnen und im Dunklen glühen.

Die Drachen sind in China auch ein Symbol der Lebenskraft (ähnlich der Kundalini), die in der Erde und in allen Lebewesen in bestimmten Bahnen fließt. So bilden sie Kraftorte, Kraftadern u.ä., die z.B. durch das Feng Shui und durch die Akupunkturpunkte beschrieben werden.

Diese Lebenskraft folgt den Vorstellungen, die sich im Sitz der Vorstellungen, also im Dritten Auge befinden. Das Symbol dieser Vorstellungen ist die flammende Wunschperle, denen die Drachen folgen: Die Kraft folgt der Vorstellung.

Auf ihrem Kopf haben die Drachen einen knöchernen Hügel, der erst im Laufe ihres Lebens wie ihre Hörner heranwächst. Dieser „Chimu" oder „Poh shan" genannte Buckel ermöglichen den Drachen zu fliegen. Dieser „Chimu" entspricht dem aufgewölbten Scheitelchakra auf den meisten Darstellungen Buddhas und Shivas. Das Aufsteigen der Kundalini, d.h. des inneren Feuerdrachens in das Scheitelchakra ist das Ziel aller Meditationen, da dann die Seele erkannt wird und sie sich aus dem Körper loslösen und fliegen kann (Astralreise). Das Entstehen des voll entfalteten Scheitelchakras („Chimu") ermöglicht beim Menschen und beim Drachen das Fliegen, da die Mythen letztlich aus konkreten spirituellen Erlebnissen der Menschen entstanden sind.

Man kann die Herkunft der verschiedenen fernöstlichen Drachen aufgrund ihres Aussehens gut unterscheiden:

China: typischer Drache mit Schuppen am Leib und mit Haaren an Hals, Schwanz und an den Beinansätzen, breite Stirn;
Hong-Kong: groß, schwerfällig;
Singapur, Malaysia: sehr behaart, schlangenförmiger Körper;
Taiwan: keine Haare am Kopf;
Vietnam: schmale Stirn.

Auch die Farben der Drachen unterscheiden sich je nach dem Anlaß des Drachentanzes bzw. der Drachendarstellung auf einem Gemälde oder als Statue:

bunt: (traditionell und am häufigsten) Freude;
grün: Hochzeit, Fruchtbarkeit;
schwarz-weiß gestreift: Trauerfeier, Beerdigung;
schwarz: aggressiv, männlich;
golden: stolz, weise;
rot: Feuerdrache;
blau: der „blaue Drache" ist ein Sternbild;
gelb: Der „Gelbe Drache" („Huang Long") ist ein Symbol und ein Beiname des chinesischen Kaisers, weil ihm alleine die Farbe Gelb als Symbol der

Sonne in der Kleidung vorbehalten war – vermutlich ist „Huang Long" ursprünglich der Sonnendrache gewesen. Entsprechend durften im mittelalterlichen Europa nur Kaiser und Könige Purpur tragen.

Auch die Anzahl der Zehen verrät etwas über den Drachen – zumindest bei klassischen Abbildungen aus dem Alten China:

> **drei Zehen** plus „Daumen": normaler Drache
> **vier Zehen** plus „Daumen": Königsdrache.

Wenn Ihnen also ein schwarzer, kahlköpfiger Drache mit vier Zehen (plus „Daumen") an jedem Bein begegnet, wurde er Ihnen mit großer Sicherheit vom König von Taiwan geschickt, der gerade ziemlich wütend auf Sie ist …

Drache von der „Sieben-Drachen-Mauer"

Dach-Drache

Säulen-Drache

Säulen-Drache

Tempeldrachen

Dach-Drache

Dach-Drache

IX 2. Amerika

IX 2. a) Indianer

Der bekannteste Drache in den indianischen Kulturen ist sicherlich der mittelamerikanische Gott Quetzalcoatl, dessen Name „Gefiederte Schlange" bedeutet. Er wurde zunächst von den Tolteken, dann von den Azteken und Mayas und schließlich von allen mittelamerikanischen Völkern verehrt.

Schamane und Visions-Drache, Tolteken, 900 v.Chr.

Die früheste Darstellung des Quetzalcoatl findet sich in Teotihuacan, der Hauptstadt der Tolteken, und wurde um ca. 900 v.Chr. hergestellt. Auf ihr ist ein Schamane zu sehen, vor dem aus einer Schale eine Schlange mit Menschenoberleib aufsteigt. Dieser Visions-Drache ist mit recht großer Wahrscheinlichkeit ein Ahn in Schlangengestalt bzw. ein aus solchen Schlangen-Ahnen entstandener Gott.

Der toltekische König war ein Priester des Quetzalcoatl, woraus man schließen kann, daß die „Gefiederte Schlange" für ihn wichtig gewesen sein muß. Der Gott Federschlange half dem toltekischen König in die Unterwelt zu schauen.

Quetzalcoatl war auch die Schutzgottheit der Priester der Azteken, die nach den Tolteken lebten. Die beiden wichtigsten aztekischen Priester waren beide Priester des Quetzalcoatl.

Sowohl die Bedeutung der Federschlange für die Priester als auch für den König läßt sich am einfachsten erklären, wenn man wieder von der Grundbedeutung des Quetzalcoatl als Ahnengeist, Jenseitsweg und Jenseitsreisender ausgeht. Seine Federn hat er sehr wahrscheinlich aus dem Motiv des Seelenvogels erhalten. Quetzalcoatl gleicht also sehr stark den ganz allgemein flugfähigen chinesischen Drachen und ebenso den westlichen Flügeldrachen.

Als Helfer der Schamanen und später Gott der Priester war Quetzalcoatl auch der Gott des Lernens und des Wissens.

Quetzalcoatl wurde in Teotihuacan in der Pyramide verehrt, die den Weg zum Himmel hinauf darstellte. Dieser Weg zwischen Diesseits und Jenseits ist auch der „Arbeitsbereich" der Schamanen und der Priester.

Der Gott Federschlange war ein Gott des Himmels und des Windes und konnte wie die chinesischen Drachen ohne Flügel fliegen. Quetzalcoatl wurde auch als der Himmel selber angesehen. Er war die Gottheit, die Himmel und Erde miteinander verband.

Sowohl in Nord- als auch in Südamerika wurde eine Schlange mit einem Kopf an beiden Enden als Symbol des Regenbogens verehrt, die sehr wahrscheinlich mit Quetzalcoatl identisch ist. Da ein solcher zweiköpfiger Regenbogendrache auch von den Chinesen bekannt ist, ist anzunehmen, daß dieses Motiv bis deutlich vor die Zeit der Besiedlung Amerikas von Nordostasien aus um 14.000 v.Chr. zurückreicht.

Quetzalcoatl war auch der Abendstern und sein Zwilling, der Morgenstern (beides die Venus). Dieser Planet war offenbar ganz allgemein der Bote des Abends und des Morgens und daher mit dem Übergang zwischen den beiden Welten verbunden: In der Morgendämmerung wird die Sonne aus dem Jenseits heraus neugeboren und am Abend stirbt sie und geht in das Jenseits ein. Daher ist die Schlange als Jenseitsweg mit der Venus verbunden.

Nach der Entstehung des Königtums wurde die Schlange sowohl bei den Indianern in Mittelamerika als auch in China und Mesopotamien zu dem auch militärischen Helfer des Königs. Durch die Assoziation zwischen dieser Schlange und der Venus wurde auch die Venus in Mittelamerika und in Mesopotamien zur Kriegsgottheit. Quetzalcoatl/Venus war die Kriegsschlange der toltekischen Könige – wie der Gelbe Drache für den chinesischen Kaiser, die Uräusschlange für den ägyptischen Pharao, der Schwarze Drache für die Slawen und der Drache auf dem Helm der Germanen in der Vendelzeit.

Er war auch der Schöpfergott und die oberste Gottheit, der Erdgott und die Verkörperung des Ozeans. Er gab den Menschen den Mais, um sie zu ernähren. Als Gott des Jenseitsweges war er aber vor allem der Gott des Todes und der Wiedergeburt. Quetzalcoatl erschuf auch nach der letzten „Sintflut" in der Unterwelt die Menschen durch das Blut, das er aus seinem Penis entnahm, neu. Quetzalcoatl wurde einst von seinem Bruder Tezcatlipoca, dem Schamanen- und Nachtgott, betrunken gemacht und vereinte sich dann mit seiner Schwester Quetzalpetlatl. Aus Reue darüber verbrannte er sich darauf selber, worauf sein Herz zum Morgenstern wurde. Der Zusammenhang des Gottes Federschlange mit der Jenseitsreise und der Wiederzeugung ist kaum zu übersehen.

Quetzalcoatl ist eng mit zwei anderen Gottheiten verbunden: mit der Höhlengöttin, die die Mutterschaft und das Leben verkörperte, und mit Tlaloc, dem Gott des Regens, der Blitze und des Donners. Der Wettergott und der Schlangengott haben jedoch wie bei den Chinesen ein friedliches Verhältnis zueinander. Die Höhle der Göttin ist sicherlich nicht nur ihr Schoß, sondern auch der Eingang in die Unterwelt. Quetzalcoatl wurde auch als der Sohn der Göttin Coatlicue angesehen, zu der er der Weg für die Toten war.

Der Gott Tezcatlipoca („Rauchender Spiegel") war der Bruder der Gefiederten Schlange. Er verkörpert den Schamanen, dem Quetzalcoatl Visionen gibt. Der „Rauch" in dem „Spiegel" ist der Nebel, den man oft vor den eigentlichen Visionen sieht, wenn man einen Spiegel, eine Kristallkugel o.ä. zur Erlangung von Visionen benutzt. Diese hellsichtig wahrgenommenen „leuchtenden Nebel" werden von den Indianern ganz allgemein „Rauch" genannt. Tezcatlipoca konnte sowohl in die Herzen der Menschen als auch in die Zukunft sehen.

Quetzalcoatl war in ganz Mittelamerika eng mit der Zahl „9" verbunden, die u.a. auch als die Zahl des Königs angesehen wurde. Sie wurde auch mit der Fruchtbarkeit, der Venus und dem Krieg assoziiert.

Vermutlich ist auch die „Feuerschlange" Xiuhcoatl ein Aspekt der Federschlange. Sie bringt die Dürren und daher die Mißernten. Daraus ist aber kein Kampf eines Regengottes mit dieser Feuerschlange entstanden wie bei den aus Mesopotamien stammenden Völkern.

Auch für die Indianer war die „8" wie für die mesopotamischen Völker und für die Chinesen die „runde, vollkommene Zahl". Diese weltweit verbreitete Symbolik liegt darin begründet, daß die Menschen in der Altsteinzeit ein binäres Zahlensystem benutzten. Sie benutzten nur die Zahlen 1, 2, 4, 8, und evtl. noch die 16. Aus diesen Zahlen konnten sie durch Addition jede gewünschte Menge bezeichnen. Da es in der Altsteinzeit keine größeren Mengen als ca. ein Dutzend gab, die genau hätten bezeichnet werden müssen, genügte dieses einfache Zahlensystem.

Es lag nahe, daß diese Zahlen mit der Zeit bestimmte Qualitäten erhielten. Diese waren: 2 = die zweifache Große Mutter, die die Menschen gebiert und wiedergebiert; 4 = Himmelsrichtungen, Sonne; 8 = rund, vollständig. Die „3" und die „9" scheinen allgemein Zahlen des Überganges, d.h. des Jenseitsweges gewesen zu sein – die „3" vielleicht als die Verbindung zwischen den beiden Seiten der „2" mit der Dynamik eines Zyklus und die „9" als die Unterwelt im Sinne „der Zahl jenseits der vollkommenen 8".

Aus dieser Grundsymbolik der „9" als Jenseitsweg, durch die sie mit Quetzalcoatl assoziiert wurde, konnte sie dann auch die Zahl der Fruchtbarkeit (Wiedergeburt der Menschen und des Mais) und über die Verbindung mit der Venus auch zu einem Symbol des Krieges werden.

In den Anden trägt bei den Inkas (Qetchua-Indianer) die Erdmutter Pachamama eine Krone aus zwei Schlangen und steht auf Pflanzen – hier sind die Nahrungs-Pflanzen der Schatz, den die Göttin gibt. Das Korn oder der Mais sind eine naheliegende Weiterentwicklung der Unsterblichkeitstrank-Symbolik: Der Trank gibt das Leben im Jenseits und das Getreide gibt das Leben im Diesseits.

Die Schlangen treten in ganz Amerika als eines der vier Tiere in der Schwitzhütte auf und stehen dort u.a. für die Verbindung zu den Ahnen.

Relativ gut bekannt sind auch noch die zeremoniellen Tänze der Hopi-Indianer, bei denen sie ca. 100 Schlangen fangen und dann bei dem rituellen Regentanz die Schlangen an ihrem Genick mit ihren Zähnen halten und sie anschließend in das Sandmandalabild auf das Symbol der vier Blitze legen, die den Regen und das Gewitter symbolisieren, die durch das Ritual herbeigerufen werden.

IX 3. Zusammenfassung

Die weitgehende Übereinstimmung der Schlangen- und Drachensymbolik bei den Völkern, die von den späteiszeitlichen Jägern in Eurasien aus der Mittelsteinzeit abstammen, kann nicht vollständig darauf beruhen, daß diese Jäger eine Mythologie hatten, die sie an die Völker, die von ihnen abstammen, „vererbt" haben, da es in der Steinzeit z.B. weder den Ackerbau noch das Königtum gegeben hat. Diese Übereinstimmung muß demnach auf zwei Faktoren beruhen: zum einen auf gemeinsamen Grundvorstellungen und zum anderen darauf, daß sich Mythen nicht willkürlich, sondern logisch entwickeln. Aus diesen beiden Faktoren ergibt sich, daß sich eine übereinstimmende Grundlage bei verschiedenen Völkern in gleichen Situationen auch sehr ähnlich weiterentwickelt.

Zu den gemeinsamen Grundlagen aus der Mittelsteinzeit gehört vor allem die Schlange als Jenseitsweg und als die Gestalt des auf diesem Weg reisenden Toten. Dieses Grundmotiv ergab sich einfach aus den Erdbestattungen und aus dem engen Kontakt der Schlangen mit der Erde.

Weitere grundlegende Motive aus der Alt- und Mittelsteinzeit sind die Mutter als zentrale Gestalt der Weltanschauung, die weiblichen Herdentiere als „Adjektiv" für die Fruchtbarkeit, die männlichen Herdentiere als „Adjektiv" für die Zeugungskraft, die Raubtiere als „Adjektiv" für „Stärke", der Vogel als Symbol für die Seele (Astralreise) und das „Große Wasser" unter der Erde, das die Quellen speist und das zugleich die Unterwelt ist. Aus der Vorstellung einer Seele ergab sich ein Jenseits, in dem sich die Seelen der Toten befinden. Da ihre Ankunft im Jenseits in Analogie zu der Ankunft der Menschen im Diesseits gedacht wurde, ergab sich das Motiv der Wiedergeburt. Vermutlich wurde das Fruchtwasser der Großen Mutter im Jenseits mit dem „Großen Wasser" der Unterwelt assoziiert.

Auf dieser Grundlage ergab sich eine feste Assoziation zwischen den Toten in Schlangengestalt und der Wasserunterwelt, die zu dem Bild der „Schlange im Wasser" führte. Dieses Bild erscheint dann in allen späteren Ackerbau-Kulturen als der Drache, der das Wasser, d.h. den Regen bringt.

Die Assoziation zwischen den Toten in Schlangengestalt und dem Seelenvogel führte zu dem Motiv des fliegenden Drachen. Die Auffassung der Drachen als Regenbringer führte zusätzlich zu dem Motiv des fliegenden Drachen, da sich der Regen in den Wolken befindet und der Drache folglich dort oben sein muß.

Die Menschen, die in der Altsteinzeit einen Nahtod erlebt hatten und dann daran anschließend gelernt hatten, auch willentlich ihren Körper zu verlassen, wurden zu den Schamanen, deren wichtigste Aufgabe die Aufrechterhaltung des Kontaktes zwischen den Lebenden und den sie unterstützenden Toten war. In den späteren Kulturen erhielten sie dann naheliegenderweise auch die Aufgabe, nicht nur die Ahnen-Schlangen zu rufen, sondern auch die Wasser-Schlange und somit den Regen.

Im Königtum wurden die Schamanen mit der Zeit zu eher formaleren Priestern und Priesterinnen, bei denen sich aber trotzdem die Schlangensymbolik noch eine geraume Zeit lang hat erhalten können.

Als die ersten Königreiche gegründet wurden, lag die Legitimierung des Königs nicht nur in seiner militärischen Macht, sondern vor allem darin, daß er wie die Schamanen in der Lage war, den Kontakt zu den Ahnen und zu den Göttern herzustellen, deren „ausführendes Organ im Diesseits" er war. Um diesen Kontakt herzustellen, war eine Jenseitsreise notwendig, die daher in allen Königtümer das zentrale Element der Krönung wurde. Aufgrund der Schlangensymbolik der Ahnen und des Jenseitsweges wurde auch der König durch seine Jenseitsreise zur Schlange bzw. zum Drachen. Da dieser Drache das wesentliche Fundament des Königtums war, ist es nicht verwunderlich, daß der Drache sich auch zu einem militärischen Symbol entwickelte.

Mit diesen Drachen wurden dann auch alle anderen Symbole der Jenseitsreise wie das Feuer (Feuerbestattung) oder die Venus (Abend- und Morgenstern) verknüpft.

Die in weiten Teilen übereinstimmenden Vorstellungen über die Schlangen und Drachen bei den Völkern in Europa, Asien und Amerika lassen darauf schließen, daß es in der Mittelsteinzeit folgende Schlangen-Symbolik gegeben hat:
- die Schlangen als Gestalt der Ahnen in der Unterwelt unter der Erde,
- die Schlangen als Jenseitsweg, und
- die Schlangen in dem „Großen Wasser" der Unterwelt.

X   Schlangen in der späten Altsteinzeit

Vor 150.000 Jahren entstand in Südafrika der Homo sapiens, von dem alle heutigen Menschen abstammen. Vor 100.000 Jahren verbreitete sich der Homo sapiens zuerst nach Nordafrika und dann auch auf Europa, Asien und Australien. Dabei vermischte er sich zu einem geringen Teil auch mit den älteren Formen der Menschen, insbesondere mit dem Homo erectus und dem Neandertaler.

Rückschlüsse mithilfe von Vergleichen heutiger Kulturen können daher nur maximal 150.000 Jahre zurückreichen. Kontinuierliche Entwicklungen vom Homo erectus zu dem Homo sapiens sind jedoch recht wahrscheinlich, da sich der Homo sapiens sowohl in körperlicher als auch in kultureller und weltanschaulicher Sicht aus dem Homo erectus entwickelt hat.

Um zu erschließen, welche Bedeutung die Schlangen für die erste Sippe des Homo sapiens in Südafrika gehabt hat, kann man noch die afrikanischen und die australischen Schlangenmythen zu den bisherigen Betrachtungen stellen und sie miteinander vergleichen.

X 1.   Afrika

In den meisten Teilen Afrikas werden Schlangen als die Geister der Ahnen angesehen. Die Schlangen werden auch als das Verbindungsglied zwischen Diesseits und Jenseits angesehen.

Es gibt eine ganze Reihe von Schlangengottheiten, die in den jeweiligen Mythen die Menschen erschaffen haben. Oft sind sie auch die Erschaffer und zugleich die Träger der ganzen Welt.

Die wichtigste Funktion der Schlange im Alltag ist die des Regenbringers. Diese Gottheit wird als zweigeschlechtliche riesige Regenbogenschlange angesehen. Sie steigt aus der Unterwelt zum Himmel empor, um aus den Wolken zu trinken und verursacht dabei den Regen. Sie ist auch die Wächterin der Wasserlöcher. Manchmal wird sie auch Kreis dargestellt: eine Schlange, die sich in den Schwanz beißt.

Der Ursprung dieser Schlangenvorstellungen aus dem Motiv der Toten auf dem Weg ins Jenseits als Schlange ist gut zu erkennen.

X 2.　Australien

Die „ewig schwangere" Regenbogenschlange ist bei den Aborigines die wichtigste Gottheit. Sie ist die Verbindung zur Unterwelt, sie gab den Menschen die Heilungsrituale und hilft den Schamanen, sie anzuwenden. Als Gottheit der Verbindung zu den Ahnen ist sie auch eine Gottheit der magischen Kräfte und der Orakel, da beides im Jenseits entspringt. Die Regenbogenschlange lehrte die Menschen die Einweihungszeremonien und hilft ihnen dabei, sie durchzuführen. Sie ist generell diejenige, die die Menschen beschützt, aber auch die bestraft, die die Regeln brechen.

Sie erschuf zusammen mit der Erdmutter alle Lebewesen, die Sterne, das Wasser, die Erde und die Traumzeit, die die innere Welt der Lebenskraft, der Visionen und der Seelen ist. Hier ist das ursprüngliche Bild der Schlange als Verbindung zu der Großen Mutter im Jenseits noch deutlich zu erkennen.

Die Regenbogenschlange wird auch als Mutter aller Menschen angesehen. Wie in Afrika und in Amerika sah man die Regenbogenschlange als männlich-weiblich an. Bevor Himmel und Erde am Anfang der Zeit getrennt wurden, war sie beides, also die gesamte Schöpfung. Solche Schöpfungen durch die Trennung von Himmel und Erde sind sehr weit verbreitet.

Die Regenbogenschlange ist die Regenbringerin und wohnt in Wasserlöchern und Flüssen sowie im Meer, aber auch in der Erde (Unterwelt). Meist wird sie als Schlange mit Bart, Mähne und langen Zähnen dargestellt und bisweilen erscheint sie auch als Schlange, die sich selber in den Schwanz beißt und dadurch zu einem Kreis wird.

X 3.　Zusammenfassung

Auch in Afrika und in Australien erscheint die Schlange als die Ahnengeister, die Verbindung zwischen Diesseits und Jenseits, als Regenbringer und als Regenbogenschlange.

Daher erscheint es recht wahrscheinlich, daß zumindestens das Motiv der Ahnengeister in Schlangengestalt bis zu der ersten Sippe des Homo sapiens zurückreicht.

Vermutlich gab es schon damals die Vorstellung einer Wasserunterwelt, wodurch die Schlange sekundär auch zu einer Regenbringerin und dann zur Regenbogenschlange wurde.

XI   Schlangen in der mittleren Altsteinzeit

Aus der Altsteinzeit vor der Entstehung des Homo sapiens sind keine Bilder von Schlangen bekannt, sodaß es für diesen Zeitraum keine direkten Erkenntnisse mehr geben kann, sondern nur noch Schlußfolgerungen aus anderen Beobachtungen.

Am wichtigsten sind in dieser Hinsicht, daß die ältesten bekannten Bestattungen und auch der älteste Altar 300.000 Jahre alt sind, also noch einmal 150.000 Jahre vor den ersten Homo sapiens zurückreichen. Dieser erste Altar bestand aus einem Felsblock, der sich am Rand einer gepflasterten Fläche zwischen drei Wohnhütten in Thüringen befand. Auf ihm lag der Schädel eines Auerochsen – ob es sich um eine Kuh oder einen Stier gehandelt hat, ist nicht bekannt. Neben dem Altar lagen Bruchstücke von menschlichen Schädeln.

Somit ist recht sicher, daß es schon damals Vorstellungen über eine Welt jenseits der materiellen Welt gegeben hat – was schon aufgrund der Nahtod-Erlebnisse, die deutlich die Existenz einer vom Körper unabhängigen Seele zeigen, sehr wahrscheinlich ist.

Da die Bestattungen in der Erde stattfanden, ist auch schon für den damaligen Homo erectus die Assoziation zwischen den Totengeistern in der Erde und den Schlangen, die auf und in der Erde leben, gut denkbar, wenn auch nicht nachweisbar.

Die Vorstellung von Ahnengeistern in der Gestalt von Schlangen ist für die Altsteinzeit seit spätestens 300.000 Jahren (Homo erectus und Neandertaler) gut denkbar und seit 150.000 Jahren (Homo sapiens) sehr wahrscheinlich.

XII Die Biographie der Schlangen und Drachen

Mithilfe der bisherigen Betrachtungen läßt sich nun die Biographie der germanischen Drachen verfassen.

1. Kapitel: Altsteinzeit: Homo erectus
- vor 300.000 Jahren und früher -

Die ältesten bekannten Erdbestattungen sind 300.000 Jahre alt. Spätestens in dieser Zeit war somit die Assoziation zwischen den Seelen der Toten und der Erde möglich, die schließlich zu der Auffassung der Totenseelen als Schlangen führte, da diese auf und in der Erde leben. Möglicherweise hat es jedoch Erdbestattungen und daher auch die Seelen-Schlangen-Assoziation schon wesentlich länger gegeben.

Dieses neue Seelenbild hat jedoch nie das deutlich ältere Bild des Seelenvogels verdrängt, das durch das Erlebnis des Schwebens beim Nahtod-Erlebnis entstanden ist. Das Vogel-Seelenbild wird so alt sein wie die menschliche Sprache, die es den Menschen ermöglichte, sich gegenseitig dieses Flugerlebnis mitzuteilen.

Es wird vermutlich schon sehr lange Menschen gegeben haben, die nach einem Nahtod-Erlebnisses danach gestrebt haben, das Flugerlebnis zu wiederholen und denen dies auch gelungen ist. Sie waren die ersten Schamanen. Da das Üben der Astralreise häufig auch das Innere Feuer wachruft, das die direkte Wahrnehmung der eigenen Lebenskraft ist, ist es denkbar, daß dieses bei der Astralreise auftretende Innere Feuer schon bald mit den Schlangen auf dem Jenseitsweg assoziiert wurde, denn sowohl die Astralreise als auch die Schlangen waren mit dem Weg ins Jenseits verbunden. Daraus wird dann nach und nach das Bild der Kundalinischlange entstanden sein.

Auch das Erlebnis des Aufsteigens des Inneren Feuers im eigenen Körper erinnert stark an eine aufsteigende Schlange, die aus einer intensiven Hitze besteht. Daher hat die Beschreibung dieses Erlebnisses als „Feuer-Schlange" nahegelegen.

2. Kapitel: Altsteinzeit: Homo sapiens
- vor 150.000 Jahren -

Aus den übereinstimmenden mythologischen Vorstellungen der Menschen auf der ganzen Erde läßt sich schließen, daß bereits die erste Sippe des Homo sapiens in Südafrika die Vorstellung von Ahnengeistern in Schlangengestalt hatte, die vermutlich in dem „Großen Wasser" unter der Erde lebten.

Möglicherweise ist schon damals aus der Assoziation zwischen den Schlangengeistern und den Wassern der Unterwelt die Vorstellung der Schlange als Regenbringerin entstanden. Sie könnte dann auch schon zur Regenbogenschlange geworden sein.

3. Kapitel: Mittelsteinzeit
- vor 30.000 Jahren -

In der Mittelsteinzeit hat sich an den Vorstellungen über die Schlangen vermutlich nichts verändert. Sie waren weiterhin die Ahnengeister in der Wasserunterwelt und die Regenbringer.

Allerspätestens zu dieser Zeit, jedoch wahrscheinlich schon sehr viel früher ist das Bild der Kundalinischlange für das Innere Feuer entstanden.

4. Kapitel: frühe Jungsteinzeit
- 10.500 v.Chr. bis 5.000 v.Chr. -

Nach dem Ende der Eiszeit erscheinen die Schlangen in den ersten Tempeln der Menschen in Göbekli Tepe als Ahnengeister, Schamanen und Jenseitsweg sowie als Kundalini-Schlange.

Die Jenseitsweg-Schlange wurde durch den nächtlichen Weg der Sonne durch die Unterwelt zu einer Riesenschlange, die vom westlichen bis zum östlichen Horizont unter der Erde hindurchreichte. Sie entwickelte sich mit der Zeit von der „Wasser-Wächterin" zur Regenräuberin. Zunächst herrschten noch der Regen und die Dürre, der Regengott und die Regenschlange abwechselnd entsprechend den Jahreszeiten. Mit der Zeit wurde dieser Wechsel jedoch dramatischer, sodaß das Schlangenkampf-Motiv entstand – vermutlich ab 6000 v.Chr., als die Regenfälle deutlich weniger wurden.

Die Schlange wurde auch mit den Pflanzen, insbesondere mit dem Getreide assoziiert, das im Herbst bei der Ernte starb und im Frühjahr dann aus der Saat aus der Erd-Unterwelt zurückkehrte. Dadurch wurde die Schlange auch zu einer Fruchtbarkeitsgottheit der Felder.

Als Jenseitsweg war die Schlange eng mit der Muttergöttin verbunden, wodurch schließlich die Schlangengöttin entstand.

Das Motiv der Regenbogenschlange scheint im nacheiszeitlichen Mesopotamien nach und nach in Vergessenheit geraten zu sein.

5. Kapitel: späte Jungsteinzeit
- 5.000 v.Chr. bis 3.250 v.Chr. -

Gegen Ende der Jungsteinzeit und zu Beginn des Königtums verband sich die Schlange mit anderen Symbolen zu einem komplexeren Wesen, wodurch die Drachen entstanden. Sie waren vor allem die Gesamtsymbole für den Jenseitsweg.

Durch die Verbindung mit dem Feuer als Symbol des Jenseitstores begann die Schlange zu glühen und Feuer zu speien. Durch die Zusammenfassung mit dem Seelenvogel erhielt sie Flügel und konnte fliegen. Das bei den Bestattungen geopferte Herdentier verlieh einigen Schlangen Hörner. Durch die Analogie zu den sieben Planeten als den Stufen vom Diesseits auf der Erde zum Jenseits im Himmel erhielt die Schlange sieben Köpfe.

Durch ihre enge Verbindung mit dem Weg in das Jenseits wurde sie auch zu der Übermittlerin des Rates und des Segens der Ahnen, sodaß die Schlange schließlich auch zu einer Gottheit der Heilung und der Orakel wurde.

Die Jenseitsreisesymbolik der Toten bei der Bestattung und der Schamanen bei ihrer Reise zu den Ahnen im Jenseits wurde auch auf die Krönung der Fürsten übertragen, die in den zu dieser Zeit entstehenden Städten entstanden.

6. Kapitel: Indogermanen
- 7.000 v.Chr. bis 2.800 v.Chr. -

Es gab aufgrund der Verwandlung der Toten in Schlangen auf ihrem Weg ins Jenseits alle denkbaren Mensch-Schlange-Mischformen: Schlange, Mensch mit Schlangenkopf, Schlangen mit Menschenoberleib und Schlangen, die sich in Menschen verwandeln können.

Die Schlange hielt als Wesen der Wasserunterwelt während des Sommer den Regen gefangen, um den sie mit dem Donnergott kämpft. Diese beiden erscheinen meistens als Gott und Schlange, aber auch als zwei Schlangen oder als zwei Götter.

Durch den Brauch der Indogermanen, ihre Fürsten in Hügelgräbern zu bestatten, wurden sie Schlangen zu Bewohnern dieser Hügelgräber und schließlich zu Wächtern des Grabschatzes. Aus dem Hügelgrab wurde nach und nach eine Höhle in einem Berg.

Die Jenseitsreise des Göttervaters wird häufig durch den Einfluß des Kampfes zwischen dem Donnergott und der Schlange auch zu einem Drachenkampf. Ursprünglich verwandelte sich auch der Sonnengott-Göttervater bei seiner zyklischen Reise ins Jenseits in eine Schlange.

Die Schlange als Jenseitsweg und Gestalt der Toten auf dem Jenseitsweg ist eng mit der gesamten Jenseitssymbolik verbunden: Schlange – Wolf – Jenseitsgöttin –

Weltenbaum – Göttertrank – Äpfel der Unsterblichkeit – Stieropfer.

Aus der Schlange als Jenseitsweg wurde die Schlange als Ursache des Todes; ebenso wurde auch aus der Göttin als Mutter der wiedergeboren Toten die Ursache des Todes.

Durch die symbolische Verwandlung der Fürsten und Könige bei ihrer Krönung in eine Schlange bzw. einen Drachen entstand das Motiv des Drachenkönigs, des Königsdrachen und der Drachen-Kriegsstandarte.

Die Schlange als Symbol des Inneren Feuers (Kundalini) war bei den Indogermanen allgemein bekannt.

Das Motiv des Regenbogens als der Verbindung zwischen Himmel und Erde hat sich bei den Indogermanen erhalten können, aber es ist keine Auffassung des Regenbogens als Schlange überliefert worden.

7. Kapitel: Westliche Indogermanen
- 2.800 v.Chr. bis 2.000 v.Chr. -

In dieser Zeit begann eine Verschmelzung der feindlichen Regenräuberschlange mit der hilfreichen Kundalinischlange, wodurch eine widersprüchliche Gottheit entstand: Loki-Veles.

8. Kapitel: Germanen, Kelten und Römer
- 2.000 v.Chr. bis 1.800 v.Chr. -

In dieser Zeit wurde von den gemeinsamen Vorfahren der Germanen, Kelten und Slawen das Kundalinischlangen-Feuer und die Schamanen-Ekstase zur Kampfekstase weiterentwickelt.

9. Kapitel: Germanen: frühe Zeit der Felsgravuren
- 1.800 v.Chr. bis 500 v.Chr. -

Als neues Motiv treten vor allem die Drachenschiffe auf, die auch als Jenseitsfahrzeuge benutzt wurden und daher eine Entsprechung zu den Schlangen und Drachen in der Mythologie waren. Vermutlich gab es zu dieser Zeit auch vereinzelt Bestattungen in Schiffen, die man dann ins Meer hinaustreiben ließ.

Es ist allerdings denkbar, daß es schon seit der späten Mittelsteinzeit, also seit dem Bau der ersten einfachen Schiffe, die Vorstellungen von der Fahrt der Sonne in einem Schiff über das Jenseitsmeer gegeben hat. Da auch die Vorstellung der Verwandlung der Sonne in Schlange während ihrer Reise durch das Jenseits schon sehr alt sein könnte, könnte aus diesen beiden Motiven schon in der späten Mittelsteinzeit das Bild des Drachenschiffes entstanden sein.

Die Drachenschiffe der Germanen und der Chinesen könnten jedoch auch spätere Parallelentwicklungen sein.

10. Kapitel: Germanen: mittlere Zeit – vor der Völkerwanderung
- 500 v.Chr. bis 375 n.Chr. -

In dieser Epoche war die Kundalini ein wichtiges Motiv vor allem bei den rituellen Jenseitsreisen der Schamanen und der Fürsten.

11. Kapitel: Germanen: Völkerwanderungszeit
- 375 n.Chr. bis 568 n.Chr. -

Die Schlangen waren in dieser Zeit die wichtigsten Symbole der Jenseitsreise auf den Bildsteinen. Mit ihnen waren die Motive der Wiederzeugung und des Wiederstillens verbunden.

Der wichtigste Fund aus dieser Zeit sind die Goldhörner von Gallehus.

12. Kapitel: Germanen: die Zeit des Beowulf
- 568 n.Chr. bis 900 n.Chr. -

Die Schlangen waren in dieser Zeit die wichtigsten Symbole der Jenseitsreise auf den Runensteinen, die als Brücke zwischen Diesseits und Jenseits aufgefaßt worden sind.

Der Kampf zwischen Thor und der Midgardschlange spielt eine große Rolle in den Mythen. Spätestens zu dieser Zeit entstand die Mythe des Drachenkampfes eines Helden (Beowulf, Sigmund, Siegfried).

Die Drachen sind die Wächter der Grabschätze in den Hügelgräbern.

Die Drachen an den Helmen der Vendelzeit sind ein Hinweis auf die Kundalinischlange, die jedoch hier offenbar im Zusammenhang mit der Kampfekstase zu sehen ist.

13. Kapitel: Germanen: die Zeit der Edda
- 900 n.Chr. bis 1200 n.Chr. -

Die Drachen erhalten Flügel und beginnen außer Gift nun auch Feuer zu speien. Die Drachen sind zu Ungeheuern geworden, die Schätze bewachen, und werden von Helden getötet. Der Ursprung der Drachen als der Geist des Toten in einem Hügelgrab ist zumindest recht undeutlich geworden.

Die Jenseitsgöttin Hulda kann die Gestalt eines Drachen annehmen – dies ist vermutlich ein altes Motiv.

Der Schamanengott Odin reist in Schlangengestalt ins Jenseits zu der Großen Mutter in ihrer Gestalt als Geliebter (Gunnlöd).

Der Ögishelm, mit dessen Hilfe sich der Zwerg Fafnir in einen Drachen verwandelt, ist der gehörnte Schädel an dem Fell des Opfertieres bei den Bestattungen.

14. Kapitel: Mittelalter
- 1.200 n.Chr. bis 1.500 n.Chr. -

Im Mittelalter wurde der Drache vor allem als eine Gestalt des Teufels angesehen – was mythologisch gesehen auch korrekt war, da der Teufel aus dem Bild der gehörnten Ahnen im Jenseits entstanden ist. Die Schlange war eine Gestalt der Toten und ebenso der Gehörnte. Aus der Muttergöttin im Jenseits wurde des Teufels Großmutter.

15. Kapitel: heute

Mittlerweile hat sich der Ruf der Drachen wieder deutlich gebessert, was insbesondere dem Einfluß der chinesischen Drachen und dem Symbol der Drachen in den fernöstlichen Kampfsporttechniken zu verdanken ist. In kleinerem Umfang hat auch die Assoziation der Schlange und des Drachen mit dem Kundaliniyoga dazu beigetragen.

Eine größere Bedeutung haben die Drachen insbesondere durch das von J.R.R. Tolkien begründete Fantasy-Genre erhalten. Tolkiens Romane sind vor allem eine „Wiederbelebung" und Neuerzählung der germanischen Mythen und Sagas.

Saurierfossilien

Ein Grund für die Entstehung des Drachen-Motivs in den Mythen könnte auch der Fund von Saurierknochen gewesen sein, denn wie sollte man sich diese Riesenknochen anders erklären als durch die Existenz von Tieren von riesiger Größe, also von Drachen? Allerdings gibt es nirgendwo Hinweise darauf, daß Funde von großen fossilen Knochen bei der Entwicklung des Drachen-Motivs eine Rolle gespielt haben – man sollte sonst eigentlich Saurierknochen in den alten Tempeln oder an Schlangenkultorten erwarten, was aber nirgendwo nachgewiesen worden ist.

XIII Das Aussehen der Drachen

Über das Aussehen der Drachen gibt es bei den Germanen eher uneinheitliche Angaben. Sie können deutlich größer als ein Brontosaurus sein oder gar die ganze Erde umspannen, aber manchmal auch so klein wie ein Raupe sein und in einem Schwert wohnen. Ein „durchschnittlicher Drache" ist sozusagen „sehr groß".

Sie haben die Grundform einer großen Schlange. Manchmal besitzen sie auch Beine oder Flügel, aber das scheint eher die Ausnahme gewesen zu sein. Von Hörnern wird bei den germanischen Drachen nicht berichtet. Auch die Drachenschiffe haben nur hörnerlose Drachenköpfe an ihrem Steven am Bug und bisweilen auch am Heck. Lediglich die Tierköpfe an den Bugen der Schiffe auf den skandinavischen Steinritzungen sind manchmal gehörnt.

Die Drachen sind vermutlich allgemein ehemalige Menschen, die sich in Drachen verwandelt haben, oder Götter (vor allem Tyr) in der Unterwelt. Ob sich Drachen auch wieder in Menschen zurückverwandeln können, ist unbekannt. Manchmal wurden auch die Drachen sowie die Runensteine, auf denen sie abgebildet sind, und die Schiffe, die nach ihnen „Drachenboot" genannt wurden, als Weg, Brücke oder Fahrzeug ins Jenseits aufgefaßt.

Die Szenen von Schlangenpaarungen oder dem „Stillen" von jungen Schlangen durch ihre Mütter bezieht sich auf die Wiederzeugung und die Wiedergeburt der Toten in Schlangengestalt im Jenseits. Bei diesen beiden mythologischen Vorgängen hat auch die Jenseitsgöttin die Gestalt einer Schlange wie u.a. das Drachengewand der Hulda zeigt.

Die Verwandlung der Totengeister in Schlangen oder Drachen beim Eintritt ins Jenseits ist von Tyr, Odin und von den Zwergen bekannt. Aus dieser Vorstellung entstand auch das Motiv der Schlange mit einem Menschenoberkörper. Eine andere verwandte Vorstellung ist das Betreten der Unterwelt durch das Maul eines Drachen.

Die Drachen wurden schließlich von den Totengeistern unterschieden und trugen als Nidhöggr die Toten von ihrem Hügelgrab („Mondhügel", „Hindinhügel") in die Unterwelt.

Der Ögishelm, der einen Menschen bzw. einen Totengeist (Zwerg), Schamanen (Odin) oder König in eine Schlange bzw. einen Drachen verwandelt, ist ursprünglich der Schädel an dem Fell des Herdentieres gewesen, in das man die Toten wickelte.

Drachen scheinen sprechen zu können, auch wenn sie es nur selten tun. Sie können auch hören, gut riechen und sehen.

Über die Farbe der Drachen wird in den Mythen und Sagas nichts berichtet. Daher werden sie wohl „schlangenfarben" gewesen sein, also in verschiedenen helleren und dunkleren Brauntöne gemasert mit einzelnen Nuancen in gelb, rot und schwarz. Ihre Haut ist Schlangenhaut, d.h. sie ist von Schuppen bedeckt. Sie glänzen und funkeln und sind manchmal von Flammen umloht. Sie Drachen sind fast unverletzbar - nur ihr Bauch ist etwas weicher. Sie sind sehr alt.

Das Spucken von Feuer kommt vor, aber es scheint kein Standard bei Drachen gewesen zu sein. Über das Speien von Gift wird hingegen recht häufig berichtet.

Sie sind habgierig, gefräßig und cholerisch – vermutlich ist dies eine Umdeutung ihres Bewachens der Grabschätze. Sie wurde zu den Riesen gezählt, die bei den Germanen ursprünglich besonders starke und große Totengeister gewesen sind.

Drachen sind Wesen der Unterwelt und der Nacht. Die Decke der Halle der Hel wird von Schlangen gebildet. Manchmal leben sie auch wie Jörmungandr, die größte aller Schlangen, im Meer.

Die Augen der Drachen werden bisweilen als starr wie die einer Schlange beschrieben. In der Regel scheint es möglich zu sein, unbeschadet in Drachenaugen zu blicken, auch wenn es einzelne Drachen gibt, deren Augen den, der in sie blickt, versteinern. Diese Wirkung ist manchmal nicht nur auf die Augen beschränkt.

Die Drachen leben fast alle auf oder in einem Hügelgrab und bewachen den Grabschatz. Manchmal umringeln sie dabei mit ihrem langen Körper den Schatz oder das Hügelgrab. Das wichtigste Teil der Drachenhorte ist der Ring Draupnir. Das Hügelgrab ist oft von Flammen, d.h. von einer Waberlohe umgeben. Die Drachen hausen oft in der Nähe von einem Gewässer, von dem sie trinken.

Die Drachen beherrschen als Jenseitswesen die Magie und können u.a. die Zukunft vorhersehen. Die von ihnen am häufigsten ausgeübte Magie ist der Fluch auf den Drachenhort, d.h. der Abwehrzauber gegen Grabräuber. Der Kern der Drachenmagie ist das Kundalinifeuer, das eng mit der Astralreise, also dem Flug der Schamanen ins Jenseits, verbunden ist. Dieses Fliegen der Seele hat vermutlich auch zu der Vorstellung, daß Drachen fliegen können, geführt.

Auch die Teile der Drachen enthalten noch die Magie dieser Wesen: Das Verspeisen ihres Herzens befähigt dazu, die Vogelsprache zu verstehen und das Baden in Drachenblut macht unverletzbar. Das Verstehen der Vogelsprache ist ein Bild dafür, daß alle, die durch das Verspeisen eines Drachenherzens drachenähnlich werden, den Kontakt mit den Vogelseelen, also den Toten im Jenseits aufnehmen können. Dies ist folglich ein Bild, das einen Schamanen beschreibt. Die Unverletzlichkeit ist vermutlich eine Übertragung der magischen Fähigkeiten, die durch das Erwecken der Kundalini erlangt werden, in den Bereich des Kriegerischen.

Insbesondere auf den Goldhörnern von Gallehus und auf den Runensteinen, aber auch in der Beschreibung des Nidhöggr in der Edda erscheinen die Drachen als hilfreiche Wesen. Besonders deutlich wird dieser Aspekt in der Beschreibung der vier Schutzgeister Islands, von denen einer ein Drache ist.

Die Schlangenpaare auf den Runensteinen und die in der Edda erwähnten Schlangenbrüder Goin und Moin sind vermutlich die Jenseitsgestalt der beiden Pferdezwillinge, die den Streitwagen des Sonnengottes-Göttervaters Tyr ziehen. Aus ihnen entstand auch Odins achtbeiniges Pferd Sleipnir.

Die Drachen sind als Totengeister auf der Reise ins Jenseits mit dem Hügelgrab, dem Grabschatz, dem Weltenbaum, den Unterweltswassern und der Jenseitsgöttin verbunden.

Die Midgardschlange, gegen die Thor kämpft, hat einen andere mythologische Vorgeschichte als die übrigen Drachen.

Über die Augen der Drachen läßt sich noch eine Überlegung anstellen. Da Drachen ursprünglich die Seelen der Toten sind, sollte man annehmen können, daß man, wenn man einem Drachen in die Augen blickt, dort weniger den Bereich der Psyche sieht wie bei einem Menschen, sondern die Seele.

Diese Art von Blick kann man manchmal bei ganz kleinen Kindern sehen – er ist unvermittelt, offen, ernst, wach, direkt und er hat eine Tiefe, die bis ins Wesentliche schaut. Diesen Blick kann man auch in Meditationen erleben, wenn man der eigenen Seele oder der eines anderen Menschen begegnet und ihr in die Augen schaut. Dieser intensive, tiefe und vollkommen echte Blick ist in der Meditation und auf einer Traumreise eines der sichersten Merkmale dafür, daß man nicht nur einen Teil der eigenen Psyche erblickt, sondern eine Seele.

Daher kann man vermuten, daß der Blick in die Augen eines Drachen das eigene Innerste berührt und daher unter Umständen nur schwer zu ertragen ist.

Es ist Mitternacht. In der Ferne ist die Küste des Meeres zu sehen und man kann leise das Rauschen des Meeres hören.

Auf der Kuppe eines Hügelgrabes liegt ein großer Drache zu einem schützenden Kreis zusammengerollt. Aus dem Hügelgrab flackern Flammen und auch der Drache selber ist von Feuer umloht. Aus seinem Maul steigt einer dünner Rauchfaden empor, der von seinem inneren Feuer kündet. Sein Leib hat eine rötliche-braune Farbe und er glänzt und funkelt. Auf seinem Rücken hat er zwei große Flügel zusammengefaltet.

In dem Drachenring auf dem Mondhügel ist ein Goldhort zu sehen: Kelche, Goldhörner, Schwerter, Schilde, Speere – und ein goldener Ring, der am stärksten von allem im Drachenfeuer glüht: Draupnir. Neben ihm liegt der gehörnte Ögishelm, über dessen Kuppe sich ein aus Gold gefertigter Drache nach vorne zu der Stelle zwischen den Augenbrauen schlängelt.

In der Mitte auf dem höchsten Punkt des Hügelgrabes sitzt mit geschlossenen Augen und in großer Konzentration ein Schamane in einem langen weißen Gewand. In ihm ist das Innere Feuer erwacht und er glüht wie der Drache, der ihn kreisförmig umgibt.

Über dem Hindinhügel ist halbdurchscheinend die Gestalt der Großen Mutter zu sehen, die freundlich auf den Schamanen und den Drachen und auf den Wanderer, der diese Szene sieht, blickt.

Da öffnet der Drache seine Augen und blickt den Wanderer an: Seine Augen sind die Augen der Wahrheit.

XIV Drachenverse

Die folgenden Strophen sind keine Originaltexte, sondern lediglich Verse, die in etwa den Skalden-Regeln entsprechend verfaßt worden sind und auf den aus den überlieferten Mythen und Sagas bekannten Themen und Motiven aufbauen.

Diese Verse sollen zum einen das, was über die Drachen bekannt ist, auf eine lyrische Weise zusammenfassen, und zum anderen können sie für Meditationen und Rituale als „Konzentrationshilfen" verwendet werden.

Drachen-Schutzzauber für ein Hügelgrab

Dieser Zauber bezieht sich auf die Sitte, daß zwölf Reiter singend das fertige Hügelgrab umkreisen. Diese Sitte ist in den Versen des Schutzzaubers mit dem Bild des Drachen, der seinen Grabschatz wie ein Kreis umringt, und mit dem Motiv der Waberlohe kombiniert worden.

Das breite Boot brannte hell,
der Fürst verging im roten Feuer;
heiße Asche im hohen Hügel,
Erde auf Erde erhebt sich zum Berg.

Kühne Krieger – der Kämpfer zwölf
reiten rings um des Grabes Rand:
sie singen alten Zaubergesang
mit tiefer Stimme – kraftvoll tönend.

Zwergenlied und Zwergenweise,
das alte Trauer-Totenlied;
weise Worte weben nun
Schutz dem Helden in Hels Halle.

Schlange, kreise kraftvoll hier,
Drache, fülle mit Feuer das Grab,
laß die Flammen den Reitern folgen,
und die Waberlohe formen.

Drache, werde, wachse, winde,
werde licht und lang und lodernd!
Glühe nun im Rund der Reiter,
kreise im Gesang der Krieger.

Fylgja des Fürsten, löse die Fesseln,
wachse genährt vom Feuer der Hel,
nimm den Helm der starken Hörner,
werde Schlange, Schattenwurm!

Wachse, glühe, werde Drache,
Schlangenkönig in schattiger Gruft,
möge Hyrrockins Hand Dir helfen,
nun ein gewaltiger Langwurm zu werden!

Hüter des Hortes im Hindin-Hügel:
Hel soll Dir helfen, den Hügel zu schützen!
Zwerg in der kühlen Kammer aus Stein:
Tyr soll Dir raten, dem Räuber zu wehren.

Totengeist in dunkler Gruft:
Dein Goldschatz soll Dir ewig glänzen!
Mächtiger Mann im Berg des Mondes:
Dein Horn sei stets mit Met gefüllt!

Odin, werde gewundene Schlange,
umkreise den hohen Hügel hier,
raune Runen, summe Sprüche,
binde den Bann rings um das Grab!

Tyr, werde drohender Drache,
laß den Hügel lodernd flammen,
laß die Sonne in ihm leuchten,
laß Dein Schwert im Grabe glüh'n!

Nidhögg, weise alte Natter,
Kenner der Wurzeln, Wurm der Hel,
trage den Toten auf Deinen Flügeln,
schütze die Fylgja des Fürsten bei Nacht!

Wir reiten den schützenden Ring,
Wir raunen die Runen, wir singen das Lied,
Wir rufen den Drachen ins Feuer-Rund,
Wir sehen die schützende Schlange.

Wir reiten den schützenden Ring,
Wir kreisen im Drachen-Draupnir,
Wir folgen den Wegen der Sonne,
Wir sehen die schützende Schlange.

Wir reiten den schützenden Ring,
Uns folgen Geri und Freki,
Wir hören Hugin und Munin,
Wir sehen die schützende Schlange.

Wir reiten den schützenden Ring,
Wir sehen den Kreis der glühenden Schlange,
Wir hören die dunkle Stimme des Drachen,
Wir sehen die schützende Schlange.

Wir reiten den schützenden Ring,
Tyr ist mit uns, Thor ist hier,
Widar hört uns, Wali gibt Kraft,
Wir sehen die schützende Schlange.

Wir reiten den schützenden Ring,
Freya gibt dem Toten Schutz,
Frigg erfüllt den Wand'rer mit Wärme,
Wir sehen die schützende Schlange.

Wir reiten den schützenden Ring,
Wir sind das flammende Feuer des Drachen,
Wir sind der Gesang des Hüters des Grabes,
Wir sind nun die schützende Schlange!

Wir reiten den schützenden Ring,
Draupnir, kreise! Drache, kreise!
Feuer fließe! Flamme, fließe!
Wir sind nun die schützende Schlange!

Wir reiten den schützenden Ring,
der Hügel ist hoch, der Stein ist stark,
der Felsen steht, das Feuer flammt,
Nun schützt die Schlange den Fürsten!

Wir reiten den schützenden Ring,
Der Drache lebt! Der Langwurm lebt!
Die Fylgja fliegt! Nidhöggr fliegt!
Ewig schützt die Schlange den Fürsten!

Zauberlied für ein Drachenschiff

Die Drachenboote wurden aus den Fellbooten der Indogermanen (2800 v.Chr.) entwickelt. Die Felle wurden von den Germanen schon früh durch Bretter ersetzt.

Die typische lange Form mit dem hochgezogenen Vorder- und Achtersteven wurde um ca. 1000 v.Chr. entwickelt und ist schon auf den Felsritzungen zu sehen.

Um 300 n.Chr. waren diese Boote schon 25m lang und hatten oben auf dem Vordersteven den Kopf eines Herdentieres – meistens der eines Pferdes oder eines Stieres. Diese Schiffe hatten vorne und hinten einen Bug, sodaß sie in beide Richtungen fahren konnten, was z.B. auf Flüssen ganz praktisch war, da sie Wendemanöver ersparten.

Ab 700 n.Chr. wurden die Schiffe breiter, erhielten einen größeren Kiel, verbesserte Ruderauflagen und vor allem einen Mast und ein Segel. Der Mast konnte in zwei Minuten umgeklappt und genauso schnell wieder aufgerichtet werden, was es ermöglichte, auch unter flachen Brücken hindurchzufahren. Die Schiffe waren so leicht, daß sie auch über Land von einem Gewässer zum anderen transportiert werden konnten.

Diese Drachenboote hatten selbst bei voller Beladung einen Tiefgang von nur ca. 1m, wodurch sie auch für Flußfahrten gut geeignet waren. Sie wurden sowohl gesegelt als auch gerudert, wofür sich auf den Booten zwei Rudermannschaften befanden, die sich abwechselten. Die durchschnittliche Geschwindigkeit auf langen Reise betrug 10km/h, wodurch ein Drachenboot die 1300km lange Fahrt von Norwegen nach Island in sieben Tagen zurücklegen konnten.

Nachbauten von Drachenbooten haben Geschwindigkeiten von über 40km/h erreicht, wodurch sie auf längeren Strecken deutlich schneller als Pferde waren – eine Warnung der flußaufwärts gelegenen Städte vor den Wikinger auf ihren Drachenbooten war daher oft unmöglich.

Die Schiffe wurden unter der Leitung eines Höfudsmithir (Bauleiter) von dem Skipasmithir (Schiffsbauer), dem Stafnasmithir (Kielbauer) und dem Filungar

(Schiffswandungsbauer) und den ihnen zugeteilten Arbeitern hergestellt.

Der Kiel und das „Kielschwein", in dem das untere Ende des Mastes befestigt wurde, waren aus Eiche. Die Rundhölzer wurden aus Föhre oder anderen Nadelhölzern gefertigt. Die geschnitzten Teile bestanden hauptsächlich aus Buche. Die Bordplanken stellte man aus gespaltenen Stämmen von Linde und Esche oder Bergahorn her. Die Holznägel (Dübel) wurden aus Weide gefertigt. Vereinzelt wurde auch Birkenholz verwendet.

Die Fugen des Bootes wurden mit in Teer getauchter Wolle abgedichtet („kalfatert"). In jedem Herbst wurde die Außenwand des Schiff neu geteert. Anschließend wurde der Bereich, der oberhalb des Wasser zu sehen war, farbig gestrichen. Dadurch, daß man jeden Plankengang in einer Farbe strich, war das Boot dann längsgestreift.

Das Steuer befand sich in Fahrtrichtung rechts hinten, weshalb diese Schiffsseite „Steuerbord" genannt wird. Es wurde an der Seite des Schiffes beweglich befestigt und reichte deutlich tiefer ins Wasser hinab als der Kiel. Es war über 3m lang. Oberhalb des Wassers war das Steuerruder wie eine Stange geformt und unter Wasser wie ein ca. einen halben Meter breites Blatt. Es wurde von dem „Rudergast", dem Steuermann gehalten.

Es sind eine ganze Reihe von Bezeichnungen für einzelne Teile der Drachenboote überliefert worden:

Rúm („Raum, Platz"): ein Querstreifen des Langbootes mit je einem Platz für einen Ruderer auf der linken und auf der rechten Seite; zwei Rúm wurden unter Deck durch je einen Spant (Querbalken im Schiff) getrennt; die Langboote wurden nach der Anzahl ihrer Rúm unterschieden: die kleinsten Kriegsschiffe hatten 13 Rúm, die größten 60 Rúm

Halfrými (halber Rúm"): Sitzplatz für einen Ruderer

Lypting („das Erhobene"): das leicht erhöhte Deck am Heck, an dem der Anführer und Rudergast (Steuermann) stehen

Fyrir-Rúm („Vorderraum"): der Raum vor dem Lypting, an dem sich die Waffenkiste befindet und an dem die beste Kämpfer stehen; es ist vom Lypting durch einen der Hauptdeckbalken getrennt

Krappar-Rúm („gerader Raum"): die Hauptfläche des Decks, in dessen Mitte der Mast steht; die Bordwand an seinen beiden Seiten verläuft im Gegensatz zu Bug und Heck gerade; Raum für die Mannschaft und die Ruderer; vom Fyrir-Rúm hinter ihm durch einen Hauptdeckbalken getrennt

Rausn („Großartiges, Ruhmvolles"): eine Vorschanze auf dem Vorderschiff vor dem Krappar-Rúm (nicht auf allen Drachenbooten)

Stafn („Steven"): ein kleines erhöhtes Deck am Vordersteven für den Ausguck und den Bannerträger; er ist vom Rausn oder vom Krappar-Rúm durch einen Hauptdeckbalken getrennt

Vithir („Mast"): er stand in der Schiffsmitte und war geteert, weshalb er „kolsvartir vithir" („kohlenschwarzer Mast") genannt wurde

Kerling: („Frau, Ehefrau"): das „Kielschwein", in dem der Mast über dem Kiel befestigt ist und der aus einem in Längsrichtung halbierten dicken Eichenstamm besteht; der Name des „Kielschweines" ist wohl eine Anspielung auf die Vereinigung des „männlichen" Mastes mit der wegen der runden Öffnung in dem Eichenstamm als „Frau" bezeichneten halben Eichenbalken (ähnlich dem deutschen „Schraube" und „Mutter")

Meginhufr („Starke Planke"): die dickste Planke des Schiffes, die sich auf der Höhe der Wasseroberfläche befindet und der größten Belastung durch die Wellen ausgesetzt ist

Rothrarhufr („Ruder-Planke"): die oberste, zweitoberste oder drittoberste Planke, in der sich die Ruderöffnungen befinden

Rim („Kante, Stütze"): die oberste Planke

Skjaldrim („Schild-Kante"): die oberste Planke, an der sich pro Ruderloch außen je zwei Schilde befinden (zwei Rudermannschaften, die sich abwechseln); die Schilde in der Reihe überlappen sich

Brandr: („Feuer, Brand, Brandung, Schwert"): die oberste Planke („Rim") war in der Nähe der beiden Steven aus Buchenholz gefertigt und reich geschnitzt; sie war oft vergoldet; das Wort „Brandr" bedeutete zunächst „Feuer, Brand" und wurde auch als Heiti für „Schwert" benutzt; von diesem Wort leitet sich auch das deutsche „Brandung" ab, das das Aufschäumen der Meereswellen am Ufer oder am Bug eines Schiffes mit lodernden Flammen vergleicht

Undirhlutr („Unterbogen"): der Teil des Steven, der sich unter Wasser befindet

Barth („Bart"): der untere, sehr stabile Teil des Stevens, der sich gleich über Wasser befindet und vorne mit Eisen beschlagen ist, um den Bug im Kampf bei Kollisionen mit anderen Schiffen zu schützen

Stal („fester Pfosten"): der oberere, dünne Teil des Stevens

Drekahöfuthir („Drachenkopf"): der Tierkopf auf den beiden Steven der Kampfschiffe; manchmal finden sich dort auch geschnitzte Statuen des Thor oder eines anderen Asen; diese Drachenköpfe waren die Zentren der magischen Kraft in dem Drachenschiff

Dreki („Drache"): Bug-Stevenaufsatz in Drachenform; auch „grima" (Maskenhelm) genannt

Snekkja („Schnecke"): Heck-Stevenaufsatz in der Form einer Spirale

Das folgende „Zauberlied für ein Drachenschiff" setzt die Teile des Schiffes mit den Körperteilen eines Drachens gleich, um dem Schiff auf diese Weise die Kraft eines Drachens zu verleihen.

Das Langschiff ist zu Wasser gelassen,
Das Wogenroß liegt auf den Wellen,
Sein Haupt blickt hin zum Horizont,
Sein Mast ragt nun mächtig empor.

Odin, Du fährst in die Ferne,
und Du wanderst fremde Wege:
weihe diese Wogenschlange,
gibt ihr Kraft für kühne Fahrten!

Der bunte Rumpf des Riesenbootes
ist der derbe Bauch des Drachen;
aus Linden-Planken fest gefügt,
voll der Kraft der kühnen Krieger.

Die Planken glänzen in feuchten Farben:
Die langen Rippen des eilenden Lindwurms;
Die Meginhufr, die mächtige Planke:
Die speerfesten Seiten des Wikinger-Drachen.

Der Kiel des Kahns aus knorriger Eiche
pflügt das Meer in des Drachen Flug,
teilt die Wellen, trotzt den Wogen:
Das Brustbein des starken Brandungsschwertes.

Der Steven achtern: zur Schnecke gerollt:
Der schlängelnde Schwanz der Feuerschlange;
Und hinter dem schlanken hölzernen Heck:
die schäumende Spur der schnellen Schlange.

Vor dem Steven der sturmfeste Lypting:
die hölzerne Hüfte des Hüters des Hortes –
dort steht der Führer der fernen Fahrt:
der feurige Wille des Wellenwurms.

Auf dem Lypting aus Lindenholz
hält rechts der standfeste Rudergast
das Steuer des Schiffes aus Eschenholz:
den flinken und schnellen Fuß des Drachen.

Rings um den Mast: der Fyrir-Rúm –
dort stehen die wogenerprobten Wikinger:
Der Nabel des nie müden Drachen,
die Wurzel seiner Wut und Kraft.

Das breite Deck des Sturmbezwingers:
Der kraftvolle Rücken des Riesenwurms;
Das lange Zelt auf dem zugigen Deck:
Der Zacken-Kamm des Kindes der Hel.

Die Bilge gefüllt mit goldener Beute,
Glänzende Dinge unter Deck,
viele Kisten mit silbernen Schätzen:
die Speisen im Bauch der Wasserschlange.

Erhöht am Bug des Bootes der Stafn:
die starken Schultern der Wogenschlange:
dort steht scharf blickend und wachsam der Ausguck:
die schimmernden Stirnsteine der mächtigen Schlange.

Der gischtnasse Bug des Brandungskeilers:
Die stolze Brust der Schlange des Njörd;
Der geschnitzte Brandr aus Buche:
Das Schlüsselbein der Schlange der Ran.

Hoch ragt der Stal am Steven:
der biegsame Hals des hürnenen Drachens;
Darunter der eisenbeschlange Barth:
Der wasserspaltende Bart der Schlange.

Gehörntes Haupt am Vordersteven:
Der Kopf des Drachen, das drohende Haupt,
Des Schlange Magie, des Lindwurms Macht,
vertreibt die Geister, sichert den Sieg!

Der Teer auf den Planken des Wasserstieres:
Die sichere Schutzhaut der schimmernden Schlange;
Die Farben, die das Flutroß zieren:
Der Schillern des Drachen, der Glanz der Schlange.

Dübel aus gewundener Weide:
Die starken Sehnen der Schlange der See;
Die Schilde am Rande der hölzernen Reling:
Die harten Schuppen der Meeresschlange.

Der Mast aus Tanne aus tiefen Wäldern:
Das Rückgrat des gischtfeuchten Drachens;
Die Rahe aus Föhre von felsiger Höhe:
Die Arme des fauchenden Adlers der Stürme.

Die Segel des seefahrenden Langschiffs:
Die Flügel des fliegenden Feuerwurmes;
Die Seile an Segeln und sämtlichen Planken:
Die Sehnen der schaummäuligen Schlange;

Die windgewohnten Wikinger:
Die Muskeln des Freundes des hellen Mondes;
Die schlanken Ruder aus salzgrauer Esche:
Die Beine des pfeilschnellen Bergwächters.

Die scharfen Schwerter der Schiffskrieger:
Die spitzen Zähne der zischenden Schlange;
Die Pfeile und Speere der Söhne des Odin:
Das Feuer und Gift des Fürsten der Gruft.

Der Anker, der das Boot hält mit festem Biß:
Die Krallen an den Klauen des Drachen;
Der Grund des Meeres, den er greift:
Die seenasse Beute der schuppigen Schlange.

Das Rauschen des Meeres, das Raunen des Windes:
Die wogengeborene Sprache des Drachen;
Die breitschäumende Gischt vor dem Bug:
Die Angst der Städter vor dem Drachen.

Der kalte Wind, die Regenwolken:
Der Atem des wendigen Wasserdrachen
Der blendende Blitz, der dröhnende Donner:
Die brüllende Stimme der Schlange der See.

Das endlose, eiskalte, ewige Meer:
Die Utgard-Heimat des Unbesiegten;
Die fernen Küsten, die Städte am Strand:
Die Beute, der Hort des hungrigen Drachen.

Der Heimathafen der Hochseefahrer:
Der Mondhügel des männervertreibenden Drachen;
Die Zauberworte des weisen Wotan:
Das heiße und starke Herz des Drachen.

Odin, Du fährst in die Ferne,
und Du wanderst fremde Wege:
weihe diese Wogenschlange,
gibt ihr Kraft für kühne Fahrten!

- Bilge = unterster Schiffsraum
- Stirnsteine = Augen

Zauberlied für ein Drachenschwert

„Dragvandill" („Ziehen-Schlagen") ist der Name des Schwertes des Wikingers und Skalden Egil Skallagrimsson.

„Nadr" ist ein zweites Schwert von Egil Skallagrimsson, das er trug, bevor er „Dragvandill" geschenkt erhielt.

„Tyrfing" („Finger des Tyr") ist ein Schwert, das Zwerge „in einem Felsen", d.h. in einem Hügelgrab, gefertigt haben und das u.a. im Besitz von König Angantyr und der Wikingeranführerin Hervor gewesen ist.

„Gram" („Wütender") ist das Schwert des Sigurd, das er von seinem Vater Sigmund geerbt hat, der es seinerseits von Odin erhalten hat.

„Skofnung" („Gebogener") ist das Schwert des Skeggi. In ihm wohnte ein kleiner, sonnenscheuer Wurm, der dem Schwert magische Kräfte gab.

„Gunnlogi" („Kampfflamme") war das Schwert des Thorbjörn. Ob mit dieser Flamme tatsächlich das Feuer eines Drachen assoziiert wurde, ist ungewiß.

Schwerter wurden generell Schlangen verglichen und auf dem Schwert des Grendel, also des ehemaligen Sonnengott-Göttervaters Tyr in der Unterwelt, ist ein Drachen eingraviert gewesen.

Schlange, laß meines Schwertes Schneide
Alles, was mich heute hindert,
Wie ein Drachenzahn zerstückeln;
Meine Klinge: Drachenklaue!

Fafnir, gibt Dein heißes Feuer
Dragvandill, dem Drachenschwert;
Laß seine Klinge scharf sein
und wie Deine Schwingen schneiden.

Tyr, als Sonne am hellen Himmel,
Tyr, als Schlange in nebliger Nacht:
entflamme mein Schwert mit feuriger Glut!
Tyrfing – des Asen treue Klinge!

Finger des Tyr: im Zwielicht zerbrochen,
des nachts von Zwergen zur Esse geholt,
im Dunklen im Drachenfeuer geheilt,
am Morgen hell wie der Himmels-Ase.

Wurm, erwache flammend in Skofnung,
Werde zum wütenden, feurigen Drachen,
Laß die Klinge flammend lodern,
wenn der Krieger Kampf entbrennt.

Nadr, Natter, Nidhögg, Drache!
Beiße zu mit scharfem Zahn!
Gunnlogi, singe! Gram, erklinge!
Ich schwinge das Drachen-Flammenschwert!

Odin und der Drache auf dem Weg in die Unterwelt

Odin:
„Mimir, zeige mir die Brücke,
Bringe mich zur Gjallarbru;
Hilf mir zu den Hallen der Hel,
voll mit Schlangen, voll mit Schatten.

Mimir, weise mir den Weg,
meine Augen öffne mir:
denn das tiefe Geheimnis Draupnirs
will Walvater jetzt ergründen."

Mimir:
„Nichts, was lebt, sieht je die Nacht,
Nur der Tod sieht je das Tote;
Schenk' dem Tod eins Deiner Augen,
Dann wirst Du das Tote sehen.

Häng' am hohen Yggdrasil!
Stürze in die tiefe Höhle!
Sinke in die Schattenwasser!
Blick ins Brodeln Hvergelmirs!"

Odin:
„*Mimir, nimm mein linkes Auge,*
Esche, nimm den Stern der Stirn,
Quelle, nimm den Schatz des Schädels,
Nidhögg, nimm den Freund des Lichts."

Nidhöggr:
„*Dein Auge – es ist tot, Dein Stirnstern – er ist fort,*
Thudr, nun bist Du lebend-tot,
Schlange wirst Du, Drache wirst Du,
Dein Name wird nun Nidhögg sein."

Yggdrasil:
„*Fliege nun als Flügeldrache*
Vom Hügel des Mondes zur Halle der Hel;
Tauche als Schlange tief hinab
ins wogende Wasser der Quelle der Weisen.

Gehe den Pfad durch die kalte Klamm
Bis zur Höhle der rußigen Riesin;
Kreuze die Brücke über gewaltiger Gischt,
Geh über den Fluß an der größten der Grenzen.

Heimdall frage, Bifröst folge,
Regenbogen wird den Weg Dir weisen,
zwei Pferde in einem kennen den Pfad,
zwei Raben, zwei Wölfe kennen zwei Welten."

Odin:
„*Dem Rat des Riesen bin ich gefolgt,*
Nun stehe ich an schäumender Schlucht,
vor der ältesten aller alten Brücken,
von der die Runensteine Raunen."

Gjallar:
„*Willst Du Deinen Weg über mich gehen*
mußt Du mir meinen Namen nennen!"

Odin:
„'Ginnungagaps Enkel' wirst Du genannt,
'Pforte des Tyr' war der Alten Passwort,
'Heimdalls Hindernis' heißt Du bei den Asen,
'Freyas Schwelle' nennt Dich Friggs Gatte."

Gjallarbru:
„Willst Du Deinen Weg über mich gehen
mußt Du mir meinen Namen nennen!"

Odin:
„'Fylgja-Pfad' ist bei Nornen Dein Name,
'Schmalgrat' nennt Dich die weise Skuld,
'Hochbogen' heißt Dich die alte Verdandi,
'Uralt' – so kennt Dich die kundige Urd."

Drei Nornen:
„Willst Du den Weg noch weiter gehen
mußt Du uns unsere Namen nennen!"

Odin:
„'Die, die spinnen und messen und schneiden,'
'Riesin' und 'Wölfin' und Schlange';
'die, die empfangen, gebären und stillen'
'die dreifache Hel in der Höhlenhalle'."

Hel:
„Komme wie alle zur alten Hel,
Komme als Toter zur trauten Freya,
Komme als Odin zur freigiebigen Gunnlöd,
Komme als Nidhögg zur hehren Hulda."

Odin:
„Dreimal sind wir in Wonne vereint,
Dreimal ward ich wiedergeboren,
Dreimal trank ich den milden Met,
Nun trag' ich der Riesin goldenen Ring."

Hel:
"Draupnir ist Sol in der Form eines Drachen:
der Abschied am Abend, die Ankunft am Morgen;
Draupnir: die Schlange des Pfades der Schatten,
das Zeichen all derer, die Hel sahen.

„Thudr" („Mächtiger") ist ein Name des Odins.

Die „rußige Riesen" ist Hel. Diese Bezeichnung ist die wörtliche Übersetzung des Namens der Riesin Hyrrokkin, die auf ihrem Bruder, dem Fensriswolf, reitet und für ihn ihre Schwester, die Midgardschlange, als Zügel benutzt.

Die Runensteine werden in den Inschriften auf ihnen des öfteren „Brücke" genannt.

Die in diesem Lied verwendeten Kenningar (Umschreibungen, „Namen") sind keine traditionellen Kenningar, sondern Neuschöpfungen.

Diese Art der Fragen in Bezug auf die Jenseitsreise sind nicht nur von den germanischen Wissensliedern bekannt, sondern z.B. auch aus dem ägyptischen Totenbuch, in denen jedes Teil des Jenseits von dem Jenseitsreisenden die Kenntnis der Namen dieser Teile verlangt, um ihn einzulassen.

Diese spezielle Form der Fragen stammt aus der Übergangszeit zwischen der Zeit der Schamanen, die in der Lage sind, ins Jenseits zu reisen, und der Zeit der Priester, von denen nur die Kenntnis der Jenseitsmythen und der Jenseitsrituale verlangt wird.

Die Krönung des Fürsten

Der Inhalt dieser Verse entspricht den Vorstellungen der Germanen um 400 n.Chr., die auf den beiden Goldhörnern von Gallehus dargestellt worden sind.

Es trat zu mir der Priester des Tyr,
ich reckte meinen rechten Fuß,
ich wies auf Widars hellen Schuh:
Der Wanderweg des Bel begann.

Der Diar zog für mich zwei Schwerter,
ich starb von meinen eig'nen Stichen;
wie der alte Tyr am Abend,
so wie die Sonne untergeht.

Ich lag auf dem hohen Hügel
dem Schwertgott gleich, der schwankend sank;
Ich sah die Nacht durchs Schattentor
dem Ullr gleich, dem Jenseits-Asen.

Es trat zu mir der Priester des Tyr,
umhüllte mich mit Fell und Haut;
er hob die Hörner auf mein Haupt,
den Ögishelm – den Schrecken der Hel.

Der Diar stieß mich hinab in den Schacht,
in tiefe, düst're, dunkle Wasser;
Am Weltenbaum ging ich hinab
und wurde eine Schattenschlange.

Ich ging dann dort als Drachenmann,
ich saß als Fylgja auf dem Lachs,
ich flog herab auf Lokis Fang:
ich war Andvari-Alberich.

Es trat zu mir der Priester des Tyr,
zwei Wölfe vor ihm auf dem Weg,
Er war ein mächt'ger Vogelmann,
auch mein Haupt war ein Habichtkopf.

Der Diar zeigte die züngelnde Schlange,
er zeigte mir den hehren Heldensitz:
Schlange links und Schlange rechts –
so steht es auf den Runensteinen.

Ich blickte auf die schimmernde Schlange,
sie weckte die siedende Glut in mir,
ich wurde Feuer, wurde Flamme,
der Drache erwachte in meinem Leib.

Es trat zu mir der Priester des Tyr,
wies mir die Hulda mit drei Häuptern;
wir wurden eins, die Asin und ich,
zwei eng umschlungene Schlangen.

Der Diar hielt dann meine Hand:
neugeboren war ich, nackt und klein;
doch ich wuchs in nebliger Nacht,
wie Tyr vor den Toren des Tages.

Meine Stirnsterne strahlen,
Schlangen schimmern in ihnen;
Vater Tyr verläßt die Hel:
Die Sonne leuchtet in seinem Leib.

Es trat zu mir der Priester des Tyr
und gab mir das Goldene Horn,
er reichte mir den Asen-Met,
der Idun Äpfel, der Riesin Ring.

Der Gott Widar ist ein Sohn des Odin und trägt einen besonders starken Schuh, mit dem er beim Ragnarök den Fenriswolf tötet. Dieses Motiv geht vermutlich wie der fehlende Schuh des griechischen Helden Jason, der fehlende Schuh von Aschenputtel, das Schuster-Schutzpatronat des keltischen Sonnengottes Lugh, das ägyptische Märchens von dem verlorenen Schuh der Prinzessin und vieles andere auf das Motiv des Sonnengottes als Wanderer zurück, der entweder beim Überqueren des Unterweltflusses (wie Jason) oder in der Unterwelt einen seiner Schuhe verliert. Das Weisen auf den Fuß ist daher wahrscheinlich ein Symbol für den Beginn der Jenseitsreise.

Der Name „Bel" für den Sonnengott ist sowohl von den Indogermanen als auch von deren Vorfahren in Mesopotamien („Ba'al") gut bekannt. Bei den Germanen hat er sich nur als Name eines Riesen („Beli") bis in die Zeit der Edda erhalten können.

Der Diar ist der Priester des Tyr. Sein Name leitet sich wie der Name „Tyr" von dem des Göttervaters „Dhyaus" ab.

Die Schwertstiche waren nur symbolisch.

Ullr ist ursprünglich sehr wahrscheinlich „Tyr im Jenseits" gewesen.

„Lokis Fang" ist der von ihm getötete Otter und der von ihm gefangene Zwerg Andvari-Alberich, der die Gestalt eines Hechtes angenommen hatte.

Der „Heldensitz" ist die auf den Goldhörnern dargestellte Haltung, die im Yoga für die Erweckung der Kundalini benutzt wird und als „Held" („Vir-Asana"), „Diamant" oder „Drache" bezeichnet wird.

„Stirnsterne" sind eine Kenning für „Augen".

Der „Ring der Riesin" ist Draupnir – die Riesin ist Hel bzw. Gunnlöd.

Der Diar lehrt das Utiseta

Die von Odin eingesetzten Opferpriester der Germanen hießen im Altisländischen Drottnar, ihre Frauen oder möglicherweise die Opferpriesterinnen Drottningar. Diese Namen bedeuten „Herr" bzw. „Herrin" im Sinne von „Herrscher(-in)".

Ein zweiter Name der Opferpriester war „Diar", der „Gott, Priester" bedeutete. Er leitet sich von indogermanisch „Dhyaus" für den Sonnengott-Göttervater ab, der von den Germanen „Tyr" genannt wurde. Die Diar-Opferpriester sind ursprünglich folglich die Priester des Tyr gewesen. Als in der Völkerwanderungszeit (375-568 n.Chr.) Odin an die Stelle des Tyr trat, wurden diese Tyr-Priester zu Odins-Priester.

„Diar" wird der ältere Name dieser Priester gewesen sein. „Herr" war vermutlich ursprünglich ein Beiname des Sonnengottes-Göttervaters Tyr, der dann auch auf seinen Priester übertragen wurde.

Von den Priester-Schamanen einiger anderer indogermanischen Völkern wie z.B. den keltischen Druiden und den indischen Brahmanen ist bekannt, daß sie ihre Schüler in größeren Gruppen lehrten. Vermutlich gab es auch bei den Germanen diese Tradition.

Sowohl die Druiden als auch die Brahmanen lehrten zu einem großen Teil auf den Hügelgräbern ihrer Vorfahren. Da von Odin berichtet wird, daß er bei den Hügelgräbern gesessen und die Toten gerufen hat, werden wohl auch die germanischen Priester ihre Schüler zu einem großen Teil auf diesen Hügelgräbern gelehrt haben.

Der Schüler wird in den folgenden Versen von seinem Lehrer „Magaz", d.h. „Jüngling" genannt. Von diesem Wort stammt u.a. das deutsche „Magd" ab.

Die folgenden Verse sind ein Wissensgedicht im Stil des Alvis-Liedes oder des Grimnir-Liedes in der Edda. Das Thema dieses Wissensgedichtes ist die Astralreise. Der Ort, an dem diese Szene spielt, ist ein Hügelgrab, auf dem ein Diar und seine Schüler sitzen, von denen einer durch den Diar befragt wird.

Diar:
„Sprich und sag' es jetzt, mein Sohn,
wenn weise Du es weißt:
Nenn' den besten Platz des Priesters:
den Baum des Sehers, den Born des Skalden."

Magaz:
„Das Hügelgrab: der Weisheit Hort;
Das Drachennest: des Feuers Quelle;
Im Mondfels liegt der Magier Macht:
Tür zu Alfen, Tor zu Asen."

Diar:
„Sprich und sag' es jetzt, mein Sohn,
wenn weise Du es weißt:
Was sucht sich ein jeder Seher,
der auf Worte in Hels Halle hört?"

Magaz:
„Er wählt das Fell des starken Stiers,
die Haut des Hirsches holt er sich:
in ihr verbirgt er sich dann innen,
sichtbar nur den Augen der Asen und Alfen."

Diar:
„Sprich und sag' es jetzt, mein Sohn,
wenn weise Du es weißt:
Wie heißt das Schiff, das Wellen schneidet,
und die Wogen-Wege wandert zu Ran?"

Magaz:
„Skidbladnir – so heißt das Schiff,
ein dunkles Drachenboot ist dies;
es ist das sonnenhelle Seher-Fell:
der starke Sitz beim Utiseta."

Diar:
„Sprich und sag' es jetzt, mein Sohn,
wenn weise Du es weißt:
Wie heißt der Heimdall-Hörnerhelm?
Wer schuf den Schatz der Seher?"

Magaz:
„Ögishelm wird er genannt,
ihn hütet Heimdall heut' wie immer,
er ist das Regenbogen-Roß:
dieses formt den Mensch zum Drachen."

Diar:
„Sprich und sag' es jetzt, mein Sohn,
wenn weise Du es weißt:
Welchen Nutzen kannst Du nennen
von diesem Fell des flinken Hirsches?"

Magaz:
„Es ist der Weg, die weite Brücke
von Midgard zu den mächt'gen Asen,
das Pferd auf jedem Pfad der Alfen,
die Fähre auf dem Fluß zur Hel."

Diar:
„Sprich und sag' es jetzt, mein Sohn,
wenn weise Du es weißt:
Wie erlangte Wegtam-Wanderer
dieses Fell der dunklen Fahrten?"

Magaz:
„Odins Speer stach einst den Stier,
Ullrs Pfeil: er fand des Ebers Flanke:
er zog ab des Haut des Hirsches
und ließ an ihr das Haupt, das Horn."

Diar:
„Sprich und sag' es jetzt, mein Sohn,
wenn weise Du es weißt:
Was verfügten die Asen für das Fleisch?
Wohin brachten die Alben das Blut?"

Magaz:
„Der rote Saft soll Menschen stärken –
Trinken sollen die Söhne des Tyr;
Ein Mahl wird gemacht den Menschen –
essen sollen sie Ymirs Erde."

Diar:
„Sprich und sag' es jetzt, mein Sohn,
wenn weise Du es weißt:
Was folgt nun diesem Fest des Opferns?
Was wünscht Wegtam sich und Tyr?"

Magaz:
„Der Diar singt nun alte Lieder,
Zauberlieder aus Asen-Zeit:
Runenverse, die Odin fügte,
das Sonnenlied des Asen Tyr."

Diar:
„Sprich und sag' es jetzt, mein Sohn,
wenn weise Du es weißt:
Welche Rune raunt der Seher
wenn er ruhig die Sonne ruft?"

Magaz:
„'Man' singt er zu alter Weise:
wie Volkrast der Zwerg
es sang vor den Toren des Tages,
den Alfen zur Stärkung, den Asen zur Kraft."

Diar:
„Sprich und sag' es jetzt, mein Sohn,
wenn weise Du es weißt:
Wer kommt rasch zu jedem Rufer,
wenn auf dem Fell seine Füße ruhen?"

Magaz:
„Hel kommt her als Hyrrokkin,
auf einem Wolf auf finst'rem Weg,
zwei Schlangen als Zaum am zottigen Fell,
Ruß und Feuer färbten sie schwarz."

Diar:
*„Sprich und sag' es jetzt, mein Sohn,
wenn weise Du es weißt:
Weißt Du der alten Weisen Weg,
wenn sie die Riesin vor sich sehen?"*

Magaz:
*„Die Rater reichen Hel den Draupnir,
hören Heimdalls Gjallar-Horn,
sehen die Fluten des Gjallar-Flusses,
und folgen vertrauend Freyas Schritten."*

Diar:
*„Sprich und sag' es jetzt, mein Sohn,
wenn weise Du es weißt:
Wohin richten sich die Seher
auf dem Hügel mit Harbards Hilfe?"*

Magaz:
*„Sie folgen dem schwarzen Pfad der Schlange,
sie fahren die nächtlichen Steige der Natter,
sie wandern den gewundenen Weg des Langwurms,
sie gehen im dunklen Gang der Drachen."*

Diar:
*„Sprich und sag' es jetzt, mein Sohn,
wenn weise Du es weißt:
Was geschieht im Geiste der Goten,
die das Fell zur Fahrt sich holten?"*

Magaz:
*„Sie gleichen ganz den reglosen Toten,
sie sitzen, sie liegen ohne Bewegung:
der Herzschlag wird bald schon leise und langsam,
der Atem wird stille und flüchtig und flach."*

Diar:
„Sprich und sag' es jetzt, mein Sohn,
wenn weise Du es weißt:
Was gewahren die mutigen Wand'rer,
wenn sie dem Traum-Tod die Tore öffnen?"

Magaz:
„Ihre Glieder gleichen der dunklen Erde,
ihr Leib wird schwer wie der schwarze Fels,
sie werden schwer, sie sinken sacht,
sie sind nun selber still und ruhend."

Diar:
„Sprich und sag' es jetzt, mein Sohn,
wenn weise Du es weißt:
Was bringt die Stille der Glieder den Goden,
die am Mondhügel jede Regung meiden?"

Magaz:
„Sie spüren in sich ihre Fylgja schwingen,
ein Summen, das in der Stille schwillt,
den Gliedern Wärme und Leben gibt,
sie genießen das Geschenk der Walküren."

Diar:
„Sprich und sag' es jetzt, mein Sohn,
wenn weise Du es weißt:
Was wirkt der Schwanenfrau Gabe
in des Sehers reglosem Leib?"

Magaz:
„Das Schwingen wird wohlige Wärme,
wird Feuer, wird Flamme, wird Glut und wird heiß:
der dunkle Drache wird rot und erwacht –
die feurige Schlange steigt lodernd empor."

Diar:
„Sprich und sag' es jetzt, mein Sohn,
wenn weise Du es weißt:
Was ist der Weg des Wurms des Feuers?
Was bringt das Brodeln seiner Glut?"

Magaz:
„Der Wand'rer wird nun zum Drachen,
die Hitze des Wurms erreicht den Hals:
dann entfaltet die Fylgja ihre Flügel,
dann steigt die Seele des Sehers auf."

Diar:
„Sprich und sag' es jetzt, mein Sohn,
wenn weise Du es weißt:
Wohin wendet sich der Seher,
der als Fylgja über sich schwebt?"

Magaz:
„Er reist als Rabe übers Land,
er zieht als Möwe übers Meer,
er fliegt als Adler hoch nach Asgard,
er ist im Nu an jedem Ort."

Diar:
„Sprich und sag' es jetzt, mein Sohn,
wenn weise Du es weißt:
Wie kann der Wand'rer gelangen
in die hohen Hallen der Hel?"

Magaz:
„Er schlüpft als Schlange in den Schlund der Erde,
er dringt als Drache in die feurigen Tiefen,
er taucht als Lachs in die tonlosen Tiefen
in die Algenarme der Riesin Ran."

Diar:
„Sprich und sag' es jetzt, mein Sohn,
wenn weise Du es weißt:
Was sehen die Menschen am Hügel des Mondes,
wenn der Seher solcherart reist?"

Magaz:
„Im Wach-Traum sieht niemand des Sehers Wandern,
verborgen ist sein Wirken den Augen:
er trägt den tarnenden Mantel Andvaris,
nur Seher selber sehen solch eine Seele."

Diar:
„Sprich und sag' es jetzt, mein Sohn,
wenn weise Du es weißt:
Warum streben Seher schon seit eh'
nach dieser Gabe des Gottes Odin?"

Magaz:
„Als Fylgja sehen sie fernste Strände,
sie sprechen mit den alten Ahnen,
sie sitzen zusammen mit klugen Zwergen,
und reden mit den ratweisen Asen."

Diar:
„Sprich und sag' es jetzt, mein Sohn,
wenn weise Du es weißt:
Wohin wandert der Seher dann,
wenn er weiß, was er wissen wollte?"

Magaz:
„Die Fylgja fügt sich in den Leib,
die Glieder werden sich wieder regen:
der Seher berichtet und rät den Recken,
die Weisheit der Götter gibt er ihnen."

Diar:
*"Sprich und sag' es jetzt, mein Sohn,
wenn weise Du es weißt:
Was ist das Ende der Wand'rung des Weisen,
wenn sie wieder bei Menschen weilen?"*

Magaz:
*"Sie danken den Göttern mit Opfergaben,
sie danken den Ahnen mit altem Lied,
die danken der Fylgja, der sie folgten,
und sie erhalten den Dank der Sippe."*

Drottningar (sitzt links von Magaz und ist ihm zugewandt):
*"Gut hast Du gesprochen, Magaz,
nun folge diesem Seher-Pfad:
Dein Wissen hast Du nun bewiesen,
nun reise zu der Rater Reich!"*

Diar (sitzt rechts von Magaz und ist ihm zugewandt):
*"Bitte Tyr das Tor zu öffnen,
verlasse nun Deinen liegenden Leib:
reiche Fenrir Deine rechte Hand,
folge Tyr auf seinem finst'ren Pfad!"*

Drottningar:
*"Geh zu Freya, der Asgard-Frau,
vertraue ihr und folge ihr,
sie wird Dich im Dunklen halten,
und in Hels Halle bei Dir sein."*

Diar:
*"Rufe Odin, den Rätsel-Rater,
reiche Dein Auge Mimir dem Riesen,
trinke den Tank aus des Brunnens Tiefe,
folge dem Pfad des Raben-Asen!"*

Drottningar:
„Fürchte nicht die finstere Hel,
die schwarz und rote Schlangen-Riesin,
denn sie ist nur dunkel durch deine Angst:
Hel ist Freya und Freya ist Hel."

Diar:
„Sterbe still den dreifachen Tod:
hänge wie Harbard am hohen Baum,
falle hinab in finstere Flut,
ertrinke in Gjallars tosender Gischt."

Drottningar:
„Im Dunkel ist Freya, im Finst'ren ist Frigg,
sie warten auf alle, die diesen Weg wandern;
sie zu umarmen, zu halten, zu wärmen
und mit ihnen zu teilen die Nacht."

Diar:
„Reise in der Riesen Reich,
eile hinab zur Halle der Hel,
laß Deinen Leib hier bei uns liegen,
werde ein Adler, ein Alfen-Vogel."

Drottningar:
„Freya wird Dir Leben geben,
Dich gebären, Dich gestalten,
Dich ganz heilen, Dir ganz helfen,
Freya fügt Dir Hand und Auge."

Diar:
„Kehr bald zurück zu den Kotten der Sippe,
wie Freyr von Gerda, wie Odin von Gunnlöd
wie Thor von Jarnsaxa, wie Odin von Jörd,
wie Loki von Sif, wie Njörd von der Skadi."

Drottningar:
„Lausche und warte, verzweifle nicht,
Idun naht Dir mit milden Gaben,
mit dreierlei Äpfeln von Yggdrasil:
die Gabe des Lebens der lichten Asin."

Diar:
„Höre, der Skalde spielt auf der Harfe,
heim Dich zu holen aus Hels tiefer Kammer,
die Sonne steigt auf an strahlendem Himmel,
der Asen Beste beendet die Nacht."

Drottningar:
„Magaz, atme tiefer, öffne die Augen,
laß den Schlummer langsam weichen:
Met im Goldhorn, edelste Gabe,
wartet auf den Wand'rer, auf Dich."

Mondfels/Drachennest: Hügelgrab
des Feuers Quelle: Die Germanen hatten die Vorstellung, daß aus den Hügelgräbern, in denen der Geist des Toten noch anwesend war, Feuer loderte. Möglicherweise ist dies durch die hellseherische Wahrnehmung des Leuchtens über frischen Gräbern entstanden, vielleicht aber auch durch die Auffassung des Feuers als Tor ins Jenseits und durch die Brandbestattung.
Ran: Diese Riesin ist sozusagen die „Hel des Meeres".
Heimdall: Als Wächter der Regenbogenbrücke ist dieser Ase auch mit allen anderen Jenseitswegen verbunden.
Regenbogen-Roß: Dies ist eine Umschreibung für alle Hilfsmittel auf der Reise ins Jenseits.
Wegtam: Odin
Ullr: Er war der Bogengott. Möglicherweise war er für die Jagd auf das Opfertier (Hirsch, Eber u.a.) zuständig.
Ymirs Erde: Dies ist eine Umschreibung für „Fleisch", da aus dem Fleisch des Urriesen Ymir die Erde erschaffen wurde.
Volkrast: Dieser Zwerg wird in dem Lied zur Man-Rune erwähnt. Die letzten drei Verse dieser Strophe sind eng an das Man-Runenlied aus der Edda angelehnt.
Hyrrokkin: Dieser Name, der „Rußgeschwärzte" bedeutet, ist ein Beiname der Riesin Hel, den sie bei Baldurs Feuerbestattung trug.
Traum-Tod: Umschreibung für Traumreise/Astralreise

Gode: Thing-Leiter und Priester eines Stammes.

Fylgja: Sie ist der Seelenvogel, aus dem sich u.a. die Walküren (Schwanenfrauen) entwickelten.

Raben-Ase: Odin

Harbard: Odin, wörtlich: „Graubart"

Gjallar: Jenseitsfluß, wörtlich: „Tosender"

Dreifacher Tod: Dies ist ein wichtiges Motiv bei den keltischen Druideneinweihungen, das es möglicherweise auch bei den Germanen gegeben hat – zumindestens hängt auch Odin bei seiner Einweihung am (Welten-)Baum.

Gerda, Gunnlöd, Jarnsaxa usw.: Namen von Riesinnen, mit denen sich die Asen vereint haben. Sie sind Gestalten der Muttergöttin im Jenseits, die nach dieser Wiederzeugung die Toten wiedergebiert.

Harfe: Das Harfenspiel am Ende der Einweihung ist von den Druiden bekannt und daher auch bei den Skalden denkbar.

Die in den Versen beschriebene Folge der Schwere des Körpers, des Spürens eines leichten Vibrierens, der Losgelöstseins vom Körper, der Entstehung von Wärme, des Aufsteigens der Kundalini und des dann folgenden Austritt des Astralkörpers entspricht der Folge der Phänomene, die die meisten Menschen beim Erlernen der Astralreise erleben.

XV Traumreise zu den Drachen

Die Vielfalt der Drachen und Schlangen macht es schwierig, eine einzige Traumreise zu „dem Drachen" und zu „der Schlange" zu unternehmen. Es scheint dem Thema angemessener zu sein, es in mehrere Traumreisen aufzuteilen. Doch selbst dann, wenn man nur die wichtigsten Schlangen und Drachen auswählt, kommt man schnell auf zwanzig verschieden Schlangen bzw. Drachen. Daher ist dieses Kapitel im Vergleich zu den entsprechenden Kapiteln in den meisten anderen Bänden dieser Reihe etwas länger geworden.

Die drei letzten Traumreisen sind frühere Reisen von mir und meinem Freund Jörg, auf denen wir Drachen bzw. Schlangen begegnet sind.

Bei einer Traumreise legt oder setzt man sich entspannt hin und konzentriert sich dann auf das Ziel. Wenn es ein konkreter Ort ist, kann man in seiner Vorstellung dorthin fliegen; wenn es ein Gegenstand ist wie z.B. ein Kügelchen eines homöopathischen Heilmittels, kann in seiner Vorstellung in dieses Kügelchen hineingehen; und wenn es ein Symbol ist, kann man durch ein Bild dieses Symbole wie durch eine Tür hindurchgehen. Auf diese Weise wird definiert, wohin man gelangt.

Dann schaut man, welche Bilder oder andere Wahrnehmungen man hat. Anschließend schreibt man sie am besten gleich auf, damit nichts von ihnen in Vergessenheit gerät. Erst danach ist der Verstand an der Reihe mit den Betrachtung der Bilder – vorher, also während der Reise geht es darum, möglichst viele und detailreiche Bilder zu erlangen, völlig egal, ob sie dem Verstand plausibel erscheinen oder nicht. Wie bei jedem Experiment werden erst die Daten gesammelt und dann die Daten analysiert.

Die Frage nach dem „Wahrheitsgehalt" dessen, was man auf einer Traumreise sieht, läßt sich manchmal überprüfen, wenn man z.B Informationen über Orte erhält, an denen man noch nie gewesen ist. Wenn man zu zweit oder zu mehreren gleichzeitig in derselben Vision unterwegs ist, wird man feststellen, daß fast immer alle dasselbe sehen, was eine andere Art von Bestätigung ist, daß diese Visionen nicht nur „erfunden" sind.

In der Regel sind aber schon die Bilder an sich überzeugend und bereichernd – und voller Überraschungen.

Es ist generell sinnvoll, alle Möglichkeiten auszuschöpfen, um eine Sache zu verstehen – in Bezug auf die Schlangen- und Drachensymbolik der Germanen die überlieferten Texte, die archäologischen Funden, der Vergleich mit den Mythen anderer Völker und die schließlich auch die Traumreisen. Es ist dabei jedoch wichtig, stets die Quelle einer Information bewußt zu haben, da ein archäologischer Fund etwas völlig anderes ist als eine Traumreise.

Ein archäologischer Fund ist ein sicherer Hinweis – auch wenn die Deutung manchmal recht subjektiv sein kann. Eine Information aus einer Traumreise ist ein „subjektiver Hinweis", der allerdings manchmal helfen kann, die „objektiven Funde" neu zu ordnen und schlüssiger zu interpretieren und die großen Zusammenhänge und Entwicklungslinien klarer zu sehen.

Dann haben die Traumreisen noch den Aspekt, daß derartige Visionen im Kult, bei Heilungen und anderen Ritualen stets eine wichtige Quelle für die Weiterentwicklung und Ausgestaltung von Mythen gewesen sind. Diese Traumreisen haben daher nicht nur einen Forscher-Aspekt, sondern auch eine kreative Seite, die die Mythen entsprechend der Entwicklung der Menschen und ihrer Lebenssituation anpaßt – letztlich sind Mythen schließlich eine Weltbeschreibung.

Schließlich stellt sich noch die Frage, welchen Realitätsgrad man den Gottheiten beimißt, denen man auf den Traumreisen manchmal begegnet, da die Deutung der Traumreisen zu einem großen Teil auch von der Antwort auf diese Frage abhängt. Diese Frage läßt such jedoch nicht akademisch, sondern nur durch die eigenen Erfahrungen mit den Gottheiten beantworten.

Die Texte zu den Traumreisen sind meistens nicht allzulang, aber die erste Traumreise hat z.B. dennoch 20 Minuten gedauert – die „Traumzeit" hat eine ganz andere Geschwindigkeit als die „normale Zeit". Zwischen den einzelnen Sätzen oder manchmal auch Satzteilen liegen immer mehr oder weniger lange Lücken, in denen ich nur schaue, was ich sehe. Je nach dem Thema können Traumreisen auch zwei Stunden und länger dauern – die letzte hier aufgeführte Traumreise ist eine solche „lange Traumreise" gewesen.

Die folgenden Traumreise-Texte sind kaum bearbeitet worden, da sie in dieser Form die Stimmung der Reise besser wiedergeben.

XV 1. Die Riesen-Schlange auf den skandinavischen Steinritzungen

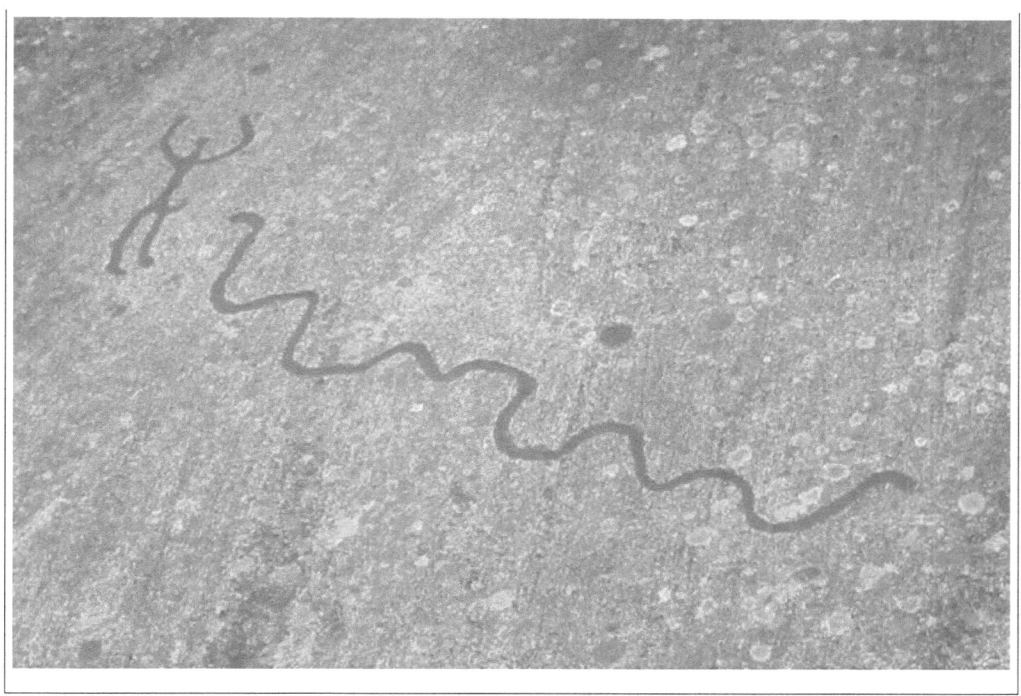

Ich gehe innerlich zu der Felsritzung in Schweden und stehe vor ihr.

„Mann, wer bist Du, mit den erhobenen Armen und dem erhobenen Penis?"
„Komm in mich hinein."

Damit habe ich nicht gerechnet ... Ich gehe in den Mann hinein und sofort ändert sich der optische Eindruck, den ich habe.

Die Schlange vor mir ist auf einmal lebendig. Ich stehe in einer Landschaft. Felsig, rechts von mir ist das Meer.

Wer bin ich jetzt? Es ist ein komisches Gefühl. Es gibt in der psychedelischen Kunst Bilder, die überscharfe Konturen haben, die extrem klar und plastisch aussehen – und so fühle ich mich an: als hätte ich ganz scharfe Konturen in jedem Detail, als wäre alles noch substantieller als in der normalen Welt, und alles ist „präziser" – ein komisches Wort dafür – und es ist alles farbig.

Dasselbe hat auch diese Schlange – die hat auch diese Schärfe und sie schimmert. Sie ist da vor mir.

Der Punkt über der Schlange ist die Sonne, die sehe ich hinter ihr leuchten. Die steht von da aus, von wo ich gucke, im Süden; ich stehe im Norden der Schlange, d.h. die Sonne steht im Süden und es ist Mittag.

Aber wer bin ich? (d.h. wer ist der Mann mit den erhobenen Armen?)

Ich bin eigentlich kein Mensch – jedenfalls kein physischer Mensch.

Daß die Schlange sich vorne aufrichtet, entspricht meinen erhobenen Armen.

Ich schaue auf sie und sie schaut auf mich. Es hat einen Grund, daß wir voreinander sind: Wir müssen uns treffen.

Die Schlange gehört zur Sonne, das kann ich fühlen. Deshalb ist auch die Sonne darüber.

„Wer bist Du, Schlange?"

„Du weißt es doch schon."

„Bist Du Tyr?"

„Ich bin das Drachenschiff. Und ich bin die Sonne in der Unterwelt."

Ich wechsele jetzt die Seiten – ich gehe in die Schlange hinein um zu sehen, wer der Mann ist, der da vor mir steht.

Es ist kein einfacher Mensch und es ist auch kein König, die gab es damals ja noch gar nicht; und auch kein Fürst und er ist auch kein Priester. Ist das Tyr? Ich bin nicht sicher.

Ich wechsle wieder zurück in den Mann.

„Was tun wir beide hier, wenn wir uns treffen?"

„Wir rufen uns."

„Und wann?"

„Am Abend und am Morgen."

„Seid ihr beide die Sonne?"

Ich höre keine Antwort und spüre innerlich nach …

Stimmt nicht so ganz …

„Seid ihr beide der Göttervater? Seid ihr der Zyklus? – Ihr seid der Zyklus. Der Zyklus von Diesseits und Jenseits?"

„Ja."

„Und die Sonne ist Teil des Zyklus?"

„Ja."

„Der Göttervater Tyr?"

„Der auch."

Mann – oder Drache – kannst Du mir etwas zeigen oder sagen, daß ich Dich besser verstehe und auch den Mann hier?"

Die Farbe der Schlange war vorher so ein dunkles Blaugrau mit metallischem blauen Schimmern. Jetzt fängt sie an, gelb-rot zu leuchten und wird immer mehr golden; sie fängt an heiß zu werden, die Hitze geht von ihrer Mitte aus – gefühlsmäßig von ihrem Sonnengeflecht; jetzt wird sie immer heller, richtig gleißend-weiß. Jetzt steigt sie am Himmel auf; sie fährt – sie schwimmt über den Himmel, und in ihr oder auf ihr ist die Sonne. Sie zieht immer weiter über den Himmel.

Jetzt steht sie im Westen und das Licht wird schwächer. Sie kommt zu einer Insel – das ist wohl Walaskialf oder Avalon, wie es die Kelten nennen, oder Atlantis, wie es die Griechen nennen … die Jenseitsinsel.

Da geht die Schlange unter die Erde und wird schwarz. Was heißt Erde? Da ist Wasser – sie versinkt im Wasser. Wie es in der Edda heißt – sie ist dann die Schwarzsonne.

Und der Mann?

Ich gehe aus dem Mann raus und frage ihn.

Erst bedanke ich mich noch bei der Schlange.

Dann frage ich den Mann, ob er mir etwas zeigen kann, wodurch ich ihn besser verstehe.

„Sei da. Sei jetzt hier. Lebe. Sei präsent. Fühle Deine Kraft und lebe sie. Leuchte von innen her."

Ich habe vorher schon fünf oder sechs Seufzer getan, aber nun kommt ein ganz tiefer Seufzer – das sind Zeichen, das ich etwas Wichtiges gehört oder gesehen habe …

Wenn ich mir das so anschaue, könnte ich eigentlich auch noch die Sonne fragen, d.h. ich frage vorher noch einmal den Mann, ob sein (erhobener) Penis eine Bedeutung hat.

„Damit man sieht, daß ich ein Mann bin. Und er ist der Quell des Lebens und ein Quell der Freude. Und dafür sind wir hier – in Freude leben."

„Und Du, Sonne? Magst Du mir etwas sagen oder zeigen?"

„Du hast es eben schon gesehen – den Zyklus."

„Gibt es etwas, was ihr mir sagen mögt? Einen Rat für mich, für mein Leben – da, wo ich gerade bin?"

„Es ist gut, was Du gerade machst. Mach damit weiter."

„O.k. … Ich danke Dir, Mann; und ich danke Dir, Schlange; und ich danke Dir, Sonne. Ho!"

Diese überscharfen Konturen finden sich in der Meditation in dem Übergangsbereich zwischen Psyche und Seele. Normalerweise sind die Bilder dieses Bereiches jedoch auch noch strahlend-farbig leuchtend sowie fließend und verformen sich ständig – hier waren es jedoch weitestgehend schwach-leuchtende, leicht farbige „Standbilder".

XV 2. Die Kundalini-Schlange auf dem Größeren Goldhorn von Gallehus

Ich gehe zu dem Goldhorn und schaue, wo sich auf ihm die Szene befindet – die Szene mit dem Mann und der eingerollten Schlange.

Dann stelle ich mir vor, daß dieses Zeichen, diese Szene auf einer Tür ist und gehe dann durch die Tür.

Ich sehe eine Landschaft mit Bergen. Es sind eher abgerundete Berge, keine hohen Berge, sie haben oben ein bißchen Fels, aber es ist kein Hochgebirge. Rechts weiter unten ist ein See. Ich sehe viele Wiesen – meistens auf flachen Hügeln.

Ich bin mir unsicher, ob es richtig war, durch das Zeichen als Tür, also in das Thema hinein zu gehen und es mir von innen her anzusehen – statt mit dem Mann und der Schlange von außen her zu sprechen. Aber ich schaue mir das jetzt mal auf diese Weise an.

Ich möchte wissen, wo ich hier am sinnvollsten hingehe.

Es kommt ein Vogel. Ich weiß nicht, welche Vogelart das ist. Es ist kein Raubvogel; er hat ungefähr die Größe einer Elster, aber er hat einen kürzeren Schwanz und er ist braun und er wirkt „gemütlicher" als eine Elster. Sein Schnabel sieht ungefähr wie der einer Amsel aus, aber er ist ebenfalls braun und nicht gelb wie bei der Amsel. Ich weiß nicht, was für ein Vogel das ist.

„Weißt Du, wo ich hier in dieser Landschaft das wichtigste finden kann?"

Der Vogel fliegt sofort los und ich fliege hinterher.

Da ist ein Waldrand. Links ist der Wald, rechts davon ist ein sanfter, flacher, grasbewachsener Hang – von dort hat man eine wunderbare Aussicht. Ich fliege, glaube ich, Richtung Südosten – dahinten kann ich die Sonne sehen. Sie ist noch nicht ganz oben am Himmel – wir haben Vormittag. Links ist der Wald, rechts ist eine Wiese, ein sanfter Abhang.

Gleich am Rand des Waldes auf der Wiese ist ein Platz, an dem liegt Laub, dort wächst auch ein bißchen Gras. Der Wald scheint ein Buchen-Eichen-Mischwald zu sein.

Der Vogel setzt sich an diesen Platz.

Ich kann sehen, daß das ein Platz ist, an dem meditiert wird. Das spüre ich.

Es ist, als wenn jemand unsichtbar da wäre.

Ich frage den Vogel, was ich da tun soll.

„Setz' Dich da hin und meditiere."

„Und Du?"

„Ach, ich schau mal ... Wenn Du mich brauchst, werde ich schon da sein."

Ich setzte mich hin und überlege, in welcher Haltung ich meditieren soll. Im halben Lotussitz? Nein, es ist eher der Drachensitz. Aber auch das stimmt aber nicht ganz. Hm …

Ich spüre längere Zeit nach, welche Haltung die richtige ist.

Ah, jetzt hab' ich's! Ich habe auf einmal eine Decke, die ich zusammenrolle und auf die ich mich setze. Ich lege meine Füße neben diese Decke, also Knie nach vorne und dann nach hinten abgewinkelt wie beim Drachensitz, aber die Füße nicht unter den Hintern, sondern außen neben ihn.

Das entspricht einigen der Darstellungen auf den beiden Goldhörnern von Gallehus.

Und die Hände? Hm …

Das ist, als würde ich nachspüren, wie der, der hier unsichtbar da ist und der hier sonst sitzt, da normalerweise beim Meditieren sitzt.

Ich lege die Hände flach auf meine Oberschenkel – das stimmt noch nicht so ganz, aber ich glaube, es ist genau genug.

Ich spüre nach, welche Form der Meditation das ist.

Es ist eine Atemmeditation, also Pranayama.

Ja, das ist eine Kundaliniyoga-Übung, die ich kenne: Bei ihr atme ich schnell ein, eigentlich sauge und schlürfe ich dabei den Atem ein, aber das ist hier, glaube ich, nicht so – nein, das gehört nicht dazu. Also schnell einatmen und dabei innerlich in meinem Körper Licht nach oben emporziehen. Und beim Ausatmen fließt das Licht außen wieder herunter. Normalerweise spannt man bei dieser Meditation beim Einatmen den Beckenboden an, aber das gehört hier nicht dazu – hier wird einfach nur der Atem als eine „Lichtpumpe" benutzt. Dann mach ich das mal.

Das dauert eine ganze Weile …

Ich habe das Gefühl, daß ich dabei innerlich etwas sprechen sollte, aber ich bin mir nicht sicher, ob ich einfach nur will, daß es schneller geht.

Das Mantra ist in diesem Fall beim Einatmen „Drache" und beim Ausatmen „komm!". Das fühlt sich schlüssig an – ich bin mir nur nicht sicher, ob das im Original dazugehört hat oder ob ich das jetzt nur selber hinzufüge, weil mir das so vertraut ist.

Ich meditiere auf diese Weise eine Weile.

Ich höre auf einmal jemanden lachen. Ich habe das Gefühl, daß da links hinten am Waldrand ganz viele Menschen sind – sie sehen, was ich tue, und sie stimmen dem zu, daß ich das mache, aber ich wundere mich, daß sie da sind.

Ich mache einfach weiter mit dem Meditieren. Das dauert wieder eine ganze Weile.

Da kommt aus der Erde eine riesige Schlange. Sie kommt da nicht herausgekrochen, sondern ich kann sie unter mir in der Erde aufsteigen sehen. Sie ist ziemlich riesig, wenigstens zehn Meter lang, vielleicht auch länger. Sie ist ziemlich dick. Sie berührt mit ihrer Zunge mein Wurzelchakra wie auf dem Bild auf dem Goldhorn.

Da zuckt etwas durch mich nach oben – wie ein Blitz. Das ist keins der Phänomene aus dem Kundaliniyoga, die ich schon kenne. Das ist, als würde der Weg freigemacht oder eine Verbindung hergestellt. Ich fühle mich jetzt aufrechter.

Ich mache mit dem Atmen und mit dem Mantra weiter. Das dauert eine Weile.

Ich frage die Schlange, was jetzt als nächstes geschieht – denn diese Meditation ist ja eine bestimmte Szene aus einem längerem Vorgang.

„Ich steige auf."

„Magst Du mir das zeigen? Ich würde das gerne erleben."

Es passiert schon.

Ich spüre eine längere Weile nur dem nach, was geschieht.

Ich fühle mich erfüllt von der Lebenskraft, von der Wärme.

Es ist nicht so, als ob die Kundalini tatsächlich aufsteigen oder eines der Kundalini-Phänomene auftreten würde, sondern so, als ob ich wie einen Schatten von ihnen erleben würde, oder wie ein Bild davon – oder wie eine Erinnerung davon – ja, 'Erinnerung' beschreibt es, glaube ich, ganz gut.

Ich spüre der Wärme und dem Erfülltsein in mir nach.

„Was passiert hier normalerweise dann als nächstes?"

„Du stehst auf."

Das tue ich.

„Dann erhebst Du Deine Arme Richtung Sonne und singst."

Das tue ich eine Weile lang.

Ich will die Frage stellen, was ich singen soll, aber da kommt ganz klar Einspruch – ich soll einfach dabei bleiben und mir jetzt keine Gedanken darüber machen, was da früher gesungen worden ist, sonder weiterhin improvisiert singen.

Das tue ich eine Weile lang.

Ich stehe mit erhobenen Armen da, den Blick auf die Sonne gerichtet und fühle die Schlange in mir – das fühlt sich gut an.

So stehe und singe und meditiere ich eine längere Zeit.

Die Menschen halten noch immer einen ziemlich weiten Abstand zu mir – so 50, 60m. Aber diese Menschen gehören wohl dazu … Die Meditierenden haben das früher auch alleine gemacht, d.h. sie waren an diesem Platz alleine, aber alle anderen, die irgendwie mit dem Ritual zu tun hatten, schauen ihnen aus der Ferne zu.

Ich mache wieder mit dem Singen weiter.

„Und was geschah als nächstes?"

„Du bist ungeduldig."

„O.k."

Ich mach mit dem Singen weiter.

Halb merke ich es, halb sehe ich es in dem Bild, daß mein Sonnengeflecht zu leuchten beginnt – so wie in der vorigen Traumreise das Sonnengeflecht der großen Schlange geleuchtet hat.

Ich singe innerlich weiter und spüre das Leuchten in mir. Jetzt spüre ich mein Sonnengeflecht auch physisch – es wir heiß.

Ich singe und meditiere wieder eine längere Zeit weiter – mit zur Sonne erhobenen Armen.

Jetzt spüre ich auch das unterste Chakra, nur ganz sacht, aber deutlich – wie eine kreisende Hitze. Diese Empfindung ist mir vertraut.

Ich singe und meditiere weiter.

Mir fällt gerade auf, daß auf dem Goldhorn bei den beiden Darstellungen des Tyr auf dessen Wurzelchakra eine Sonne gemalt ist und ebenso auch auf der Brust – ich habe eigentlich gedacht, daß das das Herzchakra sei, aber vielleicht ist da auch das Sonnengeflecht gemeint … nein, es ist das Herzchakra gemeint.

Ich singe und meditiere weiter.

Ich glaube, ich habe erst einmal genug.

„Schlange, kannst Du mir sagen, warum der Mann auf diesem Bild so stark stilisiert ist?"

„Es ist ein altes Bild."

Es wurde auch geschnitzt oder aus Metall gebogen.

Da bin ich mir jetzt nicht sicher, ob das jetzt eine Vermutung von mir ist oder eine Antwort.

„Warum hat der Mann einen eckigen Kopf?"

„Stell Dir mal vor, Du hättest einen eckigen Kopf."

Ich bekomme das Gefühl von vier Richtungen – aber auf den Steinritzungen ist die Sonne doch rund mit einem Kreuz in diesem Kreis … ist dieser rautenförmige Kopf eine Variante davon? Hm, das überzeugt mich noch nicht …

„Verfolge diesen Mann in der Zeit zurück – diesen stilisierten Mann."

Das mach ich.

Ich habe dabei die ganze Zeit das Gefühl von Feuer, von rotgelber Farbe, von Lava, von Expansion. Ich bin mir nicht sicher, ob ich gerade zeitlich zurückgehe; ich glaube, das war gerade eine andere Richtung – eher in das Innere, in das Kundalinifeuer hinein.

Ich fange noch mal neu an. Ich konzentriere mich und reise in der Zeit zurück. Ich gehe bis 1800 v.Chr. zurück, also bis in die früheste Zeit der Germanen in Skandinavien, und schaue, ob ich diesen Mann irgendwo sehen kann. Es erscheint nichts, was wirklich klar wäre ... ich kann sehen, daß der Mann eine Haltung beim Meditieren darstellt. Ich sehe Lederkleidung.

Ich gehe noch einmal weiter in der Zeit zurück bis nach Südosteuropa zu den Vorfahren der Germanen – da kann ich spüren, daß das Zeichen dort nicht existiert.

Jetzt habe ich das Gefühl, daß es etwas mit der Megalithkultur zu tun hat, die die Germanen in Skandinavien vorgefunden haben. Ich habe das Gefühl, daß dieser eckige Kopf aus der Meglithkultur übernommen worden ist, aber das muß ich erst einmal nachprüfen – ob ich das da irgendwo finden kann.

„Danke, Schlange, für all das, was Du mir gezeigt hast! Ich danke auch Dir, Mann!"
Ich gehe zurück zu dem Ausgangspunkt.

Oh, diese ganzen Menschen winken mir. Dann winke ich mal zurück.

Jetzt gehe ich wieder durch die Tür. Jetzt sehe ich das Goldhorn wieder vor mir. Jetzt beende ich die Reise. Ho!

Die Traumreise hat insgesamt 35 Minuten gedauert. Gut ein Viertel davon habe ich meditiert.

Mein Wurzelchakra und mein Sonnengeflecht sind auch beim Aufschreiben beide heiß geworden – sehr angenehm!

Der Vogel sah aus wie eine zu groß geratene Wacholderdrossel, aber auch ähnlich wie ein Spatz – ich habe ihn auch anschließend nicht näher bestimmen können.

Die einzigen Karos, die ich in der Megalithkultur habe finden können, sind die auf den Megalithen von Newgrange in Irland, wobei sich diese Karos jedoch nur sekundär durch die eng aneinanderliegenden, kreisförmigen Spiralen auf dem Stein ergeben haben und keine primäre Form sind. Es bleibt somit fraglich, ob der stilisierte Mann tatsächlich aus der Megalithkultur übernommen worden ist. Interessanterweise sind auch die kubischen Menschendarstellungen von Göbekli Tepe bislang ungedeutet.

Diese Traumreise hatte von ihrer Szenerie her eine große Ähnlichkeit mit der vorigen Reise: Sonne, Schlange und Mann ...

XV 3. Die drei Schlangen auf dem Größeren Goldhorn von Gallehus

Ich gehe innerlich zu dem Goldhorn und blicke auf die Szene mit der Schlange, die zwei andere zu stillen scheint. Ich gehe in der Zeit zurück bis 400 n.Chr. bis dahin, wo der Goldschmied Hlewagastiz dieses Goldhorn angefertigt hat und ich frage ihn, was diese drei Schlangen bedeuten.

Er sagt: „Tyr und seine Söhne."

Ich bin mir unsicher, ob er das gesagt hat oder ob ich mir das jetzt ausgedacht habe – aber bisher habe ich ja geglaubt, daß das eine 'stillende Schlange' sei … daher werde ich wohl tatsächlich den Goldschmied Hlewagastiz gehört haben.

Ich spreche die Schlange selber an: „Wer seid ihr?"

„Grabak, Goin und Moin." kommt als Antwort.

„Was machen die beiden kleinen Schlangen denn da?"

„Die sind bei ihm."

Ich gehe in die große Schlange.

Die fühlt sich eindeutig männlich an.

„Und warum bist Du da abgebildet?"

Es kommt keine Antwort.

Ich frage den Schmied Hlewagastiz: „Warum ist sie da?"

„Tyr reist in die Unterwelt mit seinen Söhnen."

Hlewagastiz sagt, er ist das Vorbild für die, die die bei dem Ritual, die dem dieses Horn benutzt wird, in das Jenseits reisen.

„Ist denn die Deutung der Hindin mit dem Kitz links daneben auf dem Horn als Stillen richtig?"

„Ja."

„Dann möchte ich Dich gleich auch noch fragen, ob die Deutung des Mannes und die Frau, die gekreuzt übereinanderliegen, als Vereinigung richtig ist. Oder was stellt das da?"
„Das ist Tyr und eine Göttin; der Jenseitsreisende und eine Göttin."
„Gibt es vielleicht etwas, was Du mir sagen willst, Hlewagastiz?"
„Ich freue mich, daß diese Goldhörner erhalten geblieben sind."
„Ein Goldschmied hat sie, kurz nachdem sie wiederentdeckt worden sind, gestohlen und eingeschmolzen."
„Aber die Replik ist da und das Bild ist da – und das freut mich."
„Sind denn meine Deutungen der Bilder richtig?"
„Die sind schon ganz gut."
„Danke für das, was Du mir erzählt hast."
Ich gehe wieder zurück.
„Ho!"

Die Deutung der drei Schlangen als Tyr-Grabak und seine beiden Alcis-Söhne, die als Schlangen Goin und Moin heißen, ist neu. Diese Deutung löst zwei Ungereimtheiten auf: Zum einen können Schlangen gar nicht stillen und zum anderen hätte eine kleine Schlange genügt, um den Jenseitsreisenden darzustellen.

Nach dieser Traumreise habe ich alle Stellen, an denen ich diese drei Schlangen als die stillende Jenseitsgöttin in Schlangengestalt gedeutet habe, in „Tyr und seine Söhne" abgeändert.

Diese Traumreise hat 8 Minuten gedauert. Der wenige Text zeigt, wieviele Pausen eine solche Reise enthalten kann, in denen man innerlich schaut und spürt, bis man die nächste Information erfaßt hat.

XV 4. Der große Drache auf den Bildsteinen

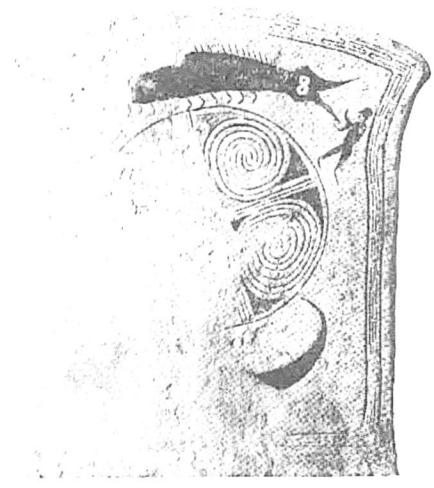

Die Szene auf diesem Bildstein, der um ca. 450 n.Chr. hergestellt worden ist, also zur selben Zeit wie die beiden Goldhörner von Gallehus, hat eine große Ähnlichkeit mit der skandinavischen Steinritzung, die in der ersten Traumreise betrachtet worden ist: Es sind ein Drache, ein Mann, die Sonne und noch zusätzlich ein Schiff zu sehen. Die Aufgabe des Schiffes hatte in der Steinritzung die Schlange inne, die sich selber als Sonne in der Unterwelt und auch als das Drachenschiff der Sonne in der Unterwelt bezeichnet hat. Auch in der zweiten Traumreise zu der Kundalini-Szene waren der Mann, die Schlange und die Sonne die drei zentralen Motive.
Die enge Verbindung diese drei fällt mir erst jetzt bei diesen Traumreisen auf.

Ich gehe zu dem Stein mit der Sonne und dem Drachen und dem Mann und dem Schiff. Ich frage, ob diese zweidimensionale Darstellung sich in eine 3D-Darstellung verwandeln kann. Das passiert auch sofort.
Ich sehe eine Landschaft, sie ist flach, fester Boden, aber kein Fels, aber sehr fest festgetreten, wie mir scheint.
 Da steht dieser Drache mit den vielen Beinen, der ganz dick ist und diese fast schnabelartige Schnauze hat. Vor ihm steht ein Mann und oben scheint die Sonne. Das Schiff ist hinter mir – es ist nicht so deutlich zu sehen. Die Sonne steht ziemlich weit oben, d.h. es muß ungefähr Mittag sein. Sie steht ein bißchen links, d.h. ich blicke wie bei den vorigen Traumreisen ungefähr nach Süden.
Der Mann hat seine Hände halb erhoben, etwa auf Schulterhöhe. Er scheint mit dem Drachen zu sprechen. Es macht auf jeden Fall – Wie soll ich sagen? – einen

vertrauten Eindruck. Ich weiß nicht, ob man es freundschaftlich nennen kann, aber auf jeden Fall vertraut und friedlich.

Ich gehe näher zu dem Mann, stelle mich links neben ihn und sehe diesen Drachen mit seiner ungewöhnlichen Form. Er ist fast ein bißchen wie ein Fisch mit Beinen: er ist nach hinten spitz, nach vorne spitz und in der Mitte dick. Er ist eigentlich wie ein Fisch. Aber warum das Ende des Maules, der Ober- und Unterkiefer immer hoch- und runtergebogen ist, das weiß ich nicht so recht.

Ich frage den Mann, was er da macht.

„Stör' mich nicht!"

Der Mann blickt auf den Drachen. Ich gehe auf die Drachenseite rüber. Der Drache fühlt sich sehr beweglich an und er fühlt sich erstaunlich weich an – das hätte ich jetzt nicht gedacht.

Ich schaue mir diesen seltsamen Schnabel an – das ist tatsächlich wie ein Schnabel. Ich kann keine Zähne sehen, ist das ein Vogelschnabel?

(Beim Schreiben kommt mir die Frage, ob das ein Delphinmaul ist – mittelalterliche Darstellungen von Walen haben oft ein ganz ähnliches Maul.)

Ich kenne keinen einzigen Schnabel und keine einzige Schnauze, bei dem das Ende nach außen gebogen ist. Das ist zum Fressen doch vollkommen unpraktisch …

Ich kann das Drachenauge sehen: Die Pupille ist rund – ich hätte jetzt eigentlich eine andere Form erwartet. Ich kann kein Augenlid sehen – das ist ein bißchen wie ein Fischauge.

Und Beine – etwa ein Dutzend auf jeder Seite.

Der Drache ist ganz auf den Mann konzentriert.

Ich gehe zurück auf die Seite des Mannes und gehe in den Mann hinein. Es ist, als würde er innerlich singen – kein richtiges Lied, sondern einen Vokal. Er singt – singt er für den Drachen? Scheint so.

Und er möchte, daß etwas geschieht. Was will er denn? Der möchte … daß was mit dem Drachen passiert?

Ich schaue einfach mal, ob ich sehen kann, was als nächstes kommt, nach dieser Szene, was dann passiert.

Der Mann ist sowohl in dem Drachen als auch auf dem Drachen. Sie ziehen weiter, sie gehen ins Meer; und die Sonne geht unter.

Das ist dieselbe Szenerie wie bei den anderen beiden Traumreisen mit Sonne, Mann und Schlange.

Ich kehre zu der Ausgangsszene zurück und gehe noch einmal in den Drachen hinein.

Da ist ein ganz klares Gefühl von Aufgabe; er hat eine Aufgabe; da ist Bereitschaft; da ist ein klares Gefühl von Verbindung mit dem Jenseits … durch die Wasserunterwelt schwimmen.

Ich versuche mal zu spüren, ob ich verstehe, warum der so eine komische Schnauze hat – denn auch die Schlangen auf den Runensteinen habe die teilweise – und nicht nur dieser Drache hier.

Ich schaue längere Zeit ohne etwas klares erkennen zu können.

Ich gehe wieder nach draußen aus dem Drachen raus und ich frage ihn, ob er mir zeigen kann, bei welcher Gelegenheit diese seltsame Schnauze von Bedeutung ist.

„Beim Verschlingen der Sonne."

„Beim Verschlingen der Sonne? Verschlingt der Drache die Sonne?"

Hm, da bin ich mir jetzt nicht so sicher, ob das Bild stimmt …

Wieder eine längere Pause ohne neue Bilder.

„Warum hast Du so viele Beine?"

„Weil ich so groß bin."

„Wie groß bist Du?"

„Wie ein Wal."

„Und bist Du ein Fisch?"

„Lebt ein Wal im Wasser?"

„O.k."

„Der Wal ist die Wasser-Jenseitsgestalt von Tyr – oder?"

„Ja."

Wieder eine kurze Zeit ohne neue Bilder.

„Sind das Lippen an Deinem Schnabel?"

Darauf kommt keine klare Antwort.

„Welche Szene ist denn da, bevor der Mann vor dem Drachen steht?"

„Da wandert der Mann als Sonne über den Himmel. Oder er fährt im Schiff über den Himmel."

„Bedeutet das, daß diese Szene (d.h. die Begegnung der beiden) am Horizont stattfindet?"

„Ja."

„Das heißt, das ist der Übergang vom Diesseits zum Jenseits?"

„Ja."

„An der Stelle wechselt die Sonne vom Wanderer zum Drachen, oder vom Schiff zum Drachen, oder sie wird zum Drachen, oder der Drache wird ihr Unterwelts-wasser-Schiff?

„Ja."

„Und am Morgen?"

„Das ist dieselbe Szene. Auch da wechselt dann die Sonne ihre Gestalt."

Hm, ich wüßte immer noch gerne, was das mit diesem Schnabel auf sich hat.

„Dein Leib ist ein Fisch?"

„Ja."

„Und Deine Beine?"

„Keine speziellen Beine. Einfach viele Beine."

„Und Dein Schnabel? Ist das ein Vogelschnabel? Oder ist das ein Fischmaul?"
„Es ist ein Vogelschnabel."
„Und die Spitze, die hoch und runter gebogen ist?"
„Zum Sprechen."
„Die ist dafür da, daß Du sprechen kannst?"
„Sie hat damit zu tun."
„Sind das menschliche Lippen?"
„Nein."
„Hm."
Eine kurze Pause.
„Gibt es etwas, was Du mir zeigen magst, Drache?"
„Ich mag Dir etwas sagen. Ich finde es gut, daß jemand diese alten Bilder mal so genau betrachtet."
„Danke Drache. Gibt es etwas, was Du Dir wünschst?"
„Es ist nicht leicht zu sehen, was ich mir von Dir wünschen könnte. Ich könnte mir etwas für euch wünschen: Daß ihr euch mehr um eure Mythen kümmert, daß euch eure inneren Geschichten bewußter sind, daß ihr sie weiterentwickelt, damit sie ein gutes Bild für das werden, was für euch förderlich ist und was zu tun ansteht."
„Das sehe ich auch so."
„Und wenn ihr das tut, dann werde ich darin von selber meinen rechten Platz haben."
„Und Du, Mann, bist Du Tyr?"
„Ich bin Tyr, aber ich bin auch die Sonne, und ich bin alle Jenseitsreisenden. Ich bin mehr als nur Tyr. Ich bin ein Teil des Bildes des Zyklus, des Sonnenlaufs."
„Ich danke euch beiden!"
„Wir danken auch."
Ich gehe wieder zurück von der 3D-Perspektive in die 2D-Perspektive, also in das Bild. Ich stehe jetzt vor dem Bild. Ich verabschiede mich noch von dem Mann und von dem Drachen und von der Sonne und kehre wieder zurück.
„Ho!"

Mir ist ein Widerspruch aufgefallen: Die Szene spielt bei Sonnenauf- und -untergang, aber die Sonne steht oben am Himmel, d.h. es ist Mittag. Steht sie einfach deshalb dort oben, weil sie wichtig ist?
Möglicherweise ist das Maul des Drachens anfangs nur wie auf diesem Bildstein einfach nur spitz dargestellt worden und erst später dann stark nach außen gebogen. Diese Weiterentwicklung ist evtl. auch nur auf die allgemeine Bildung von Flechtmustern zurückzuführen.
Es findet sich hier noch ein interessantes Detail: Der Kopf des Drachen ist

rautenförmig gezeichnet worden – genauso wie der Kopf des stilisierten Menschen, unter dem sich die eingerollte Schlange befindet. Das könnte bedeuten, daß der Kopf des stilisierten Menschen ein Drachenkopf ist – womit er eng mit dem Ögishelm verwandt wäre, durch den sich ein Mann in einen Drachen verwandeln kann.

Diese Traumreise hat 22 Minuten gedauert.

XV 5.   Die Schlange auf den Vendelzeit-Helmen

Ich gehe innerlich zu einem dieser Vendelzeit-Helme und blicke auf die Schlange, die von hinten her über den Helm nach vorne kriecht.

„Wer bist Du?"
„Kundalini."
„Wer ist dieser kleine Mann?"
„Derselbe wie auf den Steinritzungen und wie auf den Bildsteinen."
„Warum bist Du auf den Helmen?"
„Ich beschütze den Träger dieses Helmes."

„Bist Du auch die Sonne und bist Du Tyr?"
„Ja. Das ist hier dasgleiche."
„Warum hast Du so eine Schnauze, die fast aussieht wie ein Entenschnabel?"
„Das ist der Seelenvogel. Ich bin im Jenseits."
(Beim Aufschreiben fällt mir auf, daß bei den Indogermanen die Seelenvögel wegen der Wasserunterwelt Wasservögel sind – meistens Schwäne oder Gänse. Der Drachenschnabel wird daher wohl ein Schwanenschnabel sein, da die Schwäne bei den Germanen die Seelenvögel waren – wie u.a. die Schwanengestalt der Walküren zeigt.)
„Gibt es etwas, was Du mir sagen möchtest?"
„Ziehe den Helm an."
Damit habe ich jetzt nicht gerechnet.
Ich tue das.
„Und jetzt höre auf, ihn Dir als Helm vorzustellen, sondern laß den Helm Teil von Dir werden."
Ich sehe den steinernen Kopf aus Nevali Cori mit der Schlange vor mir – die früheste erhaltene Darstellung der Kundalini.
Es stellt sich die Frage, ob ich wirklich meine Kundalini in dieser Form fließen lassen kann und ob sie wirklich in meinem Dritten Auge ruht. – Da bin ich noch nicht. Ich kann fühlen, wie das wäre. Es fühlt sich sehr entschieden und ganz gradlinig an. Es hat etwas sehr Einsgerichtetes. Es ist ein vollkommenes zu sich selber stehen. Die eigene Wahrheit ausdrücken. Und vorher die eigene Wahrheit erkennen.
Es beginnt in meinem Kopf zu arbeiten – sehr physisch: zwischen den Brauen, wo sich das Dritte Auge befindet, in den Nasennebenhöhlen – da ist ein Ziehen, als wenn sich Dinge umschieben würden … das kenne ich gut von Meditationen über das Dritte Auge.
„Warum ist dieser kleine Mann da?"
„Der Mann bist Du."
„Und das, was ich bin, sollte bewußt in meinem Dritten Auge sein?"
„Ja. Was sollte da sonst ein? Dort sollte Deine Wahrheit sein. Das Dritte Auge enthält Deine Ziele. Und es gibt nichts anderes zu tun als Deine Wahrheit auszudrücken."
„Und das machen auch die Berserker und die Ulfhedinn?"
„Das liegt noch mal ein kleines bißchen anders bei denen. Sie stellen eine einzelne Tat ins Zentrum. Das ist die volle Konzentration auf einen Kampf. Die eigene Wahrheit im Dritten Auge klar zu haben ist mehr: die allgemeine Lebensweise – in jedem Moment, nicht nur im Kampf."
„Ja, so will ich auch leben."
„Ich danke Dir, Schlange, und Dir, Mann. Und Dir, Helm, auch wenn das ein bißchen komisch klingt, wenn ich das sage. Aber danke."
Ich kehre jetzt zurück

Da kommt noch etwas nach:

Der Sonnengott Tyr, den dieser Mann auch darstellt, der ist auch das Vorbild dafür, genau das zu leben, was man wirklich ist.

Ich kehre jetzt zurück.

„Ho!"

Jetzt beim Aufschreiben der Traumreise arbeitet es noch immer ziemlich stark in meinem Dritten Auge. Das ist sowohl unangenehm als auch angenehm – wie eine Heilung.

Das Motiv „Mann und Schlange" zieht sich offenbar durch den größten Teil der germanischen Religion.

Diese Traumreise hat 8 Minuten gedauert.

XV 6.   Der Drache im Beowulf-Epos

Ich schaue mit jetzt den Drachen aus dem Beowulf-Epos an. Ich gehe innerlich zu dem Hügelgrab in der Nähe der Meeresklippen, in dem dieser Drache lebt.

(Das Hügelgrab liegt an der dänischen Küste.)

Ich habe den etwas merkwürdigen Impuls, an der „Tür" des Hügelgrabes anzuklopfen bevor ich eintrete.

„Hallo – darf ich eintreten?"

„Komm herein."

Der Gang in das Innere des Hügels ist offen und ich gehe hinein.

Ich sehe den Drachen. Im Gegensatz zu der Schilderung im Beowulf-Epos hat er goldene Schuppen. Er ist ziemlich groß – ungefähr 8m lang. In den verschiedenen Schilderungen gibt es natürlich noch sehr viel größere Drachen. Er hat einen langen Schwanz, ist in der Mitte deutlich dicker als vorn, er hat einen langen Hals, rote Zacken auf dem Rücken – er sieht recht „klassisch" aus.

Er liegt in der Mitte eines Raumes. Der Raum ist ungefähr rund, seine Wände bestehen aus Felsplatten, die Decke ist ansatzweise ein Kragsteingewölbe, aber besteht im Wesentlichen aus großen Steinplatten.

Ich sehe einen Kelch und ich sehe das goldene Banner, von denen im Beowulf-Epos die Rede ist. Es sind verschiedene andere Dinge da, Speere, ein Schwert mit goldenem Griff in einer goldenen Scheide; dann ist da so etwas wie ein Bett oder Tisch – also ungefähr das, was man als Grabschatz erwarten sollte.

„Wer bist Du, Drache?"

Er antwortet mit sehr viel Nachdruck und Kraft: „Ich bin ich."

„Bist Du derselbe Drache wie der auf den Bildsteinen und auf den Vendelzeit-Helmen?"

„Ich bin die Seele eines Toten."

„Bist Du die Seele des Tyr und der Sonne?"

„Das bin ich einst gewesen. Jetzt erkennt das niemand mehr."

„Woran liegt das?"

„An Odin, an Thor und an den Christen."

„Das habe ich mir auch so gedacht, ja."

„Welche Wirkung hat das auf uns Menschen, auf uns, die wir hier in diesem Kulturkreis leben?"

„Ihr habt die Kundalini vergessen. Und dadurch seht ihr eure eigenen Wahrheit nicht mehr. Ihr seht das große Vorbild – erst Odin, und dann Christus – aber ihr seht nicht mehr klar, daß ihr selber, jeder für sich, eure Wahrheit suchen müßt."

„Bist Du nicht als Tyr auch ein Vorbild gewesen?"

„Ich bin das Vorbild für die Suche jedes einzelnen nach sich selber."

Mir geht alles Mögliche durch den Kopf, die Entstehung des Königtums zum Beispiel, die zu einer Hierarchie geführt hat, aber auch zu einer Stärkung des Ichs.

„Was ist heute sinnvoll, Drache?"

„Seid ihr selber. Es geht sehr oft darum, das richtige Bild für den einzelnen in der Gemeinschaft zu finden. Das Königtum hat eine strenge Hierarchie geschaffen, hat mehr Regeln geschaffen, hat mehr Zusammenhalt geschaffen – und das ist gut so. Seit die Pharaonen das Königtum erfunden haben, gibt es sehr viel weniger Hungersnöte. Das Leben ist im allgemeinen sehr viel sicherer geworden. Und da, wo ihr heute seid, geht es darum, in dem ganzen, was ihr jetzt habt und in dem alles miteinander verknüpft ist, wieder euer eigenes zu sein, euren eigenen Weg, eure ganz besondere Eigenart zu leben. Die ist anderes als die Eigenart aller anderen. Aber ihr seid mit dieser Eigenart trotzdem ein Teil davon, ein Teil der Gemeinschaft."

„Danke Drache. Das ist so eigentlich auch meine Ansicht, aber ich habe jetzt nicht erwartet, sie von Dir zu hören. – Bist Du derselbe wie Grendel?"

„Grendel ist der Mann auf den Bildern, die Du Dir schon angeschaut hast. Ich bin der Drache und die Schlange auf den Bildern. In dem Epos sind wir schon zerfallen – in zwei unabhängige Gestalten, die beide von Beowulf getötet werden."

„Ist Beowulf die Sagen-Variante von Thor?"

„Von Thor und auch von einigen christlichen Gestalten, aber im Wesentlichen von Thor, ja."

„Gibt es etwas, goldener Drache, was Du mir sagen kannst, etwas, was für mich persönlich hilfreich ist?"

„Werde nicht zum Einsiedler. Höre auf Deine Seele."

„Das ist nicht immer einfach."

„Es gibt noch mehr für Dich zu entdecken. Du bist noch nicht am Ende angekommen."

(Großer Seufzer.)

„Ich danke Dir, Drache. Vielen Dank!"

Da ist noch etwas. Da kommt etwas von dem Drachen zu mir, etwas wie goldenes Licht. Es bleibt kurz vor meiner Brust. Es löst eine Resonanz in meinem Herzchakra aus, wo auch goldenes Licht entsteht oder erwacht. Dann zieht sich das goldene Licht wieder zu dem Drachen zurück. Das fühlt sich gut an.

„Suche Deine eigenen Vision. Folge Deinem eigenen Weg. Und es ist ein Weg da, auf dem Du glücklich sein kannst."

„Danke, Drache!"

Ich verlasse die Höhle in dem Hügelgrab. Ich drehe mich noch mal um; und ich habe den Impuls, mich aus Dankbarkeit zu verbeugen. Das tue ich.

Ich gehe ein Stück von dem Hügelgrab bis oben an die Klippen. Ich setze mich da hin und schaue über das Meer. Ich rieche das Salz in der Luft. Ich spüre den Wind und ich höre die Möwen, die hier über das Meer fliegen. Ich lege meinen Handflächen neben mir auf die Erde, spüre die Erde unter mir.

Ich bedanke mich noch einmal und kehre dann zurück.

„Ho!"

XV 7. Nidhöggr

Ich überlege, wie ich diese Traumreise am besten beginne.

Ich gehe in die „mythologische Landschaft" der Germanen. Ich bin in der Nähe des Weltenbaumes. Da ist der Nornenteich. Ich rufe nach Nidhöggr. Er kommt links um den Baum. Er ist ein schwarzer Drache. Er sieht recht „klassisch" aus: lang und dünn mit Zacken auf dem Rücken; sein Kopf sieht eher wie bei einem chinesischen Drachen aus, aber ohne Hörner. Er wechselt seine Gestalt manchmal in die einer schwarzen Schlange und wieder zurück.

„Nidhöggr, ich würde Dich gerne kennenlernen und verstehen, wer Du bist."

„Weißt Du das nicht?

„Ich vermute, daß Dein Name 'Unterweltschlange' bedeutet?"

„Ja."

„Bist Du derselbe Drache wie die, die ich bisher auf den Traumreisen getroffen habe?"

„Ja." (mit Nachdruck)

„Gibt es etwas, was Du mir sagen oder zeigen möchtest?"

„Komm her! Komm hinein!" (freundlich)

Ich soll durch sein Maul in ihn hineingehen?

Also gut.
Ich habe das Gefühl, daß ich selber zu diesem Drachen werde.
Ich spüre mein Sonnengeflecht – das wird warm. Ich bleibe eine längere Zeit bei diesem Bild und bei dieser Empfindung.
Mein Sonnengeflecht wird allmählich heiß. Das ist das, was gerade passiert.
Die Kundalini kann im untersten Chakra und im Sonnengeflecht „gezündet" werden. Es scheint bei diesen Drachen hier immer das Sonnengeflecht zu sein.
Ich fühle mich gleichzeitig als Mensch und als Drache.
„Drache, diese Schlangen-Mensch-Mischwesen auf dem Goldhorn von Gallehus, sind die auch der Drache und der Mann vor ihm?"
„Ja."
„Wenn es in der germanischen Überlieferung heißt, daß Du auf Deinen Schwingen die Seelen der Toten in die Unterwelt bringst – was bedeutet das?"
„Die Toten sind die Schlange, die Toten sind die Drachen, sie reisen in die Unterwelt … die Seelen auf meinen Schwingen – das ist nur eine Weiterentwicklung dieses alten Bildes."
Ich bleibe eine ganze Weile einfach liegen und spüre diese Drachengestalt und die Hitze in meinem Sonnengeflecht.
Ich gehe wieder aus dem Drachen hinaus und stehe vor ihm – am Urd-Brunnen, am Weltenbaum.
„Danke, Drache."
Ich habe ganz massiv den Impuls, den Drachen zu umarmen.
„Darf ich?"
Ich darf.
Ich tue es. Das ist sehr herzlich.
„Danke Nidhöggr, vielen, vielen Dank!"
Ich verlasse die mythologische Szenerie wieder und kehre zurück.

Die Traumreise hat ca. 9 Minuten gedauert – einen großen Teil der Zeit habe ich einfach „in Drachengestalt" dagelegen und mein Sonnengeflecht gespürt.

XV 8. Fafnir

Ich reise nun zu Fafnir. Ich gehe innerlich zur Gnitaheide. Ich spüre hier in der Gnitaheide nach, wo ich hingehen muß, um Fafnir zu finden. Dann sehe ich das Hügelgrab, in dem der Schatz des Fafnir gelegen hat und von dem es heißt, daß es Eisentüren hat. Und ich sehe, daß dieses Hügelgrab genau dasselbe ist wie der Hügel, auf dem Brünhilde in der Waberlohe saß. Es ist derselbe Ort – auch sie ist dort drinnen.

Ich gehe näher heran. Ich sehe Fafnir – er ist halb durchsichtig (wie ein Geist). Ich sehe Brünhilde, sie sitzt vor dem Hügelgrab – es ist offen. Auch Fafnir sitzt bzw. liegt vor dem Grab – links von Brünhilde.

Fafnir wird zu einem Mann.

„Darf ich zu euch kommen?"

„Du bist ja schon da … Aber Du bist willkommen."

„Bist Du auch ursprünglich Tyr und die Sonne gewesen und die Jenseitsreisenden?"

„Ich bin vor allem Tyr. Und Hreidmar, mein Vater, ist der alte Tyr im Jenseits."

„Und Du, Brünhilde?"

„Du weißt es doch – ich bin die Jenseitsgöttin, die am Morgen die Sonne und Tyr wiedergebiert."

„Gibt es etwas, was ihr mir zeigen mögt?"

„Komm mit in das Hügelgrab."

Brünhilde geht mit mir hinein. Fafnir sitzt draußen. Er ist gleichzeitig Mann und Drache.

Brünhilde sitzt unbekleidet da und aus ihrem Schoß kommt die Sonne und steigt am Himmel auf.

Ich sehe, wie Brünhilde sich in der frühen Nacht, wenn die Sonne im Jenseits angekommen ist, mit ihr im Hügelgrab vereint. Das Hügelgrab steht abends im Westen und morgens im Osten …

Brünhilde: „Diesen Zyklus von Sterben und Wiedergeborenwerden hat fast jeder Menschen in seinem Leben."

„Und ich?"

„Du hast recht viel davon."

„Ja, das stimmt … Danke."

Wir gehen wieder hinaus.

„Möchtest Du mir noch etwas zeigen, Fafnir?"

„Du hast schon gesehen, was Du brauchst."

„Danke Fafnir, und Danke, Brünhilde! Vielen Dank!"

Ich gehe wieder fort. Ich merke, daß diesmal mein Herzchakra warm geworden ist.

Ich bin wieder zurück.

„Ho!"

Diese Traumreise hat nur 8 Minuten gedauert.

XV 9. Jörmungandr

Ich spüre nach, wie ich am besten zu Jörmungandr komme. Mein Gefühl ist, daß ich innerlich mit ihm Kontakt aufnehmen und dann in seine Richtung fliegen soll. Das tue ich.

Ich fliege über das Land, dann über die Nordsee und weiter über das Meer bis zu dem Meer im Nordwesten von Dänemark und Westskandinavien. Dort schwebe ich, im halben Lotussitz sitzend, kurz über dem Wasser.

„Jörmungandr, ich würde Dich gerne kennenlernen."

Aus dem Meer kommt ein Kopf heraus, ein Schlangenkopf; mal ist er wie ein Wurm, der drei Kiefer gleichzeitig hat (Assoziation zu dem Roman „Dune"?), und dann wieder eine normale Schlange mit Ober- und Unterkiefer.

„Jörmungandr, kannst Du mir etwas über Dich sagen? Ich würde gerne verstehen, wer Du bist."

„Warum willst Du das?"

„Ich schaue mir die alten Mythen an und versuche zu verstehen, was die Menschen sich vorgestellt haben und welche Wesen es alles auf der Innenseite der Welt gibt – einfach um mich orientieren zu können und vielleicht besser zu verstehen, wie wir zu dem geworden sind, was wir heute sind und was vielleicht weiter entwickelt werden müßte."

„Und warum fragst Du dann mich?"

„Nun, Du bist ja in den germanischen Mythen so eine Art Schreckensgestalt und ich frage mich halt, ob Du das schon immer gewesen bist – und ob es wirklich der Weisheit letzter Schluß ist, daß Thor immer mit dem Hammer auf Dich schlagen muß."

„Du mußt weit zurückkreisen, bis Du etwas anders findet."

„Kannst Du mit mir dahin zurückkreisen? Ich würde das gerne machen."

„O.k. – halt Dich an mir fest und komm mit."

Das tue ich. Wir reisen in der Zeit rückwärts.

Ich habe das Gefühl, daß wir so ungefähr bei 3000 v.Chr. angekommen sind.

Jörmungandr ist ein bißchen schlanker, er ist glänzender, er ist weniger Fabelwesen, er sieht eindeutiger wie eine Schlange aus, er ist aber noch immer sehr riesig. Und ich habe das Gefühl, daß wir im Schwarzen Meer sind, an der Nordostküste – in der Nähe der Küste.

„Was ist hier anders, Jörmungandr?"

„Hier ist es noch der Himmelsgott, der gegen mich kämpft, er ist der Sonnengott und der Donnergott und der Regengott und der Blitzgott – das ist hier noch nicht getrennt."

„Aber es ist trotzdem ein Kampf?"

„Ja."

„Können wir noch weiter zurückgehen?"

„Komm mit, halte Dich fest."

Das tue ich. Es ist eine längere Reise zurück … Mein Gefühl ist, daß wir ungefähr bis 6000 v.Chr. zurückkreisen.

„Wo willst Du hin?"

„Hier in das Hügelgrab."

„Wessen Hügelgrab ist das?"

„Das der Sonne."

„Was bedeutet das?"

„Hier bin ich noch die Schlange, die mit der Sonne verbunden ist. Ich bin ihr Weg durch die Unterwelt, ich bin ihre Gestalt in der Unterwelt, ich bin ihr Reittier in der Unterwelt."

„Und als um 6000 v.Chr. die Trockenheit kam, bist Du da zum Regenräuber geworden?"

„Das kam nach und nach, das hat gedauert, aber … ja."

„Kannst Du mir etwas über Dich sagen oder zeigen, was ich noch nicht vermutet habe?"

„Komm mit."

Ich bin in einem Hügelgrab, in dem Hügelgrab der Sonne … ich sehe Gold unter dem Boden der Grabkammer in dem Hügelgrab – es liegt dort von Erde bedeckt.

Ich sehe Pferde, Reiter – die sind aber nicht hier im Grab, sondern draußen.

„Was willst Du mir zeigen, Jörmungandr? Dieses Gold?"

Ich soll mich da in die Mitte hinsetzen.

Großer Seufzer … eine Zeit lang geschieht nichts …

Es fühlt sich gut an, hier zu sitzen, aber mir ist noch nicht klar, was das hier ist, was ich noch nicht kenne.

„Du hast das in Dir noch nicht verwirklicht."

„Da hast Du natürlich recht. Ja. – Gibt es etwas, was Du Dir für die Zukunft wünschst, Jörmungandr?"

„Daß ihr zu den Ursprüngen zurückkehrt – also nicht, daß ihr in die Steinzeit zurückkehrt, sondern daß ihr seht, welche Bilder ihr habt, wie sie entstanden sind, und was sie eigentlich beschreiben. Die Regenräuberschlangen-Mythe beschreibt schon die Jahreszeiten, aber sie ist nur ein Bild dafür, sie ist keine Erklärung."

„Und was ist ein Bild, das nah an der Wirklichkeit ist?"

„Das ist die Beschreibung der Kundalini als Schlange. Dabei kommt es nicht auf das Bild der Schlange an, sondern darauf, dieses Kundalinifeuer zu erleben. Dafür sind Bilder gut – sie sind Hilfen. Aber man sollte wissen, daß es Bilder sind – und daß man mit den Bildern sprechen kann. So wie Du jetzt."

„Danke Dir, Jörmungandr."

Jetzt kommt von Jörmungandr ein Gruß: „Fare well!" Ich weiß nicht, ob ich den

jetzt selber innerlich ins Englische übersetzt habe …
„Danke – Danke, Jörmungandr."
Ich kehre jetzt zurück.
„Ho!"

Diese Traumreise hat 14 Minuten gedauert. Es gab keine längeren Pausen.

XV 10. Die Hörnerschlange des Cernunnos

Ich reise jetzt zu Cernunnos und zu seiner Hörnerschlange. Ich nehme dabei das Bild auf dem Kessel von Gundestrup, auf dem er im halben Lotussitz sitzt, als Ziel. Ich bitte das Bild, dreidimensional zu werden.
„Darf ich mich zu Dir setzen, Cernunnos?"
„Bleib stehen. Aber Du bist willkommen."
„Kannst Du mir etwas über Deine Schlange sagen?"
„Sie ist die Jenseitsreisenden und die Kundalini – dasselbe, was Du auch bei den Germanen gefunden hast, nur ist sie bei uns nicht so eng mit der Sonne verbunden … nur in der frühen Zeit ist sie das gewesen."
„Warum hat sie Hörner?"
„Wegen dem Opfertier für die Toten. Von dem Schafbock hat sie die Widderhörner."
„Schlange, magst Du mir etwas zeigen?"
Sie fängt wie an zu fauchen oder … sie wird irgendwie wütend.
„Was ist los?"
„Du hättest mich direkt ansprechen sollen und nicht Cernunnos über mich befragen sollen!"
„O.k. Da hast Du recht, ja. Ich werde es das nächste mal beherzigen."

„O.k., komm mit."

Es ist, als würden wir durch Dunkelheit tauchen, und wir können dort atmen – ja, diese Beschreibung paßt am besten.

Ich sehe jetzt das andere Bild, auf dem der Gott Dagda (=Tyr), oder vielleicht ist es auch Taranis (=Thor) mit dem Rad zu sehen ist. Dort kommen wir an. Ich möchte das Rad berühren.

Ich frage den Gott, ob ich darf: „Darf ich?"

„Ja."

Ich tue es.

Sehr tiefer Seufzer.

Ich wechsele die Perspektive – ich bin jetzt neben dem Gott. Er hält mit der rechten Hand das Rad. Ich berühre es jetzt mit beiden Händen. Ich habe das Gefühl, daß sich in mir Dinge sortieren, an den richtigen Platz rutschen. Das ist sehr entspannend und zugleich kräftigend. So wie … die richtige Form und den richtigen Rhythmus gefunden haben.

Noch ein tiefer Seufzer.

„Kann ich diese Qualität mitnehmen, Dagda?"

„Natürlich. Jeder trägt sie in sich."

„Wie kann ich das machen?"

„Nimm sie in Dich auf."

Ich lasse die Qualität in mich fließen.

Noch ein tiefer Seufzer – das ist entspannend …

„Es gibt noch etwas zu sehen für Dich."

„Was ist das?"

Da ist ein Kessel und ein Trinkhorn. Und in dem Kessel ist Met. Davon soll ich trinken. Ich fülle das Horn und ich trinke einen kleinen Schluck – ich schüttle plötzlich unwillkürlich meinen Körper – meine Arme und mein Leib zucken – wirklich physisch … Ich trinke noch mal einen Schluck. Er verteilt sich in meinem ganzen Körper.

Noch ein großer Seufzer.

Ich soll das Horn leeren.

Es sticht im Halschakra (das ist mir von Kundalini-Meditationen vertraut); da steigt ein Teil der Kundalini auf. Der Schmerz ist aber erträglich – nicht so schrecklich, wie ich den schon manchmal erlebt habe. Er steigt vom Halschakra aus rechtsseitig als „dichte Wärme" zum Dritten Auge empor – in einem der beiden Seitenkanäle, die die Kundalini benutzt (auch das ist mir vertraut).

Seufzer …

Ich trinke den Rest von dem Met. Ich kann es garnicht alles trinken. Das Horn ist klein, aber es ist viel zu viel … Es wird gar nicht leer; es wird nicht weniger, wenn ich trinke …

„Du brauchst immer nur so viel davon zu trinken, wie Du gerade möchtest. Das Horn wird nie leer und Du kannst es bei Dir tragen."

„Kann ich es auch hier lassen und es holen, wenn ich es brauche?"

„Kannst Du auch machen – das macht keinen Unterschied."

Ich fühle mich erfüllt.

Da gab es offenbar einige Stellen in mir, die ziemlich leer waren, wo Mangel statt Fülle gewesen ist.

„Danke, Dagda!"

Noch ein Seufzer …

„Und danke Dir, Rad! – Schlange, gibt es noch etwas?"

„Es gibt viel zu sehen in der Welt, aber das Wichtige hast Du jetzt gesehen."

Ich kehre zurück zu Cernunnos.

Großer Seufzer …

Und dann sitze ich wieder vor dem Bild auf dem Kessel.

„Danke, Hörnerschlange, und Danke, Cernunnos! Vielen Dank!"

Ich kehre nun zurück

„Ho!"

Diese Traumreise hat 12 Minuten gedauert. Ein großer Teil ist auf das Genießen der Qualität des Rades entfallen. Das Rad symbolisiert die Richtigkeit, die die Kelten „Fhirinne", die Inder „Rita" oder Dharma", die Tibeter „Tashi", die Navahos „Ho'zhong", die Sumerer „Me" und die Ägypter „Ma'at" nennen.

XV 11. Die Phyton von Delphi

Ich fliege innerlich nach Delphi zu der Orakelstätte. Ich bin oben an der Felsspalte, über der die Seherin gesessen hat und in der unten die Phyton gewohnt hat, die dieses Orakel bewacht hat.

„Phyton, ich möchte Dich kennenlernen."

„Dann steige hinab in die Felsspalte."

Ich lasse mich dort hinunterfallen. Ich falle ins Dunkel. Ich habe das Gefühl, daß ich in die Unterwelt reise.

Phyton: „Das ist auch so."

Jetzt sehe ich die Phyton vor mir, sie sah kurz aus wie eine Kobra, die sich aufgebäumt hat, aber jetzt ist sie wieder eine normale Schlange.

„Danke, daß Du mich einlädst nach hier unten!"

„Wenn jemand wirklich wissen will, dann ist er willkommen!"

„Phyton, magst Du mit etwas sagen oder zeigen?"

„Ich bin die Ahnenschlange."

„Bist Du die Ahnenschlange von einem bestimmten Wesen?"

„Die des Sonnengottes – deshalb ist in den späteren Mythen Apollon der, der mich tötet."

Da haben sich wieder die verschiedenen Mythen vermischt …

„Und als Ahnenschlange bringst Du die Weisheit zu der Seherin?"

„Ja. Ich bin die Verbindung zwischen Psyche und Seele, zwischen euch Menschen und dem Sonnengott-Göttervater: Helios und Zeus und Apollon – die drei sind eigentlich derselbe. Und genauso Hades und Poseidon – sie sind Zeus in der Erduntrerwelt und in der Wasserunterwelt; und Hephaistos ist Zeus in der Unterwelt als Schmied." (Hat das jetzt die Schlange gesagt, oder kam das aus meinem Wissen? Das ist manchmal nicht leicht zu unterscheiden, wenn diese Worte und Bilder in mir auftauchen.)

„Das habe ich vermutet. – Ich staune, wie einheitlich das ist, was ihr verschiedenen Schlangen mir sagt."

„Wir sind verschiedene Äste an demselben Baum. Wenn Du daher von einem Ast in Richtung Stamm schaust, wirst Du sehr viel Ähnliches sehen; wenn Du von dem Ast in Richtung Blätter nach außen schaust, siehst Du viele Unterschiede."

„Ja, das Bild verstehe ich."

„Hast du eine Botschaft, die Du mir persönlich überbringen kannst?"

„Liebe Dich selber. Freue Dich über das, was Du bist. Und halte Deine Hände offen und Deine Augen und Dein Herz für die Geschenke, die das Leben Dir bringen will."

„Danke, Phyton! – Kannst Du mir etwas sagen, was mir das leichter macht?"

„Gehe in die Natur hinaus und schwimme und laufe. Tue etwas, gehe wandern und laß Dich auf alles ein, was Dir begegnet. Du brauchst keine Angst zu haben, daß Du die großen Dinge verlierst, wenn Du auch die kleinen Dinge annimmst."

„Danke Phyton, vielen Dank!"

Ich kehre zurück nach oben, nach dort, wo die Spalte in die Erde hinabführt.

Ich verbeuge mich noch einmal und kehre dann zurück.

„Ho!"

Diese Traumreise hat 8 Minuten gedauert.

XV 12. Der Caduceus des Hermes

475 v.Chr. (der Stab ist noch ohne Schlangen)

Merkur
Pompeji, ca.50 n.Chr.

Ich reise innerlich nach Griechenland. Ich spüre nach, wo ich Hermes finden kann. Will ich Hermes finden oder nur den Schlangenstab? – Beides.

Es zieht mich in ein Gebirge, das nicht weit entfernt west-nordwest von Athen liegt. Ich komm in ein kleines Tal; die recht steilen Hänge sind aus ziemlich hellem Gestein. An den Hängen sind nur Büsche, unten auf dem Talboden ist ein bißchen Wiese. Das Tal ist sehr plastisch und farbig – geradezu, als ob ich es anfassen könnte.

„Hermes?"

Da ist eine Schlange im Gras vor mir – sie hebt ihren Kopf. Sie ist sehr dunkel, nicht ganz schwarz, aber sehr dunkel. Da sind noch mehr Schlangen, ich spüre, wo die überall um mich her sind. Es sind ziemlich viele, dutzende. Ich bleibe ruhig stehen.

Ich suche die Schlangen, die sich am Caduceus (Schlangenstab des Hermes) emporringeln.

„Seid ihr hier?"

Da kommen zwei Schlangen durch das Gras – links neben der ersten Schlange. Sie sind dünner als die erste, dunkle Schlange. Sie sind etwas heller – vor allem an den Unterseiten.

Ich setze mich ins Gras. Es sind von allen Seiten Schlangen gekommen. Sie halten nur wenig Abstand – so ungefähr 60cm.

„Ihr beiden Schlangen, ich würde euch gerne kennenlernen. Gibt es etwas, was ihr mir über euch sagen mögt, oder etwas, was ihr mir zeigen mögt?"

Die große, fast schwarze Schlange bäumt sich noch höher empor, sperrt ihren Rachen auf und ich sehe ihre langen, spitzen Zähne. Das scheint die Antwort auf meine Frage an die beiden kleineren Schlangen zu sein.

„Möchtest Du mir etwas sagen? Wer bist Du?"

„Ich bin ein Drache."

„Welcher Drache?"

„Der Unterweltdrache."

„Sind nicht alle Drachen aus der Unterwelt?"

„Ich bin die Gefahr!"

Das klingt jetzt aber überhaupt nicht schlüssig und überzeugend …

„Also, schwarze Schlange, ich habe das Gefühl, daß Du eigentlich eine andere Gestalt hast. Magst Du die annehmen – Dich in Deine eigentliche Gestalt verwandeln?"

Da steht da auf einmal Hermes und er lacht. Der hatte sich in eine Schlange verwandelt gehabt.

Er hält den Stab in seiner Hand, der länger als auf den meisten Abbildungen ist. Er stellt ihn auf die Erde und die beiden dünneren Schlangen ringeln sich da hoch.

„Mag mir einer von euch etwas sagen?"

„Wir sind die Ahnenschlangen – das siehst Du doch! Der Stab ist der Weg ins Jenseits, der Weltenbaum."

„Seid ihr auch Ida und Pingala?" (Ida und Pingala = die beiden Seitenkanäle beim Kundalini-Yoga)

„Eigentlich nicht, nein."

„Habt ihr denselben Ursprung wie sie?"

„Ja."

„Hermes – Du bist der Jenseitsbote, der Götterbote? Ist das der Schlangenweg, auf dem Du gehst?"

„Ja."

„Wieso sind in diesem Tal hier so viele Schlangen?"
„Na, die leben hier ..."
„Hm, wenn ich mich recht entsinne, bist Du auch der Gott des Humors – oder?"
Er lacht wieder.
„Ich wollte schauen, ob Du mutig bist."
„Und?"
„Du bist es."
„Gibt es etwas, was Du mir sagen magst? Über die Schlangen? Etwas, was ich noch nicht weiß?"
„Hm, Du hast noch nicht erlebt, wie es ist, durch Schlangengift zu sterben ..."
„Das ist eigentlich auch nicht das, was ich suche. Ich suche eher in den Mythen, weil ich die Schlangen und die Drachen verstehen möchte."
„Die meisten Geschichten kennst Du ja schon. Auch die über Zeus, als er in der Unterwelt gewesen ist, nachdem er mit der Riesenschlange gekämpft hat und sie ihm alle Sehnen zerschnitten hat. Oder den Kampf von Apollon gegen die Phyton. Diese ganzen Schlangen- und Drachenkämpfen – die kennst Du ja schon."
„Und das Kundalinifeuer? Haben die Griechen das noch gekannt?"
„Nein, nicht in der späten Zeit, aus der die Überlieferung stammt."
Jetzt wird mein Sonnengeflecht heiß.
„Und Du, Hermes, kennst Du die Kundalini?"
„Natürlich. Alle Götter kennen die."
„Das hätte ich mir eigentlich denken können."
„Gibt es da etwas, was Du mir sagen magst – zu der Kundalini?"
Er schmunzelt nur und lacht – und ich merke, daß er mir gerade eine Überraschung bereitet hat, die mir wahrscheinlich in nächster Zeit begegnen wird. Nun, dann bin ich mal gespannt.
Die Hitze in meinem Sonnengeflecht ist sehr deutlich.
„Hermes, warum zündet das Kundalinifeuer bei diesen ganzen Schlangenreisen immer im Sonnengeflecht und nicht im Wurzelchakra?"
„Das ist einfacher. Das geht leichter. Das Wurzelchakra kommt dann später."
„Das kann ich verstehen."
„Gibt es noch etwas, was Du mir sagen oder zeigen möchtest, Hermes?"
Er lacht – und er sagt, ich soll mal zusehen, daß ich Spaß mit der Liebe mit Frauen habe.
„O.k., Hermes, ich nehme an, Du kannst da was arrangieren?"
„Wenn Du willst ..."
„Nun ja ... ich will. Ich lasse mich überraschen. – Zählt das jetzt auch zu der Schlangensymbolik?"
„Nein, das gehört zu Dir."
„Danke, Hermes! Und Danke, euch beiden Schlangen! Wenn es das Rechte ist,

werden wir uns wiedersehen. Ich wünsche euch alles Gute!"

„Wir Dir auch."

Ich verlasse das Tal und fliege wieder zurück.

Wenn man Hermes auf Reisen begegnet, wird es immer sehr unterhaltsam und unvorhersehbar und man muß mit Täuschungen, Schalk, Listen und Erotik rechnen …

„Ho!"

Diese Traumreise hat 14 Minuten gedauert – ich hatte gedacht, daß sie länger gedauert hätte.

XV 13. Vritra

Indra mit seinem Donnerkeil in seiner rechten Hand sitzt auf Vritra

Ich fliege innerlich nach Indien, an den Rand des Himalayas. Ich spüre nach, wo ich Vritra finden kann. Ich folge einfach dem Indus hinauf zu seiner Quelle. Ich fliege durch ein hohes Himalayatal, durch das der Indus fließt.

„Vritra, bist Du hier irgendwo?"

Ah, jetzt kann ich ihn spüren.

„Ich grüße Dich, Vritra."

„Sei willkommen! Du willst uns Schlangen verstehen?"

„Ja, das würde ich gerne."

„Und Du hast schon verstanden, daß ich eine der vielen Regenräuberschlangen bin und daß Indra der Donnergott ist – wie Thor und Jörmungandr, wie Marduk und Tiamat. Das ist dasselbe Thema, dieselbe Schlange."

„Gibt es etwas, was bei Dir besonders ist? Anders als bei Tiamat oder bei Jörmungandr?"

„Ich bin stärker noch an das Wasser gebunden. Ich bin ursprünglicher als die beiden anderen."

„Gibt es etwas, was Du mir zeigen möchtest oder sagen möchtest?"

„Komm in mich hinein."

Das tue ich. Ich bin in ihr – sie ist riesig. Es ist Dunkelheit in ihr.

Ich bin in ihr und spüre.

Es ist völlig friedlich in ihr. Und es ist wie Warten.

Tiefer Seufzer – Loslassen – tiefe Entspannung ...

Ich liege wieder eine Weile nur da und spüre.

Jetzt versteh ich langsam, was sie mir zeigen will. Diese Stille und dieser Friede – das ist wie das Gefühl, wenn man die Verbindung mit der eigenen Seele hat. Die Schlange ist das Jenseitstier und die Seele ist ja im Jenseits. Die Seele der Lebenden und die Seele der Toten sind im selben Bereich, sozusagen im Seelenbereich – sie sind nur in dem einen Fall mit einem Körper verbunden und in dem anderen nicht. Deshalb fühle ich in der Schlange auch diese Qualität – dieses In-sich-ruhen der Seele.

Ich liege längere Zeit da und es ist friedlich.

Jetzt ist auf einmal die Gedankenstille da.

Ich ruhe längere Zeit in der Stille.

Jetzt wird es hell. Es ist wie Sonnenlicht.

Ich genieße das Licht.

Und ich muß lächeln, weil ich diese Seelenfreude spüre.

Ich bleibe eine Weile in dieser Freude.

„Danke, Vritra! Ich wußte wirklich nicht, daß Du mich dahin führen kannst."

Ich liege da ...

„Danke, Vritra, vielen Dank für das, was Du mir gezeigt hast!"

„Bewahre es Dir und nimm es mit und zeige anderen diesen Weg."

„Das werde ich tun."
„Danke, Vritra, vielen Dank!"
„Lebe wohl!"
„Ich fliege wieder zurück.
„Ho!"

Diese Reise hat 8 Minuten gedauert. Ein großer Teil davon ist auf die Zeit im Inneren von Vritra entfallen.

XV 14. Die Hörnerschlange des Marduk

Ich reise nun zu Marduk, der in Begleitung seiner Hörnerschlange ist. Ich gehe zu dem Bild und bitte das Bild, dreidimensional zu werden. Ich sehe Marduk, den Sonnengott und Herrschergott, den Blitzgott; und rechts neben ihm ist seine Schlange. Ihre Hörner sind lang und spitz.
Seufzer …
Es ist ziemlich warm. Ich bin offenbar irgendwo in Mesopotamien. Hinten rechts

sehe ich einen Ziqqurat, also eine Stufenpyramide.

„Marduk, Schlange, ich würde gerne mit euch sprechen."

„Dann sprich!"

„Ich möchte gerne das Wesen der Schlangen und Drachen verstehen. Deshalb bin ich hierhergekommen."

„Das wissen wir."

Seufzer ...

„Schlange, was ist Dein Wesen?"

Mein Sonnengeflecht wird plötzlich und sehr schnell heiß.

„Und? Hast Du die Antwort verstanden?"

„Bist auch Du die Kundalini?"

„Ich bin die Ahnenschlange und ich bin die Kundalini."

„Und Du, Marduk? Was bedeutet die Schlange für Dich?"

„Sie ist mein Leben, meine Wiedergeburt und meine Kraft."

„Besteht ein Zusammenhang mit der Sonne?"

„Da ist kein großer Unterschied zwischen mir und der Sonne. Sie ist dasselbe Thema, das Du jetzt schon so oft gefunden hast."

„Gibt es etwas, was mir einer von euch zeugen möchte?"

Marduk: „Setze Dich auf die Schlange."

Draufsetzen?

Also gut.

Ich setze mich auf sie – in der vorderen Mitte. Sie schaut sich zu mir um und auf einmal beginnt sie zu fliegen. Sie ist hoch oben am Himmel und Marduk ist auch auf ihr – als Göttervater, als Königsgott, als Sonnengott ...

Jetzt sind wir in der Unterwelt, in den Wassern der Unterwelt, da sehe ich den Lapislazuli-Tempel der Unterweltgöttin Ereshkigal.

Jetzt steigen wir wieder aus den Wassern auf.

Jetzt bin ich wieder da, wo ich am Anfang gewesen bin.

Ich steige ab und ich bedanke mich: „Danke Schlange!"

Marduk hält mir den doppelten Dreizack hin, das Blitzsymbol, und ich soll es berühren.

Ich lege meine rechte Hand auf Marduks rechte Hand, die den Stab hält ... nein, ich soll mit der linken Hand die Stelle berühren, wo unten die drei Zacken aus dem Stab herauskommen, und mit der rechten Hand die entsprechende Stelle oben.

Da habe ich wieder dieses Gefühl, daß etwas wie ein Blitz durch mich zuckt – das macht wach, das macht bewußt, das gibt Aufrichtigkeit – das ist aufrecht sein und aufrichtig sein.

Seufzer ...

Ich spüre jetzt mein Herzchakra ... liebevolle Wärme ...

Jetzt steigt die Kraft zum Dritten Auge auf und sammelt sich da.

Seufzer ...

„Danke, Marduk!"

„Vergiß das nicht! Und komme zu mir, wenn Du diese Qualität brauchst. Das ist wichtig für Dich!"

„Gut. Ich werde kommen, wenn ich es brauche. – Und wenn ich es nicht merke, könntest Du mich dann rufen?"

„Das kann ich machen. Ich werde Dir die Schlange schicken."

„Danke, Marduk! Vielen Dank. Und danke, Dir, Schlange!"

„Gibt es noch etwas zu tun?"

„Steige auf den Ziqqurat!"

„Soll ich dort etwas tun?"

„Das siehst Du dann schon."

Gut, sich wünsche mich in die Stadt. Ich gehe durch das Tor zu dem Tempelbereich, steige dann die langen Treppen des Ziqqurats hoch bis ich oben auf der Stufenpyramide ankomme, auf der ein Tempel steht – ein kleiner, einfacher.

„Darf ich eintreten?"

„Ja."

Der Innenraum des Tempels ist mit intensivem, goldenem Licht erfüllt.

Das goldene Licht fühlt sich an – Ja, wie soll ich sagen? – wie die Seele der Sonne, auch wenn das jetzt ein wenig poetisch klingt. Ich merke gleichzeitig, daß die Schlange aus der Erde hier hochsteigt. Das ist wieder die Verbindung von Sonne und Schlange ...

Das ist ein guter Platz hier.

Das ist wirklich ein sehr guter Platz.

Mehrere große Seufzer ...

Hier brauche ich erst einmal nichts mehr tun – ich bin einfach da ...

Das dauert längere Zeit ... und tut gut ...

Ich gähne und werde immer entspannter und liege einfach da ...

„Danke, Marduk, und danke, Schlange, und danke, Tempel!"

Ich kehre jetzt langsam zurück.

Und ich behalte diese Qualität in mir – die nehme ich mit zurück. Sie ist in mir und um mich herum.

Ich sehe jetzt wieder das Bild von Marduk und seiner Schlange vor mir.

Ich verbeuge mich noch einmal und kehre dann zurück.

„Ho!"

Diese Traumreise dauerte ein Viertelstunde – einen großen Teil davon habe ich einfach im Tempel gelegen und das goldene Licht genossen.

XV 15.   Marduk tötet Tiamat

der Sonnengott Bel-Marduk mit einen Sechs-Spitzen-Donnerkeil in seiner rechten Hand und die Riesenschlange Tiamat

Ich reise jetzt noch einmal zu Marduk und diesmal auch zu Tiamat. Ich gehe innerlich wieder zu dem Bild, auf dem Marduk mit seiner Hörnerschlange zu sehen ist.

„Ich würde gerne mit Dir sprechen, Marduk. Und ich würde gerne Dich sprechen, Tiamat."

Da erscheint rechts Tiamat als riesige Schlange. Die ist sehr viel größer als die des Marduk.

„Tiamat, bist Du dieselbe Schlange wie die Marduk-Schlange? Ihr seht so ähnlich aus. Du bist nur viel größer. Ihr habt beide diegleichen zwei Hörner."

„Ich bin dieselbe, aber aus mir sind vor langer Zeit zwei Bilder geworden."

„Bist auch Du die Regenräuberschlange?"

„Ja."

„Und Du, Marduk-Schlange? Bist Du die Kundalini?"

„Ja."

„Magst Du mir etwas dazu sagen, Marduk?"

„Es ist, wie die beiden gesagt haben."

„In den Mythen wird gesagt, daß Du, Marduk, aus Tiamat die Welt erschaffen hast – den Himmel und die Erde. Ist das schon immer dieses Bild gewesen?"

„Nein, vorher war es der Urriese (der zur Welt geworden ist). Das Töten des Urriesen und die Erschaffung der Welt aus ihm sowie das Töten der Regenräuberschlange – beides hat der Sonnengott getan. Deshalb ist beides zusammengekommen, zu einem Motiv geworden – so wie bei euch der Sonnengott Tyr und der Urriese Ymir teilweise zu einer Gestalt geworden sind, zu einem Riesen, die beide getötet wurden."

„Tiamat, gibt es etwas, was Du mir sagen oder zeigen möchtest?"

Da ist etwas, ich soll mit irgendetwas vorsichtig sein. Ich verstehe es aber nicht genau.

„Beim Schauen auf die alten Mythen."

„Wegen was soll ich da vorsichtig sein?"

„Sei sorgfältig, sei so sorgfältig wie Du irgendwie kannst! Und wenn Du auch nur den kleinsten Widerspruch irgendwo siehst, dann schaue Dir die Bilder lange und genau an! Damit Du Dich nicht so irrst wie mit den drei Schlangen auf dem Goldhorn. Achte darauf, daß Dir keine Fehler unterlaufen!"

„Das will ich gern tun, aber ich weiß nicht, ob ich alles richtig erkennen werde."

„Bemühe dich."

„Das werde ich machen. Danke, Tiamat."

„Dein Me sei mit Dir!"

„Danke! Das ist ein sehr schöner Wunsch! Möge euer Me auch mit euch sein!"

Ich kehre nun zurück.

„Ho!"

Das „Me" ist ein sumerisches Wort und bedeutet „Richtigkeit". Der persönliche Anteil an dieser Richtigkeit ist die eigene Seele, die ebenfalls „Me" genannt wird. Das Wort „Me" leitet sich von „Ma" für „Mutter" ab – das Me, also sowohl die Seele als auch die Richtigkeit, ist ein Geschenk der Muttergöttin („Ma"). Im Altägyptischen hieß dieses Qualität „Ma'at". Sie hat genau dieselbe Bedeutung und leitet sich ebenfalls von dem Wort für „Mutter" ab.

Die Sumerer hatten ein Sprichwort: „Ohne das eigene Me gelingt einem nichts – mit dem eigenen Me gelingt einem alles."

Diese Traumreise hat nur 6 Minuten gedauert, da es kaum Pausen gegeben hat.

XV 16. Die Uräus-Schlange des Pharaos

Uräus-Schlange und Geier am Haupt des Pharaos

Ich fliege innerlich nach Ägypten und in der Zeit zurück bis 2650 v.Chr. zu der ersten und ältesten aller Pyramiden, zu der Stufenpyramide des Pharaos Djoser, die von Imhotep, einem Hohepriester des Re in Heliopolis, erbaut worden ist.
Ich gehe in die Grabkammer und setze mich dort im Schneidersitz auf den Boden.
„Uräusschlange, ich möchte Dich gerne kennenlernen."
Ich höre das Zischen einer Schlange und vor mir taucht auf einmal eine Schlange auf – sie ist aber nicht klein wie an der Krone des Pharaos, sondern ziemlich groß … ungefähr 8m lang und zum Teil einen halben Meter dick. Sie scheint jedoch keine Kobra zu sein (wie auf den Abbildungen). Sie bäumt sich vor mir auf, sodaß sie von oben auf mich herunterschaut.
„Danke, daß Du gekommen bist, Uräus. Ist es Dir recht, wenn ich Dich ein paar Dinge frage?"
„Sonst wäre ich nicht gekommen."
„Magst Du mir etwas über Dich sagen oder mir etwas zeigen, wodurch ich Dich besser verstehen kann?"
„Komm' in mich hinein."
Das tue ich. Ich habe mehr Scheu davor als bei den vorigen malen, bei denen ich in Schlangen hineingegangen bin – so als ob jetzt mehr geschehen würde.
Hier ist Feuer, hier ist innerliche Hitze, es rot und gelb hier – sie heißt auch die

'Feuerschlange'.

„Richte Dich auf."

Das tue ich. Erst sitze ich, dann stehe ich – und ich bin trotzdem noch diese Schlange oder in dieser Schlange. Ich bin viel kleiner als diese Schlange.

Ich spüre vor allem mein unterstes Chakra.

Es ist eine bestimmte Stimmung da; es hat so was Aufrechtes, Rundes, es ist auch … ja, es paßt eigentlich nur dieses altmodische Wort: es hat etwas Hehres. Und es hat etwas Zeitloses.

Ich frage innerlich: „Bist Du die Kundalini?"

„Du fragst noch?"

„Ich wollte nur ganz sicher sein. – Wo bist Du normalerweise?"

Ich sehe sie tief unter der Erde.

„Und wo noch?"

„Hör' auf zu fragen und schau!"

Das tue ich.

Ich sehe die Grabkammer der Cheops-Pyramide und die der Chephren-Pyramide.

Längere Pause, in der ich nur schaue.

Ich frage jetzt doch noch mal: „Was ist Dein Verhältnis zur Sonne?"

„Ich bin die Sonne."

Nun folgt eine sehr lange Pause, in der ich der Schlange zusehe, wie sie sich ganz langsam unter der Erde bewegt.

Nun sehe ich mich in der Schlange am westlichen Horizont – dort, wo die Sonne untergeht.

Die Sonne kommt vom Himmel herab – sie ist der Sonnengott – und er geht mit einer Schlange an seiner Stirn (Uräus) in die Unterwelt.

Irgendwie ist er auch die Schlange … die Schlange führt ihn …

Es geht nun wie an einem langen Fluß entlang – so ähnlich, wie es im Zweiwegebuch beschrieben wird.

Schließlich kommen wir unter der Erde hindurch im Osten am Horizont an. Hier beginnt der Sonnengott Re, der vorher in der Unterwelt ganz dunkel gewesen ist, wieder zu leuchten. Er steigt nun am Himmel empor – als Flügelsonne oder in seiner Barke, in seinem Sonnenschiff.

Nun sind wir oben am Himmel.

„Ich bin die Kraft der Sonne.

Ich bin ihre Gestalt im Jenseits.

Ich bin die Gestalt des Pharaos in der Unterwelt.

Ich bin die Uräusschlange, die Feuerspeiende.

… … …

Tritt jetzt wieder aus mir hinaus."

Das tue ich.

„Danke, Uräus."
Ich kehre jetzt wieder zurück.
Ich bin wieder zurück.
„Ho!"

Diese Traumreise enthielt sehr viele Pausen, in denen ich nur der langsamen Reise der Schlange zugeschaut habe oder in denen ich einfach gespürt habe, was gerade geschehen ist. Die Traumreise hat 14 Minuten gedauert.

XV 17. Apophis

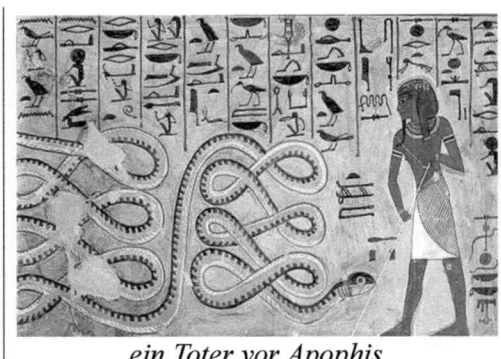

ein Toter vor Apophis

Re tötet Apophis

Ich kehre zurück in das Bild der vorigen Traumreise und ich frage nach Apophis: „Apophis, wo bist Du? Ich würde Dich gerne kennenlernen."
„Du siehst mich doch! Auf dem Weg unter der Erde entlang. Komm' dort hinunter."
Sein Maul ist im Westen, wo er den Mythen zufolge die Sonne verschlingt.
„Bist Du der Weg der Sonne?"
„Ich bin einst die Sonne gewesen.
Dann wurde ich der Weg der Sonne, auf dem die Sonne ihre Gestalt behielt.
Dann wurde ich der Feind der Sonne.
Als man mich nicht mehr als die Sonne sah, nicht mehr als den Weg der Sonne sah, da hat man mich, weil ich im Reich des Todes war, zur Ursache des Todes der Sonne gemacht.
Du kennst diese Entwicklung ja, die findet sich in vielen Mythen."
„Ich habe bei Dir noch nicht daran gedacht, Apophis. – Heißt das, daß Du einst

dieselbe Schlange wie Uräus gewesen bist?"

„Ja."

„Bist Du auch dieselbe Schlange wie Thermutis gewesen, wie die Korn-Schlange?"

„Ich bin in der Erde, in der Unterwelt.

Thermutis ist in der Erde, in der Unterwelt.

Ich bin verbunden mit der Wiedergeburt der Menschen.

und sie mit der Wiedergeburt des Getreides.

Und das Gleichnis von Getreide und Mensch kennst Du ja, da Osiris Deine Schutzgottheit ist."

„Hm, eigentlich ist das ganz einfach …"

„Die Wahrheit ist immer einfach, wenn man sie erst einmal erkennt."

„Gibt es etwas, was Du mir sagen oder zeigen möchtest, Apophis?"

„Fürchte Dich nicht vor dem Tod."

„Ja, ich glaube, das tue ich auch nicht."

„Aber nutze Dein Leben!"

„O.k., das gehört auch dazu, ja."

Pause …

„Sag, Apophis, wenn Du das weißt: Ist das Bild der Riesenschlange durch den Sonnenlauf entstanden?"

„Nein, zuerst hatte die Muttergöttin im Jenseits die Gestalt einer großen Schlange – als Wiedergeburts-Mutter der Ahnen-Schlangen. Dann wurde die große Schlange zum Schlangenweg. Und die Große Mutter als Schlange im Jenseits wurde mit dem Tod verbunden – so wie bei euch bei den Germanen aus der (hilfreichen) Jenseitsgöttin Hel die gefürchtete Todesgöttin Hel wurde."

„Gibt es noch etwas, was Du mir sagen möchtest?"

Es kommt nichts deutliches als Antwort.

„Ich danke Dir, Apophis."

„Lebe wohl!"

„Danke."

Ich kehre zurück.

„Ho!"

Diese Traumreise enthielt nur recht kurze Pausen und hat daher nur 6 Minuten gedauert. Die Apophis-Vorstufe der Jenseitsgöttin als Riesenschlange, die dann zur Todesursache umgedeutet und schließlich zum Sonnenfeind geworden ist, ist mir vor der Reise noch unbekannt gewesen. Aber das klingt sehr plausibel.

XV 18.   Die Schlange im Paradies

Ich reise jetzt zu der Schlange im Paradies. Ich reise dort hin – zu dem Baum, an dem sie wohnt.

Das erste, was ich dort spüre, ist eine riesige Wut. Sie kommt von der Schlange. Sie ist wütend über die Weise, auf die man sie darstellt.

Ich sehe sie. Sie wird auf einmal ziemlich groß – sodaß sie mit ihrem Kopf von oben auf mich hinunterschaut.

„Wer bist Du vorher gewesen?"

„Du weißt das doch! Die Schlange der Inanna! Die Schlange der Kadeschet! Die Schlange der Ishtar! Die Schlange der Unterwelt, die Jenseitsgöttin, Tiamat. Ich bin die Jenseitsgöttin und ich gebe euch euer Leben. Und was tut ihr … ?"

„Ja, ich sehe, was Du sagst. Ich habe das Gefühl, daß solche Irrwege zu dem Erwachsenwerden der Menschheit dazugehört haben – so wie die einzelnen Menschen beim Erwachsenwerden viele Dinge machen, die nachher wieder geändert werden müssen. – Gibt es etwas, was Du Dir wünschst, Schlange?"

„Ich brauche euch nicht, um das zu sein, was ich bin. Aber es würde euch gut tun, wenn ihr aufhören würdet, die Schlange als das Böse zu sehen. Ich bin das Leben, ein Teil des Lebens, und ich bin auch die Kundalini, und ich bin auch die Freude an der körperlichen Liebe, ich bin auch die Lebensfreude – und wenn ihr die zum Teufel macht, wie wollt ihr dann glücklich leben? Ihr schneidet euch vom Leben ab."

„Das klingt wie der Aufstand gegen die Eltern in der Pubertät …"

„Ihr seid jetzt in einer Zeit, in der ihr alle gemeinsam erwachsen werden müßt. Und dazu gehört, alles, was da ist, zu sehen und anzunehmen und ihm einen guten Platz zu geben – und dazu gehört auch die Kundalini und die Lebensfreude mit allen ihren Aspekten."

„Ja, das sehe ich auch so. Du drückst es nur klarer aus."

„Danke, daß Du gekommen bist!"

„Danke, daß Du mit mir sprichst!"

„Fang' damit an, das in Deinem eigenen Leben umzusetzen."

„Gut, das werde ich tun. – Danke, Schlange!"

„Lebe wohl!"

Ich kehre wieder heim.

„Ho!"

Die Paradies-Schlange ist offenbar die Jenseitsgöttin in der Gestalt einer Riesenschlange, von der Apophis in der vorigen Traumreise gesprochen hat.

Diese Traumreise enthielt so gut wie keine Pausen und hat nur 4 Minuten gedauert, was ungewöhnlich kurz ist – was wohl an der Wut der Schlange gelegen hat, die durch diese Wut selber den Drang gehabt hat, mir etwas mitzuteilen und dies sehr schnell getan hat.

XV 19. Die Schlange der Weisheit auf dem kabbalistischen Lebensbaum

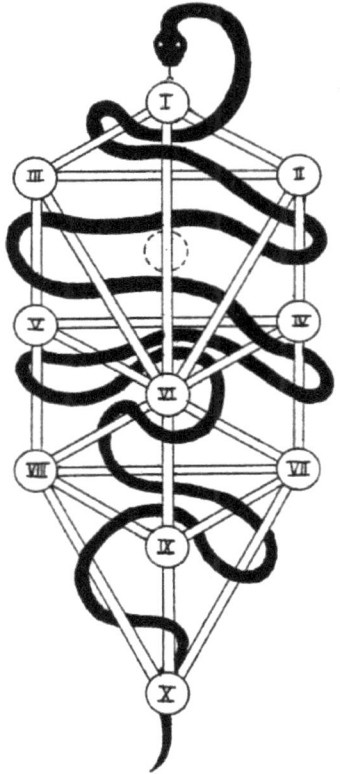

Dieses Symbol ist der Lebensbaum aus der jüdischen Mystik, die „Kabbala" genannt wird. Er stellt den Weg von der Erde unten zum Himmel oben da, von den Menschen zu Gott, von der Vielheit zu Einheit. Die unterste Kugel ist die Erde, die oberste Gott und die Kugeln dazwischen sind die Planeten und die Fixsterne. Die Schlange ist der Weg von der Erde zum Himmel – sie ist daher sehr eng mit der Schlange an dem Baum im Paradies verwandt.

Ich reise zu dem kabbalistischen Lebensbaum – zu dem Symbol. Da sehe ich auch die Schlange der Weisheit.

„Schlange der Weisheit, gibt es etwas, was Du mir sagen möchtest?"

„Die meisten Dinge weißt Du ja schon. Ich bin die Kundalini und ich bin die Ahnenschlange. Ich bin das Wissen der Ahnen. Ich bin dieselbe Schlange wie die beiden Schlangen auf dem Totempfahl von Göbekli Tepe, die aus der Erde nach oben in die Richtung des Kopfes des Mannes aufsteigen."

Ich gehe in den Lebensbaum hinein (wie in den Lebensbaum-Meditationen) – so ist es besser.

„Bist Du dieselbe Schlange wie die am Caduceus?"

„Ja."

„Warum sind an dem Totempfahl von Göbekli Tepe und am Caduceus und auch am Weltenbaum der Sumerer zwei Schlangen und nicht eine?"

„Sie sind wie Ida und Pingala bei den Indern."

„Welche Qualität haben sie?"

„Sie sind wie die beiden Panther der Göttin Maruti in Göbekli Tepe."

„Sind sie gegensätzlich?"

„Diesseits und Jenseits. Die Schlangenkraft ist eine Kraft, aber sie zeigt sich im Leben als Kundalini und sie ist auch die Ahnenschlange."

„Heißt das, daß sich die Zweizahl der Schlangen mythologisch ergeben hat, aber keinen Bezug auf eine tatsächliche Zweigeteiltheit der Schlangenkraft hat?"

„So ist es. Es ist eine Weiterentwicklung, die innerhalb der Bilder stattgefunden hat."

„Das muß dann ja schon sehr alt sein, wenn auch schon die Göttin von Göbekli Tepe von zwei Panthern begleitet wird."

„Ja."

(Die zweifache Göttin erscheint schon auf den Darstellungen in den Höhlenmalereien als zwei Frauen-Oberkörper, die wie auf einer Skatkarte angeordnet sind.)

„Gibt es etwas, was Du mir noch sagen oder zeigen möchtest?"

„Es ist gut, daß Du Dich so intensiv mit diesem Lebensbaum befaßt hast."

„Ja, er ist für mich als innere Landkarte sehr wertvoll."

„Wenn Du Fragen hast, etwas nicht verstehst, dann komm' einfach mal zu mir. Vielleicht kann ich es Dir sagen."

„Danke, Schlange. Danke für das Gespräch mit Dir!"

„Danke für Deinen Besuch!"

Ich kehre wieder zurück.

„Ho!"

Diese Traumreise hatte ebenfalls nur wenige Pausen und hat 6 Minuten gedauert.

XV 20.   Die Schlange auf dem Kopf aus dem Tempel von Nevali Cori

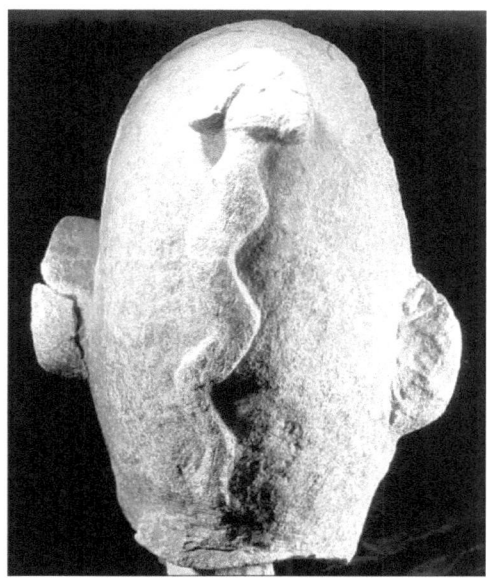

Ich gehe innerlich zu dem steinernen Kopf mit der Schlange aus Nevali Cori (das zum Kulturkreis von Göbekli Tepe gehört).
Ich wende mich direkt an die Schlange: „Schlange, bist Du die Kundalini?"
„Was sollte ich sonst sein?"
Ich gehe in das Innere des Kopfes und spüre die Schlange auf meinen Hinterkopf – wie sie nach oben steigt.
„Schlange, wie haben die Menschen Dich damals gerufen?"
Ich spüre mein Wurzelchakra, ich merke eine Anspannung in meinem Körper.
Tanz?
„Habt ihr Schlangentänze gemacht?"
Es gibt viele Schlangentänze, die überliefert sind, selbst von den Hopi-Indianern. Ich kenne es auch selber, daß dann, wenn ich intuitiv tanze, die Schlange kommt und 'mich bewegt'.
„Hat das etwas mit den Panthertänzern von Çatal Höyük (Tempel in der Türkei, 7000 v.Chr.) zu tun?"
(keine Antwort)
Ich habe das Gefühl, daß ich noch nicht ganz angekommen bin.
„Magst Du mir etwas dazu sagen, Schlange?"

„Schau hin."

Ich schaue lange Zeit.

Ich komme wieder zu dem Bild der Tänzer. Ich höre Trommeln. Es sind einfache Trommeln – Trommeln aus ausgehöhlten Baumstämmen und auch Trommeln mit Trommelfell.

Ich lausche und schaue längere Zeit.

Ich merke, daß sich die Energie vom Wurzelchakra über das Hara zum Sonnengeflecht hin verschiebt. Es ist keine aufsteigende Kundalini, aber eine Veränderung in der Konzentration der Lebenskraft.

Nachspüren ...

Hm, was tun die da? Ich schaue jetzt von außen darauf. Ich kann Männer sehen, die da stehen; andere sitzen im Kreis drumherum. Das klingt jetzt ein bißchen komisch – das ist, als ob die sich anstrengen, als ob sie den Körper anspannen, als ob sie ein Ei legen wollten. Ist das eine Variante der Kundalini-Meditation, bei der man die Beckenboden-Muskulatur anspannt?

Ich schaue ...

„Kannst Du mir da weiterhelfen, Schlange?"

„Schau einfach."

Ich schaue ...

Ich sehe Totempfähle aus Holz; an einem sehe ich die zweifache Göttin wie auf dem steinernen Totempfahl von Nevali Cori. (Sie haben aber nicht die für die Indianer-Totempfähle typischen Flügel am oberen Ende.)

Ich schaue den Männern zu ...

Das hat so eine Starre, was die da machen – fast wie ein Krampf im Körper oder wie ein Gewichtheber, der etwas hochhebt.

Ich schaue lange Zeit nur den Männern zu und versuche zu spüren, was die eigentlich machen.

Ich kann sehen, daß diese Männer – es sind vielleicht vier oder fünf, ich kann es nicht genau sagen – die da in dem Kreis sind, tatsächlich eine Kraft ausstrahlen, eine Hitze.

Ich schaue ...

„Sind das alles Schamanen?"

„Ja."

„Das heißt, daß die die Jenseitsreise kennen, die Astralreise?"

„Ja."

Ich schaue den Männern zu ...

„Hm, kannst Du mir noch irgendetwas anders zeigen, was mir das deutlicher macht, was ich da sehe?"

„Ja."

Ich bin in einem der Tempel von Göbekli Tepe. Er ist rund, hat die zwei üblichen

Stein-Mittelpfeiler und die acht Stein-Pfeiler, die in der Außenmauer sind. Obendrüber ist eine Kuppel aus Holz, hauptsächlich Holz ... Äste; darüber scheinen Felle und Erde oder so zu sein. Es ist ziemlich dunkel.

Ich soll mich in die Mitte setzen.

Auf den beiden Mittelpfeilern sehe ich die Abbildungen der beiden Panther.

Ich setze mich in den Drachensitz mit untergeschlagenen Beinen.

Ich sitze längere Zeit schweigend da.

„Maruti, kannst Du mir helfen?"

„Bleibe sitzen ... und spüre."

Das tue ich.

Jetzt fängt mein Körper an zu zucken (physisch). Das fühlt sich ähnlich an wie das, was ich eben bei den Männern gesehen habe.

Die beiden Panther der Göttin, die vorher nur Gravuren auf den beiden Mittelpfeilern gewesen sind, sind jetzt real da. Sie haben sich vor den beiden Mittelsäulen neben mich gesetzt.

Ich spüre lange Zeit in mich und in die beiden Panther, die mit der Schlange verwandt zu sein scheinen – insbesondere mit den beiden aufsteigenden Schlangen auf einem der Totempfähle von Göbekli Tepe, auf dem sie einem Mann die Pantherkraft bringen und ihn in einen Panther verwandeln.

Ich spüre ...

Ich merke weiterhin mein Wurzelchakra und mein Sonnengeflecht. Mein Sonnengeflecht wird heißer ...

Ich spüre lange Zeit ...

„Warum sagst Du nichts, Schlange?"

„Du sollst schauen."

Ich schaue ...

„Wohin?"

„Auf Dich."

„Auf irgendetwas Bestimmtes?"

Ich warte auf eine Antwort ...

„Auf Deinen Leib – wie der sich anfühlt ..."

Ich schaue und spüre lange Zeit ...

Jetzt spüre ich vor allem mein Wurzelchakra.

Ich schaue ...

„Ist das das, was Du mir zeigen willst?"

„Ja."

Ich spüre ...

„Wie kann ich bei mir die Kundalini am besten ans Fließen bekommen?"

Ich warte lange auf eine Antwort ...

„Du brauchst nicht den ganzen Weg zu wissen. Der nächste Schritt ist, in Deinen

Körper zu spüren – so wie jetzt."
Ich spüre …
„Danke."
Ich spüre …
„Kannst Du mir irgendetwas zu den Männern da draußen sagen? Was sie da eigentlich machen?"
Ich warte …
Seufzer …
„Du siehst Deine eigenen Blockaden in dem Verhalten dieser Männer."
„Hm … … … Ich ahne, was Du meinst, ja. … Wie sähe das aus, wenn ich nicht meine Blockaden in denen sehen würde? Sondern sie so sehen würde, wie sie damals ihre Kundalini erweckt haben?"
Ich warte …
„Du würdest sie entweder tanzen sehen oder sitzen sehen. Das sind die beiden Methoden. Du kennst ja die Bilder, auf denen die Schamanen auf dem Holzgerüst sitzen."
„Ja, von den Ägyptern, von den Kelten, von den Germanen, von den Griechen, aus Harappa in Indien, von Shiva."
Ich schweige …
„Das ist die eine Methode – die andere Methode ist der Tanz. … Und haben die damals schon beide gekannt?"
„Natürlich. Sie sind so nah an dieser Lebenskraft … an der Stille des Todes und an der Ekstase der Sexualität …"
„Hm, klingt sehr nach dem Skorpion-Sternzeichen …"
„Ja, das ist ja auch verwandt …"
„Gibt es hier noch mehr, was ich jetzt sehen oder verstehen könnte?"
„Kehre wieder hierher zurück, wenn Dein Anliegen einfach nur ist, die Kundalini in Dir zu erwecken und nicht die Schlangen und Drachen zu verstehen."
„Ja, das verstehe ich. Das sind zwei verschiedenen Ansätze."
Jetzt spüre ich, wie mein Sonnengeflecht heiß wird.
„Vielen Dank, Schlange, und vielen Dank Dir, Maruti! Und auch euch Danke, ihr Männer!"
Die Schlange: „Komm wieder!"
„Das werde ich tun. Danke."
Ich reise zurück.
„Ho!"

Diese Traumreise hat aufgrund der vielen langen Pausen, in denen ich nur in mich und in die Bilder hineingespürt habe, insgesamt 20 Minuten gedauert.

XV 21. Der chinesischer Kaiserdrache

Ich reise zu dem chinesischen Kaiserdrachen. Ich gehe innerlich zu der Halle des Himmlischen Friedens in Peking, zu der großen Halle in dem Palast des Kaisers.

Ich sehe den Kaiserdrachen vor mir.

„Drache, ich würde Dich gerne besser verstehen. Würdest Du mir etwas über Dich sagen?"

Er schaut mich an. Seine Gestalt ist ein bißchen starr. Er ist ein goldener Drache, er hat auch fünf Zehen.

„Warum bist Du golden, Drache?"

Er sagt nichts, aber ich höre die Antwort trotzdem in mir: „Weil ich ein Sonnendrache bin. Der chinesische Kaiser heißt aus genau diesem Grund auch 'Gelber Kaiser' – das ist das Gold der Sonne. Der Kaiser ist der 'Sohn des Himmels'."

„Ist das dasselbe Bild wie in Mesopoatmien, in Ägypten und in Europa? Der Drache mit dem Mann?"

„Ja."

„Ist der Drache auch so mit der Sonne verbunden?"

„Ja, der Drache ist die Sonne in der Unterwelt."

Ich schaue den Drachen an. Dieser Drache hat etwas Unnahbares – im Gegensatz zu den anderen, die ich bisher gesehen habe. Aber auch hier wird das Sonnengeflecht wieder heiß.

„Gibt es etwas, was Du mir sagen oder zeigen kannst, wodurch ich Dich noch besser verstehen kann?"

„Komm' her, vor mich, dreh' Dich um – mit dem Rücken zu mir."

Ich tue es.

Ich blicke die Treppen, die zu der Halle des Himmlischen Friedens hinaufführen, hinunter. Dort unten in dem Vorhof stehen ganz viele Menschen und ich kann fühlen, wie schwer es wäre, hier zu stehen, wenn nicht der Kaiserdrache hinter mir wäre. Er gibt mir Halt und Führung – Rückhalt.

(Ich stehe hier in der Position des chinesischen Kaisers.)

„Bist Du die Verbindung mit dem Himmel?"

„Ja."

Mit Kiën, wie es im I Ging heißt. Mit dem Tao. Mit der Ordnung und mit der Richtigkeit. Die kommt von der Sonne durch den Drachen zu mir. Auch in Europa ist ja der Sonnengott der Erhalter der Richtigkeit.

Wie Lao-tse sagt: Wenn man im Tao ruht – durch das Wu-wei, durch das Nicht-Tun, durch das Nachspüren, was das Richtige ist – dann entsteht das Tê als Wirkung: die Dinge kommen in Harmonie und es entsteht Freude und Leben. Das ist das, was der Drache dem Kaiser bringt.

Hm, das ist wie die Schlange auf den Vendelzeit-Helmen – nur viel größer und klarer und intensiver. Und es bezieht sich nicht nur auf einen Einzelnen, sondern auf ganz China.

Ich wollte mich umdrehen und mich bedanken, aber der Drache sagt: „Warte!"

Eine sehr heftiger Seufzer – da ist etwas passiert.

Irgendwie ist der Drache jetzt auch in mir. Die Hitze in meinem Sonnengeflecht wir deutlich intensiver. Ich habe das Gefühl, golden zu leuchten – so als ob der Drache Sonnenlicht in mich holen würde.

Ich ahne, wie man sich als chinesischer Kaiser fühlt. Man braucht innerlich ein großes Gefäß für dieses Licht – es ist gar nicht so einfach, das in sich aufzunehmen …

„Du bist ein Sonnendrachen, nicht wahr?"

„Das bin ich. – Bewahre Dir diese Qualität. Du kannst sie auch für Dich selber in Deinem Leben benutzen. Du kannst diese Kraft in Dich rufen bei den Dingen, die Du tust."

„Danke, Sonnendrache, vielen Dank!"

„Du kannst jederzeit wiederkommen."

„Danke!"

Ich habe mich umgedreht zu dem Drachen und verneige mich vor ihm.

„Danke."

Es kommt noch etwas von dem Drachen zu mir, aber es hat keine Worte; es ist wie eine Zustimmung, daß es mich gibt, und wie eine Aufforderung, ganz ich selber zu sein. Während ich gerade diese Worte spreche, wird meine Stimmung plötzlich ganz tief und voll, richtig klangvoll, ein tiefer Baß – das habe ich nur ganz selten.

„Danke, Drache!"

Ich stehe noch eine Weile hier, spüre das Feuer in mir – im Wurzelchakra und im Sonnengeflecht; ich spüre das Licht; freue mich über den Baß, in dem ich gerade spreche, und kehre jetzt zurück.

„Ho!"

Diese Traumreise hat 10 Minuten gedauert.

XV 22. Quetzalcoatl

Qutzalcoatl in Teotihuacan

Pyramiden-Ruine des Quetzalcoatl

Pyramiden des Quetzalcoatl

Quetzalcoatl-Relief

Qutzalcoatl-Köpfe an einer Pyramide in Teotihuacan

Ich fliege innerlich nach Mittelamerika zu dem Pyramiden-Tempel des Quetzalcoatl in Teotihuacan. Ich sehe die Statuen, die sich außen an den Pyramidenwänden befinden. Ich spreche eine von ihnen an.

„Quetzalcoatl, ich würde Dich gerne kennenlernen."

Er spricht nicht, aber er zeigt mir einen Zusammenhang: Die Pyramide weist nach oben zur Sonne.

„Bist auch Du ein Sonnendrache?"

„Ja. – Gehe hinauf!"

Das tue ich.

Oben ist ein kleiner Tempel – ähnlich wie auf dem Ziqqurat in Mesopotamien.

„Setz' Dich!"

Ich setze mich im halben Lotussitz auf den Boden. Nein, im ganzen Lotussitz – das paßt irgendwie besser. Ich lege die linke Hand in meinen Schoß und die rechte Hand in die linke … und lausche.

Ich höre etwas wie einen tiefen Baß. Da fällt mir auf, daß dieser Baß ungefähr 6 Hz hat – das ist auch die Frequenz, mit der der Lebenskraftkörper schwingt und die man spüren kann, wenn man sich tief genug entspannt. Dieser Klang erfüllt jetzt auch mich. Und er kommt von Quetzalcoatl, der unten in der Pyramide ist.

Er steigt jetzt auf; sein Kopf ragt oben aus der Pyramide heraus in den Tempel hinein, sodaß ich jetzt wie in seinem Kopf oder seinem Nacken sitze. Von der Pyramide fließt wie Leben in die Landschaft ringsum.

„Bist Du die Fruchtbarkeit des Landes?"

„Das bin ich auch."

„Und Du bist offenbar auch die Kundalini."

„Ja. Die Visionsschlange, die Du ja auch von den alten Bildern aus Mittelamerika kennst."

Tiefer Seufzer und eine längere Zeit des Schauens und Nachspürens …

„Bist Du auch die Seele, die Ahnenschlange?"

„Das ist meine Wurzel. Deshalb ist mein Name auch 'Federschlange'. Ich bin die Schlange und der Seelenvogel."

Mein Sonnengeflecht ist ziemlich heiß.

Ich spüre und schaue längere Zeit …

„Gibt es einen Unterschied zwischen Dir und den Schlangen in Europa und Asien?"

„Keinen prinzipiellen Unterschied – nein."

„Ist der Schwerpunkt anders?"

Ich warte eine Weile auf die Antwort …

„Die Rituale sind anders, aber die Symbolik ist dieselbe."

„Die Verbindung mit der Sonne – ist diese Symbolik schon so alt, daß die Vorfahren der Indianer sie schon mitgebracht haben, als sie um 14.000 v.Chr. nach Amerika gekommen sind?"

„Ja. Die reicht weiter zurück. Die von Göbekli Tepe und von China und von hier – die hat dieselbe Wurzel. Das sind keine Parallelbildungen."

„Das heißt, daß die Sonne schon lange eine große Bedeutung für die Menschen gehabt hat?"

„Wie sollte es anders sein? Sie bringt das Licht, die Wärme, die Jahreszeiten, die Tageszeiten; an ihr kann man die Himmelsrichtungen erkennen. Und sie ist das Ursymbol für das Sterben und für das Wiedergeborenwerden."

(Dann muß auch das Symbol der Ahnenschlange bis mindestens 25.000 v.Chr. zurückreichen.)

„Ja, das klingt sehr plausibel. – Gibt es etwas, was Du mir zeigen möchtest?"

„Komm' mit mir nach unten."

Ich gehe mit ihr nach unten in die Pyramide.

Das ist wie ein Grab, wie die Unterwelt.

„Das ist die Unterwelt."

Großer Seufzer … langes Schauen und Spüren und Warten …

„Was möchtest Du mir hier zeigen?"

„Spüre nach."

Ich spüre, wie die Seele nach dem Tod nach und nach die Psyche losläßt, wie sich alles wieder ganz in das Zentrum (d.h. in die Seele) zurückzieht und dort konzentriert.

„Sei Dir dieses Zentrums bei allem, was Du tust, bewußt."

„Ja, das ist gut. Danke!"

„Dann kehre jetzt heim. Gute Reise!"

„Danke, Quetzalcoatl!"

Ich steige wieder oben auf die Pyramide hinauf und schaue mich noch einmal um, sehe die ganze Landschaft, dann kehre ich zurück. Dabei merke ich gerade, daß die Energie bei meinem Dritten Auge angekommen ist.

„Ho!"

Diese Traumreise hat 11 Minuten gedauert.

XV 23. Die chinesische/indianische/afrikanische/australische Regenbogenschlange

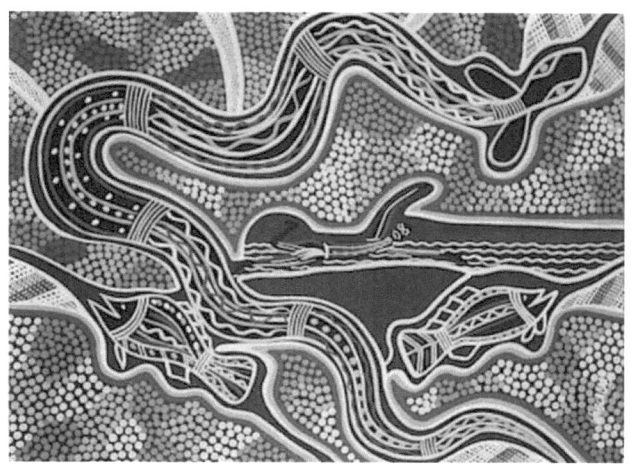
Regenbogenschlange, Australien

Regenbogenschlange, Australien

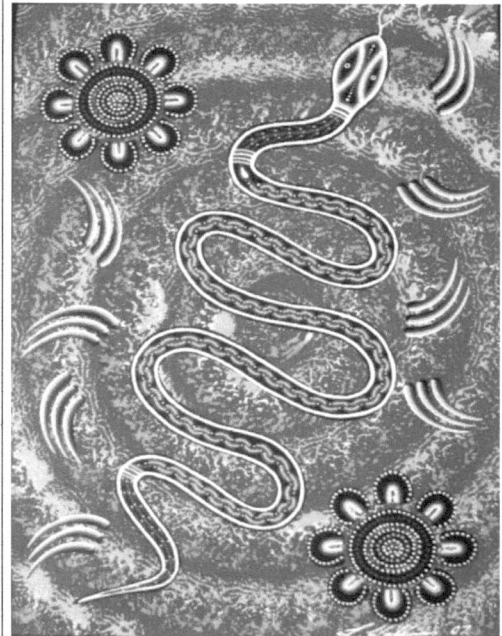
Regenbogenschlange, Australien

Ich überlege, wie ich zur Regenbogenschlange gelangen kann. Ich erinnere mich an einen bestimmten Regenbogen, den ich vor gut 20 Jahren zusammen mit meinem Freund Jörg gesehen habe. Ich gehe innerlich dorthin und frage, ob die Regenbogenschlange da ist.
„Regenbogenschlange, bist Du da?"
„Du siehst mich doch."
„Ich sehe den Regenbogen. Ich sehe Dich noch nicht als Schlange."
„Der Regenbogen ist mein Leib."
„Was machst Du oder was bedeutest Du für die Menschen?"
„Ich verbinde Diesseits und Jenseits, Erde und Himmel."
„Bist Du auch die Regenbogenbrücke der Germanen?"
„Ja."
„Gibt es etwas, was du mir sagen oder zeigen magst?"
„Die wichtigen Dinge hast Du schon gefunden."
„Danke."
„Mein Herzchakra wird warm. Liegt das an Dir?"
Sie schmunzelt.
„Ja. Wenn Diesseits und Jenseits verbunden sind, bist auch Du mit Deiner Seele verbunden. Das Herzchakra ist der Tempel der Seele. Wenn Du zu mir kommst, wirst Du deine Seele sehen und deshalb wird Dein Herzchakra warm."
„Ja, das klingt vollkommen schlüssig."
Ich muß vor Freude breit lächeln … weil ich diese Seelenfreude in mir habe …
„Danke, Regenbogenschlange, für dieses schöne Geschenk."
„Bitteschön."
„Ich habe gerade das Gefühl, daß Du eine weibliche Schlange bist."
„Ich bin beides. Deshalb habe ich auch zwei Köpfe – an beiden Enden einen."
„Danke, Regenbogenschlange!"
„Wir bleiben in Verbindung. Bleiben wir das?"
„Ja."
„Das ist schön."
„Dann … bis dann!"
„Lebe wohl!"
Ich fliege zurück.
„Ho!"

Diese Traumreise hat 8 Minuten gedauert.

XV 24. Eine Eulen-Traumreise

Vor etlichen Jahren habe ich zusammen mit meinem Freund Jörg eine Traumreise zu den Eulen unternommen, bei der wir unerwarteterweise der Kundalinischlange begegnet sind.

Jörg ist Homöopath – deshalb tauchen in der Traumreise Kommentare zu homöopathischen Heilmitteln auf (die wir z.T. mithilfe von Traumreisen untersucht haben).

Jörg: „Gut, Harry, wir können anfangen."

„Ich bin in einem Wald angekommen, nicht allzu dicke Eichen, einige Birken, der Boden ist leicht sumpfig, hohes Gras, anderswo Torfmoos … da fliegt eine Eule kurz vor uns von links nach rechts vorbei."

„Es ist gerade die erste Nachthälfte …"

„Es muß kurz vor Vollmond sein, er steht dort drüben West-Nord-West, es ist also kurz vor Mitternacht."

„Die Bilder sind unsicher, fast als ob ich Anfänger wäre … komisch …"

… … …

Harry: „Was machen wir jetzt? Fliegen?"

„Vielleicht etwas fragen?"

„Soll ich mal rufen, ob eine Eule kommen und mit uns sprechen mag?"

„O.k."

„Ich rufe mal innerlich in den Wald hinein – ja, dahinten sind viele Eulen, kleine und große; es entsteht eine Unruhe bei ihnen – in der Mitte sind ganz große Eulen, Uhus – eine von ihnen fliegt her zu uns ..."

„Ja, ich habe den Uhu auch schon gesehen, er hat erst hier kurz vor uns aufgebaumt, aber dann habe ich ihn nicht mehr gesehen."

„Er sitzt jetzt auf meinem rechten Arm. – Ich bekomme keine rechte Antwort von ihm, aber meine Stirn fühlt sich komisch an, als ob an ihr links und rechts etwas emporstände und als ob der Uhu mir etwas an meine Stirn senden würde. Ich habe ihn nach der Mutter der Eulen gefragt und ob wir uns in Eulen verwandeln können, aber es kommt nichts Deutliches als Antwort ..."

„Er will nicht reden, Harry. Er will, daß wir ihm folgen."

„Er fliegt da nach links, da sind Felsen und Moos ..."

„Ja, und zwischen den Felsen ist eine Quelle."

„Wir sollen davon trinken, glaube ich."

„Hm, gut."

„Oh, das ist ja verrückt! Hast Du auch schon davon getrunken, Jörg?"

„Ja, aber ich tue mich schwer mit der Verwandlung ..."

„Ich kann Dich sehen, Du bist ein Waldkauz, eher helles Gefieder, aber das Bild ist unklar ... Ich bin etwas größer, ich weiß nicht aber nicht, was für eine Eulenart das ist, und mein Gefieder ist etwas dunkler. Der Uhu ist aber noch viel größer als wir und auch fast schwarz. – Hm, ich bespritze Dich mit meinem Flügel mit dem Wasser der Quelle, das hilft bei der Verwandlung."

„Ja, ich habe auch schon begonnen, mich ganz mit Wasser zu benetzen. Ich glaube, es geht jetzt."

„Gut, der Uhu ist gerade losgeflogen – folgen wir ihm. Es ist schon ungewohnt, so zu fliegen – man muß so auf rechts und links, oben und unten aufpassen – die ganzen Äste und Zweige. – Da vorne ist ein großer abgestorbener Baum mit vielen Ästen, auf dem sitzen eine Menge verschiedenster Eulen. Ich setze mich dazu in die Nähe des Uhus."

„O.k., Harry, ich bin jetzt auch da, aber das Bild ist noch immer unsicher und ich gerate immer wieder in Alltagskram hinein – komisch, wieso eigentlich?"

- - -

„Jetzt sitzen wir hier schon eine ganze Zeit herum, Jörg, und der Uhu sagt mir immer wieder, ich solle ruhig sein und warten. Eben bin ich mal zwei Runden um den Baum geflogen und habe mich dann wieder hier hingesetzt, aber das ist wohl nicht sehr eulenmäßig gewesen. Die sitzen einfach da und warten. – Hast Du gesehen, wie sich der Uhu von innen anfühlt? Er ist wie leer, wie Bewußtsein, in dem keine Hindernisse sind. Er scheint nicht einfach ein gutes Gedächtnis zu haben wie die Elephanten, das ist noch anders ..."

„Ja, es ist ist, als würde die Zeit keine Rolle für sie spielen, als könnten sie die Zeit entlangschauen wie wir durch den Raum schauen."

„Sie sitzen und warten und das sollen wir auch tun. – Nicht so einfach. Es passiert einfach nichts."

„Wenn man Eulen in die Augen schaut, sieht man auch diese Leere, sie sind wie unbeteiligt – ganz anders als z.B. eine Katze."

„Hast Du auch gespürt, daß sich da unten im Wald etwas bewegt, Jörg? Etwas Großes, Mächtiges, wie eine Monster-Schlange? Aber es zeigt sich nicht. Und die Eulen wissen, daß es da ist..."

„Komisch, Schlangen? Bei der Untersuchung, welche Qualitäten das neu geschaffene homöopathische Schleiereulen-Präparat hat, tauchten auch Schlangen auf – das kenne ich gar nicht aus der Mythologie ..."

„In Peru gibt es Amulette, in denen eine Eule eine Schlange im Schnabel hält ... Dieses Schlangen-Monster da unten ist wirklich unheimlich. Es fällt mir echt schwer, hier einfach einfach ruhig sitzenzubleiben ... Oh, der Uhu meint, wir fliegen jetzt zu einem anderen Baum. Er liegt in Richtung Ost-Süd-Ost – wir fliegen also mit dem Mond hinter uns."

„O.k., ich komme mit."

„Ah, jetzt sehe ich ihn – eine große Fichte, die über die anderen Bäume emporragt."

„Ja, ich sehe sie auch. Ich setzte mich auf einen Ast in der Nähe des Stammes."

„Ich sitze weiter außen neben dem Uhu und schaue zu dem Vollmond hinüber. – Hm, spürst Du das auch? Da ist wieder diese Schlange. Sie versucht, in dem Baum emporzusteigen, aber das würde ihn sprengen ..."

„Ich versuche nur, in der Vision zu bleiben. Das fällt mir noch immer schwer. Aber laß mich das alleine regeln. Vorhin, als Du Dich auf dem toten Baum auf meine Eulengestalt konzentriert hast, bin ich ganz herausgefallen aus der Reise."

„Ist gut. Der Uhu meint nur wieder, ich solle warten, nichts tun, einfach dasitzen und schauen. – Fällt mir nicht leicht, vor allem mit diesem Rumoren der Schlange da unten. Ich habe das Gefühl, wenn sie aufsteigt, daß ich dann explodiere, daß alle Hindernisse in meinen Chakren fortgesprengt würden, aber daß mein Bewußtsein dabei völlig ruhig bleiben würde wie das von den Eulen. Verstehst Du das? Hast Du schon einmal von einer Verbindung der Eulen zur tibetischen Tummo-Meditation gehört? Das Bewußtsein dieser Eulen ist wie bei einer Zen-Meditation – nur das sich Zen im Vergleich zu dem Eulenbewußtsein ziemlich plump anfühlt ..."

„Diese Schlange muß wohl die Kundalini sein. Und daß ich immer wieder aus der Vision herausfalle, muß wohl daran liegen, daß ich vor irgendetwas Angst habe, was diese Kraft zutagefördern könnte."

„Jörg, der Uhu will noch einmal weiterfliegen, wieder nach Ost-Süd-Ost."

„O.k., ich versuche zu folgen."

„Dort sind Berge, ein Plateau, dahinter eine hohe Felswand, rechts und links sind auch Felsen, davor ein Abgrund, die Fläche ist vielleicht 10 x 10m groß. Die Eulen setzten sich dorthin, eher am Rand und auf Vorsprünge. Ich finde keine Halt auf den Vorsprüngen ... O.k., ich setze mich unten an den hinteren Rand des Platzes neben den Uhu. Eigentlich ist das doch ein Platz für Adler oder nicht? Was meinst Du, Jörg?"

„Nach dem toten Baum und dem lebendigen Baum kommen nun die Felsen des klaren Bewußtseins ... das ist schon schlüssig."

„Ich glaube, da kommt etwas. Was ist das? Halb durchsichtig und nebelhaft – eine große Eule, die sich mitten auf das Plateau setzt. Das muß die Eulenmutter sein."

„Ich sehe nichts, ich kann mich wieder kaum in der Vision halten."

„Manchmal kann ich mich für die Eulenmutter öffnen, manchmal nicht – es schwankt so hin und her. Diese Art von Bewußtsein, dieses Warten und Schauen ist ziemlich ungewohnt. – Diese Eulen sind die Bewahrer der Erinnerungen – die können alles sehen, was einmal gewesen ist – wenn sie wollen – seltsam ... Mein Körper zappelt wie verrückt, Jörg, wenn ich mich auf die Eulenmutter einlasse und wenn ich ihre Stimme höre, daß heißt, ich weiß nie genau, ob es die Eulenmutter ist oder der Uhu, die zwei sind so eng miteinander verbunden. Die Schlangenkraft will meine Chakren empor und da scheint es einige Blockaden zu geben. Und der Uhu sagt, ich solle nichts tun, sondern warten und schauen, warten und schauen. Besonders in meinem Hals arbeitet diese Kraft."

„Nun sind wir schon eine ganze Weile hier und es passiert nichts neues – Mein Körper zappelt und ich falle immer wieder aus der Vision heraus. Meinst Du, da kommt noch was Wichtiges?"

„Hm, ich frage mal den Uhu. – Das scheint für heute erst einmal genug zu sein. Laß uns zurückfliegen. Zu der Fichte, dann zu dem toten Baum, dann zu der Quelle und dann zu dem Startplatz im Wald. Und dann zurück. … … … O.K. Ich bin wieder hier. Du auch?"

„Moment noch, ich brauche noch ein bißchen Zeit. – O.K."

„Das war ja eine seltsame Reise. Manchmal findet man auf diesen Reisen Dinge, mit denen man gar nicht gerechnet hat. Aber die Teile passen gut zusammen und auch zu den Dingen, über die wir gerade vorher gesprochen haben. Und auch dazu, daß ich gerade über den 23. Pfad zwischen Hod und Geburah schreibe. Komisch, ich habe mich nicht einmal bei den Eulen bedankt, irgendwie sind die so anders, daß es gar nicht so einfach ist, beieinander zu bleiben."

Die Eulen scheinen eine besondere Art von Gedächtnis zu haben, das eigentlich ein völlig offener Blick die Zeitachse entlang zu sein scheint. Dazu paßt die Leere in ihrem Bewußtsein sowie das Warten und Schauen. Sie sind auch neben den Primaten eine der wenigen Tierarten, die ein räumliches, also dreidimensionales Sehen haben, da ihre Augen nebeneinanderstehen und in dieselbe Richtung weisen, was auf ein gutes räumliches Vorstellungsvermögen schließen läßt.

Der Zusammenhang mit der Kundalinikraft ist ja ziemlich unerwartet – dazu paßt aber die senkrechte/aufrechte Haltung, die man ja sonst im Tierreich nicht findet – und in allen Kundaliniyoga-Anleitung wird die Wichtigkeit einer aufrechten, geraden Wirbelsäule betont. Es sieht so aus, als ob das Aufsteigen der Kundalinikraft in den Eulen dieses stille, klare Bewußtsein hervorgerufen hat, für das die Zeit genausogut sichtbar wie der Raum zu sein scheint.

Es ist unklar, ob es einfach nur die aufrechte Haltung der Eulen war, die in ihnen das Aufsteigen der Kundalini verursacht hat, oder ob das dreidimensionale Sehen ebenfalls eine Rolle dabei gespielt hat, aber der Zusammenhang zwischen dem Eulen-Bewußtsein und der Schlangenkraft war in der Traumreise nicht zu übersehen. Es stellt sich natürlich die Frage, warum die Menschen nicht auch dieses Bewußtsein haben, wo sie doch ebenfalls eine aufrechte Haltung und ein dreidimensionales Sehen haben. Ob es daran liegt, das die auf der Greifhand der Menschen beruhenden vielfältigen Tätigkeiten und die damit verbundene Entwicklung des hochdifferenzierten Großhirnes die Menschen von einer solchen kontemplativen Haltung wie bei den Eulen abgehalten haben?

XV 25.   Der Drache in der Sephirah Geburah

Jörg und ich haben je eine Traumreise zu den 11 Sephirot (Spähren, Kugeln) und zu den 22 Pfaden des kabbalistischen Lebenbaumes unternommen und sind dabei in Geburah (Mars, Tat, Verwandlung, Karma u.a) einem Drachen begegnet.

Es ist Nacht, wir stehen auf einem Waldweg im Gebirge. Der Wald besteht zu einem großen Teil aus Kiefern, vermischt mit Fichten, Eichen, Birken und wenig Buchen. Wir schauen uns eine Weile um und fragen uns, wo wir hier sind. Schließlich entdecken wir auf einem Berg jenseits von zwei Tälern eine Burg und machen auf den Weg dorthin.

Als wir sie schließlich erreichen, sehen wir, daß sie schon sehr alt ist. Sie sieht im großen und ganzen noch intakt aus, ist aber hier und da schon etwas verfallen. Wir treten durch das Burgtor – es ist niemand zu sehen. Wir biegen nach rechts in den äußeren Zwinger und durch ein zweites Tor nach links in den inneren Zwinger. Schließlich kommen wir auf den eigentlichen Burghof, der recht groß ist.

Der Boden des Hofes ist gegenüber vom Tor an einer Stelle, die wie eine verfallene hohe Stufe oder eine kleine Treppe aussieht, so verfallen, daß man einen Raum unter dem Hof ahnt, und wir wissen sofort, daß dort drinnen das Wesentliche zu finden ist. Wir steigen in das Loch ein und befinden uns in einem Kellergewölbe. Überall liegen halbvermoderte Leichen, umgeworfene Tische und Bänke, zerbrochene Kerzenhalter, rostige Schwerter, geborstene Krüge, zersplitterte Lanzen – und mittendrin liegt ein riesiger Drache.

Wir bleiben stehen und warten – und der Drache wartet auch. Nach und nach wird uns klar, daß dieser Drache zwar riesig und mächtig ist, daß er uns aber nicht übelgesonnen ist und daß er möglicherweise auch nicht die Ursache dieses Schlachtfeldes ist. Ich frage innerlich die Sephirah Geburah, ob dieser Drache die Essenz von Geburah ist.

Die Antwort ist: „Deine Geburah-Essenz. Und Jörgs Geburah-Essenz." (Vermutlich ist er für uns beide nicht derselbe Drache.)

Je mehr die Furcht vor dem Drachen schwindet, desto mehr Kraft spüre ich in mir. Schließlich nehme ich mein Schwert, das ich bei diesen Reisen bisweilen (imaginär) bei mir trage, und bitte den Drachen, das Schwert mit seinem Feuer zu weihen. Daraufhin spuckt er Feuer und hüllt mein Schwert in seine Lohe ein.

Schließlich bedanken wir uns bei dem Drachen und reisen zurück.

Erst sehr viel später ist mir klar geworden, daß das Schlachtfeld in dem Kellergewölbe mein Karma war, daß die Burg meine Abgrenzung gegen den Rest der Welt ist und das der Drache die Lebenskraft war, die danach strebt, die Abgrenzungen wieder aufzulösen und mir zu ermöglichen, wieder das abgrenzungslose Bewußtsein von Daath zu erreichen. Der Drache ist eine Gestalt der „Schlange der Weisheit" gewesen und das Drachenfeuer ist das Feuer der Kundalini, die Lebenskraft und das Feuer der Ekstase, durch die man die Mittlere Säule hinaufsteigen kann.

XV 26. Der Drache in der Sephirah Chesed

Die folgende Vision stammt von einer Reise von Jörg und mir nach Chesed (Reinkarnation, Akasha-Chronik u.a.), die wir unternommen haben, weil ich zu dem Schluß gekommen war, daß ich, um in meinem Leben zurechtkommen zu können, wissen müßte, warum sich meine Seele eigentlich entschlossen hat, in diesem Leben solch einen Harry zu erschaffen.

Auch auf dieser Traumreise sind wir einem Drachen begegnet – allerdings nur in einer Nebenrolle.

Die Traumreise begann damit, daß ich in meiner Erinnerung erst in Fünfjahresschritten und dann in Jahresschritten Richtung Geburt zurückgekehrt bin und dabei Jörg gesagt habe, wo ich gerade bin. Da ich mich bereits an meine Geburt erinnern konnte, war der Weg bis dahin recht einfach. Jörg hatte in diesem Teil nur vereinzelte, flüchtige Bilder von meinem Leben und fühlte sich eher außenvor.

Zunächst war die Wahrnehmung aus der Zeit vor meiner Geburt so, wie man sich sie auch vorstellen würde: gedämpftes Licht, warm, schwerelos, kein eigenes Atmen, Essen oder Trinken – eher Ruhen und Warten.

Beim Erreichen des Zeitpunktes von 4 Wochen nach der Zeugung änderte sich die Wahrnehmung: ich war ein Bewußtsein und eine Wahrnehmung, das eine Kugel bildete und über den Bauch meiner Mutter nach allen Seiten hin ca. 10cm hinausragte.

Bei 3 Wochen nach der Zeugung war diese Kugel deutlich größer (Durchmesser ca. 1,5 m) und die Kugel schien um ihren Mittelpunkt zu kreisen, der im Leib meiner Mutter verankert war.

Bei 2 Wochen nach meiner Zeugung war diese Kugel noch größer (Durchmesser ca. 4m) und mein Bewußtsein befand sich wie eine Kugel innerhalb dieser Kugel auf einer Umlaufbahn, wodurch sich eine Art Wirbel ergab.

(Diese Kugel kann man manchmal bei Frauen spüren, die in den ersten drei Wochen schwanger sind.)

1 Woche nach meiner Zeugung war dieser Zustand in etwa genausogroß, nur fühlte sich die Verankerung noch sehr lose an. Zum Zeitpunkt meiner Zeugung befand ich mich in der Nähe meiner Eltern und konnte ihre Gefühle wahrnehmen. Ich habe mich kurz gefragt, ob das jetzt indiskret ist, aber da ich ja in gewisser Weise die

Hauptperson bei diesem Ereignis war, beschloß ich, daß das so o.k. ist.

Als ich nun vor meine Zeugung zurückkehrte, sah ich meine Seele in sich versunken in einer schweren, ernsten, fast gedrückten Stimmung und ich habe mich gefragt, ob sich alle Seelen kurz vor der Zeugung ihres zukünftigen Körpers so fühlen. Ich hatte nun das Gefühl, daß Jörg nun neben mich kommen könnte, da ich mich nun außerhalb meiner Erinnerungen als Harry befand und wir nun in dem gewohnten Bereich der Traumreise waren.

Ich frug Jörg danach und als er einverstanden war, sandte ich einen Lichtstrahl von mir zu ihm, um den Weg zu mir zu markieren. Als der Lichtstrahl bei ihm ankam, hatte ich das Gefühl, ich solle ihm entlang des Lichtstrahles meine Hand reichen (nur in der Vision, nicht mit meiner materiellen Hand) und ihn zu mir herüberziehen. Bei diesem Herübergezogenwerden hatte Jörg das Gefühl, durch mehrere Seiten des Ägyptischen Totenbuches gezogen zu werden.

Als er dann neben mir war, betrachteten wir die Seele und Jörg wies mich darauf hin, daß die Seele hier vor einem Platz sitzt, der wie eine Arena wirkt. Auf unsere Fragen an die Arena nach ihrem Wesen erhielt Jörg die Antwort 'Vorbereitung' und ich 'Platz des Schweigens' – also ein Platz der schweigenden Vorbereitung der Seele(-n?) auf ihre nächste Inkarnation.

Auf meine Frage an den Platz des Schweigens, wo ich Informationen über meinen Entschluß zu diesem Leben erhalten könnte, wurde ich von ihm zu einem Ort weit hinter mir verwiesen. Jörg und ich drehten uns um und flogen dorthin. Ich sah eine große, runde Kugel, deren Oberfläche große Schlieren hatte, wie von einer langsamfließenden Flüssigkeit.

„Apatschenträne", sagte Jörg (=Rauchobsidian).

„Paßt gut," entgegnete ich, „in der Steinheilkunde ist der Rauchobsidian der Stein, der einen zu dem zurückbringt, was man ursprünglich einmal gewollt hat. Und die Schlieren in der Kugeloberfläche haben wirklich Ähnlichkeit mit der fließenden Lava, aus der der Rauchobsidian ja entsteht. – Schau mal, da ist ein Raum innen in der Kugel und eine Art Sitz. Ich gehe mal hinein."

„Ich bleibe draußen – der Ort ist nicht für mich zugelassen."

„Ja, das fühle ich auch so."

Auf dem Sitz fühlte ich wieder die Schwere im 'Gemüt' der Seele, die ich auch schon an dem 'Platz des Schweigens' in ihr gespürt hatte. Als ich mich mit meiner Seele vereint hatte und dort in der Kugel auf dem Sitz saß, konnte ich mein Bewußtsein nur nach vorne auf die kommende Inkarnation richten – offenbar war meine Seele ausschließlich mit dem Entschluß für diese Inkarnation beschäftigt. Es gelang mir nicht, konkretere Informationen von ihr über den Grund für dieses kommende (mein jetziges) Leben zu erhalten. Auf meine Frage an meine Seele erschien aber links hinter mir eine Art von Lichtstrahlen, die zu der von mir erwünschten Information hinwiesen.

„Wir müssen noch weiter, Jörg, hier gibt es die Informationen noch nicht."

Wir flogen auf die Quelle dieses Lichtes zu und waren überrascht, ein riesiges, weißstrahlendes Gebäude zu sehen, in dem und vor dem es nur so von ebenfalls weißstrahlenden Menschen wimmelte. Das turmartige Gebäude war weit größer, als alles, was es bisher an von Menschen errichteten Gebäuden gibt. Als wir das Gebäude betreten wollten, spürten wir, daß das für uns verboten ist.

„Nur Tote dürfen das Haus betreten," sagte Jörg, „es sei denn, man erfüllt bestimmte Bedingungen."

„Welche Bedingungen?"

„Weiß ich nicht."

„Wen sollen wir fragen? Den Pförtner des Hauses?"

„Ja, das habe ich auch gerade gedacht."

Vor dem Pförtner-Fenster war ein großes Menschengedränge und es dauerte eine Weile, bis ich zu dem Fenster gelangte und dem Pförtner meine Frage stellen konnte.

„Die Bedingung ist, daß jeder Lebende, der den Grund für seine Inkarnation erfährt, seiner Wahrheit folgen muß."

Als ich Jörg diese Antwort mitteilte, stimmte er mir zu. „Ich habe als Antwort erhalten, daß nach dem Betreten dieses Hauses die Rest-Freiheit, die man aufgrund seiner Unwissenheit hat, verschwindet und man an seinen Entschluß gebunden ist."

Nach kurzem Überlegen beschloß ich, diese Bedingung anzunehmen und teilte dies dem Pförtner mit, woraufhin ich in das Haus eintreten konnte. Jörg sagte mir, er müsse außen bleiben, könne aber in das hineinsehen, da wir auf unserer früheren Chesed-Reise schon einmal in diesem Gebäude, das damals etwas anders ausgesehen hatte, gewesen sind.

„Es ist schon seltsam, wieviele 'Tote' es gibt – das macht man sich normalerweise garnicht so klar ... und sie sehen lebendiger aus als die Lebenden." meinte Jörg.

In dem Gebäude waren ebenfalls sehr viele weißstrahlende Menschen. Ich wünschte mich in dem Gebäude an den richtigen Ort und gelangte in einen großen, hohen, länglichen Raum, der an eine gotische Kirche erinnerte. In diesem Raum befand sich im mittleren Drittel (von der Höhe her gesehen) sehr viel Angst. Als ich die Stirnwand des Raumes betrachtete, erschien dort ein großes Bild, wodurch der Raum wie ein Kino wirkte, auf dem ich eine Landschaft vorbeiziehen sehen konnte, die mir bekannt vorkam. Dann kam eine Szene, in der ich meinen Tod in einem meiner früheren Leben, von dem ich bereits einige Visionen gehabt hatte, sehen konnte.

„Schau mal an die Wände", sagte Jörg, „dort sind Gesichter."

Als ich an den Seitenwänden emporblickte, sah ich auch diese Gesichter und ich erkannte sie als meine früheren Inkarnationen, die ich z.T. auf früheren Reisen schon gesehen hatte.

Als ich sie betrachtete und dachte, wieviel Angst hier ist, korrigierte mich eines der Gesichter: „Angst, Gier und Haß!"

Etwas ratlos schaute ich mich um. „Dieser Raum ist nicht nur ein 'Kino', sondern auch eine Bibliothek", meinte Jörg.

Als ich überlegte, wo ich in diesem Raum die Informationen über die Absicht meiner Seele für mein jetziges Leben finden könnte, spürte ich vorne über dem Raum ein großes, helles, weißes Licht, das auch Jörg im oberen Drittel des Gebäudes strahlen sehen konnte und dessen Namen ich spontan als 'Weisheit' erkannte. Das Sprechen mit diesem Licht war sehr einfach und die Antworten kamen sehr klar. Ich wünschte mich hinüber zu dem Licht.

Von außen betrachtet wirkte es fast endlos, von innen her (als ich mich mit dem Licht verbunden hatte), waren seine Grenzen deutlich zu erkennen. Es hatte keine innere Struktur, lediglich diese äußere Grenze, die man aber von außen her fast nicht erkennen konnte.

Ich meinte zu Jörg: „Ich glaube dieses Licht ist die Höchste Form, die ein Lebewesen annehmen kann, das noch abgegrenzt ist."

Als ich dieses Licht nach der gewünschten Information fragte, zeigte es mir eine Stelle an der Wand des Raumes, in dem sich das Licht befand.

„Dahinter liegt das Wissen, die Kenntnis Deines ganzen Lebens."

„Wenn ich die Absicht für mein jetziges Leben erfahren will, bedeutet das, daß ich den gesamten Verlauf meines jetzigen Lebens erfahren werde?"

„Ja."

„Hm, ich glaube, ich überlege mir das noch eine Weile – das möchte ich lieber nicht überstürzen."

Ich bedankte mich und ging wieder hinaus zu Jörg und sagte zu ihm: „Den gesamte Verlauf meines Lebens zu kennen ist ja schon recht merkwürdig – das verändert vollständig die Perspektive."

„Ja, dann verschwindet die Freiheit, so wie der Pförtner es gesagt hat."

„Sie verschiebt sich eher von der Ebene meiner Psyche auf die Ebene meiner Seele."

„Aus der scheinbaren Freiheit oder begrenzten Freiheit während des Lebens wird dann die Freiheit des Entschlusses zu diesem Leben."

„Nun, dazu paßt es auch, daß man durch diese Kenntnis zur Treue zur eigenen Wahrheit verpflichtet wird."

„Gibt es hier noch etwas Wichtiges zu tun, bevor wir zurückkehren? – Ich glaube, da vorne links ist etwas, wo wir noch einmal hinsollten."

Wir kamen zu einem Art Teich oder Brunnen, der von einer gut kniehohen Mauer umgeben war und in dessen Mitte sich eine weitere kleine, kreisrunde Mauer befand.

Ich frug: „Wie heißt der Ort?"

Ich sagte Jörg, was ich gehört habe: „Ich bekomme als Antwort 'See der Erinnerungen'."

„Was sollen wir hier?"

„Die Hand hineinhalten oder davon trinken."

„Eine Münze hineinwerfen."

„Es scheint also um eine symbolische Kontaktaufnahme zu gehen. Und es scheint wichtig zu sein, daß nicht nur einer von uns, sondern daß wir beide den Kontakt aufnehmen."

Also beugten wir uns beide über das Wasser und nahmen Kontakt auf. Ich sah einen Drachen im chinesischen Stil und Jörg Kriegsszenen. Als wir uns darüber austauschten, wechselten die beiden Szenerien zwischen uns.

(Wir scheinen also wieder in Geburah zu sein.)

Ich sagte zu Jörg: „Da es für uns beide wichtig zu sein scheint, laß uns hineingehen."

„Na, gut."

Die Szene wurde sofort deutlicher und wir standen vor einem Drachen, der uns in sein Feuer hüllte.

„Das Feuer bedeutet einen Segen mit Stärke, Jörg."

Ich legte eine Hand auf die Schuppen des Drachen und fühlte die glattgescheuerte, glänzende Hornschuppe und die länglichen Erhöhungen und Grate auf ihr und sagte verwundert: „Komisch, ich habe noch nie einen Drachen angefaßt."

Dann mußte ich fast lachen, als mir bewußt wurde, was ich da gesagt hatte.

Nach einer Weile kehrten wir dann nach oben vor den Brunnen zurück. Dort spürten wir, daß es wichtig ist, in diesem Fall genaudenselben Weg zurückzukehren, den wir gekommen waren.

Was wir dann auch taten.

Die Akashachronik, der Saal der Erinnerungen an die früheren Inkarnationen ist eine detailreiche Variante des Erlebnisses, das bisweilen bei der Reise zur Mitte auftritt: die Personen, die ihre eigene Seele gefunden haben, gehen manchmal noch weiter bis sie zu einem Kreis von Menschen kommen, die dieser Person wie Brüder und Schwestern erscheinen – wobei diesen Personen nur in den seltensten Fällen sofort deutlich wird, daß dies ihre eigenen Gestalten in früheren Inkarnationen sind.

Zwischen der Seele und der Psyche bildet sich mit im Laufe des Lebens in der Regel durch die vielen, meist unverdauten Erlebnisse eine trennende, undurchsichtige Grenze. Daher können sich manche Kinder noch an frühere Leben erinnern. Diese Fähigkeit endet in der Regel ungefähr im Alter von fünf Jahren.

XV 27. Zusammenfassung

Durch diese Traumreisen haben sich einige neue Erkenntnisse bzw. Bestätigungen von „begründeten Vermutungen" ergeben, die im folgenden noch einmal kurz zusammengefaßt werden.

1. Die Zusammenstellung eines Mannes, einer Schlange bzw. eines Drachens und der Sonne stellen den Jenseitsreisenden dar, der wie die Sonne in Schlangen- bzw. Drachengestalt in das Jenseits reist. Die Sonne, der ehemalige Göttervater Tyr, die Schamanen, die Könige bei ihrer Krönung usw. werden in der Unterwelt zu einer Schlange oder zu einem Drachen bzw. sie reiten auf der Schlange oder dem Drachen wie auf einem Schiff. Dies ist auch der Ursprung der „Drachenschiffe".

2. Das Motiv der Sonne als Schlange bzw. Drache in der Unterwelt ist schon sehr alt und reicht bis mindestens 20.000 v.Chr. zu den gemeinsamen Vorfahren der Jäger von Göbekli Tepe, der Chinesen und der Indianer zurück.

3. Die Schnauze der germanischen Drachen ist zumindest zwischen 400 n.Chr. und 700 n.Chr. der Schnabel eines Schwanes oder evtl. auch einer Ente gewesen. Der Schnabel ist ein Hinweis auf den Seelenvogel – der „Schnabeldrache" ist somit eine Variante des geflügelten Drachens.

4. Der Übergang zwischen Diesseits und Jenseits entspricht der Grenze zwischen Psyche und Seele. Das ist eigentlich selbstverständlich, da die Psyche der Diesseits-Teil des Menschen und die Seele der Jenseitsteil des Menschen ist, aber dadurch, daß die Bilder auf der Traumreise zu der Sonne, dem Mann und dem Drachen am Horizont genaudieselben optischen Qualitäten haben wie die Reisen zu der Grenze zwischen Seele und Psyche hat (überscharfe Konturen, Detailschärfe, schimmernde Farben; es fehlen nur die fließende Formen), wird diese durch den Verstand erfaßte Gleichsetzung auch durch das Erlebnis bestätigt.

5. Die Sonnenanrufung bzw. der Sonnengesang ist eng mit der Drachenverwandlung und mit der Erweckung der Kundalini verbunden.

6. Der rautenförmige Kopf des stilisierten Mannes mit der Kundalinischlange stammt wahrscheinlich von dem rautenförmigen Kopf des Drachens, der die Ahnen, die Sonne in der Unterwelt, Tyr im Jenseits und allgemein alle Jenseitsreisenden darstellt – und vermutlich auch die Kundalini. Dieser rautenförmige Kopf ist vermutlich der Vorläufer des Ögishelmes, durch den man sich in einen Drachen verwandelt.

Dieser „Drachenkopf" stellt vermutlich die aufgestiegene Kundalini dar, die auch auf den Helmen aus der Vendelzeit im Dritten Auge, also zwischen den Augenbrauen, dargestellt wurde. Aus ihr wurde dann später die „Schlangen in den Augen" der Könige und Helden.

7. Die drei Schlangen auf den Goldhörnern von Gallehus sind Tyr-Grabak und seine beiden Alcis-Söhne, die als Schlangen Goin und Moin heißen.

8. Drachen sind auch als „Fische mit Beinen und Vogelschnabel" aufgefaßt worden. Die Schlangen-Kenningar „Heide-Fisch", „Land-Makrele" u.ä. beziehen sich also nicht nur auf die beiden gemeinsame längliche Form, sondern auch auf eine tatsächliche mythologische Gleichsetzung von Schlange und Fisch – Fische sind sozusagen die Schlangen des Meeres: beide sind die Seelen im Jenseits. Diese Parallelität entspricht dem Nebeneinader der Hel als Land-Jenseitsgöttin und Ran als Wasser-Jenseitsgöttin. Die Fisch-Gestalt des Tyr in der Wasserunterwelt ist der Wal – der größte Gott erscheint auch als der größte Fisch.

9. Die Tradition des Motivs „Mann mit Schlange (und Sonne)" zieht sich von den skandinavischen Steinritzungen über die Goldhörner von Gallehus, die Bildsteine, die Vendelzeit-Helme, Grendel und den Drachen aus dem Beowulf-Epos bis hin zu den Runensteinen mit Schlange und Sonne (Draupnir-Kreuze). Der Kern dieses Motivs ist das Erlebnis der Kundalini, das eng mit dem ehemaligen Sonnengott-Göttervater Tyr verknüpft ist.

10. Die Regenräuberschlange ist aus der Jenseitsgöttin als Riesenschlange entstanden, die auch als der Jenseitsweg der Sonne aufgefaßt worden ist. Sie wurde erst von der Jenseitsmutter der Sonne zur Todesursache der Sonne (ähnlich wie die germanische Hel) und dann weiter zur Regenräuberschlange umgedeutet.

10. Die Erweckung der Kundalini führt zu einem allgemeinen Leben aus der eigenen Wahrheit heraus – die Ekstase der Berserker und der Ulfhedinn ist die Benutzung dieser mit der Kundalini verbundenen Einsgerichtetheit auf einen einzelnen Kampf.

11. Die Begegnung mit den Drachen in den Traumreisen läßt das Sonnengeflecht heiß werden – seltener auch das Wurzelchakra.

12. Die Traumreisen bestätigen, daß die Sonne auf den Genitalien und auf dem Herzchakra (oder Sonnengeflecht?) des auf dem Goldhorn von Gallehus dargestellten damaligen Sonnengott-Göttervaters Tyr die Hitze in diesen beiden Chakren bei der damaligen Form des Kundalini-Yogas bezeichnet.

13. Die Schlangen und Drachen können als Seelensymbole auch den Bewußtseinszustand der Seele hervorrufen – das Erfülltsein und die Wärme und das Lächeln und die Freude.

14. Mit den Schlangen und Drachen ist ein Erlebnis verbunden, das wie ein „sanfter Blitz" ist, und der den Jenseitsreisenden aufrechter und wacher werden läßt.

15. Der Sonnendrachen kann dem, der zu ihm geht, die Qualität der „Richtigkeit" geben, die wie Sonnenlicht ist und Harmonie erschafft.

XVI Zugang zu den Drachen

Die Möglichkeiten, Zugang zu den Schlangen und Drachen zu finden, habe ich ausführlich in meinem Buch „Drachenfeuer" dargestellt. Im Folgenden werden hier nur die wichtigsten Möglichkeiten beschrieben.

XVI 1. Kundalini

Die wichtigste Art der Begegnung mit Schlangen und Drachen ist die Erweckung der Kundalini in sich selber. Sie wird nacheinander als drei Phänomene erlebt:
> 1. als ein allgemeines elektrisch-heißes Prickeln im Körper, das meistens vom Wurzelchakra oder vom Sonnengeflecht ausgeht;
> 2. eine allgemeine Hitze, die stärker als das Hitze-Prickeln ist und die den Körper einhüllt und ein Gefühl von Lebendigkeit und Bewußtheit vermittelt; und
> 3. eine gebündelte Hitze, die deutlich intensiver als die beiden anderen Formen ist und in der Körpermitte entweder vom Wurzelchakra oder vom Sonnengeflecht aus langsam „mit der Geschwindigkeit einer kriechenden Schildkröte" in der Körpermitte emporsteigt.

Das Aufsteigen der Kundalini macht alles Unbewußte in der Psyche bewußt, da alle Blockaden in der Psyche die Lebenskraft am freien Fließen hindern. Wenn man daher durch Yoga-Übungen die Lebenskraft zum Fließen bringt, können die Blockaden nicht mehr starr und daher unbewußt bleiben. Diese Bewußtwerdung kann sehr unangenehm werden – auch wenn sie letztlich heilsam ist.

Das folgende sind einige grundlegende Kundalini-Übungen:

> Man setzt sich am besten in den Drachensitz, also mit geradem, aufrechtem Rücken und mit untergeschlagenen Beinen auf den Fersen sitzend, wobei die Schienbeine und die Fußoberseiten auf dem Boden liegen. Es geht auch mit fast jeder anderen Haltung, aber diese Haltung ist für diese Methode besonders gut geeignet – weshalb er auch „Drachensitz" heißt.
>
> In seiner Vorstellung sendet man nun einen Lichtstrahl von dem eigenen Wurzelchakra nach unten in die Erde. Zunächst ist dort Erde, dann Felsen, der allmählich wärmer wird, dann dunkelrot zu glühen beginnt und nach und nach immer heller wird: rot, orange, gelb und schließlich weiß – im Inneren der Erde ist es nicht dunkel, sondern hell, denn das Innere der Erde glüht …
>
> Dort in der Mitte der Erde ruft man den eigenen Drachen und wartet bis er kommt – was in der Regel sehr schnell geht … da die Plötzlichkeit und die

Schnelligkeit im Charakter der Schlangen und somit auch der Drachen liegt. Zusammen mit diesem Drachen steigt man dann an dem Lichtstrahl wieder nach oben, wo der Drache den eigenen Körper erfüllt und in ihm kreisförmig zu strömen beginnt: in der Mitte des Körpers empor und außen wieder hinab.

Diese Drachen-Anrufung kann man zur allgemeinen Stärkung, zu Beginn einer Kundalinimeditation, als Hilfe beim Feng-Shui oder auch für viele andere magisch-spirituelle Unternehmungen nutzen. Seien Sie dabei aufmerksam auf den Drachen, spüren Sie seinen Charakter und lauschen Sie auf das, was er Ihnen möglicherweise sagt oder zeigt, gehen Sie achtsam mit dieser Lebenskraft um und nehmen Sie den Drachen vor allem ernst – ein Drache ist schließlich ein Drache.

Es ist hilfreich, bereits den Kontakt zu der eigenen Seele zu haben, bevor man versucht, das Drachenfeuer aufsteigen zu lassen, um bei jedem Erlebnis mit diesem Feuer immer einen sicheren Punkt zu haben, an den man sich zurückziehen kann und von dem aus man das Erlebnis betrachten und integrieren kann – aber dies ist natürlich keine Voraussetzung, um mit dem Kundaliniyoga zu beginnen. Auch die Kenntnis des eigenen Krafttieres kann unter Umständen beim Kundaliniyoga hilfreich sein, da das eigene Krafttier den Stil darstellt, in dem sich die eigene Lebenskraft bewegt.

Eine zweite gute Vorbereitung bezieht sich auf den „Kanal", in dem die Lebenskraft in der Körpermitte von unten nach oben strömt.
Setzen Sie sich für diese Vorbereitung bequem hin und stellen Sie sich einen leuchtenden Stab vor, der von Ihrem untersten bis zu Ihrem obersten Chakra reicht und dessen unterste Hälfte rot ist und der im Herzchakra in eine weiße Farbe übergeht, die bis zum Scheitel emporreicht. Dieses rote Licht wird Tummo genannt und ist vor allem Kraft, während das weiße Licht Bindhu genannt wird und vor allem Bewußtsein ist – aber beides, rotes und weißes Licht, sind die Lebenskraft.
Wenn das rote Feuer aufsteigt, regt es schließlich das weiße Licht dazu an, herabzuströmen – das „Melken der Himmelskuh", wie dies in den altindischen Upanishaden genannt wird, in denen die Himmelsgöttin die Gestalt einer Kuh hat. Das aufsteigende rote Licht ist die Integration und das niederströmende weiße Licht ist die Schöpferkraft.
Stellen Sie sich nun vor, daß sich dieser leuchtende Stab allmählich weitet, immer weiter, immer weiter – bis er schließlich das ganze Weltall umfaßt. Stellen Sie sich dann vor, daß der Stab zu schrumpfen beginnt, immer dünner, immer dünner – bis er schließlich dünn wie ein Haar ist. Weiten Sie ihn dann wieder, lassen Sie ihn dann wieder schrumpfen usw. Bemühen Sie sich dabei,

den gesamten Stab bewußt zu haben und zu sehen – im Bereich aller Chakren. Dadurch wird der Stab elastisch und die Lebenskraft im eigenen Inneren sozusagen durchgeknetet und massiert, sodaß sie beweglich wird.

Stellen Sie sich nun vor, einen gleißendweißen Punkt von der Größe eines Senfkorns von ihrem untersten Chakra her in dem leuchtenden Stab aufsteigen zu lassen. Dieser Lichtpunkt verläßt oben am Scheitel den Körper und kehrt vor dem Körper entlang zu dem untersten Chakra zurück und tritt dort wieder in den leuchtenden Stab ein. Diese Übung regt den Fluß der Lebenskraft an.

Das Anrufen des Erdfeuerdrachen ist natürlich ebenfalls eine sehr gute Unterstützung des Kundaliniyogas, das man vor jeder Meditation oder auch einfach bei Bedarf durchführen kann.

Betrachten Sie vor ihrer Meditation noch einmal, was Sie vorhaben, was Ihr Ziel ist (hier also die Erweckung der Kundalini) und stellen Sie es sich bildlich vor. Lassen Sie dann Ihr „Zielbild" zu einer kleinen, goldenen Kugel kondensieren, die in ihr Drittes Auge schwebt. Rufen Sie dann Ihren Erdfeuerdrachen – er wird dieser Kugel folgen und das Bild in ihr in die Wirklichkeit umsetzen.

In Tibet sagt man, daß die Lebenskraft den Vorstellungen folgt; hierzulande sagt man in der Magie, daß die imaginierten Bilder die Realität formen.

Die flammende „Wunschperle", der die chinesischen Drachen folgen, ist die Absicht und die Vorstellung im Dritten Auge und der Drache ist die Lebenskraft, der diesen Vorstellungen folgt. Die Flammen um die Wunschperle zeigen, daß sie von Lebenskraft erfüllt ist, daß sie durch das Drachenfeuer entflammt worden ist und nun magisch wirkt.

An diese Vorbereitungen schließt sich das eigentliche Kundaliniyoga an. Setzen Sie sich im Lotussitz (Schneidersitz mit auf den Oberschenkeln liegenden Füßen) oder im Drachensitz (mit dem Po auf den Fersen) hin und achten Sie eine Weile auf ihren Atem. Atmen Sie dann saugend und schlürfend tief ein und lassen Sie dann die Luft wieder „hinausfallen". Versuchen Sie nicht, einen bestimmten Rhythmus anzustreben, sondern atmen Sie ei-fach so, wie es sich gut anfühlt.

Ziehen Sie nun beim Einatmen ihre Beckenbodenmuskulatur (Perinäum) zwischen Genitalien und After zusammen und spannen Sie sie so sehr an, wie Sie können. Lassen Sie diese Muskulatur, in der das Wurzelchakra seinen Sitz hat, beim Ausatmen wieder los und entspannen Sie diese Muskulatur wieder. Anfangs werden Sie möglicherweise ihren ganzen Unterleib anspannen, aber mit der Zeit werden Sie herausfinden, wo da unten welche Muskeln sitzen.

Stellen Sie sich nun beim Einatmen vor, wie Licht vom untersten Chakra zum obersten Chakra emporsteigt.

Beim Einatmen: schlürfend den Atem einsaugen, die Beckenbodenmuskulatur anspannen und das Aufsteigen des Lichtes imaginieren; beim Ausatmen: den Atem fallenlassen, die Beckenbodenmuskulatur entspannen und das aufgestiegene Licht betrachten.

Stellen Sie sich vor, ein Springbrunnen zu sein. In Ihnen steigt das Wasser als Strahl empor, entfaltet sich oben zu einer Fontäne und fällt dann rings um Sie in etwa einer Armlänge Entfernung her als Tropfen wieder hinab, um sich unter Ihnen erneut zu sammeln und als Strahl emporzusteigen.

Setzen oder stellen Sie sich dann anschließend hin – mit festem Bodenkontakt. Steigen Sie in ihrer Vorstellung durch ihr Scheitelchakra immer höher hinauf bis sie zu dem gleißendweißen Himmelslicht kommen, wo es nur noch dieses Licht gibt, das eins ist und durch keinerlei Strukturen gegliedert ist.

Lassen Sie nun dieses Licht, Gottes Segen, die Milch der Himmelskuh, den Heiligen Geist als weißen Strahl in sich hinabströmen und Sie erfüllen. Falls Sie mit der kabbalistischen Tradition vertraut sein sollten, können dafür die „Übung der Mittleren Säule" benutzen.

Die grundlegende Meditation im Kundaliniyoga ist wie die meisten wesentlichen Dinge recht unscheinbar: Setzen Sie sich bequem hin, am besten wieder im Lotussitz oder im Drachensitz. Stellen Sie sich beim Einatmen vor, wie Sie leuchtende Lebenskraft einatmen und in das unterste Chakra lenken, wo Sie einen kleinen roten Kegel imaginieren, der mit seinem Boden in der Mitte des vierblättrigen Wurzelchakras steht und mit seiner Spitze nach oben in die Mitte des leuchten Stabes hineinragt. Stellen Sie sich beim Ausatmen vor, wie dieser rote Kegel aufglüht. Dies ist die wichtigste Imagination in der tibetischen Tummo-Meditation.

Sie können die Effektivität dieser Meditation noch steigern, indem Sie in ihrer Vorstellung eine möglichst tiefes, ununterbrochenes „A" summen. Haben Sie schon einmal traditionelle tibetische Mönchsgesänge gehört? Dieser tiefe Bass, der weit unterhalb von allem liegt, was für eine menschliche Stimme normalerweise möglich ist, ist genau die Tonlage, bei der das innerlich gesungene „A" am stärksten auf das Wurzelchakra wirkt. Falls Sie in dieser Tonlage „mit der Stimme eines Drachen" singen können, ist natürlich auch das reale, äußere Singen auf diese Weise ausgesprochen hilfreich – schließlich wurde es für diesen Zweck entwickelt. Probieren Sie beim Singen einmal verschiedene Haltungen im Sitzen und Stehen aus und achten sie darauf, welcher Teil Ihres Körpers bei welcher Tonhöhe und bei welchem gesungenen Vokal mitschwingt.

Sie können die vorige Meditation nach einer Weile dadurch ergänzen, daß Sie innerlich beim Ein- und beim Ausatmen das Wort „Feuer" sprechen. Wenn Sie wollen, können Sie auch „ignis", die lateinische Übersetzung für Feuer, „teja" das Sankrit-Wort für Feuer, oder das altägyptische Wort für Feuer „sedji" benutzten. Auch das tibetische „tummo" eignet sich dafür. Wenn Sie jedoch keinen besonderen Grund für eine andere Wahl haben, wird vermutlich „Feuer" zunächst am effektivsten sein – es spricht aber nichts dagegen, ein wenig mit den verschieden Worten zu experimentieren.

Die Kundalinimeditationen können nicht nur im Sitzen, sondern auch im Liegen durchgeführt werden. Insbesondere die Imagination der Lichtkugel oder des Lichtkegels im Wurzelchakra eignet sich gut für eine Meditation im Liegen.

Sie können die Kundalinimeditation auch einfach als eine Entspanungsübung beginnen. Legen Sie sich dafür bequem hin. Setzen Sie sich evtl. einen Kopfhörer auf und hören Sie rhythmisch-melodische Musik (z.B. Santana, Blackmore's Night, Steeleye Span o.ä.). Entspannen Sie sich Körperteil für Körperteil. Lassen Sie Ihren Körper von innen her warm werden – vielleicht beginnt er auch zu vibrieren. Ruhen Sie dann mit ihrer Aufmerksamkeit in ihrem Wurzelchakra und bleiben sie mit ihrer Aufmerksamkeit dort so gut wie es geht.

Sie können dasselbe auch ohne Musik durchführen und dafür dann das Feuermantra dazunehmen. Klingt harmlos, funktioniert aber gut.

Diese Entspannungsübung läßt sich auch variieren – probieren Sie einfach verschiedene Methoden aus und schauen Sie, welche ihnen am besten liegt.

Eine weitere Variante kann mit oder ohne Musik durchgeführt werden. Entspannen Sie sich. Stellen Sie sich in ihren beiden Fußsohlen jeweils ein großes „A" vor und singen Sie innerlich dabei ein endloses „A" - probieren Sie das „A" in Ihrer Imagination in verschiedenen Tonhöhen zu singen bis Sie eine Tonhöhe gefunden haben, die sich gut und lebendig anfühlt. Wechseln Sie nach einer Weile zu einem gesungenen „E", dann zum „I", zum „O" und zum „U". Wenn Sie dann noch mögen, beginnen sie einfach wieder mit dem „A".

Diese Buchstabenmeditation ermöglicht eine sehr tiefe Entspannung. Wenn diese Entspannung eintritt, wird sich Ihr Körper zunächst einmal schwer und irgendwie weniger real und mehr wie Bewußtsein anfühlen, danach schwerer und unbeweglich werden, nach wieder einer Weile dann warm und manchmal fast heiß werden und schließlich auf eine sehr angenehme Weise zu vibrieren beginnen.

Wenn Sie für zehn Minuten in diesem Zustand sind, werden Sie sich danach so erfrischt fühlen, als ob Sie zwei Stunden geschlafen hätten!

Ab dem Zustand der Wärme dehnen Sie nun ihre Aufmerksamkeit auch auf das Wurzelchakra aus, in dem Sie nun den Vokal zusätzlich an diesem dritten Ort imaginieren, was nach kurzer Zeit Ihr Wurzelchakra aktivieren wird.

Wenn Sie die Imagination des Vokal im Wurzelchakra fortlassen und mit den zwei Vokalen in Ihren Fußsohlen fortfahren, wird wahrscheinlich ein anderer Effekt eintreten. Zunächst einmal wird das Vibrieren stärker werden. Möglicherweise werden sie spüren, daß dieses Vibrieren ca. 6Hz hat. Nach wieder einer Weile wird dieses Schwingen des gesamten Körpers von einer tieferen Oktave von ca. 3Hz, die vom Herzchakra ausgeht, überlagert. Eine höhere Oktave mit ca. 12Hz könnten Sie in Ihrem Dritten Auge und in Ihrem Hara entdecken und schließlich eine weitere höhere Oktave von ca. 24Hz in ihrem Scheitelchakra und in ihrem Wurzelchakra.

Zu diesem Zeitpunkt treten dann auch noch andere seltsame Erlebnisse auf: Möglicherweise haben Sie plötzlich das Gefühl, eine Handbreit durch Ihr Bett nach unten zu fallen und gleich wieder in Ihre vorige Position hochzuschnellen. Oder Ihr Arm zuckt kurz nach oben und fällt sofort wieder herunter – obwohl eine Decke auf ihm liegt. Oder Ihr rechter Arm zuckt plötzlich nach links und wieder zurück, was nun ja überhaupt nicht möglich ist, da sich dort ihr Körper befindet ...

Bei diesen plötzlichen spontanen Bewegungen, die auch wie ein Hin- und Herschwanken wie bei hohem Seegang anfühlen können, erleben Sie, wie sich Ihr Lebenskraftkörper allmählich von Ihrem materiellen Körper löst, so wie er dies bei jedem Schlaf tut. Wenn Sie mit Ihrer Buchstabenmeditation nun noch weiter fortfahren, werden Sie schließlich bewußt mit ihrem Lebenskraftkörper Ihren materiellen Körper verlassen und können sich dann ohne Ihren materiellen Körper an jeden Ort begeben und sich dort alles anschauen. Nach einem solchen Erlebnis werden sie wissen, daß der Tod nicht das Ende ist ...

Wenn ihr Freund bzw. ihre Freundin ebenfalls Interesse an der Erweckung der Kundalini hat, ergeben sich noch einige neue Möglichkeiten. Im Grunde ist es extrem schlicht: Vereinen Sie sich miteinander, aber lassen Sie es nicht zum Orgasmus kommen – genießen Sie die Spannung, aber entladen Sie sie nicht. Dann wird die so angeregte Lebenskraft sich nach und nach den Weg nach oben suchen, weil sich die kleine Kreisbewegung der Lebenskraft im untersten Chakra zu der großen Kreisbewegung durch alle Chakren weiten wird.

Manchmal werden Sie dann in der Nacht danach feststellen, daß ihnen heiß ist oder daß Sie seltsamerweise kaum Schlaf brauchen – dies sind übliche Effekte, wenn die Kundalini zu erwachen beginnt.

Noch ein Rat: Halten Sie beim Liebesspiel einfach einmal eine Zeitlang inne, bewegen Sie sich nicht und spüren Sie einfach sich und den anderen, werden Sie sich ihrer Situation gewahr – spielen Sie mit der Lebenskraft, die man beim Sex so deutlich spürt ...

Diese Methode wird in Tibet bisweilen Yab-Yum genannt. Mit diesem Namen wird allerdings auch der Yin-Yang-Gegensatz bezeichnet und auch die Vereinigungs-Haltung, bei der der Mann im Lotussitz ruht, und die Frau auf seinem Schoß sitzt und ihn mit ihren Beinen und Armen umfängt.

Wenn Sie ein Mann sind und ihre innere Frau schon kennen oder wenn Sie eine Frau sind und ihren inneren Mann schon kennen, können Sie dieses Liebesspiel auch einmal in ihrer Vorstellung durchführen. Sie können auch einen Gott bzw. eine Gottheit bitten, ihr Partner bzw. ihre Partnerin zu sein – natürlich sollte man zum einen diese Gottheit schon kennen und zum andern sollte man sie fragen, ob sie dies Vorhaben für eine gute Idee hält ...

Generell funktioniert die Anregung der Kundalini durch sexuelle Stimulierung auch alleine, allerdings ist die eben beschriebene Methode zu zweit deutlich effektiver. Beim Solo kommt es wieder darauf an, daß die Sexualität angeregt, aber nicht entladen wird. Im Idealfall reiten Sie möglichst lange auf dem Kamm der Welle, ohne in die Fluten zu stürzen. Man sollte diese Methode aber nicht ohne einen soliden Entschluß fassen, denn sonst ist es schwierig, oben auf der Welle „diszipliniert" zu bleiben. Und wenn Sie dann doch in die Wogen stürzen, genießen Sie es, statt sich Vorhaltungen zu machen und probieren sie dieses „Surfen" dann am nächsten Tag noch einmal.

Schließlich gibt es noch die krönende Übung. Sie sieht im Prinzip wie die Vereinigung von Mann und Frau aus, aber beide verbinden sich vorher mit einer Gottheit. Dafür sollte man natürlich schon etwas Übung mit Invokationen, also mit der Anrufung von Gottheiten und der Vereinigung und Identifizierung mit ihr haben. Wenn man das Liebesspiel ohne Orgasmus auf diese Weise spielt, strömt von außen noch sehr viel weitere Lebenskraft in das Liebesspiel mit hinein, was die Spannung noch deutlich verstärkt – und sowohl die Ansprüche an den festen Entschluß als auch die Effektivität dieser Meditation deutlich erhöht.

XVI 2. Ekstase-Tanz

Der Tanz ist die älteste und einfachste Ekstasemethode (abgesehen vom Orgasmus). Ein solcher Ekstasetanz, der sich auf den Drachen bezieht, ist von der Technik her nicht besonders kompliziert, aber meistens ist ein wenig Übung sehr förderlich. Ein solcher Drachentanz hat den Zweck, sich ganz auf das Wesen und die Kraft eines Drachen auszurichten und dadurch sich mit diesen Qualitäten und der Lebenskraft des Drachen auszufüllen – in der Regel also lebendiger und spontaner zu werden, da die Lebenskraft in einem Drachen frei fließt.

Wenn Sie einen Drachentanz versuchen möchten, ist es sinnvoll, zunächst einmal Ihre Motivation für dieses Vorhaben zu betrachten. Das kann eine körperliche Stärkung, die Heilung einer Angst oder auch einfach Neugier sein – das ist alles o.k. – man sollte sich lediglich darüber klar sein, warum man was macht, damit man den Kurs halten kann.

Setzen Sie sich zu Beginn am besten im Drachensitz auf die Erde. Senden Sie wie beim Kundaliniyoga einen Lichtstrahl zum Erdmittelpunkt hinab, um von dort ihren eigenen Drachen zu rufen und lassen Sie ihn in sich kreisen: in der Mitte empor und außen rings um Sie wieder hinab und dann von neuem in Ihnen empor. Spüren Sie ihm nach – seine Bewegungen, seine Stimmung, seine Impulse …

Gehen Sie dann mit Ihren Bewegungen mit dem Drachen mit. Vielleicht schwanken Sie zunächst leicht hin und her, oder heben langsam ihre Arme oder drehen nur ein wenig den Kopf. Tun Sie nichts, sondern lassen sie den Drachen Sie bewegen. Bleiben Sie mit ihrer Aufmerksamkeit bei dem Drachen. Forcieren Sie nichts.

Dieses Lauschen auf die Impulse des Drachens ist dem Improvisieren in der Musik sehr ähnlich – man gibt den inneren Impulsen spontan im Hier und Jetzt Ausdruck.

Stehen Sie nicht selber aus dem Drachensitz auf, mit dem Sie Ihren Tanz begonnen haben – warten Sie darauf, daß der Drache Sie aufsteht. Machen Sie dann nicht absichtlich große Schritte, sondern schauen Sie, wie sich ihr Körper aus dem Drachen heraus bewegen will.

Vielleicht haben Sie ihre Augen bei Ihrem Tanz offen, vielleicht aber auch geschlossen. Bewegen Sie sich dann ruhig mit geschlossenen Augen – sie werden nicht anstoßen. Vielleicht fühlen Sie sich dabei anfangs sicherer, wenn sie in einem Raum tanzen, wo nichts Zerbrechliches steht. Vielleicht haben Sie das Tanzen mit geschlossenen Augen ja auch schon einmal in der Disco probiert.

Falls Sie die Augen offen haben, ist es ratsam „ins Leere" zu blicken, da man dann, wenn man einem anderen Menschen in die Augen blickt, leicht aus seiner Konzentration auf den Drachen herausfallen kann.

Vielleicht ist Ihnen das Tanzen mit geschlossenen Augen nicht geheuer, aber es ist nicht schwierig. So wie man intuitiv Dinge finden kann oder auch im Dunkeln im Wald, wenn man sich verirrt hat, seinem Körper sagen kann, daß man nach Hause will und dann den Impulsen des Körpers aus dem Wald hinaus folgen kann, genauso kann man auch „blind" den Impulsen des Körpers beim Tanzen folgen.

Versuchen Sie den Drachentanz ohne Musik und mit Musik. Ideal ist es natürlich, wenn man einen oder mehrere Freunde dabei hat, die passend zu den eignen Bewegungen Musik improvisieren.

Vielleicht bleiben ihre Bewegungen gleichförmig, vielleicht werden sie aber auch immer schneller. Hier gibt es keine Regel. Schauen Sie, wieviel Kraft Sie von dem Drachen aufnehmen können, welche „Tanzgeschwindigkeit" Sie mitmachen können, wie lange der Tanz dauern kann ... Wie bei allen solchen Dingen ist das Maß anders, als man zunächst dachte – man kann ein bißchen schneller und länger tanzen und etwas mehr Kraft aufnehmen, als man dachte. Sollten Sie stolpern oder plötzlich erschöpft sein, ist das o.k. – werden Sie dann langsamer und machen Sie weiter.

Beenden Sie den Tanz, wenn sich das richtig anfühlt. Vielleicht ist der Tanz aber auch ganz langsam geblieben und Sie schleichen wie eine Schlange durch den Raum – auch das ist völlig o.k.

Bleiben Sie wach und bewußt bei dem Tanz und schauen Sie zu, was geschieht, wie der Drache Sie ganz erfüllt. Genießen Sie seine Bewegungen und seine Kraft.

Lassen Sie sich etwas Zeit, wenn der Tanz geendet ist, und spüren Sie der Drachenkraft noch eine Weile nach. Danken Sie dem Drachen und legen Sie evtl. die Handflächen auf den Boden – das erdet gut.

Das Lauschen auf den richtigen Zeitpunkt, die richtige Bewegung, den richtigen Entschluß ist eine alte Weisheit – sie wurde von den Ägyptern Ma'at genannt, von den Sumerern Me, von den Indern Dharma, von den Navahos Ho'zhong, von den Tibetern Tashi ...

Sie können solche Tänze auch für einen bestimmten Zweck wie z.B. die Heilung eines Freundes durchführen. Machen Sie sich dann vor dem Beginn des Tanzes diesen Zweck deutlich und sprechen Sie ihn evtl. aus. Stellen Sie sich ihr Ziel bildlich vor wie z.B. das Fließen der von ihnen gerufenen Drachenkraft zu ihrem Freund. Seien Sie bei solchen Unternehmungen aber vorsichtig und zwingen Sie nichts. Stellen Sie also ihrem Freund diese Kraft bildlich zur Verfügung wie ein Geschenk, daß Sie ihm geben, und lassen Sie in ihrer Vorstellung nicht die Drachenkraft gleich in seinen Körper fließen. Er kann die Lebenskraft dann annehmen, wenn er will oder es auch lassen. Es ist immer sinnvoll und förderlich, den freien Willen der anderen und die Eigendynamik der Dinge zu achten.

Diese Art zu tanzen, findet sich in vielen archaischen Tänzen wie z.B. in allen Jagd-, Fruchtbarkeits- und Kriegstänzen. Bei diesen Tänzen beginnt der Tanz damit, daß man etwas Bestimmtes erreichen will und diesem Ziel dann zunächst durch den Tanz einen symbolischen Ausdruck gibt, der die Lebenskraft in die richtige Richtung in Bewegung setzt.

Mit dieser Art Tanz kann man auch die Qualität anderer Tiere oder auch eine Gottheiten in sich hineinrufen – man muß sich dann lediglich statt auf das Bild des Drachen als Quelle des Tanzes auf das betreffende Tier oder die Gottheit konzentrieren und aus ihr heraus tanzen.

Man tanzt in dieser Art von Tanz aus seiner Motivation und aus seinem Ziel heraus. Durch diese innere Orientierung ist der Tanz dann kein einfaches sich-Bewegen mehr und auch kein Austoben wie in der Disco, sondern man wird durch diesen Tanz mit immer mehr Kraft erfüllt – einfach deshalb, weil man dem, was man ist und was man will, Ausdruck gibt. Das eigene Herz entfaltet sich in dem eigenen Tanz und beginnt zu leuchten.

Man tanzt aus seinem Herzen heraus, von der Mitte nach außen, von der Seele aus in die Welt hinein. Diese Ausrichtung führt zu einem freien Fließen der Lebenskraft, die der eigentliche Tanz des Drachen ist. Der Drachentanz beginnt im Herzen, nimmt dann im Lebenskraftkörper und somit in der eigenen Psyche eine bildhafte Form an, die dann im Außen zunächst in der symbolisch-pantomimische Form des Tanzes Gestalt annimmt und dann schließlich in der materiellen Welt magisch das Erwünschte entstehen läßt. Dabei können noch konkrete Handlungen dazukommen, um das angestrebte Ziel zu erreichen, was aber nicht immer der Fall sein muß.

XVI 3.   Ley-lines

Die Lebenskraft in der Erde ist wie die Lebenskraft im menschlichen Körper durch zentrale Punkte und durch Linien, die diese Punkte miteinander verbinden, strukturiert. Im menschlichen Körper sind dies die Chakren und die Akupunktur-punkte, die durch die Meridiane verbunden werden. Dem entsprechen bei der Erde die Kraftorte und die Ley-lines, die diese Kraftorte miteinander verbunden.

Diese Kraft-Linien werden in China „Drachenlinien" genannt. Das intuitive Erspüren dieser Linien wird daher „den Drachen reiten" genannt.

XVI 4.   Familienaufstellungen

Da die Schlangen vor allem die Ahnen sind, gehören auch Jenseitsreisen, Astralreisen, Traumreisen, Familienaufstellungen, Spiritismus u.ä. zu diesem Thema, aber da diese Methoden kaum einen direkten Bezug zu den Schlangen und Drachen haben, die nur die Symbole für die Ahnen sind, führen diese Methoden nicht zu einer besseren Kenntnis der Schlangen und Drachen, sondern nur zu einem Erkennen der Wichtigkeit des eigenen Verhältnisses zu den eigenen Eltern und den weiteren Vorfahren.

XVI 5. Schlangenringe

Man kann so manche Irrwege gehen – und wenn man dabei Magie betreibt und zudem die Verbindung zu den Drachen sucht, sind die heftigen Folgen dieser Irrwege nicht zu übersehen ...

Als ich 26 Jahre alt gewesen bin, habe ich bei kleineren Aktionen von Robin Wood, der regionalen Untergruppe von Greenpeace, die sich für den Wald einsetzte, mitgemacht. Nach einer Weile hatte ich die Idee, daß man da doch auch etwas mit Hilfe von Magie unternehmen können müßte. Daher habe ich damals begonnen, mich mit Bäumen zu unterhalten, von denen ich immer wieder zu hören bekommen habe, daß ich nichts den Bäumen auf magische Art zu geben bräuchte, sondern daß wir mit dem sauren Regen u.ä. aufhören müßte – die Ursache des Waldsterbens liegt bei den Menschen und nicht bei den Bäumen.

Nun ja, ich hatte mir die Idee aber offenbar so sehr in den Kopf gesetzt, daß ich sie nicht loslassen konnte und schließlich den Plan faßte, zwölf Ringe in der Gestalt von Schlangen zu schmieden, weil die Erdkraft meist als Schlange dargestellt wird, und diese Ringe dann an verschiedenen Kraftorten zu vergraben und auf diese Weise eine Art Akupunktur der Leylines der Erde zu bewirken, um den Wald zu stärken. Es schien mir dann sinnvoll, einen dreizehnten Ring im Zentrum von Deutschland zu vergraben, wofür mir der größte deutsche Vulkan, der Vogelsberg nördlich von Frankfurt, am besten geeignet zu sein schien.

Ich hab dann überlegt, wie man solche Ringe besonders kraftvoll werden lassen könnte und habe daraufhin am Frühjahrsvollmond als „Zeugungsfest" das Silber gesägt, am nächsten Vollmond die Streifen zu Ringen zusammengeschweißt, dann am übernächsten Vollmond die Löcher auf den Schlangenköpfen für die Turmaline gebohrt usw. bis dann nach neun Monaten auf Weihnachten, also dem Geburtsfest, die Turmaline in die Köpfe der Schlangen eingesetzt wurden. Der dreizehnte Ring war etwas größer als die anderen und hatte einen Rubin als Scheitelchakra-Stein.

Beim Schmieden habe ich dann alle Kräfte in die Ringe gerufen, die ich rufen konnte und habe dabei die ziemlich kraftvollen Schlangen- und Drachengedichte, die ich verfaßt hatte, ständig rezitiert. Inzwischen hatte ich auch einige Hexencoven und einzelne Magier gefunden, die einen Ring über-nehmen und an einem Kraftplatz vergraben wollten. Seltsamerweise habe ich den dreizehnten Ring nie an jemanden weitergegeben und einen der zwölf Ringe auch oft selber getragen statt ihn zu vergraben, weil ich, während ich den Ring trug, eine Macht hatte, die ich sonst nie gespürt habe und meine Vorstellungen (magisch ausgerichtete Wünsche) sehr viel schneller in Erfüllung gehen ließ. Der Ring, den ich selber oft trug, fühlte sich zunehmend wärmer und schließlich fast heiß an, wenn ich wieder einmal etwas mit Hilfe von Magie zu erreichen versuchte – inzwischen war offenbar sehr viel Lebenskraft in dem

Ring … Lebensfeuer, Schlangenkraft, Drachenfeuer …

Vermutlich ist inzwischen jedem Leser und jeder Leserin die Ähnlichkeit mit den Ringen aus dem „Herrn der Ringe" aufgefallen, aber ich habe damals nichts gemerkt. Nach einer Weile traten dann aber doch Zweifel bei dem einen oder anderen auf, sodaß wir schließlich Traumreisen zu den Ringen unternommen haben, was man ja normalerweise bei einem so großen Projekt schon vorher durchführt. Die Wesen und Kräfte, die uns dabei begegnet sind, waren uns durchaus nicht alle ganz geheuer.

Schließlich wurde nach und nach klar, daß ich mich mittlerweile in eine Art Besessenheit verstrickt hatte, in der vieles zusammenfloß: meine verdrängte Sexualität, mein Wunsch dem Wald zu helfen, meine Minderwertigkeitskomplexe, die Bilder aus dem „Herrn der Ringe", und auch eine Traumreise, die wir einmal zu fünft unternommen hatten und bei der ich mich leichtsinniger-weise in das Feuer eines Erdgeistes gestellt habe, das dieser gerade entzündet hatte – wodurch ich mich symbolisch in seine Gewalt begeben hatte. Vermutlich war dieser magische Fehltritt auf dieser Traumreise in den Feueraspekt der Erde der eigentliche Beginn dieser Besessenheit vom Erdfeuer …

Als es dann daran ging, die Schlangenringe wieder zu zerstören, bin ich ziemlich aus der Fassung geraten, da sich das für mich so anfühlte, als sollte mir ein Arm amputiert werden – es war ziemlich heftig. Zu dieser Zeit wurde es dann auch für mich selber allmählich offensichtlich, daß ich nicht mehr ganz ich selber war und daß man diesen Zustand am ehesten als eine Besessenheit von den verschiedensten Schlangengeistern beschreiben kann, deren Einfallstor in mich eben meine verdrängte Sexualität war – bezeichnenderweise habe ich die Schlangenringe auch so geschmiedet, daß sie sich in den eigenen Schwanz beißen. Dadurch waren sie Entsprechungen zu den gefangenen Schlangenkräften wie z.B. der Midgardschlange Jörmungandr aus der germanischen Mythologie. Eine runde, aber „offene" Schlange wäre eine Entsprechung zu der freien, aber inaktiven Schlangenkraft gewesen und eine gestreckte, aufrechte Schlange hätte die erwachte Schlangenkraft der Kundalini aktiviert.

Wenn ich mit meiner eigenen Sexualität in Frieden gewesen wäre, wäre der Schlangenring vermutlich zu einem Symbol der Ganzheit geworden, aber so wurde er zu einem Symbol der verteufelten Schlange, die von dem Sonnengott bekämpft und getötet wird.

Beim Wiederausgraben und Zerstören der Ringe gab es viele heftige „Zufälle" wie auf der Autobahn platzende Reifen, Bäume, die bei völliger Windstille umstürzten u.ä.

Die eben erwähnte Erwärmung des Schlangenringes ist keinesfalls ein allein dastehendes magisches Kuriosum, denn auch im Kundaliniyoga wird der Körper schließlich heiß – Drachen speien Feuer, wie jeder weiß …

Dieses Phänomen ist auch von Invokationen, also von Anrufungen von Gottheiten gut bekannt, bei denen dem Anrufenden, wenn er erfolgreich ist, häufig der „göttliche Schweiß" ausbricht, wie man dies im englischsprachigen Raum so schön bildhaft bezeichnet ... der Drache beginnt zu glühen, wenn er erwacht und sich zu regen beginnt ...

Wenn die Schlangenkraft in einem Menschen aufgrund seiner Ängste oder Traumata gefangen war und sich dann zu lösen beginnt, tritt ein Phänomen auf, das zunächst einmal etwas beunruhigend sein kann: der Körper beginnt unkontrolliert zu zucken und sich z.T. aufzubäumen. Dies kann von ein paar Minuten bis zu einer Viertelstunde oder auch noch länger dauern.

Dies Phänomen kann man sich recht einfach erklären: Eine gefangene Kraft liegt still, aber wenn sich die Fesseln lockern, beginnt sich die Kraft zu bewegen. Darauf reagieren wiederum die Fesseln und legen sie wieder still – woraufhin sich wieder die Kraft regt und Freiraum sucht. Das Zucken ist also der körperliche Ausdruck des sich langsam lösenden Gegeneinanders von Selbstausdruck und Selbstbeschränkung, von Bewußtwerdung und Verdrängung. ... der Drache schlüpft aus seinem Ei, schlüpft aus seinen Fesseln ...

Von diesem Phänomen des Zuckens des Körpers leitet sich der Begriff „Verzükkung" ab. Diese Verzückung tritt schon seit Hunderten von Jahren auch bei den Mystikern und Yogis auf, wenn sich ihre inneren Barrikaden aufzulösen beginnen. Dieses Phänomen ist auch sehr gut aus der heutigen Traumatherapie bekannt. Die älteste Beschreibung dieses „Zitterns" bei der Traumaheilung findet sich in einem fast viertausend Jahre alten ägyptischen Papyrus in dem Märchen „Bata und Anubis".

An dieser Stelle der Entwicklung, also wenn das Zucken auftritt, ist es nötig, sich auf das heile Bild auszurichten, dessen Aufbau davon abhängt, durch welches Angstbild die eigene Kraft ursprünglich blockiert worden ist. Wenn es z.B. die Angst vor dem Verlassenwerden war, dann hilft es an dieser Stelle z.B., sich in seiner Vorstellung der Muttergöttin in die Arme zu legen.

Diese Zuckungen finden sich auch noch an anderer Stelle in den alten Schriften beschrieben: Zu dem Bereich auf dem kabbalistischen Lebensbaum, der dem Mars entspricht und in dem man einem Drachen begegnen kann, gehört klassischerweise als Vision das „Lachen Gottes". Und was ist Lachen und Weinen anderes als dieses Zucken, wenn sich die Lebenskraft wieder befreit? ... das Zucken ist das Lachen des Drachen ...

Eng mit der „Verzückung" verwandt ist die „Begeisterung". Die Begeisterung findet, technisch gesehen, erst nach der Verzückung statt. „Be-geistern" bedeutet wörtlich „mit Geist versehen". Dieses Wort bezeichnet daher eine gelungene Invoka-tion, durch die eine Gottheit den Anrufenden mit ihrer Qualität und ihrem Bewußtsein erfüllt. Diese Invokation ist dasselbe wie die Konzentration auf das heile Bild, wenn der Körper zu zucken beginnt. Die wörtliche Übersetzung von Begeisterung ins Lateinische lautet „Inspiration".

Diese Begeisterung ist mit dem Erlebnis der Hitze verbunden, da die Hitze die frei fließende Lebenskraft ist, die sich durch das Zucken gelockert hat und nun durch die Konzentration auf das heile Bild wieder ungehindert bewegen kann. Die Zunahme an im Körper fließender Lebenskraft ist dabei so groß, daß man sie eben als Hitze erlebt.

XVII Drachen heute

Gibt es eine bessere Illustration eines Menschen mit dem Charakter einer Schlange als Severus Snape aus Harry Potter? Er ist aggressiv, verbirgt sein Inneres, kennt sich wie kaum ein anderer mit Schwarzer Magie aus, lehrt das Brauen von Zaubertränken (die die undurchsichtigste und verborgenste Form der magischen Einflußnahme ist und dem Gift der Schlangen nahesteht), er ist sehr vielschichtig, ist ein Doppelagent, strebt eigentlich nach Liebe ohne dies in irgendeiner Weise zu zeigen, ist hinterhältig und gemein, ist kalt und steht zugleich unter heftigsten inneren Spannungen ... und leitet das Haus Slytherin, dessen Symbol die Schlange ist.

Snape ist in den sieben „Harry Potter"-Bänden die nach Heilung strebende Form der Schlange, während Voldemort die sich immer weiter ins Extrem der Rücksichtslosigkeit, des Machtstrebens, der Angst vor dem Tod und der Kälte und der Einsamkeit entwickelnde Form der Schlange ist.

Während die Qualitäten der Schlange in „Harry Potter" noch sehr differenziert dargestellt werden, erscheinen die Drachen im „Silmarillion", im „Hobbit" und im „Herrn der Ringe" als Geschöpfe des Bösen, die entweder im Auftrag des Morgoth, also des Bösen schlechthin, oder selbstständig handeln.

Zwei der bekanntesten Drachen stammen von dem Schriftsteller Michael Ende: Frau Mahlzahn in „Jim Knopf" und Fuchur in „Die unendliche Geschichte". Fuchur ist von vornherein ein guter Drache wie die chinesischen Drachen und Frau Mahlzahn verwandelt sich am Ende der Geschichte in einen guten Drachen – eine Heilungsgeschichte der alten Dämonisierung der Schlangen und Drachen.

Zur Zeit sind vermutlich die Drachen aus „Eragon" am bekanntesten. In diesem Fantasy-Romanen sind die Drachen die Reittiere der Menschen und ihr Leben ist an das Leben ihrer Reiter gebunden.

Der Film „Die Herrschaft des Feuers" hat eine eher einfache Handlung: Der Kampf der Menschen und Drachen um die Vorherrschaft auf der Erde. Dies ist eine Erweiterung des alten Drachenkampf-Motives.

In dem Film „Dragonheart" ist die Handlung komplexer: Hier ist das Leben der Drachen an die Menschen gebunden, denen sie gehören, und es gibt sowohl gute als auch böse Drachen. Am prägendsten ist in diesem Film die enge Verbindung zwischen Drachen und Menschen, der sich im Drachenkult zeigt, in dem gemeinsamen Tod des Drachen-Menschenpaares, wenn einer von beiden stirbt, und auch in der Aufgabe der Drachen, sich um die Menschen zu kümmern.

In allen diesen Büchern und Filmen sind die Drachen immer eng mit der Magie verbunden … die Magie ist der bewußte Umgang mit der Lebenskraft, die von den Drachen symbolisiert wird …

Inzwischen sind Drachen aus der Fantasy-Literatur nicht mehr wegzudenken und es gibt wohl kein anderes Wesen, daß die Phantasie der Menschen derart angeregt hat.

Man kann sich natürlich fragen, was solche Geschichten wohl wert sein mögen – ob sie mehr als bloße Unterhaltung sind. Bei den meisten Geschichten findet sich zumindest auch ein Bild oder eine Mythe, die den Hintergrund der Geschichte bildet und somit diese Mythe lebendig erhält und weiterentwickelt.

Bei den Drachen ist dieses Bild in der Regel der Kampf des Guten (Engel) gegen das Böse (Drache) oder die Auffassung der Drachen als Reittiere sowohl der Bösen als auch der Guten – was der Auffassung der Drachen als der Lebenskraft schon sehr viel näher kommt.

Auch die Auffassung der Drachen als der Kundalini kann man in einigen seltenen Fällen begegnen. Dabei sind die Drachen dann bisweilen auch mit der Unsterblichkeit verbunden wie z.B. in dem Romanzyklus „Dune", in dem die riesigen, drachenartigen Sandwürmer ein Sekret absondern, dessen Verzehr wie das Lebenselixier ein sehr langes Leben verleiht.

Auch die alten Mythen sind dadurch entstanden, daß Menschen über die Welt nachgedacht haben und vor allem auch dadurch, daß sie Visionen hatten, die sie dann weitererzählten. Eine Vision zu haben und sich eine Geschichte auszudenken, kann sich unter Umständen recht nahe kommen.

Veränderungen in diesen Visionen, Gedanken und somit auch den Mythen entstehen besonders dann, wenn sich die Lebensumstände der Menschen grundlegend ändern – wie dies auch derzeit der Fall ist. An die Stelle des Materialismus und des freien Wettbewerbs, die ein eher pubertäres „jeder gegen jeden" waren, tritt zur Zeit nach und nach ein ein etwas erwachseneres Verhalten, das durch Kooperation und Ökologie, durch Streben nach persönlicher Entwicklung und Reife, sowie durch die Synthese von Innen und Außen, von Bewußtsein und Materie, von Naturwissenschaft und Spiritualität gekennzeichnet ist.

Man kann wohl davon ausgehen, daß sich in diesem Zusammenhang die Lebenskraft und ihre Erhaltung zu einem wichtigen Motiv entwickeln wird. Dabei wird der Kampf mit dem Drachen sehr wahrscheinlich verblassen und an seine Stelle die Erkenntnis treten, daß die Lebenskraft in allen Dingen und Lebewesen ist und daß sie in jedem Menschen in der Form der schlafenden Kundalini als meistens unerwecktes Potential ruht.

Dabei wird die Wachheit und das Lenken der Lebenskraft nicht aufhören, aber es wird an die Stelle des Kampfes mit der Lebenskraft das Kennenlernen der Lebenskraft und ihrer Eigendynamik treten – so wie dies ja schon in genau dieser Weise in der Traumatherapie stattfindet.

An die Stelle des Schwertes des Erzengels Michael, das gegen den Drachen erhoben wird, wird wahrscheinlich wieder der Stab des Gottes Hermes treten, um den sich die Schlangen emporringeln und mühelos den Bewegungen der geflügelten Sonne an der Spitze des Stabes folgen werden. Diese Flügelsonne ist wie die Wunschperle, der die chinesischen Drachen folgen, das klare Bewußtsein, das seine gesamte Situation überschaut und wie ein Erwachsener bestimmt und freundlich (sowohl zu sich selber als auch zu den anderen) handelt.

Der Drache könnte somit zu dem Symbol der eigenen Lebendigkeit, zu dem Symbol der Lebendigkeit aller Wesen auf der Erde, und zu dem Symbol der Heilung werden.

Verzeichnis der Themen

(die Zahl ist die Nummer des Bandes, in dem sich das Thema findet)

1 47	540 47	Alius 32	Aur 55
2 47	700 47	Alraune 45	Aurboda 35
3 47	800 47	Alsvatr 5	Aurgelmir 5
4 47	900 47	Alswid 34	Aurgrimnir 5
5 47	1.200 47	Althiof 7	Aurnir 34
6 47	10.000 47	Alvor 35	Aurvandil 20
7 47	432.000 47	Alwis 7	Aurwang 7
8 47	1+8=9=8+1 47	Alwit 31	Aurwang 48
9 47	**Adler** 40	Ama 35	Austri 32
10 47	Adler auf dem	Amboß 67	Auzon => Kiste
11 47	Weltenbaum 41	Amgerdr 28	Axt 66
12 47	Adler bei der	Ampfer 45	**Bafur** 32
13 47	Einweihung 40	Andad 34	Bakrauf 35
14 47	Adlergestalt:	Andhrimnir 39	Baldrian 45
15 47	- des Franmar 40	Andvari 7	Baldur 9
16 47	- des Hraesvelgr 40	Angantyr 39	Bara 35
17 47	- des Odin 40	Angeyja 35	Bari 6
18 47	- des Thiazi 40	Angrboda 26	Bari 20
20 47	Adler-Traum der	Ann 32	Baugi 5
22 47	Kostbera 40	Annar 20	Bär 43
23 47	Aelrun 31	Arm-Wunde 63	Bärenfell 62
24 47	Affe 44	Arngrim 6	Barke 49
28 47	Agdai 39	Apfel 45	Bärlapp 45
30 47	Ägir 10	Asen 36	Basilikum 45
32 47	Agnar 39	Asgard 52	Beifuß 45
33 47	Ahnen 36	Ask 39	Beinvidr 34
36 47	Ai 32	Aslaug 31	Bekkhild 31
37 47	Aki 6	Asperan 34	Beleidigungs-
40 47	Aki 16	Astralreise 50	Wettstreit 73
41 47	Alban 32	Asvid 6	Beli 5
46 47	Alberich 7	Atem 64	Beowulf 39
48 47	Albewin 7	Atla 35	Bergdis 28
72 47	Alcis 12	Atli 37	Bergelmir 6
80 47	Alf 6	Atward 20	Bergriese 6
90 47	Alf 32	Auchoff 34	Berg-Zwerge 32
99 47	Alfarin 34	Aud 20	Berling 32
100 47	Alfen 36	Auerhahn 40	Bertha 28
120 47	Alfhild 31	Auge 63	Berserker 62
300 47	Alfrigg 32	Augenbraue 63	Bertram 45

Bertramsgarbe 45
Besen => Stab
besonderer Schrei 64
Bestattung 64
Bestla 35
Betonica 45
Beyla 39
Biber 44
Biene 40
Bifröst 49
Bifur 32
Bikki 16
Bil 29
Bild 7
Billing 5
Billing 7
Bilsenkraut 45
Birkhuhn 40
Biört 29
Björgolfr 6
Björgulfr 34
Blain 33
Blapthvari 34
Blasebalg 67
blau 46
Blau-Menschen 36
Blau-Riesen 36
blau-schwarz 46
Blick 63
Blid 29
Blidur 29
Blind 16
Blindheit 63
Blodughadda 35
Blutsbrüder 55
Bödhild 28
Bogen 66
Bömbur 32
Bölthorn 5
Borr 34
Botewart 7
Both 20

Bragi 19
Bragi-Riesin 35
Brak 16
Brana 35
Brandingi 5
braun 46
Brenner 39
Brezel-Ornament 64
Brimir 33
Brisingamen 60
Brokk 32
Brombeere 45
Brücke 49
Bruderkampf 55
Brüngerd 35
Brünhild 31
Bruni 5
Bruni 32
Brünne 66
Brunnen 49
Buri 34
Bryja 35
Bryla 34
Bryngerd 28
Buri (Zwerg) 32
Buseyra 35
Byggvir 39
Byleist 20
Bylgia 35
Comandion 7
Dag 48
Dagfinnr 32
Dain 32
Dalar 32
Dalr 32
Delling 20
Delling 48
Dellingr 32
Delphin 44
Dietwarta 29
Disen 36
Distel 45

Diurnir 7
Dofri 34
Dolgtrasir 32
Donnerrebe 45
Dori 32
Dorn => Schlafdorn 55
Drachen 41
Drachenblut => Drachen
Drachenschiff 55
Drasian 6
Draupnir (Zwerg) 32
dreifarbiger Stein 67
dreiköpfiger Riese 5
drei Riesinnen 35
drei wahre Worte 64
Drifa 35
dritter Bruder 55
Dröfn 35
Drossel 40
Drudgelmir 5
Duf 32
Dufa 35
Dufr 32
Dulin 32
Dumbr 6
Dunneir 32
Durathor 32
Durin 32
Durnir 32
Durnir 34
Düsterwald 49
Dwalin 32
Eber 42
Eberesche 45
Edda (vollständig) 77
Efeu 45
Egdir 5
Egil 39
Ei 40
Eibe 45

Eiche 53
Eicheln 45
Eichhörnchen 44
Eid 68
Eik 28
Eikinskjaldi 32
Eimer 67
Eimgeitir 35
Eimyria 35
Einäugigkeit 63
Einheer 34
Einweihung 50
Eir 29
Eir 31
Eis 52
Eisa 35
Eisen 55
Eisenkraut 45
Eisriesen 34
Eistla 35
Eisurfala 35
Eiymyria 35
Ekstase-Kieger 62
Elch 42
Eldhrimnir 57
Eldir 39
Eldr 34
Elefant 42
Elendshaut => Hel-Haut
Else 35
Erde 52
Embla 28
Embla 39
Ente 40
Erce 20
Erdbeben 55
Erste Ursache 55
Eschenholzkasten => Kiste 57
Esel 42
Estroval 39

Eugel 7
Eule 40
Eyrgjafa 35
Faden 55
Fafnir (Zwerg) 32
Fährmann 49
Fala 35
Falkenkleid:
- der Freya 40
- der Frigg 40
Falke 40
Fallar 32
Farbauti 6
Farn 45
Farseti 6
Faulheit =>
Feuersitzen 55
Feima 35
Fenchel 45
Fenja 28
Fenrir 6
Fenrir 43
Fernhypnose 64
Ferse 63
Fessel 66
Fessel-Zauber 64
Feuer 55
Feuersitzen 55
Feuerzauber 64
Fialar 32
Fid 32
Fieberkraut 45
Fili 32
Fimafeng 39
Fimbulwinter 55
Finger 63
Finnalf 5
Finnar 32
Finnmark-Riese 34
Fiölkald 34
Fiölmor 39
Fiölnir 20

Fiölvör 35
Fiörgyn 20
Fiörgyn 23
Fisch 44
Fjölverkr 34
Fjötra 29
Flachs 45
Flegda 35
Fleur-de-lys 55
Fleggr 34
Fliege 40
Fluch 68
Flügel des Wieland 40
Flügelschuhe 67
Flugschuhe des Loki 40
Fluß 49
Frägr 32
Franmar 37
Frar 32
Freki 43
Freya 22
frühe Skaldenlieder 78
Freyr 15
Fried 29
Friedenszauber 6
Fridr 29
Frigg 21
Folde 20
Fonn 34
Forat 35
Forelle 44
Fornjotr 6
Forseti 19
Frosti 32
Frosti 34
Fruchtbarkeit 64
Fuchs 43
Frauenhaarfarn 45
Frühling 54

Frühlingstagund-nachtgleiche 54
Fulla 29
Fullas Haarreif 60
Fullafle 34
Fundin 32
Fuß 63
Fylgia 50
Fynir 6
Fynir 34
Galar 32
Galarr 34
Galdr 64
Gallapfel 45
Gandalf 32
Ganglati 34
Ganglot 6
Gangr 34
Gangr 33
Gans 40
Gänsefuß 45
Garm 43
Gautan 39
Gautrek-Saga => Snotra
Geban 20
Geburts-Orakel 64
Gefäße 57
Gefion 20
Gefion-Geliebter 6
Gefiun 20
Gefjon 20
Geist 50
Geier 40
Geirahöd 31
Geiravör 31
Geirdriful 31
Geirönul 31
Geirröd 5
Geirrota 31
Geirskögul 31
Geitir 6

Geitla 35
Geitir 35
gelb 46
Geliebter der Gefion 6
Gerber-Schaber 67
Gerdr 28
Geri 43
Gespenst 50
Gestaltwandel => Verwandlung
Gesang 68
Gestilja 35
Getreide 45
Gewöhnlicher Flachbärlapp 45
Geysa 35
Gialar 32
Gift 70
Gifur 43
Gigas 6
Gilling 6
Gillings Frau 28
Ginnar 32
Ginnungagap 49
Gjalp 35
Glamr 34
Glatundshundr 43
Glaumar 34
Glaumarr 34
Glaumr 6
Glenr 48
Glitni 5
Glöd 35
Gloi 32
Glück 64
Glückstrank 70
Glumra 35
Glymra 35
Gna 29
Gneip 35
Gnepja 35

607

Goi 34	Grotunagard 52	Har 32	Hel-Haut 49
Gold 55	grün 46	Hära 35	Helidi 27
Goldalter 55	Gryla 35	Hardbeen 6	Hellebarde 66
Goldemar 7	Gudr 31	Hardgreip 35	Helreginn 5
golden 46	Gudrun 31	Hardgreipir 34	Helm 66
Goldhelm 66	Gudmund 5	Hardverkr 34	Hengikefta 35
Goldhörner von Gallehus 57	Gullnir 5	Harek Eisenkopf 6	Hengiköpt 6
	Gullveig 29	Harfe 57	Hengjankapta 35
Göll 31	Guma 35	Harz 45	Hepti 32
Golnir 5	Gundelrebe 45	Hase 44	Herbst 54
Göndul 31	Gunn 31	Hasel 45	Herbsttagundnacht-
Gorr 34	Gunnlöd 28	Hastingi 34	gleiche 54
Görsemi 29	Gunnthinga 31	Hati 5	Herche 20
Götter 36	Gürtel 60	Hati 43	Herdentiere 42
Götterdämmerung 55	Gusir 6	Hattatal 77	Herdentierfell 42
Götterkampf 55	Gygr 35	Haudr 20	Herfjötur 31
Göttermet 69	Gylfaginning 77	Haugspori 32	Hergrim Halbtroll 5
Götter-Tiere 44	Gyllir 5	Haym 34	Hergunnur 35
Gottesurteil 64	Gyllir 34	Hecht 44	Heri 32
Gurgelbiß 55	Gyma 20	Hedin 39	Herja 31
Grab 49	Gymir 5	Hedin und Högni 79	Herkir 6
Grani 6	**Haarband** 60	Hefring 35	Herkja 35
grau 46	Haare 63	Heid 35	Hermodr 37
Grendel 5	Habicht 40	Heiddraupnir 5	Hertha 28
Grendels Mutter 35	Hafle 34	Heide 49	Hervor => Heidrek
Greppur 34	Hafli 5	Heidrek 39	Hervor und Heidrek
Grer 32	Hafthi 39	Heidungi 6	=> Heidrek
Grid 28	Hagen 16	Heilige Hochzeit =>	Herz 63
Grid 35	Hahn 40	Wiederzeugung 55	Hexe 58
Grim 5	Hala 35	Heiliger Hain =	Hianka 31
Grim 39	Halfdan 39	Weltenbaum 52	Hidde 34
Grima 35	Halfdan Brana-	Heilung 64	Hild 31
Grimhild 31	Ziehsohn 79	Heilziest 45	Hildolf 5
Grimling 5	Halfdan Eisteinson 79	Heimdall 8	Hildolf 20
Grimnir 5	Hamdir 39	Heimir 39	Himingläva 35
Grim Struppig-Wange 79	Hamingja 50	Heinir 34	Himmel 52
	Hammer 66	Heith 35	Himmelsrichtungs-
Grip 35	Hand 63	Heithdraupnir 5	Mandala 54
Gripir 34	Handschuhe 60	Hel 26	Himmelsträger-
Grissa 35	Hanf 45	Helblindi 20	Zwerge 32
Groa 28	Hannar 32	Helgi 39	Hirsch 42
Grottintanna 35	Hantel-Symbol 55	Helgi Thorisson 79	Hjaltrimul 31

Hjortrimul 31	Hraudnir 6	Hymir 6	Jenseitsbarke 49
Hjötra 28	Hraudungr 5	Hymnen an die Götter 80	Jenseitsberge 49
Hjuki 29	Hrede 29		Jenseitsbrücke 49
Hläwang 32	Hreidmar 7	Hyndla 26	Jenseitsfährmann 49
Hlebard 6	Hremsa 35	Hypnose 64	Jenseitsfluß 49
Hleidr 35	Hrimgerdr 28	Hyrrokkin 26	Jenseitsgrenzen-Landkarte 49
Hler 10	Hrimgerdr 35	**Idi** 34	
Hlidolf 32	Hrimgrimnir 34	Idun 25	Jenseitshalle 49
Hlif 29	Hrimnir 34	Igel 44	Jenseitsinsel 49
Hlifthursa 29	Hrim-Riesen 34	Illugi Grid-Ziehsohn 79	Jenseitsleiter 49
Hlin 29	Hrimthurs 34		Jenseitsmauer 49
Hlodyn 20	Hringi 5	Ilmr 29	Jenseitsreise 49
Hlödyn 20	Hringvölnir 5	Ima 35	Jenseitstor 49
Hloi 34	Hripstodr 34	Imd 35	Jenseitstor-Gitter 49
Hlöll 31	Hrist 31	Imgerdr 35	Jenseitstor-Hund 49
Hlora 35	Hrist 29	Imr 6	Jenseitswächter 49
Hnoss 29	Hrisungr 6	Imsigul 34	Jenseitswald 49
Hochsitz 57	Hroarr 5	Imth 35	Jenseitswasser => Wasser 49
Hochsitzsäulen 57	Hrod 35	In 20	
Hoddraupnir 5	Hrodwitnir 5	Ingibjörg 29	Jenseitsweg 49
Hoddrofnir 5	Hrodwitnir 43	Ingibiörg 31	Johanniskraut 45
Hödur 19	Hrökkvir 6	Intuition 64	Jokul 34
Hofund 19	Hrönn 35	Inzest 51	Jokul Eisenrücken 34
Höggstari 32	Hrossthjofr 34	Irmin 20	Jörd 23
Högni 16	Hrotti 5	Irpa 29	Jomali 20
Högni 39	Hruga 28	Istwas 20	Jörmungandr 41
höhere Mächte 36	Hrungnir 5	Itrek 5	Jörmunrek 39
Holmgang => Zweikampf 55	Hrungnir-Herz 67	Itreksjod 5	Jorunn 29
	Hryggda 35	Itreksjod 20	Jötunn 6
Holunder 45	Hyria 35	Ividja 35	Jotunbjorn 6
Homöopathie 64	Hrym 34	Iwaldi 5	Julnacht 54
Honig 40	Hrund 31	Iwalt 5	**Käfer** 40
Honigtau 45	Hügelgrab 49	Iwiedie 29	Kaldgrani 34
Hönir 18	Hugin 40	**Jari** 32	Kamille 45
Horn 57	Huhn 40	Jamtaland-Zwerg 7	Kampfmagie 64
Horn (Riesin) 35	Huldar 28	Jarngerdr 28	Kannibalismus 55
Hörn 29	Hund 43	Jarnglumra 35	Kara 31
Hörn 35	Hundalfr 6	Jarnhauss 6	Karabin 34
Horn-Neb 35	Hunding 16	Jarnnef 34	Kari 6
Hornbori 32	Hvalr 6	Jarnsaxa 28	Katze 43
Hraesvelgr 6	Hvedra 35	Jarnvidja 35	Kausalität 55
Hrafnhild 35	Hvedrungr 16	Jenseits 49	Keila 34

Keiler 42	**Lachanfall** 64	Luchs 43	Miötwitnir 32
Kenningar 75	Lachen 55	Lutr 34	Mjoll 34
Kerbel 45	Lachs 44	Lyngheid 35	Modgudr 29
Kessel 57	Landgeister 36	**Magni** 19	Modgudr 31
Keule 66	Lauch 45	Malseron 34	Modi 19
Kiebitz 40	Laufey 26	Mana 35	Modrädnir 32
Kili 32	Laurin 7	Managarm 43	Modsognir 7
Kisi 34	Laus 40	Mannus 20	Mögthrasir 6
Kiste 57	Leber 63	Mardalla 27	Moin 32
Kjallandi 6	Leib 63	Marder 43	Mökkurkjalfi 6
Kjallandi 35	Leidi 34	Margerdr 35	Molda 35
Klaufi 34	Leifi 6	Margerthur 35	Mona 20
Klee 45	Leifnir 6	Mangold 45	Mond 48
Kleima 35	Leikn 35	Mantel 67	Mondul 32
Knochen 67	Leimrute 66	Mantel der Nanna 67	Moosfrau von Saalfeld 32
Knoten 64	Leiter 49	Marnar 29	Moosleute von Arntschgereute 32
Kobolde 36	Leirvör 35	Märzviole 45	
Kol der Bucklige 39	Leopard 43	Maske => Helm	
Kolfrosta 28	Lerche 40	Maus 44	Mörn 35
Kolga 35	Lidskialf 20	Meer 49	Möwe 40
Kopf 63	Liebestrank 70	Meer der Zeit 55	Mühle 66
Kormoran 40	Liebeszauber 64	Meer-Menschen 36	Mundilfari 6
Korn 45	Lif 39	Mehlbeere 45	Munin 40
Körperteile 65	Lifthrasir 39	Mehltau 45	Munnharpa 35
Köttr 34	Litr 6	Meili 9	Münze 67
Kraftgütel => Gürtel	Litr 32	Meise 40	Muspel 6
Krähe 40	Ljod 29	Menglöd 22	Muspelheim => Feuer 52
Kraka 31	Ljota 35	Menja 28	
Kranich 40	Lodin 6	Menschenopfer 64	Myrkrida 35
Kräuter 45	Lodinfingra 35	Messer 66	Myrkvid 49
Kreppvör 35	Lodur 16	Midgard 52	**Nabbi** 32
Kriegerin 62	Lofar 7	Midgardschlange 41	Nacktheit 60
Kreuzblume 45	Lofn 29	Midi 6	Nadel 55
Kreuzkraut 45	Lofnheid 35	Midjungr 34	Nägel 55
Krönung 64	Logi 34	Midwitnir 6	Naglfar 49
Kröte 44	Loki 16	Mimir 6	Nain 32
Kuckuck 40	Loni 32	Mist 31	Nali 32
Kuril 6	Lopthoena 28	Mistel 45	Namensgebung 64
Kult 55	Lori 35	Mistkäfer 40	Nanna 21
Kundalini 64	Loricus 6	Mittelpfeiler => Yggdrasil	Nauma (Hel) 35
Kwasir 20	Löwe 43		Nar 32
Kyrmir 6	Löwenmäulchen 45	Mittsommer 54	Narfi 6

610

Nari Loki-Sohn 19
Nati 6
Naudir 36
Nebel 64
Nefia 35
Nehalennia 29
Neri 30
Neris Schwester 30
Nerthus 28
Nepr 20
Nessel 45
Netz 67
Neuentstehung aus den Knochen 55
neun Heimdall-Mütter 35
neun Schwestern 35
Niblung 7
Niblung 39
Nicor 34
Nid 64
Nidi 32
Nidr 28
Nidud 16
Nieswurz 45
Niflheim => Eis 52
Niping 32
Nirdir 10
Niola 48
Njola 48
Njörd 10
Njörun 29
Nölvi 10
Norden 54
Nordosten 54
Nordri 32
Nordwesten 54
Nori 32
Nornen 30
Norr 34
Norr 48
Nott 48

Nyi 32
Nyr 32
Nyrad 32
Oddrun 31
Odin 13/14
Odr 20
Ofoti 5
Öflugbarda 35
Öflugbardi 6
Ogautan 39
Ogladnir 6
Ogn 35
Ohr 63
Oin 7
Olius 32
Ölwaldi 5
Omen 71
Onarr 48
Öndudr 6
Onn 32
Opfer 64
Orakel 71
Oregano 45
Ori 32
Örnir 6
Ortnit 34
Ösgrui 5
Öskrudr 34
Ostara 29
Osten 54
Otr 32
Otter 44
Otunfaxe 39
Penis 55
Perchta 28
persönliches Glück 64
Pfeil 66
Pferd 42
Pferdezwillinge 12
Pflug 67
Phol 9
Polygamie 55

Priester 60
Priesterin 58
Prolog (Edda) 77
Prophezeiung 71
Pukis 36
Rabe 40
Rad 67
Radgrid 31
Radvör 35
Ragnar Lodenhose 39
Ragnarök 55
Ran 27
Randalin 31
Randgnid 31
Randgrid 31
Rangbeinn 5
Rasereitrank 70
Raswid 32
Rätsel 76
Raud 34
Raugnir 34
Raum 6
Reck 32
Regenbogenbrücke 49
Regin 7
Reginleif 31
Reiher 40
Rentier 42
Riesen auf der West-Insel 6
Riesen-Baumeister 6
Riesen von Feldkirchen 34
Riesen von Lichtenberg 35
Rifingalfa 35
Rifingöflu 35
Rigingöflu 35
Rind 42
Rindr 20
Ring 57

Ringkampf 55
Rist 31
Robbe 44
Rögnir 7
Rose 45
Röskva 37
rot 46
rota 31
Rotkehlchen 40
Rücken 63
Rud 35
Rudent 6
Rudi 34
Runa 35
Runen 72
Runenkästchen von Auzon => Kiste
Runenstein 64
Runenstein von Ardre 64
Rußland-Riese 6
Rütze 35
Rygi 35
Saemdill 6
Saga 28
Sährimnir 42
Säkarsmuli 6
Salbei 45
Salfangr 6
Sam 34
Sämingr 39
Sanngrid 31
Sati 51
Säule => Weltenbaum 52
Saxnot 20
Sceaf 20
Schachtelhalm 45
Schädelschale 63
Schadenszauber 64
Schaf 42
Schafgarbe 45

611

Schaumkraut 45
Schierling 45
Schild 66
Schlafdorn 55
Schlangen 41
Schlangenauge 63
Schlangengrube 49
Schlangenzunge 63
Schleifstein => Wetzstein
Schmetterling 40
Schmied 4
Schmied 55
Schnecke 44
Schneeweiß-Goldschöne 28
Schuh 63
Schutzgeist => Fylgja/Hamingja
Schutzzauber 64
Schwalbe 40
Schwan 40
Schwanenkleider der Walküren 40
Schweden-Riese 6
Schwein 42
Schwert 66
Schwitzhütte 64
sechsköpfiger Riese 6
Seehund 44
Seekuh 44
Seelenvogel 40
Seelenvogel 50
Segen 68
Seher 60
Seherin 58
Seidelbast 45
Seidr 64
Sel 6
seltsamer dritter Bruder 55
Sense 67

Siar 32
Sichel => Sense
sieben Schwestern 28
Siegfried 38
Sieglind 31
Siegstein 67
Sif 24
Sigdrifa 31
Sigurd 38
Sigi 39
Sigrlami 39
Sigrun 31
Sigyn 28
silbern 46
Simul 31
Sinmara 28
Sindri 32
Sinthgunt 29
Sivör 35
Sjuld 31
Skadi 20
Skafid 32
Skalden 61
Skaldatal 77
Skaldenlieder 78
Skaldinnen 61
Skalli 34
Skalmöld 31
Skadskaparmal 77
Skärir 5
Skeggiöld 31
Skidbladnir 49
Skimsli 5
Skirnir 37
Skirkjar 35
Skirwir 32
Skjalf 29
Skjalv 34
Skjellinefja 29
Skjöldr 39
Skögul 31
Sköll 43

Skorpion 40
Skrati 34
Skrymir 5
Skrimnir 5
Skuld 30
Slagfid 39
Sleggja 35
Snae 34
Snotra 29
Solbiart 5
Sohn der Freya 19
Sohn des Freyr 19
Solblindi 5
Sölfn 29
Sommer 54
Somr 5
Sonne 48
Sonnengöttin 48
Sonnenhymne 64
sonstige Magie 64
Sörli 39
Spatz 40
Specht 40
Speer 66
Sperber 40
sprechende Tiere 41
Sprichworte 74
Spindel 55
Spinnerin 55
Spiritus familiaris 36
Sprettingr 5
Stab 67
Starkad 6
Starkad 39
Stärketrank 70
Statue 57
Stein 64
Steine und Edelsteine 64
Steinigung 55
Stern 48
Sternbild 48

Sternbild 55
Stigandi 5
Storch 40
Storkvid 34
Stoverkr 34
Strahlen-Breitsame 45
Strudel 49
Struthan 34
Stumi 5
stumm 63
Süden 54
Südosten 54
Sudri 32
Südwesten 54
Surtur 6
Suttung 6
Svada 5
Svadi 5
Svaf 7
Svarangr 5
Svasudr 6
Svatr 6
Sveid 31
Sveipinfalda 35
Svidi 6
Svip 5
Svipul 31
Svivör 31
Swaf 20
Swanhild 31
Swanwit 31
Swawa 31
Swior 32
Swipdag 20
Syn 29
Syr 29
Tafl 57
Tal 52
Tamfana 29
Tarn-Kappe 67
Tarn-Umhang 67

Tasche 60	Thrungva 29	Uri 20	- in Fuchs 65
Tätowierungen 55	Thrym 6	Utgard 52	- in Geier 65
Tattoo 60	Thulur 77	Utgardloki 6	- in Habicht 65
Tau 52	Thundr 6	Ungeheur 41	- in Hecht 65
Taufe 64	Thundr 29	Utiseta 50	- in Hirsch 65
Teer 45	Thurbiörd 35	**Vagnhöftdi** 34	- in Hund 65
Telemark-Riese 5	Tiere 44	Valbrandur 5	- in Krähe 65
Telepathie 64	Tiere der Götter 44	Vali Loki-Sohn 19	- in Lachs 65
Teller 57	Tierfelle 60	Valthögn 31	- in Löwe 65
Tempel 56	Tierfelle bei Hinrichtungen 67	Vandil 5	- in Mücke 65
Teufelsabbiß 45		Vandlir 5	- in Otter 65
Thagnar 31	Tor 49	Var 29	- in Pferd 65
Theck 32	Torfa 35	Vardrun 28	- in Rabe 65
Thialfi 37	Tote wiederbeleben 64	Vardrun 35	- in Rind 65
Thiazi 5		Vardruna 35	- in Robbe 65
Thing 73	Tragestange 67	Vasad 6	- in Schlange 65
Thiodwitnir 34	Trana 35	Vatermord 55	- in Schwalbe 65
Thistilbardi 34	Traum 71	Velle 5	- in Schwan 65
Thjodrerir 7	Traumdeutung 71	Venus 48	- in Seekuh 65
Thögn 31	Traumfrau 31	Verbene 45	- in Spinne 65
Thökk 35	Trima 31	Verdandi 30	- in Tier 65
Thor 17	Trolle 36	Vervielfältigung von Körperteilen 65	- in Vogel 65
Thora 28	Trona 35		- in Wal 65
Thorgerdr Hölgabrudr 29	Tuch 57	Vergessenheitstrank 70	- in Walroß 65
	Tuisto 20		- in Widder 65
Thorin 7	Tuisto 33	Verirren auf der Hirschjagd 55	- in Wolf 65
Thorir 6	Turm 56		- in Ziege 65
Thorn 5	Tyr 3	Verr 34	- in Ziegenbock 65
Thorstein Haus-Macht 79	Tyr-Riesen 5	Verwandlung:	Vidblindi 5
	Udr 35	- einer Frau in einen Mann 65	Viddi 34
Thrain 32	Uffe 39		Vidgreipr 34
Thrasir 6	Ulfhedinn 62	- einer Frau in eine andere Frau 65	Vidgymir 5
Thrigeitir 5	Ulfrun 35		vier Riesen-Ritter 34
Thrivaldi 5	Ullr 11	- eines Mannes in eine Frau 65	vier Stier-Riesen 34
Thröng 29	Umhang => Mantel 60		viertüriges Haus 52
Thror 7		- in Adler 65	Vifflöd 29
Thror 20	Uni 20	- in Bär 65	Vignir 34
Thror 32	Unn 35	- in Drache 65	Vikarr 6
Thorri 34	Unsichtbarkeit 64	- in Eber 65	Vilja 20
Thrud 31	Unsichtbarkeits-Stein 67	- in Falke 65	Vindr 34
Thrudgelmir 5		- in Fliege 65	Vingnir 6
Thrudr 29	Urd 30	- in Floh 65	Vingrip 34

Vipar 34	Wegwarte 45	Winter 54	Zwerge 32
Vogel 40	Weig 32	Winteranfang 54	<u>Zwerge</u>:
Vogelsprache 64	Weihung => Segen	Wirwir 32	- im Berg 32
Volkrast 7	Weinen 55	Witr 32	- im Gebirge 32
Vör 29	weiß 46	Witwen-Selbstmord 51	- Kuttenberg 32
Vörnir 34	Weisheiten 74	Wolf 43	- Untersberg 32
Vulkan-Riese 34	Weisheitstrank 70	Wolfsfell 62	- Blankenburg 32
Waage 64	Weißstern 39	Wortschatz Magie 64	- Bonikau 32
Waberlohe 49	Weltenbaum 53	Wohlstandszauber 64	- Dardesheim 32
Wächter 49	Weltesche 53	Wucherblume 45	- Eilenburg 32
Wafthrudnir 6	Wespe 40	Wurzel 45	- Elbogen 32
Wagen 67	Westen 54	Wyrd 30	- Glaß 32
Wagnhofde 6	Westri 32	**Yggdrasil** 53	- Hohenstein 32
Wal 44	Wetter 64	Ymir 33	- Heilingsfelsen 32
Wälder => Weltenbaum 52	Wettlauf 55	Ymis 33	- Nünberg 32
Wald-Riesin 35	Wetttrinken 55	Yngvi 32	- Osenberg 32
Wali 19	Wetzstein 67	**Zahlen** 47	- Plesse 32
Wali 32	Wichte 36	Zähne 63	- Rosenberg 32
Walküren 31	Widar 19	Zauberer 59	- Selbitz 32
Walnuß 45	Widfinnr 5	Zauberin 58	- Sion 32
Walroß 44	Wiedergeburt 51	Zaubersprüche 68	<u>Zwerg</u>:
Waltam 20	Wiederholungen 55	Zeh 63	- Gebirge 32
Wandteppich => Tempel	Wiederzeugung 51	Ziegen 42	- Kyffhäuser 32
Wanen 36	Wieland 4	Zisa 29	- Hohenstein 32
Warkald 6	Wiesel 43	Zunge 63	- Dresden 32
Warr 20	Wig 32	Zweikampf 73	- Hoia 32
Wasser 52	Wigrid 55	zweiköpfige Riesen 34	- Lützen 32
We 20	Wili 20	zwei Zwerge 32	- Ralligen 32
Weberin 55	Wili (Zwerg) 32	Zwerg auf dem Felsen 32	- Rantzau 32
Wegdrasil 20	Wind (Magie) 64	Zwergberg zu Aachen 32	- Scherfenberg 32
Wegerich 45	Wind 52		- Thorgau 32
Wegetritt 45	Windalf 32		Zwillinge 55
	Windloni 6		
	Windswal 6